用户增长实战教程
公域用户获取+私域用户深耕的新经典

方四一 著

电子工业出版社
Publishing House of Electronics Industry
北京·BEIJING

内 容 简 介

本书围绕用户增长展开，主要内容包括一套精益化的核心增长方法和用户获取、用户深耕两大增长过程，以及用户洞察、数据分析、信息技术三大增长运营人员必备的用户增长技能。本书内容系统、翔实，结合大量案例，既准确严密，又深入浅出，具有较强的新颖性、可读性和实用性，堪称名副其实的实战教程。本书得到了营销国际协会的授权，系营销国际协会与中国工业和信息化部教育与考试中心联合推出的"互联网用户增长师"考试项目的独家中文教材。

未经许可，不得以任何方式复制或抄袭本书之部分或全部内容。
版权所有，侵权必究。

图书在版编目（CIP）数据

用户增长实战教程：公域用户获取+私域用户深耕的新经典 / 方四一著. —北京：电子工业出版社，2023.3
ISBN 978-7-121-45180-5

Ⅰ. ①用… Ⅱ. ①方… Ⅲ. ①网络营销 Ⅳ.①F713.365.2

中国国家版本馆 CIP 数据核字（2023）第 041015 号

责任编辑：蒲　玥　　　　　特约编辑：田学清
印　　刷：三河市良远印务有限公司
装　　订：三河市良远印务有限公司
出版发行：电子工业出版社
　　　　　北京市海淀区万寿路 173 信箱　　邮编：100036
开　　本：787×1092　1/16　印张：23.5　字数：602 千字
版　　次：2023 年 3 月第 1 版
印　　次：2023 年 3 月第 1 次印刷
定　　价：89.00 元

凡所购买电子工业出版社图书有缺损问题，请向购买书店调换。若书店售缺，请与本社发行部联系，联系及邮购电话：（010）88254888，88258888。
质量投诉请发邮件至 zlts@phei.com.cn，盗版侵权举报请发邮件至 dbqq@phei.com.cn。
本书咨询联系方式：（010）88254485，puyue@phei.com.cn。

前　言

用户增长（User Growth）已经成为一种广受追捧的新兴职业，在中国和其他国家的主流招聘市场中，与用户增长相关的招聘职位正在快速增加。2022年6月，我国五大招聘平台的数据显示，北京、上海等19个城市中与用户增长相关的招聘职位约有11.7万个，包括CGO（Chief Growth Officer，首席增长官）、用户增长负责人等高级职位，用户增长总监、用户增长经理等中级职位，以及用户增长运营等一般职位。中高级职位的薪酬下限均值为2.63万元/月，中位数为2万元/月；薪酬上限均值为4.09万元/月，中位数为3.5万元/月。一般职位的薪酬下限均值为0.97万元/月，中位数为0.8万元/月；薪酬上限均值为1.56万元/月，中位数为1.2万元/月。与用户增长相关的招聘职位的薪酬待遇在行业内处于较高水平，可以说，用户增长人才已成为"职场新贵"。

为什么众多企业大力争抢用户增长人才呢？根本原因是互联网流量的增量变少、获取成本变高、获取过程变难，企业增长的传统方法越来越低效，需要采用新的精细化方法和技术（包括新的营销、运营、数据分析、信息技术等）来推动企业增长，以及具备复合能力且高度专注于解决用户增长问题的人才和团队，这令用户增长成为与传统的营销、运营、数据分析等职位截然不同的全新职位。

为了推动用户增长人才的培养和用户增长学科的建设，营销国际协会（SMEI）和 SMEI 中国区联手，在全球独家发布了 *A Guide to the User Growth Body of Knowledge*，其中文版本《用户增长知识体系指南 UGBOK®》（以下简称《UGBOK®》）已于 2022 年 2 月由电子工业出版社正式出版，为用户增长人才的培养和用户增长学科的建设提供了清晰的指引。与此同时，SMEI 在全球开展了 UGS®（User Growth Specialist，用户增长师）人才的国际认证工作，其中，在中国，由 SMEI 中国区联合工业和信息化部教育与考试中心共同推广，目前该项目已经正式启动。

为了配合该项目在中国的落地，受SMEI中国区之邀，作者撰写了本书。本书以《UGBOK®》为纲领，从实操层面对其进行了充分而深入的解析，系统性地丰富了用户增长知识体系，配备了大量生动的案例和练习题解析，不但体现了这套国际性知识体系指南的精髓，而且与中国企业在互联网领域的生动实践有机结合，结构清晰、逻辑严密、深入浅出、好懂易学。

本书是用户增长领域的实战教程，既可以作为用户增长师认证的必备教材，也非常适合各类行业、企业和高等院校增长、营销、运营、产品、数据分析、商业分析等众多职业领域的从业人士，以及有志进入互联网领域发展的人士阅读、学习、收藏。

目 录

第一章	理解用户增长	1
1.1	最终用户时代	1
	1.1.1 营销时代的变迁	2
	1.1.2 最终用户时代的特点	3
	1.1.3 4个营销时代的对比	7
1.2	用户增长的衡量和决定性因素	7
	1.2.1 与"用户"相关的一组概念辨析	7
	1.2.2 用户增长的衡量	8
	1.2.3 用户增长的决定性因素	16
1.3	用户流动	20
1.4	用户增长的北极星指标	21

第二章	精益增长策略环	30
2.1	理解策略环	30
2.2	识别机会	33
	2.2.1 理解增长机会	33
	2.2.2 常用的分析方法	34
	2.2.3 分析方法的综合运用	61
2.3	制定策略	81
2.4	验证策略	85
2.5	发展策略	109

第三章	用户获取	113
3.1	理解用户获取	113
3.2	渠道运营	115
	3.2.1 渠道的分类	115
	3.2.2 渠道的开发	116
	3.2.3 渠道质量评价	119
3.3	推广转化	130
	3.3.1 AIDA模型	130
	3.3.2 注意	131
	3.3.3 兴趣	139
	3.3.4 欲望	150

　　　　　　　3.3.5　行动 155
　　　　　　　3.3.6　AIDA 模型与触点的分析、优化 158
　　　　　　　3.3.7　推广转化的问题诊断 171
　　　　3.4　用户裂变 172
　　　　　　　3.4.1　用户裂变的基础知识 172
　　　　　　　3.4.2　基于企业微信的用户裂变 175
　　　　　　　3.4.3　用户裂变活动成功的关键因素 177
　　　　　　　3.4.4　用户裂变效果的分析和测试优化 180
　　　　3.5　反无效流量和流量欺诈 185
　　　　　　　3.5.1　无效流量和流量欺诈 185
　　　　　　　3.5.2　反无效流量和流量欺诈的策略 186
　　　　3.6　触点或渠道归因 190
　　　　　　　3.6.1　触点的基础知识 190
　　　　　　　3.6.2　触点归因原因和归因模型 190

第四章　用户深耕 196
　　　　4.1　理解用户深耕 196
　　　　4.2　新用户留存 202
　　　　　　　4.2.1　新用户留存的总体策略 202
　　　　　　　4.2.2　用户激活 206
　　　　　　　4.2.3　入门引导 217
　　　　4.3　老用户留存 221
　　　　　　　4.3.1　老用户留存的总体策略 221
　　　　　　　4.3.2　优化用户体验 222
　　　　　　　4.3.3　搭建用户激励体系 237
　　　　　　　4.3.4　促进用户活跃 242
　　　　　　　4.3.5　培养用户习惯 245
　　　　　　　4.3.6　提高迁移成本 247
　　　　4.4　应对用户流失的技巧 249
　　　　　　　4.4.1　流失用户的召回 249
　　　　　　　4.4.2　用户流失的预测和预防 257
　　　　4.5　持续深耕 LTV 258
　　　　　　　4.5.1　增加用户复购 259
　　　　　　　4.5.2　增加用户推荐 262
　　　　　　　4.5.3　促进用户高价值行为的跃迁 266
　　　　　　　4.5.4　开辟第二增长曲线 266

第五章　用户洞察和用户画像 269
　　　　5.1　理解用户洞察和用户画像 269
　　　　5.2　用户洞察 273
　　　　　　　5.2.1　用户洞察的方法和技术 273

　　　　5.2.2　需求洞察 283
　　　　5.2.3　产品核心价值洞察 291
　　　　5.2.4　创意洞察 299
　5.3　用户画像 303
　　　　5.3.1　用户画像的种类 303
　　　　5.3.2　用户画像的应用 310

第六章　用户增长的数据分析与信息技术 319
　6.1　数据分析在用户增长中的应用 319
　　　　6.1.1　数据的概念和分类 319
　　　　6.1.2　数据分析过程 323
　　　　6.1.3　用户增长领域的重要数据系统 333
　6.2　信息技术在用户增长中的应用 337
　　　　6.2.1　流量追踪和用户身份识别 337
　　　　6.2.2　搜索引擎推广的基础知识 347
　　　　6.2.3　程序化广告的基础知识 356

参考文献 367

第一章

理解用户增长

✪ 本章导读

罗伯特·J.基思在 1960 年提出了著名的"3 个典型的营销时代"的概念,分别是生产导向时代、销售导向时代、营销导向时代。SMEI 将第四个时代称为"最终用户导向时代"。最终用户导向时代有什么鲜明的特点?它与前 3 个时代相比有什么显著不同?这个时代中的"用户增长"应该如何定义?应该如何对用户增长进行科学的衡量呢?本章将回答上述用户增长的基础性概念问题。

✪ 学习目标

通过对本章的学习,读者可以了解以下内容:4 个营销时代的特点;用户增长的两个衡量维度,即用户规模和用户质量,用户生命周期价值的 3 种计算方法;用户增长的底层逻辑,即经典增长等式,用户的生命周期流动;北极星指标的概念和确定流程;等等。本章内容有助于读者厘清行业内某些模棱两可的概念,理解用户增长的本质,让读者从一开始就行进在正确的学习道路上,为后续的深入学习打好基础。

1.1 最终用户时代

"用户"一词已经很难追溯具体是在什么时间被创造出来的了,可以肯定的是,它的诞生时间相当久远。

在谷歌书籍词频统计器中检索词语"user"和与之高度相关的几个词语,包括"consumer"(消费者)、"customer"(顾客)、"client"(客户),它们被提及的频率变化趋势如图 1-1 所示。[1]

---

[1] 工具域名为 books.google.com。

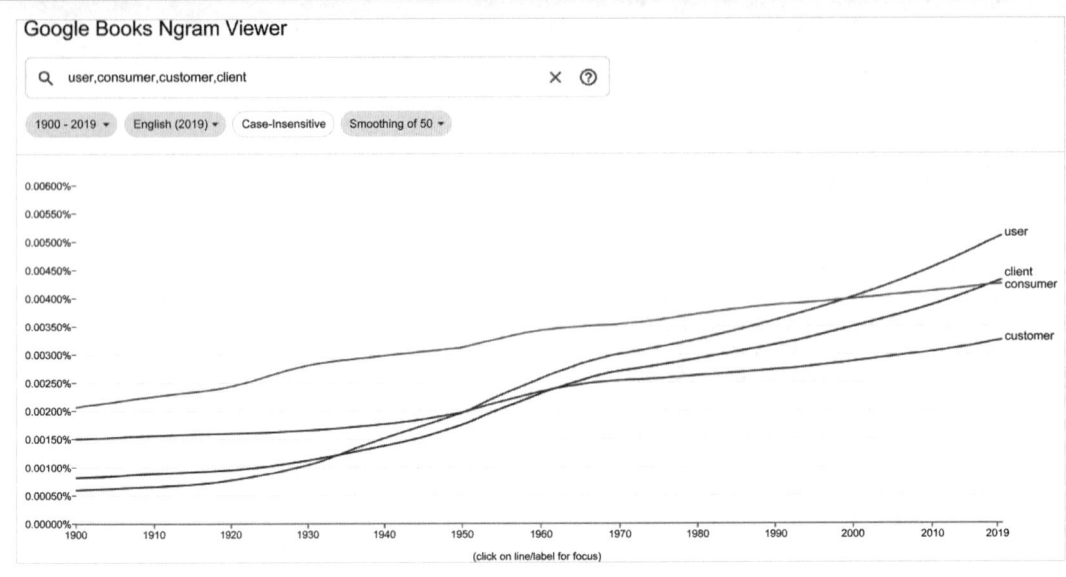

图 1-1　谷歌书籍词频统计器的检索结果

从图 1-1 中可以发现，早在 1900 年，"用户、消费者、顾客、客户"这些词语就已经被一些书籍提及。1900 年，在这几个词语中，"用户"一词被提及的频率最低，而在今天，它已经独占鳌头，这在一定程度上反映了"用户"概念的发展趋势。

事实上，现在已经称得上是一个"最终用户"的新时代了。

1.1.1　营销时代的变迁

关于营销的实践已经有数千年的历史了。例如，早在公元前 200 年，中国人就使用包装和品牌来表示家族、地名、产品质量，在公元 600—900 年间使用政府规定的产品品牌。研究表明，世界上最早的消费主义文化兴起于中国的北宋时期，北宋时期的青铜雕版印刷广告"济南刘家功夫针铺"被认为是世界上最早的印刷广告，如图 1-2 所示。后来，在庞贝古城、美索不达米亚平原、地中海等地区同样发现了营销活动的遗迹。

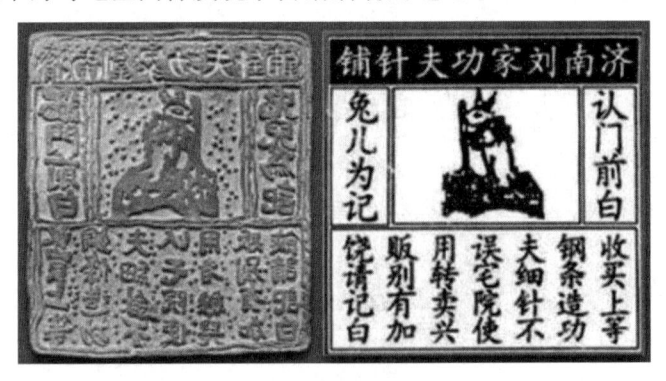

图 1-2　北宋时期的青铜雕版印刷广告

"市场营销"（Marketing）一词最早记载于 16 世纪的字典中，指的是在市场上进行买卖的过程。"营销"的现代定义在 1879 年的词典中首次出现，它被定义为一种将商品从生产者手中转移到消费者手中的过程，重点是销售和广告。

虽然营销的实践已经进行了数千年，但是有关人士普遍认为作为专业实践的"现代市场营销概念"出现在工业革命之后。关于现代营销的阶段划分有众多的版本，最广为接受的是罗伯特·J.基思的划分原则，他于 1960 年发表的一篇题为《营销革命》的文章被视为研究营销实践历史的开创性著作。在该文章中，他提出了 3 个典型的营销时代，分别是生产导向时代（Production-oriented Era，时间为 19 世纪 60 年代—20 世纪 30 年代）、销售导向时代（Sales-oriented Era，时间为 20 世纪 30—50 年代）、营销导向时代（Marketing-oriented Era，时间为 20 世纪 50 年代之后）。

被誉为"现代营销学之父"的菲利普·科特勒在其经典著作《营销管理》中，将营销观念的发展演变总结为"生产观念（Production Concept）"—"产品观念（Product Concept）"—"销售观念（Selling Concept）"—"营销观念（Marketing Concept）"—"全方位营销观念（Holistic Marketing）"。科特勒的观点可视为对基思观点的继承和发展，同样广受认可。

SMEI 延续基思的思想脉络，将"营销导向时代"之后的第四个时代称为"最终用户导向时代"（简称"最终用户时代"，End User Era）。这个新时代的分水岭出现在 2010 年前后，标志性事件是可以快速接入互联网的移动设备在全球范围内开始被大量使用（苹果公司于 2007 年推出了首款 iOS 手机，HTC 公司于 2008 年推出了首款 Android 手机，在 2010 年前后，3G 和 4G 移动网络也陆续进入了全面商用阶段）。

网络分析机构 StatCounter 的监测数据显示，2016 年 10 月，互联网上的全球移动设备使用量首次超过了台式机。谷歌在 2020 年发布的一项研究报告显示，68%的人会通过搜索来解决他们在将来的某个时刻需要面临的问题，这些对未来需求的搜索主要发生在移动设备上，其中 97%的人会在手机上进行搜索。移动设备的广泛使用彻底改变了消费者访问互联网的方式、消费决策过程、与产品或品牌互动的模式，伴随着产品形态、移动媒体、社交网络、大数据、人工智能、短视频等移动网络生态的爆发式发展，商业和营销的格局被彻底改变了，以用户体验（User Experience，UE 或 UX）为核心的最终用户时代正式到来。

"最终用户"一词在 20 世纪 80 年代就已经诞生。那时，计算机软件的用户从编程专家和计算机科学家扩展到普通消费者，"最终用户"特指软件的普通消费者。SMEI 之所以将营销新时代定义为最终用户时代，主要是因为消费者的行为出现了根本性变化，其含义已经远远超出了"软件的普通消费者"的范围。

1.1.2 最终用户时代的特点

每一个时代都有其显著的特征，在最终用户时代，用户的消费特征主要有以下几点。

第一，最终用户在购买决策中的权力显著加大。

关于消费者（或用户）购买决策过程，美国广告与销售界的先驱艾尔莫·李维斯早在 1898 年就提出了经典的"AIDA 模型"，即 Attention（注意）、Interest（兴趣）、Desire（欲望）、Action（行动）。该模型假设消费者通常会在受到刺激（如广告）后对产品或品牌产生注意，在产生注意后进一步产生兴趣，在产生兴趣后进一步激发欲望，只有在激发欲望后，消费者才会形成购买意向并最终成交，这是一个线性、连续的过程。

AIDA 模型是一种非常经典的模型，在它的基础上出现了一些变种模型。例如，一种消费者决策过程（Consumer Decision Journey，CDJ）模型如图 1-3 所示。

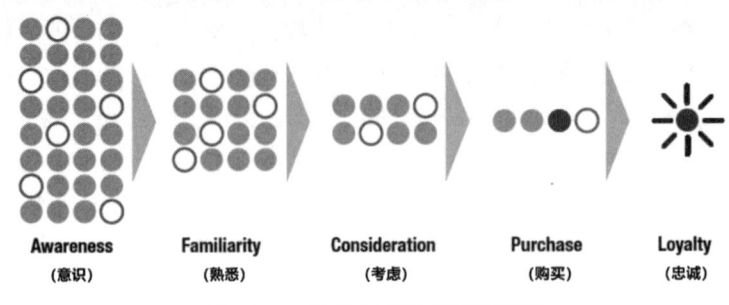

图 1-3　一种消费者决策过程模型

图 1-3 中的模型由 Awareness（意识）、Familiarity（熟悉）、Consideration（考虑）、Purchase（购买）、Loyalty（忠诚）5 个阶段构成，它描述了消费者从众多的品牌中开始筛选，逐步减少目标品牌的数量，最终在少量品牌的范围内进行对比后做出购买决策的过程，并且考虑了消费者对品牌的忠诚度因素。该模型描述了一个线性、连续、漏斗化的消费者决策过程，这个过程非常有条不紊。

类似的变种模型还有很多不同的描述方式，不过这些模型大多将消费者决策过程描绘成线性的过程。

然而，随着互联网（尤其是移动互联网）的兴起，消费者决策过程发生了根本性的变化。麦肯锡在研究了近 2 万名消费者的决策过程后，开发了一种非线性的新模型，如图 1-4 所示。

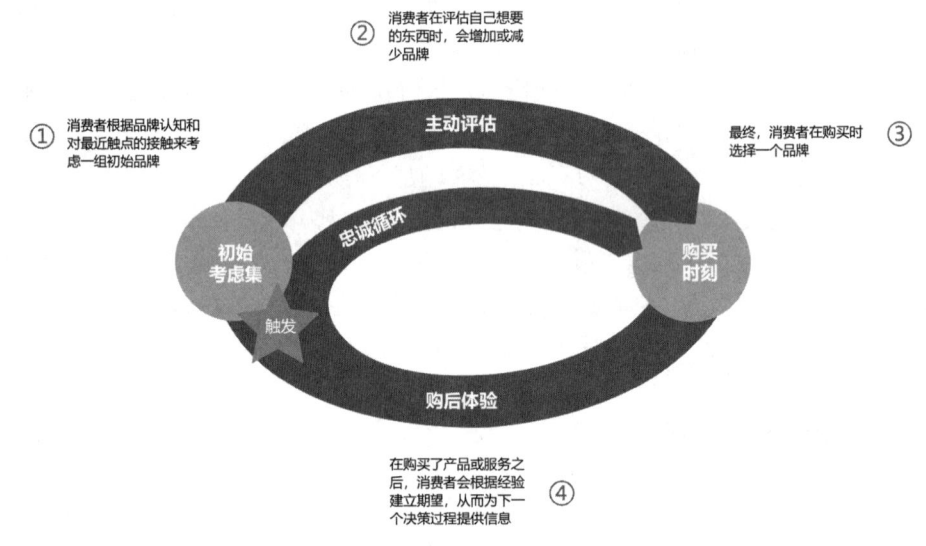

图 1-4　麦肯锡开发的非线性消费者决策过程模型

这种新的循环过程模型与以往的线性模型相比，主要有以下重大区别。

首先，在"初始考虑"阶段被排除的品牌并不会从决策漏斗中彻底消失，到了"主动评估"阶段，这些品牌可能会重新获得被选择的机会。为什么会这样呢？根本原因是互联网（尤其是移动互联网）给消费者带来了信息搜索上的极大便利，人们只要打开手机就可以搜索到丰富的信息。例如，迈克想买一辆山地自行车，他对六七个山地自行车品牌有印象（可能是广告记忆留存或曾经接触过），这就是他的"初始考虑集"。基于对这些品牌的印象，他可能会排除三四个品牌，留下两三个品牌重点考虑。在这个时候，他很可能不是直接去这两三个

品牌的门店挑选，而是打开手机上的搜索引擎，查询这两三个品牌的信息，或者不限于搜索已知的品牌，而是广泛地搜索与"山地自行车"关键词相关的其他信息。经过一番搜索评估，他很可能发现一些新的信息，这些信息有很大的概率会改变他的认知，相关品牌会在他的脑海中被重新考虑和排序，甚至被重新考虑的品牌可能与"初始考虑集"完全不同。当然，之前被排除的品牌也有可能重新获得被选择的机会。总之，这个过程不再是线性、连续的。这种消费行为的变化令善于建设和运营互联网触点的企业获得了更多的转化机会。

其次，消费者对营销人员的主动触发变得比营销人员对消费者的主动触发更重要。在过去，营销是由企业驱动的，企业通过传统广告、直销、赞助等渠道，把产品"推"给消费者。在决策漏斗的每一个节点上，由于消费者会逐渐减少他们选择的品牌数量，因此营销人员会试图影响他们的决定。这种不精确的方法往往无法在正确的节点接触到正确的消费者。在如今的消费者决策过程中，由消费者驱动的营销变得越来越重要，因为他们掌握了这个过程的控制权，并积极"拉取"对他们有用的信息。麦肯锡研究发现，在"主动评估"阶段，2/3 的触点涉及由消费者驱动的营销活动，如互联网评论、口碑、亲朋好友的推荐、店内互动，以及对过往经历、体验的回忆等。[①]

最后，在消费者做出购买决策的那一刻，营销人员的工作才刚刚开始。由于消费者的"购后体验"会影响他们和其他人的态度或意见，这些态度或意见会融入新的"忠诚循环"之中，因此消费者决策过程是一个持续的循环。《哈佛商业评论》载文指出，在购买面部护肤产品的消费者中，超过 60%的人会在购买产品后到互联网上进行进一步的研究交流、发表评论或评价，这是以往的漏斗状模型中完全没有涉及的触点。

在营销新时代，某些传统的购买模式也在发生巨大变革。例如，在传统的购买模式中，购买办公软件的决策通常由企业的 CIO（Chief Information Officer，首席信息官）或部门负责人做出，只有在企业购买软件之后，企业中的最终用户才有权限使用软件。现在，随着云计算的兴起，软件可以通过互联网被便捷地推送到最终用户面前，最终用户可以直接使用软件，而且软件通常是免费的，或者在一段时间内是免费的。于是，使用软件的顺序被颠倒过来了，过去是决策者先使用，最终用户后使用；现在，越来越多的情形是最终用户先使用，再由他们向决策者介绍软件，推动决策者做出购买决策。"产品导向型增长"（Product Led Growth）模型描述的就是这种情形，它是一种以最终用户为中心的增长模型，把产品本身作为用户获取、转化和扩展的主要驱动力。

总之，信息的获取极其便利，消费者可以在不同决策阶段之间来回跳转，购买产品的线性路径已经被打破。在获取信息的能力增强的同时，消费者在购买决策中的选择权和推荐权重也加大了，即使在传统的企业市场，最终用户也日益转变为购买决策的实际推动者。如今，最终消费者在做出购买决策时，通常已经非常"知情"，甚至掌握着购买主导权。2011 年，谷歌创造了一个术语——ZMOT（Zero Moment of Truth，零关键时刻），描述的正是这种现状，即消费者在采取任何购买行动之前，会在网上对有关产品或服务进行研究（如搜索评论）并做出决策，这一在线决策时刻被称为 ZMOT。与以往在接触实际产品后才做出决策相比，消费者的购买决策点前移了。

与 ZMOT 相关的时刻有 FMOT（First Moment of Truth，第一关键时刻），它指的是在消费者第一次与产品或品牌接触后的 3~7 秒内，营销人员有最大的机会吸引他们，将泛泛的浏

---

① 文章来源为 hbr 官方网站。

览者转化为实际购买者；SMOT（Second Moment of Truth，第二关键时刻）指的是消费者基于产品或品牌的承诺购买产品，并体验其质量的时刻。

第二，最终用户的口碑力量显著增强。

最终用户对产品质量、使用体验、价值体验、过程体验、服务体验等形成的口碑，尤其是网络口碑（Electronic Word-of-Mouth，eWOM），会对其他消费者的购买决策产生重大影响。与企业营销人员的建议相比，消费者往往更愿意相信互联网上其他消费者的看法。在过去，口碑是通过口耳相传来传播的，传播的速度、范围有限。如今，网络口碑的形成非常方便，口碑信息的传播也非常迅速，因而网络口碑的影响力被迅速放大了。

企业对网络口碑的运用甚至可以直接促成消费者的购买或使用行为。Hotmail（现为Outlook）在用户发送的邮件底部向收件人展示了一句话"请注册并使用 Hotmail 的免费电子邮件服务"，获得了大量注册用户，在 1996 年一年内，Hotmail 的注册用户就从 2 万个增加到 100 万个。云存储品牌 Dropbox 是另一个成功的例子，其通过在最终用户中开展"推荐新用户并获得更多存储空间"的"病毒营销"计划，获取了大量的新用户，在 15 个月内达到了 3900%的用户增长率。

第三，最终用户与企业之间的直接互动显著增强。

今天，最终用户与企业之间的互动不存在时间上或空间上的限制。在过去，企业只能通过广告或公关等方式向某个用户群体进行单向的传播，甚至某些企业（如生产制造类企业）只负责生产，产品必须经过多层销售渠道才能转移到最终用户手中，企业难以与最终用户直接互动，最终用户也难以与企业直接互动。然而在今天，这一现象发生了变化。企业与最终用户之间具备全天候直接互动的便利条件，双方的直接互动日益频繁，企业很难像过去那样继续生存在"信息茧房"之中。企业必须顺应这一重大变化，与最终用户构建新型互动关系，以最终用户为中心，以便从这样的新型互动关系中获益。

一些面向最终用户的商业模式也快速兴起，如 DTCA（Direct-to-consumer Advertising，直接面向消费者的广告）。在药品广告领域，这种新的广告模式由企业直接面向最终消费者（患者）进行广告推广，而非针对医疗专业人员。又如，DTC（Direct-to-consumer，直接面向消费者的营销和运营）泛指产品方或品牌方直接面向最终消费者的营销活动，包括推广、销售、运营、互动等。

第四，最终用户在价值共创中的能力和意愿显著增强。

在如今高度互联的世界中，最终用户不再处于产品价值链的末端，而是深度融入产品价值创造的过程之中，并对产品或品牌的发展产生深刻影响。最终用户参与价值共创的方式多种多样，如提出意见、参与设计、参与用户测试、参与共同开发、参与社区建设、为品牌生成原创内容等。IBM 曾经对全球 1500 位 CEO（Chief Executive Officer，首席执行官）进行调查，得出了"最成功的组织是与消费者共同创造产品、服务，并将消费者整合到核心流程中的组织"的结论。最终消费者参与共创的意愿不断增强，正如媒体专家查尔斯·利德彼特所论述的那样，"共创"正在形成一种文化，在这种文化中，最终用户的地位越来越由他们创造和分享的东西来定义，而不是他们拥有的东西。

小米公司是用户共创的经典例子。小米公司在 2010 年创业初期，把开发人员和共同参与的最终用户聚集起来，构建了一个数万人的开发团队，对 Android 系统进行优化。除了编写工程代码，产品需求调研、产品测试和发布都开放给用户，许多 MIUI 系统的功能设计都是经过用户讨论或投票确定的。最终，基于 MIUI 系统的极大成功和优秀口碑，小米公司开启了快速增

长模式。

第五，最终用户的数据价值显著提升。

今天的消费者已经成为互联网上的"数字居民"，他们的身份"ID化"，他们的行为"数据化"，他们在企业的产品、广告投放、社区等各个触点留下了海量的数字化消费行为（Digital Consumer Behavior）。通过收集、分析和利用这些数据形成消费者洞察、营销策略，甚至直接将这些数据运用到程序化广告投放、相似人群拓展、再营销、个性化推荐、大规模个性化定制等营销和运营活动中，已经成为企业增长的关键途径。

最终用户时代的基本特征如图1-5所示。

图 1-5 最终用户时代的基本特征

1.1.3 4个营销时代的对比

4个营销时代的对比如表1-1所示。

表 1-1 4个营销时代的对比

对比	营销时代			
	生产导向时代	销售导向时代	营销导向时代	最终用户导向时代
年代	19世纪60年代—20世纪30年代	20世纪30—50年代	20世纪50年代—21世纪10年代	21世纪10年代至今
供求与竞争	供不应求，少有竞争	供求基本匹配，微弱竞争	供大于求，激烈竞争	严重供大于求且产品极易获取，空前激烈竞争
企业最关注的人	车间工人	销售人员	顾客	最终用户
营销关键词	产量	卖点	需求	体验
营销获胜关键	生产效率	推销能力	广告驱动的营销能力	数据驱动的增长能力

1.2 用户增长的衡量和决定性因素

1.2.1 与"用户"相关的一组概念辨析

与"用户"密切相关的一组概念包括消费者、顾客、客户。在现实中，有些人可能会混淆或混用它们。事实上，它们之间有着明显的区别。

用户指的是使用产品或接受服务的人。[①]用户通常被称为"最终用户",不过严格来讲,二者并不是完全相同的,如在软件行业,软件的用户除了"最终用户",还包括软件的技术支持人员、维护人员、数据库管理人员等。

除非特殊声明,否则本书中提及的"用户"指的都是"最终用户",产品或服务统称为产品。目标用户指的是认可产品价值且有能力使用产品的人。目标用户需要满足两个条件:一是有意愿,二是有能力。不是所有目标用户都能成为正式用户,让目标用户成为正式用户的过程是用户获取过程,具体内容将在第三章详细阐述。

消费者指的是购买或使用产品的人。在消费者中,除了有用户,还有消费产品的非用户,即只购买产品而不自行使用的人。例如,购买礼品的消费者通常会将礼品赠送他人,购买儿童玩具的父母也属于这类消费者。最终消费者指的是既购买产品又自行使用的人,从这一意义上讲,最终用户与最终消费者的含义相同。

消费者与用户的关系如图 1-6 所示。

需要注意的一点是,有时候,"消费者"和"用户"在使用语境上是不相同的。"用户"通常是针对某种或某类产品而言的,如Windows 产品的用户、互联网用户;"消费者"可以泛指市场中物质资料的使用者或劳务活动的服务对象,从这一意义上讲,每个人都是市场中的消费者,在这种语境下,与之相对的概念通常是"生产者"。

图 1-6 消费者与用户的关系

顾客指的是接受产品的组织或个人。根据 ISO9000 质量管理标准的这一定义,顾客可以是组织内部的或组织外部的,如消费者、委托人、最终用户、零售商、内部过程中产品或服务的接受者、采购方,以及其他利益相关者。可见,这是一个非常宽泛的概念。显然,"顾客"概念的范围比"用户"更大,二者是包含关系。

顾客与用户的关系如图 1-7 所示。

客户指的是接受专业人士或组织的服务、建议的组织或个人。客户是顾客,但不是普通的顾客,而是接受专业服务的顾客。例如,麦肯锡的创始人马文·鲍尔说:"我们没有顾客,我们只有客户;我们不属于哪一个行业,我们是一个专业。"他的意思是麦肯锡是一家提供专业服务的企业。

图 1-7 顾客与用户的关系

1.2.2 用户增长的衡量

当"用户增长"被当作描述企业用户发展状况的名词时,它指的是**有效用户增加和用户生命周期价值(Life Time Value,LTV)提升**,这是从"度量"的角度理解用户增长。衡量用户是否增长主要有两个基本观察点:一是有效用户是否增加,二是用户生命周期价值是否提升。前者衡量用户增长的规模,后者衡量用户增长的质量。

此外,我们还可以从"职能"的角度理解用户增长。当作为企业的一项职能时,"用户增

[①] 除非单独注明出处,否则本书中的所有术语定义均出自《UGBOK®》,并且已获得著作权人授权许可,下文不再一一说明。

长"指的是一种新型的企业经营管理职能，聚焦于高效推动用户和企业持续增长这一目标。从事用户增长的工作也被称为"做增长"或"增长运营"，我国招聘市场中与用户增长直接相关的岗位如图 1-8 所示。

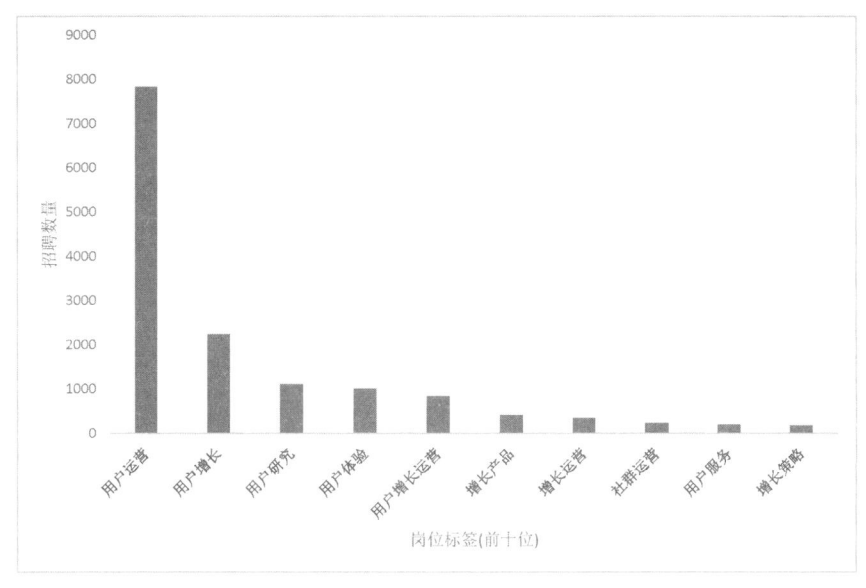

图 1-8　我国招聘市场中与用户增长直接相关的岗位

（注："岗位标签"指的是招聘岗位的名称中包含的标签。图 1-8 中的数据来源于我国部分城市招聘信息的抽样统计结果）

1．对用户数量的衡量

1）统计口径和指标

在不同的增长运营场景中，衡量用户数量的指标不尽相同，表 1-2 中列举了一些常见指标。

表 1-2　衡量用户数量的常见指标

增长运营场景	常见指标	说　明
企业网站	用户数	用户识别标识为 Cookie 中的 ID，如 Google Analytics 中的 ClientID。在 Google Analytics 中，"用户"的原名称为"独立访问者"
	活跃用户数	具体包括日活跃用户数、周活跃用户数、月活跃用户数等细分口径
	注册用户数	注册用户通常也被称为注册会员
	付费用户数	一段时间内付费的用户数量
企业 App	安装激活数	安装激活也被称为应用激活，用户识别标识为移动设备 ID
	注册用户数	同"企业网站"
	活跃用户数	同"企业网站"
	付费用户数	同"企业网站"
电商平台	访客数	访问的用户数，PC 端和移动端相加去重，同一个用户多次访问只统计为 1 个用户
	加购人数	添加购物车的用户数
	成交人数	下单并完成支付的用户数
	会员数	平台会员，具体包括会员总数、活跃会员数、已购会员数等细分口径
社交平台和自媒体	关注人数	关注用户也被称为粉丝，具体包括累计关注人数、新增关注人数、取消关注人数等细分口径

注：以上增长运营场景中都可以统计一段时间内的新增用户数。

在哪些情况下算作增加了1个新增用户呢？

在网站中，新增用户一般是按照"访问"口径来计算的。例如，某个互联网用户首次访问了你的网站，代表你的网站增加了1个新增用户。如何确定该用户之前有没有访问过你的网站呢？一般是根据Cookie来判断的，具体是指Cookie中的ID标识，如Google Analytics（以下简称"GA"）中的ClientID字段。如果在该用户的计算机中发现了Cookie ID，那么该用户是老用户（也被称为回访用户），如果在该用户的计算机中没有发现Cookie ID，那么该用户是新用户。使用Cookie来识别新老用户，与用户是否在网站上注册账号、登录无关。如果统计网站上的新增注册用户数，就要按照"注册"口径来统计，它与"访问"口径完全不同，统计结果也大相径庭。同样，如果统计新增的付费用户数，就要按照"付费"口径来统计。

在App中，新增用户一般是按照"安装激活"口径来计算的。例如，某个互联网用户从应用商店中下载了你的App，并在手机上安装了该App，在首次启动该App时（若不启动App，则无法与服务器通信，因而必须至少启动一次），该用户就会视为1个新增用户。如何确定该用户之前有没有安装激活过你的App呢？一般是根据移动设备ID来判断的（因为App中没有Cookie），同样与用户是否在App中注册账号、登录无关。由于安装激活App代表一台设备接入了App，因此也被称为"设备激活"，其统计逻辑、口径与网站基本相同。如果该用户在移动设备1上首次安装并启动该App，就会被统计为1个新增用户；如果该用户在移动设备1上卸载该App后重新安装，并再次启动该App，就不会被统计为1个新增用户；如果该用户在移动设备1上通过其他账号登录该App，那么也不会被统计为1个新增用户；如果该用户在移动设备2上首次安装并启动该App，就会被统计为1个新增用户。

2）用户身份识别

上文提到了通过Cookie或移动设备ID来识别新老用户的问题，这两种方式的本质都是基于"设备"的身份识别，而非基于"人"的身份识别。有什么区别呢？我们可以通过下面的例子来感受一下。

某自然人用户张三分别在网站和App上首次使用了某产品，他会被统计为2个新增用户，因为网站和App的身份识别机制不同，并且无法联通。即使张三只访问网站，如昨天通过谷歌浏览器访问了该网站，今天通过360浏览器访问了该网站，也会被统计为2个新增用户，因为同一个人通过不同的浏览器访问同一个网站会产生2个不同的Cookie，从而被识别为2个不同的用户。即使张三只通过一款浏览器访问同一个网站，在某些特殊情形下（如Cookie过期或被手动清除），他也会被统计为新增用户。即使张三只通过一款浏览器访问同一个网站，并且Cookie未过期，他也没有手动清除浏览器的Cookie，在跨主域的情况下，网站依旧无法准确识别张三。假设你有2个网站，一个网站的域名是abc.com，另一个网站的域名是def.com，即使张三访问过这2个网站，如果他不主动告诉你，那么你也无从得知，因为这2个网站会产生不同的Cookie，它们之间是无法关联的。

可见，基于设备的身份识别的可靠性、准确性会受到影响。为了解决这个问题，大多数网站或App会建立用户账号体系，在用户注册账号并登录网站或App后，该体系可以更好地识别用户的身份。例如，张三在访问你的网站时用手机号注册了账号，在登录你的App时也使用了该手机号，你就可以知道在这2次访问的背后是同一个人。在这种情况下，用户只需要登录一次，不需要始终保持登录状态。在用户注册账号时，网站或App会生成唯一的注册ID值，用户只要登录一次该账号，就可以将该注册ID值与网站的Cookie或移动设备ID关联。即使用户不登录账号，系统也能确定访问网站或App的用户对应的是哪一个注册ID值。

当然，基于用户账号体系的身份识别机制仍然无法100%地精准识别自然人用户。如果张三在你的网站上使用邮箱账号登录，在你的App上使用手机号账号登录，那么在邮箱账号和手机号账号未绑定的情况下，你无法得知在这2个账号的背后是同一个人。又如，张三有2个手机号，在你的网站上分别用这2个手机号注册了2个账号，你同样无法得知在它们的背后是同一个人。

只有基于人的唯一性标识机制，才能更可靠、更准确地识别用户的身份，如使用身份证号、生物特征信息（指纹、人脸、虹膜、DNA）等。虽然这种识别机制也不是绝对的精准，可能出现身份证号重复、指纹相同等特殊情况，但是这些毕竟是小概率事件。

通过上文的分析，我们可以对3种级别的用户身份识别机制进行简单的归纳，如图1-9所示。

（1）**设备级别**：主要基于设备产生的ID来识别用户身份，如网站产生的Cookie或移动设备产生的设备ID。其优点是获得ID的过程比较简单（需要注意的是，现在通常需要用户授权），使用起来比较便捷；缺点是精准性较弱。

（2）**用户账号级别**：主要基于用户注册账号时生成的注册ID值来识别用户身份。其优点是精准性大幅增强；缺点是可能受到同一个用户拥有多个账号的影响，效果并不完美。

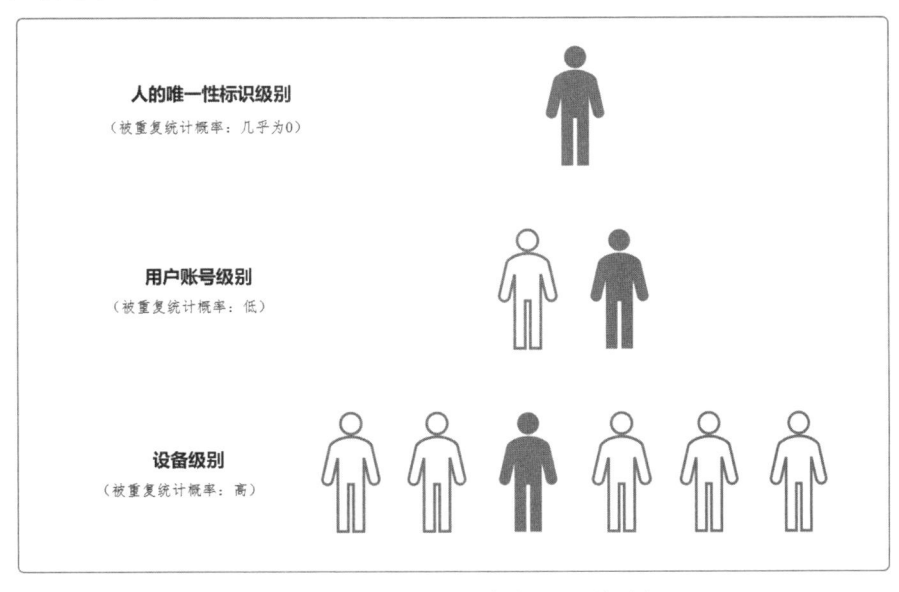

图1-9　3种级别的用户身份识别机制

（3）**人的唯一性标识级别**：主要基于人的唯一性标识信息来识别用户身份，如身份证号或生物特征信息等。其优点是非常精准；缺点是不易获得、不易使用，其中"不易使用"不仅包括技术上的难度，更主要的是法律法规的限制，其在商业性产品中几乎没有大规模应用的可能，只能在极少数特殊产品中应用，如政府部门、司法机构的产品。

从用户增长运营业务需求的角度来看，企业当然希望对用户身份的识别更加精准，甚至不满足于在企业自身的生态内识别用户，而是希望跨生态识别用户。仍以张三为例，如果你想知道访问你的网站或App的张三在其他平台上做了些什么、访问过哪些网站、买过什么东西、发过什么文章、有没有贷款等，就需要实现跨生态的用户身份识别。如果能实现更精准的识别，那么我们可以在用户增长运营中有更多的作为，如更准确地归因，更好地触达和影响用户。但是，企业的业务需求和用户对个人隐私的保护常常是相悖的，用户当然希望越难识别越好。二者处于一种博弈状态，这种剧烈的博弈促使法律法规因素也参与进来，无论是欧美、中国，还是其他的国家和地区，都在陆续出台相关的法律法规，以调整二者的博弈关系。

小贴士　应用激活 vs 用户激活 vs 账号激活

应用激活也被称为 App 激活，指的是 App 在被安装后首次被成功打开。

用户激活指的是新用户完成特定的操作。新用户在完成该操作后，可以体验到产品核心价值（Product Core Value，PCV），它是影响用户留存的积极因素，具体内容详见第四章。

账号激活指的是用户通过一定的程序来启用新的账号。例如，通过让用户点击官方发送的邮件链接或填入官方发送的验证码来验证用户操作的真实性，并激活账号。

用户激活与账号激活之间没有顺序要求，换句话说，用户激活既可以发生在账号激活之前，也可以发生在账号激活之后。不过，应用激活必然发生在这二者之前。

2. 对用户生命周期价值的衡量

1）理解用户生命周期价值

用户生命周期价值指的是在用户与企业的整个关系期间内归属于用户的未来现金流量的现值，也被称为客户生命周期价值（Customer Lifetime Value，CLV）。[①]

用户生命周期价值是基于用户参与而创造的价值，也就是说，如果用户没有参与（Engagement）行为，就不会产生用户生命周期价值。用户参与是价值的根源。

企业或个人为什么要开发产品呢？原因很简单，即希望在开发出产品后让用户使用产品，并借助用户实现盈利。怎么才能实现盈利呢？不同的盈利模式决定了钱的来源：一种盈利模式是直接从用户那里得到钱（用户直接付费），另一种盈利模式是从第三方那里得到钱（用户非直接付费，比较典型的模式是从广告商那里得到钱，在互联网行业内有一句耳熟能详的话是"羊毛出在狗身上，让猪来买单"，说的就是这种模式）。这两种基本的盈利模式之间不是非此即彼的关系，而是可以兼容的。例如，某个 SaaS（Software as a Service，软件即服务）工具软件的主要收入是用户直接付费、续费，同时，该软件也可以承接第三方的广告推广，从而获得收益；某个内容媒体平台的主要收入是广告，同时可以将内容变成付费内容，直接从用户那里获得收益。此外，这两种盈利模式还产生了一些变种。例如，既不是用户付费，也不是广告商付费，而是投资人付费（或者付一部分）；如果企业上市了，那么也有一部分钱是股民付的；等等。总之，万变不离其宗，本质上都是基于用户生命周期价值。换句话说，如果投资人不看好产品的用户增长前景，就绝对不会投资。如果用户增长达不到相当优秀的水平，企业就无法上市。

在用户直接付费的盈利模式中，用户生命周期价值与什么有关呢？答案是与客单价、消费频率等有关，这些指标比较容易统计和预测。在用户非直接付费的盈利模式中，用户生命周期价值与什么有关呢？答案是与用户的活跃水平有关，如用户在产品内的互动率、对产品的分享推荐率、产出内容的质量和数量、对广告的点击率等，这些指标的表现越好，变现的机会就越大。

[①] Customer Lifetime Value 原本应当翻译为"顾客生命周期价值"，由于业界习惯性地翻译为"客户生命周期价值"，因此本书也采用约定俗成的译名。

如图 1-10 所示，用户参与的形式多种多样，归纳起来主要有两类：一类是产出性参与行为，另一类是一般性（非产出性）参与行为。

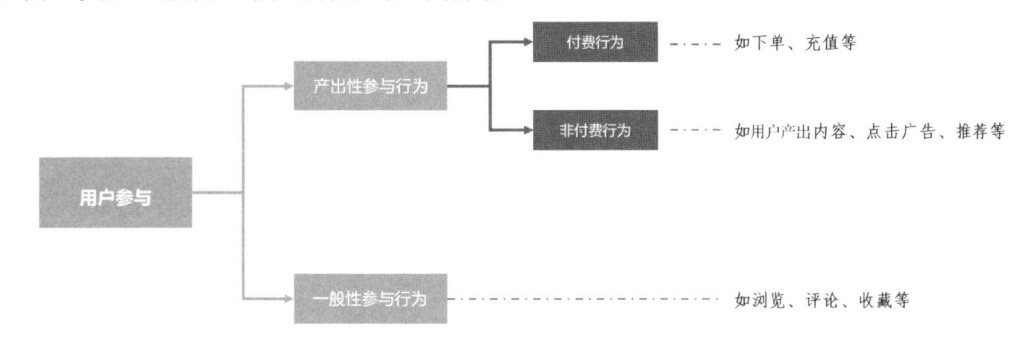

图 1-10　用户参与的形式

必须强调的一点是，用户行为（User Behavior）是多样化的，其价值也是多元的，有些行为的价值高，有些行为的价值低，有些行为无效甚至价值为负（如刷单、作弊、网络暴力等行为）。并非所有的用户行为都能被称为用户参与，**用户参与特指正向、积极、有价值的用户行为**。

2）计算用户生命周期价值

用户生命周期价值的大小取决于两个变量：一是用户生命周期时长（Life Time，LT），二是每用户平均收入（Average Revenue Per User，ARPU）。三者的关系可以用以下公式来表示。

$$LTV=LT\times ARPU$$

由上式可知，要想提高 LTV，既要延长 LT，又要提高 ARPU，也就是用户创造的货币化价值。

SMEI 将 LTV 的计算模式分成 3 种，分别是非预测模式、简单预测模式和高级预测模式，如图 1-11 所示。

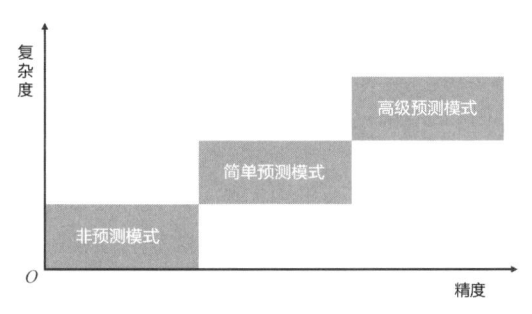

图 1-11　LTV 的 3 种计算模式

（1）非预测模式。

非预测模式是基于现有的数据直接统计用户的贡献值，用该贡献值代表 LTV。

例如，某专注于研究生考试的学习产品已经上线 5 年，如果先统计全部用户的消费金额（最好减掉成本），再除以对应的用户数，得出的就是用户的人均贡献值，假设该人均贡献值是 7000 元，我们可以将 7000 元视为该产品的 LTV。

这种计算模式的优点是取材简便、计算简单；缺点是没有考虑到用户未来的行为和结果，用现状代表未来，比较片面。这种计算模式的精度与当前积累的数据量有关，如果数据周期比较长、付费用户数量比较多，统计结果的代表性就更强一些，此外也与抽样方法有关。

这种计算模式还有一些变体。例如，只统计过去 3 年的用户平均贡献值，用其代表 LTV，或者对某个群体进行加权计算，或者统计得更细一些（如先抽取一定的用户样本，统计出他们在产品中的平均留存时间，用其代表总体用户的 LT，再计算这些用户样本的 ARPU，用其代表总体用户的 ARPU）。总之，本质上都是基于现有数据产生统计结果。从统计学的角度来看，非预测模式属于"描述统计"，而简单预测模式和高级预测模式属于"推断统计"。

非预测模式适用于用户生命周期比较短的产品，如考研平台、某些游戏产品等。如果统计数据的时间取值能够覆盖用户的整个生命周期，那么统计结果会更接近于真实情况。

（2）简单预测模式。

简单预测模式是基于当前数据对未来一段时间内的 LTV 做出简单的推断。由于 LTV=LT×ARPU，因此我们需要分别对 LT 和 ARPU 做出推断。

对于 LT，SMEI 推荐基于用户平均流失率来推断，其计算公式如下。

LT=1/用户平均流失率

上诉公式的统计学原理是：在给定的用户平均流失率下（如月平均流失率），对用户流失的预测，本质上是一个为得到一次成功事件（概率为 p）而进行 n 次伯努利试验的过程，该过程服从离散变量的几何分布规律。将该过程还原为业务场景，如果平均试验 X 次会发生用户流失的情况，X 就是用户的平均生命周期时长，增长运营人员对所进行试验的次数 X 求解数学期望即可。在几何分布下求解 $E(X)$ 的推导过程如下。

$$E(X) = \sum_{k=1}^{\infty} k(1-p)^{k-1} p = -p \sum_{k=1}^{\infty} [(1-p)^k]' = -p \sum_{k=0}^{\infty} [(1-p)^k]'$$

$$= -p[\frac{1}{1-(1-p)}]' = -p(-\frac{1}{p^2}) = 1/p$$

在某产品中，如果用户的月平均流失率为 20%，那么用户的平均生命周期时长为 5（1/20%）个月。

这种计算模式的重要假设是用户平均流失率是均衡的。虽然用户平均流失率很难真的保持均衡，但是这种计算模式仍然是可取的，其考虑了全生命周期的因素，并且用户平均流失率数据易于获得，计算过程相当便利。当然，在衡量 LT 时，我们也可以基于其他指标或使用其他方法。

对于 ARPU，我们可以用一段时间内用户贡献的利润除以当期用户数来计算，用户数的取值包括总用户数、活跃用户数、付费用户数等细分口径，SMEI 建议取活跃用户数，其计算公式如下。

ARPU=一段时间内用户贡献的利润/当期活跃用户数

需要注意的一点是，ARPU 在时间口径上应与 LT 保持一致。如果 LT 的计量单位是月，那么 ARPU 的计量单位也应该是月，如果 LT 的计量单位是天，那么 ARPU 的计量单位也应该是天。

某产品 6 个月内用户贡献的利润为 34 132 208 元，当期活跃用户数为 14 470 人，ARPU 的计算公式如下。

ARPU=34 132 208 元/14 470 人/6 月≈393.1 元/（人·月）

如果基于用户平均流失率预测出该产品的平均 LT 为 10 个月，那么 LTV 的计算公式如下。

$$LTV = LT \times ARPU$$
$$= 10\ 月 \times 393.1\ 元/（人·月）= 3931\ 元/人$$

上诉公式基于 6 个月内的数据，通过简单预测估算出平均 LT（10 个月）内的 LTV。

简单预测模式适用于用户生命周期比较长、现有数据量小或现有数据时间覆盖范围小的产品。

（3）高级预测模式。

高级预测模式是基于机器学习等方法预测 LTV，如运用关于用户购买行为的 BG/NBD 模型或 Pareto/NBD 模型来预测。这种计算模式可以精确到单个用户，计算每一个用户的 LTV。

高级预测模式的计算结果更接近用户的真实情况，但在数学建模、数据计算、技术开发等方面工作量较大，并且需要大量的用户行为数据作为支撑，使用门槛较高。

事实上，在大多数用户增长的场景中，只要采用非预测模式或简单预测模式就可以满足工作需要了。

（4）ARPU 的计算范围。

上述 3 种计算模式中的 ARPU 都是利润意义上的每用户平均收入，交易额意义上的 LTV 失真较为严重，不利于对真实业务状况进行分析和决策。基于利润意义上的 ARPU 计算出来的 LTV 也被称为净 LTV。

依据《UGBOK®》，在计算 ARPU 时，收入和成本的取值范围如下。

计入 ARPU 收入的项目包含（但不限于）以下内容。

①用户直接付费收入。

②用户点击广告形成的收入。

③自定义价值。有些用户虽然既不会付费，也不会点击广告，但是其产出或贡献对产品发展进步、增强用户黏性、活跃社区氛围、促成购买决策等具有重要作用。对于这样的用户或用户行为，企业可以赋予其合适的价值，将其一并纳入 ARPU 收入。

计入 ARPU 成本的项目包含（但不限于）以下内容。

①推广费用，包括支付给渠道的推广费用和支付给第三方的服务费用（如广告设计费、物料印刷费、广告监测费等）。

②PC 成本，指的是进货成本（Purchase Cost）或生产成本（Production Cost），进货成本包括进价成本和物流包装费用，生产成本包括原材料采购成本和制造费用。

③直接人工费用。

④其他相关费用。

案例

如何计算星巴克的 LTV [1]

第一步，计算 ARPU。

根据 KISSmetrics 的数据，星巴克用户每一次消费的平均金额约为 5.9 美元，计算方法是先对用户每一次的消费金额求和，再得出算术平均数；星巴克用户的平均购买频率是 4.2 次/周，计算方法是先对每一个用户每周的消费次数求和，再得出算术平均数。

---

[1] 本案例摘自 HubSpot 官方网站，作者为克林特·方塔内拉。

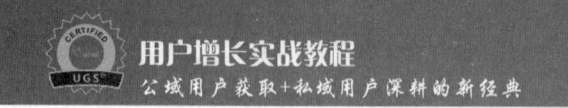

根据以上数据，星巴克用户每周的平均消费金额约为 24.8 美元，每年平均消费金额的计算公式如下。

$$ARPU = 24.8 \text{ 美元} \times 52 \text{ 周}$$
$$= 1289.6 \text{ 美元/年}$$

第二步，计算 LT。

根据 KISSmetrics 的数据，星巴克用户的平均 LT 为 20 年。（如果其他企业没有 20 年的时间来等待并验证该数据，那么估算该数据的另一种方法是使用上文的公式"LT=1/用户平均流失率"。）

第三步，计算 LTV。

$$LTV = LT \times ARPU$$
$$= 20 \text{ 年} \times 1289.6 \text{ 美元/年}$$
$$= 25\ 792 \text{ 美元}$$

1.2.3 用户增长的决定性因素

"用户增长"是最终的结果，它是一个"因变量"。在用户增长的"函数"中有一系列"自变量"，这些因素构成了非常复杂的动态关系，共同对"因变量"产生影响。在众多的因素中有 3 个决定性因素，分别是好的市场、好的产品价值、好的增长运营，它们在很大程度上决定了用户增长的上限、速度、成本。

1. 选择好的市场

用户从哪里来？答案只有一个，用户从市场中来。

开拓市场就像在种地，世界上的土地是不同的，有的土地肥沃，容易长庄稼，有的土地贫瘠，庄稼生长困难。后天的努力固然重要，但是先天的条件同样关键。在耕种之前，我们通常需要思考 3 个问题，分别是选择什么类型的土地、具体选择在哪里的土地上耕种、种什么东西。将这 3 个问题放在商业场景中，对应的分别是市场细分、目标市场、市场定位，它们也被称为营销战略。

土地有好坏，市场有大小。Meta（原 Facebook）和 eBay 的董事会成员马克·安德森认为产品与市场必须匹配，这意味着"在一个好的市场中，产品可以满足该市场的需求"。许多有抱负的企业家经常提出这样的问题："对于一家创业企业而言，最重要的是什么？是市场、产品还是团队的选择？"本书作者的观点是"市场总是赢家"，很多受人尊敬的企业家和投资人也认可这种观点，他们认为市场的选择是创业企业成功的最大预测指标。硅谷著名风险投资人安迪·拉赫列夫认为"排名第一的'企业杀手'是缺乏市场"。麦肯锡研究发现，影响企业增长率的因素有 3 个，分别是整体市场的增长水平、企业并购、企业获得的市场份额，其中"整体市场的增长水平"这一因素的比重达到了 43%。

谁都愿意挑肥拣瘦，问题是大家都在挑，你看中的土地，其他人可能也看中了，这就产生了竞争。有竞争，就会形成竞争的格局，具体表现在两个方面：一是竞争的强度（激烈程度），二是参与者的竞争水平。

竞争的强度受两个方面的影响：一是细分市场的总体规模，二是细分市场的发展阶段。

在一般情况下，细分市场的总体规模越大，吸引的竞争者越多，竞争就越激烈。细分市场的发展阶段不同，竞争的强度也不一样，在市场的培育期，竞争者少，竞争不太激烈；在市场的高速增长期，竞争者骤增，即使实力一般的企业也想分一杯羹，市场变得拥挤，竞争趋于饱和；在市场的增长稳定期，行业产能开始过剩，竞争者逐渐离场，留下的参与者与市场需求之间保持基本平稳的态势。

参与者的**竞争水平**主要包括竞争的能力和意愿，只有在两者兼具的前提下，参与者的竞争水平才足够高。

竞争的强度和参与者的竞争水平共同决定了竞争者市场份额的大小，也就是其用户增长的"天花板"。

企业选择了一个市场，也就是选择了必须面对的市场环境，企业必须置身于特定的竞争格局之中。

2．提供好的产品价值

产品最主要的价值是商业价值和用户价值。当然，产品还有其他的价值，如社会价值等。

产品的商业价值是通过产品能赚多少钱，至于具体怎么赚钱，要么是从用户那里直接赚钱，要么是通过用户从其他地方赚钱。

产品产生商业价值的前提是产生用户价值，也就是产品要有用户，而产品有用户的前提是产品能够给用户带来价值。用户是否使用或购买某种产品，关键是产品是否具备某种核心价值。

产品核心价值指的是一组能打动目标消费者的产品特性。理解产品核心价值，我们应着重理解其定义中的 3 个关键词，分别是目标消费者、产品特性、打动。

1）目标消费者

只要谈及产品核心价值，就要瞄准目标消费者或用户群体，产品核心价值无法脱离目标对象而独立存在，抛开目标消费者谈产品核心价值是没有意义的，甚至是虚妄的，一款产品不可能拥有适用于所有人群的核心价值。例如，一颗闪耀的钻石对于荒岛上的鲁滨孙来说没有价值，因为它既不能当饭吃，也不能当衣穿，更不能当作武器来对付野兽。笔记本电脑是职场人士重要的生产力工具，对他们很有价值，如果把它送给上了年纪的长辈，可能就没有什么价值。

2）产品特性

特性（Characteristic） 指的是人或事物可区分的特征。这样的特征既可以是人或事物固有的，也可以是被赋予的；既可以是定量的，也可以是定性的。[①] 例如，1 亿像素的手机在拍摄能力方面具有独特性，这种特性是产品固有的；很多著名的餐饮或酒店品牌，其门头设计、室内装潢、服务特色、人员装束，甚至室内使用的香水也与众不同，这些都是有意为调性设计赋予一定的特性。

通俗地理解，产品特性就是产品的独特性。产品特性通常不是唯一的，如某洗发水产品可能既有让头发柔顺的特性，也有防脱发的特性，还有去屑的特性。当然，有些产品特性是独一无二的，如某企业研发了一款能够让头发根据心情自动变色的洗发水，世界上其他的洗发水或相关产品没有这样的特性。如果这种独一无二的产品特性能够被目标消费者喜爱，那

[①] "特性"的定义和性质描述引自《ISO 9001：2015 质量管理体系-要求》。

么将带来巨大的商业价值。

要想充分挖掘产品特性，我们可以从产品特性的来源入手。

（1）**产品固有特性**，指产品的成分、功效、性能、原产地、生产工艺、制造过程等特性。例如，云南白药牙膏含有云南白药活性成分，正宗的酱香型白酒只产自茅台镇一带很小的核心产区，这些都是产品固有特性。

（2）**市场表现特性**，指产品在市场中形成的形象或在消费者心智中的定位，包括领导者、专家形象、热销等。例如，谷歌被认为是搜索引擎领域的领导者，四大会计师事务所被认为是领域专家。

（3）**用户体验特性**，指产品具有独特的用户体验。例如，海底捞的服务和奢侈品带给人心理上的成就感都属于用户体验特性。

3）打动

产品可能拥有多种特性，这些特性的价值并不相等。

《辞海》的特性包括词条丰富、内容精当、支持在线查询等，它最与众不同的特性是"准确"和"权威"；佳洁士牙膏也许在口味上很有特点，不过它主要是因为"预防蛀牙"的特性而被消费者接受的。在所有产品特性中，只有最能打动目标消费者的特性才能形成产品核心价值。产品特性和消费者心智的关系如图 1-12 所示，图 1-12 中的圆点代表产品特性，圆点的大小代表产品与竞品相比的特性强弱，圆点在人脑中越靠右，代表产品特性的打动能力越强。因此，产品核心价值不应当在 A 点产生（虽然 A 点代表产品特性最强，但是它是消费者"无感"的特性），而应当在 B 点或 C 点产生，它们具有特殊优势，要么特性足够明显，要么打动能力足够强。至于选择 B 点还是 C 点，

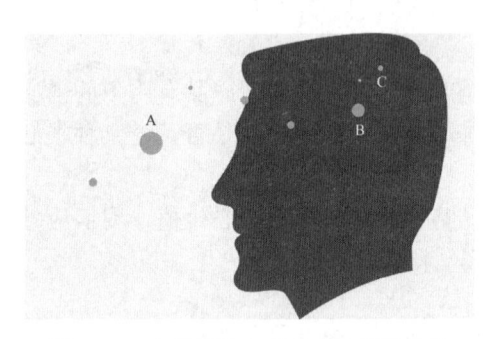

图 1-12　产品特性和消费者心智的关系

要视具体情况而定，如考虑该特性能否进一步放大、长期保持优势、建立竞争壁垒（防止模仿者跟进），以及消费的具体场景等。

从这一意义上讲，消费者不关心的"与众不同"通常是没有价值的。"与众不同"往往带有一层耀眼的光环，很容易让人沉迷，把人带偏，尤其是亲手创造出它们的人，更容易"自嗨"或空想，觉得这些"与众不同"一定可以引爆市场。然而，在很多情况下，这种愿望过于美好。如果选错了价值创造的方向，那么结局往往是劳而无功，企业在错误的方向投入大量资源，注定面临失败的结局。

产品特性的挖掘是一种分析，产品核心价值的确立则是一种选择。

产品特性能否打动目标消费者，本质上取决于产品能否满足目标消费者的某种欲望或需求。当然，"能满足"是一回事，"让目标消费者知道能满足"是另一回事，"能满足"代表创造价值，"让目标消费者知道能满足"则代表传播价值。为了传播价值，企业需要与目标消费者沟通、互动，向他们展示、介绍产品，从而影响并打动他们，使其激发兴趣、唤起欲望，并最终转化为使用或购买产品的实际行动。这需要运用价值表达的一系列策略，主要包括**善用文案、善用画面、善用利益、善用证明**等。（如何表达产品核心价值从而打动用户，详见第三章与 AIDA 模型相关的内容。）

综上所述，"打动"的根本诀窍在于对价值的选择和表达。

> **案例** 宝洁的"润妍"洗发水为什么会失败

宝洁曾经针对中国市场推出过一款洗发水,品牌名为"润妍",主打"18~35岁的时尚女性"这一消费市场,定位是"东方女性的黑发美",品牌口号是"让秀发更黑更亮,内在美丽尽释放"。

在推出该产品前,宝洁进行了深入的市场研究:组织人员到北京、大连、杭州、上海、广州等地,近距离观察目标人群,与她们同吃、同住、同睡,对她们的起居和生活习惯进行"蛔虫式"的近距离观察,如她们在起床后如何走进洗手间、如何洗脸、如何化妆、如何洗发、如何打理头发等;进行用户测试,并根据用户的意见不断改进完善,最终推出加入独特配方且特别适合东方人发质的洗发水;对目标人群喜欢的包装风格、广告内容、创意等进行调查,历时3年之久,润妍洗发水正式上市,一上市就给整个洗发水行业带来了极大的震撼,其品牌定位、诉求、广告、创意等具有极高的水平;进行区域试销,试销地点选在时尚女性聚集的杭州。

然而,仅仅在两年后,润妍洗发水几乎在市场上消失殆尽,宣告了该产品的失败。问题出在哪里呢?原因是多方面的,一个非常重要的原因是产品价值与目标人群的需求不匹配。

润妍将目标用户定位为18~35岁的时尚女性,她们是时尚潮流的引领者,其中一部分人确实需要一头黑发。不过,很多人并不希望自己一直是一头黑发。对于时尚女性来说,头发是她们表达时尚态度的语言,是需要创新多变的。随着染发技术的快速发展,时尚女性更倾向于适合自身气质的各种颜色的发型,并且经常变换,让自己更时髦、靓丽。在这一目标人群中,很多人甚至认为满头黑发是守旧的表现。在一些看似需要黑发的人群中,不少人真正需要的可能是从其他颜色的头发快速变成黑发。润妍并没有深入洞察目标人群的真实需求,虽然赋予了该产品非常优良的"黑发"特性,但是与目标人群的需求不匹配,难以打动目标人群,因而无法形成产品核心价值。

从润妍的案例中我们可以更深刻地体会到,"目标消费者""产品特性""打动"是形成产品核心价值的3个决定性因素,缺一不可,并且必须融为一体。

上文简要介绍了产品核心价值的概念。产品价值(尤其是产品核心价值)不仅连接着用户的需求,维系着用户生命周期,还会直接影响用户是否选择和购买产品。因此,企业的产品开发、市场、销售、运营、增长等工作应当紧紧围绕"价值"这条主线来开展。从这一意义上讲,产品核心价值是用户增长的"原力"。"原力"是著名系列电影《星球大战》创造出来的概念,指一种神秘力量,是所有生物创造的一个能量场。

3. 开展好的增长运营

选择了好的市场,提供了好的产品价值,后续的工作就是持续开展好的增长运营,即源源不断地获取新用户,持续深耕用户,以获得用户的产出和回馈,关于用户获取和用户深耕的内容,我们将分别在第三章和第四章具体讨论。

总的来看,用户增长取决于3个决定性因素,分别是好的市场、好的产品价值、好的增长运营。进入好的市场,关键在于选择,提供好的产品价值和开展好的增长运营,关键在于努力。产品的用户增长是有"天花板"的,这个"天花板"的高度是由选择和努力共同决定的。

如果用一个等式把它们关联起来，就形成了如图 1-13 所示的用户增长等式。

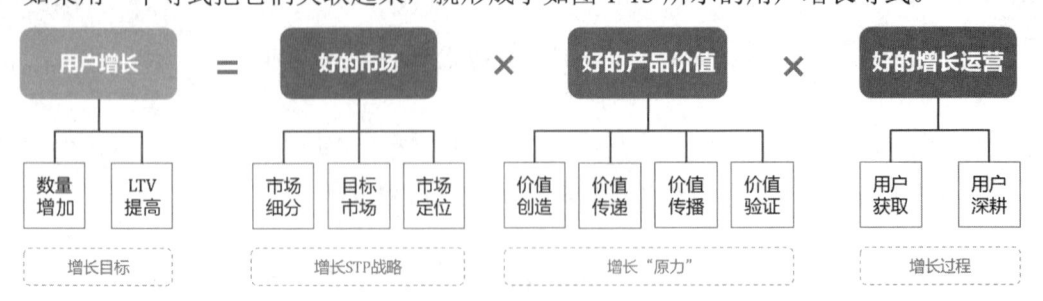

图 1-13　用户增长等式

1.3　用户流动

用户从刚开始了解和接触产品，到使用产品，再到最终离开产品，其流动过程如图 1-14 所示。

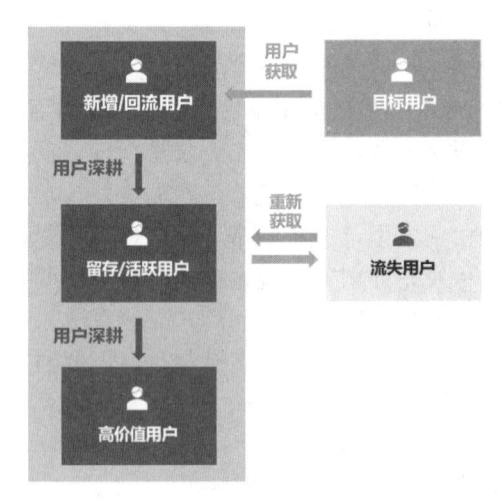

图 1-14　用户流动过程

新用户在了解你的产品后成为产品的正式用户，这当然是一件非常可喜可贺的事情，因为你可能费了九牛二虎之力才让对方成为用户。不过，不要高兴得太早，一部分用户也许会迅速离你而去，这取决于你对用户的价值和态度。你需要深耕细作，一步一步地让用户对你产生信赖，从而让用户长期留存下来，用户贡献的价值自然会越来越大。在这个过程中，用户随时有可能流失，成为流失用户，你要想办法重新获取这部分用户，使其成为回流用户。

在行业内，这个过程也被称为用户生命周期，具体分为导入期、成长期、成熟期、休眠期、流失期等 5 个阶段。对于某个用户来说，未必会完整地经历这 5 个阶段，用户既有可能在刚接触产品时就流失，也有可能到第二个、第三个阶段才流失。总之，用户增长的使命是尽可能延长用户生命周期，并让用户创造更大的价值。

用户在生命周期中不断流动，就像自然界中的流动一样，用户状态可以被"力"改变，用户增长正是在"力"的作用下实现的，这两种关键的力分别是用户获取和用户深耕。所有用户增长工作都是围绕如图 1-14 所示的"F 形图"来开展的，右边的部分是用户获取过程，左

边的部分是用户深耕过程，它们是用户增长的两大核心运作过程。经过获取，目标用户成为新增用户；经过深耕，新增用户成为活跃用户，甚至成长为高价值用户，或者在流失后重新成为回流用户。

1.4 用户增长的北极星指标

1. 理解目标和指标

目标（Goal）指的是组织或个人在未来一定时期内想达到的水平或状态。在通常情况下，制定目标应遵循 SMART 原则，即 Specific（具体的）、Measurable（可测量的）、Achievable（可实现的）、Relevant（相关的）、Time-bound（有时限的）。例如，"一年后产品销量提高 10%"就是一个可行的目标。

指标（Indicator）是衡量目标的参数，也被称为度量（Metric）。指标常用于经济和金融领域，度量常用于工商、工程和计算机领域。一些特殊指标的定义如下。

关键绩效指标（Key Performance Indicator，KPI）指的是最能反映目标达成性的指标。在上文举例的目标中，"产品销量"就是一个 KPI。在衡量目标达成性时，我们应当选择少数的 KPI。

一般绩效指标（General Performance Indicator，GPI）是与 KPI 相对的指标，GPI 对对象的衡量是非关键性的，具有一定的分析价值。在上文举例的目标中，"产品利润率""产品投诉率"等可能是有价值的 GPI。

> 💡 **小贴士**
>
> **渠道端推广中常见的推广目标和指标**

渠道端推广中常见的推广目标和指标如表 1-3 所示。

表 1-3 渠道端推广中常见的推广目标和指标

推广目标	KPI 示例	GPI 示例
广泛推广品牌	品牌知名度、品牌回忆率、用户购买意愿	每千次展现费用、每点击费用、网站访问量、App 下载量
促成用户交易	成交量、投资回报率	参与度、商品或店铺收藏率、商品加购率、客服咨询数
获得用户线索	线索数、获客成本	参与度、客服咨询数
用户订阅（关注）	订阅（关注）数、获客成本	参与度
用户注册账号	注册数、注册率、获客成本	参与度、客服咨询数
用户下载、安装 App	App 激活数、App 激活率、每安装费用、获客成本	App 展现数、搜索排名、榜单排名、推荐次数、广告点击率
召回流失用户	召回数、召回率、获客成本	参与度、触达率、广告点击率

需要强调的是，表 1-3 中的"推广目标"不一定是终极目标，它通常是消费者决策过程中的某个关键点。在转化系统中，终极目标就是"宏转化"（Macro Conversion）目标，CDJ 中的关键点是"微转化"（Micro Conversion）中的"过程里程碑"。

例如，某个 SaaS 产品需要进行获客推广，它的推广目标很可能是"获得用户线索"，而不是位于 CDJ 后程的"付费使用",二者之间需要经历多次微转化的推动。因此,企业在推广产品时应当基于推广目标来选择渠道、设计触点、确定 KPI、设计广告创意、选择目标受众、设计着陆页(Landing Page)、制定投放策略等。

表 1-3 中的 KPI 只是示例,企业应当根据实际情况来决定。

2. 北极星指标

1)什么是北极星指标

一听到"北极星指标",你可能会感觉它是一个比较酷的名称。到底什么是北极星指标呢?北极星指标指的是在某个阶段内直观且灵敏地反映有意义的用户增长水平的指标。

要想理解这个定义,我们要重点明白 3 个关键词。

(1)"某个阶段内",即在现在这个时间、过去的某个时代、未来的某个时段,北极星指标可能不同。例如,某社交电商产品在上线之初的北极星指标可能是日活跃用户数(Daily Active Users,DAU),随着该产品的发展,其北极星指标可能调整为付费会员数或商品交易总额(Gross Merchandise Volume,GMV)。

(2)"直观且灵敏",即北极星指标是一种"所见即所得"的指标,含义隐晦或需要复杂计算的滞后指标不适合作为北极星指标。例如,"利润"是企业经营的终极指标,然而它不适合作为北极星指标,因为它不但需要进行复杂的计算,而且缺乏灵敏性,还会受到众多因素的影响,与用户增长的联系并不密切,缺乏直观性。又如,SaaS 类产品的转化周期比较长,如果将"收入"作为衡量指标,就会过于滞后,无法对用户的增减做出灵敏的反应和策略调整。由此可见,"收入"在一部分产品中可以作为北极星指标,在另一部分产品中并不适合。北极星指标应当是灵敏的先导性指标,而不是滞后指标。在不同的产品中,灵敏性的含义是不同的。

(3)"反映有意义的用户增长水平",即满足虚荣心或只能表现表面繁荣的指标不适合作为北极星指标。例如,新增用户数需要进行统计和分析,不过它不适合作为北极星指标,因为它未必能反映有意义的用户增长水平,它很容易被操纵,形成"增长假象",或者为了追求"数据好看"而达成所谓的"虚荣指标",这对用户增长的战略和策略是无益的。真正有意义的指标必须是关于产品核心价值的指标,我们可以通过一些问题来判断相关指标有没有意义,如"该指标可以让我们知道用户是否体验到了产品核心价值吗""如果该指标变好了,是否真正说明企业在向好的方向发展"。

如果北极星指标选得好,就能指引正确的方向,协调各个团队的行动;如果选得不好,企业就可能误入歧途。我们来看一看下面这个例子。

案例　　曾经的明星产品 myspace 为何被"贱卖"

如今,Meta 的热度很高。不过在它之前,美国有另一个叫作 myspace 的同类产品。在 2005 年,myspace 的月活跃用户数(Monthly Active Users,MAU)是 Meta 的 2 倍,后来被"报业大王"默多克的新闻集团以 5.8 亿美元的高价收购,拥有非常好的前景。在这种情况下,myspace 为什么会被几个哈佛大学的学生做出来的"后来者"Meta 快速超越了呢?

原因是多方面的,一个重要的原因是 myspace 设立的指标不正确。myspace 设立的顶级指标是注册用户数，Meta 设立的顶级指标是月活跃用户数。显然，注册用户数是一个"虚荣指标"。

基于顶级指标产生的行为导向是截然不同的。Meta 内部的每一项决策都要朝"活跃用户"的方向看齐，其创始人马克·扎克伯格在向投资人汇报的时候也要汇报活跃用户，总之，企业上下都在围绕活跃用户做增长。反观 myspace，其行为导向是朝"注册用户"方向看齐的。如果 KPI 是"注册用户"，那么 myspace 的增长运营人员在做增长的时候还会考虑留存吗？他们当然以"拉新"为第一要务，谁会管新增用户是怎么来的？是真是假？留没留住？活跃度如何？这样势必难以避免各种短视行为，甚至会走上歧路。

在 2009 年前后，Meta 的用户增长曲线越来越漂亮。到了 2011 年，其月活跃用户数超越了 myspace。最终，myspace 的结局是以 3000 多万美元被"贱卖"。

2）如何确定北极星指标

北极星指标不是生造或发明出来的，而是从实际的业务指标中选出来的。

为了确保北极星指标足够直观、灵敏，企业通常将北极星指标映射到某个具体的用户行为上，只要该用户行为被触发（信号），就会产生指标数值。例如，活跃用户数是被广泛使用的北极星指标，用户是否活跃是由用户是否发生了某个具体行为来定义的，这样，活跃用户数自然可以映射到用户行为上。又如，订单数也是常用的北极星指标，它也可以映射到用户的下单行为上，这一映射逻辑来源于谷歌提出的 GSM 思想。[①]

企业可以从用户行为出发来选择北极星指标，基本步骤如下。

步骤一，在产品核心价值方向上列出相关用户行为。

步骤二，选定关键用户行为。

步骤三，确定北极星指标。

下面我用一个案例来说明如何确定北极星指标。

案例

如何确定北极星指标

第一步，列出相关用户行为。

以虚拟产品"为你读诗"为例，其产品核心价值是基于用户的音乐数据、购物数据、出行数据、游戏数据、餐饮数据、作息数据等构建"用户心情"模型，并据此推送诗朗诵作品（忽略在技术上如何实现的问题）。

根据该产品的实际功能，我们可以列出体验产品核心价值的 7 种相关用户行为，分别是聆听作品、搜索作品、评价作品、转发作品、收藏作品、下载作品、成为付费会员，其他操作（如注册、登录、换肤、完善个人信息等）与产品核心价值没有太大的关系，因此不需要列出。

第二步，选定关键用户行为。

面对列出的相关用户行为，我们可以问自己或团队"在这几种行为中，表示用户认可产品价值的普遍行为是什么"这一问题，从而选定关键用户行为。在上述 7 种相关用户行为中，

[①] "GSM" 分别代表目标（Goal）、信号（Signal）、指标（Metric），也被称为 GSM 模型。例如，"设计一张床来提升用户的睡眠质量"是目标，用户行为信号可能是"入睡速度更快""入睡前翻身次数更少"等，对应的指标分别是"入睡时间""翻身次数"（即对相应用户行为信号的度量）。

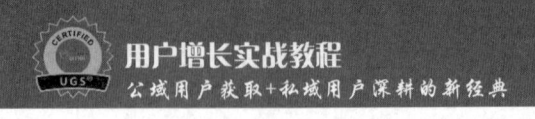

"聆听作品"可以作为关键用户行为。

为什么这样选呢？其实，这是在用户认可产品的广度和深度之间找一个平衡点。在 7 种相关用户行为中，不同的行为代表的用户认可程度是有差异的，我们可以由高到低对用户认可程度大致排序，即"成为付费会员＞转发作品、评价作品＞下载作品、收藏作品、聆听作品、搜索作品"，基本上可以分为 3 个梯队，越靠前的行为代表用户越认可产品，因为用户付出的金钱或精力越多。那么，是不是应当选"成为付费会员"呢？这需要分析该行为的代表性，如果当前阶段只有少数用户付费，或者产品的商业模式并非主要靠用户付费来获得盈利，那么不建议将其作为关键用户行为。因此，从普遍性的角度来考虑，我们应当选"聆听作品"。如果有后台数据，那么我们也可以通过用户行为数据来鉴别。

对于更复杂的情况，这里也提供一些参考思路。例如，问答平台应当选"提问""回答""阅读"中的哪一种行为呢？对"提问"和"回答"进行比较，显然应当选"回答"，只有人提问而没有人回答的问答平台是没有价值的。不过，在"回答"和"阅读"之间应该如何选呢？如果只从普遍性的角度来看，那么阅读的人肯定比回答的人多，"阅读"行为的普遍性更强。但我们要注意，在问答平台中，"回答"和"阅读"形成了一条互为"因果链"的"增强回路"[①]，即用户回答得越多、越好，阅读就越多；阅读越多，也越能刺激用户回答。对于这种情况，我们有两种处理方法。一种方法是按照角色对用户进行分群，如一部分是回答用户，另一部分是阅读用户，分别选定各自的关键用户行为。另一种方法是从两种行为中选出当前更有价值的行为，如果该问答平台处于探索期、成长期，那么建议选"回答"，因为在此阶段"回答"对用户增长更有价值；如果该问答平台已经进入成熟期，"回答"已经到达用户增长的"天花板"，那么可以选"阅读"。

第三步，确定北极星指标。

与"聆听作品"行为相关的指标有总聆听次数、总聆听时长、平均单次聆听时长等，经过简单分析，我们选择"总聆听时长"作为北极星指标。"总聆听次数"指标的缺点是比较片面，假设用户一天打开该产品聆听 10 次，看似次数不少，实则用户每一次聆听的时间非常短，未必能充分体验产品核心价值。"平均单次聆听时长"指标需要多进行一步计算（用总聆听时长除以总聆听次数），而且人们现在的时间越来越碎片化，投入这类产品中的时间基本上也是碎片化的，将"平均单次聆听时长"作为北极星指标可能是一件费力不讨好的事。因此，经过比较，我们认为将"总聆听时长"作为北极星指标会更好。

从这个过程中我们可以发现，北极星指标未必是最完美的，而且不是一成不变的，它可以在增长实践中不断优化。

3）北极星指标的价值

上文阐述了什么是北极星指标及其特性，以及如何确定合适的北极星指标，接下来我们可以总结一下北极星指标的价值。北极星指标拥有巨大的实用价值，它可以解决以下 3 个问题。

（1）对与错。 北极星指标可以解决的第一个问题是如何科学、正确地衡量用户增长。上文 myspace 的例子足见设立正确的衡量指标非常重要，北极星指标不是随随便便设立的，而是有

[①] "增强回路"的理论基础是系统动力学，系统动力学是一种研究社会经济系统动态行为的计算机仿真方法。在该方法中，问题或系统可以表示为因果关系图。通常有两种回路，分别是"正增强回路"（记为 R）和"负增强回路"（记为 B）。

一套科学的流程，这套科学的流程确保了北极星指标的正确性和有效性。从这个层面上来说，北极星指标解决的是"对与错"的问题。被誉为"现代管理学之父"的彼得·德鲁克曾经说过一句经典的话："如果不能衡量，就无法管理。"这句话非常中肯，并且充满哲理。在行业内还有一句大白话是"衡量什么，就会得到什么"，同样意味深长，不同的指标意味着不同的规则、导向甚至文化。有了科学和正确的北极星指标，就有了围绕它的科学和正确的指标体系，用户增长也就有了前行的指针，企业上下可以把所有力量都用在正确的方向上。

（2）先与后。北极星指标可以解决的第二个问题是如何排列企业业务的优先级。有一定规模的企业往往部门和人员繁多、业务和事务繁杂，在众多事项中，先做哪些，后做哪些，经常需要排列优先级。有了北极星指标，无论是哪一个部门，还是哪一条业务条线，都可以依据北极星指标排列事情和项目的先后顺序，让团队聚焦于当前最重要的领域，从而保证投入产出的效率。从这个层面上来说，北极星指标解决的是"先与后"的问题。

（3）优与劣。北极星指标可以解决的第三个问题是如何统一团队的思想和行动。企业中往往存在着绩效的竞争和利益的博弈，从某种意义上说，北极星指标就像一架天平一样，可以起到调整各个团队之间的利益关系的作用。借助北极星指标清晰而公平的"绩效砝码"，企业可以形成正确的绩效评判导向，让全体员工都知道应当为什么而努力奋斗。从这个层面上来说，北极星指标解决的是"优与劣"的问题。

北极星指标就像夜空中明亮的北极星一样，为用户增长做出正确的方向指引。北极星指标是衡量用户增长的顶级 KPI，与用户增长有关的所有 KPI、GPI 都应当由这个顶级指标来统领。北极星指标不是一个固定的标准化指标，在不同的产品或产品的不同阶段中，这个指标可能是不一样的。只要选定了合适的顶级 KPI，我们就可以赋予该指标这个听起来很酷、很别致的名称，因为它的价值确实非常独特，值得拥有一个与众不同的名称。

小贴士

一些著名产品的北极星指标 [1]

一些著名产品的北极星指标如表 1-4 所示。

表 1-4　一些著名产品的北极星指标

产品名称	产品类型	产品核心价值	某阶段的北极星指标
Sound Cloud	社交类	连接艺术家和收听者的音乐分享社区	总收听时间
Slack	工具类	以群组聊天为切入点的信息聚合平台	总消息数
Box	工具类	云存储	文件操作数
爱彼迎	快速交易类	连接租房者和房东	预订夜晚数
Medium	内容类	分享创意和故事	总阅读时长
HubSpot	工具类	自动营销工具	周活跃用户数
亚马逊	快速交易类	便捷的网上购物	总销售额
Quora	社交类	促进知识分享	回答问题数
振幅	工具类	产品数据分析工具	每周至少进行一次"查询"的用户数
Meta	社交类	社交和分享	日活跃用户数

---

[1] 表 1-4 中的内容综合参考了 *Focus on Your North Star Metric*、*What is a North Star Metric*、《硅谷增长黑客实战笔记》。

3. 以北极星指标为中心的增长运营指标体系

1）什么是指标体系

指标体系指的是由反映事物不同侧面的一系列相互联系的指标所构成的整体。

指标体系常用于综合性的度量和评价。例如，评价工业企业经济效益的指标体系可能包括资金利税率、成本费用利润率、资产负债率、劳动生产率、能源产出效率、产品销售率等。

在用户增长中，以北极星指标为中心的一套相互联系的指标就是增长运营指标体系，它具有以下特性。

（1）以北极星指标为中心。

北极星指标的最大价值是指引当前阶段增长运营的正确方向，将全组织、各团队、各部门、各业务条线的思想和行动统一到正确的方向和目标上。

各团队或业务条线在制定职责范围内的 KPI、GPI 时，必须紧紧锚定北极星指标，并以能否促进北极星指标增长为工作出发点和评价准则。

（2）与北极星指标密切关联。

在以北极星指标为中心的增长运营指标体系中，北极星指标居于最高的位置，在它的下层，KPI 和 GPI 逐渐丰富起来，从而形成一个"金字塔"结构的增长运营指标体系，如图 1-15 所示。

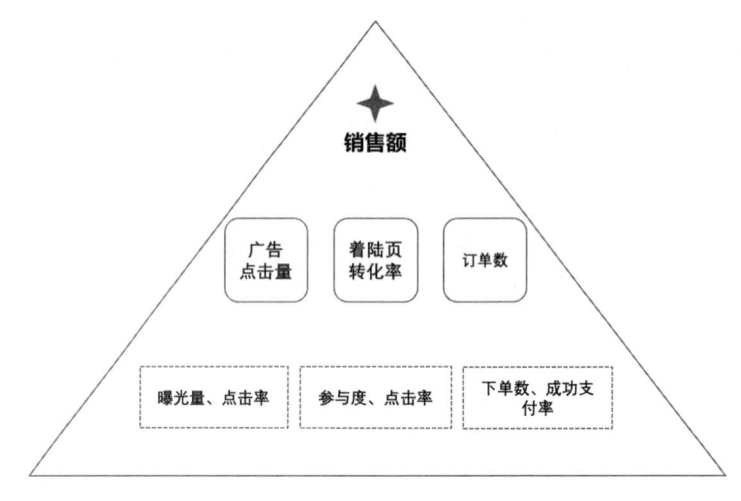

图 1-15 "金字塔"结构的增长运营指标体系

在图 1-15 的指标体系内，北极星指标是"销售额"，处于"金字塔"的顶层。"广告点击量""着陆页转化率""订单数"处于它的下一层，因为销售额与广告点击、着陆页转化、订单有紧密的关联，广告点击量越多，到达着陆页的用户越多，着陆页转化率越高（如注册或添加购物车），产生订单的概率越大，订单数越多，销售额就越高，所以这一层的几个 KPI 直接影响到北极星指标的表现。同理，第三层的指标与第二层的指标也有紧密的关联。总之，无论有多少层，每一层的指标都支撑着上一层的指标，所有的指标有机地推动着北极星指标的增长，从而构成一个科学的指标体系。

有些人在理解指标体系的时候存在一个常见的误区，即认为指标越多越好，尤其喜欢在报告中堆砌纷繁复杂的指标，觉得这样显得很专业、系统。其实不然，这种情况恰恰表明他们没有抓住指标体系的"纲领",没有厘清指标之间的价值链路和逻辑关系。如果能牢牢抓住北极星指标这个"纲领",自然就懂得如何在众多指标中进行取舍。

（3）随北极星指标的变化而变化。

既然北极星指标是一个动态变化的指标,那么当它发生变化后,指标体系也要随之"斗转星移"。

2）如何搭建增长运营指标体系

在已经确定北极星指标的情况下,我们可以通过拆解北极星指标来搭建增长运营指标体系。这通常涉及两个层次的拆解:一是拆解至过程里程碑,二是拆解至用户操作。

（1）拆解至过程里程碑。

过程里程碑是在北极星指标形成过程中的关键环节。例如,某电商网站的北极星指标是"销售额",销售额在"支付完成"这一环节产生,之前的若干个关键环节,即"用户在搜索引擎中搜索关键词"——"点击PPC（Pay Per Click,每次点击付费）广告"——"到达着陆页并浏览商品"——"添加购物车"——"下单支付"都属于过程里程碑,这些过程里程碑基于用户从搜索关键词到最终在电商网站中消费的真实用户旅程。我们可以按照过程里程碑对该电商网站的北极星指标进行拆解,计算公式如下。

$$销售额 = PPC广告展现量 \times 广告点击率 \times 着陆页到达率 \times 商品加购率 \times 下单支付率 \times 支付成功率 \times 支付金额$$

过程里程碑与指标的对应关系如表 1-5 所示。

表 1-5　过程里程碑与指标的对应关系

过程里程碑	用户在搜索引擎中搜索关键词	点击 PPC 广告	到达着陆页并浏览商品	添加购物车	下单支付	支付完成
指　　标	PPC 广告展现量	广告点击率	着陆页到达率	商品加购率	下单支付率	支付成功率

需要说明的是,虽然上式中等号右边的指标是用"×"相连的,但是不意味着只要将这些指标相乘就可以得到真实的销售额。之所以用"PPC 广告展现量"与若干个指标相乘,主要是希望直观地表现指标之间的逻辑关系。

接下来,我们可以对上述过程里程碑对应的指标进行进一步拆解,分别得出以下计算公式。

$$广告点击率 = 点击量/展现量 \times 100\%$$

$$着陆页到达率 = 到达数/广告点击数 \times 100\%$$

$$商品加购率 = 商品加购数/到达数 \times 100\%$$

$$下单支付率 = 下单支付数/商品加购数 \times 100\%$$

$$支付成功率 = 成功支付数/下单支付数 \times 100\%$$

（2）拆解至用户操作。

如果有必要,那么我们可以对相关指标继续进行拆解。例如,在"添加购物车"这个过程里程碑,用户必须完成一系列操作才能成功支付,即"注册账号"——"登录账号"——"点击加购"。我们可以将"商品加购数"进一步拆解为以下指标。

$$商品加购数 = 商品加购页面的浏览用户数 \times 注册账号率 \times 登录账号率 \times 点击加购率$$

对于需要拆解的其他指标,我们也可以参考上述方法进行拆解,直至拆解至用户操作。为什么要拆解至用户操作呢?因为增长运营的本质是通过改变用户的行为(或者通过改变用户的看法、感受来改变用户的行为）获得增长。增长运营的落脚点是改变用户的行为，将指标拆解至用户操作，等于直接在用户操作与北极星指标之间建立了因果关系，让增长目标落到了实处。

当然，上文举的例子是单一的用户旅程，在实际业务中，用户旅程往往是多样化的。仍以该电商网站为例，官方希望加强对私域流量的运营，想将某电商平台上的用户逐步吸引到自己的独立电商平台上来购买商品。为了达到更好的转化效果，他们准备对用户进行分群运营。具体方案是当用户在第三方电商平台下单后，他们会向用户发信息，将不同的用户分别吸引到不同的官方微信群中，对不同的微信群采取有针对性的运营策略（如在不同的微信群中发送不同的商品海报、开展不同的促销活动、采用不同的话术等），搭建起从微信群到独立电商平台的消费链路，这样就产生了第一个典型的用户旅程。

第二个用户旅程的后半程（加购环节之后）与第一个用户旅程是相同的，不过前半程完全不同。基于第二个用户旅程中的过程里程碑为"向用户发信息"—"邀请用户进群"—"发送活动海报"—"用户进入具体活动商品页面"—"添加购物车"—"下单支付"。参考第一个用户旅程，我们可以得到第二个用户旅程的过程里程碑指标。

如果该电商网站还有其他的用户旅程（如基于用户裂变产生的增长），那么参考上述过程，可以得到其他用户旅程的过程里程碑指标。

该电商网站的增长运营指标体系可以表述为以下计算公式。

$$销售额=PPC 渠道销售额+微信群渠道销售额+裂变渠道销售额$$

也就是说，总的销售额等于 3 个用户旅程的销售额之和。由于不同的用户旅程代表了不同的获客渠道，因此上式中用更容易理解的"渠道"来指代用户旅程。如果北极星指标包含多个用户旅程，指标体系就不太容易用简化的"金字塔"来呈现了，可以用以下计算公式来表示。

$$销售额=PPC 渠道销售额+微信群渠道销售额+裂变渠道销售额$$

$$=PPC 广告展现量×广告点击率×着陆页到达率×商品加购率×下单支付率×支付成功率×支付金额$$
$$+微信群渠道销售额+裂变渠道销售额$$

$$=PPC 广告展现量×（点击量/展现量）×（到达数/广告点击数）×（商品加购数/到达数）$$
$$×（下单支付数/商品加购数）×（成功支付数/下单支付数）×支付金额+微信群渠道销售额+$$
$$裂变渠道销售额$$

$$=PPC 广告展现量×（点击量/展现量）×（到达数/广告点击数）×[（商品加购页面的浏览用户数×注册账号率×登录账号率×点击加购率）/到达数]×（下单支付数/商品加购数）×（成功支付数/下单支付数）×支付金额+微信群渠道销售额+裂变渠道销售额$$

如果感觉用文字来表示不够直观，那么我们可以用"金字塔"结构拆解增长运营指标体系，如图 1-16 所示。

图 1-16 虽然没有完全展开拆解的全过程，但是省略部分的拆解逻辑与已经完成拆解的部分是完全相同的。借助这种方法，一个以北极星指标为中心的、完整的增长运营指标体系就搭建起来了，它将在增长运营中发挥非常重要的作用，下文还会多次提到该指标体系。

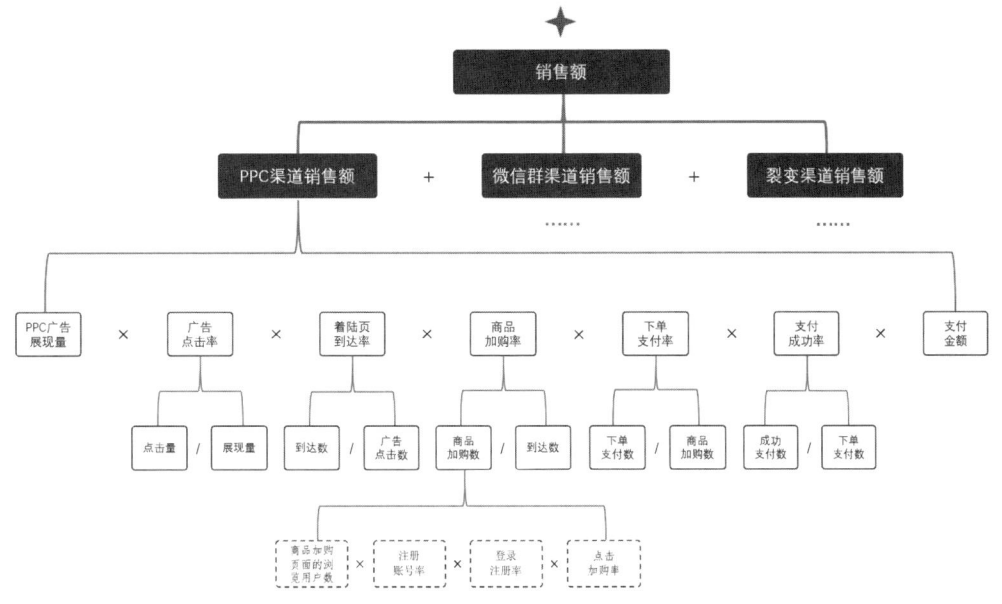

图 1-16 用"金字塔"结构拆解增长运营指标体系

✪ 本章知识点思维导图

第一章知识点思维导图如图 1-17 所示。

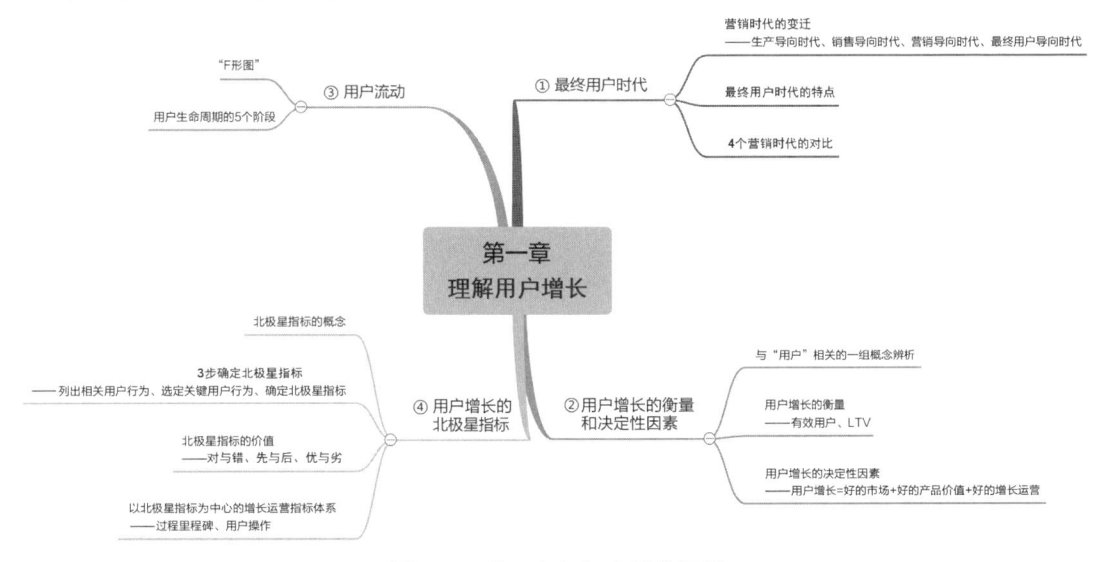

图 1-17 第一章知识点思维导图

第二章

精益增长策略环

✪ 本章导读

策略环是 SMEI 提出的一套核心方法论,由识别机会、制定策略、验证策略和发展策略 4 个环节构成。精密的 4 步循环过程既是一套分析和解决问题的核心思想,又是一套切实可行的实践方法。在增长领域,这 4 个步骤的循环往复可以精益化驱动用户和企业的增长。在用户增长领域应该如何使用策略环呢?策略环的科学性是如何体现的呢?它能取得什么样的实际效果呢?本章将回答上述问题。

✪ 学习目标

通过对本章的学习,读者可以了解以下内容:策略环的概念;如何识别机会,识别机会的 5 类共 20 余种分析方法,以及如何综合运用这些分析方法,A、B 两类增长任务的切入点;增长策略如何产生、如何规范表述、如何排定优先级;验证策略的 3 种方法,A/B 测试;如何发展策略,如何应用、深化策略;等等。

2.1 理解策略环

1. 什么是策略环

策略环(Tactic Loop)是 SMEI 提出的核心方法论和解决问题的基本模型,它是由机会(Opportunity)、策略(Tactic)、验证(Verification)、发展(Development)4 个环节构成的循环,如图 2-1 所示。

"识别机会"是策略环的起点,是形成策略的前提条件;"验证"是对策略的鉴别和检验,以确保策略的正确性;"发展"是对正确策略的应用和深化。4 个环节的中心是策略,因而这 4 个环节构成的循环被称为策略环。

图 2-1 策略环

> **小贴士**
>
> ### 精益思想的起源
>
> 当前，业界提出的"精益增长""精益创业"等思想大多起源于"精益生产"。
>
> 精益生产的概念是由美国麻省理工学院提出的，该学院在"国际汽车计划"研究项目中对日本企业进行了大量调查和对比，发现日本丰田汽车公司的"Just In Time"（准时制）生产组织、管理方式比较适用于现代制造业。这种生产组织、管理方式的目标是降低生产成本，提高生产过程的协调度，杜绝企业中的一切浪费现象，从而提高生产效率，因而被称为精益生产。
>
> 总的来看，精益生产有几个显著的特点：一是精准（准时化生产），二是保证质量，三是快速反应，四是从小而快的改善变为较大的进步。

2．策略环的价值

策略环有什么价值呢？我们来看一看以下 3 个故事。

故事一：

在 1999 年的某一天，尼克·斯威姆想买一双云中漫步牌子的户外运动鞋，他来到附近的商场，找了半天也没有找到。于是，他萌生了一个想法：如果鞋子能在网上销售，对买鞋的人来说不就很方便了吗？

他和一些朋友聊起这个想法，大家看法不一，甚至截然相反。一部分人认为可行，那个时候电商刚刚兴起，虽然市面上还没有特别成功的电商企业，几年前创立的亚马逊也还没赚到钱，但是电商一定是未来的发展趋势。另一部分人认为不可行，理由是鞋属于特殊商品，同样的尺码，某些人穿可能合脚，另一些人穿可能不合脚，人们在买鞋之前需要到实体店试穿，没有人会不经过试穿就随便在网上买鞋。尼克·斯威姆决定实地测试一下，他和一些品牌鞋店谈，由他把店里的鞋子拍成照片并发布到网上，如果有买家愿意买，他就代替买家以全价从店里买下鞋子，并把鞋子交到买家手中。对尼克·斯威姆来说，这样既可以用较低的成本测试创业想法的可行性，又可以获得一整套实际运营经验，包括如何与买家在线交流、如何在线收款、处理退货、进行客服支持等。

打定主意后，尼克·斯威姆谈的第一家鞋店是加利福尼亚州森尼韦尔市的 Footwear，他得到了对方的支持。接着，他又和几家鞋店合作，各种鞋子的照片被快速上传到网上。慢慢地，从网上买鞋的人越来越多了。

随后，尼克·斯威姆正式进军鞋类电商，于 2001 年获得第一笔比较大的投资（1500 万美元）。2006 年，其电商平台的年销售额近 6 亿美元，2009 年被亚马逊以 12 亿美元的价格收购。这就是美国著名的鞋类电商平台 Zappos 的创业故事。

故事二：

疟疾是由恶性疟原虫引起的疾病，几千年来一直威胁着人类的生命安全。20 世纪 50 年代，世界卫生大会发起了一个全球性根除疟疾的项目。不过，该项目的进展十分缓慢，最终不了了之。在国际社会消灭疟疾的尝试以失败告终之后，疟疾再度肆虐，这在很大程度上是因为寄生虫对当时的抗疟药物（如氯喹）产生了抗药性。20 世纪 60 年代后期，我国启动了一个专门攻克疟疾的项目，由屠呦呦担任项目组组长。项目组决定另辟蹊径，从中药入手，他们研究了 2000 多种中药，筛选出了一些可能有用的中药，其中包括青蒿。对青蒿药性的记述是其提取物可以抑制寄生虫的生长，但是这种作用没有在之后的实验中重复出现，项目组认为一定是哪里出了问题。经过进一步研究分析，项目组找到了唯一一篇使用青蒿来减轻疟疾症状的文献，出自东晋葛洪的《肘后备急方》。在这篇文献中，关于青蒿的使用有这样一段记载："青蒿一握，以水二升渍，绞取汁，尽服之……"项目组敏锐地发现，这张古方中记载的提取方法没有提到"加热"的过程，青蒿提取物的有效性很可能与提取过程中的温度有关，于是把这一点作为关键的研究论证方向。

基于这段记载，屠呦呦等人提出了一个假设：传统提取方法中的加热步骤可能会破坏药物的活性成分，在较低的温度中提取可能有助于保持药物的抗疟活性。因为葛洪的文献中记载的是"青蒿一握，以水二升渍，绞取汁"，并没有关于"加热"的描述。

基于这个假设，项目组改变了提取方法，采用低温提取方法进行提取。经过测试，提取物的活性得到了大幅提升。

随后，项目组把提取物分离为酸性和中性的两部分。终于，在 1971 年 10 月，项目组获得了中性无毒的提取物。这份提取物对伯氏疟原虫感染的小鼠和食蟹猴疟原虫感染的猴子具有 100%的疗效，这标志着青蒿素研发史上的重大突破。这个研究项目挽救了全球（特别是发展中国家）数百万人的生命，项目带头人屠呦呦于 2015 年 10 月获得了诺贝尔生理学或医学奖。

故事三：

第三个故事是作者的亲身经历。我出生在偏远闭塞的贵州农村，在镇里的一所初中毕业后，勉强考上了县里的高中（如果不是当年高中扩招，我可能就考不上高中了）。全县一共有两所高中，全年级一共有 10 个班。一开始，我的学习成绩很一般，转眼到了高三，成绩仍然不理想，马上就要高考，我的内心非常焦虑。一天，因为有几道题不会做，我去请教数学老师。教数学的王老师帮我解答了问题，又扫了一眼我拿着的卷子，略带调侃地笑着说："黄冈的题呀，准备考清华北大吗？"我脸红了，说："这我可不敢想啊！"在我上高中的那段时间，整个学校都流行做湖北黄冈中学的题，这是司空见惯的事，我只是随大溜而已。王老师却说："做题只是一个方面，只知道机械地做题是本末倒置。万变不离其宗，出题虽然很灵活，但是离不开教材，如果真的吃透了教材上的知识，自然就会举一反三了，遇到各种题都不怕。"

王老师的话对我触动很大，我认认真真地思考了两天。思考的结果是，我的确本末倒置了。我的成绩之所以一直提升得不明显，归根结底是因为基础不扎实，导致事倍功半。于是，我做出了一个重大的调整，先把各种卷子统统放在一边，然后把所有的高中教材找出来，从高一的教材开始，一本一本地从头钻研，力求把教材上的每一个知识点都理解透彻，做到"知其然"和"知其所以然"，把教材中的所有课后练习题也都认认真真地做一遍，不放过任何一个没有弄懂的问题。我不再追逐校外的各种试题，也不再参与其他同学的试题讨论，而是心无旁骛地"啃"教材，每天都真正弄懂一些问题，每天都有进步，心里越来越踏实，渐渐地没有那么焦虑了。

过了不久，学校组织了一次全年级的模拟测试，我的成绩从班级排名的中等水平，一下子进入前 10 名，这极大地增强了我的信心。

接下来的几个月，我继续按照这种方法"啃"完了所有教材，体会到了一种拨云见日的通透感，此时再看一些高难度的试题，我也可以轻松应对了。很快，我们迎来了高考，我自信满满地走进考场。一个月后，成绩出来了，我以当年的全县状元和有史以来全县高考最高分的优异成绩考上了北京的重点大学。20 年过去了，这段经历至今记忆犹新，因为它给了我许多启示，其中最重要的一点是，最质朴的方法有时更容易抓住问题的本质，在很多情况下，它恰恰是解决问题的最好的钥匙。

上述 3 个故事，第一个是商业领域的成功创业，第二个是科学研究领域的药物研发，第三个是教育领域的成绩提升。虽然这些"改善"所处的领域各不相同，但是都暗合了策略环思想。每一个故事都分成了 4 个自然段，每一个自然段分别对应策略环中的机会、策略、验证、发展环节，如表 2-1 所示。

表 2-1　3 个故事与策略环的关系

故　事	机会 （第一个自然段）	策略 （第二个自然段）	验证 （第三个自然段）	发展 （第四个自然段）
Zappos 创业	在网上卖鞋	为了低成本测试创业想法，与实体店合作，拍摄鞋子的照片并发布到网上	在网上卖鞋，买家越来越多	创立 Zappos 品牌，正式进军鞋类电商
青蒿素研发	发现青蒿提取物在抑制寄生虫方面的作用	针对药物作用未在实验中重复出现的问题，查询古籍文献，假设加热提取方法有问题，决定改为低温提取方法	采用低温提取方法进行试验，获得成功	进一步改进工艺，药物研发成功
成绩提升	成绩一直提升得不明显	经过老师的点拨，假设改变学习方法可以获得突破	从做校外试题改为从头钻研教材，并在模拟测试中排名提升	继续保持，最终以优异成绩考上重点大学

我们不妨先下一个结论，即策略环思想是一套非常质朴的方法论，能够直击问题的本质。它是解决增长问题的一把"万能钥匙"，甚至不仅限于增长问题，而是可以解决所有改善现状的问题，几乎所有成功改善问题的做法都暗合了策略环思想。

通过上述 3 个故事，读者应该已经对策略环的含义和作用有了比较感性的认识。下面，我们来具体探讨策略环的 4 个环节到底是如何运作的。

2.2　识别机会

2.2.1　理解增长机会

识别机会是策略环的起点。

增长机会（Growth Opportunity）指的是实现用户、企业增长的条件或可能性。换句话说，策略环中的"机会"指的是一切对增长有利的地方。机会有大有小，如发现了一个新的优质获客渠道可能是一个大机会，优化获客渠道中某个广告的文案可能是一个小机会。

哪些地方可以产生增长机会呢？

- **问题**。问题是表现较差的地方，如产品功能不足、设计效果差、广告点击率低、转化率低、用户评价差、退换货数量多、产品留存率低、整体运营效果差、团队职能发挥低效等。问题的发现往往意味着机会的产生，如果能有针对性地解决问题，就很可能形成增长。这方面的例子有很多，在下文中会经常出现，这里暂不赘述。

- **亮点**。亮点是表现较好的地方，同样意味着机会的产生，企业应当尽可能放大亮点。例如，在早期，领英的团队通过数据分析发现，很多用户是通过搜索同事或他人的姓名进入领英的，而且这类用户的活跃程度是电子邮件渠道用户的 3 倍。基于这个分析结果，领英团队进一步强化了该渠道的效果，包括迅速开发了简历编辑功能，优化了简历页面，从而让用户在谷歌中搜索到简历信息。如果用户发现简历上的人是自己认识的人，就可以点击简历进入领英。第二个月，领英的用户数量增加了 60%。又如，某互联网金融产品的团队针对某个转化效果较好的着陆页，总结该着陆页的设计风格，包括颜色、调性、图标等，应用在其他着陆页上，同样取得了显著的增长效果。
- **潜力**。潜力是指具有增长潜力的因素、活动等。例如，对影响用户在店铺下单的众多因素进行分析后，团队发现更换详情页设计、增加限时特惠倒计时功能具有增加用户下单数的潜力。
- **机遇**。一些之前没有想到或无法预测的因素突然出现，可能会产生机会，如政府政策的调整、行业利好政策的出台、法律法规的调整、竞争对手的变化、科技或技术的突破等。
- **认知**。在对事物的认知发生变化时，也有可能产生机会。例如，王老吉凉茶曾在增长方面长期面临困扰，在到达"天花板"后，无论如何努力，都难以在增长方面实现突破。因为在消费者的认知中，王老吉是一种有药效的饮用品，这种"有药效"的观念极大地限制了王老吉的消费群体。此外，除了广东地区，其他地区的消费者基本上没有"凉茶"的概念，这使王老吉的市场只能局限于珠三角地区。为了突破这些认知的限制，王老吉调整了产品定位，将产品定位为"预防上火的饮料"，注意是"饮料"，而不是"药"。调整后的王老吉不再局限于珠三角地区，而是立足于全国的广大市场，并设计了一句消费者容易理解和记住的广告语"怕上火，喝王老吉"，从此开启了新的快速增长时期。又如，1997 年，苹果公司接近破产，董事会请乔布斯回归。乔布斯在重新执掌苹果公司后，"砍"掉了 70% 的产品线，重点开发 4 款产品，提出了"Think Different"（不同凡"想"）的理念。后来，苹果公司扭亏为盈，起死回生。

在上述 5 个地方中，"机遇"是不可预先筹划的，当它突然来临时，我们应尽最大努力把握住，有一句名言是"机遇属于有准备的人"，提前准备很重要；"认知"的突破比较困难，本质上也是不可预先筹划的，甚至在很多情况下来自某种"顿悟"，可遇而不可求。

因此，在增长运营的日常工作中，"问题""亮点""潜力"蕴含的增长机会是最主要的，它们是增长机会的主要源泉，并且它们都是可预先筹划的。

如何才能从这些地方发现、产生增长机会呢？答案只有两个字——分析。例如，在出现问题的时候分析并解决问题，或者主动考察问题或问题的苗头；在出现亮点的时候分析如何放大其效果，或者主动发现亮点；通过分析来洞察最具潜力的增长因素或活动等。

下面，我们先来看一看在增长领域有哪些常用的分析方法，再学习如何综合运用这些分析方法。

2.2.2 常用的分析方法

《UGBOK®》提出的以用户为中心的 5 类分析方法如图 2-2 所示。

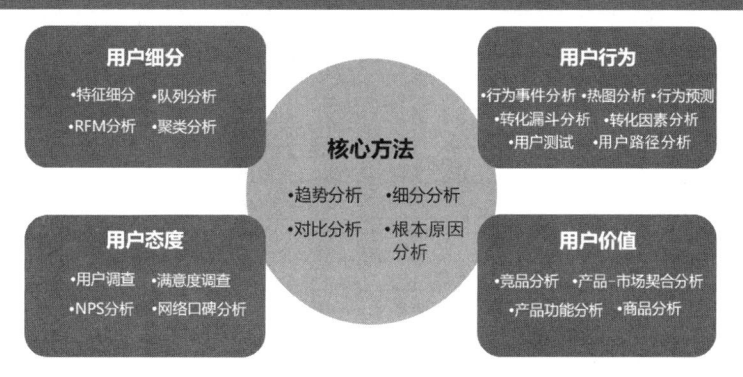

图 2-2 《UGBOK®》提出的以用户为中心的 5 类分析方法

这些分析方法既可以用来在策略环中发现增长机会，也可以广泛运用于用户获取、用户深耕的全过程。

1. 核心方法类

在图 2-2 中，居于中心地位的是趋势分析、细分分析、对比分析、根本原因分析（Root Cause Analysis，RCA），它们是用户数据分析的核心分析思路。在进行用户数据分析时，我们可以选择这 4 种分析方法中的一种或多种方法来打开分析思路、获得有益洞察。用户细分分析、用户行为分析、用户态度分析、用户价值分析中的具体分析方法几乎都是这 4 种分析方法的变体或延展。

1）趋势分析

趋势分析指的是对分析对象连续数期的数据进行对比，以确定其变动的方向和增减的幅度，从而揭示分析对象变化的性质和规律的分析方法。

趋势分析有助于直观地观察相关指标在时间轴上的变化趋势、规律和拐点，便于企业对业务发展形成宏观的把握，并且预测未来一段时间内的业务变化情况。

具体的预测分法主要包括算术平均法、加权平均法、移动平均法和指数平滑法等。

图 2-3 所示为某产品的日活跃用户数趋势。从图 2-3 中可以直观地看出，在 2016 年 1 月—2017 年 1 月这一年间，日活跃用户数总体上缓慢增长，这是该产品上线的第一年，团队一直在打磨产品，因而没有做大量的获客运营工作；从 2017 年 1 月起，用户增长团队开始发力，日活跃用户数迅速增加。

图 2-3 某产品的日活跃用户数趋势

表 2-2 所示为某产品的用户获取数据。通过 2019 年 10—11 月这两个月的数据，我们可以发现该产品的用户获取情况还是可以的，不过活跃用户的增长率远低于注册用户的增长率，用户留存度和用户活跃度并不理想，老用户活跃度不高。在这种情况下，我们应当先聚焦于提升用户活跃度，再加大获取新用户的力度。

表 2-2　某产品的用户获取数据

时间	渠道	下载安装量/次	App 打开数/次	用户注册数/个	总注册用户数/个	月活跃用户数/个
2019 年 10 月	渠道 A	8020	7907	6543	90 775	35 660
	渠道 B	13 505	13 044	12 087		
	渠道 C	7013	6974	5644		
2019 年 11 月	渠道 A	8743	8609	6866	115 778	40 255
	渠道 B	13 023	12 667	11 480		
	渠道 D	8400	8003	6657		

2）细分分析

细分分析指的是将总体按照一定的规则细分成并列的若干个部分后，对细分的部分进行分析的方法。

进行细分分析应选取相应的细分维度。维度指的是数据的某一个属性，与它密切相关的概念是度量，度量指的是对数据的属性进行计量的方法。只有同时具有维度和度量的数据，才能构成可以被理解的信息。

在图 2-3 中，数据的维度是"日活跃用户数"，度量是"200 个""400 个""600 个"等。任何有价值的数据都应当是"维度+度量"的形式。例如，"用户增加了 1000 个"这一描述缺乏具体的维度，无法明确其价值，到底是一天增加了 1000 个用户，还是一周增加了 1000 个用户呢？改为这样的描述会更好："昨天增加了 1000 个用户，今天增加了 800 个用户。"

细分分析具体包括单维细分和多维交叉细分两种方法。

（1）单维细分。

单维细分指的是选取某个单一的维度对数据进行细分。

例如，针对某产品的"日活跃用户"这一数据，选取"年龄段"这个维度，可以将日活跃用户分为 5 类，如图 2-4 所示。

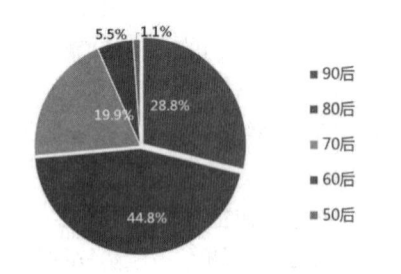

图 2-4　某产品日活跃用户的年龄段分布

又如，在搭建增长运营指标体系的过程中，对北极星指标从上至下进行拆解，就是一种典型的单维细分，选取的维度是过程里程碑或用户操作。

下文还会介绍多种典型的用户细分的分析方法。

（2）多维交叉细分。

多维交叉细分指的是从不同维度对数据进行交叉展现，并进行多角度结合分析。

单维细分的表现形式通常是"下钻"或"上卷"。多维交叉细分的表现形式通常是"切片"或"切块"，可以帮助增长运营人员发现很多在单个维度中无法发现的问题。

如图 2-5 所示，我们将时间、产品、地域等多个维度的数据放在一起进行交叉分析，采用从总体到细节的分析方法：首先，从查看每天的销售额和转化率的汇总数据开始，在折叠"产品维度"之后，观察最右侧的指标汇总，可以看到每天的汇总数据；如果某一天的销售额或转化率出现大幅下滑，我们就可以结合各种维度寻找问题的原因，也就是基于产品维度的细节数据，观察当天哪一类产品的销售出现了问题，然后结合地域维度的交叉数据，定位哪一类产品在哪一个省份的销售出现了问题，这样可以有效地将问题定位到非常细节的层面，从而更好地发现问题和机会。

时间维度	产品维度	省份 ▼	值							地域维度	
		广东		江苏		山东		浙江		销售额汇总	转化率汇总
日期	产品类型	销售额	转化率	销售额	转化率	销售额	转化率	销售额	转化率	指标维度	
⊟1月1日	A	12402	6.02%	6705	5.46%	4212	5.89%	7533	6.00%	30852	5.84%
	B	1575	6.64%	3258	4.00%	828	7.89%	2259	4.86%	7920	5.85%
	C	5796	4.68%	6930	7.67%	1701	7.38%	1134	4.76%	15561	6.12%
1月1日 汇总		19773	5.78%	16893	5.71%	6741	7.06%	10926	5.21%	54333	5.94%
⊟1月2日	A	12492	6.33%	6471	5.86%	4140	5.95%	7533	6.25%	30636	6.10%
	B	1566	6.92%	2457	4.05%	1170	5.25%	1737	5.20%	6930	5.35%
	C	8883	7.68%	8253	7.37%	1890	6.60%	1575	10.48%	20601	8.03%
1月2日 汇总		22941	6.98%	17181	5.76%	7200	5.93%	10845	7.31%	58167	6.50%
⊞1月3日		18072	6.12%	17685	6.01%	7569	6.73%	10089	7.71%	53415	6.65%
⊞1月4日		18153	7.70%	11250	6.81%	6255	8.70%	9270	7.60%	44928	7.70%
⊞1月5日		17856	6.66%	11043	5.00%	6597	7.22%	10575	6.15%	46071	6.26%
⊞1月6日		26865	6.19%	12762	6.16%	6165	8.20%	10872	7.60%	56664	7.12%
⊞1月7日		18072	7.00%	13500	5.73%	6129	8.31%	9783	8.17%	47484	7.30%
⊞1月8日		23094	7.24%	14454	6.12%	7650	8.07%	11313	5.81%	56511	6.81%
⊞1月9日		19692	5.30%	15372	6.21%	9567	6.85%	9324	4.14%	53955	5.63%
⊞1月10日		20439	7.52%	12915	5.88%	7641	5.72%	9855	6.38%	50850	6.37%
总计		329976	6.45%	215487	5.91%	103635	7.02%	156087	6.48%	805185	6.47%

图 2-5　多维度数据交叉分析表

图 2-5 是利用 Excel 制作的多维度数据交叉分析表。我们还可以在其他互联网分析工具中进行灵活的维度选取和设置，制作多维度数据交叉分析表。著名的互联网分析工具 GA 中的分析页面如图 2-6 所示。

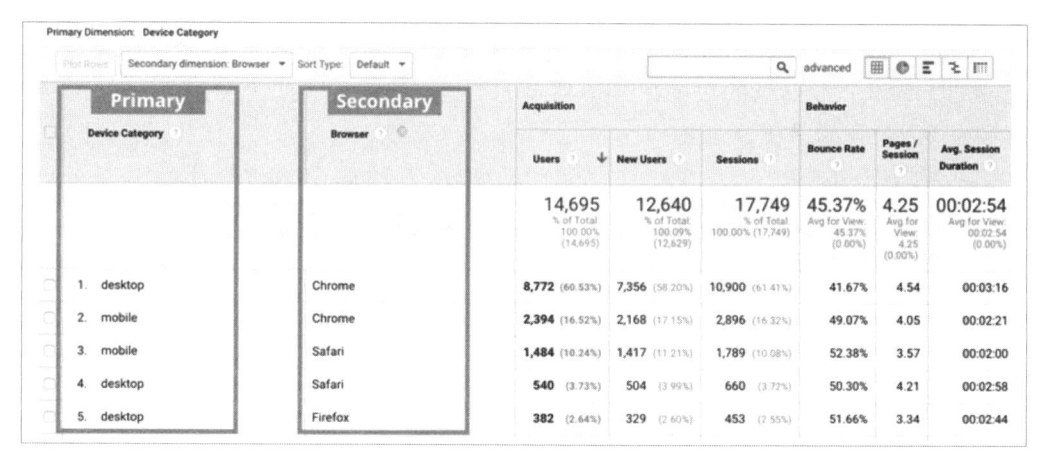

图 2-6　GA 中的分析页面

案例

通过指标拆解发现机会

某英语口语学习 App 的北极星指标是"会员收入"，收费模式是月度会员制，费用是 39 元/月，团队想提升该 App 的会员收入。

在这种业务场景下，基本思路是先分析会员收入是由哪些因素构成的，然后挖掘具体构成因素。因此，团队首先要对北极星指标进行细分拆解。

步骤一，拆解北极星指标。由该 App 的业务模式可知，会员收入=新用户会员收入+留存用户会员收入+回流用户会员收入。虽然这 3 个群体的操作相似，但是在具体步骤上有一些差别，并且针对这 3 个群体的具体运营策略、话术、活动各不相同，因此最好将他们拆分成不同的群体。

步骤二，对 3 个群体的会员收入进行进一步拆解，得到如图 2-7 所示的增长等式。

北极星指标 = 新用户会员收入 + 留存用户会员收入 + 回流用户会员收入

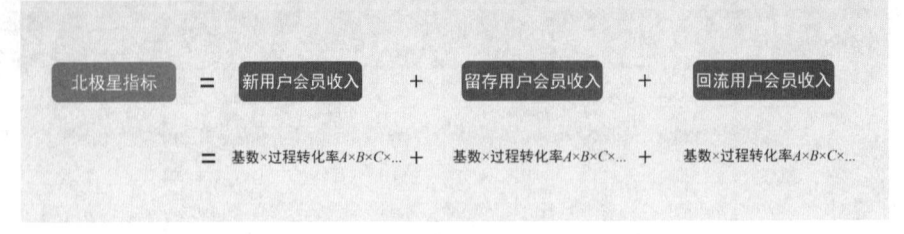

= 基数×过程转化率A×B×C×... + 基数×过程转化率A×B×C×... + 基数×过程转化率A×B×C×...

图 2-7　增长等式

步骤三，梳理 3 个群体的用户路径和操作行为。对于留存用户和回流用户来说，支付路径是相同的，即"登录"—"点击'包月'"—"支付完成"；对于新用户来说，增加了获客的过程，支付路径为"点击广告"—"下载安装 App"—"注册账号"—"登录"—"点击'包月'"—"支付完成"。基于此，我们可以得到以下等式。

会员收入=新用户会员收入+留存用户会员收入+回流用户会员收入

=广告点击数×广告点击率×下载安装率×注册率×登录率×点击"包月"率×支付完成率+

留存用户数×登录率×点击"包月"率×支付完成率+

回流用户数×登录率×点击"包月"率×支付完成率

步骤四，基于广告运营的数据和 App 后台的数据，将相关数据代入上述等式，得到如图 2-8 所示的代入数据的增长等式。

北极星指标 = 新用户会员收入 + 留存用户会员收入 + 回流用户会员收入

= 广告点击数(369 987)×广告点击率(7.6%)×下载安装率(6%)×注册率(5.3%)×
登录率(5.2%)×点击"包月"率(1.1%)×支付完成率(0.9%) +

留存用户数(455 987)×登录率(98.1%)×点击"包月"率(36.5%)×支付完成率(36.5%) +

回流用户数(13 884)×登录率(7.2%)×点击"包月"率(2.7%)×支付完成率(2.7%)

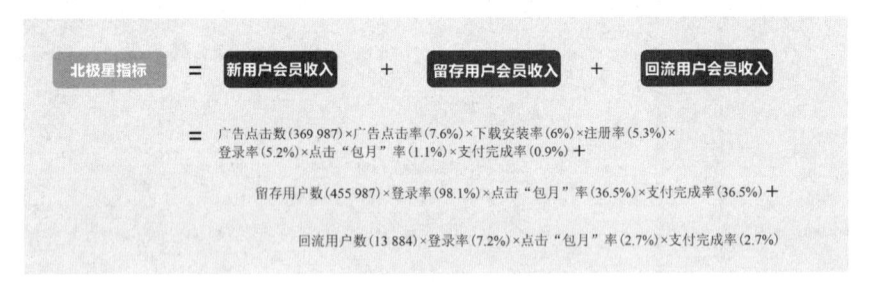

图 2-8　代入数据的增长等式

经过初步分析，我们可以发现，在新用户的获取方面，广告点击率明显偏低；点击"包月"率只有 1.1%，同样明显偏低，而且还有 0.2%的新用户没有完成支付（支付完成率为 0.9%）。在留存用户中，点击"包月"率只有 36.5%，说明留存用户的付费意愿也比较低。得出这样的结论的常用方法是对比，如与媒体平台上其他广告的点击率对比，与其他渠道的广告点击率对比，与过去投放过的广告点击率对比，与同类产品的付费率对比，与过去进行同比、环比，等等。

针对上述明显偏低的指标，我们可以进一步挖掘潜力，其中可能蕴藏着增长机会。

3）对比分析

对比分析也被称为比较分析，通常是对相互联系的指标数据进行比较，从数量上展示和说明研究对象的规模大小、水平高低、速度快慢，以及各种关系是否协调。对比分析既可以对绝对数进行比较，也可以对相对数（如比率）进行比较。对比的前提是找到合适的对比标准，不能和不相近的对象比较，这种比较没有意义和可比性。有意义的对比既可以对两个对象进行比较，也可以对多个对象进行比较；既可以进行横向对比，也可进行纵向对比。

横向对比指的是在同一时间条件下对不同总体指标的对比，运用形式主要包括实际与目标对比（如年初确定的新增用户数量为 1 万人，在某一时点可以观察该目标的完成情况），实际与同层级对比（如对比新增用户、老用户、休眠用户的推送打开率），实际与标准对比（如对比自身 App 的 30 日留存率和全球平均水平），实际与指定对象对比（如对比 A/B 测试中 B 版本着陆页的转化率和 A 版本着陆页的转化率），等等。

纵向对比指的是在同一总体条件下对不同时期指标的对比，运用形式主要包括同比（如对比今年 11 月的用户增长量和去年 11 月的用户增长量），环比（如对比今年 11 月的用户增长量和今年 10 月的用户增长量），定基比（如对比今年 11 月的用户增长量和 2 月的用户增长量），前后比（如对比促销活动前后的用户转化率），等等。

对多期数据进行纵向对比可以获得趋势性的发现，这对营销或商业洞察、预测具有重要作用。

如图 2-9 所示，某电商店铺的增长运营人员选取了"时间对比"维度，对当期（2020 年 5 月）数据与上期（2020 年 4 月）数据进行了纵向对比。从"买家访问次数"曲线的对比中可以发现，在当期的前半程，买家访问次数比上期多；在后半程，整体表现不如上期；同时，当期后半程的买家访问次数明显少于当期前半程，增长运营人员需要寻找原因、制定策略。从总的运营指标的对比来看，虽然当期的买家访问次数比上期少，但是销量、订单金额、毛利润都上升了，退款率下降了，说明店铺运营的绩效明显好于上期，呈积极向好的发展态势。在增长机会方面，首先，增长运营人员需要分析当期后半程买家访问次数减少的原因，通过解决问题来获得增长机会；其次，总结当期多个运营指标改善的原因，进一步巩固相关措施，放大运营的亮点，从而获得更好的增长表现。

4）根本原因分析

原因分析指的是分析造成某种结果的因素。其中，根本原因分析是一种结构化的问题分析方法，用以逐步找出问题的根本原因并加以解决，而不是仅仅关注问题的表征。

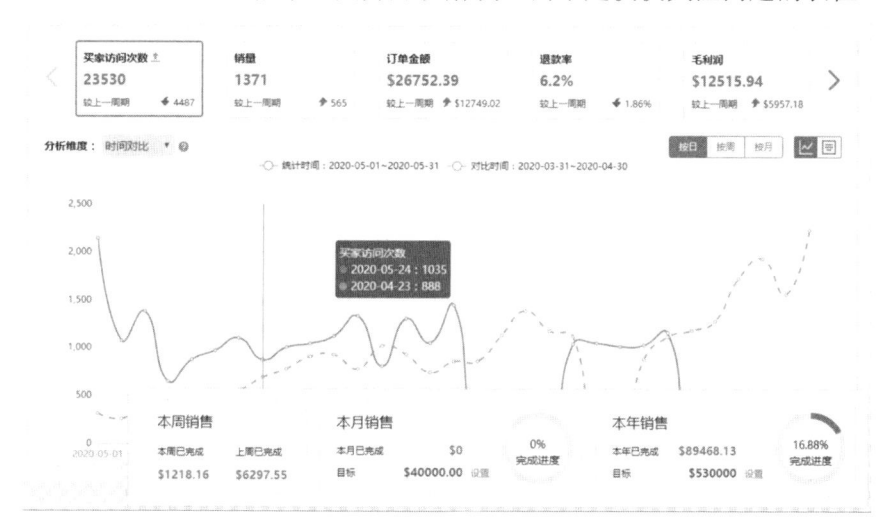

图 2-9　某电商店铺当期数据与上期数据的纵向对比

例如，小明的妈妈发现最近一次考试小明的英语没考好。通过和小明谈心，详细了解他在考试前和考试过程中的情况，妈妈知道了小明在考试的时候突然肚子不舒服，无法集中精力答题，导致没有做完题目。在谈心之后，小明的妈妈对此表示理解，从此更加关心小明的身体，母子之间的感情加深了，小明的成绩也变得越来越好了。

找到问题的根本原因不是一件容易的事情。面对不同的问题,分析的技巧不尽相同。下面将介绍几种具体的方法,对分析根本原因非常有帮助。

(1)五问法。

五问法由日本丰田公司于 20 世纪 30 年代发明,通过不断追问的方式来寻找问题的根本原因。具体方法是通过一连串"为什么"的追问,逐层向下钻取新的问题,通常第一个"为什么"的答案会提示第二个"为什么",依次类推。在实践中,我们可以进一步拓展出六问、七问,甚至更多的"为什么",直至无法产生更多有价值的答案,这表明我们可能揭示了问题的根本原因。

案例:杰弗逊纪念堂的疑问

在美国华盛顿广场有一个著名的杰弗逊纪念堂,它是为纪念托马斯·杰弗逊而建立的。托马斯·杰弗逊既是美国的第三任总统,也是《美国独立宣言》的主要起草人,还是开国元勋之一,与乔治·华盛顿、本杰明·富兰克林并称"开国三杰"。

纪念堂年久失修,墙壁表面斑驳陈旧,政府非常担心,派一位专家前去处理。该专家来到纪念堂仔细观察,寻找纪念堂的墙壁表面斑驳陈旧的原因。经过深入分析,该专家发现,冲洗墙壁的清洁剂对建筑物有腐蚀作用,并且每年冲洗纪念堂墙壁的次数远远多于其他建筑,因而腐蚀更加严重。按照一般人的思维,可能会认为可以收工了,因为墙壁表面斑驳陈旧是清洁剂造成的,只要换一种清洁剂或减少冲洗次数就可以了。

不过,该专家没有止步于此,他进一步追问:"为什么墙壁表面需要经常清洗呢?"于是,他展开了调研,发现这是因为纪念堂的墙壁被大量的燕子粪便弄得很脏。

为什么有大量的燕子粪便呢?因为燕子喜欢聚集在这里。

为什么燕子喜欢聚集在这里呢?因为在墙壁表面有燕子喜欢吃的蜘蛛。

为什么有大量蜘蛛出现在墙壁表面呢?因为墙壁表面有很多蜘蛛爱吃的飞虫。

为什么飞虫繁殖得这么快呢?因为尘埃在从窗外射进来的强光的作用下,形成了适合飞虫生长的温床。

经过不断追问,该专家提出的解决方案不是更换清洁剂或减少刷墙次数,而是给窗户挂上遮光的窗帘。最终,问题得以彻底解决。

从上述案例中我们可以发现,该专家一层一层、抽丝剥茧般地进行思考,最终找到了问题的根本原因。要想解决上述案例中的问题,还有很多的策略,如更换清洁剂、减少清洁次数(停留在第一层追问上),或者安排人经常驱赶燕子(停留在第二层追问上)等,不过这些策略的成本较高,并且无法彻底解决问题。

(2)鱼骨图法。

鱼骨图又被称为因果图、石川图,在 20 世纪 60 年代由日本质量管理大师石川馨提出。鱼骨图法通过分解的方式探寻产生问题的众多可能的原因,将所有原因按其关联关系整理成层次分明、条理清楚且标出重要因素的图形,因为其形状像鱼骨,所以被形象地称为鱼骨图法。例如,对于质量问题的原因,通常可以从人、机、料、法、环、测 6 个方面进行分解分析;对于用户转化率降低问题的原因,通常可以对触发因素、利益因素、阻碍因素 3 个方面进行结构化的分解分析。

案例　绘制用户流失的鱼骨图

步骤一，填写"鱼头"（用户流失），画出主骨。

步骤二，画出大骨，填写主要原因，分别是产品、服务人员、服务设施、营业情况。

步骤三，画出中骨、小骨，填写次要原因，包括现有产品老旧、金融产品种类少、员工态度差等。

用户流失的鱼骨图如图2-10所示。

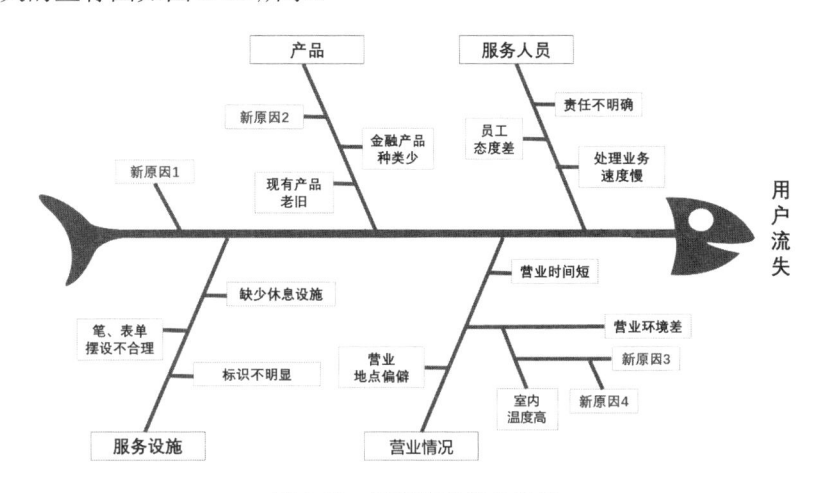

图2-10　用户流失的鱼骨图

在绘制完鱼骨图后，我们可以基于专业经验、头脑风暴或其他方法，对根本原因做出分析和假设。

（3）头脑风暴法。

头脑风暴法又被称为脑力激荡法，是一种激发创造力、强化思考力的方法。其形式通常是组织一群人进行头脑风暴（一个人也可以进行），先将参与者们集中在一起，让他们提出与研讨主题有关的见解，然后对大家的见解进行分类整理。

在运用头脑风暴法时需要遵循一定的规则，如对参与者的意见不批评、不评价、不讨论，尊重并记录所有人的想法等。人们往往害怕当众说出可能错误的想法，所以干脆就不说了。鼓励所有人无论对错、畅所欲言，可以消除参与者的群体压力，更容易产生好的创意、想法、洞察和解决问题的策略。

（4）变更分析法。

变更分析法指的是分析问题或事件发生之前的相关变更，以及变更的潜在影响、风险，从而发现问题的根本原因。例如，最近是否更改了系统配置？是否升级了App的版本？是否修改了信息系统的策略？是否执行了新的或不同的营销策略？是否调整了广告策略？

变更分析法是一种分析突发情况、故障类问题时应当优先考虑的方法，因为这类问题通常是由突然的变动引起的，结果与原因之间在时间、机理上往往有着非常直接的对应关系，并且变更分析法比较简单。在排除了变更因素后，如果还未找到问题的根本原因，那么可以使用其他的方法。

(5) 散点图分析法。

散点图分析法是一种利用可视化工具呈现两个数值变量之间的关系的方法。在散点图中，预测变量或自变量位于横轴上，响应变量或因变量位于纵轴上，根据点的分布可以快速判定两个变量之间的关系（如正相关、负相关）和相关的强度等。

散点图分析法的本质是相关性和数据分布分析。基于散点图，我们可以分析变量之间是否相关。不过，相关性不等于因果性，要想证明变量之间具有因果性，还需要进行因果分析（见下文）。在增长领域，只要能发现变量之间的相关性（即使尚未证明因果性），就能对业务有所帮助。

例如，某企业想在某信息流平台上投放某产品的广告。由于该产品的单价较高，因此该企业想将广告的目标受众定位为高消费能力群体。不过，在该信息流平台上难以获得用户的消费数据，无法直接判断哪些用户属于高消费能力群体。该企业过去的广告投放经验表明，用户的消费能力通常与学历正相关，只要将"学历"作为筛选用户的条件，就可以在一定程度上将广告推送给高消费能力群体。

又如，调研某社区的消费能力可以直接做问卷调查，不过该方法涉及抽样、招募调查者和调查等环节，需要花费较多的时间和精力。我们可以换一种思路，如考察该社区周围的干洗店，看一看社区居民干洗或养护的鞋、皮具等物品。洗护的价格比较高，一般只有比较名贵的物品才可以进行干洗或养护。如果干洗店的生意很好，那么在社区居民中消费水平比较高的人很可能有相当大的占比。

再如，根据某网站着陆页的转化率和用户参与值创建散点图，如图 2-11 所示。我们可以发现，二者表现出较强的相关性。在这种情况下，我们无须深入考察二者是否具有因果关系，可以先形成一个假设，即"如果提高用户参与值，着陆页的转化率就会相应提高"，再对该假设进行验证，如果该假设成立，这就是一种有效的策略。

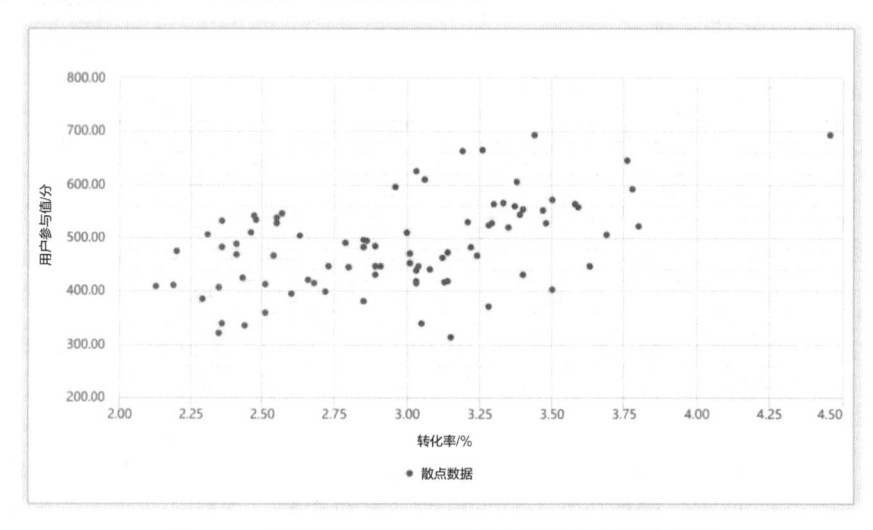

图 2-11 某网站着陆页的转化率和用户参与值散点图

(6) 帕累托法则。

帕累托法则也被称为 80/20 法则、帕累托定律或二八法则。原因与结果、投入与产出、努力与报酬之间的关系往往是不平衡的，找出并管理在数量上占少数、在影响上占多数的因素，往往能取得良好的效果，也就是抓住主要矛盾或矛盾的主要方面。

例如，在搜索引擎的 PPC 广告投放中，一个账户下可能有成百上千甚至上万个关键词，面面俱到地分析、优化所有关键词是不现实的。关键词的费用消耗大致符合二八法则，也就是说，80%的广告费消耗往往集中在 20%的关键词上，这 20%的关键词应该被划入优化的重点范围。

（7）回归分析法。

回归分析法指的是通过生成一个方程来描述一个或多个自变量和因变量之间的统计关系。在根本原因分析中，我们可以通过回归分析法来分析变量之间的因果关系是否显著。

回归分析与相关分析的主要区别、联系如下。一方面，在相关分析中没有自变量、因变量之分，它研究一组变量之间的相关程度和方向；回归分析应明确自变量、因变量之分，它研究变量之间的依存关系。另一方面，相关分析是回归分析的基础和前提，回归分析是相关分析的深入和继续。相关分析需要依靠回归分析来表现变量之间数量相关的具体形式，回归分析需要依靠相关分析来表现变量之间的相关程度和方向。只有当变量之间高度相关时，通过回归分析寻求变量相关的具体形式才有意义。在具体业务中，增长运营人员经常需要将两种分析方法结合起来使用。

2．用户细分类

1）特征细分

特征细分指的是基于用户的相关特征，将用户分成不同的群体，选取用户信息的某一个维度或多个维度进行交叉细分。

常见的用户特征细分维度如图 2-12 所示。

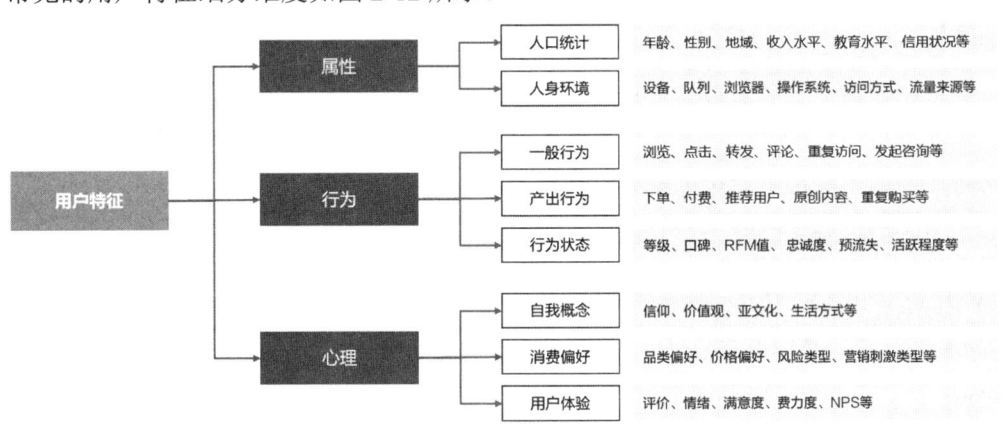

图 2-12　常见的用户特征细分维度

用户特征细分是将总体用户细分为不同的群体，对比不同群体的相关数据，发现不同群体之间的差别或异常，直至分析出根本原因。在很多情况下，用户特征细分不是一次性就能完成的，需要视情况进行多次细分。

案例　　　　　　　**按照渠道细分，发现问题**

某 App 4—10 月的注册转化率如图 2-13 所示。

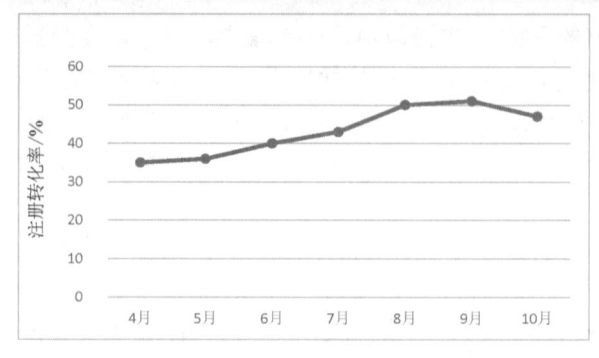

图 2-13　某 App 4—10 月的注册转化率

从图 2-13 中可以看出，该 App 的注册转化率一直保持着比较稳定的水平，并且稳步提升。不过，在 10 月的时候，数据出现异常，下降得比较厉害，跌到了 50%以下。

该 App 的开发者决定按照操作系统、渠道、用户设备等对用户进行分群排查：先按照操作系统分群排查，未发现明显异常；然后按照渠道分群排查，渠道数据如表 2-3 所示。

表 2-3　渠道数据

渠　　道	访问量/人次	注册转化率/%
渠道 A	2228	55
渠道 B	2766	37
渠道 C	1483	50

从表 2-3 中可以发现，渠道 B 的注册转化率明显偏低。经过进一步调查分析，开发者认为该渠道存在较大的舞弊嫌疑。撤换渠道 B 后，该 App 的注册转化率在 11 月恢复到合理水平。

2）队列分析

队列分析也被称为同类群组分析，指的是对某一时间发生过某种相同行为的用户进行观察、描述或分析。

队列分析的本质是用户特征细分，通常对用户的行为或某个时间进行分析。例如，对某次推广活动获取的用户队列的留存情况进行分析，对使用过某种产品功能的用户队列的留存情况进行分析。

3）RFM 分析

RFM 分析指的是通过最近一次消费时间（Recency）、消费频率（Frequency）、消费金额（Monetary Value）3 项指标来衡量用户的价值，基于这 3 项指标的组合将用户分成 8 类，分别采取更有效率的运营策略。

4）聚类分析

聚类分析指的是将样本数据划分为组或簇。组或簇的形成使同一组或簇中的对象相似，不同组或簇中的对象不同。

聚类分析是一种典型的用户分群模型（基于相似特征），其他典型的用户分群模型还有队列分析（基于相同行为）、RFM 分析（基于用户价值）等。

聚类分析适用于无监督类问题，由于要求划分的类是未知的，因此我们无法事先得知可以将样本数据分成多少类。常用的聚类方法有层次聚类、划分聚类。例如，按照几个特定维度（如年龄、职业、地域、性别、付费金额、品类偏好、消费频率等）对付费用户进行聚类分析后，我们得到了几个在特征上具有明显区别的细分用户群体，根据各个细分用户群体的特征开展具有针对性的深耕运营，可以实现更好的转化效果和用户体验。

3．用户行为类

1）行为事件分析

行为事件分析指的是对用户在互联网触点上的行为和事件进行观察、分析，其重点是企业可监测的触点。企业通常需要在相关网站或 App 中部署监测代码（直接或间接），以便获得相关数据，以第一方数据为主，以第二方数据为辅。行为事件分析的常用场景如下。

- 会话（Session）分析。例如，会话数量、新会话数量、独立访问者（Unique Visitor，UV）数、页面浏览量（Page View，PV）、页面跳出和跳出率、页面退出和退出率、平均会话长度、平均会话深度、平均页面浏览时长等。
- 事件分析。互联网触点上的事件指的是用户与内容的交互，可以在网页或屏幕内进行测量，如用户在页面内填写表单、播放视频、点击购买、消费评价、转发内容等。事件通常涉及发生的时间、位置、数量、操作等要素。在 GA 中，事件的要素包括事件类别（如视频交互）、操作（如播放视频）、标签（如《乱世佳人》）、值（如 3 次）。
- 转化分析。转化包括宏转化和微转化，详见下文。
- 基于行为的偏好分析。例如，基于广泛的用户消费行为（内容消费、娱乐消费、商品消费、金融消费等）分析用户的消费偏好，从而制定运营策略。

用户行为的构成要素主要有 6 个，分别是时间/时长、具体位置、行为路径、用户类型、具体行为、行为结果。

行为事件分析对发现增长机会的具体作用主要体现在发现产品的功能、内容、设计等亮点，或者发现产品中的问题、异常情况上。例如，PayPal 相当于"美国版的支付宝"，其早期专注于 PDA（Personal Digital Assistant，掌上电脑）与 PDA 之间的转账，类似于智能手机助理。在拥有了 10 万个用户后，PayPal 的团队制作了网页端，本来是想通过演示告诉用户不一定用软件转账，可以直接在网页端转账。结果 eBay 上的很多商家涌了进来，纷纷使用不完全成熟的网页端来支付。由于 PayPal 的定位是"PDA 转账工具"，团队觉得网页端转账只是边缘业务，因此一开始，PayPal 屏蔽了来自 eBay 的用户。经过认真观察，团队发现即使开启了屏蔽功能，每天依然有几万个用户涌进来。这时，团队发现他们错了，PayPal 正面临着一个巨大的增长机会。于是，团队决定放弃整个 PDA 市场，专注于网页端支付。最终，PayPal 在全新的领域迅速发展壮大。

2）热图分析

热图或热力图是一种对用户行为的数值进行颜色编码并直观展现的图示。用户的注视、移动鼠标、单击鼠标、滚动屏幕等行为都可以被量化并转化为直观的图示，将定量数据转化为可视化见解。热图分析是行为事件分析中的一种，具有特定的形式和特点，因而也可以被当作一种独立应用的分析方法。热图的具体形式主要有以下几种。

（1）点击热图。

点击热图是根据用户在页面上点击的次数生成的，表示两个数据，分别是点击位置数据和点击次数数据。前者在静态页面上标示位置，后者通过颜色来表示点击次数，一般在点击次数较多时用暖色表示（如红色），在点击次数较少时用冷色（如蓝色）表示。点击热图如图 2-14 所示。

图 2-14　点击热图

（2）移动热图。

移动热图的图形和点击热图相似，不过原理不一样。移动热图也被称为悬停热图，从最初以鼠标的悬停位置为基准进行绘制，发展到后来的眼动追踪。前者的成本比较低；后者的成本比较高，普及度有限。研究证明，在眼睛和鼠标的运动之间存在 80%～90% 的相关性，因而利用鼠标指针的移动来绘制热图有较高的准确性。当然，移动热图的准确性无法和点击热图相比。

不过，移动热图可以在一定程度上弥补点击热图的不足。例如，在电商网站中，用户可能会花费大量的时间阅读说明、观看产品图片，但他们不一定会点击（现在的电商网站大多有鼠标悬停放大图片的功能）。我们可以根据用户将鼠标指针移到何处，了解他们正在看页面中哪一部分的信息，简便地估算出他们阅读了页面中的哪些部分和没有阅读哪些部分。

（3）滚动热图。

滚动热图是基于页面向下滚动过程中的停留位置、停留时长、交互动作而制作的热图，也被称为注意力热图。

Mouseflow 的滚动热图如图 2-15 所示。

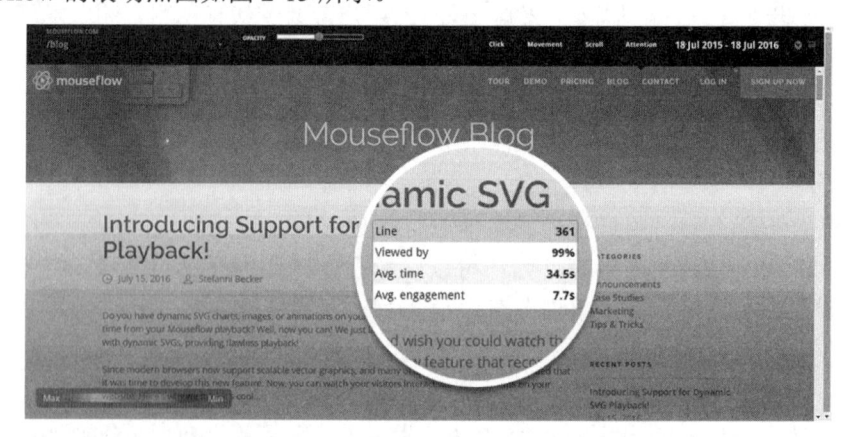

图 2-15　Mouseflow 的滚动热图

Mouseflow 的滚动热图用不同的底色将原网页区隔开来，不同的底色代表滚动到相应位置的用户数量。不仅如此，当鼠标悬停在某一个位置时，Mouseflow 还可以显示 4 种更为丰富的数据："Line" 表示鼠标悬停在页面上的确切像素位置，用于精确定位；"Viewed by" 表示在所有到达此页面的用户中，有百分之多少的用户到达此部分；"Avg.time"表示用户在页面此部分停留的平均时间；"Avg.engagement"表示用户在此部分进行互动（包括点击、滚动、移动等）的平均时间。

案例　通过热图分析发现优化机会

一家 B2B（Business-to-business，电子商务中企业对企业的交易方式）工业品营销机构在网站上提供金属管材等大宗商品的专业资讯，获得企业用户线索后逐步开展销售转化。在对一些专业资讯的点击热图进行分析后，该机构的增长团队发现，用户点击的焦点集中于页面的左上角、右下角，可这两个地方并没有操作按钮。某着陆页的点击热图如图 2-16 所示。

经过分析，增长团队提出了一个假设。由于专业资讯很实用，因此很多用户会将信息复制下来，保存备用。在复制的过程中，用户在页面左上角、右下角完成了两次点击。如果可以为用户提供更好的资讯保存体验，就能提高用户获取资讯的积极性，从而使该机构获得更多的用户线索。

于是，增长团队立即做出优化，在资讯旁边添加了一个下载 PDF 文件的按钮（避免用户在复制资讯后发生排版错乱的情况），同时在下载后的 PDF 文件的页脚位置添加了联系方式。

经过小小的改动，该机构的潜在用户增加了 36%，转化率提高到 2.47%。

在改动后的资讯页面上，用户点击行为发生了明显的变化，左上角、右下角的点击基本上消失了，转而集中在下载 PDF 文件的按钮上，这表明增长团队的假设是正确的。优化该着陆页后的点击热图如图 2-17 所示。

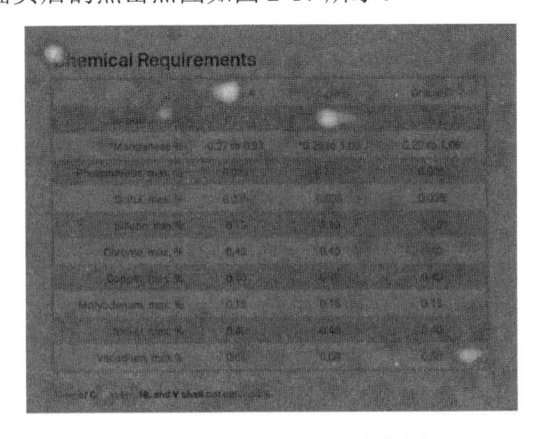

图 2-16　某着陆页的点击热图 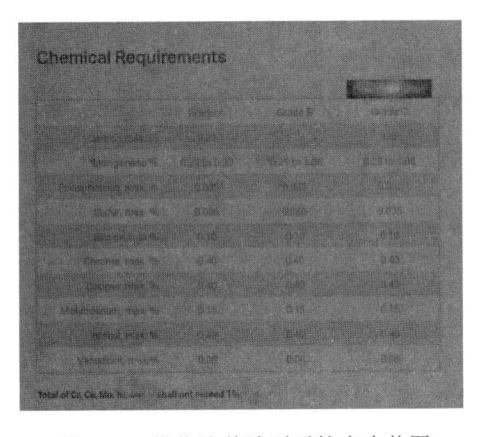　　　　　图 2-17　优化该着陆页后的点击热图

3）行为预测

行为预测指的是基于用户数据和模型来预测用户行为，如广告点击预测、用户流失预测、用户违约预测等，通常需要采用机器学习技术来不断训练模型，以提高预测的精度。

4）转化漏斗分析

转化漏斗又被称为营销漏斗，指的是用户通过互联网广告或搜索到达指定网站，并最终购买产品的轨迹。对该轨迹上相关环节的数据按照自上而下的顺序进行排列，下一个环节的数据（如流量、用户数量等）比上一个环节的数据少，多个环节构建的图形像一个漏斗一样。例如，新用户点击广告、下载安装、注册账号、登录、下单、付费构成了一个标准的转化漏斗。

在用户增长领域,有一个广为人知的转化漏斗是 AARRR 模型,即获取(Acquisition)、激活(Activation)、留存(Retention)、收入(Revenue)、推荐(Refer),该模型由戴夫·麦克卢尔提出。由于"AARRR"的发音很像电影《加勒比海盗》中杰克船长的口头禅,因此该模型又被称为"海盗模型"。不过,从某种意义上说,AARRR 模型并不是严格的转化漏斗,在不同的产品和业务场景中,留存、收入、推荐的转化顺序和逻辑往往相差较大。

分析转化漏斗中的异常数据,可以帮助我们找到流量流失的位置、定位问题和确定下一步工作的切入点,进而发现增长机会。

案例 通过转化漏斗分析发现优化机会

图 2-18 所示为某着陆页的转化漏斗数据。

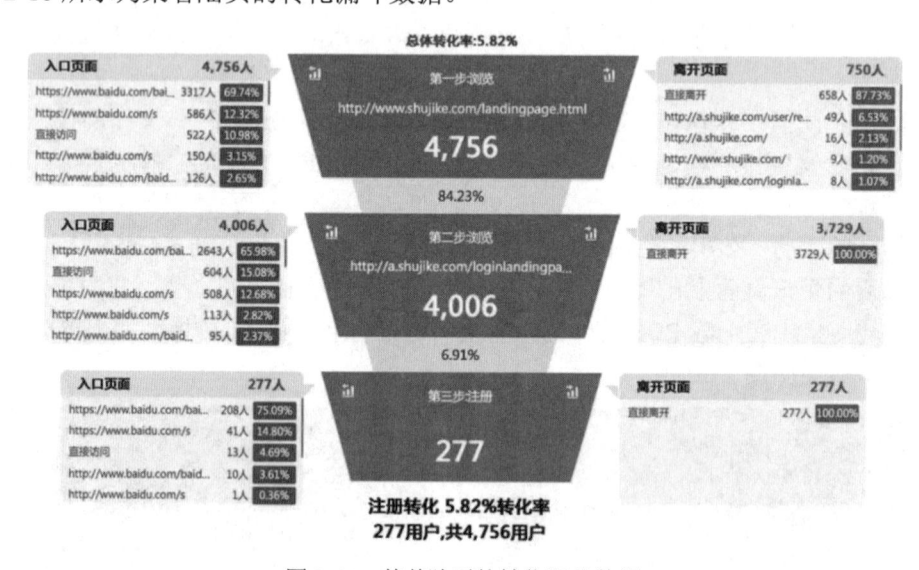

图 2-18　某着陆页的转化漏斗数据

在该着陆页上,转化目标是注册账号。用户从到达该着陆页到完成注册需要经过 3 个步骤,分别是浏览、浏览、注册。

提取该着陆页上的用户行为数据构建转化漏斗,我们可以发现,到达该着陆页的用户共 4756 个;在第二步"浏览"的时候,还剩下 4006 个用户,步骤转化率约为 84.23%,有 750 个用户离开了,大部分用户是直接离开的;在第三步"注册"的时候,只剩下 277 个用户了,步骤转化率仅为 6.91%,所有用户都是直接离开的。

基于以上分析,我们可以很明显地看出,最大的问题出在第三步上,应当重点优化该步骤:先找到问题的切入点,再进一步通过流量渠道细分、地域细分、时段细分等找到问题的根本原因,最后采取相应的优化措施,并通过数据分析来验证优化措施的有效性。

5)转化因素分析

转化指的是让用户实现某个设定目标的过程,也就是让用户像企业期望的那样完成某些事情。设定目标可以是某种用户操作行为或达成的某种效果，如点击广告、填写表单、添加购物车、下单、购买、下载 App、注册账号、激活账号、订阅、发起咨询、拨打电话、加微信等。用户每实现一次类似的目标，就可以称为完成了一次转化。

如何评价转化的效率呢？我们需要用到转化率这个指标，其计算公式如下。

$$转化率 = 转化数 / 基数 \times 100\%$$

需要注意对基数的理解，在一般情况下，基数可以取两个值：一是某种连续性运营活动的初始用户或流量数值，二是上一个步骤的用户或流量数值。例如，新用户获取是一种连续性运营活动，主要的节点有"点击广告""到达着陆页""提交订单""支付"。如果需要计算"支付"这个节点的转化率，那么"转化数"是成功支付的用户数量；"基数"既可以是点击广告数，也可以是提交订单数，前者观察的是连续性的转化效率，后者观察的是单一步骤的转化效率。

转化就是让用户行动。不过，手毕竟长在用户身上，用户既可能转化，也可能不转化。用户行动与否会受到哪些因素的影响呢？主要有 3 个因素，分别是触发、利益、阻碍，可以用转化公式来表示它们的关系，如图 2-19 所示。

$$转化 = 触发 \times (利益 - 阻碍)$$

图 2-19　转化公式

与用户转化相关的大部分问题都可以基于触发、利益、阻碍这 3 个因素进行结构化的拆解和探寻。毫不夸张地说，上述公式堪称转化的"万能公式"。

（1）触发。

触发指的是由信息交互、人际接触、身体或感官互动而发起的有影响力的行动。

触发包括两个方向。方向一是官方触发用户，目的往往是实现企业的商业目标，如获取新用户、让用户体验产品核心价值、让用户购买、让用户转化、让用户裂变分享、让流失用户重新回到产品中等。对于增长运营人员来说，这是典型的"目标驱动型"增长任务，因而这个方向上的触发也可以被称为驱动型触发。方向二是用户触发官方，目的往往是解决用户的问题，如有疑问、遇到困难、出现突发情况、表达不满等。增长运营人员需要准确回应用户的关切，因而这个方向上的触发也可以被称为反馈型触发。两种类型的触发如图 2-20 所示。

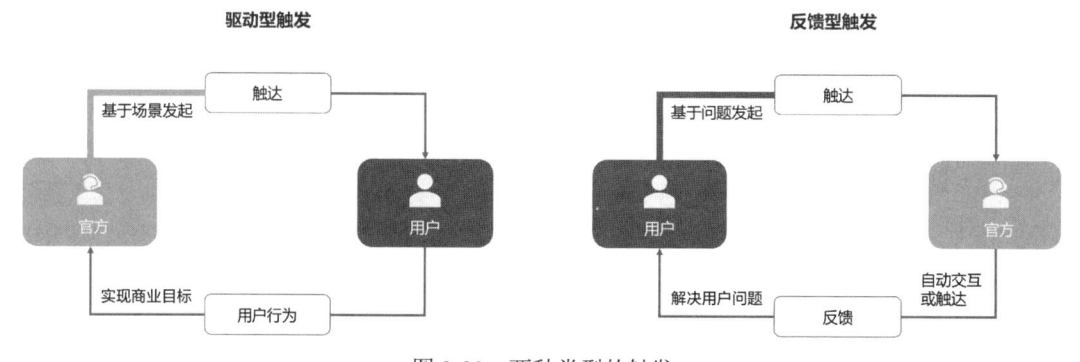

图 2-20　两种类型的触发

在转化领域，触发相当于用户行动的"引子"。触发既可以是显性的，让用户看到、听到、闻到，如向用户推送广告、发送私信、拨打电话，或者在用户的必经之路烤出羊肉串的浓香等；也可以是隐性的，让用户想到，如进行品牌推广，大规模、经常性地投放广告，在某平台上"种草"等，这些都是在用户心智中预埋隐性的触发，这些隐性的触发可以在一定的条件下被激活，当用户想喝水的时候会立即想起××品牌，想买海外商品的时候会立即想起去××平台购买。因此，官方的触发要有鲜明的目标，即吸引用户的注意、唤起用户的需求、激发用户行动。

我们可以将触发进一步拆解为4个要素，分别是触发场景、触点、触发物和触发过程。

- **触发场景**。触发场景主要有品牌推广、用户获取、用户深耕、公共关系等业务场景，当然，我们还可以进一步细分。例如，用户深耕可以细分为用户激活、用户引导、提升留存率和活跃度、推进转化进程、用户唤醒、用户召回、客服支持等场景。不同的触发场景有不同的触发目标，实现目标的要素也是各不相同的，明确而清晰的触发场景自然回答了为什么触发、对谁触发（目标受众是谁）、在什么时间触发、如何衡量等问题。

- **触点**。触点指的是用户与企业的产品或服务、品牌、内容或信息发生接触的位置，如电话、会面、搜索引擎、官方网站、官方App、官方邮件等。只有在触发场景清晰后，企业才能有针对性地选择触点。需要注意的是，一次活动通常包括多个触点。

- **触发物**。触发物指的是触发的具体载体。触发物既可以是有形的（如图片、文字、产品实物等）、有声的（如广场舞的喇叭声、路边摊的吆喝声、音频内容等）、有味的（如牛排的浓香、酒香、臭豆腐的臭味等），也可以是它们的综合。基于触发场景和触点，企业可以进一步确定在各个触点上使用的触发物。在触发物中，一个非常重要的因素是内容，它承载着吸引、说服、打动用户的任务。衡量触发物内容的好坏主要取决于内容打动用户的能力，而不是内容本身的质量。一张美轮美奂的图片或一段把自己感动得泪如雨下的故事未必是好的触发内容，好的触发内容的唯一使命是促使用户改变或行动。例如，对于一段视频广告，观众在看完后鼓掌甚至流泪，赞叹"这段视频做得真棒"，未必意味着该视频广告是好的触发内容，观众可能觉得视频的清晰度高、剪辑用心、质感好或故事感人。好的触发内容应该让观众在看完后询问"在哪里可以买产品""可以马上下单吗"，只有达到这样的效果，才是好的触发内容。另一个非常重要的因素是对转化公式中的"利益"和"阻碍"进行设计，毕竟用户对它们的感知往往是从触发物中获得的。

- **触发过程**。触发过程指的是用户从被触发到完成转化的一系列过程，这个过程与用户旅程紧密相连。当然，除了用户旅程，触发过程设计还涉及对时机的选择、对受众的选择、对触发规则的设计、对触发频率的设计、对触点数据的收集等。例如，周一刚上班的时间段往往是职场人士最忙的时候，有很多事情需要计划和安排，或许还要开周会，在这个时候向他们打推销电话是很招人厌烦的。又如，用户在电商平台上浏览了某个商品，某些资讯类App就不停地向用户推送该商品的广告，不管用户是否已经购买该商品，或者是否已经不需要该商品。这些都不是好的触发过程。好的触发过程应当是这样的：某用户通常在下班的过程中绕道去超市买一些水果，经常遇到排队的情况。某一天，该用户走在去超市的路上，正在浏览的App向该用户发了一条推送消息："还去超市排队？大家都在这里买水果，两折起，离你不到200米哦！"此时，该用户会不会心动呢？

(2) 利益。

用户利益主要包括实用利益、心理利益、个人价值利益 3 个层次，内容极其丰富。接下来介绍在消费转化场景中对用户利益进行挖掘，从而促进转化的一些思路。

首先，可重点挖掘的实用利益如下。

- **功能有用性**。功能有用性即产品具体有哪些用处，可以解决用户的哪些实际问题。例如，七喜饮料的"提神醒脑，喝七喜"，雷达牌驱虫剂的"蚊子杀杀杀"，海飞丝洗发水的"头屑去无踪，秀发更出众"，大宝护肤品的"要想皮肤好，早晚用大宝"等，都是用简单直接的语言告诉用户产品可以给他们带来的实用利益。用户有待解决的实际问题往往是比较具体的，在说服和打动他们的时候要具体、有针对性，这样才能达到"对症下药"的效果。

- **使用易用性**。用户喜欢简单的产品，而非复杂的产品，既能解决问题，使用起来又简单的产品更能获得用户的青睐。很多人之所以喜欢苹果的产品，主要是因为它们简单易用，如苹果的第一代 iPod 拥有独特的滚轮式选曲盘，只用一个拇指就能完成所有操作。立顿不仅在西方国家大获成功，在"茶叶的故乡"中国也非常成功，一个重要原因是立顿创造了一种非常简便的饮茶方法，获得了众多怕麻烦的用户的喜爱。在需要用户动手操作的产品中（尤其是过去操作起来比较复杂的产品），突出产品的使用易用性有助于提高转化效率，如某家用豆浆机的"破壁免滤，豆浆直接喝""一键制浆"，某无线网卡的"免驱动"，某痛风监测仪的"老人也易用"，等等。

- **设计实用性**。实用的设计也能给用户带来切实的利益，如某双面胶贴的"在墙上贴东西后马上揭开，不留任何残胶"，某水杯的"智能显示温度"，某体重秤的"只有称重的人才能看见结果"，某 U 盘的"显示剩余存储空间"，某玻璃茶杯的"采用木把设计，方便握持不烫手"，等等。

其次，可重点挖掘的心理利益如下。

- **获得满足感**。用户之所以消费，是因为欲望是人的本性。人的欲望一旦受到某种刺激，就会产生反应（生理或心理上的匮乏状态），继而产生消费需求，在消费后可以获得满足感，这种满足感是用户最基本的心理利益。在消费转化场景中，我们可以利用这个原理，如果能让用户提前联想到消费后被满足的状态，就有利于转化。例如，网易蜗牛读书的文案"总说静不下心读书，可不读书怎么静下心来？这有一道随时可以打开通往理想世界的任意门"，很容易激发人们对"静心读书"的美好向往；某住宅地产的文案"过了这座小桥，就到了家门口。当然，在这之前，还要经过睡莲池、百花园，以及两旁长满树木的 100 多米长的林荫小道。我的家就在××××，一个静静坐落在珠江边的生态家园。回家的感觉总是暖暖的。过了跨在珠江上的江湾大桥，就可以在那排黄白相间的建筑之中找到我的家，过了桥，就有了家的感觉"，充满细节的描述很容易引发人们对住在该小区的美好联想。

- **获得安全感**。安全是人的基本需求。在消费转化场景中，如果能让用户意识到不完成某种行为可能会失去某些东西，那么用户会更愿意行动起来；反之，如果能让用户意识到做某件事可以避免失去某些东西或获得安全感，那么用户也会更愿意行动起来。例如，王老吉的广告语"怕上火，喝王老吉"，某电商店铺的文案"一年内不喜欢随便退"，利用的就是这种消费心理。

- **增加快乐或减少痛苦**。心理学家弗洛伊德曾经说过，人总是追求快乐，逃避痛苦。趋乐避苦是人的本性，增加快乐或减少痛苦是用户心理利益的重要来源。很多人工作压力大、情绪不好或被领导批评了，习惯于买一些东西，他们未必真的需要那些东西，只是单纯地想花一点钱开心一下。人头马酒的经典广告语"人头马一开，好事自然来"，听上去非常吉利，能够让人产生美好的憧憬，加上反复提及，可以起到"催眠"的效果，让人们相信只要喝人头马酒就会有好事到来，这么好的彩头谁不喜欢呢？白加黑感冒药的广告语"白天吃白片，不瞌睡；晚上吃黑片，睡得香"击中了很多感冒患者的痛点，白天吃感冒药容易嗜睡，影响工作，这种白天和夜晚分开吃的药更能减轻他们的痛苦。

- **获得独特体验**。体验指的是用户亲身参与的经历和在整个过程中获得的全部感受。在电影《甲方乙方》中，姚远、梁子等4位创业者开发了一个叫作"好梦一日游"的产品，承诺帮人们过上一天梦想成真的日子。各种离奇古怪的愿望接踵而来，似乎人人都想让自己现在的生活发生180度的大转弯。富贵的人想体验贫穷，明星想体验平凡，小老百姓想成为巴顿将军，守不住秘密的厨师想成为守口如瓶的铮铮铁汉……剧情虽然搞笑荒诞，但是恰好说明了独特体验既可以成为产品核心价值，也可以促进消费转化。华为Mate 40 Pro+与保时捷联名版的配置相似，外观上略有区别，在价格上，后者比前者贵好几千元。用户之所以愿意多花几千元购买后者，是因为获得的体验不一样，这种体验可能是多个方面的综合感受，如感觉更有档次、更能彰显身份地位、对保时捷品牌的喜爱、拥有与Mate 40 Pro+不一样的设计、更少的产量等。2021年9月，北京环球影城主题公园正式开园，价格高昂的门票在正式开售1分钟内售罄，人们趋之若鹜，因为这是环球影业在全球的第五个、在中国的第一个主题公园，所以"去环球影城主题公园游玩"成为一种独特体验。

- **建立美好情感**。人是"情感动物"，一句深情的话、一个温馨的画面、一段动人的故事等可能改变人们的观点和做法。人们喜欢寄情于物、以物传情，希望借助物品表达对亲人、朋友的真挚情感。潘婷曾经推出过一则广告，在这则广告中，一个患有先天性耳聋的小女孩没有因为自己的缺陷自暴自弃，而是凭借坚定的信念去生活、成长。面对困境，小女孩用全身心的力量告诉所有人，她可以活得很好。最终，凭借着坚不可摧的毅力，她破茧成蝶，不但学会了拉小提琴，而且取得了一定的成就，活成了自己想要的模样，这则广告感动了很多人。戴·比尔斯钻石的广告语"钻石恒久远，一颗永流传"将坚硬的钻石与永恒的爱情联系到一起，赋予产品情感，并且朗朗上口、合辙押韵，因而成为经典，其钻石销量也大幅增加。在母亲节的时候，途牛推出了一则广告，文案是"门前老树长新芽，院儿里枯木又开花，半生存了好多话，藏进了满头白发。记忆中的小脚丫，肉嘟嘟的小嘴巴，一生把爱交给她，只为那一声'妈妈'。时光匆匆，不要让妈妈的足迹只是从家到菜场，一起陪伴她把生活的半径一点点加长。致敬母亲节，途牛旅游网"，唤起了很多人对母爱的感念，产生了陪母亲出去旅游的想法。

最后，可重点挖掘的个人价值利益如下。

- **彰显价值观**。价值观是人们对真、善、美价值的认识和追求，集中体现人们的社会理想和人生理想。在苹果公司的一次内部会议上，乔布斯讲述了他的营销理念："对我来说，营销讲的是价值观。"用价值观来说服和打动用户，耐克在这方面做得出类拔萃，借助以"JUST DO IT"（只管去做）为主题的系列广告和"篮球明星"乔丹的明星效应，耐克迅速成为体育用品的著名品牌。这句广告语非常符合青少年一代的心态——想做就做，只要与众不同，只要行动起来。"新一代的选择"是百事可乐的广告语，在与可口可乐的竞争中，百事可乐找到了突破口，即在年轻人群体中开拓市场，把产品定位为"新生代的可乐"，邀请新生代喜欢的明星担任品牌代言人，获得了年轻人的青睐。"长得漂亮是本钱，把钱花得漂亮是本事""来全联不会让你变时尚，但省下来的钱能让你把自己变时尚""知道一生一定要去的20个地方之后，我决定先去全联"，这些是全联超市推出的"省钱"系列经典主题广告，它们把"去全联超市购物能省钱"的特性转化为年轻人引以为傲的价值观，即去全联超市购物不是为了省钱，而是懂得更明智的生活哲学的表现，省钱是为了更好地实现梦想，省钱是为了让自己更时尚。蚂蚁金服（现为蚂蚁集团）的广告语"每一个认真生活的人，都值得被认真对待"也是一种价值观诉求。

- **维护自我形象**。人有 4 种自我形象：一是真实自我形象，即我们是如何看待自己的；二是理想自我形象，即我们期望自己成为的形象；三是社会自我形象，即在社会中我们在他人眼中的形象；四是理想社会形象，即在社会中我们期望传达出来的形象。用户的购物选择与自我形象是分不开的，也就是说"你是谁，你就购买什么"。反过来，购买的物品也会维护用户的自我形象。例如，一位年轻人踌躇满志，想成为一名职场精英，期望给人专业、干练的感觉，在选择工作着装时，更有可能选择偏职业风格的套装，而不是休闲类、个性化的服装。这种现象带给消费转化的启示有：不同的自我形象意味着不同的消费市场；每个人一般都有想成为的人，如果产品让用户做的事正好是用户想成为的某种人的特点，用户就愿意选择该产品；用户注重自我形象的一致性，如果不一致，就会产生矛盾，进而产生解决矛盾的需求。例如，360 安全插线板的广告文案是"今天你使用的手机，是不超过 3 年的新科技，然而给它充电的插线板还是上个世纪[①]的发明。360 安全插线板，配得上 iPhone 的插线板"，利用的就是用户注重自我形象一致性的心理。

- **获得成就感**。成就感指的是为自己所做的事情感到愉快或成功，即在愿望与现实达到平衡时产生的一种心理感受，其本质是人希望得到尊重的需要。内心的成就感和向他人彰显成就感都能让人感到愉悦，在某些时候，利用这一点可以更好地促进消费转化。奢侈品品牌经常利用这一点来进行消费说服，如古驰香水的广告文案"若让别人嫉妒，就该拥有嫉妒"，香奈儿的广告文案"每一个女孩都该做到两点，有品位且光芒四射"。在产品中利用成就感来优化用户体验的例子不胜枚举，如让用户在完成任务后获得积分，在积分达到一定程度后获得勋章、成就证书，进入各种排行榜，成为版主、群主等，这些奖励可以激励用户加大投入，形成持续的消费转化。

- **自我实现**。自我实现指的是个体的各种才能和潜能在适宜的社会环境中得以充分发挥，从而实现个人理想和抱负的过程。例如，著名的护肤品牌 SK-II 曾经发起过一个长期的系列品牌宣传活动，主题叫作"改写命运"，通过许多广告片展现了一个个改写命运的女性故事。其中，某个广告宣传片的主角是汤某，作为国际影星，汤某的成功之路充满坎坷。但是，无论面临怎样的境遇，她都保持随遇而安又不随波逐流的心态，最终改写了自己的命运，成就了一段影坛传奇。如同 SK-II 的文案一样："每一秒，我们都有机会，让下一秒，变得更好。因为真正决定命运的，不是运气，而是选择。所以，不用介意别

---

① 这里指 20 世纪。

人对你的期望。改变命运的力量，存于我们的内心。你是谁？只因为你想成为谁。"SK-Ⅱ的营销理念从单纯强调"改变皮肤"到"改写命运"，满足了用户自我实现的精神需求，通过一个个故事向用户传达了"命运并非偶然，是选择使然"的理念，获得了大量用户的认同。又如，某零食品牌的广告语"吃点好的很有必要"，某租住平台的广告语"你可以住得更好一点"，某招聘广告"我们需要一位实习生，因为之前的那位已经成为CEO"等，强调的也是这种利益点。

（3）阻碍。

阻碍指的是用户在完成转化的过程中可能面临的挫折或障碍，主要包括4种阻碍，分别是使用受挫、交易受挫、心理障碍、拖延现象。

使用受挫，即用户在使用产品的过程中遭受挫折，具体包括内容不清晰、不易理解，页面加载时间过长，页面混乱，用户不会操作，产品很难上手，任务无法完成，操作烦琐，操作时间太长，使用产品时出现错误，与客服机器人对话时答非所问，等等。

交易受挫，即在交易的过程中出现问题，具体包括广告与实际产品或着陆页缺乏相关性，与客服人员沟通不愉快，超出预算，支付故障，竞品干扰，等等。

心理障碍，常见的心理障碍有3种，即恐惧、不确定和疑虑（Fear, Uncertainty and Doubt, FUD）。[①]

- **恐惧**。恐惧指的是人在面临危险情景时企图摆脱或逃避而又感到无能为力的情绪体验。当接触到令人恐惧的事物时，人的肾上腺素会受到刺激，激发出原始和本能的攻击或逃避的反应。也就是说，恐惧是人类的一种本能反应。一方面，如果用户在与产品接触的过程中产生了恐惧的感觉，那么通常会阻碍转化进程。例如，用户看见了使用产品导致严重后果的报道，发生了食品安全事件，听到了其他用户的可怕经历，产品被曝出负面新闻等，它们激发了用户的恐惧联想（如用户在被要求实名认证时联想到多起个人资料被泄露的事件）。另一方面，商家可以利用用户的恐惧心理激发其消费欲望。例如，"别让你的孩子输在起跑线上""怕上火，喝王老吉""危险了，你的电脑存在严重的安全漏洞"等。

- **不确定**。不确定指的是不明确和不肯定。在一般情况下，面临的不确定性越大，人对改变现状的兴趣就越小。转化需要让用户做出改变行为，研究表明，产品越模糊，新事物的价值就越低，这种价值下降的现象有一个别致的名称，叫作"不确定性税"。在消费转化场景中，不确定性的来源有很多，如产品功能介绍不清晰，操作说明不清楚，适用范围模糊，使用效果不确定，安全性不明确，退换货政策不明确，市场反响未知，官方的表述模棱两可，不知道能否相信产品方，不知道产品是否值得、是否划算，等等。在某些情况下，对未来的不确定感会在人的边缘系统中产生强烈的威胁或警觉反应，令人产生疑虑，阻碍消费进程。需要注意的是，在另外一些情况下，产品的不确定性反而可以激发消费欲望，如吸引人们走进影院的原因之一是故事情节的不确定性（悬念），类似的消费行为还有参加探险活动、购买彩票、抽奖、玩游戏、观看体育比赛，以及近年来风靡的"盲盒经济"。

- **疑虑**。疑虑指的是怀疑和顾虑。用户的疑虑来源既有上文提到的种种恐惧和不确定因

[①] FUD 的相关表述最早可溯源至17世纪，它们是一系列心理状态的集合，可以在各种情况下影响人们的思维和决策。在商业领域，它们经常被用作与对手竞争或影响用户的策略。

素，也有其他来源，如产品与用户的自我形象或价值观冲突，担心他人对自身消费行为的看法等。例如，在刚推出婴儿纸尿裤这种产品的时候，销售情况不佳，经过调研，人们发现并不是因为产品质量不好，而是存在价值观方面的抵触。当时的很多女性用户认为，如果给婴儿购买这种产品，那么其他人可能会认为自己想偷懒，不愿意给婴儿换洗尿布。

拖延现象。用户在行动时通常会存在拖延现象，如"现在还不急""过一阵再说吧""我先看一看"。拖延包括有意识的拖延和无意识的拖延，在转化时，我们需要采取相应的策略，消除用户的拖延现象，让用户立即行动。

现在，我们可以用一张思维导图来结构化拆解转化因素，如图 2-21 所示。

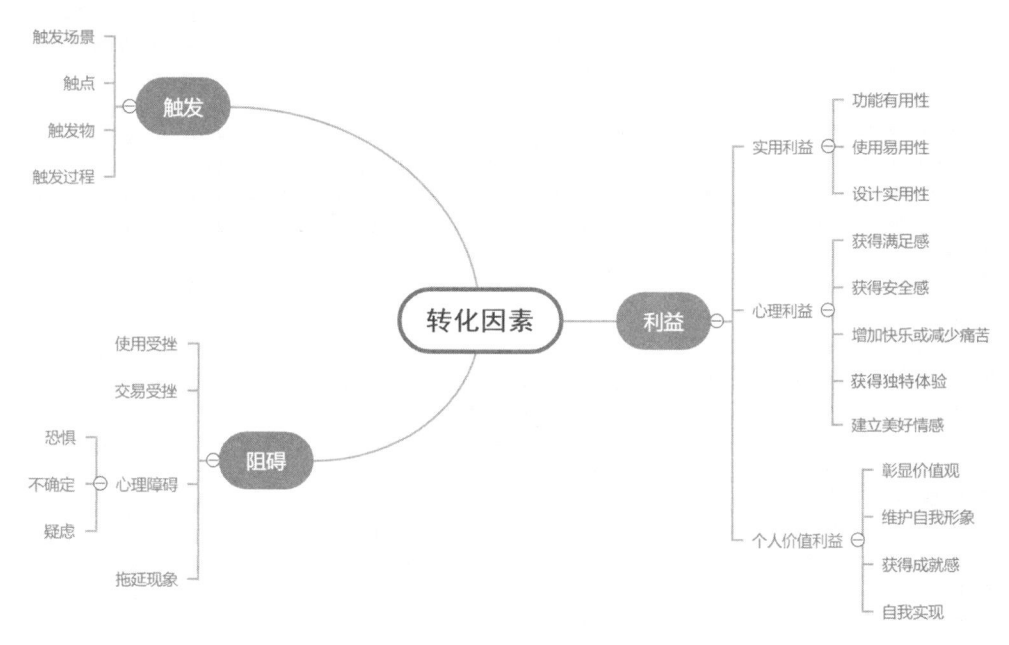

图 2-21　用一张思维导图来结构化拆解转化因素

动力=利益-阻碍，只有在动力为正值时，才有可能发生转化。在一般情况下，二者的差值越大，越有可能发生转化。当然，无论是利益还是阻碍，都是用户的感知，是无法进行精确计算的。例如，企业向某用户推送了一个研究生招生项目，正在举办特惠活动，价格比平时便宜 1/3。从利益的角度来看，该项目对该用户很有诱惑力，因为该用户正想提升一下自己的学历。然而，在学习资格方面，该项目要求参与者通过全国联考，可全国联考对该用户来说难度太大，该用户最终仍然无法完成转化。因此，对于利益和阻碍，我们要结合起来分析、运用，找到最佳平衡点。

转化进程往往是由触发推动的，从开始触发到完成转化，相关过程和因素构成了一个转化系统，如图 2-22 所示。

对触发、利益、阻碍这 3 个因素进行分析和优化，既可以显著提高转化率，也可以发现许多增长机会。

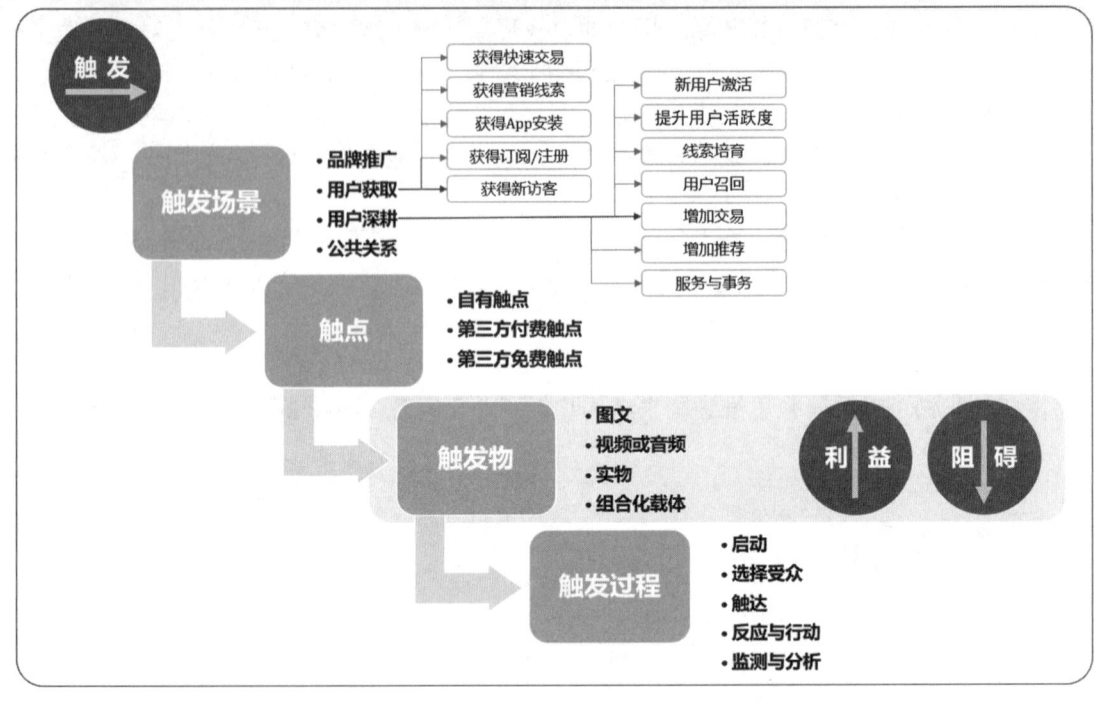

图 2-22 转化系统

小贴士 —— 宏转化与微转化

转化主要有两种，分别是宏转化和微转化。

宏转化指的是企业最希望用户完成的关键行为。宏转化与企业的核心商业诉求直接相关。在很多情形下，宏转化可以映射到用户增长的北极星指标上。常见的宏转化包含（但不限于）以下内容。

- 购买，如电子商务类应用、SaaS 类应用等。
- 注册账号，如社交类应用、资讯媒体类应用等。
- 与广告互动，即观看或点击广告，如以广告盈利为主的产品。

宏转化以外的用户转化是微转化，微转化主要分为以下两类。

- **过程里程碑**，即在发生宏转化的过程中必要的过程性转化。例如，"购买"是宏转化，"点击商品""添加购物车""登录""下单""选择收货地址"等是过程里程碑。由宏转化和过程里程碑构成的环节被称为主转化进程。
- **次要操作**，即未必是宏转化的必要过程，但发生后对宏转化有积极影响的转化。例如，"购买"是宏转化，"点击商品""添加购物车""登录""下单""选择收货地址"等是过程里程碑，"查看商品评论""向客服人员发起咨询""点击收藏""点击降价通知""阅读商品详情页"等是次要操作。

无论是宏转化还是微转化，都可能是线上或线下的。宏转化和微转化的关系如图 2-23 所示。

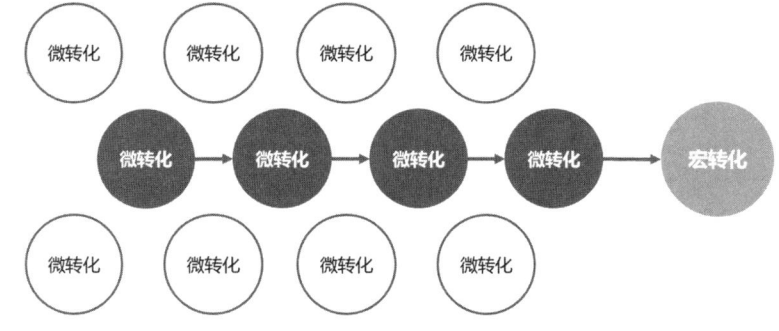

图 2-23 宏转化和微转化的关系

6）用户测试

用户测试指的是委托特定用户使用产品，并从他们的使用过程中获得洞察的分析方法。具体方式主要有以下两种。

（1）现场测试。

现场测试指的是用户在观测现场使用产品，分析人员在旁边观摩其操作，询问其感受或建议。测试的内容包括可用性测试（如 Beta 版本测试）、用户体验测试（如用户体验研究测试）、偏好测试（如著名的可口可乐和百事可乐双盲测试）等。

用户现场测试的一般步骤是"定义目标"—"设计问题"—"准备测试对象和工具物料"—"招募志愿者"—"测试运行"—"分析结果"。

（2）会话重播。

会话重播指的是对用户非现场的操作过程进行录屏，供分析人员回看、分析。会话重播工具通常可以捕捉鼠标移动、单击、滚动、滑动等信息。这种方式并不是真的像录屏一样把用户操作的屏幕录下来，而是记录特定的用户操作事件，在重播时基于这些操作事件重构像视频一样的内容（没有声音）。原则上，会话重播不会记录用户输入的敏感信息（如密码）。不过，由于是在用户不知情的情况下进行操作记录的，可能触碰用户隐私，因此需要获得用户授权。会话重播不但可以直观地重现用户操作的过程，而且可以全面、真实地展示用户操作的具体细节，为增长分析提供更丰富的洞察。不过，这种方式可能在用户隐私方面引发争议。

7）用户路径分析

用户路径有广义与狭义之分。广义的用户路径指的是完整的用户旅程，起点是用户了解产品，既包含产品内触点，也包含产品外触点。广义的用户路径也被称为消费者决策过程，根据它绘制而成的可视化图表被称为消费者旅程地图（Consumer Journey Map），如果进一步增加用户的情绪、感受、体验等内容，就变成了消费者体验地图（Consumer Experience Map）。狭义的用户路径指的是产品内部的旅程。

用户路径分析的主要场景如下：基于设定的起点和终点，分析用户路径与预期是否一致；分析所有用户路径的特点，了解用户使用产品的方式；在转化出现异常时，分析相关节点上下游的用户路径；分析运营活动（如广告、推荐、发放优惠券）后的用户路径特征；对具体的用户路径进行详细研究；分析消费者决策过程，规划、设计和建设触点；分析用户的体验；等等。

例如，某电商平台将"确认订单"作为用户路径的终点，将"访问首页"作为起点，根据实际数据分析用户有哪些行进路线，有多少条路线可以到达终点，在多个转化漏斗中，哪个转化漏斗的转化率最高，哪个转化漏斗的路径最短，以及用户在使用某个具有多个步骤的功能时的实际路径。

案例 通过用户路径分析发现优化机会

某旅游电商平台的增长团队发现一些用户未成功下单,于是选取其中一位用户,对其操作路径进行详细分析,如图 2-24 所示。

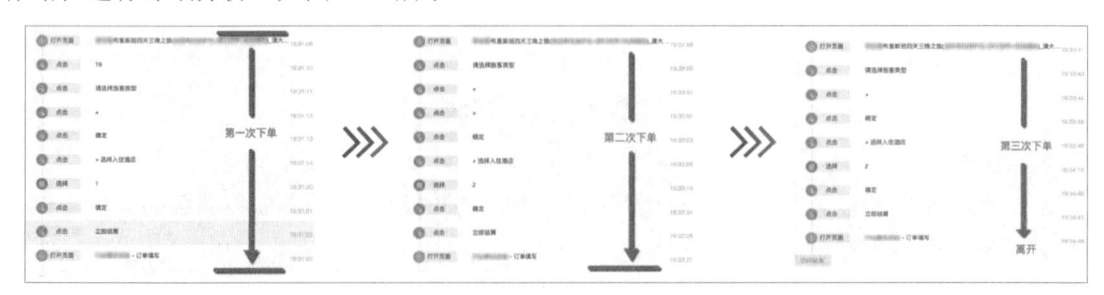

图 2-24 某旅游电商平台中某用户的操作路径

图 2-24 中的 3 个页面展示了该用户的具体操作路径。在第一次进入该平台后,该用户先对商品页进行浏览,然后选择了一个商品,点击下单,来到支付页面,但该用户并未支付,而是直接从支付页面退出了该平台;过了不久,该用户又回来了,仍旧浏览了商品,并且选择了另外一个商品,点击下单,来到支付页面,然而,该用户仍然没有支付,直接从支付页面退出了该平台;很快,该用户第三次进入该平台,在浏览商品后选择了第三个商品,点击下单,最终还是从支付页面退出了该平台。

增长团队对这一现象进行了分析,提出了一个假设。该平台是旅游电商平台,用户在选择商品的过程中会动态调整。例如,用户选择了一家特别合适的酒店,但在选择航班时发现时间不合适,或者选择了有秒杀活动的酒店房源;在选择出行方式、旅游景点时耽误了一点时间,等到支付时,该秒杀活动房源已经被其他人预订,用户只得重新选择;但支付页面上既不支持重新选择酒店和酒店房型,也没有根据当时的场景及时向用户推荐同酒店或邻近酒店的同类房源,用户只得放弃支付,重新返回商品页面浏览商品。在这个过程中,用户很容易流失。

基于这个假设,增长团队优化了支付页面,让系统推荐更智能,让商品选择更人性化,从而大大提高了支付转化的效率,减少了用户流失。

4. 用户态度类

1)用户调查

用户调查指的是通过电话、邮件、问卷、访谈等方式,从特定用户群体(样本)中收集特定调查数据,以评估用户的想法、意见和感受,这是一种定性与定量相结合的方法。

收集特定调查数据的具体方法主要有以下几种。

- 直接观察,如站在用户身边,观察用户使用产品的方式、操作步骤、情绪等。
- 访谈,即与用户进行现场谈话。
- 焦点小组,即在小组会议上就某个主题自由讨论,收集小组成员的观点,小组成员一般应控制在 6~10 人。
- 征集意见,即向用户发送邮件、推送站内信、发放电子问卷等。
- 实时聊天记录,即阅读客服人员与用户在线沟通的记录,收集用户的意见、反映的问题、对产品的看法等。
- 收集社交舆情，即收集用户关于产品的评分、评论、社交媒体言论等。
- 用户操作触发。当用户做出卸载产品、注销账户、发布差评等异常行为时，弹出相关调查问题。需要注意的是，调查问题要少而精，最好是"唯一的最佳问题"，这种场景不适合问太多或太复杂的问题，以免引起用户更大的不快。

案例　脑白金的定位

在脑白金还没有正式销售的时候，品牌创始人带着几个人去了一个已经试销过脑白金的城市，开展实地调研。

走到公园里，创始人问老人们有没有吃过脑白金。少数人说吃过，多数人说没吃过，但有了解。创始人追问后者为什么没吃过脑白金，他们回答说"买不起"。创始人觉得他们不至于买不起脑白金，便继续和他们聊天，了解真实原因。后来发现，老人们虽然对自己很节俭，但是对孙子、孙女是很大方的。

怎样才能让老人们吃脑白金呢？他们说，如果儿子或女儿给他们买，他们就愿意吃。创始人发现一多半的老人都是这样的，他们不是不想吃，而是想让儿子或女儿买给他们吃。有一个买了脑白金的老人说，他每一次吃完之后，自己舍不得买，想让儿子帮他买。怎样让儿子知道呢？他把空盒子放在窗台上面，提示他儿子，他儿子看见了就会帮他买。

根据这个洞察，创始人决定改变产品定位，将原来"保健品"的定位改为"礼品"，这样可以让更多的儿女、晚辈给父母、长辈买脑白金。后来，品牌方还想出了那句家喻户晓的广告语"今年过节不收礼，收礼只收脑白金"。

2）满意度调查

满意度调查本质上属于用户调查的一种，指的是专门对用户的满意程度进行调查。在进行满意度调查时，通常伴随着对不满意原因和改进意见、建议等方面的调查，企业可以从中发现增长机会。

在计算用户满意度（Customer Satisfaction，CSAT）时，通常有以下两种计算方式。

$$CSAT=（非常满意的用户数+满意的用户数）/受访人数×100\%$$

$$CSAT=所有用户的打分总和/（受访人数×打分上限）×100\%$$

3）NPS 分析

NPS（Net Promoter Score，净推荐值）分析本质上也属于用户调查的一种，指的是专门对老用户推荐新用户的意愿程度进行调查。

在进行 NPS 分析时，调查人员首先要向用户提出"你在多大程度上愿意将企业、产品推荐给你的朋友或同事"的问题，通常采用 0~10 分制，并将回答分为 3 类，9~10 分为推荐者，7~8 分为被动满意者，0~6 分为贬损者，然后按照下面的公式计算出最终的 NPS。

$$NPS=（推荐者数/受访人数-贬损者数/受访人数）×100\%$$

领英的 NPS 问卷调查如图 2-25 所示。

图 2-25　领英的 NPS 问卷调查

4）网络口碑分析

网络口碑指的是用户在网络上对产品、品牌或组织的评价，可以用意见、在线评分、在线反馈、评论、互联网经验分享等不同形式来表达，广泛存在于各种互联网触点上，如博客、论坛、评论网站、电商平台、企业网站、企业 App、社交网站等。

在进行网络口碑分析时，通常需要运用基于自然语言处理技术的文本分析、情感分析、主题分析等方法，市面上有很多工具支持对网络口碑的收集、监测、分析。

5. 用户价值类

1）竞品分析

竞品分析指的是对主要竞品进行分析，考察竞品的定位、获客渠道、特色功能或设计、重要文案、运营和推广策略、定价等内容，从而塑造自身产品的差异化价值，确立独特的竞争优势。

2）产品-市场契合分析

产品-市场契合（Product Market Fit，PMF）指的是基于数据验证，表明产品符合市场需求、市场满意度高且进入到可以规模化增长的阶段。[①]产品在开启大规模增长前应当达到 PMF 状态。PMF 分析没有统一标准，SMEI 推荐的参考性方法有以下几种。第一种是不可或缺性调查，如果有超过 40% 的用户对"不能再使用本产品"表示"非常失望"，那么视为产品达到了 PMF 状态。[②]第二种是净推荐值，如果产品的净推荐值超过 40 分，那么视为产品达到了 PMF 状态。[③]第三种是用户活跃度，如果产品的月活跃用户占比达到 40% 以上，那么视为产品达到了 PMF 状态。[④]

3）产品功能分析

产品功能分析涉及的范围非常广泛。其中，面向产品设计开发的产品功能分析与面向用户增长的产品功能分析的侧重点有所不同，后者通常对用户使用功能的数据进行分析，以获得消费洞察。

面向用户增长的产品功能分析的要点如下：功能使用，包括功能的使用率、使用时长，使

[①] "产品-市场契合"的概念很可能是由红杉资本创始人唐·瓦伦丁创造的，后来马克·安德森普及、推广了这一概念，此处关于 PMF 的描述来自马克·安德森的观点。
[②] 该方法由"增长黑客"概念的创造者肖恩·埃利斯提出。
[③] 该方法由安迪·拉赫列夫提出。
[④] 该方法由《精益创业实战》一书的作者阿什·莫瑞亚提出。

用功能的用户数量、用户构成情况等；功能访问路径；功能-留存分析，即使用过某个功能的用户留存情况，以分析该功能对用户留存的影响是否显著；功能-流失分析，即使用过某个功能的用户流失情况，以分析该功能对用户流失的影响是否显著；费力度分析，用户费力度评分（Customer Effort Score，CES）主要用来评估用户使用产品或相关功能解决问题的难易程度，通常通过问卷进行调查；用户意见收集，即收集用户关于功能的意见、建议；等等。

4）商品分析

商品分析涉及的范围也非常广泛。面向用户价值的商品分析的要点如下：商品交易分析，即分析商品的订单数、添加购物车数、付费额、金额、利润等相关情况；商品关注-销量分析，"关注"属于"销售成单"的前置动作，对"关注"和"销售成单"数据进行交叉对比，可以发现增长机会（如筛选出高关注、低销售的商品进行进一步分析，并采取措施推动销售转化）；商品价格-销量分析，即分析商品价格对销量的影响，明确商品的价格弹性，从而制定更优的定价策略；商品捆绑销售分析，即分析不同的商品捆绑销售策略的效果；品类价格带分析，即分析品类成交价格的规律，从而优化商品运营策略或定价策略；商品 ROI（Return on Investment，投资回报率）分析或 ROAS（Return on Advertising Spending，广告支出回报率）分析；商品复购周期分析；商品退换货分析；商品满意度分析；商品评价分析；等等。

2.2.3 分析方法的综合运用

上文介绍了以用户为中心的常用分析方法。怎么在策略环中使用这些方法呢？我们来看一看以下典型场景。

1. A、B 两类任务

增长运营通常面临两类任务：一是解决增长问题，二是提升增长水平。

一类任务是解决增长问题，问题=应有状态-现有状态。例如，经统计，某电商店铺今年1月的销售额与去年同期相比大幅下降，环比也大幅下降，这是一个典型的增长问题。在该场景中，"应有状态"是销售额不应当下降，"现有状态"是销售额下降了。解决这类增长问题的基本业务诉求是查明原因，使相关指标恢复正常，SMEI 称之为 **A 类任务**。

另一类任务是提升增长水平，提升水平=期望状态-现有状态。例如，经统计，自去年以来，某电商店铺的销售额虽然没有大起大落，但是从总体趋势来看，月均增长率只有1%，不够理想。今年，该电商店铺的目标是将月均增长率提升到2%，这是一个典型的增长水平类任务。在该场景中，"现有状态"是1%，"期望状态"是2%。要想完成这类任务，我们需要找到增长机会、提升增长水平，SMEI 称之为 **B 类任务**。有时候，任务没有明确的目标值，企业只希望探索机会。例如，某一天，增长总监把增长主管叫到办公室，说："你觉得这几个页面能不能优化得更好呢？你们几个人琢磨一下，设计出来一个方案。"这种场景很常见，领导虽然有期望，但是没有明确的任务指标，增长运营人员应该在分析相关页面后回答领导，哪些地方存在优化机会，先从哪些地方入手，以及为什么。

图 2-26 所示为 A、B 两类任务曲线。在图 2-26 的两条曲线中，第一条曲线上出现了明显的拐点，表明业务出现了问题，需要解决该问题，让曲线回归原来的趋势水平，这是 A 类任务；第二条曲线比较平滑，表明增长缓慢，需要通过一些措施提升增长水平，让曲线变得更陡峭，这是 B 类任务。

图 2-26　A、B 两类任务曲线

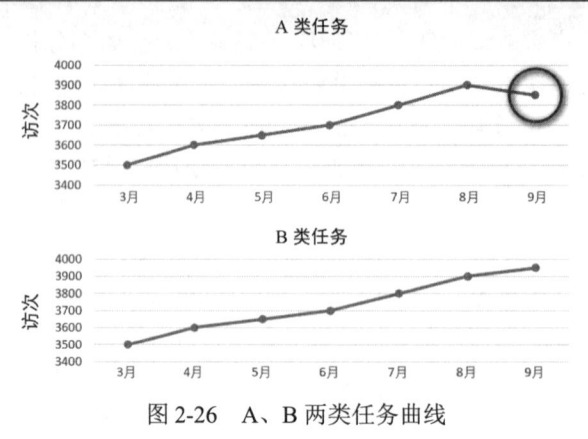

A 类任务的主要来源如下。

- 故障或事故，即突发的技术故障、事故、异常事件等，如网站突然无法登录，App 突然无法下载，用户突然无法支付，店铺的差评突然增加，门店的投诉突然变多，跳出率突然提高，等等。
- 数据分析，即在各种数据分析、检视的过程中发现的问题，如发现数据中的异常值，发现来路不明的流量，网站上出现异常的访问行为，数据中存在不合乎逻辑或一贯情形的地方，等等。
- 观察，即在直接观察的过程中发现的问题，如观察到产品无法达到规格标准，在用户测试的过程中观察到用户操作不顺，在用户试用的过程中观察到相关问题，在商品评论中观察到异常意见，等等。
- 用户调查，即在用户调查的过程中收集的问题。
- 试验，即在试验的过程中暴露的问题，如在 A/B 测试时发现的问题，在广告测试时发现的问题，在对产品进行盲测时收集的问题，等等。
- 监测，即通过监测捕获的问题，如监测到社交网络中出现大量关于品牌的负面言论，监测到用户做出大量卸载行为，等等。
- 预警机制，即基于预警模型或机制反馈的问题、征兆，如在用户流失预测、信贷用户违约预测中反馈的问题等。

B 类任务的主要来源如下。

- 企业愿景，即企业要成为一家什么样的企业，以及与之相匹配的增长诉求。
- 企业生存和发展，即企业为了生存、发展或抢占市场，在市场占有率、用户数量、利润等方面的诉求。
- 竞争。外部的竞争来自竞争态势、竞争对手的压力、生存的压力等，内部的竞争来自企业内部的相关团队或领域。
- 投资人或股东，即投资回报等方面的诉求。
- 团队利益，即团队 KPI、团队的绩效和收入、团队自驱性的奋斗目标等。
- 新业务上线，即在新业务上线时希望达到较高的增长水平。

2．A 类任务的运行过程

1）运行过程

A 类任务的起点是"问题出现"。问题通常是伴随着某种鲜明的现象出现的，在紧急情况下，可以先消除现象，不过不能忽略对原因的分析。只有弄清楚问题的原因，才能采取更有效的根除或预防策略。A类任务的运行过程如图2-27所示。

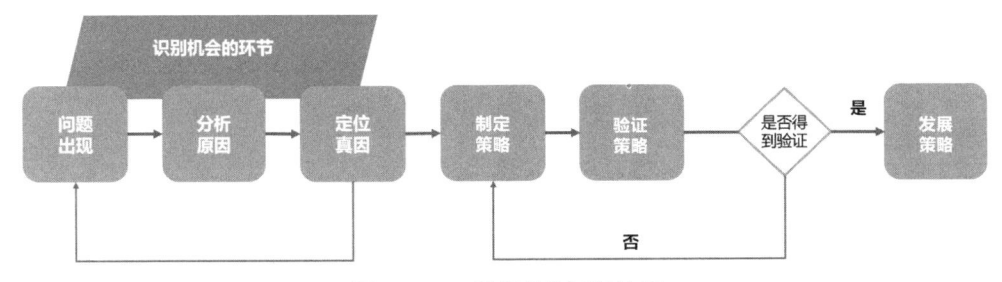

图 2-27　A类任务的运行过程

2）定位真因

在确认问题的原因时，不应当只停留于现象，而应当分析现象背后的本质。例如，用户流失率突然提高，这是问题的现象；经过分析，发现问题的本质是竞争对手在挖走用户，解决这个问题的重点在于采取比竞争对手更好的竞争策略。

导致某个问题的原因很可能不是单一的，而是多样的，即"多因一果"。在众多原因中，有一类原因是导致问题发生的真正原因（简称"真因"）。要想完成A类任务，我们应对问题进行真因定位。例如，在上文杰弗逊纪念堂的案例中，"纪念堂墙壁表面斑驳陈旧"是结果，原因有以下几个：冲洗墙壁的清洁剂对建筑物有腐蚀作用，对纪念堂墙壁的冲洗过于频繁，在纪念堂的墙壁上有大量的燕子粪便，蜘蛛在墙壁上繁殖旺盛等。不过，这些不是真因，真因是"太阳光照射强烈"，该真因是专家通过一层一层、抽丝剥茧般的研究揭示出来的。

所有可能造成问题的因素都被称为原因，在分析原因的过程中，根据经验或专家意见等重点锁定的原因被称为要因，只有基于证据得到验证的真正原因才能被称为真因，真因必须基于事实、证据来验证，在未得到验证之前只是假设的原因。这是策略环中首个涉及验证的重要对象，另一个涉及验证的重要对象是策略。如果某个增长假设试验失败，那么既有可能是原因对而策略不对，也有可能是原因本身不对，无论是哪一种情况，都需要进行验证。

定位真因的方式主要有以下几种。

- **问题复现**，即观察在某一假定原因的单一作用下问题是否复现，具体是在排除其他可能的原因后观察问题是否依旧存在，或者分别在保留该原因和消除该原因后对比观察问题是否复现。例如，用户投诉打不开App支付页面，经过分析，原因可能是App新版本升级的技术故障（假设），将App版本回滚到上一版本后故障消失，表明真因定位准确。
- **证据支持**。有时候没有条件或没有必要复现问题，我们也可以基于充分的、链条完整的证据来支持或否定对原因的假设。例如，着陆页的跳出率突然提高，假设的原因包括不同年龄段用户的原因和个别渠道的原因，先分析流量来源数据，发现不同年龄段的用户在跳出率上没有显著差异，即证据不支持该假设；再分析流量渠道数据，发现某渠道的跳出率与其他渠道相比有显著差异，即证据支持该假设。

从分析原因到要因，再到真因，在层层深入的过程中，使用的分析方法是有差别的，如图2-28所示。

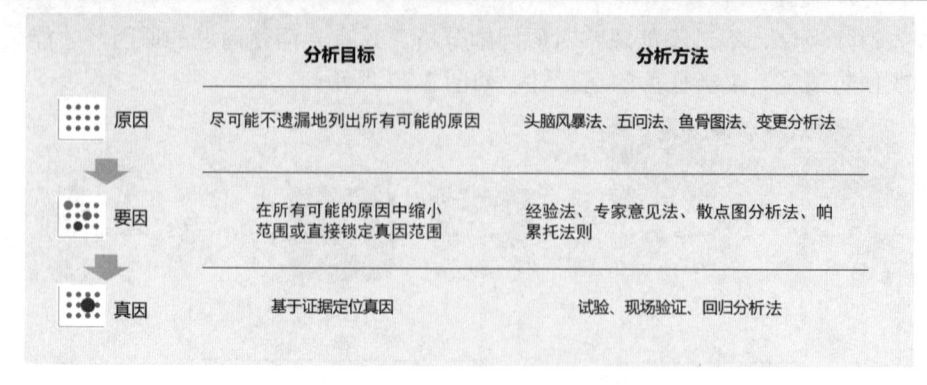

	分析目标	分析方法
原因	尽可能不遗漏地列出所有可能的原因	头脑风暴法、五问法、鱼骨图法、变更分析法
要因	在所有可能的原因中缩小范围或直接锁定真因范围	经验法、专家意见法、散点图分析法、帕累托法则
真因	基于证据定位真因	试验、现场验证、回归分析法

图 2-28　从分析原因到真因的过程中使用的分析方法

3）案例分析

我们先来看一个案例，再谈一谈案例中使用的分析方法。

案例　网站流量下滑的排查过程分析[①]

一、问题出现

在 2020 年"双 11"活动前的某一天，某公司领导心血来潮，查看了某产品的流量数据，发现情况不妙，UV 流量数据趋势如图 2-29 所示。

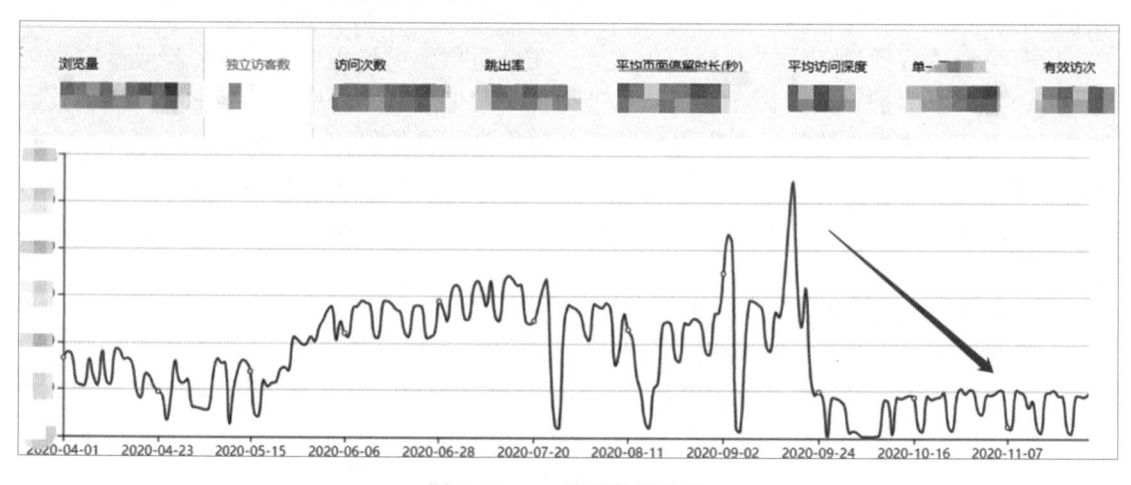

图 2-29　UV 流量数据趋势

从图 2-29 中我们可以看出，UV 数据总体上是持续上升的，在 2020 年 9 月达到了最大值，但从 9 月下旬开始出现了断崖式下滑。

之后，领导查看了 PV 流量数据趋势，看起来也很不妙，如图 2-30 所示。

虽然与 UV 数据相比，PV 数据的状况好一些，但是仍然出现了比较大的降幅，这是典型的增长问题，也就是在"应有状态"和"现有状态"之间出现了落差。

---

① 案例贡献者为少东。

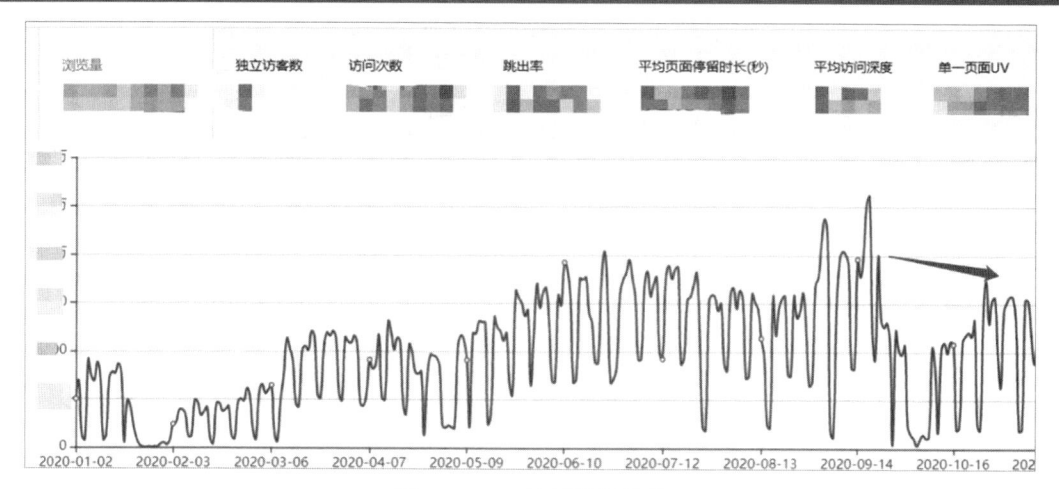

图 2-30　PV 流量数据趋势

于是，领导召集相关部门的同事一起进行排查分析，包括产品、研发、技术等部门，经过大半个月的排查，没有得出明确的结论。有些同事认为这个问题不要紧，因为用户使用产品的情况是正常的，该产品主要提供电商店铺运营推广的目标人群圈选、人群包创建、报告创建等功能，用户使用这些功能的数据与之前相比并没有明显下滑，所以 UV、PV 流量数据肯定是哪里出错了，不过不影响用户正常使用产品，继续观察即可。也有些同事认为这些数据下滑是正常的，因为每一年"双 11"前后都会发生类似的现象。还有一些同事持其他观点。总之，各说各话，无法达成共识，没有得出令人信服的结论。

领导还是不放心，他突然想起数据分析出身的我，于是把这项任务交给了我，让我进一步排查原因。

二、UV 数据的排查过程

作为一个数据分析师，我的第一反应是数据本身有问题，后来的验证证实了我的第一反应是正确的。

为什么我能有这种第一反应呢？因为业务结果数据（也就是上文提到的人群包创建、报告创建等用户操作行为）没有明显的下滑，但 PV、UV 流量数据都在 2020 年 9 月下旬大幅下滑。如果数据没问题，唯一的解释就是用户使用产品功能的效率突然大幅提升，用更少的操作步骤完成了全流程操作。这可能吗？显然是解释不通的，在产品的使用方式未发生变化的情况下，用户的使用效率不可能阶梯式大幅提高。

为了印证这个假设，我分析了该产品的访问网关日志，果然，并没有在上述时间节点发现网关访问量同比例下滑。图 2-29 和图 2-30 中的 UV、PV 数据是通过数据埋点来收集的，与网关数据相比，埋点数据的可信度较低。当然，埋点数据和网关数据无法直接比较，前者按照 Cookie 来识别用户身份，后者按照用户 ID 来识别用户身份，口径不一样。不过，二者的数据趋势应当是大致相同的。

现在，两种来源的数据明显不一致，必然有一种来源存在问题。在埋点和网关这两种可能的原因中，我重点锁定了埋点，理由是埋点数据的可信度不如网关数据高。不过，这只是我的推断，要想确定这个推断是否成立，还需要进一步验证。

接下来，我深入分析埋点数据，拉长统计周期，重新统计了 2020 年 1—11 月的 UV 数据，如图 2-31 所示。

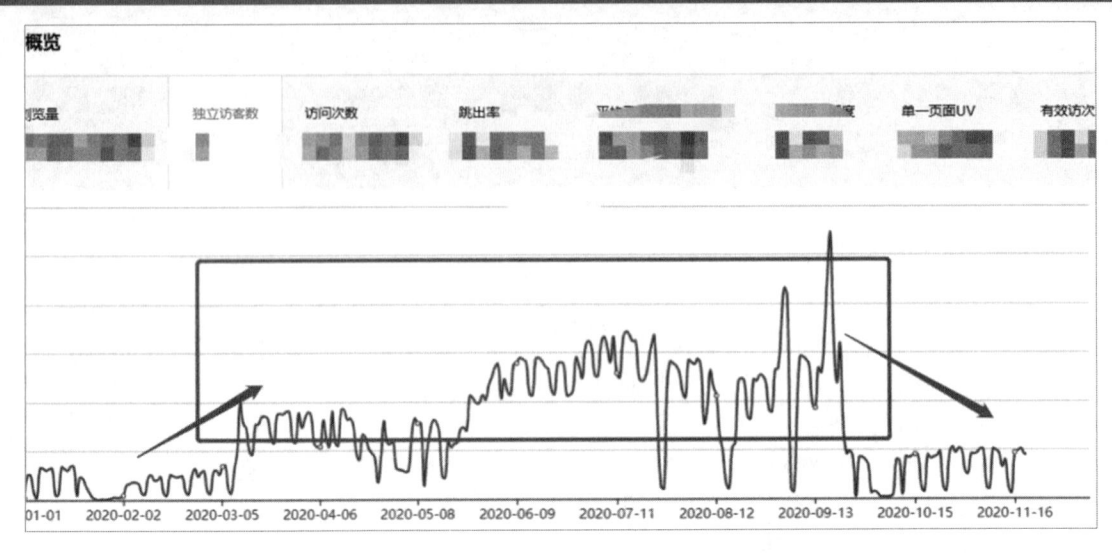

图 2-31　2020 年 1—11 月的 UV 数据

经过简单的对比不难发现，在 2020 年 3 月，UV 数据出现了爆发式上涨，与 2 月进行环比，基本上翻倍了。从这个时点开始一直到 9 月，UV 数据整体上处于高位，如果将 3—9 月的数据删除，趋势就比较正常了。因此，我认为是 3—9 月的数据出现了问题，需要进一步排查。

接下来，我把重点放到了对这半年数据问题的排查上。在排查时，我的习惯是在 Excel 中画图分析。但我司的埋点系统数据不支持下载，于是我找到了请求资源，直接获取了 JSON 文件（一种轻量级的数据交换格式，既易于人阅读和编写，也易于机器解析和生成），并转换成 CSV 文件（以纯文本形式存储的表格数据）。在 CSV 文件数据中，我发现了两个新的数据字段，分别是新用户、老用户。这两个数据字段在之前的统计报表中并未体现出来，但在数据库中有记录。我将新用户、老用户的数据画成趋势图，如图 2-32 所示。

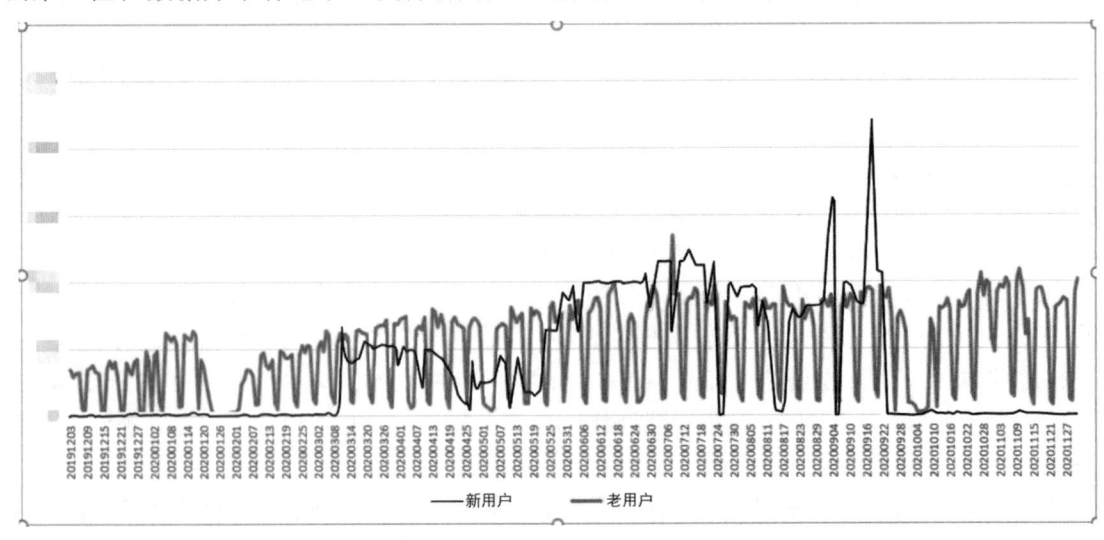

图 2-32　新用户、老用户的数据趋势图

观察图 2-32 可以发现，新用户的数据在 2020 年 3—9 月出现了爆发式上涨，和 UV 数据爆发式上涨的区间基本一致。之后，我绘制了新用户数据和 UV 数据的对比图，如图 2-33 所示。

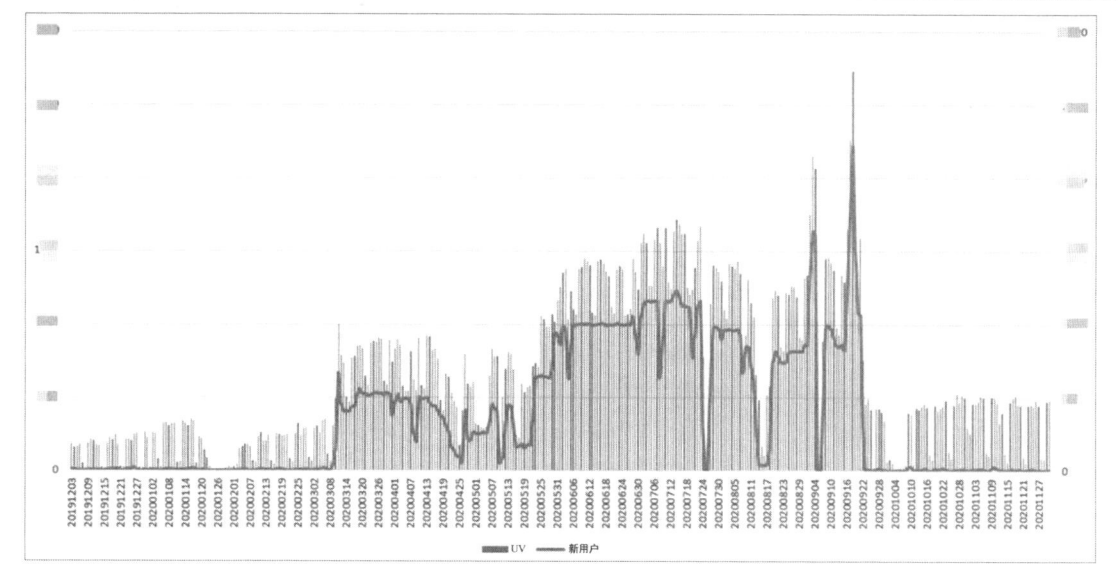

图 2-33　新用户数据和 UV 数据的对比图

非常明显，二者是高度重叠的，当然也是高度相关的（肉眼可见，已经不需要进行相关分析了）。

从业务数据的角度再次进行印证，在这段时间内并没有大量的新用户注册该产品，因此不存在 UV 数据爆发式上涨的可能性，那么基本上只有一种可能，就是技术原因导致数据异常，即由于错误识别了大量的"新用户"（其实是老用户），导致整体 UV 数据爆发式上涨。

经过技术部门的进一步验证，果然是这个原因。最终，我们定位了真因。

三、PV 数据的排查过程

排查 PV 数据比排查 UV 数据困难许多。在排查 UV 数据时，我通过对网关数据和埋点数据进行对比，比较轻松地发现了两者的差异，从而锁定了埋点数据。当我如法炮制，对网关日志的 PV 数据趋势和埋点的 PV 数据趋势进行对比时，发现两者基本上没有差别。这是一种误导，我误以为 PV 数据的下滑是因为产品使用情况出现了问题，而不是技术原因导致的。事实证明，我的假设是错误的。

我先对 PV 数据趋势进行了分析，没有发现什么问题。然后，我对 PV 数据进行维度下钻分析，查看各个模块中功能页面的 PV 数据，如图 2-34 所示。

经过维度下钻分析，我观察细分后功能页面的 PV 数据，发现公共页面（首页和登录页面）的 PV 数据出现下滑，而且占整体 PV 数据下滑的绝大部分，如图 2-35 所示。

一些读者可能会问：这种分模块的细分分析不是应该很早就进行了么？之前其他同事分析了那么久，为什么没有分析出来呢？答案很简单，大家的确进行了分模块的细分分析，但是没有人分析公共页面，而这个没有人关注的"三不管地带"恰恰是导致整体 PV 数据下滑的关键因素。

为什么我关注到了呢？因为我在分析的时候发现，对分模块的 PV 数据求和，求和结果与总 PV 数据对不上，分模块的 PV 数据总和只占总 PV 数据的 60% 多。于是，我详细研究了数据统计的口径，发现研发部门给出的数据没有包括公共页面的数据，把公共页面的数据一加上，PV 数据就呈现出明显的下滑趋势，如图 2-36 所示。

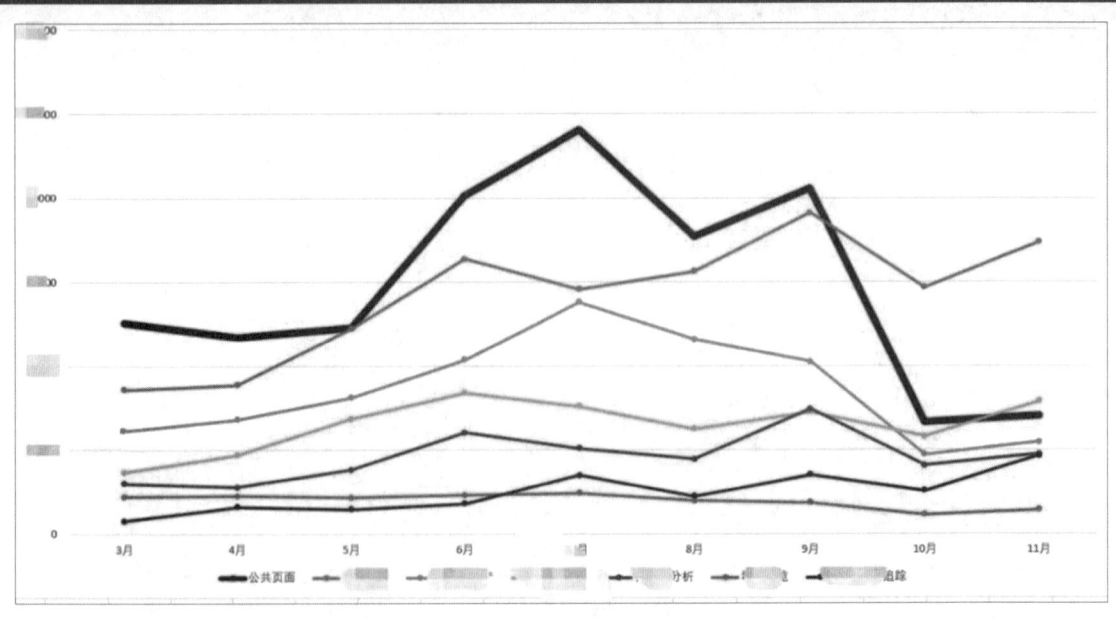

图 2-34 各个模块中功能页面的 PV 数据

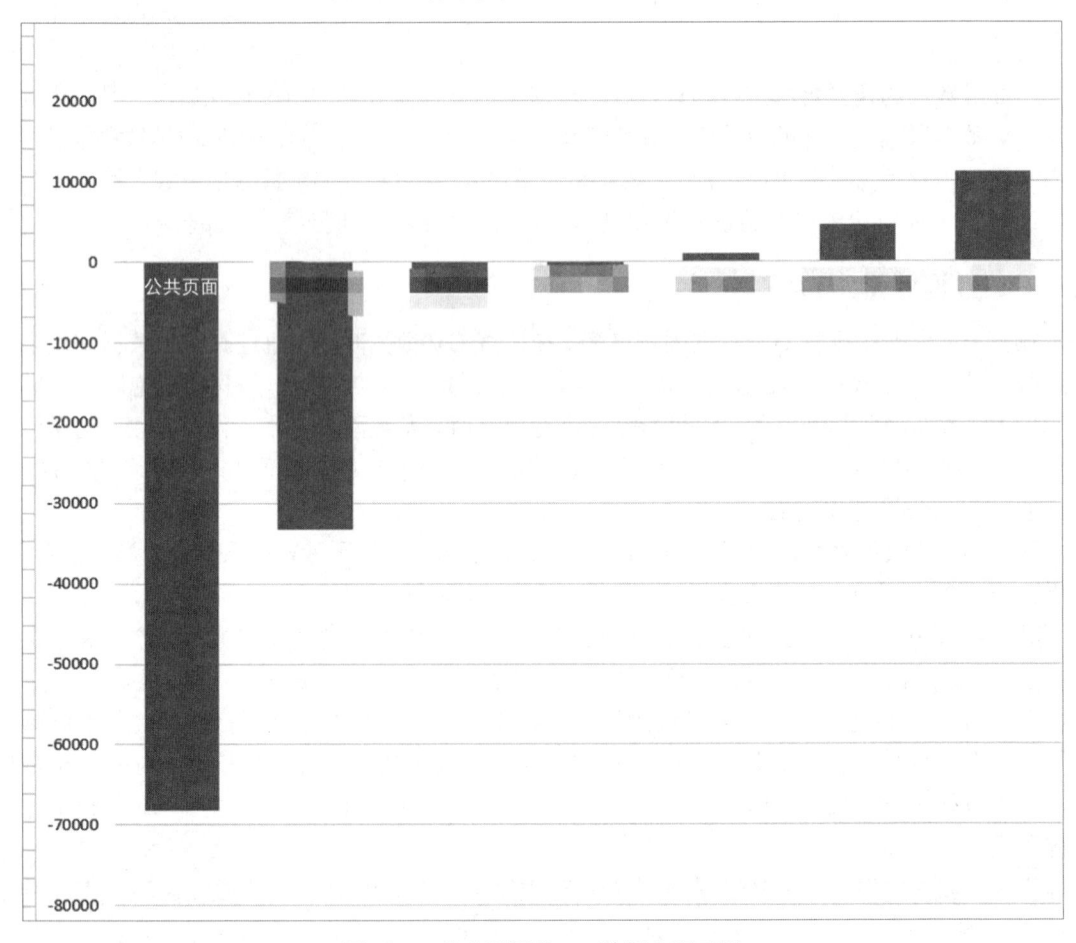

图 2-35 公共页面的 PV 数据出现下滑

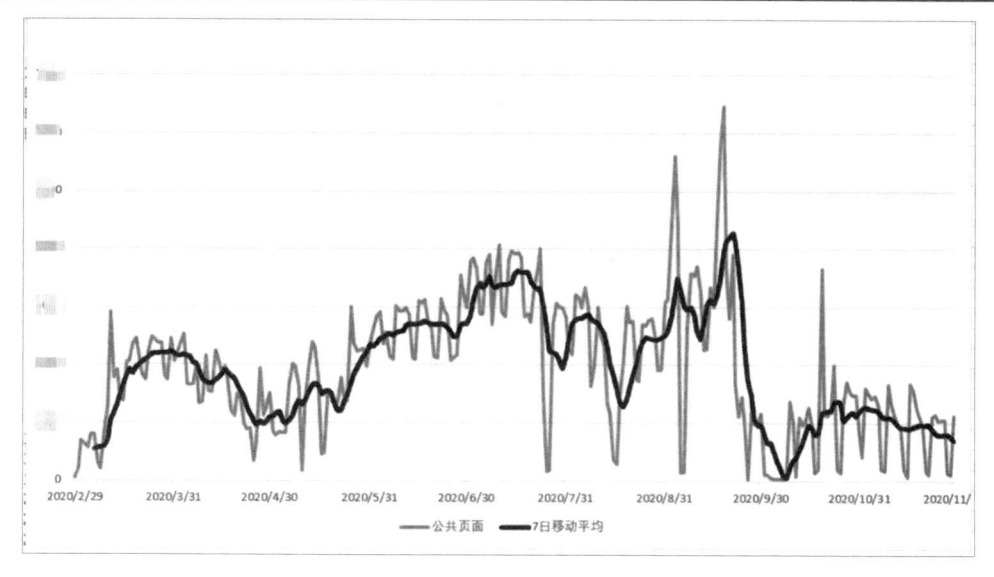

图 2-36　公共页面的数据趋势

原因找到了，即登录页面的 PV 数据下滑。为什么登录页面的 PV 数据会下滑呢？这还需要进一步分析。

这个现象比较奇怪，理论上，用户应该不会大量访问登录页面。我思考和分析了半天，仍然没有结果。于是，我来到产品部门，与负责登录页面的产品经理沟通。经过沟通，我了解到一条业务规则，即如果用户没有退出登录，那么用户在一段时间内的访问是不需要到达登录页面的，可以直接进入产品内页。

直到这时，我才真正清楚了问题所在，问题就出在用户退出登录上。对用户身份的识别是在登录页面进行的，在网页端识别用户身份采用的是 Cookie。我的假设是，由于 Cookie 的错误，导致系统错误地将大量老用户识别为新用户，老用户原来是不需要到达登录页面的，这部分老用户突然需要多进行一步登录的操作，UV 数据、PV 数据不就都上涨了吗？

为了验证这个假设，我进行了新用户数（埋点数据）和公共页面 PV（网关数据）的对比，如图 2-37 所示。

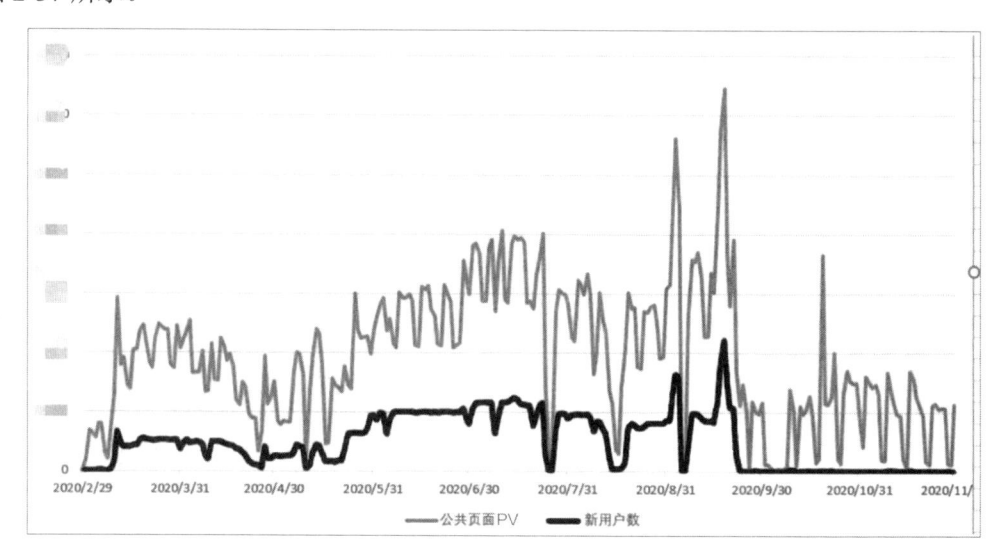

图 2-37　新用户数和公共页面 PV 的对比

对比结果验证了我的假设，确实是由于网页端的 Cookie 出现了问题，导致系统在 2020 年 3—9 月一直将老用户识别成新用户。在这些"新用户"登录的时候，该产品会跳转到登录页面，从而导致 PV 数据上涨。

四、结论

按照我的假设，相关人员在技术层面完成了错误修复，UV 数据和 PV 数据都恢复了正常。

我们可以对上述案例分析的过程做一个小结，重点包括以下内容。

- 有时候，对问题的排查过程是很复杂的，只有抽丝剥茧、层层递进，才能深入问题的本质，探究真因。在某些情况下，我们还需要了解一些底层的原理，如数据计算口径、业务逻辑、计算规则等。
- 真因定位是否准确需要进行验证。
- 在分析的过程中，我们需要综合运用多种分析方法。上述案例运用了核心方法中的趋势分析、细分分析、对比分析、根本原因分析等方法，同时运用了五问法、经验分析、特征细分（数据来源、模块和页面）、调查等方法。
- 在分析的过程中，我们需要正确运用数据。在数据分析领域有一句著名的话是"垃圾进，垃圾出"，意思是如果数据本身有问题，那么分析结果自然是有问题的。在上述案例中，研发部门给出的数据没有包括公共页面的数据，一度误导了数据分析人员。

3．B 类任务的运行过程

1）运行过程

B 类任务的起点是增长的"目标或指标"，这类任务需要在当前的基础上进一步提升增长水平。B 类任务的运行过程如图 2-38 所示。

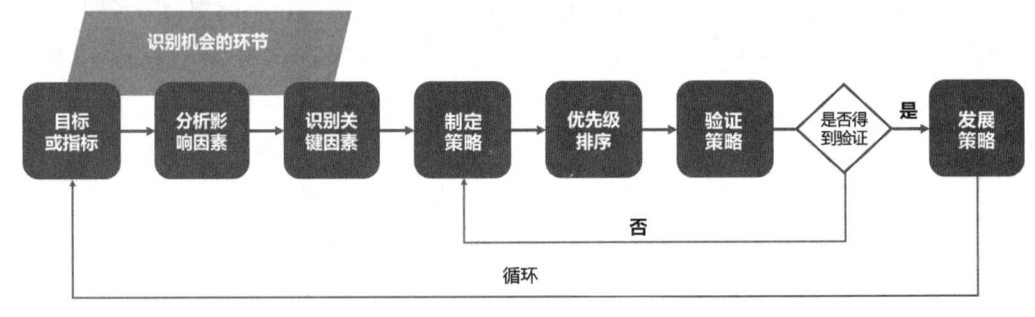

图 2-38　B 类任务的运行过程

2）关键因素

关键因素（也被称为主要矛盾或矛盾的主要方面）指的是对增长最重要、起决定作用的因素，识别和利用关键因素有助于更好地实现增长。

即使面临相同的业务场景，由于增长的环境（如行业、企业、商业模式、产品、发展阶段等）不同，增长的关键因素也不尽相同，我们需要具体问题具体分析。从影响因素到重要因素，再到关键因素的分析过程，可以参照"原因"—"重要原因"—"真因"的分析过程，此处不再赘述。

3）案例分析

我们还是先来看一个案例，再谈一谈案例中使用的分析方法。

案例

电影票房关键因素分析[①]

一、业务背景

近年来，我国电影产业快速发展，票房大幅增长。某电影宣发公司拟对影响电影票房的关键因素进行分析，以制定有效的增长运营策略，提升投入产出的效能。

二、因素梳理

影响电影票房的因素有很多，分析团队基于头脑风暴法、鱼骨图法等分析方法，从众多影响因素中梳理出 6 类（共 14 个）重要影响因素，如表 2-4 所示。

表 2-4　电影票房的重要影响因素

类　　别	重要影响因素	备　　注
上映前电影影响力	首映前营销事件累计关注人数	
	预告片播放量	
	想看人数	
	上映前一天爆米花指数	
上映前期电影影响力	首日票房	
	上映首周票房	
	全网舆情有效评论条数	
	正面评论率	
电影 IP 影响力	演员影响力	
	导演影响力	
	是否续集或改编	
档期	档期	
题材	题材	
观影评价	评分	

注：IP 的全称为 Intellectual Property，指的是知识产权。

三、数据收集与整理

一）数据来源

本次分析选取了国内认可度比较高的数据来源，如表 2-5 所示。

表 2-5　本次分析选取的数据来源

类　　别	重要影响因素	数据来源和说明
上映前电影影响力	首映前营销事件累计关注人数	灯塔专业版 App
	预告片播放量	淘票票
	想看人数	淘票票

---

① 案例贡献者为梁敏敏。

续表

类　别	重要影响因素	数据来源和说明
上映前电影影响力	上映前一天爆米花指数	自上映前 60 天起，监测全网用户的关注热度，每天更新当天热度。综合指数根据想看热度、新闻媒体热度、微博热度、微信热度、搜索热度和预告片热度来综合打分
上映前期电影影响力	首日票房	灯塔专业版 App
	上映首周票房	灯塔专业版 App
	全网舆情有效评论条数	数据来源于淘票票等多个平台的有效评论，本次分析选取电影首映一个月内的有效评论条数
	正面评论率	数据来源于淘票票等多个平台的有效评论，本次分析选取电影首映一个月内的正面评论率
电影 IP 影响力	演员影响力	3 个主演的微博粉丝总数
	导演影响力	按照获奖标准评分，如国内的金鸡奖、百花奖、华表奖等，国外的奥斯卡金像奖、金棕榈奖、金熊奖等。奖项的影响力不同，分值有所不同
	是否续集或改编	百度
档期	档期	豆瓣，分为普通档、暑假档、春节档、节日档
题材	题材	豆瓣
观影评价	评分	豆瓣

二）分析样本选取

本次分析选取了 2019 年国内上映电影累计票房的前 100 名，部分样本数据分别如图 2-39 和图 2-40 所示。

	电影名称	档期	题材	首日票房（万元）	上映首周票房（万元）	评分（豆瓣）	想看人数（淘票票）	预告片播放量(淘票票)万次	首映前营销事件累计关注	全网舆情有效评价条数（首映1月内）#10	正面评论率（八爪鱼）	上映前一天爆米花指数	导演影响力	演员影响力（万人）	是否续集或改编	累计票房（万人）
1	哪吒之魔童降世	1	1	14400.0	66700.0	8.5	1504904	6968.34	247150	646093	.93	.	8	129.0	0	501400.0
2	流浪地球	2	2	19100.0	203200.0	7.9	1361465	2366.24	428860	646341	.88	.	16	2532.0	1	468800.0
3	复仇者联盟4	0	3	53800.0	223300.0	8.5	6273874	1465.77	4264448	309501	.80	98.66	5	9760.0	1	425000.0
4	我和我的祖国	3	4	29000.0	208700.0	7.8	1952682	4009.94	995440	241814	.93	97.05	62	6554.0	0	317100.0
5	中国机长	3	4	20900.0	176600.0	6.7	2644439	4800.31	1066694	260785	.92	96.18	50	2458.0	0	291300.0
6	疯狂的外星人	2	5	41000.0	146200.0	6.4	1191530	1452.89	792319	196304	.72	86.45	15	5562.0	0	221400.0
7	飞驰人生	2	5	32200.0	105400.0	6.9	1045060	1710.75	695248	193296	.81	88.45	4	3342.0	0	172800.0
8	烈火英雄	1	6	12200.0	51800.0	6.5	2136168	2227.85	838819	286239	.88	95.36	7	8029.0	0	170700.0
9	少年的你	0	4	15000.0	58900.0	8.3	2120919	1958.74	1545084	316088	.90	.	18	11598.0	0	155800.0
10	速度与激情8	1	3	24900.0	71300.0	6.3	2721972	3192.22	1860806	134894	.69	87.84	0	2682.0	1	143500.0
11	蜘蛛侠：英雄无归	0	3	22600.0	67700.0	7.7	2149124	2665.89	1504877	161261	.82	93.43	0	4780.0	1	141800.0
12	扫毒2：天地对决	1	4	13500.0	43900.0	6.0	832792	1629.28	553567	139576	.81	77.65	12	1601.0	1	131300.0
13	误杀	0	3	4685.1	21900.0	7.7	761260	1144.45	484456	158336	.88	85.60	12	1401.0	1	120700.0
14	叶问4	0	7	9749.0	32900.0	7.0	1422937	1409.42	830718	132347	.81	85.85	25	1981.0	1	118200.0
15	大黄蜂	3	2	11100.0	40800.0	7.0	248689	865.01	160498	140535	.84	91.30	22	55.0	1	115000.0

图 2-39　部分样本数据 1

	名称	类型	宽度	小数位数	标签	值
1	电影名称	字符串	37	0		无
2	档期	数字	2	0		{0, 普通档}...
3	题材	数字	8	0		{1, 动画}...
4	首日票房（...	数字	6	1		无
5	上映首周票...	数字	7	1	上映首周票房（万元）	无
6	评分（豆瓣）	数字	3	1		无
7	想看人数（...	数字	8	0	想看人数（淘票...	无
8	预告片播放...	数字	7	2		无
9	首映前营销...	数字	8	0		无
10	全网舆情有...	数字	7	0	全网舆情有效评...	无
11	正面评论率...	数字	4	2		无
12	上映前一天...	数字	5	2		无
13	导演影响力	数字	18	0		无
14	演员影响力...	数字	15	1		无
15	是否续集或...	数字	15	0		无
16	累计票房（...	数字	7	1		无

图 2-40　部分样本数据 2

三）数据收集和整理

分析团队通过八爪鱼、Power Query 等渠道收集相关数据，整理成 Excel 数据表并进行数据处理，使"脏数据"变成可供分析的"干净数据"。

四、分类变量分析

在 14 个重要影响因素中，"档期""题材""是否续集或改编"这 3 个变量属于分类变量，其他 11 个变量属于数值变量。

一）描述统计

首先，看"档期"的情况。档期分为普通档、暑假档、春节档、节日档。档期统计表如图 2-41 所示，从所选的 100 部电影的数据中可以看出，大部分电影集中在普通时段上映，暑假档电影也比较多，在春节之外的其他节日上映的电影只有 16 部。从"均值"这一列可以看出，春节档电影的平均票房最高，节日档和暑假档次之，普通档最低。

档期		N（数量）	极小值	极大值	均值	标准差
普通档	累计票房（万元）	55	5709.9	425000.0	最低 43979.658	63613.3043
	想看人数（淘票票）	55	8041	6273874	634483.38	904068.179
	评分（豆瓣）	54	3.4	9.3	6.826	1.1907
	有效的 N（列表状态）	54				
暑假档	累计票房（万元）	22	6571.1	501400.0	68596.023	107779.6684
	想看人数（淘票票）	22	44526	2721972	690830.55	674649.134
	评分（豆瓣）	22	2.3	9.3	6.295	1.6635
	有效的 N（列表状态）	22				
春节档	累计票房（万元）	7	12400.0	468800.0	最高 238114.286	168144.4858
	想看人数（淘票票）	7	193645	1361465	739121.43	475592.322
	评分（豆瓣）	7	3.8	7.9	5.729	1.4919
	有效的 N（列表状态）	7				
节日档	累计票房（万元）	16	6269.9	317100.0	78522.694	95058.4086
	想看人数（淘票票）	16	91034	2644439	763509.25	879229.262
	评分（豆瓣）	16	2.8	9.1	6.606	1.4562
	有效的 N（列表状态）	16				

图 2-41　档期统计表

其次，看"题材"的情况。题材分为动画、科幻、动作等 9 类。题材统计表如图 2-42 所示，从所选的 100 部电影的数据中可以看出，剧情类电影占 42%；其次是动作类和喜剧类电影，共占 31%；灾难、奇幻、悬疑、科幻类电影的占比较小。其中，在"评分"这一变量中，爱情类电影的评分最低，喜剧类电影次之。在"累计票房"这一变量中，平均票房最高的是科幻类电影，其次是动画类电影，累计票房最低的是悬疑类电影。

最后，看"是否续集或改编"的情况。是否续集或改编统计表如图 2-43 所示，从所选的 100 部电影的数据中可以看出，51% 的电影是根据原创剧本拍摄的，49% 的电影是续集或改编。从"想看人数"这一变量中可以看出，想看续集或改编电影的人数比想看原创电影的人数多，这说明续集或改编的电影拥有一定的粉丝基础，因而平均票房比原创电影高一些。

二）多因素方差分析

分析团队对上述 3 个分类变量进行了多因素方差分析[①]，进一步研究"档期""题材""是

---

① 该分析方法通过假设检验的过程来判断多个因素（自变量）是否对因变量产生显著影响。

否续集或改编"是如何影响电影票房的，多因素方差分析结果如图 2-44 所示。

题材		N（数量）	极小值	极大值	均值	标准差
动画	累计票房（万元）	12	12500.0	501400.0	81591.667	133984.0863
	想看人数（淘票票）	12	193645	1504904	568145.08	452694.742
	评分（豆瓣）	12	4.0	9.3	7.233	1.3753
	有效的 N（列表状态）	12				
科幻	累计票房（万元）	4	11100.0	468800.0 最高	72150.000	202779.7245
	想看人数（淘票票）	4	75107	1361465	740826.25	673096.467
	评分（豆瓣）	4	6.3	7.9	最高 7.250	.7506
	有效的 N（列表状态）	4				
动作	累计票房（万元）	17	5709.9	425000.0	80647.241	100291.9626
	想看人数（淘票票）	17	201592	6273874	1229138.00	1473292.699
	评分（豆瓣）	17	4.5	8.5	6.441	1.0198
	有效的 N（列表状态）	17				
剧情	累计票房（万元）	42	6269.9	317100.0	45824.488	67734.0146
	想看人数（淘票票）	42	8041	2644439	566445.24	624605.137
	评分（豆瓣）	41	4.7	9.3	6.895	1.1834
	有效的 N（列表状态）	41				
喜剧	累计票房（万元）	14	6321.6	221400.0	45713.764	66353.4224
	想看人数（淘票票）	14	44526	1191530	415715.29	364075.975
	评分（豆瓣）	14	2.3	8.6	5.836	1.7878
	有效的 N（列表状态）	14				
灾难	累计票房（万元）	1	170700.0	170700.0	170700.000	.
	想看人数（淘票票）	1	2136168	2136168	2136168.00	.
	评分（豆瓣）	1	6.5	6.5	6.500	.
	有效的 N（列表状态）	1				
爱情	累计票房（万元）	5	12400.0	118200.0	53820.000	49611.8131
	想看人数（淘票票）	5	336756	1422937	702969.40	447446.943
	评分（豆瓣）	5	2.8	7.1	最低 4.920	2.1017
	有效的 N（列表状态）	5				
奇幻	累计票房（万元）	2	14800.0	34600.0	24700.000	14000.7143
	想看人数（淘票票）	2	123159	875297	499228.00	531841.880
	评分（豆瓣）	2	6.1	6.7	6.400	.4243
	有效的 N（列表状态）	2				
悬疑	累计票房（万元）	3	9832.5	25500.0 最低	19544.167	8482.1785
	想看人数（淘票票）	3	91034	252870	182759.67	83055.040
	评分（豆瓣）	3	5.8	7.2	6.433	.7095
	有效的 N（列表状态）	3				

图 2-42　题材统计表

是否续集或改编		N（数量）	极小值	极大值	均值	标准差
原创	想看人数（淘票票）	51	8041	2644439	604391.75	661825.010
	累计票房（万元）	51	5709.9	501400.0	58541.939	94935.1176
	有效的 N（列表状态）	51				
续集或改编	想看人数（淘票票）	49	31268	6273874	748181.16	962634.380
	累计票房（万元）	49	6693.2	468800.0	64602.406	88952.8611
	有效的 N（列表状态）	49				

图 2-43　是否续集或改编统计表

因变量：累计票房（万元）

源	III 型平方和	df	均方	F	Sig.
校正模型	5.376E11	35	1.536E10	3.269	.000
截距	2.443E11	1	2.443E11	51.996	.000
题材	4.837E10	8	6.046E9	1.287	.267
档期	4.000E10	3	1.333E10	2.838	.045
是否续集或改编	1.086E9	1	1.086E9	.231	.632
题材 * 档期	1.768E11	12	1.473E10	3.135	.002
题材 * 是否续集或改编	4.044E10	5	8.088E9	1.721	.143
档期 * 是否续集或改编	1.237E10	2	6.185E9	1.316	.276
题材 * 档期 * 是否续集或改编	6.825E10	3	2.275E10	4.842	.004
误差	2.913E11	62	4.699E9		
总计	1.208E12	98			
校正的总计	8.289E11	97			

a. R方 = .649（调整 R方 = .450）

图 2-44　多因素方差分析结果

在多因素方差分析中，"累计票房"变量的总差值 SST 被分解成 8 个部分，分别是由"题材"差异引起的变差 SSA，由"档期"差异引起的变差 SSB，由"是否续集或改编"差异引起的变差 SSC，由"题材"和"档期"交互作用引起的变差 SSAB，由"题材"和"是否续集或改编"交互作用引起的变差 SSAC，由"档期"和"是否续集或改编"交互作用引起的变差 SSBC，由"题材""档期""是否续集或改编"3 个变量交互作用引起的变差 SSABC，由随机因素引起的变差 SSE。分析团队先将这些变差除以各自的自由度，得到各自的方差，再计算各 F 检验统计量的观测值和在一定自由度下的概率 P 值。各 F 检验统计量 FX_1、FX_2、FX_3、$FX_1×X_2$、$FX_1×X_3$、$FX_2×X_3$、$FX_1×X_2×X_3$ 的概率 P 值分别为 0.267、0.045、0.632、0.002、0.143、0.276、0.004。

当显著性水平 $α=0.05$ 时，由于 FX_1、FX_3、$FX_1×X_3$、$FX_2×X_3$ 的概率 P 值大于显著性水平 α，因此分析团队认为不同题材对累计票房不产生显著影响，是否续集或改编对累计票房也不产生显著影响；不同题材和是否续集或改编对累计票房不产生显著的交互作用，不同档期和是否续集或改编对累计票房也不产生显著的交互作用。由于 FX_2、$FX_1×X_2$、$FX_1×X_2×X_3$ 的概率 P 值小于显著性水平 α，因此分析团队认为不同档期对累计票房会产生显著影响，不同题材和不同档期对累计票房会产生显著的交互作用，不同题材、不同档期和是否续集或改编对累计票房也会产生显著的交互作用。

五、数值变量分析

（一）相关分析

1. 自变量和因变量的相关性分析

11 个自变量和因变量（累计票房）的相关性如表 2-6 所示。

表 2-6　11 个自变量和因变量的相关性

相关性	重要影响因素	相关系数
强相关	上映首周票房	0.881

续表

相 关 性	重要影响因素	相关系数
强相关	全网舆情有效评论条数	0.852
	预告片播放量	0.737
	首日票房	0.728
	想看人数	0.709
一般相关	首映前营销事件累计关注人数	0.552
	上映前一天爆米花指数	0.415
弱相关	评分	0.263
	正面评论率	0.247
	演员影响力	0.208
	导演影响力	0.108

从表 2-6 中可以看出,"上映首周票房""全网舆情有效评论条数""预告片播放量""首日票房""想看人数"这 5 个自变量的相关系数大于 0.6,呈现出强相关性;"首映前营销事件累计关注人数""上映前一天爆米花指数"这 2 个自变量呈一般相关;"评分""正面评论率""演员影响力""导演影响力"这 4 个自变量呈弱相关。[①]

例如,"上映首周票房"与"累计票房"的相关系数高达 0.881,从如图 2-45 所示的散点图中也可以看出,二者呈现出非常强的相关性。现实情况确实如此,除了个别电影,上映首周票房往往在累计票房中占据比较大的份额或奠定电影的社会口碑。

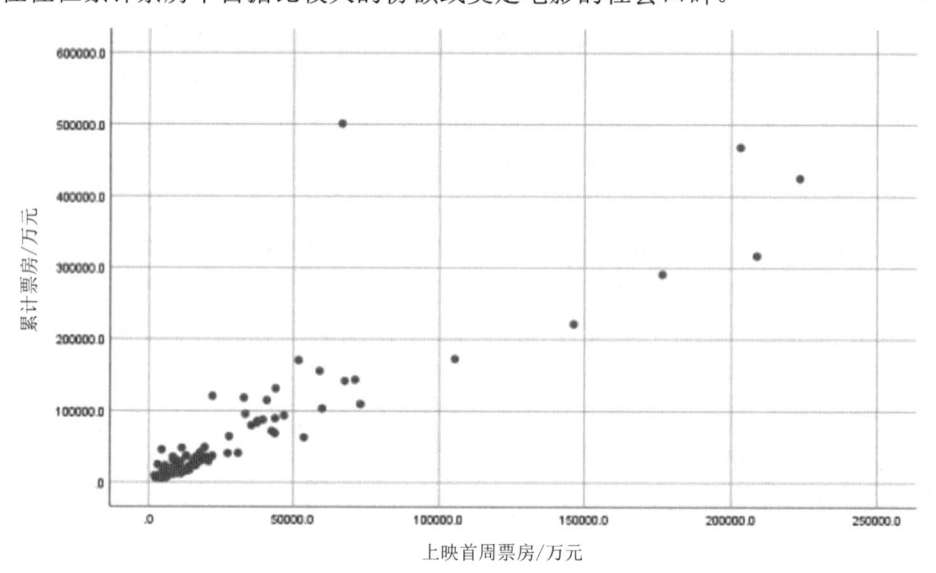

图 2-45 "上映首周票房"与"累计票房"散点图

2. 自变量之间的相关性分析

之所以分析自变量之间的相关性,是因为在众多的自变量中可能存在多重共线性。在后续回归建模时,分析团队必须对自变量进行取舍,否则会影响模型的准确性。本次分析采用皮尔逊相关分析,其结果如图 2-46 所示。

[①] 在相关性分析中,通常情况下,若相关系数的绝对值为 0~0.3,则认为两个变量是低度相关(弱相关);若为 0.3(含 0.3)~0.6,则中度相关(一般相关);若为 0.6(含 0.6)~1,则高度相关(强相关)。

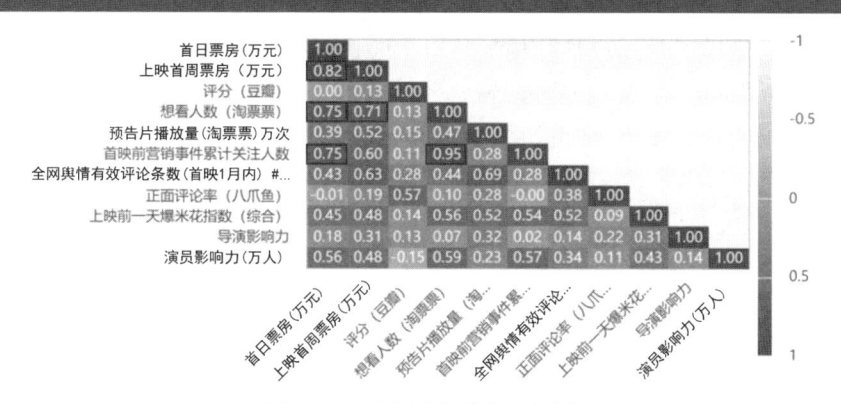

图 2-46 皮尔逊相关分析结果

从图 2-46 中可以看出，相互之间有显著影响的自变量如下。

"首映前营销事件累计关注人数"与"想看人数"，相关系数为 0.95。

"上映首周票房"与"首日票房"，相关系数为 0.82。

"想看人数"与"首日票房"，相关系数为 0.75。

"首映前营销事件累计关注人数"与"首日票房"，相关系数为 0.75。

"想看人数"与"上映首周票房"，相关系数为 0.71。

"全网舆情有效评论条数"与"预告片播放量"，相关系数为 0.69。

"全网舆情有效评论条数"与"上映首周票房"，相关系数为 0.63。

分析团队发现，在相互影响较大的自变量之间有较为明显的因果关系，如"首日票房"本身就是"上映首周票房"的组成部分；"首映前营销事件累计关注人数"反映的是电影的宣传效果，而宣传效果必然会影响"想看人数"，造势期的"想看人数"又会影响"首日票房"和"上映首周票房"。

二）回归分析

1．建立模型

分析团队完成了自变量之间的相关性分析，结果表明，"想看人数""首日票房"分别与其他自变量之间存在较强的相关性。因此，在建立回归模型时，分析团队应排除这 2 个自变量，用剩余的 9 个自变量建立回归模型。重新选择后的重要影响因素如表 2-7 所示。

表 2-7 重新选择后的重要影响因素

类 别	重要影响因素
上映前电影影响力	首映前营销事件累计关注人数
	预告片播放量
	上映前一天爆米花指数
上映前期电影影响力	上映首周票房
	全网舆情有效评论条数
	正面评论率
电影 IP 影响力	演员影响力
	导演影响力
观影评价	评分

由于电影数据的特殊性，因此在变量之间存在少数的离群值。为了减少离群值的影响，

分析团队在建模时利用了自动线性建模的特点,即自动进行离群值的处理。接下来,分析团队将需要分析的 9 个自变量输入 SPSS 统计分析软件,在分析选项中将"模型选择方法"设置为"包括所有预测变量",统计结果如图 2-47 所示。

模型项	系数 ▼	标准误差	t	显著性	95% 置信区间 下限	95% 置信区间 上限	重要性
截距	0.173	0.047	3.648	.000	0.079	0.266	
Z 上映首周票房(万元)_transformed	1.197	0.154	7.772	.000	0.891	1.503	0.639
Z 全网舆情有效评论条数(首映 1 月内)#10_transformed	0.416	0.117	3.562	.001	0.184	0.648	0.134
Z 首映前营销事件累计关注人数_transformed	-0.342	0.105	-3.256	.002	-0.551	-0.133	0.112
Z 评分(豆瓣)_transformed	0.156	0.071	2.214	.029	0.016	0.296	0.052
Z 预告片播放量(淘票票)万次_transformed	0.199	0.093	2.132	.036	0.014	0.384	0.048
Z 上映前一天爆米花指数(综合)_transformed	-0.089	0.089	-1.002	.319	-0.265	0.087	0.011
Z 演员影响力(万人)_transformed	0.029	0.058	0.495	.622	-0.086	0.144	0.003
Z 导演影响力_transformed	-0.016	0.051	-0.310	.757	-0.116	0.085	0.001
Z 正面评论率(八爪鱼)_transformed	-0.008	0.060	-0.133	.895	-0.127	0.111	0.000

图 2-47 统计结果

从图 2-47 中的回归系数显著性检验结果可知,"上映前一天爆米花指数""演员影响力""导演影响力""正面评论率"这 4 个自变量的概率 P 值大于 0.05,即不可拒绝原假设,也就是说,这 4 个自变量与因变量(累计票房)之间不存在显著的线性关系。

2. 模型调优

把上述与因变量不存在显著线性关系的 4 个自变量剔除后,分析团队对剩余的 5 个自变量重复上述操作,得到的统计结果如图 2-48 所示。

从图 2-48 中的回归系数显著性检验结果可知,"上映首周票房""全网舆情有效评论条数""首映前营销事件累计关注人数""评分"这 4 个自变量的 t 统计量对应的概率 P 值小于 0.05,"预告片播放量"的概率 P 值大于 0.05,因而分析团队剔除了"预告片播放量"这个自变量。

3. 模型再次调优

分析团队从模型中剔除了"预告片播放量",只剩下"上映首周票房""全网舆情有效评论条数""首映前营销事件累计关注人数""评分"4 个自变量,对这 4 个自变量重复上述操作,得到的模型概要如图 2-49 所示。

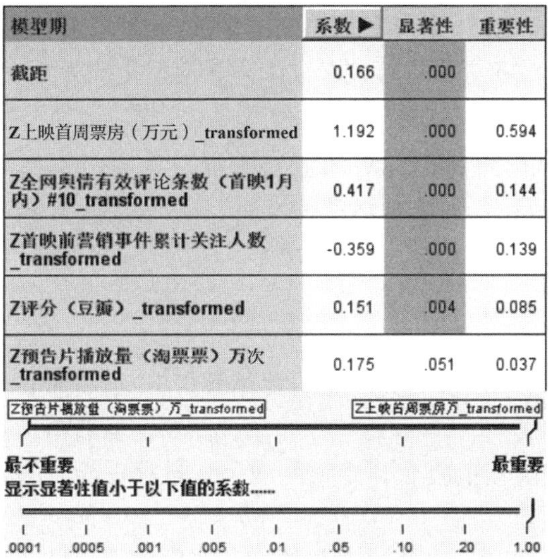

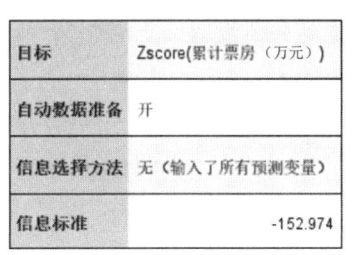

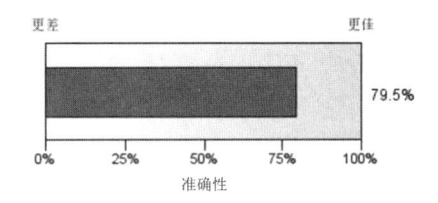

图 2-48　剩余 5 个自变量的统计结果　　　　　图 2-49　模型概要

图 2-49 展示了模型的拟合效果,其准确度为 79.5%,高于 70%,说明拟合效果较好。

首先,分析团队对自变量的显著性进行检验,结果如图 2-50 所示,F 统计量的观测值为 96.992,其对应的概率 P 值几乎为 0。若显著性水平 $\alpha=0.05$,则 $P<0.05$,即可拒绝原假设,也就是说,这 4 个自变量整体与因变量之间存在显著的线性关系。

然后,分析团队对回归系数进行显著性检验,结果如图 2-51 所示,"上映首周票房""全网舆情有效评论条数""首映前营销事件累计关注人数""评分"这 4 个自变量的 t 统计量对应的概率 P 值均小于 0.05,可以保留在模型中。

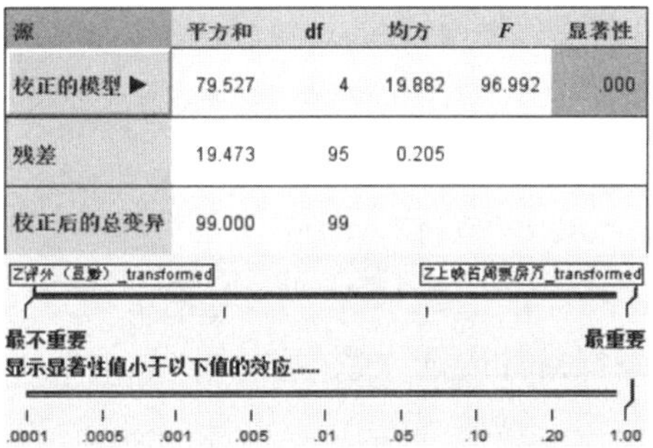

图 2-50　自变量显著性检验结果　　　　　图 2-51　回归系数显著性检验结果

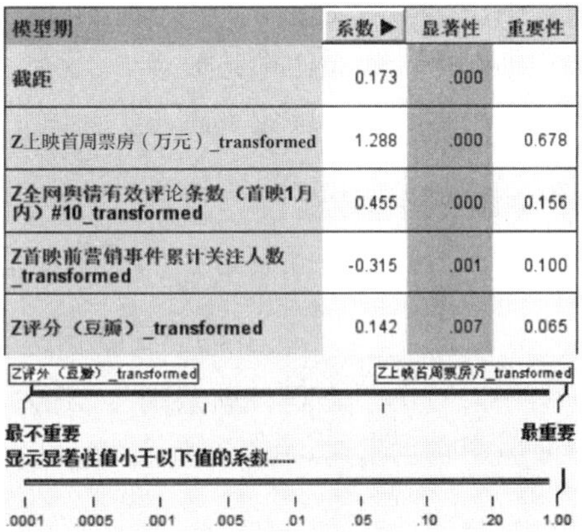

4. 变量的多重共线性检验和残差独立性检验

经过检验,各自变量与其余自变量之间的多重共线性较弱,模型的残差序列存在较弱的正自相关性。

5. 模型建立

综上所述,分析团队认为"上映首周票房""全网舆情有效评论条数""首映前营销事件累计关注人数""评分"这 4 个自变量对电影票房有影响,并且所构建方程的拟合度较高,说明这 4 个自变量能够很好地解释因变量。同时，这 4 个自变量之间的多重共线性较弱，模型的残差序列存在较弱的正自相关性。分析团队对各方面进行判断，认为该模型是较为合适的，具体模型如下。

$$Y=0.173+1.288X_1+0.455X_2-0.315X_3+0.142X_4$$

其中，X_1 为"上映首周票房"，X_2 为"全网舆情有效评论条数"，X_3 为"首映前营销事件累计关注人数"，X_4 为"评分"，Y 为"累计票房"。

6. 对不显著变量的检验

除了上述 4 个显著变量，还有 5 个不显著变量，分别是"预告片播放量""上映前一天爆米花指数""正面评论率""演员影响力""导演影响力"。在这些不显著变量中，虽然单个自变量与因变量不存在显著的相关性，但是多个自变量的复合作用可能与因变量存在显著的相关性，分析团队还需要进一步分析。

交互作用分析：经过分析，"导演影响力"和"演员影响力"的交互作用与因变量之间存在显著的线性关系。

中介效应检验：中介效应指的是在研究 X 对 Y 的影响时，X 会不会先影响中介变量 M，再影响 Y，即是否存在"$X \to M \to Y$"的关系，若存在这种关系，则说明变量之间具有中介效应。例如，工作满意度（X）先影响创新氛围（M），再影响工作绩效（Y），在这种情况下，M 成为这条因果链中的中介变量。经过检验，"预告片播放量""上映前一天爆米花指数""正面评论率"之间不存在完全中介效应。

调节作用检验：调节作用指的是在研究 X 对 Y 的影响的过程中，当调节变量 M 取值不同时，X 对 Y 的影响程度会不会有明显差异，若在调节变量 M 取值不同时，X 对 Y 的影响程度不一致，则说明调节变量 M 具有调节作用。例如，"全网舆情有效评论条数"体现的是话题热度，在一般情况下，如果评论条数多、正面评论率低，那么评论条数对电影票房存在负面影响；如果评论条数多、正面评论率高，那么评论条数对电影票房存在正面影响。

7. 最终模型建立

分析团队完成了所有分析，最终的回归模型如下。

$$Y=-0.046+0.691X_1+0.141X_2-0.064X_3 \times X_4+0.044X_5+0.061X_6$$

其中，X_1 为"上映首周票房"，X_2 为"全网舆情有效评论条数"，X_3 为"导演影响力"，X_4 为"演员影响力"，X_5 为"评分"，X_6 为"首映前营销事件累计关注人数"，Y 为"累计票房"。

三）结论

"上映首周票房""全网舆情有效评论条数""评分""首映前营销事件累计关注人数"会显著影响电影票房；"导演影响力"和"演员影响力"的交互作用同样会影响电影票房，也是关键因素。

上述案例是一个比较完整的探究关键因素的定量分析过程，使用的分析方法主要是相关分析和回归分析，同时使用了头脑风暴法、鱼骨图法等定性分析方法。相关分析和回归分析的优点是既可以精确探究相关变量的影响大小，又可以基于回归模型对未来情况做出预测。不过，其使用门槛相对较高，不仅要获取相应的基础数据，还对方法、数据和工具的使用有一定的技能要求。

在实际业务中，我们也可以基于二八法则、专家意见法等探究关键因素，先对关键因素做出假设，再验证假设是否成立。探究影响增长的关键因素不需要太严密，无须精确排列关键因素的影响大小，可以视情况使用合适的分析方法，兼顾精确和效率。

4．A、B两类任务运行过程的比较

A类任务通常伴随着鲜明的问题信号，从问题开始，顺藤摸瓜，只要找到真因（通常只有一个）、解决问题，任务就可以结束了。

B类任务没有问题信号，其目标是提升增长水平。影响增长水平的因素不是唯一的，因而B类任务的终点不是找到唯一的真因，而是探究众多原因中的几个关键因素，从关键因素出发，形成增长策略，并验证增长策略的有效性。这个探究的过程经常需要反复、迭代地进行，从而不断优化增长策略。

A类任务需要回答的是"是或否"的问题，本质是寻找和验证真因；B类任务需要回答的是"增长切入点或增长杠杆是什么""先进行哪些优化"等问题，本质是确定众多方案的优劣和先后顺序。

A、B两类任务运行过程的比较如图2-52所示。

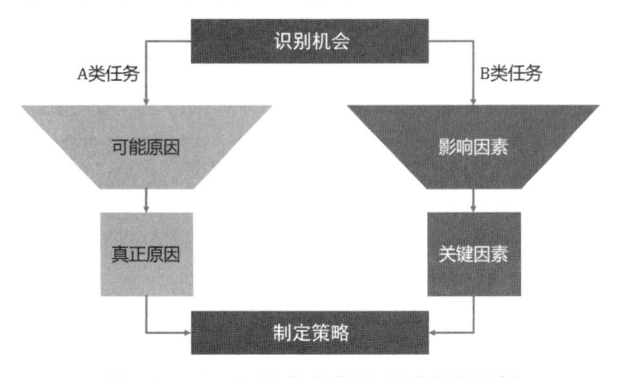

图2-52　A、B两类任务运行过程的比较

2.3　制定策略

基于识别到的机会，我们可以制定相应的策略。

1．策略的规范表述

我们可以用一种规范的格式来表述策略，具体句式如下。

如果……，那么……，因为……。

在上述句式中，"如果"后面是具体策略，"那么"后面是增长结果，"因为"后面是制定策略的依据或理由。

例如，"如果App回滚到上一版本，那么用户注册量将恢复到之前的水平，因为新版本App中的登录页面频繁闪退"。又如，针对上文UV数据和PV数据下滑的案例，我们可以制定以下策略：如果修复网页端的Cookie技术问题，那么UV数据和PV数据将恢复正常，因

为分析表明，由于 Cookie 技术错误，系统在 2020 年 3—9 月一直将老用户识别成新用户，从而导致 UV 数据和 PV 数据异常虚高。再如，针对上文电影票房关键因素的分析，我们可以制定两种策略：一是"如果提高上映首周票房，那么将提高累计票房，因为分析表明上映首周票房与累计票房显著相关（相关系数为 0.881）"，二是"如果增加电影上映后的全网舆情有效评论条数，那么将提高累计票房，因为分析表明全网舆情有效评论条数与累计票房显著相关（相关系数为 0.852）"。

制定策略的依据或理由包含（但不限于）以下内容。

- **定量或定性分析**，也就是识别机会时展开的分析，如"因为针对 30 多人的问卷调查显示他们从来没有发现某个功能""因为有 56% 的用户从这个位置离开了网站"等。
- **成功做法**。无论是自身产品的成功试验，还是行业内的成功经验，都是比较令人信服的理由，如"因为 105 号试验表明蓝色的反白按钮点击率更高""因为某权威网站的引导页面是这样设计的"等。对于成功做法，一方面，我们要保持谦虚，牢记"我们之所以看得远，是因为站在巨人的肩膀上"，行业内的大企业每年都会进行很多次增长试验，它们定版后的一些设计或做法对其他企业具有很大的借鉴意义；另一方面，我们不能迷信，成功做法是否适用于自身产品，要由试验来证明。
- **经典理论**，如"因为消费者行为学指出给消费者太多的选择会让他们陷入选择困难状态"等，在自身产品中应用经典理论，同样需要实地检验。

总的来看，好的增长策略应当具有以下特点。

- **结果可明确预期**。好的策略应指出明确的可预期结果，"那么……"后面的内容必须是明确的结果，最好不要在策略中嵌套多个假设。例如，"如果调整设计风格并降低课程价格，那么可以提高新用户的付费转化率"不是好的策略，即使付费转化率真的提高了，团队也不清楚到底是因为调整了设计风格，还是因为降低了课程价格，或者和二者都有关系。
- **描述可理解、可信**。策略的句式应完整，并且用容易看懂的通俗语言来描述，制定策略的依据或理由不能草率。
- **结果可测试、可验证**。我们可以通过试验对策略进行证明或证伪。例如，"如果逃离北上广，那么我会更好""如果逃回北上广，那么我会更好"，这些策略难以被证明或证伪。

需要强调的是，我们还可以对策略进行进一步拆解。例如，在上文电影票房的案例中，分析团队可以对"上映首周票房""全网舆情有效评论条数"等变量的关键因素进行探究，影响"上映首周票房"的关键因素可能有上映院线数量、院线排片数、上座率等，针对更深层的关键因素制定策略。总之，策略应当是有必要且可操作的。

当然，这不是要求大家千篇一律地制定策略，而是希望大家培养一种思维，即策略是假设，策略的要点是有明确的举措和衡量结果，并且要给出令人信服的分析理由。抓住了这 3 个要点，我们就抓住了策略的本质和关键，基于这 3 个要点和领导、同事、用户沟通，既有说服力，又专业而优雅。

小贴士

战略 vs 策略

在英文语境中，战略一词常用 Strategy，策略一词常用 Tactic。《牛津词典》对"Strategy"

的解释是"为达到特定目的而制订的规划",对"Tactic"的解释是"为达到目的而采取的特殊方法"。从英文解释来看,战略不仅与特定目的有关(不是普通的目的),还与规划有关(站位高、系统性强);策略不仅与目的有关(未必是特定目的),还与方法有关(尤其是特殊的方法)。从这一意义上讲,二者之间的层次非常分明,即战略应当统率策略,策略应当为战略服务。

在中文语境中,"战略"一词最早见于西晋史学家司马彪的《战略》一书,后屡见于《三国志》《廿一史战略考》等史籍,其含义是"筹划和指导战争全局的方略,又称军事战略"(《中国大百科全书》第二版)。"策略"中的"策"和"略"都有策划、谋划、计谋的意思(《辞海》第七版),二者连起来也可以表达相同的意思,如三国时期魏国的刘劭在《人物志·接识》中说:"术谋之人以思謩为度,故能成策畧之奇,而不识遵法之良。""策畧"即"策略",古代"畧"通"略"。总的来看,在中文语境中,战略的层次同样比策略的层次高。例如,三十六计中的"围魏救赵","救赵"是战略,"围魏"是策略(实现"救赵"这一目标的众多策略之一);"瞒天过海","过海"是战略,"瞒天"是策略;"借刀杀人","杀人"是战略,"借刀"是策略。如今,战略、策略已经广泛运用于国家发展和国民经济生活的各个领域。

无论是在中方语境还是在西方语境中,战略和策略都含义迥异,并且层次分明。

在用户增长领域,某个阶段内用户增长的核心目的或目标是增长的战略。例如,在产品发展的某个时期,增长的战略可能是扩大用户规模,对应的北极星指标可能是活跃用户数;在另一个时期,增长的战略可能会变成提高付费率,对应的北极星指标可能会变成付费用户数;在又一个时期,增长的战略可能是提升 LTV,对应的北极星指标可能会变成 ARPU、ARPPU(Average Revenue Per Paying User,每付费用户平均收入)等。

在某种特定战略的指导下,为了实现战略目标,增长运营人员需要采取一组具体的策略。例如,为了实现用户规模的扩大,具体的策略可能是加大广告投放力度、系统性开展用户裂变活动、提高用户留存率等;为了实现付费用户数的增加,具体的策略可能是发现用户线索、降低试用门槛、推荐个性化商品等。此处,策略还可以进一步细分,如为了优化广告投放效果,细分的策略可能包括选择好的渠道、提出好的创意、使用 Look Alike(相似人群扩展)技术等。

战略具有相对的稳定性、统率性,策略具有相对的灵活性、战术性。当然,战略并不是一成不变的,在必要的时候可以进行调整。

需要注意的是,策略环中的"策略"指的是策略,而非战略。

2. 产生策略的方法

产生策略的方法主要有两种:一是从已有的策略可选集中选取,二是进行策略发想。

1)策略可选集

"策略可选集"指的是行业内广泛采用或经本组织验证有效的策略集合,它能够为具体业务问题迅速形成有针对性的策略提供启发,通常被称为行业最佳实践(Best Practice)。例如,为了提高搜索引擎推广关键词的点击率,通行的策略有提高关键词排名、增强创意的相关性、创意飘红、增加创意内容的吸引力等;为了降低着陆页的跳出率,通行的策略有提高网页加载速度、增强着陆页内容与用户意图的相关性、提供清晰分明的排版和优质的内容等,这些都是行业内沉淀下来的有效策略。在增长运营的过程中,企业会形成适合自身业务增长的相关策略,企业应当完善这些策略,形成策略可选集,以便在有需要的时候快速产出策略。

2）策略发想

策略发想指的是通过构思或思考（必要时可借助思维方法、工具等）来产生相关策略的精神活动。

常用的策略发想方法如下。

- **专业或经验判断**。拥有深厚的专业知识或丰富的业务经验的人往往对策略更加敏感，这是产生策略的重要途径。
- **转化因素分析法**。很多任务场景与转化相关或相似，我们可以基于转化因素进行思考和分析。
- **头脑风暴法**。这种方法的优势是集体智慧，并且对提出者无限制。
- **拆解法**。这种方法将宏大的事物拆分成细小的事物，以发现更多的策略线索，如对转化因素的逐层拆解。
- **列举法**。这种方法对具体事物的特定对象进行穷举，在穷举的过程中启发策略线索。
- **强制联想法**。这种方法运用联想思维，充分激发大脑的想象力和联想能力，促使思考者联想平时可能联想不到的事物，从而产生思维的"大跳跃"，进一步产生解决问题的创造性策略，也有人将头脑风暴法视为强制联想法的其中一种。
- **设问法**。这种方法就某个问题进行自我追问和回答，在问题和答案的碰撞过程中激发策略线索。

策略发想是一种纯思维性的活动，有几种方法与上文根本原因分析中的具体方法很相似。在创作广告、文案等时，我们使用的基本上也是这些方法。

3. 策略排序

经过上文的分析过程，我们梳理出一系列增长策略。对于先实施哪些策略，后实施哪些策略，有必要分出先后顺序、轻重缓急。毕竟，企业往往在资金、人手、精力、技术能力、时间周期等方面受到某些约束。这要求企业明确策略的优先级排序，把有限的资源分配给恰当的对象，找到更好的增长杠杆，先摘取"低垂的果实"。

对此，业界提出过多种排序方法，如 PIE、PXL 框架等。这些方法大多基于主观的经验判断，不太精确，只要能大致确定应当先实施哪些策略就行了，不必钻牛角尖。接下来，我们重点学习 ICE 优先级排序方法。[①]

"ICE"的含义如下。

I（Impact）影响力：指的是策略对增长目标的影响程度，影响越大，评分越高。

C（Confidence）信心水平：指的是对实施策略产生的效果的预估，信心越大，评分越高。

E（Ease）容易程度：指的是实施策略的容易程度，包括可操作性、技术可行性、人手、经费、相关部门的支持配合度等，实施起来越容易，评分越高。

如表 2-8 所示，我们可以将每个单项的分值设为 5 分，总分为 15 分，评分越高的策略，优先级越高。

表 2-8 ICE 评分表

评 分	I	C	E
1	影响极小	信心极小	极不容易

[①] ICE 优先级排序方法由肖恩·埃利斯提出，他也是"增长黑客"概念的提出者。

评 分	I	C	E
2	影响较小	信心较小	较不容易
3~4	影响较大	信心较大	较容易
5	影响极大	信心极大	极容易

ICE 优先级排序方法虽然不太精确，但是可以用尽可能低的成本（包括时间、精力、费用）确定应当优先考虑的策略。肖恩·埃利斯将 ICE 定义为"最小可行的优先级排序方法"，"最小可行"意味着用最少的精力获得所需的东西。需要注意的是，优先级排序不是必需的，如果项目较少，那么可以不进行排序。

2.4　验证策略

1. 为什么要进行验证

增长策略的本质是一种假设，其有效性需要进行验证，即使再合理的假设，依然是假设。我们来看一看下面两个案例。

案例一　美国总统大选的预测

1936 年，美国总统大选在即，民主党竞选人是寻求连任的总统富兰克林·罗斯福，共和党竞选人是阿尔弗雷德·兰登。当时，著名杂志《文学文摘》对竞选结果进行了预测，其采取的方法是让杂志社的工作人员按照电话号码簿和该杂志读者俱乐部的会员名单邮寄了 1000 万份调查问卷，回收了约 240 万份调查问卷。

根据调查问卷整理结果，《文学文摘》断言，兰登将以 57% 的优势击败罗斯福。可是，最终的结果让人大跌眼镜，罗斯福以 62% 的支持率成功连任美国总统。

为什么会这样呢？一是因为抽样偏差，该杂志在进行抽样调查的时候，只关注了样本的广泛性（邮寄 1000 万份，回收约 240 万份），忽略了样本的代表性。在 1936 年，能够装电话或订阅《文学文摘》的人在经济上相对富裕，然而该杂志忽略了许多没有装电话和不属于任何俱乐部的低收入人群。当时，政治和经济分歧严重，收入不太高的大多数民倾向于罗斯福，占投票总数比例较小的富人倾向于兰登，导致调查结果严重失真。二是因为非响应偏差，接受调查的拒绝回答者和回答者在研究指标上存在显著的差异，不喜欢罗斯福的人有更强烈的感受，更愿意花时间邮寄回复，因而产生了估计偏误。

经此事件后，《文学文摘》由于严重失误损害了自身的可信性，在选举结束的 18 个月后倒闭。

到了 2016 年美国大选，对阵双方分别是民主党的希拉里和共和党的特朗普。几乎所有民调机构都预测希拉里胜出，然而最终结果是"政治素人"特朗普当选美国总统，爆出大冷门，主流媒体和民调机构的预测几乎"全军覆没"。

案例二　Meta 的改版

2012 年，Meta 前产品副总裁山姆·莱辛在扎克伯克的大力支持下，亲率一个团队开发了一款新的 UI（User Interface，用户界面）。

该 UI 的老版本、新版本分别如图 2-53 和图 2-54 所示。

图 2-53　该 UI 的老版本　　　　　　　图 2-54　该 UI 的新版本

从新老版本的对比中可以看出，新版本抛弃了老版本左侧繁复的导航设计，看上去更清爽；信息流中的图片更加突出，整个版面更聚焦；设计风格更加扁平、清新，页面重心明确、层次分明。一切都预示着团队走的是正确路线，在该 UI 上线前，团队还邀请了一些外部用户和内部员工来试用，试用者普遍感觉新版本更好，认为它更酷炫、时尚。

于是，新版本正式上线。对于产品重大的更新迭代，Meta 一直坚持"灰度发布"的做法，这次也一样。团队先给新版本分配了 1% 的流量，然后逐渐增加到 2%、5% 等。然而，结果出乎大家的意料，新版本在用户参与度、在线时长、广告展示数、营业收入等多个关键指标的表现上不如老版本。

一开始，团队觉得可能是用户对新版本还不太习惯，于是继续观察。可是，分配给新版本的流量增加到 12%，观察期也延续了 3 个月，情况并没有改观，新版本直接导致营业收入下降 20%。

最终，团队不得不"壮士断腕"，将产品回滚到老版本。

上述两个案例告诉我们，在进行探究和分析时，由于统计方法、数据使用、主观偏见、人为因素和其他因素，分析结论未必是可靠的，即使是《文学文摘》、Meta 的一流团队也不例外。

2．如何进行验证

验证增长策略有 3 种常用方法，分别是观察法、调查法和实验法，它们也是认识客观事物的 3 种基本方法，如图 2-55 所示。

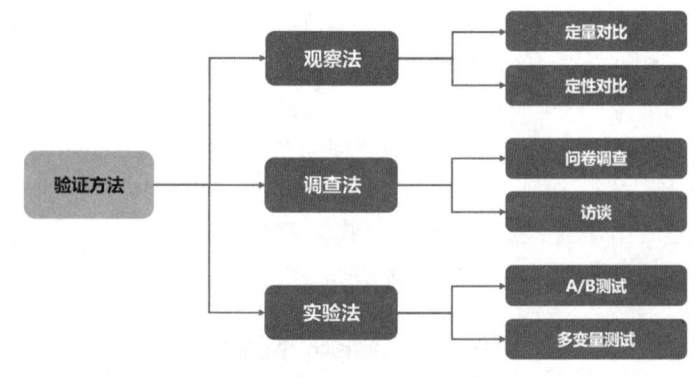

图 2-55　验证增长策略的 3 种常用方法

1）观察法

观察法指的是通过人的感官或科学仪器，有计划地对事物或现象进行察看，从而认知事物或现象的过程，通俗地说就是"看一看"。用户观察通常用于评估用户的行为。

在验证策略的场景中，常用的方法有定量对比和定性对比。例如，团队发现用户在线数据异常，很多用户掉线，经过排查，猜测是编程漏洞引起的，在修复程序后，直接观察用户是否还掉线，如果用户不掉线，那么表明猜测得到了验证。又如，某新功能上线后使用率不高，开发人员经过数据分析后找不到原因，于是邀请了几位用户现场操作，观察他们的操作过程，发现自己想的和用户实际的理解、使用情况不一样，经过设计优化，再次观察使用数据或用户操作，验证形成闭环。以上两个例子采用的是定性对比的方法。

采用定量对比方法的例子也有很多。例如，电商店铺中某商品的差评增加，经过分析，团队认为原因是该商品详情页的文案容易产生误导，策略是修改文案，修改完后对比评论，差评率大幅下降，策略得到了验证。又如，在渠道 A 中投放广告，点击率为 1.5%，将相同的广告投放到渠道 B 中，点击率只有 0.6%，经过分析，团队认为原因是两个渠道的使用场景不同，策略是在渠道 B 中投放广告时改为分时投放（不像渠道 A 那样全时投放），渠道 B 的点击率提升到 1.0%，策略得到了验证。

2）调查法

调查法指的是通过一系列问题从调查对象中收集信息的过程，通俗地说就是"问一问"。用户调查可以通过电话、邮件、网络、现场等方式进行，通常用于评估用户的态度（如意见、想法、感受等）。

例如，一些用户反映产品的某个新功能很难用，在完成优化后，团队向这些用户进行调查，如果用户反映没有问题了，策略就得到了验证。又如，在进行满意度调查时，团队发现某职业培训课程的满意度下滑，在分析原因并提出改进策略后，再次进行调查，满意度水平回升，策略得到了验证。

在验证策略的场景中，比较常用的方法有问卷调查和访谈。

3）实验法

实验法指的是为了检验某种假设而进行观察研究活动（尤其是科学类活动），通俗地说就是"测一测"。实验法主要有 A/B 测试、多变量测试（Multivariate Testing，MVT）等具体方法，广泛应用于增长领域，下面将进行详细介绍。

3．A/B 测试

1）A/B 测试简介

A/B 测试是一种典型的随机对照实验。世界上关于对照实验的最早记载出现于中国的北宋时期，《本草图经》中记载了一件事：如何判断人参的真假呢？可以找两个人，让这两个人在地上走路，他们会喘气。如果让其中一个人含着人参，另一个人不含人参，含着人参走路的人就不怎么大喘气，而不含人参走路的人喘得很厉害，这说明不怎么大喘气的人含的是真的人参。以现在的眼光来看，这种实验方法比较简陋，不过足以说明，在很久以前，人们就开始运用这种有效的方法了。

20 世纪 20 年代，统计学家、生物学家罗纳德·费舍尔发现了 A/B 测试和随机对照实验的重要原理，成为第一个弄清楚随机对照实验基本原理（包括数学原理）并使之成为一门科学的人。随后，A/B 测试广泛应用于现代生物医学的双盲测试。在双盲测试中，病人被随机分成两组，在不知情的情况下分别使用安慰剂和测试用药，经过一段时间的测试后，比较两组病人的病情是否具有显著的差异，从而研判测试用药是否有效。

除了医学领域，A/B 测试还广泛应用于社会学领域。例如，2007 年，奥巴马在竞选美国总统的过程中也进行了 A/B 测试。在奥巴马专门的竞选和募捐网站上，其团队为首页主图设计了 6 种版本，经过 A/B 测试，原始版本的注册转化率是 8.26%，最优版本将注册转化率提高了 40.6%，并且直接增加了 6000 万美元的捐款。奥巴马团队的 A/B 测试如图 2-56 所示。

图 2-56　奥巴马团队的 A/B 测试

在用户增长领域，A/B 测试更是随处可见。今日头条每天进行几十项甚至上百项 A/B 测试。亚马逊每年要做超过 1 万项 A/B 测试，谷歌每年做的 A/B 测试有 10 万项之多。当你访问 Meta 的页面时，已经身处至少 10 项 A/B 测试之中了。

2）A/B 测试的关键问题

问题一：流量如何分配？

A/B 测试通常发生在对照组（如老版本）和实验组（如新版本）中，基于随机分配的流量测试实验组是否优于对照组，其原理如图 2-57 所示。

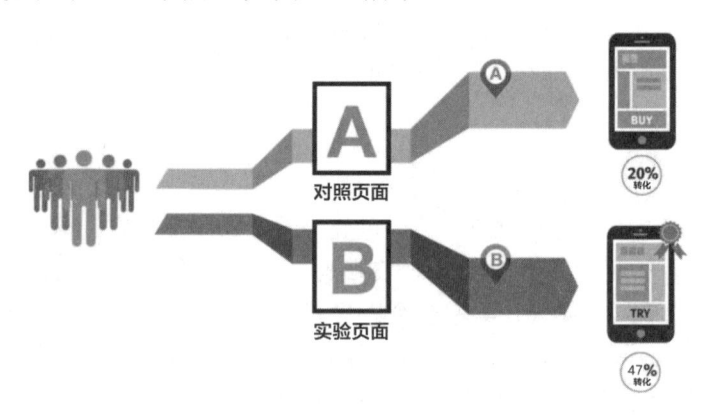

图 2-57　A/B 测试的原理

流量分配涉及两个比较具体的问题。一是如何确定流量分配的受众范围。在实际业务中，既可以不细分受众，也可以细分受众，这取决于实验的目的和场景。例如，上文提到 Meta 对 UI 新版本的实验，因为该 UI 是所有用户都能接触到的通用界面，所以不需要细分受众。不过，在很多情况下，对新用户来说实验组更好，对老用户来说对照组更好，或者对年轻人来说实验组更好，对中老年人来说对照组更好。对于这些情况，我们需要在实验的时候加以判别。

二是分配多少流量进行测试，这也需要根据实验的目的和场景来决定。仍以上文提到的 Meta 对 UI 新版本的实验为例，该实验从 1% 的流量开始，逐渐增加到 2%、5% 等。在大用户体量的产品中，一般应选择小量样本进行测试，避免对大量用户造成负面影响。

问题二：需要多少样本数量？

A/B 测试的样本数量由哪些因素决定呢？从严格意义上讲，这与许多因素有关，要想精确计算是比较复杂的。在增长实践中，我们可以采用一些简化的计算方法来估算所需样本数量的多少，如使用 SMEI 提供的工具（见图 2-58）。假设我们需要对某次改版进行测试，当前版本的转化率为 20%，统计显著性为 95%，那么测试需要的最少样本数量为 9896 个。

图 2-58　某 A/B 测试样本数量计算器

（注：此工具来自 SMEI 官方网站）

- **当前转化率（A 版本）**，即对照组（老版本）的转化率。
- **最小可检验效应**（Minimum Detectable Effect，MDE），指的是希望实验能够检测到的最小相对变化，用来衡量实验的灵敏度。MDE 越小，所需样本数量越多。简单来讲，如果 A 版本的当前转化率为 20%，MDE 为 10%，那么我们希望 B 版本的转化率达到 22%（20%+20%×10%）。
- **统计显著性**又被称为置信水平，如果统计显著性为 80%，那么说明我们对"测试结果正确"的信心为 80%。一般统计显著性取值为 95%，也就是说我们认为测试结果至少有 95% 的概率是可信的，不可信的概率小于 5%，属于可接受范围。统计显著性越大，表明测试结果越可信，不过付出的成本也越高，因此选择统计显著性是在可靠性与成本之间寻找平衡点。有些人特别容易混淆的另一个概念是"显著性水平"（又被称为 α 值），二者的关系是"统计显著性=1-α"。
- **统计功效**代表没有犯统计学中第二类错误的概率，也就是当 A、B 两组的确存在差异时，我们能够做出正确判断的概率。如果统计功效为 80%，那么表明犯第二类错误的概率在 20% 以下；如果统计功效为 90%，那么表明犯错概率在 10% 以下。在 A/B 测试中，统计功效通常为 80%。统计功效越大，表明犯错的概率越小，不过需要测试的样本数量也越多。

问题三：需要测试多长时间？

在上文的例子中，如果已知某次测试所需的最少样本数量为 9896 个，已知每天访问产品的用户量是 3000 个，那么需要测试多长时间呢？

经过简单计算可知，需要测试的时间大约是 6 天半（9896 个×2/3000 个/天），之所以乘以"2"，是因为有两个变量（老版本和新版本）。

问题四：测试结果的统计显著性如何判断？

判断测试结果统计显著性的统计学原理是计算 P 值，看一看其是否小于预设的显著性水平 α，从而判断测试结果是否显著。我们可以使用如图 2-59 所示的工具来计算并判断测试结果的统计显著性。

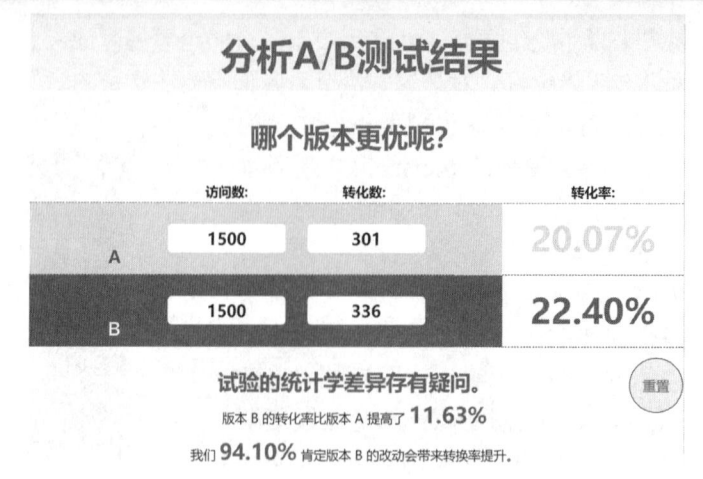

图 2-59　某 A/B 测试结果分析工具

（注：此工具来自云眼官方网站）

根据图 2-59，假设我们用来测试的用户量是 3000 个，在测试的过程中随机分配给 A（对照组）、B（实验组）两个版本，版本 A 的转化数为 301 个，版本 B 的转化数为 336 个，虽然版本 B 的转化率比版本 A 高 11.63%，但是测试结果的统计显著性不是特别理想，低于一般值 95%。在这种情况下，我们可以适当延长测试周期，以达到 95% 以上的统计显著性。

问题五：**A/B 测试的缺陷是什么？**

A/B 测试是一种"先探索，再利用"的策略，即先用一部分流量选出最好的版本，再将该版本投放到更大的甚至全部流量中。这种策略的缺陷是在测试的时候不知道哪个版本更好，只有在测试结束后才能判别，在测试的过程中可能面临业务受损的风险。例如，为了提高统计显著性，可能需要增加样本数量，如果把受测用户量从 1000 个增加到 2000 个，那么看到糟糕版本的用户数也会增加一倍，流失用户的比例会相应提高，原本可能购买商品的用户看到了糟糕版本，可能会放弃购买。更为关键的是，只有在测试结束后，这种风险才会消失。

如何避免这种风险呢？我们可以采取另一种验证策略，即 Epsilon 递减策略。这种策略的机制是"一边探索，一边利用"，其基本原理是如果在前 1000 个浏览用户中，A 版广告的点击量比 B 版广告多，那么在接下来的 1000 个浏览用户中，我们可以把 A 版广告的展现率提高到 60%，把 B 版广告的展现率降低到 40%，这样可以利用初期测试结果，同时继续探索改善 B 版广告的可能性。如果越来越多的证据倾向于支持 A 版广告，那么我们可以逐渐提高 A 版广告的展现率，同时降低 B 版广告的展现率，这样可以有效避免 A/B 测试中业务受损的风险。随着我们对 A 版广告越来越有信心，Epsilon 值（ε）递减，最终达到理想水平。Epsilon 值指的是探索时间与总时间的比例。

A/B 测试和 Epsilon 递减策略的对比如图 2-60 所示。

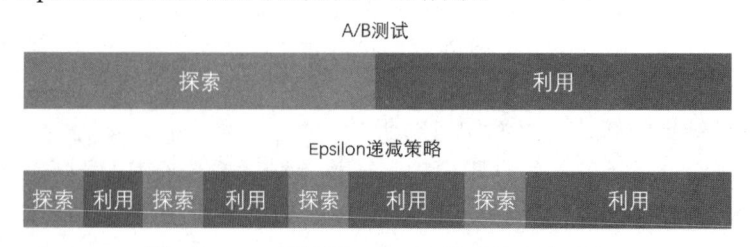

图 2-60　A/B 测试和 Epsilon 递减策略的对比

问题六:其他问题有哪些?

首先,我们既要注重样本数量,也要注重样本质量。例如,上文所讲的《文学文摘》在美国总统大选时犯了只重样本数量,而不重样本质量的错误,结果"差之毫厘,谬以千里"。此外,我们还要避免样本受到"污染",这里的"污染"指的是数据的可靠性受到干扰或影响,样本可能会受到测试时长、设备、浏览器 Cookie 等的污染。例如,测试运行时间较长,在此期间可能会受到节假日、活动等的影响;多个用户登录同一台设备,但系统认定他们是同一个用户;在浏览器 Cookie 被删除重建后,原来的用户被认定为不同的用户;等等。

其次,我们要重视数据背后的原因。对测试结果的判断主要依托于数据,同时,我们也应注重原因,尤其应对明显异常的数据打一个问号,在必要时进行进一步分析。

例如,爱彼迎曾经在重新设计搜索页面后启动 A/B 测试。"搜索"是爱彼迎生态系统的基本组成部分,是广告资源的主要页面,也是用户与产品互动的常用方式。爱彼迎的 A/B 测试前后效果对比如图 2-61 所示,重新设计的页面突出了图片的列表化显示方式(这是爱彼迎的重要优势之一,房屋的照片是请专业摄影师拍摄的,是爱彼迎的重要资产),同时在页面左侧显示房屋在地图上的具体位置。这些创意非常好,用户体验应该不错,这也是团队共同的预期。

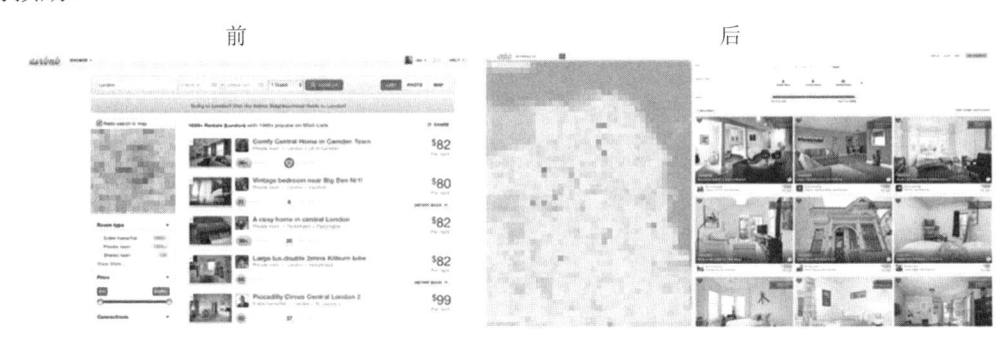

图 2-61 爱彼迎的 A/B 测试前后效果对比

然而,在 A/B 测试进行了较长的时间后,测试结果并未达到预期的效果。数据显示,实验组和对照组的效果相差无几,P 值表明实验组的影响基本上是无效的。

团队没有就此放弃,他们认为这个结果是不符合常理的,决定深入分析数据。于是,团队对流量进行细分,经过研究,发现除了 IE 浏览器,在大多数浏览器中,新设计能够正常运行。团队意识到,对于某些旧版本的 IE 浏览器,新设计改变了重要的点击操作,这显然对整体结果产生了很大的负面影响。基于这个假设,团队进行了修复和优化,并重新启动测试。这一次,IE 浏览器显示的结果与其他浏览器相似,转化率提高了 2% 以上,测试结果具有统计显著性,如表 2-9 所示。

表 2-9 测试结果

浏览器名称	结果对比%	P 值
浏览器整体	−0.27	0.29
Chrome	2.07	0.01
火狐	2.81	0.00
IE	−3.66	0.00

再次,我们要避免新奇效应的影响。如果在测试刚开始时数据的波动非常明显,那么可

能是受到了新奇效应的影响。例如，更换了新的 UI 或增加了某个新功能，这样的改动很容易引起用户的注意，好奇心会驱使他们体验。在这种情况下查看测试数据，新版本很可能明显优于老版本，测试效果非常显著。但是，在新鲜感"退潮"后，测试效果会大幅回落。避免新奇效应的有效办法是在较长的周期内观察，最大限度地排除这种干扰。例如，Pinterest 在进行新用户激活测试的时候最少等待 28 天，只有观察到用户的次月留存率，才会做出最终结论。

最后，我们要避免对其他指标的损害。例如，某金融 App 经过流程和规则改动（如减少提交资料的环节），贷款效率提高，贷款转化率明显上升，却影响了风险控制指标（如坏账率）。又如，夸大产品功能或适用性虽然可以吸引更多的人（甚至是原本不相关的人）购买产品，订单转化率明显提高，但是很多人在购买后发现产品并非像官方说的那样，导致退货率明显提高。再如，提高推送邮件的频率，用户感到被严重打扰，纷纷退订邮件或将邮件设置为垃圾邮件。

在做用户增长的时候，我们不能只盯着某一个指标，而应兼顾关联指标、反向指标的变化，综合决策。

即使实验取得了具有统计意义的结果，证明或证伪了最初的假设，我们也不能止步于此、流于表面，应当进一步分析和总结，形成新的知识。反复进行这样的分析和训练，可以加深我们对业务的理解，提高用户增长的效率。

其实，每一次 A/B 测试都是一次"成功"的实验。实验是为了验证假设，如果实验结果表明假设是正确的，那么当然可喜可贺，我们应该再接再厉；即使有确凿的证据表明假设是错误的，也可以帮我们规避错误的决策，确保我们"做正确的事"。发明电灯泡的实验失败了数千次，然而，恰恰是大量的失败经验，才让实验最终获得成功。

3）A/B 测试的具体操作（自有触点场景）

从触点的角度来看，A/B 测试主要在两类触点上进行：第一类触点是自有触点，如自有网站、App、小程序等；第二类触点是第三方触点，如第三方电商平台上的触点（店铺运营）、第三方搜索引擎上的触点（搜索引擎推广）、第三方新媒体平台上的触点（信息流广告、博客文章）等。

在第一类触点上进行 A/B 测试时，我们通常可以使用成熟的 A/B 测试工具，国外的工具有 Optimizely、Visual Website Optimizer（VWO）、Google Analytics Content Experiments（GACE）、HubSpot、AB Tasty 等，国内的工具有云眼、神策数据、呟喝科技、火山引擎、Testin 云测等。在第二类触点上进行 A/B 测试时，我们通常只能使用特定触点提供的工具。

我们先来看一看第一类触点的场景。第一方控制的触点可以比较便利地植入 A/B 测试工具的软件开发工具包（Software Development Kit，SDK），我们可以使用免费或收费的 A/B 测试工具。各种工具的基本功能和操作步骤差别不大，下面将用云眼平台来演示两个有实际意义的案例，帮助读者了解 A/B 测试工具的操作步骤，以及 A/B 测试到底是如何运行的。

案例

案例一　A/B 测试工具的操作步骤

本案例的业务场景是在 Web 网站中进行 A/B 测试，主要分为以下 10 个操作步骤。

第一步，安装 Web SDK。

本案例的操作步骤基于云眼平台。首先，增长运营人员登录该平台并进入控制台，在菜单栏中选择"业务优化",然后单击"SDK 下载与安装"按钮,如图 2-62 所示。

图 2-62　SDK 下载与安装

为什么要安装 SDK 呢?SDK 是为特定设备或操作系统开发应用程序的软件集合,Web SDK 是一段 JavaScript 代码,下载这段代码并将它嵌入目标网站,可以在云眼平台中进行 AB 测试和数据统计分析。

安装 SDK 的操作非常简单,增长运营人员既可以自己操作,也可以请公司的技术人员代为安装。不同操作系统平台的 SDK 是不同的,主要有 Web SDK、Android SDK、iOS SDK 等,安装自己需要的 SDK 即可。Web SDK 的代码样式如图 2-63 所示。

图 2-63　Web SDK 的代码样式

第二步,创建优化方案。

首先,增长运营人员进入云眼控制台,在菜单栏中选择"业务优化",单击"创建优化方案"按钮,如图 2-64 所示。

图 2-64　创建优化方案

然后,增长运营人员在"平台"下拉列表中选择"Web"选项,填写优化方案的名称和进行实验的 URL(Uniform Resource Locator,统一资源定位系统,即目标网站),单击"确定"按钮,完成创建优化方案设置,如图 2-65 所示。

图 2-65　创建优化方案设置

第三步，创建优化版本。

创建优化版本即建立实验对象的优化版本（实验组），后续将分配真实的流量进行测试，以比较和原始版本（对照组）的效果差异。

云眼支持两种创建优化版本的方式：一种是使用云眼的可视化编辑功能，在原始版本的基础上修改为优化版本，这样生成的 Web 页面是动态代码，会被推送到云眼的 CDN（Content Delivery Network，内容分发网络）服务器上；另一种是用户（如网站开发人员）自主创建优化版本，代码一般部署在用户的服务器上。

如图 2-66 所示，如果使用云眼来创建优化版本，那么操作步骤为先在控制台单击"编辑"按钮，进入编辑器，再单击页面上方的"添加版本"按钮，创建新的优化版本。

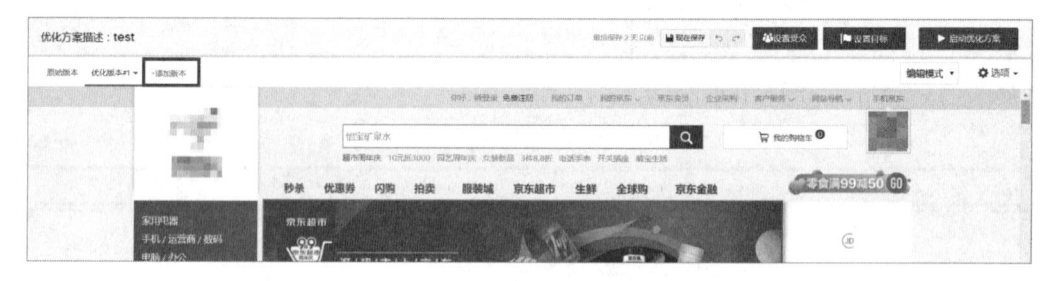

图 2-66　使用云眼来创建优化版本

如图 2-67 所示，在云眼的可视化编辑器中，增长运营人员可以对 Web 网页进行一些常规修改，如修改网页元素的链接、编辑元素、移动和调整大小、重新排列、移除、素材替换、更换图片、更换文案等。

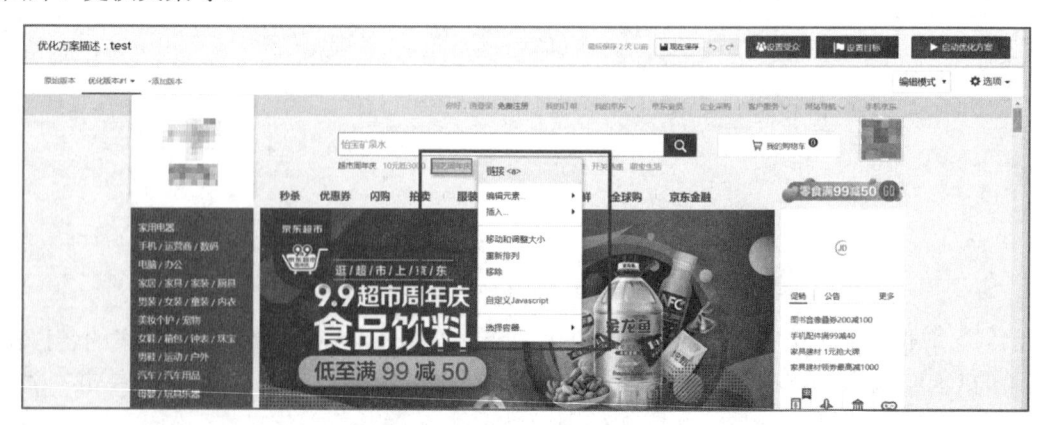

图 2-67　云眼的可视化编辑器

如图 2-68 所示，如果选择自主创建优化版本，那么操作步骤为先单击"优化版本"下拉按钮，选择"重定向到一个新的页面"选项，再填入优化版本的 URL。

图 2-68　自主创建优化版本

第四步，设置业务 URL。

首先，增长运营人员单击"选项"下拉按钮，选择"业务 URL 设置"选项，设置让实验生效的 URL 规则，如图 2-69 所示。

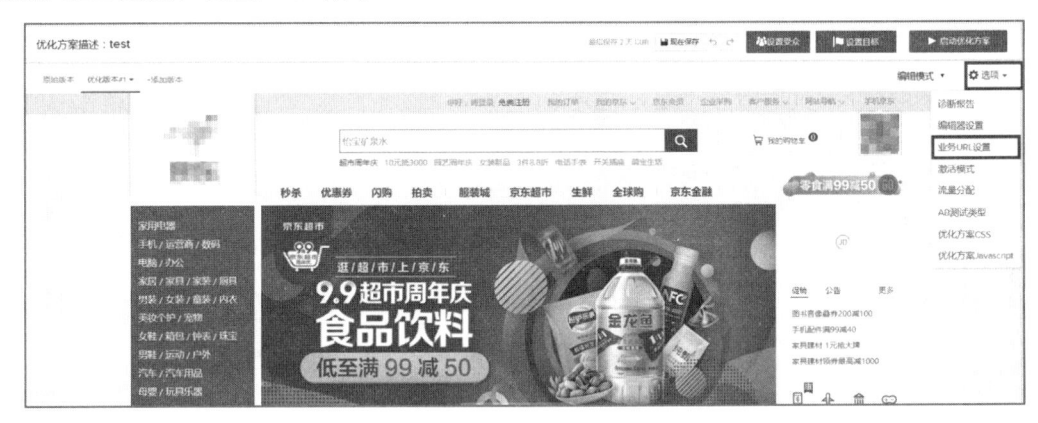

图 2-69　设置业务 URL

然后，增长运营人员选择需要的匹配规则并填写 URL，可以通过"URL 匹配验证器"检查实验能否在预期页面上运行，如图 2-70 所示。

图 2-70　设置 URL 规则

第五步，设置目标。

如图 2-71 所示，增长运营人员单击"设置目标"按钮，打开设置页面。"目标"是需要优化的指标，也就是衡量实验效果的标准，常见的目标有注册率、点击率等。

图 2-71　设置目标

在如图 2-72 所示的"创建目标"对话框中，增长运营人员需要填写"目标名称""目标类型"等相关信息，完成目标的创建。"目标类型"有 3 种，分别是"页面浏览""鼠标点击""自定义事件"。"页面浏览"目标在用户查看对应网页时触发，"鼠标点击"目标在对应目标被用户点击时触发，"自定义事件"目标需要被 JavaScript 代码触发。当创建"鼠标点击"目标时，增长运营人员可以单击"展开"按钮，在网页中选中需要被点击的目标，再次点击选中的目标即可取消。

增长运营人员单击图 2-72 中的"保存"按钮，完成目标的创建，弹出如图 2-73 所示的"业务目标"对话框。

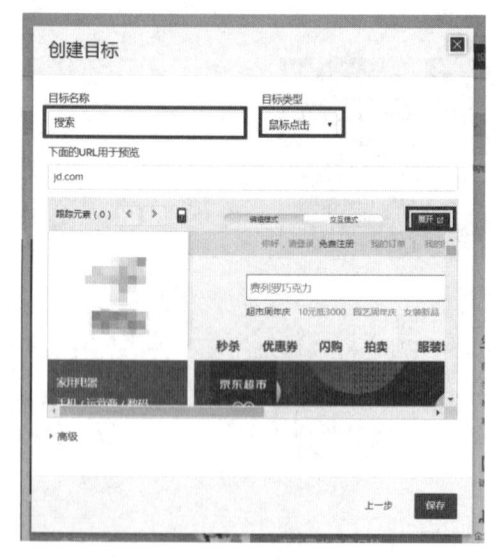

2-72　"创建目标"对话框　　　　图 2-73　"业务目标"对话框

第六步，设置受众。

如图 2-74 所示，增长运营人员单击"设置受众"按钮，打开设置页面。"受众"是参与实验的用户群体类型，不符合受众条件的用户不能参与实验。

增长运营人员在如图 2-75 所示的"新建受众"对话框中填写受众名称，将右侧的"条件"拖动到左侧的"受众条件"栏中，填写条件的值，单击"保存"按钮，完成受众的创建。受众可以由多个条件组合而成，增长运营人员可以创建更加复杂的受众类型。

图 2-74　设置受众

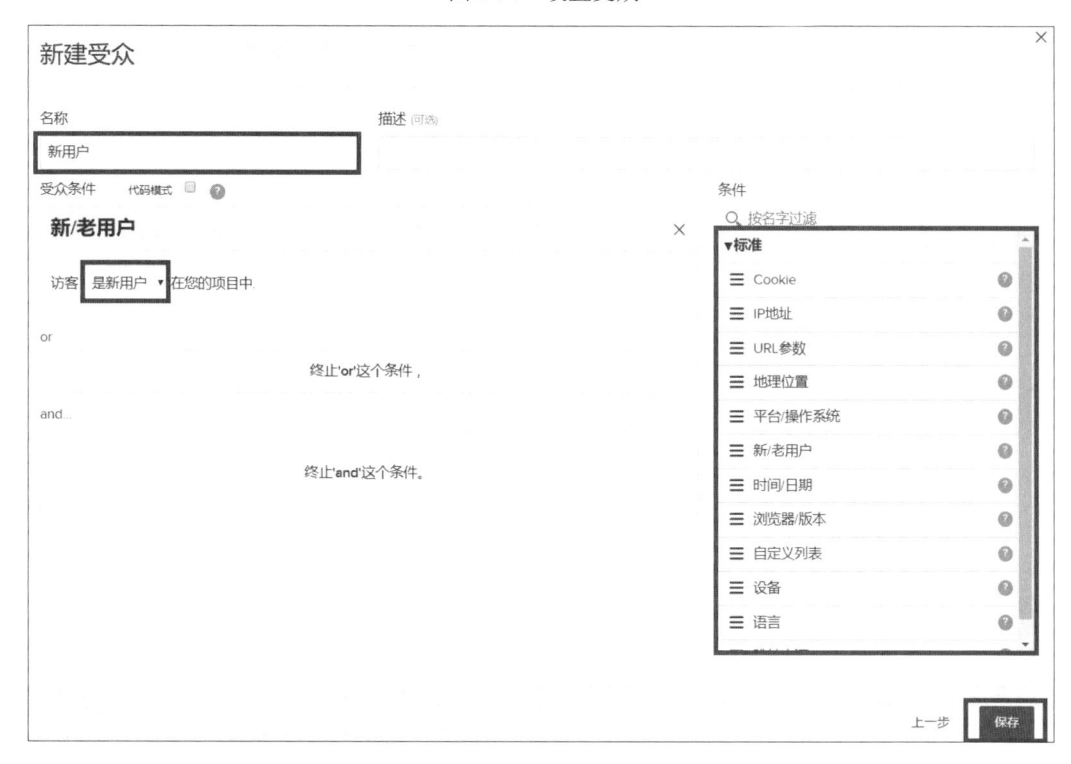

图 2-75　"新建受众"对话框

第七步，分配流量。

首先，增长运营人员单击"选项"下拉按钮，选择"流量分配"选项，如图 2-76 所示。

图 2-76　分配流量

97

然后，增长运营人员按住鼠标左键，拖动滚动条，分配总流量，总流量决定了有多大比例的访客流量参与实验；在版本处修改各个版本的流量分配比例，如将 100%的访客流量用于本次实验，并且将 50%的流量随机分配给原始版本（A版本），将另外 50%的流量随机分配给优化版本（B 版本），如图 2-77 所示。

第八步，预览。

在启动优化方案前，增长运营人员可以使用预览功能查看网页，确保优化方案不出现问题，操作步骤为先单击某个版本，选择"预览"选项，如图 2-78 所示，再在"预览"页面中设置"访客属性"，以测试受众，检查目标是否正常、页面的修改是否正常等。

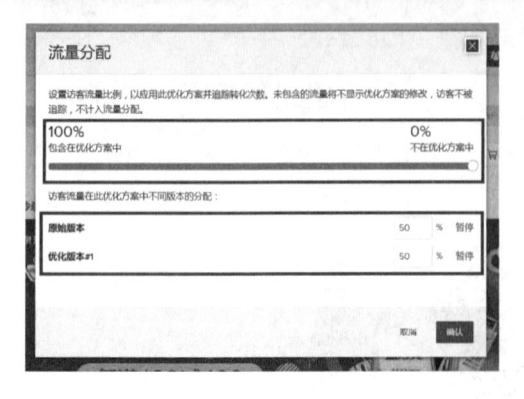

图 2-77 流量分配设置

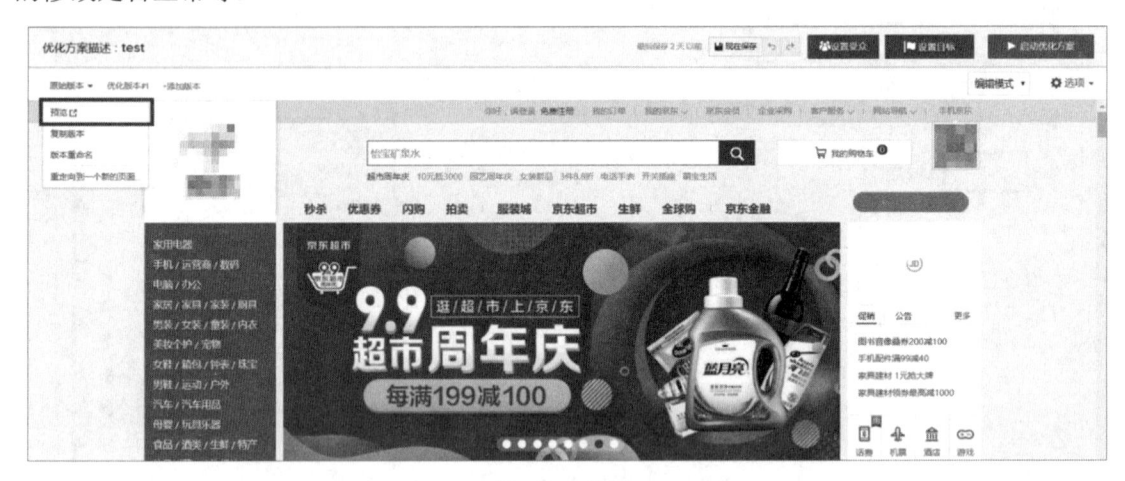

图 2-78 预览

第九步，启动优化方案。

如图 2-79 所示，增长运营人员依次单击"现在保存"按钮和"启动优化方案"按钮，A/B测试实验正式运行，如果中途需要停止实验，那么单击"暂停"按钮即可。

图 2-79 启动优化方案

第十步，查看优化结果。

在实验运行一段时间后，增长运营人员回到云眼控制台，在菜单栏中选择"业务优化"，查看对应优化方案的"优化结果"，如图 2-80 所示。

图 2-80　查看优化结果

在优化结果页面中，增长运营人员主要查看各优化版本的改进值和统计显著性，如图 2-81 所示。如果改进值为正，并且统计显著性超过 95%，那么我们可以认为改进是有效的，应该将所有有效的优化版本中改进最多的版本作为胜出版本。

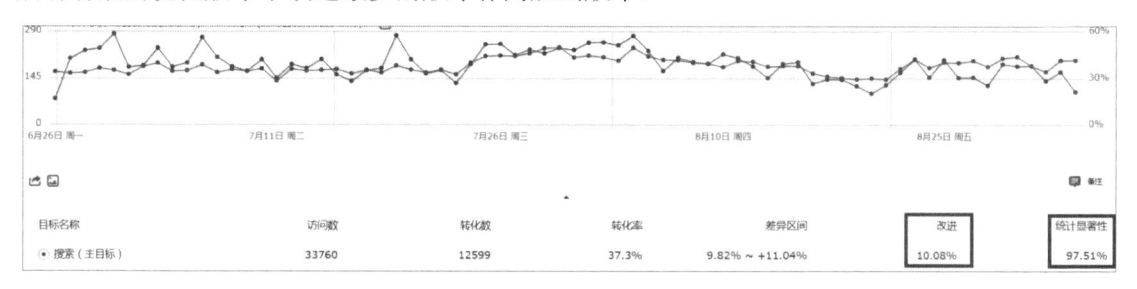

图 2-81　各优化版本的改进值和统计显著性

以上就是 A/B 测试工具的操作步骤，本案例验证的是增长策略的实施效果和效果的统计显著性。从本案例中可以看出，A/B 测试工具的核心功能主要包括智能创建实验版本、选择目标受众、分配和控制流量、数据监测和分析等。

下面通过一个具体的案例看一看 A/B 测试是如何运行的。

案例二　通过 A/B 测试来优化网站首页的 CTA

案例背景： 云眼是一家 B2B 平台，为企业提供 A/B 测试工具和服务，其用户转化路径是"进入云眼官网"—"点击'免费试用'并注册账号"—"试用产品"—"付费"—"续费"。由于产品的客单价较高，因此让潜在用户注册账号、试用产品并认知产品核心价值是转化进程的关键。为了达到更高的注册试用率，云眼决定对 CTA（Call to Action，行动号召）进行 A/B 测试。

CTA 指的是在触发物（如广告、网页、App 页面、邮件、通话）中使用有号召性的用语、图形等，明确激励用户采取行动。CTA 可以是文字、图片、按钮、表单、声音等内容，或者它们的组合。

本案例测试网站首页横幅广告上不同的 CTA 文案和设计的转化效果，目标是提高转化率（注册试用率）。测试分为两个阶段：第一阶段测试文案，第二阶段测试文案和总体设计。

第一阶段测试过程

云眼的 CTA 样式如图 2-82 所示。在 3 个版本的 CTA 样式中,图片素材、网站位置、设计等完全相同,只有文案不同。

图 2-82 云眼的 CTA 样式

A 版本:创意满怀,何不一试?
B 版本:好创意还不试一试?
C 版本:好创意快来试!
第 2 天:圈内热转,访问量激增。

在 A/B 测试正式开始后,云眼通过种子用户进行扩散。随着转发的增加,第 2 天,网站的访问量激增,当天的统计结果如图 2-83 所示。

图 2-83 第 2 天的统计结果

从统计结果来看,3 个版本的转化率分别是 7.5%、9.7%、5.6%,B 版本暂时领先。以 A 版本为比较基准,另外 2 个版本的统计显著性分别只有 62.65% 和 64.57%,说明统计结果的随机性较强,还不能得出可靠的结论。

第 3 天:"混沌未开",结果需要耐心等待。

截至第 3 天,3 个版本的转化率分别是 5.3%、5.6%、6.2%,第 3 个版本暂时领先。不过,B、C 2 个版本的统计显著性(分别是 53.31% 和 60.92%)低于 95%,统计结果仍然不可信。3 个版本 3 天内的转化率变化趋势如图 2-84 所示。

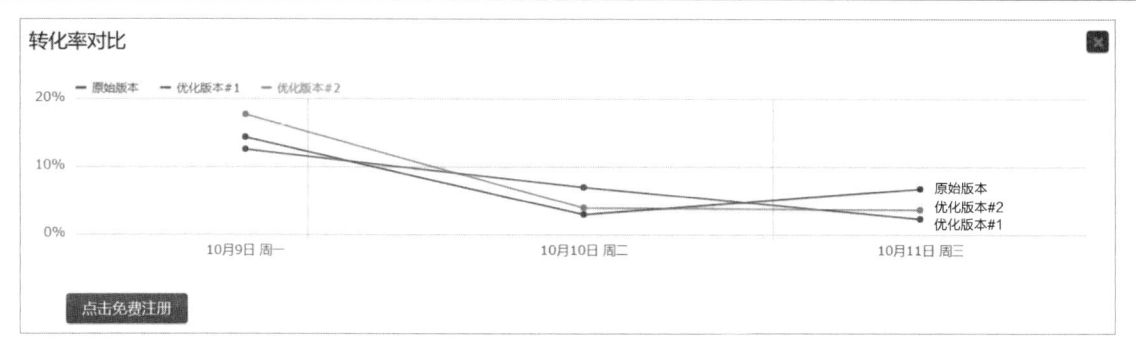

图 2-84　3 个版本 3 天内的转化率变化趋势

第 5 天：完善设置，排除干扰数据。

A/B 测试一般是在用户觉察不到的情况下进行的，但前几天的很多流量是种子用户转发微信朋友圈后吸引来的，已经知道自己在参与实验，这样的数据可能会对实验结果造成干扰。团队意识到了这个问题，在第 5 天对实验设置做了一些修改，变为仅对 PC 端用户进行实验，同时加大了搜索引擎广告的投放力度，增加引流量，扩大样本数据范围。

截至第 5 天，3 个版本的转化率分别是 6.3%、4.1%、5.3%，B 版本和 C 版本的统计显著性均徘徊在 60%~80% 之间，局势依然不明朗。

第 8 天：分析原因，反思教训。

3 个版本的转化率分别是 6.0%、3.7%、6.2%，B 版本的统计显著性是 81.83%，C 版本的统计显著性是 53.95%，局势仍不明朗。

第 12 天：重新估算，以便做出决策。

3 个版本的转化率分别是 6.5%、7.2%、5.8%，B 版本的统计显著性是 59.70%，C 版本的统计显著性是 63.20%，可信度不够。第 12 天的统计结果如图 2-85 所示。

图 2-85　第 12 天的统计结果

测试结论：经过十多天的测试，3 个版本的转化率差异并不显著，如果想达到 95% 的统计显著性，那么需要测试更长的时间。经过测算，每个版本需要 1.1 万个用户样本，积累这么多样本需要很多的时间。因此，团队只能暂时接受这个不太可靠的测试结果，并终止测试。

原因主要有以下两个：一是云眼毕竟是 B2B 网站，不如 B2C（Business-to-customer，电子商务中企业对消费者的交易方式）网站的流量大，需要用较长的时间积累样本；二是 3 个版本很相似，彼此之间的差别不大，对用户的影响可能真的没有本质上的区别，数据上的差异只是一种随机性的差异。如果改进的幅度大一些，如原始版本的转化率是 6%，优化版本的转化率达到 9%（提高 50%），那么需要多少用户样本呢？经过测算，只需要 720 个用户样本，这是一个比较容易实现的数值，只要每天有 100 个用户来访问网站，一周就可以完成测试。

经过本次 A/B 测试，团队积累了一些经验：网站的流量本来就不是很大，同时运行 3 个版本的对照实验，分配给每一个版本的流量变得更少，因而需要更长的时间，下一次做类似实验时，只做两个版本的对照实验，效果可能会更好。

本次 A/B 测试没有得出具有统计显著性的结果，从实验本身来看是失败的。不过，团队在第一次实验中积累了很多经验，从这一意义上讲，实验是成功的。

第二阶段测试过程

在第二阶段测试中，团队吸取了第一阶段测试的教训，决定只做两个版本的对照实验。

A 版本：文案为"创意满怀，何不一试？"设计是文案居中对齐，如图 2-86 所示。

B 版本：文案为"创新无所不在，准备好了一试身手？"设计是文案左对齐，并且放在背景人物的目光方向，以吸引更多用户的注意，如图 2-87 所示。在做出这些改进时，团队遵照了行业最佳实践，并进行了巧妙的构思，团队对这些设计很满意。

图 2-86　A 版本 　　　　　　　　　图 2-87　B 版本

第 11 天：你喜欢的，不一定是用户喜欢的。

转眼 10 天过去了，测试结果出乎团队的意料，A 版本的转化率是 6.9%，B 版本的转化率是 4.0%，统计显著性达到 96.92%（已经超过 95%，表示结果可信）。团队原以为用户会更喜欢遵照行业最佳实践的设计，结果却恰恰相反。

鉴于测试时间不太长，团队决定继续观察，看一看这种现象会不会持续下去。第 11 天的统计结果、转化率对比分别如图 2-88 和图 2-89 所示。

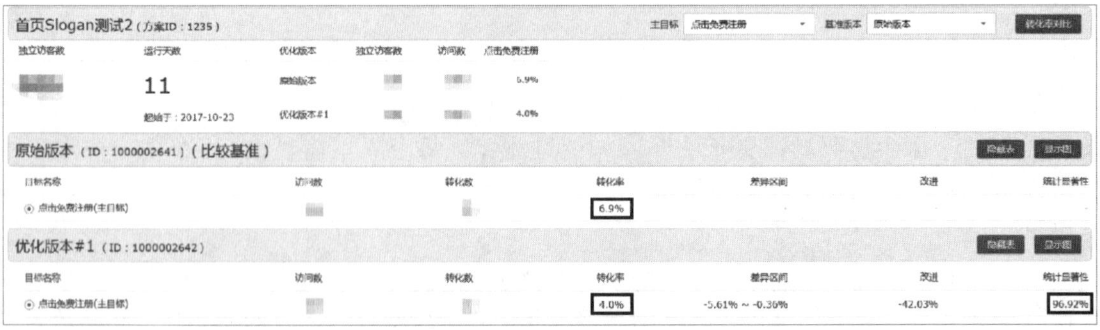

图 2-88　第 11 天的统计结果

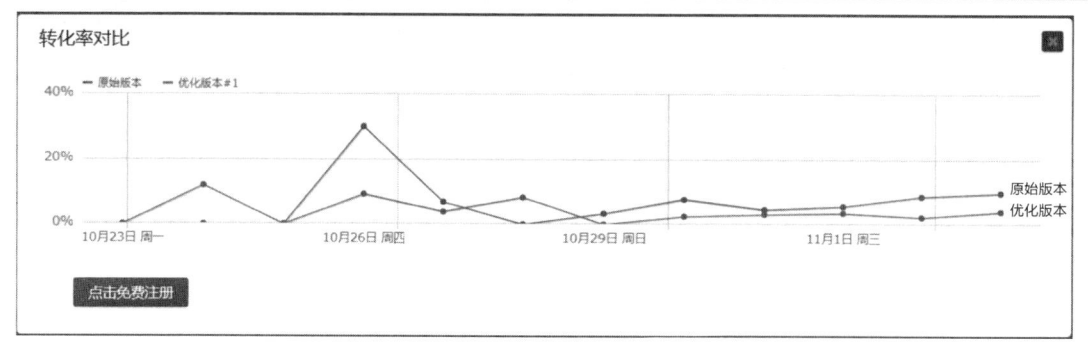

图 2-89　第 11 天的转化率对比

第 29 天：结果虽然已经明确，但是需要查明原因。

29 天过去了，结果已经明确，原始版本的转化率是 5.77%，优化版本的转化率是 3.73%，统计显著性达到 98.85%。第 29 天的统计结果如图 2-90 所示。

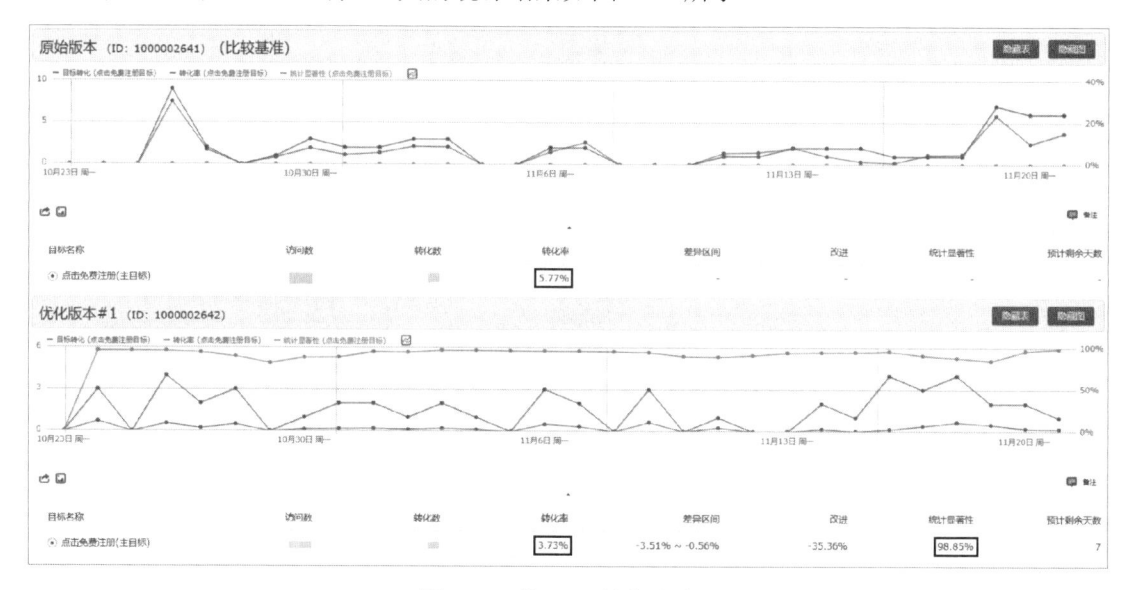

图 2-90　第 29 天的统计结果

不过，测试并没有结束，A/B 测试不能止步于表面的数据，同时还要分析数据背后的原因，从而形成更深刻的业务洞察和知识积累。

在本次测试中，A 版本胜出的原因是什么呢？与 B 版本对照，A 版本有两处不同：一是文案内容，二是设计。于是，团队启动了一个新测试，设计了一个新版本，文案内容与原始版本相同，设计上从居中对齐变为左对齐。通过测试新版本与原始版本转化率的区别，团队想了解左对齐的设计对转化率的影响。

第 30 天：继续测试，逐一排查原因。

团队开始了新测试，新版本与原始版本的文案内容相同，唯一的区别是新版本的文案是左对齐，原始版本是居中对齐，团队想通过测试来了解左对齐的设计对转化率有没有影响。文案居中对齐的原始版本、文案左对齐的新版本分别如图 2-91 和图 2-92 所示。

第 39 天：出乎意料！只需要小改进，就能获得大提升。

第 39 天的统计结果如图 2-93 所示，文案左对齐的新版本的转化率是 7.67%，文案居中对齐的原始版本的转化率是 4.42%，新版本转化率的提高幅度达 73.53%，统计显著性超过 96%。

图 2-91　文案居中对齐的原始版本 　　　　图 2-92　文案左对齐的新版本

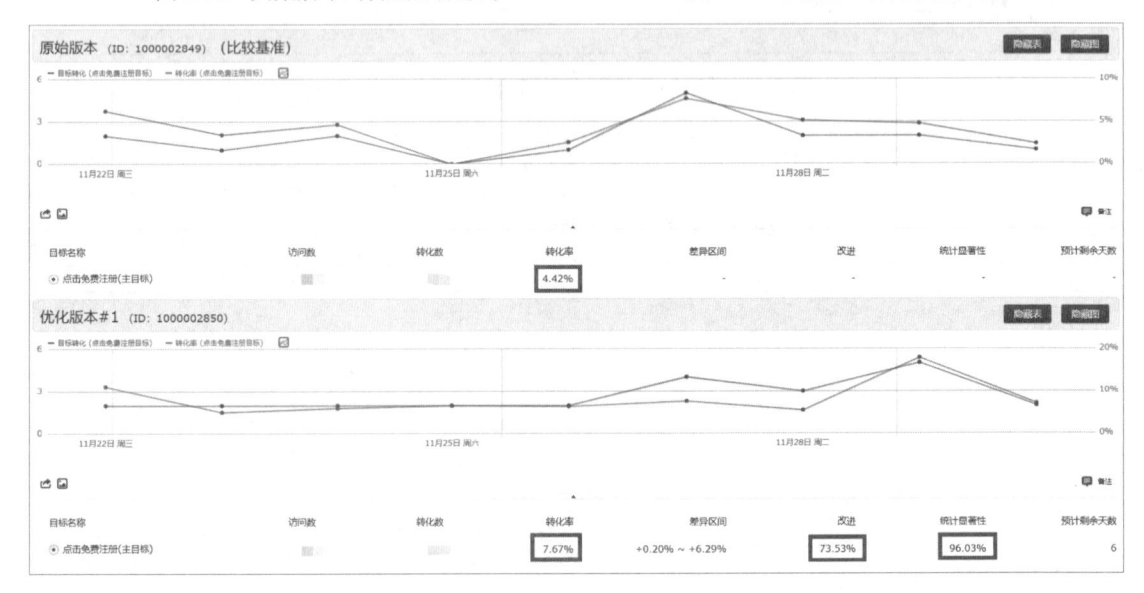

图 2-93　第 39 天的统计结果

第 60 天：得出最终结果。

在继续观察了 3 周后，团队发现文案左对齐的新版本的转化率是 6.83%，文案居中对齐的原始版本的转化率是 4.52%，统计显著性保持在 95%以上。至此，A/B 测试圆满成功，团队正式将网站首页的文案设计改为左对齐。

4）A/B 测试的具体操作（第三方触点场景）

在第三方触点上，由于我们无法嵌入专业 A/B 测试工具的 SDK，因此难以使用第三方工具。不过，成熟的第三方触点平台通常会提供一些内部的 A/B 测试小工具，供用户使用，下面以京东为例进行说明。

案例

案例一　京东的 A/B 测试操作流程

通过 A/B 测试，系统可以对比不同的推广创意或不同的定向人群，帮助商家制定更好的广告投放策略。

京东的 A/B 测试业务场景主要有两类。一是测人群，即让不同的人群看到同样的创意。人群变量实验支持对 2~5 个定向人群进行实验，商家只能选择 1 个创意，系统可以帮助商家找到最好的定向人群。二是测创意，即让同样的人群看到不同的创意。创意变量实验支持对

2~5 个创意进行实验，商家可以选择 0~5 个定向人群，若选择多个定向人群，则系统不但会帮助商家找到最好的创意，而且会帮助商家找到最好的人群和创意的组合。

京东的 A/B 测试操作流程如图 2-94 所示。

图 2-94　京东的 A/B 测试操作流程

商家可以在京东的商家店铺运营管理平台"京麦"中单击"京准通"下拉按钮，进入"优投实验室"，如图 2-95 所示。

图 2-95　A/B 测试工具的位置

接下来，商家在页面左侧选择"拆分对比实验"选项，单击"进入实验"按钮，如图 2-96 所示。

图 2-96　A/B 测试工具的主页面

值得一提的是，除了 A/B 测试（效果类推广），京东还支持增量价值实验，主要针对品牌类推广场景，对比触达（看到广告）和未触达（没看到广告）人群的后续行为差异，量化广告投放的增量价值。具体来说，该实验将满足商家定向条件的用户随机分为两部分，一部分用户能看到商家投放的广告，另一部分用户看不到，通过比较两部分用户的行为差异来说明广告对用户行为的影响，衡量的指标主要有品牌收益、品牌提升率、店铺提升率、商品提升率等。

在"拆分对比实验"页面，商家可以单击"新建实验"按钮，如图2-97所示。

图2-97 新建实验

接下来，商家可以新建"推广计划"，在"计划设置"页面中开启"拆分对比实验"开关，根据需要选择测"人群"或测"创意"，如图2-98所示。

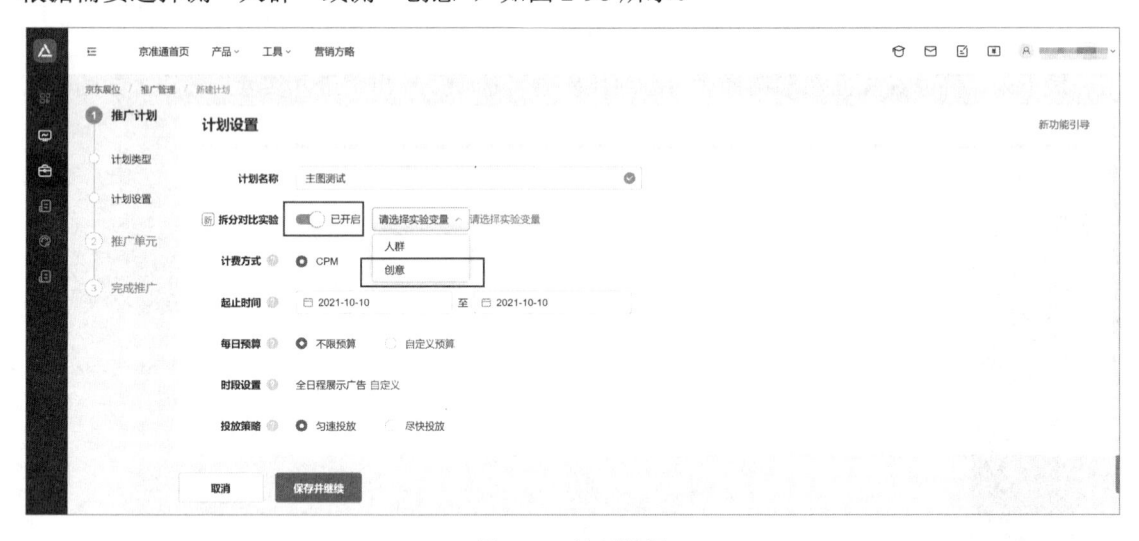

图2-98 计划设置

后面是新建推广计划的常规操作，此处不再罗列。值得一提的是，在进行流量拆分时，如图2-99所示，京东支持两种分流方式，通过算法将用户分成两个均衡的群体：一是随机分流，即对进入商品页面的所有用户都进行分流；二是用户画像分流，即基于"会员级别""年龄""性别"等因素，先由商家筛选出商品的核心群体，然后将核心群体分为两个均衡的群体。

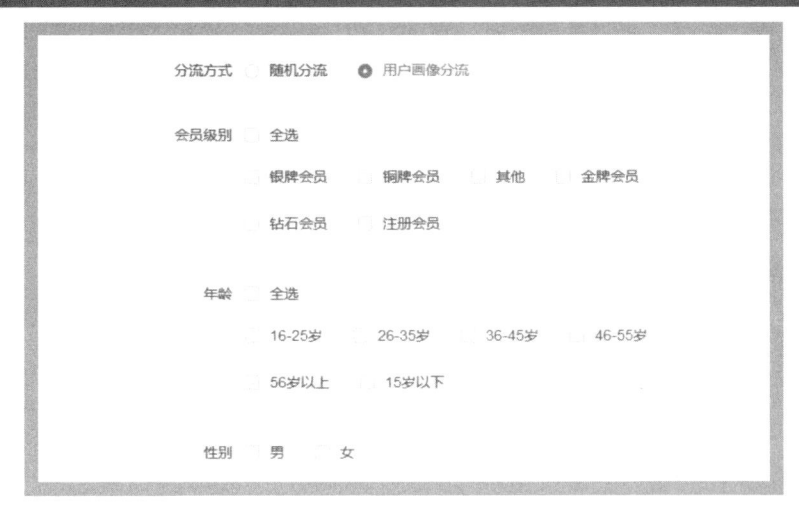

图2-99　京东支持两种分流方式

在实验过程中或结束后，商家可以通过 3 个入口查看实验报告：一是在"推广单元"列表页面，实验名称旁的实验报告按钮；二是进入具体的推广创意，在页面顶部的单元名称旁有实验报告按钮；三是在"优投实验室"工具中查看实验报告。实验报告查看入口、测试数据分别如图 2-100 和图 2-101 所示。

图2-100　实验报告查看入口

图2-101　测试数据

京东"优投实验室"对实验结果的判定规则如下：如果某实验变体的胜出概率稳定在 90% 以上，那么系统判定该变体胜出，并在实验报告中用不同颜色标识。

如果实验结束后没有实验变体胜出，那么可能有两个原因：一是实验计划中各变体的展现量数据不够，导致无法得到可信的实验结果，在这种情况下，商家可以选择延长实验时间，以积累足够多的展现量数据；二是虽然实验计划中各变体的展现量数据足够多，但是各变体的差异较小，胜出概率较为接近，在这种情况下，建议商家停止实验。

案例二　某手机品牌通过 A/B 测试确定创意

案例背景：某手机品牌在一次创意变量实验中设置了 3 个推广创意和 2 个定向人群，希望通过测试确定最好的创意，并进行大规模投放。

过程和效果：经过 5 天的 A/B 测试，优投系统借助智能流量分配算法，把近 90% 的展现用于最好的创意，效果如图 2-102 所示。

在实验的过程中，系统不仅确定了最好的创意，还在 3 个推广创意、2 个定向人群中确定了最好的人群和创意的组合，如图 2-103 所示。

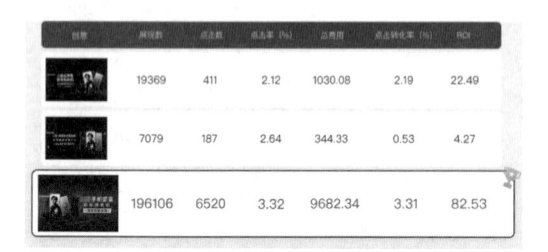

图 2-102　某手机品牌 A/B 测试的效果 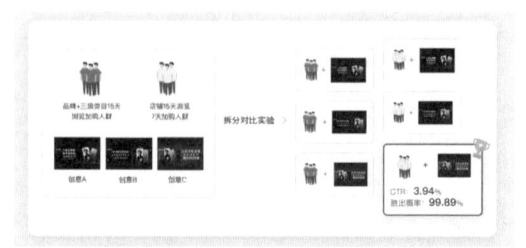　　　　图 2-103　最好的人群和创意的组合

4. 多变量测试

多变量测试指的是对多个变量之间的组合效果进行测试，顾名思义，它与单变量测试相对。不过，它的底层原理和 A/B 测试是相同的，也可以说它是 A/B 测试的一种。

我们来设想一个场景——对电商平台中的下单页面进行优化。如果要测试一个变量的改动效果（如将下单按钮的"快速下单"字样改为"立即购买"），那么只进行一项 A/B 测试就行了。如果改动比较大，A/B 测试就不太合适了。例如，我们有 4 个改动选择：一是将产品展示位置改为一张高清大图，二是将产品展示位置改为一段视频，三是将下单按钮的字样改为"立即购买"，四是将下单按钮的字样改为"加入购物车"。有 4 个改动选择的多变量测试如图 2-104 所示。

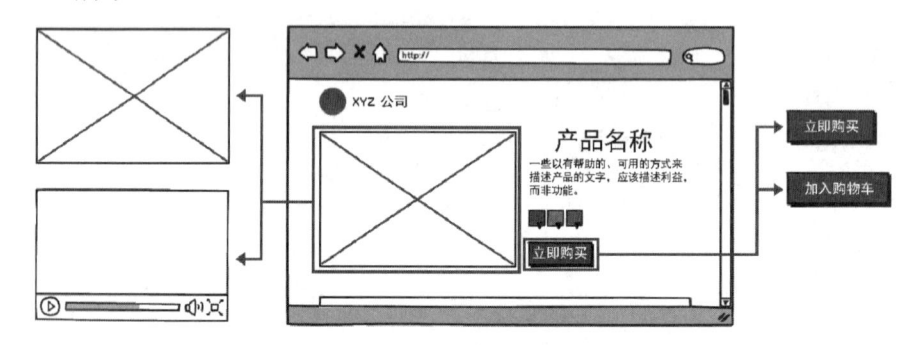

图 2-104　有 4 个改动选择的多变量测试

（资料来源：NN/g 官方网站）

这种情况更适合使用多变量测试法，在不同的组合中做出最优选择。一共有多少种组合呢？我们需要计算在这种情况下会形成多少个变体。变体是变量对应的实体，这里可以理解为不同变量组合的版本。经过排列，所有的组合如下。

（1）图片。

（2）视频。

（3）立即购买。

（4）加入购物车。

（5）图片+视频。
（6）图片+立即购买。
（7）图片+加入购物车。
（8）视频+立即购买。
（9）视频+加入购物车。
（10）立即购买+加入购物车。
（11）图片+视频+立即购买。
（12）图片+视频+加入购物车。
（13）图片+立即购买+加入购物车。
（14）视频+立即购买+加入购物车。
（15）图片+视频+立即购买+加入购物车。

由此我们可以看出，与单变量的 A/B 测试相比，多变量测试能够洞察不同的变量是如何起作用的，是一种更加细分的测试方法。如果某个页面的改动比较大，甚至形成了完全不同的两种页面、两种风格、两种布局，那么首选的测试方法是 A/B 测试，即将页面整体作为单变量来考虑，测试两个页面中哪一个页面的效果更好。在对同一个页面内的细节进行优化时，我们可以视情况开展 A/B 测试或多变量测试（如本例子中的多变量测试也可以被拆分成 15 个单变量的 A/B 测试）。在选择测试方法时，需要注意的一点是，多变量测试是一种并行测试，需要测试的流量较大，测试时间相对较短；A/B 测试正好相反，它是一种串行测试，单次需要测试的流量没有多变量测试那么大，相应地，总的测试时间较长。

2.5 发展策略

对增长策略的验证一般有两种结果：一是验证未通过，我们需要反思之前的环节（识别机会环节、制定策略环节）；二是验证通过，进入发展策略环节。

发展指的是使某事物成长，转变成更先进、更大或更强的形态。[1] 如图 2-105 所示，发展策略环节由两个重要的主题构成：一是应用，二是深化。

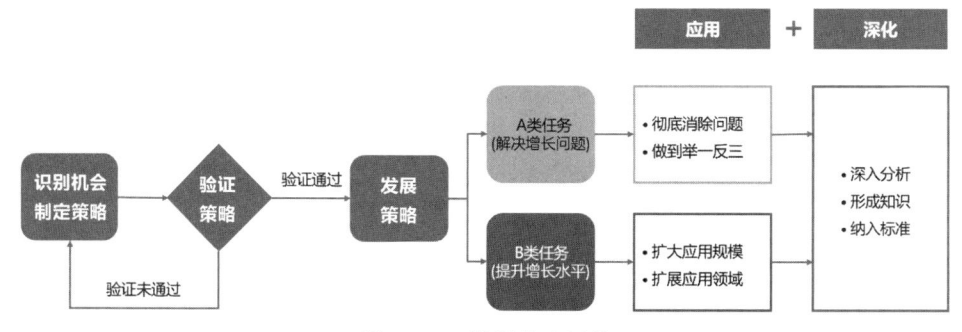

图 2-105 发展策略环节

---

[1] 引自《剑桥词典》，此处解释为译文。

1. 应用

1）A 类任务的应用主题

- **彻底消除问题**：找到根本原因，彻底消除问题，并防止其再次发生。
- **做到举一反三**：检视同类问题，将问题和措施反馈给组织的其他领域，避免同类问题再次发生。

2）B 类任务的应用主题

- **扩大应用规模**：在更大的范围内应用有效成果（如全量推送新版本），在一次次增长实验的过程中，形成可在其他领域或项目复用的系统性成果，由此及彼，拓展应用，进一步放大增长效果。
- **扩展应用领域**：在组织的其他适用领域应用有效成果。

2. 深化

- **深入分析**：无论是成功的测试还是失败的测试，组织都应深入分析测试数据及其背后的原因、规律，分析对照组和实验组中用户行为的细节，总结整个过程中的经验和教训，使测试的价值最大化，并深化对业务和用户的洞察。
- **形成知识**：组织应有相应的机制，基于实践形成可共用的知识成果，并对知识成果进行有效的管理和利用，以提升组织整体的知识和认知水平。
- **纳入标准**：组织应有相应的机制，将成功的实践上升为组织的业务标准或规范，建立良好的行为准则和行动指南，不断提升组织的增长能力和增长效率，形成增长文化。

案例：产品设计风格的扩展应用

本案例是作者的同事刘津女士曾经在某金融平台工作期间操盘的真实案例。

她的团队在对某着陆页进行多次实验后，制定了多个版本的方案，比较典型的有如图 2-106 所示的 3 个方案：第一个是原始方案，第二个是转化率提升了 30% 的方案，第三个是转化率提升了 70% 的最终方案。

基于大量的实践和 3 个方案的演变，该团队总结出一些设计规律，该着陆页看起来越来越"浓眉大眼"，具体包括视线垂直、元素简单、布局规整、颜色清爽、图大字大、图标反白等，这与设计师们之前的想象有很多不一样的地方。

接下来，该团队将这些设计规律沉淀下来，形成了新的设计规范，让团队内的所有人都遵守相关规范，并复用到其他设计场景中，如图 2-107 所示。

例如，该团队将同样的风格复用到某条业务线的 H5（第 5 代 HTML）页面中，转化率立刻提升了 20.9%，如图 2-108 所示。

以上案例是一个运用策略环的完整过程。

通过不断寻找增长机会、提出增长策略、验证策略、发展策略的精益增长思想，企业可以打造强劲的增长势头。

图 2-106 某着陆页的 3 个方案

图 2-107 将验证有效的设计规律沉淀为设计规范

图 2-108 某条业务线 H5 页面的修改效果

✪ 本章知识点思维导图

第二章知识点思维导图如图2-109所示。

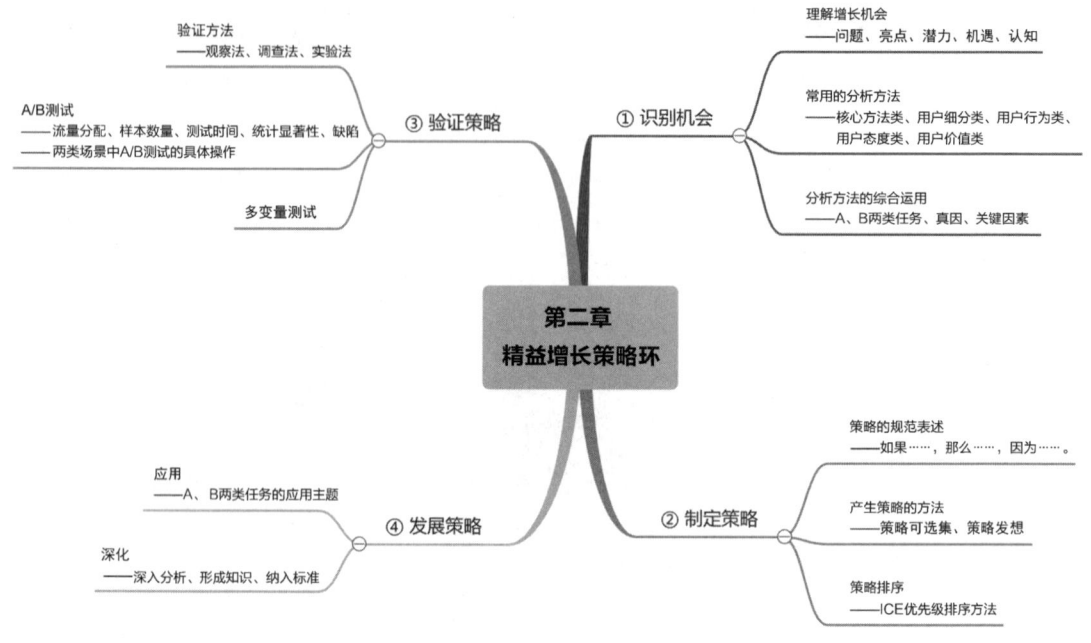

```
                验证方法
                 ——观察法、调查法、实验法
                                              理解增长机会
                                               ——问题、亮点、潜力、机遇、认知
A/B测试
 ——流量分配、样本数量、测试时间、统计显著性、缺陷
 ——两类场景中A/B测试的具体操作    ③验证策略   ①识别机会   常用的分析方法
                                               ——核心方法类、用户细分类、用户行为类、
                                                 用户态度类、用户价值类
                多变量测试
                                              分析方法的综合运用
                                               ——A、B两类任务、真因、关键因素

                           ┌─────────────┐
                           │   第二章      │
                           │ 精益增长策略环 │
                           └─────────────┘

                                              策略的规范表述
                                               ——如果……，那么……，因为……。
 应用
  ——A、B两类任务的应用主题       ④发展策略   ②制定策略   产生策略的方法
                                               ——策略可选集、策略发想
 深化
  ——深入分析、形成知识、纳入标准                策略排序
                                               ——ICE优先级排序方法
```

图2-109　第二章知识点思维导图

第三章

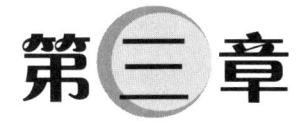

用户获取

✪ 本章导读

用户获取是用户增长的两大关键过程之一，指的是将目标用户变成正式用户的过程，业界俗称"拉新"。面对各式各样的推广获客渠道，人们容易陷入迷茫，不知从何处入手。有没有一种在多条渠道中具有普适性的推广方法呢？答案是肯定的，这就是 AIDA 模型。本章将用大量篇幅透彻地解析该模型的原理和应用，让读者掌握这把推广转化的"万能钥匙"。除此之外，大家可能还非常关心用户获取中的一些关键问题，如渠道体系如何搭建、渠道质量如何评价、如何识别和防范流量舞弊等，本章将回答上述问题。

✪ 学习目标

通过对本章的学习，读者可以了解以下内容：流量和流量池、公域和私域的概念；渠道的运营，包括渠道体系搭建、渠道质量评价；推广转化 AIDA 模型的原理和应用；基于企业微信的用户裂变及其操作过程中的关键问题；无效流量的概念，以及流量舞弊的识别和应对策略；触点归因的概念和实现；等等。

3.1 理解用户获取

1. 用户获取的概念

用户获取指的是从各种获客渠道获得新用户的业务过程。

用户获取通常不是一步完成的，而是需要在多个渠道或触点上与目标用户进行多次互动才最终得以实现的。互联网时代的获客渠道是用来获取用户的流量渠道，企业在渠道端进行推广或用户获取时，目标用户点击推广内容，流量就从渠道端的流量源经过流量管道，"流转"到了企业的承接端，在承接位置实现转化，或者由此进入企业的相关流量池，这个过程如图 3-1 所示。

渠道推广　　　　　　　　　　　　　承接转化
流量源　　　　　流量管道　　　　　流量池

图 3-1　用户获取过程

在这个过程中有 3 个重要的增长机会：一是开发上游的流量源，也就是拓展更多、更好的获客渠道；二是让更多的流量进入流量管道，也就是做好渠道端的推广，增加品牌展现机会，并提高渠道端的点击率；三是建好流量池，也就是让更多的流量进入企业的流量池，并实现更多的转化。

2. 流量的概念

互联网流量指的是网络访问者发送和接收的数据量，我们可以通俗地将其理解为"访问"。例如，"经统计发现某 App 在上班高峰期的流量明显大于其他时段"，主要指的是用户对该 App 的访问，"流量大"就是"访问多"。

某用户在早上 8 点刷了某新闻 App，该 App 产生了流量；在 9 点访问了某网站，该网站产生了流量；在中午 12 点刷了某娱乐 App，该 App 产生了流量。各种网站、App 承载了各种流量，像一个个池子一样，用户在与这些应用进行交互时，流量在各种应用之间流动，就像各个池子里的水在池子之间流动一样。因此，我们可以形象地把各种互联网应用（包括网页应用和移动应用）称为"流量池"，它指的是企业用来存蓄互联网流量的各种应用。

从权属关系的角度来看，流量池主要有两种：一种是企业拥有的流量池，如企业的网站、App 等；另一种是企业不拥有，但有一定管控权的流量池，如企业在新媒体、社交网络、SaaS 系统中开设的官方账号，企业可以对账号的粉丝进行触达、拉黑等。

进行用户获取或流量获取，就是将其他流量池中的流量吸引到自己的流量池中，这样的流量池通常有搜索引擎、社交媒体、线下门店等，它们是流量的来源，即流量源。

第一种流量池中的流量也被称为私域流量，第二种流量池中的流量也被称为公域流量。一方面，私域流量和公域流量是互相流动的，公域流量可以流入私域，成为私域流量，私域流量也可以流入公域，成为公域流量，所有的私域流量都来自公域，私域流量是公域流量的延伸；另一方面，二者是相对的，如对于商家来说，推特上的流量属于公域流量，对于推特来说则属于私域流量。

大型的流量池或可以打通用户 ID 的多个流量池的集合被称为流量生态，Meta、推特、微信、阿里巴巴等都属于大型的流量生态。

在中国，微信是非常重要的移动社交工具。基于微信生态搭建流量池的常见策略为先通过互联网或二维码将公域流量引入私域（如官网、微信公众号、其他自媒体账号等），再进一步引流至微信个人号或企业微信客服号，在微信生态流量池中对用户进行深耕。公域流量转化为私域流量的典型过程如图 3-2 所示。

3. 获客的基础分析

获客的基础分析指的是通过分析，清晰、准确地理解产品、用户、增长现状，这是有效开展用户获取的前提。增长运营人员在启动用户增长，尤其是启动大规模的用户增长之前，必须弄清楚下列基础问题。

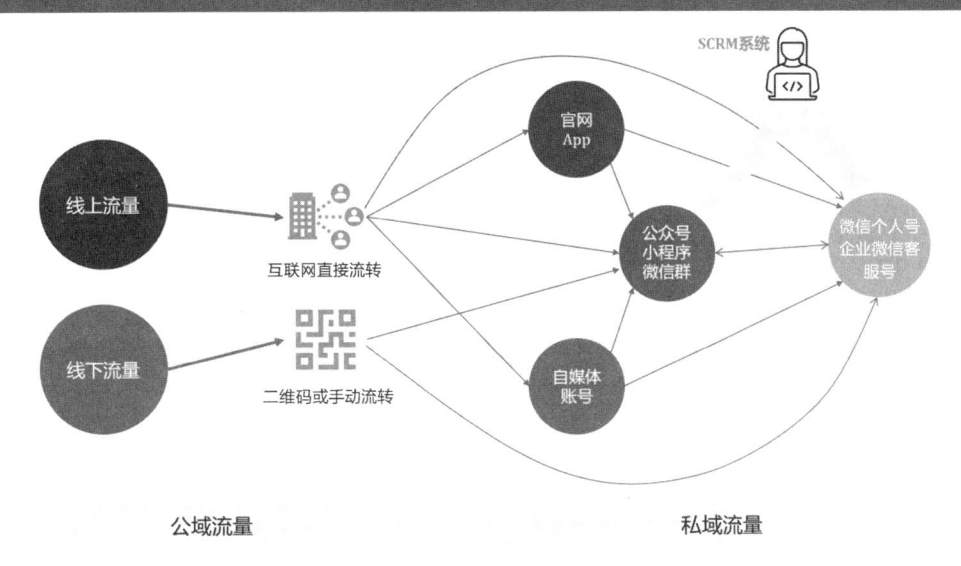

图 3-2 公域流量转化为私域流量的典型过程

1）产品基础分析

清晰地认知产品主要包括以下内容：产品的定位，即产品满足用户的什么需求、提供什么核心价值，如在婚恋交友市场，不同的产品有不同的定位，百合网的定位是提供"心灵匹配、成就幸福婚姻"的独特婚恋服务，世纪佳缘的定位是提供"真实、纯净、严肃、高品位"的婚恋服务，珍爱网的定位是"成功率高的白领征婚网站"，绝对 100 婚恋网的定位是"专业婚恋交友网站"；产品的形态、功能、使用方法、定价，以及与同类产品的比较；产品的优劣势（与主竞品相比）；产品的盈利模式；产品所处的生命周期阶段是导入期、发展期还是成熟期，以及产品是否达到 PMF 状态；行业现状；等等。

2）用户基础分析

清晰地认知用户主要包括以下内容：用户画像，如年龄、性别、学历、地域等，以及如何找到目标用户，他们使用的同类产品有哪些，用户的留存情况如何、满意度如何，他们对产品有什么正面看法和负面看法，等等。

3）增长现状基础分析

清晰地认知增长现状主要包括以下内容：现有用户统计（如用户总数、活跃用户数、ARPU、ARPPU、用户偏好、用户的人口统计特征等）；用户的增长速度和流失速度；现有的推广方式；过去的传播方式有哪些经验得失，品牌在沟通触点、可沟通性方面等表现如何；增长团队情况，即团队角色的构成、分工、能力、擅长领域等；企业资源情况，即企业的资金、合作伙伴等资源情况；增长痛点，即对产品当前的增长进行初步的诊断，分析存在的问题，提出改进的策略。

3.2 渠道运营

3.2.1 渠道的分类

根据性质的不同，渠道可以分为以下 3 类。

一是自有渠道，如企业的官方网站、CRM（Customer Relationship Management，客户关系管理）系统、社交人脉、自行组织的会议或活动等。自有渠道的特点是自己所有、自己控制，不需要支付渠道费用，企业可以自由使用，其他渠道属于第三方渠道。

二是付费渠道，即必须通过支付费用的方式来推广获客的第三方渠道，如搜索类广告、信息流广告等。

三是有机渠道，此类渠道在推广获客时不需要向第三方付费，如 SEO（Search Engine Optimization，搜索引擎优化）和某些内容平台等。

渠道的分类如图 3-3 所示。

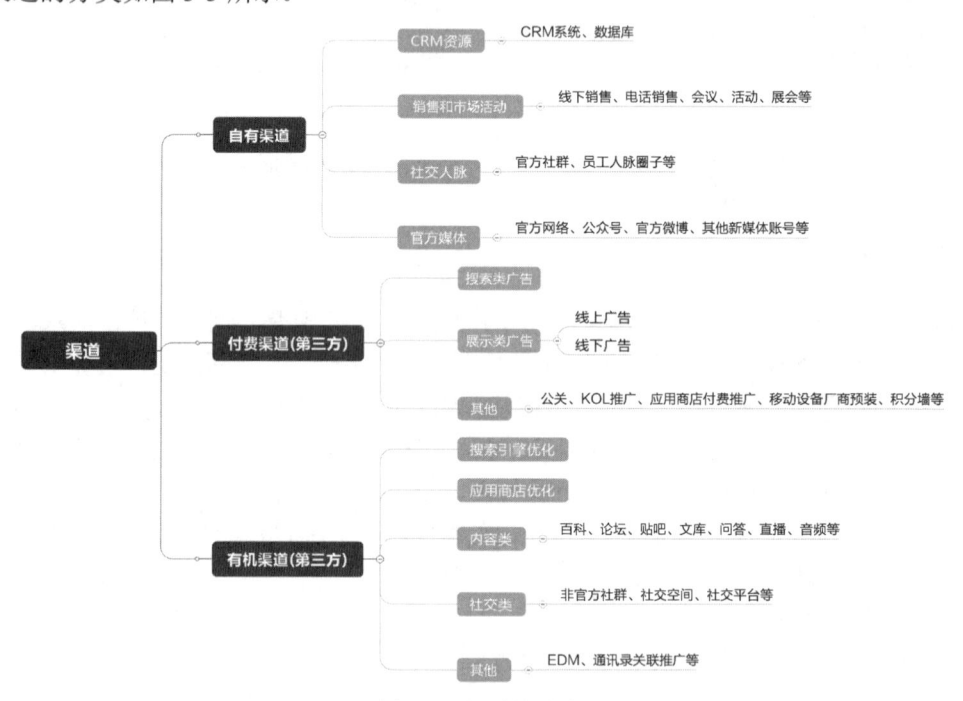

图 3-3　渠道的分类

> **小贴士**　**获客渠道与营销渠道**

营销渠道指的是企业将产品、服务、内容或信息传递给目标受众的一系列途径，是企业的流量、用户、交易的主要来源。

从不同的角度来看，营销渠道有不同的分类：可分为直销渠道、分销渠道，可分为零级渠道、一级渠道、二级渠道、三级渠道、N 级渠道，可分为自有渠道、付费渠道、有机渠道，可分为线上渠道、线下渠道，可分为多渠道、跨渠道、全渠道等。

获客渠道（或流量获取渠道）是互联网时代营销渠道的一种新形态，是获取互联网流量和用户的主要途径。

3.2.2　渠道的开发

渠道开发的目标是搭建获客的渠道体系，渠道开发是一个不断积累、不断淘汰、动态优化的过程，有以下两条基本思路。

首先，确定必选渠道。必选渠道主要有两个：一是自有渠道，二是非自有渠道（付费渠道、有机渠道）中的必选渠道。例如，SEO 几乎是企业必选的渠道，如果企业有实体产品，那么电商平台几乎是必选的渠道；在美国，Meta 几乎是必选的社交渠道，在中国，微信几乎是必选的社交渠道。虽然必选渠道的数量比较少，但是其地位无可替代，企业必须选择。对于必选渠道，企业的渠道运营策略是不断优化其产出。

其次，从可选渠道中选出优秀渠道。除了必选渠道，还有大量的可选渠道，其数量非常多。对于可选渠道，企业的渠道运营策略是"测试+优化"，先通过测试确保大方向没有问题，再优化具体细节。

渠道体系搭建如图 3-4 所示。

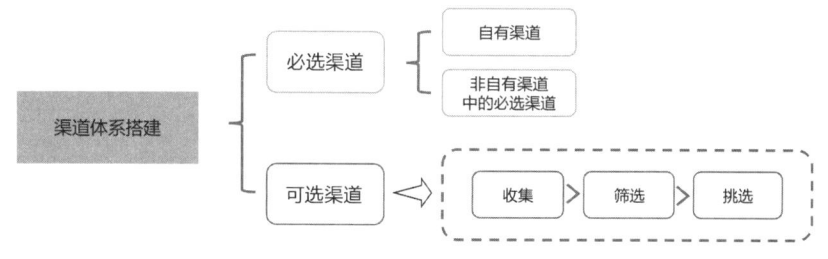

图 3-4　渠道体系搭建

1. 渠道的收集

选出可选渠道的第一步是收集渠道。例如，基于用户画像梳理目标用户的聚集地，采用流量链路追踪方法发现目标用户的聚集地；回溯现有用户的来源或进行相似性拓展；了解竞品的获客渠道，从中获得启发；等等。

渠道的收集不可能一蹴而就，这是一项非常繁杂而琐碎的工作。为了提高效率，我们可以列出一张动态管理的渠道清单，对渠道的筛选过程、测试、使用状态进行管理。例如，某渠道在某一天被列入该清单，不过最终没有被使用，我们应记录没有使用该渠道的原因。又如，某渠道在某一天进行测试，我们应记录测试的结果和测试后的处置方案等。前期可能比较辛苦，后期会越来越省事。

2. 渠道的筛选

在筛选这个环节，我们需要排除明显不适用的渠道，进一步缩小范围，从而形成可选渠道集。

这个过程不需要太精确，后续还有挑选、测试两个环节来把关，我们可以基于经验、主观判断或团队讨论意见，排除明显不适用的渠道。那么，具体有哪些渠道是不适用的呢？

- **明显不适用或当前明显不适用的渠道**。例如，对于婚恋交友类 App，"宝宝树"这样的渠道明显不适用，因为聚集在上面的大多是孕妇或宝妈人群；又如，很多初创公司没有太多的营销预算，在前期获客时，需要投入大量广告预算的渠道不太适用。
- **口碑和形象比较负面的渠道**。
- **因法律法规限制而不适用的渠道**。例如，在新型冠状病毒肺炎疫情（以下简称"新冠肺炎疫情"）期间，医疗用品类的广告不允许在 Meta 上推广；我国教育部门坚决禁止任何形式的商业广告、商业活动进入中小学和幼儿园；某些平台或媒体严格限制互联网金融广告的投放；等等。

- 因其他原因而不适用的渠道。

经过筛选环节，我们可以形成一张可用渠道清单，如表 3-1 所示。

表 3-1 可用渠道清单

渠道分类	一级渠道	二级渠道	渠道名称
付费渠道	搜索类广告	—	百度
		—	360
	展示类广告	线下	……
		线上	今日头条信息流
			百度信息流
			新浪网
			微信朋友圈
	其他	关键意见领袖	……
		应用商店	苹果商店
有机渠道	搜索引擎优化	—	百度
	内容媒体	综合类	今日头条
		财经类	财新网
		社交类	微信

3. 渠道的挑选

接下来，我们可以从可用渠道清单中挑选进行推广或推广测试的渠道。筛选环节是把不适用的渠道排除或暂时排除，挑选环节是将准备启用的渠道列出来。

为此，我们可以先对渠道进行优先级排序，再挑选渠道。下面介绍一种渠道优先级排序方法，该方法从 6 个维度对渠道进行评估和排序[1]，如图 3-5 所示。

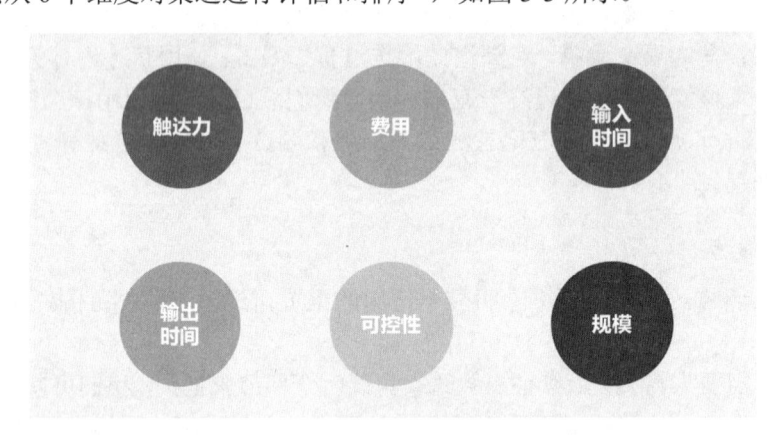

图 3-5 一种渠道优先级排序方法

- 触达力：指的是该渠道中目标受众的匹配度。
- 费用：指的是该渠道在获客前期和持续期需要的费用。
- 输入时间：指的是该渠道在开始获客前需要多长的准备时间，隐含物料准备的难易程度、对人员能力的要求等。

---

[1] 这是 HubSpot 前增长副总裁布莱恩·巴尔福开发的方法。HubSpot 成立于 2006 年，2014 年上市，拥有超过 600 万名粉丝，市值超过上百亿美元，业绩持续高速增长。

- 输出时间：指的是该渠道在开始获客后多久能够获得相关数据，隐含渠道的协作性、服务能力和评估的及时性等。
- 可控性：指的是在该渠道中开启和停止获客是否容易，隐含企业对渠道的掌控能力和话语权等。
- 规模：指的是该渠道匹配流量的持久性。

这种方法的简要操作过程如下。

第一步，将筛选后留下的渠道列入如表 3-2 所示的渠道评估表。

表 3-2 渠道评估表

渠道名称	触达力	费用	输入时间	输出时间	可控性	规模
渠道 1						
渠道 2						
渠道 3						

由于付费渠道和有机渠道在"费用"这个重要指标上不具有可比性（虽然在免费渠道中也要投入一定的人工成本，但是这与在付费渠道中的投入不太一样），因此，建议将付费渠道和免费渠道分开，制作两张渠道评估表。

第二步，从上述 6 个维度出发，分别对渠道进行评估。

渠道评估表中可以填入"高、中、低"或具体的分值（如最高分为 5 分）。如果某一个维度的影响特别大，那么可以对该维度加权。例如，企业当前对费用比较敏感，可以对"费用"维度加权；企业的资金实力比较雄厚，更看重渠道的规模和获客持久性，可以对"规模"维度加权。

第三步，计算每一个渠道的得分，排列优先级。

排列渠道的优先级是为挑选渠道提供依据，当然，企业也可以通过其他方法来挑选，如基于专业或经验判断、团队讨论或评审等。

3.2.3 渠道质量评价

对于可选渠道，我们通常在完成测试后做出决策，即使是不需要测试的渠道，也应该在使用的过程中收集数据，对渠道进行评价，从而发现问题、识别新的增长机会（如对 ROI 更理想的渠道分配更多的预算等）。

其实，渠道运营任务就是由一个又一个策略环推动的：发现、收集渠道是识别机会；筛选、挑选渠道是制定策略并排序；测试渠道是验证策略；基于验证结果做出扩量投放或弃用的决定，并形成相关的渠道知识，就是发展策略。

测试渠道的方法主要有数据对比法、A/B 测试等。

1．评价的框架

渠道质量评价的完整框架包括点击前阶段和点击后阶段。

1）点击前阶段

点击前阶段指的是用户接触广告后、点击广告前的阶段，这个阶段的用户体验会直接影响用户是否点击广告。点击前营销或点击前优化指的是优化点击前的用户体验，从而提高广告点击率。

在点击前阶段，我们可以从以下 3 个维度对渠道表现进行评价。点击前阶段的评价框架如图 3-6 所示。

评价维度　　　　　　　　　指标举例

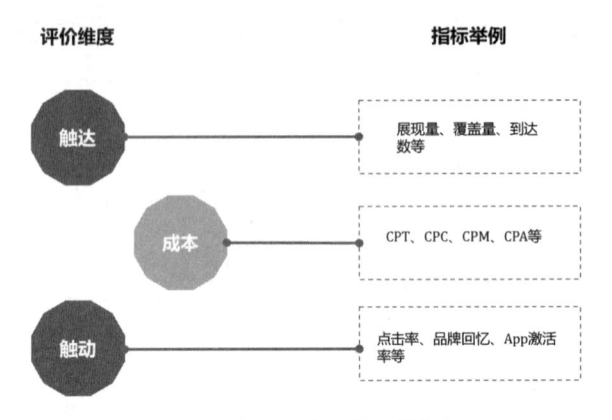

- 触达 —— 展现量、覆盖量、到达数等
- 成本 —— CPT、CPC、CPM、CPA等
- 触动 —— 点击率、品牌回忆、App激活率等

图 3-6　点击前阶段的评价框架

触达指的是触发物（如广告或内容）的表现，衡量的是推广的数量；成本指的是推广的费用；触动指的是用户被触达后的心理或行为的改变，如通过广告投放，用户记住了品牌。

点击前阶段的评价框架主要适用于对品牌类推广渠道的评价。

2）点击后阶段

点击后阶段指的是用户点击广告后的阶段，这个阶段的用户体验会直接影响用户是否转化和用户转化的程度。点击后营销或点击后优化指的是优化点击后的用户体验，从而提高用户转化率。

在点击后阶段，我们主要基于用户行为对渠道或具体的渠道推广进行评价。用户行为层次大致可以分为 3 个层次，不同用户行为层次的评价效力不同。用户行为层次越靠上，用户行为的价值越高，对应指标的评价效力就越高。点击后阶段的评价框架如图 3-7 所示。

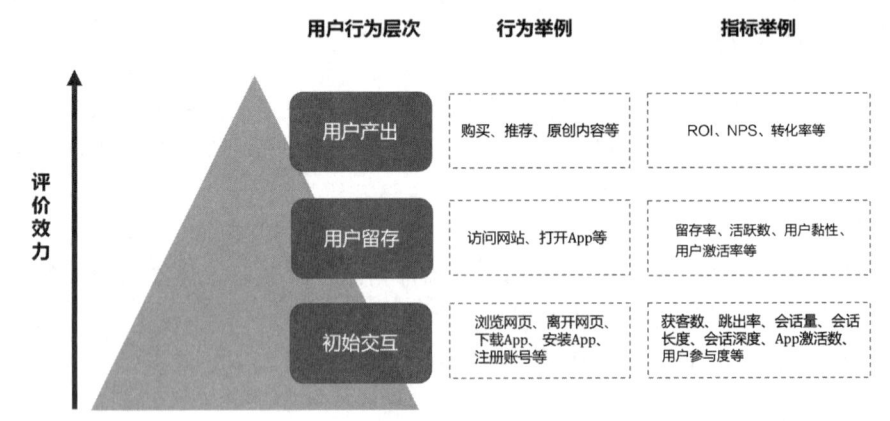

用户行为层次　　　行为举例　　　　　　指标举例

评价效力

- 用户产出 —— 购买、推荐、原创内容等 —— ROI、NPS、转化率等
- 用户留存 —— 访问网站、打开App等 —— 留存率、活跃数、用户黏性、用户激活率等
- 初始交互 —— 浏览网页、离开网页、下载App、安装App、注册账号等 —— 获客数、跳出率、会话量、会话长度、会话深度、App激活数、用户参与度等

图 3-7　点击后阶段的评价框架

点击前阶段的评价框架和点击后阶段的评价框架都适用于对效果类推广渠道的评价。

2．评价的相关指标

1）点击前阶段

点击前阶段的相关指标如表 3-3 所示。

表 3-3 点击前阶段的相关指标

评价维度	指标名称	指标含义	计 量
触达	展现/可见展现	展现指的是广告被展现的次数。 可见展现指的是对给定广告是否实际被人们看到的度量，如对于 PC 展示类广告，在可视区域内展现至少 50%的像素、展示时长至少 1 秒算作 1 个可见展现	按规则直接计量
	接触频次/有效接触频次	接触频次指的是在一定周期内每位受众接触到（看到）某广告的平均次数。 有效接触频次指的是若要达到广告诉求目的，则目标受众需要接触广告的最少次数，如某广告的诉求目的是"购买产品"，如果目标受众平均需要接触该广告 3 次才会购买产品，那么该广告的有效接触频次是 3 次。接触频次是否"有效"取决于具体的广告诉求目的，如购买、记住品牌、注册账号、留下线索等	按规则直接计量
	到达率/有效到达率	到达率指的是在一定周期内，看到某广告至少一次的目标受众人数占该媒体(或某一地区)总人数的百分比。在该周期内，同一受众无论看到该广告多少次，都只被统计为 1 个"到达"。在实际业务中，经常需要统计看到广告 N 次以上的人数，用"N+Reach（到达）"的形式来表示，如"1+Reach"等同于"Reach"，"2+Reach""3+Reach""5+Reach"分别代表看到广告 2 次以上、3 次以上、5 次以上的目标受众人数占总人数的百分比。 有效到达指的是在一定周期内，某广告达到"有效接触频次"的目标受众人数占该媒体（或某一地区）总人数的百分比。例如，某广告的有效接触频次是 4 次，那么只有看到该广告 4 次以上的目标受众才属于有效到达的范围	按规则直接计量
	品牌搜索量	用户在搜索引擎中搜索品牌词的次数	按规则直接计量
	品牌网站访问量	访问品牌网站的用户数量	按规则直接计量
	毛评点	毛评点也被称为总收视点，指的是在一定周期内广告的总到达率。例如，1 个毛评点相当于某广告到达目标受众总数的 1%，2 个毛评点相当于该广告两次到达 1%的目标受众或一次到达 2%的目标受众，依次类推	毛评点=到达率×接触频次×100%
	送达率	邮件成功送达数占发送总数的百分比，电子邮件营销渠道常用	送达率=（发送总数-发送失败数-退信数-进入垃圾箱数）/发送总数×100%
成本	每千次展现费用	一种广告结算模式，即按千次展示付费。例如，在某新闻平台上投放广告，每千次展现费用是 15 元，如果该广告被展示了 20 次，那么费用应当是 15 元×20 次/1000 次=0.3 元	每千次展现费用=总成本/总展现量×1000
	每点击费用	一种广告结算模式，即按每次广告点击付费	按规则直接计量
	每时长费用	一种广告结算模式，即按广告合约时长付费	按规则直接计量
	每行动费用	一种广告结算模式，即按用户的行动付费。"行动"的范围很广泛，如下载、安装、购买等	按规则直接计量
触动	点击率	点击率用来衡量推广内容引起受众兴趣的能力	点击率=点击量/展现量×100%

续表

评价维度	指标名称	指标含义	计量
触动	品牌回忆	品牌回忆指的是在仅对用户进行产品类别提示时,品牌被用户回忆起来的能力,相关数据通常基于用户调查获得	调查获得
触动	购买意向	购买意向指的是用户被问及对产品或品牌的购买意愿时的反馈,通常给予用户5个选项,如肯定买、可能买、购买意愿一般、可能不买、绝对不买,相关数据通常基于用户调查获得	调查获得
触动	打开率	邮件的打开阅读数占发送成功数的百分比,电子邮件营销渠道常用	打开率=打开阅读数/发送成功数×100%

2）点击后阶段

点击后阶段的相关指标如表 3-4 所示。

表 3-4 点击后阶段的相关指标

用户行为层次	指标名称	指标含义	计量
初始交互	新获客数量	在 Web 环境中,常用的指标有 UV、注册用户数等。UV 指的是访问网站的有差别的用户个体,通常有两种统计 UV 的方法:一是通过 IP 地址的不同来界定用户个体有没有差异,在报告期(如 1 天、1 个月或 1 年)内,每个访问者仅被统计 1 次,换句话说,如果同一 IP 地址多次访问同一个站点,那么只被统计为 1 个独立访问者;二是通过 Cookie 来界定。注册用户数直接统计。 在 App 环境中,常用的指标有 App 安装数、App 激活数、注册用户数等:App 安装数直接统计;App 激活数通常按启动 App 的数量来统计(安装但未启动 App 不能被统计为 App 激活数)。 在社交网络或新媒体环境中,常用的指标有订阅数、关注数等,相关指标直接统计。 在线索获取环境中,常用的指标是线索数,直接统计。需要注意的是,上述指标应尽量统计"真量",即去除无效流量后的真实数量	按规则直接计量
初始交互	访问或会话	用户对网站、App 的访问或会话统计量,二者含义相同,只是在不同的分析工具中叫法不同。通常情况下,1 个用户在到达网站后,无论浏览了多少个页面,都只被统计为 1 个访问或会话(在某些分析工具中,只要用户 30 分钟无操作或更换流量渠道再次访问,就会对会话进行重置)	按规则直接计量
初始交互	独立访问者	访问网站的自然人。以 GA 为例,如果 1 个访问者在不同的时段访问(相隔 30 分钟以上),或者更换不同的流量渠道访问,可能就会产生多个访问,不过这些访问对应的是同一个访问者,该访问者被称为 UV	按规则直接计量

续表

用户行为层次	指标名称	指标含义	计量
初始交互	页面浏览量	用户对网站中的每一个网页或 App 中的每一屏的每一次访问都被记录为 1 个页面浏览量。用户多次访问同一个页面，页面浏览量累计	按规则直接计量
	会话长度/平均会话长度	会话长度指的是用户在应用（如网站、App）中停留的时间。平均会话长度指的是每个会话的平均交互时间	平均会话长度=会话长度/所有会话
	会话深度/平均会话深度	会话深度指的是用户在会话期间访问的页面数。平均会话深度指的是每个会话的平均页面浏览量	平均会话深度=总页面浏览量/所有会话
	页面停留时间/平均页面停留时间	页面停留时间指的是用户登录上一个页面和进入下一个页面之间的时间差，退出页面的停留时间为 0，总停留时间是某页面上用户停留时间的和。平均页面停留时间指的是用户每一次浏览的平均时间	平均页面停留时间=某页面上的用户总停留时间/（总页面浏览量−页面退出数）
	跳出	跳出指的是用户访问了网站的首个页面就离开网站的行为	跳出率=流量中对网站无意义的会话/流量总的会话×100%
	退出	退出指的是用户离开网站的行为	退出率=从某页面离开网站的会话/进入该页面的会话×100%
	用户参与度	用户参与是对用户有积极意义的交互行为的统称。用户参与度指的是用户的平均参与分数	用户参与度=总用户参与分数/会话
用户留存	留存率	留存率指的是用户留存下来的比率，其计算周期一般有次日、3、7、30、90 日等	留存率=期末用户数/期初用户数×100%
	活跃用户数	活跃用户指的是在观察周期内有参与行为的用户，其统计周期一般有日、月等，对应的指标分别是日活跃用户数、月活跃用户数等	按规则直接计量
	用户黏性	用户黏性指的是用户的依赖程度和再消费意愿	用户黏性=DAU/MAU
	用户激活率	用户激活指的是用户完成了应用中某个特定的关键操作行为	用户激活率=激活用户数/新增用户数×100%
用户产出	转化率	用户转化的比率	转化率=转化数/基数×100%
	NPS	净推荐值	NPS=（推荐者数/受访人数−贬损者数/受访人数）×100%
	原创内容数	用户的内容产出	按规则直接计量
	投资回报率	投资回报和投资成本的比率	投资回报率=投资回报/投资成本×100%

3）分析数据的获取

渠道质量评价所需的分析数据既包含渠道端数据，也包含产品方自有数据（如自有触点的用户数据、公司财务数据等）。

根据能否埋点，分析数据的获取分为两种情形：一是可以埋点（植入分析工具的网站代码或 App 的 SDK），如自有触点渠道、部分广告投放媒体等，通过数据埋点直接获取相关数据；二是不可以埋点，如淘宝、京东、今日头条、微信（自建 H5 页面除外）等平台一般不支持植入其他机构的代码，只能使用平台提供的数据。

3. 评价框架的具体运用

推广活动的效果是由渠道、运营（广告创意、设计、文案、投放技术）、产品等关键因素共同决定的。换句话说，如果推广活动很成功，那么意味着渠道、运营、产品等关键因素都是成功的；如果推广活动很失败，那么可能是渠道、运营、产品等因素中的一个或多个因素存在问题。由于这几个变量深度交织在一起，高度耦合，因此定位真因不太容易，需要进行多次测试和综合分析、判断。

上述评价框架和指标除适用于渠道质量评价之外，也适用于对其他因素的评价，如推广创意的质量、着陆页的质量、账户优化的质量等。

在评价渠道质量时应该如何运用评价框架呢？下面介绍一些常用的思路。

1）思路一：ROI 评价

ROI 既是评价效果类推广的黄金指标，当然也是衡量效果类推广渠道的黄金指标，其评价效力处于点击后阶段评价框架的最高层。

ROI 的通用计算公式如下。

$$ROI=投资回报/投资成本$$

上述公式看似简单，实则计算起来并非想象中那么简单。具体来看，ROI 有以下两种计算模式。

（1）粗放型。

粗放型 ROI=推广带来的销售收入/推广费用，电商平台、广告平台等通常采用这种计算模式，因而其又被称为广告支出回报率。需要注意的是，上式中的"销售收入"涉及时间的取值范围，企业通常应根据实际情况来确定，或者遵循第三方平台的规则。

下面我们来看一个具体的案例。

案例

某电商平台的粗放型 ROI 计算

某电商平台的 ROI 计算公式如下。

$$ROI=总订单金额/总费用$$

上式中"总订单金额"的计算公式如下。

$$总订单金额=直接订单金额+间接订单金额$$

在上式中，"直接订单"指的是某用户某一次点击的广告素材上绑定的 SKU（Stock Keeping Unit，存货单位），与该用户下单的 SKU 完全匹配；"间接订单"指的是某用户某一次点击的广告素材上绑定的 SKU，与该用户下单的 SKU 强相关（关于"强相关"的评价方法，在不同类型的广告平台中有不同的策略）。在计算 ROI 时，从用户点击广告到下单的时间间隔范围最长为 15 天。

该电商平台某一次推广活动的数据如图 3-8 所示。

图 3-8　该电商平台某一次推广活动的数据

从图 3-8 中可以看出，推广活动期间产生的总订单金额为 48 641 943.94 元，总费用为 328 609.42 元，该电商平台的 ROI 如下。

$$ROI=总订单金额/总费用$$

$$=48\ 641\ 943.94\ 元/328\ 609.42\ 元$$

$$\approx 148.02$$

需要注意的是，这里的总订单金额并未扣除相关成本（如进货成本、推广费用、直接人工费用、物流费用等）；这里的总费用指的是广告费，并未包含其他成本。由图 3-8 可知，点击数是 758 106 次，总费用是 328 609.42 元，二者相除，得出 CPC（Cost Per Click，每点击费用）约为 0.43 元。

从上例 ROI（或者 ROAS）的计算过程中可以看出，粗放型计算模式的优点是简便直接，在相同的计算口径下，它既可以衡量同一个平台中的不同推广活动，也可以衡量其他平台中的推广活动，并进行效果对比，从而对 ROI 更理想的渠道（如电商平台）或推广活动加大投放力度；这种计算模式的缺点是无法衡量渠道或推广活动的盈亏。

（2）精细型。

精细型 ROI 的计算公式如下。

$$ROI = LTV/CAC$$

在上式中，"LTV" 的计算方法已经在第一章详细介绍过了，其有多种计算方法，这增加了计算 ROI 的复杂性；"CAC"（Customer Acquisition Cost，获客成本）指的是获得用户的人均成本，其计算公式如下。

$$CAC=总成本/总用户$$

在上式中，计入"总成本"的项目应包含以下内容。

- **推广费用**：包括支付给渠道的推广费用和支付给第三方的服务费用（如广告设计费、物料印刷费、广告监测费等）。
- 直接人工费用。
- 其他相关费用。

CAC 的计算口径与 LTV 的计算口径是相同的。

下面我们来看一个具体的案例。

案例：某电商平台的精细型 ROI 计算

某电商平台进行了广告推广，本次推广带来了 1000 个新增用户，15 日内产生的总收入为 450 000 元，如何基于精细型计算模式计算 ROI 呢？

第一步，计算平均 LTV。

"平均 LTV=450 000 元/1000 人=450 元/人"吗？这样算并不科学，因为没有考虑成本。如果将成本考虑进去，那么成本包含哪些项目呢？

- 推广费用：广告费、推广服务费共 68 000 元。
- PC 成本：由于该电商平台经营的是贸易型业务，因此这里的 PC 成本主要是进货成本，1000 个新增用户分别购买了该电商平台中的 A、B、C 3 种商品，不同商品的数量和进货成本分别为 A（100 件，350 元/件）、B（160 件，150 元/件）、C（120 件，90 元/件），总进货成本=100 件×350 元/件+160 件×150 元/件+120 件×90 元/件=69 800 元。
- 直接人工费用：店长 30 天的工资为 11 000 元，推广人员 30 天的工资为 7000 元，进货、发货人员 30 天的工资为 8000 元，总直接人工费用=11 000 元+7000 元+8000 元=26 000 元。
- 其他相关费用：无。

综上所述，总成本的计算公式如下。

$$总成本=68\ 000\ 元+69\ 800\ 元+26\ 000\ 元$$
$$=163\ 800\ 元$$

平均 LTV 的计算公式如下。

$$LTV（净）=450\ 000\ 元-163\ 800\ 元$$
$$=286\ 200\ 元$$
$$平均\ LTV=286\ 200\ 元/1000\ 人$$
$$=286.2\ 元/人$$

第二步，计算 CAC。

$$CAC=（推广费用+直接人工费用）/1000\ 人$$
$$=（68\ 000\ 元+26\ 000\ 元）/1000\ 人$$
$$=94\ 元/人$$

第三步，计算 ROI。

$$ROI=LTV/CAC$$
$$=286.2\ 元/人÷94\ 元/人$$
$$≈3.04$$

3.04 的 ROI 是高还是低呢？业界一般认为 3 左右的 ROI 是比较理想的。如果 ROI 低于 1，那么企业的财务状况是不健康的；如果 ROI 高于 5，那么企业在业务拓展上可能过于保守。

以上是 ROI 的两种计算模式，只要有了 ROI 的相关数据，我们就可以非常方便地评价、对比渠道或推广活动了。

既然 ROI 这么好用，对渠道或推广活动的评价一律采用 ROI 不就行了吗？事情并没有这么简单，ROI 虽然是黄金指标，但是使用它有以下 3 个前提条件。

- **产品盈利模式支持**。某些产品的盈利模式不是用户直接付费，无法获取销售收入等数据。
- **转化周期合适**。某些产品的转化周期比较长（如 SaaS 类产品或 B2B 型业务），短则几天，长则数个月，而对渠道的评价经常需要在推广活动刚结束后，甚至在推广活动的过程中进行，在这种情况下，ROI 评价无法满足敏捷性的需求。同时，由于时间延长，在比较长的周期内可能产生其他影响因素（如线索培育能力或销售人员的跟单能力不足、用户兴趣消退等），ROI 评价的效力会进一步衰减，变得不够客观，导致价值受损。
- **不适合于品牌类推广**。ROI 评价更适合于效果类推广的渠道评价，不适合于品牌类推广的渠道评价。

2）思路二：指标模型评价

指标模型评价指的是选择一组指标，建立一个综合的评价模型，从而对渠道进行评价。例如，某品牌要举办推广活动，可以先确定点击前阶段的评价占 80%的权重，点击后阶段的评价占 20%的权重，再选择相关的点击前阶段指标和点击后阶段指标（同样可以各自分配权重），从而建立一个简单的评价模型。

在建立评价模型时，权重的设计是重点，如果权重设计得不科学，那么很容易导致评价失真。

下面我们来看一个具体的案例。

案例

某零食新零售企业的渠道评价[1]

某零食新零售企业分别在微博、小红书、微信朋友圈、百度 SEM（Search Engine Marketing，搜索引擎营销）等渠道投放了广告，希望将用户引流至自己的小程序，增加付费用户和销售额。一个月之后，该企业的渠道投放数据如表 3-5 所示。

表 3-5 该企业的渠道投放数据

渠道	激活量/人	注册量/人	付费用户/人	次月留存用户/人	销售额/元	获客成本/元
微博	54 872	7247	517	50	45 496	200 000
小红书	2134	583	79	10	6083	30 000
微信朋友圈	33 721	4019	1928	515	177 376	350 000
百度 SEM	16 281	5313	1939	676	203 595	600 000

建立评价模型的步骤如下。

第一步，引入计算指标，包括注册率、次月留存率、付费率、ROI，计算如表 3-6 所示的相关数据。

---

[1] 案例贡献者为云徙数盈。

表 3-6 相关数据

渠道	注册量/人	注册率/%	次月留存率/%	付费率/%	ROI
微博	7247	13.21	9.67	7.13	0.23
小红书	583	27.32	12.66	13.55	0.20
微信朋友圈	4019	11.92	26.71	47.97	0.51
百度 SEM	5313	32.63	34.86	36.50	0.34

相关指标的计算公式如下。

$$注册率=注册量/激活量\times100\%$$

$$次月留存率=次月留存用户/付费用户\times100\%$$

$$付费率=付费用户/注册量\times100\%$$

$$ROI=销售额/获客成本$$

第二步，归一化计算各项指标的系数，结果如表 3-7 所示。

表 3-7 归一化计算结果

渠道	注册量	注册率	次月留存率	付费率	ROI
微博	1.00	0.06	0.00	0.00	0.08
小红书	0.00	0.74	0.12	0.15	0.00
微信朋友圈	0.52	0.00	0.68	0.68	1.00
百度 SEM	0.71	1.00	1.00	1.00	0.45

Min-Max 归一化的计算公式=（每一列的样本数据-样本最小值）/（每一列的样本最大值-样本最小值）。

第三步，根据评价模型计算渠道得分。

该企业采用的评价模型如下。

- 初创期项目：新增用户×80%+活跃用户×20%。
- 发展期项目：新增用户×40%+活跃用户×40%+收益用户×20%。
- 成熟期项目：新增用户×20%+活跃用户×40%+收益用户×40%。

该企业处于成熟期，根据评价模型中的"新增用户×20%+活跃用户×40%+收益用户×40%"，具体权重分配为"注册量×10%+注册率×10%+次月留存率×40%+付费率×20%+ROI×20%"，最终的渠道得分和排名如表 3-8 所示。

表 3-8 最终的渠道得分和排名

渠道	得分	排名
微博	0.161	3
小红书	0.159	4
微信朋友圈	0.494	2
百度 SEM	0.600	1

结论：该企业当前的最优渠道为百度 SEM，其他渠道依次是微信朋友圈、微博、小红书。

3）思路三：四象限分析评价

四象限分析法也被称为波士顿矩阵分析法。[①]

[①] 波士顿矩阵分析法由波士顿咨询公司创始人布鲁斯·亨德森于 1970 年首创，该分析法从销售增长率、市场占有率两个维度出发，将产品分为 4 类，分别是明星类产品、瘦狗类产品、问号类产品、现金牛类产品，它们拥有不同的发展前景。

下面我们将通过一个具体的案例，看一看如何基于 ROI 和用户参与度两个指标的交叉对渠道质量进行四象限分析。

案例　某垂类电子商城的渠道评估

案例背景：某专营特卖礼品的电子商城已成立 7 年，在市场上有了一定的品牌知名度。该商城拥有众多推广渠道，涵盖搜索引擎、广告网络、社交媒体、SEO、EDM（E-mail Direct Marketing，电子邮件营销）等各类渠道。该商城的增长运营人员收集了一段时间的推广数据，计算了各渠道的流量、ROI、用户参与度，并画出了如图 3-9 所示的四象限分析气泡图。

用户参与度的计算方法如下：首先，确定"用户参与"的范围是与最终转化（下单）相关的用户浏览、交互行为，相关指标包括到达率、跳出率、会话长度、会话深度、访问频率、注册

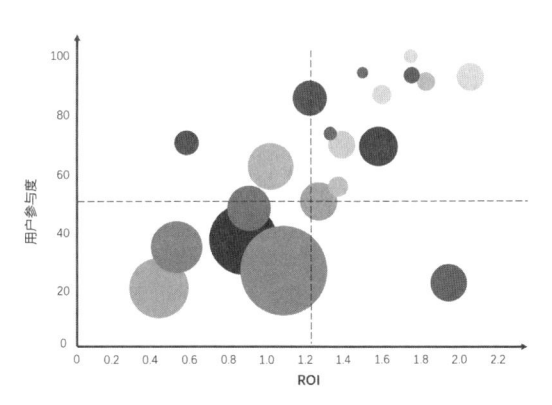

图 3-9　四象限分析气泡图

账号率、商品收藏率、商品加购率、商品分享率、客服咨询率等；然后，分别赋予这些指标不同的权重，计算出各渠道总的用户参与度；最后，用各渠道总的用户参与度除以各渠道贡献的 UV，得出平均用户参与度。有人可能会问：已经有那么多指标了，为什么还要引入用户参与度呢？因为用户参与度有特殊的用途，如果单一的标准化指标无法满足个性化、综合性的衡量需求，那么我们可以通过灵活定义用户参与度来满足相关需求。

在图 3-9 中，气泡的大小体现的是流量的大小；气泡的位置越高，表明用户对产品的参与度越高，气泡的位置越靠右，表明成交转化率越高；两条虚线代表的分别是 ROI 和用户参与度的平均水平。从气泡图的走势来看，基本上是一条斜着向右上角延伸的线，这表明用户参与度越高，ROI 越理想，二者是线性相关的。

分析：根据图 3-9，我们基本上可以把渠道分为 4 类，分别对应 4 个象限（与中间的均值线相交的渠道，视情况纳入最接近的象限即可）。

- **右上角**：这个象限内的渠道最为优质，用户参与度和 ROI 都很不错，应当对这样的渠道加大投放力度。
- **左下角**：这个象限内的渠道表现最不理想，要么是渠道有问题（或者是渠道中的广告有问题），要么是内容页面设计差、不吸引人。考虑到该商城的网站已运营 7 年且经过不断优化，内容页面设计有问题的可能性不太大，问题应当集中于前者——要么是渠道本身有问题（如与产品不匹配），要么是渠道中存在舞弊行为，要么是广告有问题（如浮夸、诱导用户等），需要进一步辨识和验证。
- **左上角**：这个象限内的渠道表现是高交互、低 ROI，表明用户虽然被吸引，但是没有成交。这种情况可以排除渠道的原因，问题出在该商场自身，如价格策略错误、缺乏鲜明的行动号召、用户的信任度不够高等，需要进一步分析并进行针对性优化。
- **右下角**：这个象限内的渠道表现是高 ROI、低交互，表明用户目标明确，不需要太多

的交互行为就可以直接购买商品。这种情况可能是因为相关渠道触达的刚需性用户较多，而且用户对价格不敏感，对该商城的信任度较高，可以进一步分析这部分用户的属性，构建用户画像，进行渠道或用户人群拓展。

从上文的案例中可以看出，基于 ROI 和用户参与度对渠道进行交叉细分，可以从细节处发现某些被掩藏的事实和特点，从而对渠道和用户形成更客观的认知，有助于我们制定更加高效的运营策略。如果采用"唯 ROI 论"的思路，那么很容易只关注 ROI 比较理想的渠道，忽略有较大潜力的渠道，可能会错过很多增长机会。此外，如果完全以 ROI 评价为导向，那么将越来越集中于 ROI 比较理想的渠道，渠道视野会越来越狭窄。ROI 比较理想的渠道总会有饱和的一天，到了某个临界点后，ROI 会变得越来越不理想，最终得不偿失。反过来，只考虑初始交互层次、用户留存层次的评价指标，不考虑 ROI 等用户产出指标，同样无法很好地开展渠道运营，而且不一定能满足企业的商业需要。

评价一项发明创造，既要评价其经济价值，也要评价其社会价值；分析一部电影，既要分析其是否叫座（收入），也要分析其是否叫好（质量）；开展社会建设，既要抓物质文明，也要抓精神文明。这些例子阐明了一个观点，即不能从孤立的角度来理解和看待世界，渠道质量评价也是如此。

四象限分析的思路还可以应用在用户增长领域的很多分析场景中。例如，我们可以构建"ROI-用户参与度"四象限，分析流量质量；构建"流量-转化率"四象限，分析搜索引擎营销中的关键词；构建"点击率-转化率"四象限，分析广告效果；等等。

以上是渠道质量评价的常用思路，我们来总结一下。

（1）基于一维指标的评价思路，上文中选取的是黄金指标 ROI，我们也可以选取其他单一指标，如 LTV、GMV、注册率等。

（2）基于多维指标的评价思路，即视情况选取点击前阶段或点击后阶段的相关指标，并分别赋予一定的权重，计算各渠道的分数。

（3）基于多维指标交叉细分的评价思路，上文中选取的是黄金指标 ROI 和用户参与度，我们也可以选取其他指标进行交叉细分。

以上评价思路是比较基础的，还有很多更复杂的评价思路，感兴趣的读者可以自由探索。

3.3 推广转化

3.3.1 AIDA 模型

推广转化的任务是不断测试和优化推广内容，从而实现企业的商业诉求，如扩大用户规模、增加企业收入、提高广告点击率或 ROI 等。

获客渠道有很多，因而推广转化的范围非常广泛，如付费搜索推广、搜索引擎优化、广告网络推广、程序化购买、信息流广告推广、应用商店推广、电商平台推广、社交平台推广、新媒体推广（图文、音频、视频、直播）、多频道网络推广、EDM 推广、官方推送、在线会议推广、线下推广等。面对众多的获客渠道，增长运营人员应该如何应对呢？其实，万变不离其宗，只要掌握了根本性的思考逻辑，就能在各类推广转化中游刃有余。这套根本性的思考逻辑是一个古老而经典的模型，即 AIDA 模型①，包括注意（Attention）、兴趣（Interest）、欲望（Desire）、行动（Action）。

AIDA 模型是根据用户的行为阶段划分的，它将用户的典型行为划分为 4 个阶段。从一个用户的角度来看，这 4 个阶段构成了用户路径；从一群用户的角度来看，这 4 个阶段的留存数据形成了一个转化漏斗，如图 3-10 所示。

无论在哪一种渠道中推广（品牌类推广或效果类推广），AIDA 模型都非常合适。

品牌类推广指的是着力在用户心智中建立品牌认知和好感的推广行为，其核心诉求是将目标用户的某种欲望或需求与品牌关联到一起，使品牌成为某种特性或品类的代表。效果类推广指的是着力让目标用户产生行动的推广行为，其核心诉求是促成目标用户立即转化。品效合一类推广指的是兼具品牌类推广和效果类推广诉求的推广行为。

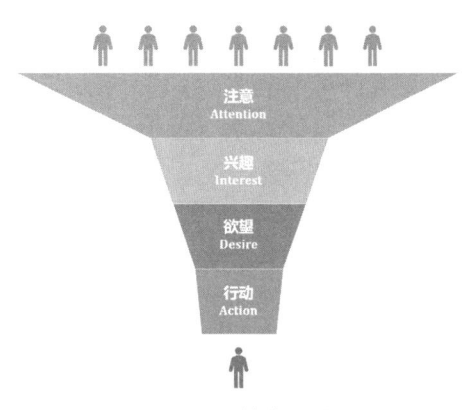

图 3-10　转化漏斗

例如，对于效果类推广，引导用户把注意力停留在触发物（广告或内容）上是吸引注意，引导用户点击链接是激发兴趣，引导用户在着陆页上发生参与行为（浏览、咨询、注册等）是唤起欲望，引导用户完成转化就是促成行动。

下面，我们来逐一探讨各个环节。

3.3.2　注意

1. 注意的原理

注意指的是人们选择性地将精力集中在某些离散信息上的认知行为。

俄罗斯教育家乌申斯基曾精辟地指出："注意是我们心灵的唯一门户，意识中的一切必然都要经过它才能进来。"对于推广来说，我们需要让目标用户将注意力集中到触发物上（广告、内容等）。广告界流行这样一句话："让人注意到你的广告，等于把你的产品推销出去了一半。"

在推广前期做准备时（如用户洞察、产品洞察、市场洞察、获客前基础分析等），重点是"请注意用户"；一旦开始获客，重点就变成了"请用户注意"。如果用户根本没有注意到你的广告或内容，后面的故事就不会发生了。

人的注意力分为两种。**一种是有意注意**，指的是有预定目的，在必要时需要人做出意志努力的注意方式，它受意识的自觉调节和支配。例如，我们在听课时对老师讲授内容的注意；你在逛商场时突然感到饿了，想吃火锅，于是用目光搜寻了一圈，发现了一家火锅店，便径直朝它走去；在搜索引擎中搜索"防蛀牙膏"，我们自然会注意到搜索结果，尤其是排在靠前位置的搜索结果。

---

① AIDA 模型也被称为"爱达公式"，最早由美国广告与销售界的先驱艾尔莫·李维斯于 1898 年提出，后来衍生了诸多变种，如 AIDMA 模型增加了"M"（Memory，记忆）这一环节。不过，作者认为 AIDA 模型的通用性更强。

131

另一种是无意注意，指的是既没有预定目的，也不需要人做出意志努力的注意方式。无意注意往往是由周围的环境发生变化引起的，当受到刺激物的刺激时，人会不由自主地立刻把感觉器官朝向刺激物并试图认知它。例如，当你在人潮涌动的大街上行走时，突然听到后面"轰"的一声，你会下意识地回头看发生了什么；你在逛商场时路过一家小吃店，看到这家店明厨亮灶的装修风格，厨师们在厨房里穿戴整齐地烹饪，你感觉这家店很干净，正好想吃点什么，便走了进去；当你阅读网页文章时，突然弹出一个广告，你不得不注视它。在推广转化的过程中，与吸引用户的有意注意相比，吸引他们的无意注意是问题的关键，也是一项艰巨的挑战。

　　如今是一个信息爆炸和信息过剩的时代，用户在手机上安装了各种 App，工作和生活都离不开网络。用户每天通过网络接触海量的信息，接触信息的方式是严重碎片化、浅层次的，普通的信息内容已经很难唤起用户的注意。同时，用户的注意力是有限的，在这种情况下，海量商家之间还在进行"注意力争夺"，用户对推销性质的信息已经形成了较强的辨识力、免疫力和抗拒意识，会基于潜意识主动忽略大量推广类信息。用户的注意力已经成为一种稀缺资源，从某种意义上说，商业竞争变成了对用户注意力的争夺。

　　为了吸引用户的注意，比较直接、有效的途径是刺激他们的感官，让他们产生感觉。

helpful tips 小贴士

感觉、知觉、认知

- **感觉。**

　　感觉是我们与世界发生联系的第一步。例如，对于一个棉花糖，我们用眼睛看它，感觉它是白色的，形态比较蓬松；用鼻子闻它，感觉它有一股淡淡的、甜丝丝的香味；用手摸它，感觉它很柔软；用嘴巴品尝它，感觉它很甜。感觉是大脑对直接作用于感觉器官的客观事物的个别属性的反映。

　　感觉分为以下两类。

　　一类是内部感觉，即通过身体内部的感受器来接受刺激的感觉，这类感觉可以反映身体内部的器官和肌肉运动的变化：通过肌肉、韧带、关节等接受刺激的感觉是运动感觉，运动感觉可以反映身体各个部位相对位置发生的变化，以及各个部位运动状态发生的变化；通过内耳的半规管和前庭接受刺激的感觉是平衡感觉，平衡感觉可以反映人体做加速、减速直线运动或旋转运动时发生的变化，维持人体的平衡；通过脏器壁上的感受器接受刺激的感觉是内脏感觉。

　　另一类是外部感觉，即通过身体外部（身体表面）的感受器来接受外部刺激的感觉：通过皮肤接受外部刺激的感觉是肤觉，通过眼睛接受外部刺激的感觉是视觉，通过鼻子接受外部刺激的感觉是嗅觉，通过耳朵接受外部刺激的感觉是听觉，通过舌头接受外部刺激的感觉是味觉。其中，肤觉由触觉、痛觉和温度觉组成，常用触觉代称。

　　对于推广而言，无论是文字内容，还是图片广告、视频广告，用户与其产生联系的第一步都是感觉，通过感觉来进一步判断要不要注意它们，要不要将无意注意切换为有意注意等。用户在受到触发物的刺激时，主要是基于外部感官来形成感觉的，**因此基于外部 5 种感官的刺激（五感刺激）是吸引用户的注意和激发兴趣、唤起欲望、促成行动的根本途径之一。**

- 知觉。

知觉是大脑对感觉信息进行综合加工后对事物的整体认识。感觉是对事物个别属性的反映，如用眼睛看棉花糖的时候感受到它的视觉属性，用嘴巴品尝它的时候感受到它的味觉属性；知觉是对事物多种属性的综合反映，如通过对棉花糖和棉花的视觉、触觉、味觉等多种属性进行感受，认识到二者虽然看起来很像，却是完全不同的两种事物。

知觉来源于感觉，又超越感觉。知觉是人类初级的认知活动，它不依赖于个人的知识和经验；感知是比较高级的认知活动，受个人知识和经验的影响。同一种事物，不同的人对它的感觉是类似的，对它的感知则通常有所差别，知识和经验越丰富，对事物的感知越完善、全面。对于显微镜下的血样，只要不是色盲，无论谁看都是红色的；不过，医生还能看出其中的红细胞、白细胞和血小板，没有医学知识的人是看不出来的。

在 AIDA 模型中，"吸引注意"主要是对感觉的运用，"激发兴趣"主要是对感知的运用。虽然这两个环节的外在形式都是保持用户的注意力，但是二者在驱动原理和逻辑上是截然不同的。

- 认知。

认知是人获得知识或应用知识的过程，是人最基本的心理过程。感觉、知觉、记忆、想象、思维等是认知的载体和工具，人通过这些载体和工具实现认知的过程，并产生认知的结果。例如，当有人把两个白花花的东西放在我们面前时，在感觉、知觉、记忆等的基础上，我们可以指出哪一个是棉花，哪一个是棉花糖，以及它们各自有什么特点、用途等。

使用 AIDA 模型的最终目标是说服和打动用户，让他们行动。在说服和打动用户的过程中（重点是"唤起欲望"和"促成行动"环节），我们必须顺应用户的认知，采取更加适宜的策略，这样才能奏效。例如，你很难让用户相信一支售价为 4.9 元的签字笔非常高级，你也很难说服一位农民相信听着古典音乐干农活会更有激情。

2. 吸引注意的策略

吸引注意的根本途径是基于五感来设计各种策略。

要想吸引用户的注意，我们可以采取以下 5 种策略，分别是突显性、反差性、新异性、诱惑性、相关性。

1）突显性

突显性指的是突出推广物的形体、形象、位置等，提高推广物的辨识度和被用户注意到的概率，具体可以采取以下做法。

- 位置醒目，如网站的横幅广告位置、区别于常规内容的醒目位置、App 的开屏位置、《新闻联播》前的黄金时间、视频节目的片头位置、论坛置顶、搜索结果排名前三、报纸的头版头条、各种榜单的前三名等。
- 尺寸醒目，即使用格外大的音量、字体、尺寸等。例如，美国纽约时代广场的纳斯达克大屏广告；旺仔牛奶的视频广告一开始便是强烈的广播声："请注意，三年级六班李子明同学，你妈妈拿了两罐旺仔牛奶……"先声夺人，引人关注；报纸上的整版广告。在 2006 年德国世界杯期间，阿迪达斯推出了如图 3-11 所示的公路创意广告，设计大胆，其特殊的位置安排和巨幅尺寸令人印象深刻。

图3-11 阿迪达斯的公路创意广告

- **阻断进程**，即使用弹窗、在节目中间插入等方式，阻断用户原有任务的进程，形成强提醒，让用户不得不把注意力转移到推广物上，并采取手动关闭等行动，否则既定任务将无法继续。需要注意的是，这种做法容易引起用户的反感。

2）反差性

反差性指的是基于对比形成强烈的不协调感，给人出乎意料的感觉，从而形成注意。人类的大脑会对不协调产生强烈反应和快感，具体可以采取以下做法。

- **鲜明对比**。在吸引注意时，"鹤立鸡群"的效果比"鹤立鹤群"和"鸡立鸡群"更好。正如《安迪·沃霍尔的哲学》一书中写的那样："有时候，某个东西看起来很美，只因为它和周遭其他东西有些不同之处。如果窗台上所有的花都是白色的，一朵红色的牵牛花就会显得很美，反之亦然。"例如，在信息流内容中，如果满屏的内容都是文字，那么带图片的内容更引人注目；如果满屏都是带图片的内容，那么带动效（如动画、有声视频）的内容更引人注目。需要注意的是，一些行业人士认为利用动态刺激物是一种好策略，事实上这并不绝对，需要看动态刺激物所处的环境。例如，在满屏都是视频内容的时候出现不动的内容，或者满大街都是行色匆匆的行人，恰好有一个人站在路上一动不动，反而更容易引人注意。又如，当广播里突然出现某著名演员的声音，或者播音员的声音突然变得急促起来，这些与常规的反差也会引人注意。再如，夜晚的霓虹灯广告、搜索引擎中的创意飘红（见图3-12）、标题格式的对比（见图3-13）等都利用了与背景反差的原理。

图3-12 搜索引擎中的创意飘红

图3-13 标题格式的对比

- **强烈冲突**。2021 年年底，抖音上的"张同学"爆红，一系列不加美化、修饰，却充满烟火气的乡村生活视频，让他成为众人追逐的"顶流"，这就是审美冲突。制造冲突指的是与用户的固有认知形成对立，加大对用户的刺激。产生冲突的来源包括价值观、经验、习惯、认知、常识、感受等，如"去年的衣服配不上今年的你"，用户不愿承认自己停步不前，因此该文案将用户过去的自己和现在的自己对立起来；某理财 App 的广告文案是"每天都在用六位数的密码，保护着两位数的存款"。很多广告文案或推广内容的标题都利用了冲突的原理，如"洗了一辈子头发，你洗过头皮吗""自律给我自由""月薪 3000 元与月薪 30 000 元的文案区别""从曾经的失足少年到如今身家过亿元的 CEO，他只用了一年时间"等。著名杂志《经济学人》的广告"我从未读过《经济学人》——一名 42 岁的管培生说"也是制造冲突的经典之作，如图 3-14 所示。

图 3-14　著名杂志《经济学人》的广告

- **违背常理**。违背常理指的是违背人们对一般规律的认知，从而形成反差，如下列广告文案或推广内容的标题："中国的'90 后'已经开始立遗嘱了""男人就应该对自己狠一点""想想小的好处""在 60 英里的时速下，这辆最新的劳斯莱斯车内最大的噪声来自电子钟"。脑白金的广告语"今年过节不收礼，收礼只收脑白金"，一开头让人纳闷："今年过节不收礼"？这也太奇怪了，过节基本上都会收礼呀！不过，正是这种矛盾的表述，一下子就抓住了人们的眼球。大多数旅游广告往往只表现旅游地的优美风景，外国的某个旅游广告却让一个人置身茂密的树林中，显得那个人非常渺小，画面上的文案是"这是什么鬼地方"。如图 3-15 所示，在汉堡王的一个经典广告中，"麦当劳叔叔"无法拒绝汉堡王的美味，乔装打扮到店里买汉堡，明显违背常理，却构成了戏剧性的反差，堪称运用反差的经典。违背常理还有一种"简单粗暴"的方式，那就是反复。例如，恒源祥的广告"恒源祥，羊羊羊"在 5 秒内连播 3

图 3-15　汉堡王的经典广告

遍。在 2018 年俄罗斯世界杯期间，知乎推出了以下广告："你知道吗？你真的知道吗？你确定你知道吗？你真的确定你知道吗？有问题，上知乎。上知乎、问知乎、答知乎、看知乎、搜知乎、刷知乎。有问题，上知乎。"这种反复也是一种打破常规的表达方式，可以对感官形成强烈刺激，从而引起人们的关注。不过，需要注意的是，这种表达方式可能会产生争议或恶评。

3）新异性

新异性指的是推广物的新奇性和奇异性。关注新异的事物是人类的本能，人类为了生存，必须对环境保持警惕，以便发现有威胁的事物。当遇到刺激物时，位于大脑中央位置的网状激活系统会激活大脑并准备行动。由于大脑的能量是有限的，因此在激活时形成了一种天然的机制：当输入非常熟悉的信息时，大脑只能被部分激活；当威胁来临时，大脑会被充分激活，以应付威胁。任何种类的新异信息几乎总能将大脑激活。[①] 利用新异性策略，具体可以采取以下做法。

- **奇妙设计**，即通过设计在视觉上给人出乎意料的感受，从而吸引注意。奇妙设计包括画面构图、设计元素、设计创意、载体形式等。如图3-16所示，这组广告图片是由各种像素拼成的马赛克图，只在右下角写着一行小字"猜猜谁回来了"，甚至品牌方的Logo也没有体现，不免让人感到惊奇，这到底是什么广告？原来，这是麦当劳的"No Logo"系列广告，4张广告图片被马赛克占满，引发了不少的讨论。与传统的设计创意相比，这组广告充满了新奇感，甚至引发了一场比赛——看一看谁能以最快的速度准确认出马赛克图中是哪一种麦当劳的食品，还有人调侃道："几张马赛克图竟然把我看饿了。"

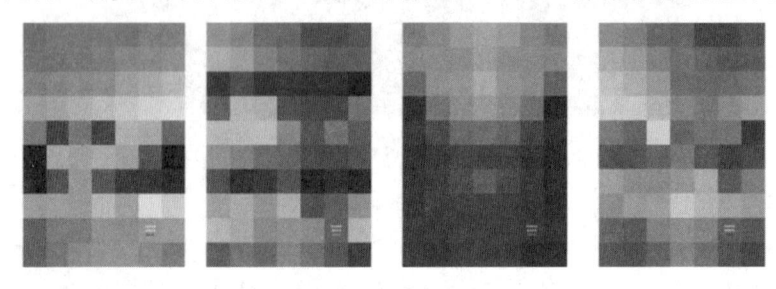

图 3-16 麦当劳的"No Logo"系列广告

- **新奇观点**。基于洞察提出新的观点或深刻见解同样令人瞩目。例如，20世纪60年代，安飞士在美国的租车市场中位列第二名，当时的"市场老大"是赫兹。用户往往选第一名，因为"第一名"意味着做得最好、品质最有保障。处于竞争劣势的安飞士在广告中提出了一个令人耳目一新的观点："安飞士只是租车界的第二名，那么为什么选择我们呢？"这个标题本身就足以吸引读者了。"我们是第二名，所以我们更努力，我们不敢对你不好……我们不敢把一辆脏车交给你，我们不敢把一辆只有半箱油的车交给你，我们不敢把一辆轮胎气压不够的车交给你，因为我们承担不了这样做的代价，因为我们只有更努力，你才会选我们……"如图3-17所示，借助这个崭新的观点，安飞士巧妙地把劣势变成优势，令人拍案叫绝。又如，"学钢琴的孩子不会变坏"也是一句经典的广告语，当时在中国台湾地区有一家名为山叶钢琴的琴行，希望让更多的孩子来学钢琴，让更多的家长来买钢琴，于是提出了这个崭新的观点。当没有提出这个观点的时候，在家长的认知里，买钢琴、学钢琴的作用主要是让孩子成为钢琴家或培养一种艺术爱好。对于认为自己的孩子成不了钢琴家或感觉孩子不会喜欢弹钢琴的家长们来说，这个观点提供了一个全新的购买理由，即"学钢琴不是为了让孩子成为钢琴家，而是为了让孩子不变坏"。当时的背景是中国台湾地区的许多儿童沉迷于电子游戏，引起家长的担心和不安。这句广告语给了家长全新的思路："孩子学了钢琴，说不定就可以从游戏中解脱出来了。"

---

① 引自《人类动机》（第五版），作者为罗伯特·E.弗兰肯。

- **合理夸张**。在著名电影《西北偏北》中,主人公有一句台词是"在广告界,没有说谎这回事,只有不得已的夸张"。在推广转化中合理运用夸张、变形、超现实主义等手法是业界的通行做法,这种做法应该以良好的效果为前提。具体来看,合理的夸张可以运用在产品的功能、广告形态、情景、视觉设计等方面。例如,白丽香皂的广告语"今年20岁,明年18岁",格力空调的广告语"从非洲到南极,一步之遥",某黏合剂的广告语"它能将整个世界黏在一起",沃尔沃汽车的广告语"你可以像恨它一样开它"等。如图3-18所示,Steimatzky书店的创意广告是"一本好书,是你最好的陪伴",仿佛《堂·吉诃德》《魔戒》《哈利·波特》《福尔摩斯探案集》等书中的主角就睡在你的身旁。

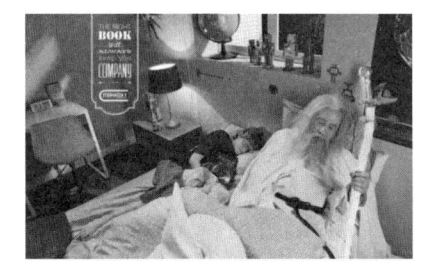

图 3-17 安飞士的广告　　图 3-18 Steimatzky 书店的创意广告

4)诱惑性

诱惑性指的是通过各种表现手法,对用户的感官形成一定的诱惑力,具体可以采取以下做法。

- **感官引诱**。五感和直觉是人类在大部分时间使用的思考模式,也是最容易被触发的感觉。要想引人注意,我们可以直接诉诸感官,如令人垂涎欲滴的食品图片、贵气迷人的钻石图片、羊肉串的浓香、巷子里的歌声等,正如美国现代销售学家韦勒所言:"不要卖牛排,要卖烤牛排的'吱吱'声。"在线上场景中引诱感官的方式没有线下场景那么丰富,在线下可以直接刺激用户的五感,在线上只能直接刺激用户的视觉和听觉,不过可以进行间接刺激,即通过文字描述、图片等视觉信息调动用户的其他感觉。三国时期,曹操带兵讨伐张绣,由于天气炎热,加之长时间找不到水喝,士兵们渐渐体力不支。这时,曹操突然指着前方大声说:"这附近我熟悉,咱们只要翻过前面的山坡,就能看到一大片梅林,梅子又酸又好吃,大家可以吃个够!"士兵们顿时流出了口水,口渴的问题得到了缓解。这种做法需要巧妙的描述技巧。例如,在某电商平台中有两个卖柿饼的商家,第一个商家的文案是"头茬新柿饼,爽滑软糯,老少皆宜。如此诱惑,嘴巴完全抵抗不住!无添加,我们是大自然的搬运工",第二个商家的文案是"满满的冰糖流心,果肉晶莹剔透,爽滑得好似果冻,一切开,蛋黄般的冰糖流心像蜂蜜一样缓缓流出,轻咬一口,甜蜜滑过喉咙,直击心底"。显然,第二个商家的描述更加生动,更能引诱感官。
- **欲望诱惑**。弗洛伊德说:"人类是充满欲望并受欲望驱使的动物。"人的感官对充满欲望诱惑的推广内容尤其敏感,如充满感性的文字描述等。不过,我们在操作中应把握好尺度,避免出现伤风败俗甚至违法的内容。例如,某国外啤酒商别出心裁地在路旁建造了一间小木屋,四面挖有小孔,外墙上贴着"禁止观看"的字样。过往行人出于好奇争相窥视,只见屋内放了一个酒桶,酒香扑鼻而来,引得人们购买欲望大增,这就是诱惑了人们的好奇心。

- **悬念期待**。人们往往充满好奇心，带有悬念的推广内容通常更容易吸引人们的注意，如文案标题"他为什么在年薪百万元后辞职去做洗发水呢？""明明古人也长智齿，凭什么我的智齿就要被拔掉？"等。如图3-19所示，红星美凯龙曾在朋友圈投放了一个悬念广告片《看完就变外星人》，该广告片是当年红星美凯龙"鲁班设计尖货节"的开幕内容。在该广告片中，身穿黑衣的鲁班娓娓道来自己是"第一个外星人"，奇妙瑰丽的画面展现了一段"外星人鲁班"的独白，引发了人们强烈的好奇心，纷纷点击、阅读和转发。

图 3-19　红星美凯龙的悬念广告片

5）相关性

前面 4 种策略都基于广告内容本身，最后一种策略则基于广告内容与用户的相关性。引起无意注意的因素有两个：一是触发物；二是受众的主观状态，如受众对事物的需求、兴趣、态度和受众当时的情绪、精神状态等。人往往对与自己相关的信息更加敏感，这是一种条件反射和潜意识行为。利用相关性策略，具体可以采取以下做法。

- **与自己相关**。例如，假设手机上有两条新闻，前一条是某地发生重大交通事故造成 10 人伤亡，后一条是你家附近的一个中学生骑车掉进井中不幸身亡。我猜你更关心后一条新闻，虽然从伤亡的人数来看，前者是后者的 10 倍，但是前者与你无关，后者则让你忍不住想：井盖为什么丢了？现在安上了吗？真是太危险了！一定要提醒家里的老人和孩子小心一点，别掉进去！"你关心的，才是头条"，今日头条上同一衬衫品牌的两个广告如图 3-20 所示，其实这两个广告中包含的手机尾号已覆盖大部分男性手机用户。这种创意内容显然比直接说"寻房山男士定制衬衫……"更容易引起用户的注意，如果你的手机尾号是 1，那么右边的广告更容易让你的目光停留下来，看一看这到底是怎么回事。

图 3-20　今日头条上同一衬衫品牌的两个广告

- **与需求相关**。用户往往更注意与当前需求相关的刺激物。例如，当一个人想吃炒菜的时候，他会忽略牛排、火锅餐厅。有一些餐厅的品类名比品牌名的字号更大、更突出，这样就能快速地让人们知道在这家餐厅可以吃什么，从而引起人们的注意。
- **与兴趣相关**。与用户的兴趣相关的推广内容比用户不感兴趣的内容更能引起用户的注意。如果一个人喜欢某明星，那么该明星的代言广告、新闻会更容易吸引这个人的注意。利用数据分析和挖掘技术推荐用户感兴趣的商品或内容，实现"千人千面"的个性化运营效果，已经成为一种必然趋势。

3.3.3 兴趣

1. 兴趣的原理

当推广内容被用户注意到后，用户通常会做出两种选择。一种是忽略信息。例如，你正在步行街上走着，突然听到后面传来一个美妙的女声："喂，穿粉红色衬衣的那位帅哥！"恰巧你穿的就是一件粉红色衬衣，你很可能会立即转过头朝传来那个声音的方向望过去（"与自己相关"的原理）。然而，当你转过头时，一位美丽的少女向你旁边另一位穿粉红色衬衣的男士一指，微笑着歉然道："我不是叫你，我叫的是他。"你可能会很失望，不过既然与自己无关，你也就忽略了这个插曲。换一个场景，当你转过头时，一位少女正向你微笑问道："你这衬衣在哪里买的？还挺好看的，多少钱买的呀？"你明白她在搭讪，但你不喜欢她的模样，便礼貌地朝她应付道："谢谢。"随即头也不回地走开了。另一种是跟进信息，还是上述场景，你一抬头，发现一位美丽的少女正微笑着向你招手道："你这件衬衣太好看了，和我家的这条领带简直是绝配，进来看一看吧。"你正好想买一条领带，听到这句话便走进店内，一进去就被吸引了，自己也觉得这条领带配这件衬衣挺合适。你既可能当场买了这条领带，也可能没买，不过你记住了这家店的这条领带，可能在逛一会儿后回来购买，或者某一天专门来买这条领带。用户做出第二种选择，就是在注意的基础上产生了兴趣。

兴趣指的是想进一步了解某人或某事物的感觉。[①] 在上文的例子中，你之所以走进店内看那条领带，是想进一步了解它。在搜索引擎推广中，用户点击含有某个关键词的广告是想进一步了解，进入着陆页后持续浏览广告也是想进一步了解；在电商平台中，用户点击某个商品是想进一步了解，进入详情页后持续浏览商品也是想进一步了解。当然，即使用户产生了兴趣，也涉及"保持度"的问题，用户既可能刚进入着陆页看了两眼就关掉页面，也可能长时间浏览。随着用户兴趣保持度的提高，通常会产生两个结果：一是形成记忆、偏好和情感，二是产生转化。

2. 激发兴趣的策略

激发兴趣的根本途径是让用户更好地感知产品核心价值，在产品核心价值与用户的需求之间形成共鸣。产品核心价值实际上就是产品特性，或者由产品特性转换成的用户利益点。因此，激发兴趣就是更好地展现产品特性或用户利益点，从而打动用户。

激发兴趣的主要策略有善用相关、善用诱惑、善用文案、善用画面、善用利益、善用试用、善用证明，前两种策略在上文已经介绍过了，它们在"激发兴趣"环节仍然适用；后5种策略侧重于产品核心价值的表达，具体可以采取以下做法。

1）善用文案
- **点睛一句**。如果文案是一条"龙"，最能反映产品特性或用户利益点的一句话就是"龙的眼睛"，"画龙"必须"点睛"。"睛"有不同的叫法，有的叫广告语，有的叫品牌口号，有的叫品牌箴言，有的叫定位语。总之，它是一句非常精练而独特的话，高度浓缩了产品特性或用户利益点，并且往往是产品或品牌独有的，因而魅力无穷。例如，王老吉的"怕上火，喝王老吉"，耐克的"JUST DO IT"，戴•比尔斯的"钻石恒久远，一颗永流传"，苹果的"Think Different"，百事可乐的"新一代的选择"，西贝莜面村的"闭

[①] 引自《牛津词典》。

着眼睛点,道道都好吃",等等。点睛一句可以广泛应用在广告创意标题、文案标题、产品包装、详情页和经营场所的醒目位置。

- **把大变小**。文案写得太"大",难免空泛、空洞,我们可以尝试将其变成小的利益点,真实可感的东西有时更容易让人产生兴趣。例如,某酒店的文案是"'净'下来,去生活","生活"一词显得太大、太宽泛了,如果换成"爱干净,住××",针对的就是"爱干净"这个小的利益点,打动用户的效果反而更好。某个针对职场人士的数据分析培训项目的文案是"只需要学3个月,从此开启美好人生",其打动效果可能不如"只要坚持3个月,就可以每个月多挣3000元"。有人曾经讲过这样一个故事,在一条街上有好几家面包房,第一家立了一块牌子,写着"全城最好的面包房";第二家不服,也立了一块牌子,写着"全省最好的面包房";第三家一看,写上"全国最好的面包房";第四家也不甘示弱,写上"全世界最好的面包房";第五家没辙了,开始胡说八道,写上"全宇宙最好的面包房",第六家该怎么写呢?这家面包房反其道而行之,写了一句"这条街上最好的面包房"。对比之下,前几家面包房的宣传语显得多么浮夸和不可信啊!"这条街上最好的面包房"更加务实,反而让人感到可信。

- **把多变少**。古人说:"少则得,多则惑,是以圣人抱一为天下式。"当然,这并不是说产品特性或用户利益点越少越好,而是说要把它们讲透,如果数量太多,往往就讲不透,"少"或"多"要辩证地看待。即使诉诸多个利益点,至少也要有一个特别突出的利益点。例如,在某楼盘项目的推广过程中,开发商先罗列了自认为重要的教育资源、纯洋房、现房、毗邻××大道(区位)等多个利益点,再进行广告推广。然而,销售顾问在与看房者沟通后发现,看房者真正看重的利益点是教育资源,对其他3个利益点的关注很少,把不太重要的利益点列出来反而会干扰看房者的决策,如对于"纯洋房"这个利益点,看房者会对该项目的楼盘和区域内其他项目的洋房竞品进行对比,该楼盘在这个利益点上并不占优势,这样反而会把看房者的想法带偏。后来,开发商调整了推广策略,只聚焦"独特的教育资源"这一个利益点,并且把该利益点说透,让它更明显、更突出,该楼盘的成交量、成交率立马提高了。

- **直接具体**。抽象的利益点不易理解,沟通效率较低,用户没有太多的时间来思考你的广告或内容,把抽象的利益点变成具体的利益点往往更能激发用户的兴趣。例如,要想宣传退货有保障,"正规大厂,质保无忧""放心购买,三包保障"等显得比较抽象,不如"14天无理由退换货"或"不喜欢随时退,退货运费我们包了"更具体;要想宣传手机充电快,如果说"黑科技,极致充""快速充电,快到你无法想象""闪电体验,充电快感一触即发"等,就显得比较抽象,OPPO的文案如图3-21所示。

图3-21 OPPO的文案

类似地，乐百氏的"27层净化"，喜家德水饺的"水饺里有个大虾仁"，上海航天冰箱的"停电24小时，依旧冷若冰霜"，小米净水器的"3.6秒一杯新鲜纯水"等文案也是具象化的例子。

《参与感》一书中描述了某款小米移动电源的利益点提炼过程，非常值得我们学习、借鉴，相关内容如下。

一开始，我们的策划团队想说明它小身材、大容量，也试图强调1万毫安时能够让手机续航多久。

第一版：小身材，大容量。

被否定的原因：太虚了，大家不容易感知，到底有多小、多大还要多想一层。

第二版：重新定义移动电源。

被否定的原因：还是太虚了，从本质上来讲我们没有重新定义，容易被扣上一个很大的帽子。

第三版：超乎想象的惊艳。

被否定的原因：太"高大上"，不抓人心。

第四版：最具性价比的手机伴侣。

被否定的原因：不够直接，不知道是说什么的，一提起"手机伴侣"，第一时间可能会想到Wi-Fi。

第五版：一掌之间，充足一天。

被否定的原因："充足一天"没有讲出差异点。

第六版：小米最"来电"的配件。

被否定的原因：一提起"配件"，第一时间可能会想到手机壳。

第七版：69元充电神器。

被否定的原因："神器"这个词曾在红米和活塞耳机上用过，如果还用，就是一种很偷懒的做法，我从根本上排斥这种做法。

这样一路对比下来，后来，我们干脆只写它的大小和价格，这样是最直接的。

小米的营销有多么谨慎入微，通过上述内容可见一斑。小米前副总裁黎万强表示："当时的移动电源市场处于比较混乱的状态，和我们一样的1万毫安时的移动电源，在市场中的均价大多是150元左右，并且外壳是塑料的，电芯和保护电路等也尽量从简，更谈不上什么设计。"

正因为捕捉到了"容量大而价格低"的优势，同时非常符合小米一贯的"高性价比"定位，所以我们最终看到的文案是"小米移动电源，10400毫安时，69元"。

细心的读者可能已经发现，上述几个例子有一个共同的特点，那就是使用数字，将抽象化的表达变成具象化的表达。的确，使用数字是一种非常讨巧和好用的办法。不过，需要提醒的是，"具象化"不只是数字，还有很多具象化的呈现形式，如具体的感受、情绪、体验、功能、场景、图片等。例如，某药品主打"安全治疗咳嗽"的特性，如果仅仅说"安全放心"或"无毒副作用"，就显得比较空泛和老生常谈，人们没有明确的感知；如果说"小孩也能用"，就具体得多，因为人们往往有一个普遍的认知，那就是在医药方面，儿童用药的安全标准控制得很严，如果儿童也能用，"安全"的特性就显得更具体、可感知了。又如，"仅次于床上的睡眠体验"是某助眠、小憩辅助用品的文案，文案创作者洞察到，即使只是小憩，用户也想躺在床上，但是这种需求在办公室内无法被满足。基于这一洞察，文案直接把"床"说了出来，一下子就让用户对产品的助眠效果和舒适程度有了更具体的联想，远比"极致舒适""安享午休"等抽象空洞的文案效果更好。再如，小米体重秤的产品特性是"称重精准"，为了让用户对这种产品特性感知得更明确，其广告文案是"喝杯水都可感知的精准"。

- **对比呈现**。对比可以强化用户对产品特性或用户利益点的感知。**首先，与用户熟悉的事物进行对比**。苹果公司在推出 MacBook Air 时，号称它是世界上最薄的笔记本电脑。到底有多薄呢？乔布斯的做法是在发布会上直接从一个信封里取出了这台笔记本电脑，所有文字可能都不如这个动作更有说服力吧？类似地，南孚曾经推出了一个迷你充电宝，该充电宝的特性是袖珍、小巧、便于携带。小巧到什么程度呢？如果说它只有 9.2 厘米，那么用户可能比较无感，南孚的做法是把一根长度相同的口红放在它的旁边进行对比，用户一下子就有感觉了，一个对比胜过千言万语。推广中的对比如图 3-22 所示。**其次，对使用前后的效果进行对比**，让用户看到实实在在的变化，如使用某美白产品前后的效果对比、使用某去屑洗发水前后的效果对比、植发手术前后的效果对比等。如果暂时没有使用前后的效果对比，那么可以预测或让用户畅想，一旦使用产品，将会在哪些方面发生变化，如轩尼诗的广告"对我而言，过去平淡无奇；而未来，却是绚烂缤纷"。**最后，与行业总体水平进行对比**，突出产品在行业内的领先优势。例如，小米公司在产品发布会或产品文案中经常进行各种技术、参数、价格的横向对比，让用户感觉到其性能强大、性价比超高。其他产品也可以找到对比的点，如减肥、塑身、美容类产品可以对比使用产品前后的效果，服饰、家居、食物类产品可以对产品的原料品质进行对比，水果类产品可以对比卖相或营养成分，软件类产品可以对比 UI、操作便捷性等。

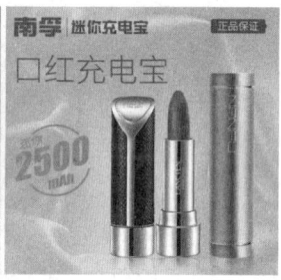

图 3-22 推广中的对比

- **类比关联**，即对产品进行类比，或者将用户比较陌生的事物关联到其熟悉的事物上。前者是为了建立美好联想，一些文案就使用了类比的手法，如"SUV 界的爱马仕""巧克力中的劳斯莱斯""甜过初恋"（某水果广告）等。后者是为了易于理解，如在刚推出手机 AI（Artificial Intelligence，人工智能）摄像头的时候，大家对它很陌生，早期的 AI 摄像头文案有"AI 人像合影，人人都是主角""AI 人像模式，光影的高级艺术""智能识别景物纵深"等，用户看了比较无感，因为太生僻了。一位文案作者观察到，AI 摄像头的作用其实就是自动识别拍摄的景物、自动调好滤镜，让照片更有质感，因此，不应当只从产品的角度来说，而应当用熟悉的事物向用户说明白，并让用户轻易地关联上述利益点。于是，该作者创作出文案"无须后期修图，张张都是明信片"，将生僻的产品效果关联到"明信片"这个用户熟悉的事物上，用户一下子就有感知了。又如，某平衡车的文案是"时速 16 公里，满足日常所需"，用户很可能会关联到"汽车"上，因为人们对概念的理解往往是建立在熟悉的事物上的，和汽车的速度相比，这个速度太慢了，如果将其与"走路的速度"关联，这个速度就非常快了，修改后的文案可以是"比行走速度快 4 倍"。

- **制造关联**。上文讲的是将产品与用户熟悉的事物关联，此处则强调将产品与目标用户紧紧关联起来。如果产品与用户的切身利益相关，就更容易激发兴趣或唤起欲望。例如，一篇无磷洗衣粉的推广文案是"普通洗衣粉中含有磷，排入地下水后会污染饮用水。一位 70 多岁的院士老爷爷历经数年研发，终于研究出不污染地下水的无磷洗衣粉"，该文案能说服用户点击广告链接吗？效果可能不尽如人意。对于"不再污染地下水"这件事，用户可能会为这种科技点赞，或者被老人家的科研精神感动，但这难以成为让用户购买这种洗衣粉的理由。如果调整一下策略，把文案变成"洗衣粉中的磷残留在衣服上容易伤害宝宝娇嫩的皮肤，还可能导致钙质流失，患上软骨病"，就一下子拉近了产品和用户之间的距离，产品变得与用户的切身利益直接相关。适当制造关联和利用恐惧心理，可以让用户无法置身事外。
- **全新观点**。"吸引注意"环节提到了新异性策略，在"激发兴趣"环节也可以采取推陈出新的策略。例如，某洗护用品的广告文案"洗了一辈子头发，你洗过头皮吗"是一个不同以往的全新观点，指出了"只有头皮好，头发才能好"的本质，成功地把用户对头发的关注转向对头皮的关注，创造了新的需求。又如，小米体脂秤的广告，开篇就给了传统的体重秤一个沉重的打击——"胖不胖，并不是体重说了算"，进而指出"身体脂肪率才是判断胖瘦的标准"，紧接着亮出产品核心价值"一次称重可知晓体重、体脂率、肌肉量等 13 项身体数据"。

2）善用画面

人的爬行脑（控制人的兴趣、欲望的那一部分大脑）更喜欢视觉化的信息，而不是抽象化的信息。因此，向用户呈现画面或让用户产生画面联想，更容易激发用户的兴趣。

- **秀出美图**。"一图胜千言"，图片、图像元素（包括动画、视频、直播）在激发兴趣方面有着无可比拟的优势。例如，当用户在电商平台中搜索"羊毛衫"时，搜索结果页面会展示成千上万个羊毛衫商品，这些商品大多比较同质化。在这种情况下，用户的目光停留在哪一个商品上，与该商品使用的图像元素有很大的关系，图像元素占据了最大的视觉面积，是商品与竞品最直接的区别。用户会不会点击某一个商品并进入详情页进一步了解，图像是非常重要的因素。近几年，直播带货很火，因为直播的图像元素不仅新颖独特、现场感强，还可以互动，营造了一种特别的氛围，所以更容易激发兴趣、促成转化。
- **现场实景**。现场实景与直播类似，不过画面焦点不是商品，而是商品的过程性特性，并且形式不限于直播视频，用户可以直接接触第一现场。例如，很多餐馆将过去的封闭式后厨改成了明厨亮灶的设计，人们通过直播视频或厨房的透明窗口，可以直接看到后厨环境和厨师的操作，既能刺激味觉，又能让人们感到吃得卫生、放心；某品牌的咖啡是现磨的，而且会弄出很大的声响，人们不但不觉得吵，反而觉得很享受；某火锅店之所以在店门口切牛肉，就是要让人们觉得牛肉新鲜；有些烤羊肉串的店在门口或附近杀羊、加工羊肉，也是这个道理。
- **画面联想**。在文案中体现出画面感也很有用，如某奶茶的文案"一年卖出 7 亿多杯，连起来可绕地球一圈"，某巧克力的文案"只溶在口，不溶在手"，某女装店的文案"你写

PPT 时，阿拉斯加的鳕鱼正跃出水面。你看报表时，白马雪山的金丝猴刚好爬上树尖。你挤进地铁时，西藏的山鹰一直盘旋云端。你在会议中吵架时，尼泊尔的背包客一起端起酒杯在火堆旁。有一些穿高跟鞋走不到的路，有一些喷着香水闻不到的空气，有一些在写字楼里永远遇不见的人"。某二锅头酒是一个历史悠久、消费人群偏"70 后""80 后"的烈酒品牌，该品牌将产品与兄弟情联系起来，文案热血阳刚，如"把激情燃烧的岁月灌进喉咙""用子弹放倒敌人，用二锅头放倒兄弟"等，不但符合"烈酒"的产品调性，而且营造了豪迈的画面感，如图 3-23 所示。某家用电烤箱的产品着陆页上列举了孩子过生日、招待客人、周末聚会等使用场景，生动的场景化描述可以让用户联想到"要是在办公室的小×和小×来家里的时候，给他们端出新烤的牛排，一定能惊艳他们"，从而更容易产生购买兴趣和欲望，如图 3-24 所示。

图 3-23 某二锅头酒具有强烈画面联想的文案

图 3-24 某家用电烤箱产品着陆页上的场景化描述

3）善用利益

善用利益指的是将特性转换为用户利益，如图 3-25 所示。

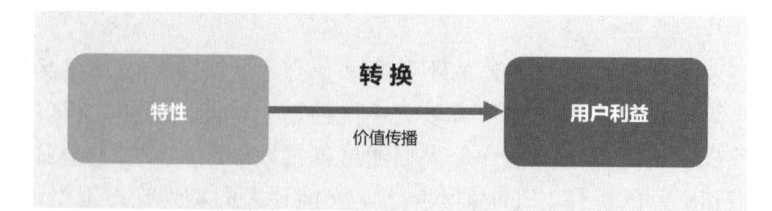

图 3-25 将特性转换为用户利益

什么是用户利益呢？简单来讲，就是用户购买或使用产品后有什么好处。用户通常会进行利益化思考，这是人类的本性。细胞的使命是生存和繁衍，由细胞构成的人也一样，首先是生存，然后是希望自己的种族繁衍下去。为了实现生存和繁衍，人类要获得足够的资源。

在远古时代，资源是极其稀缺的，人类必须全力争夺有限的资源，在这个过程中形成了某些状态，如自私（优先考虑自己和亲近的人）、贪婪（多吃、多占，永不满足）、趋利避害、缺乏安全感（时常感到恐惧）、只能接收有限的信息（避免消耗脑力和体力资源），以及喜欢简单、讨厌复杂（避免消耗脑力和体力资源）等，这些都是为了让自己的生存机会最大化。在人类进化的亿万年时间里，这些状态已经内化在人类的基因里，本性难移。从积极的角度来看，这些本性促进了人类的繁衍、进化和社会的进步。本性就是人性，在打动用户时，洞悉人性、顺应人性是一种明智的做法。

在我们向用户推广产品时，用户会本能地思考"这个产品对我有什么好处"。当然，最好的做法是直接告诉用户有什么好处，即确保用户感知到利益。这样做还有一个原因，那就是如果从特性的角度来沟通，那么用户有时候无法准确地感知特性能够产生什么利益，因为当我们描述特性的时候，通常采用自我视角、产品视角。

例如，某手机采用了极耳中置和低电压、高电流快充技术，从而大幅提升充电速度，这是特性，直接向用户这样说，打动力显然不够；如果换成"充电 5 分钟，通话 2 小时"，利益点就更加直观、容易理解；如果换成"充电 5 分钟，开黑 2 小时"[①]，游戏玩家就更有感觉了。

又如，假设你的妻子怀孕了，宝宝即将降生，你想改善一下生活条件，家里的自来水在烧水时水垢太多，你想给家里装一台净水器。于是，你打开了某电商网站，搜索"家用净水器"，看到了两款产品：一款产品的文案是"本净水器采用先进的 RO 膜和 5 级过滤系统，适合家庭使用"，另一款产品的文案是"1 岁以下的宝宝不能吃盐，过多的钠会增加肾脏负担，并且高浓度盐溶液在体内难以排泄。本净水器配有反渗透膜，能够有效脱除水中的盐分，让你的宝宝健康成长，特别适合有宝宝的家庭使用"。哪一款产品的文案更打动你呢？显然是后者。第一款产品的文案陈述的是产品特性，没有关联具体的使用场景和用户利益，打动能力有限，用户看了没有什么感觉；第二款产品的文案直接切中用户利益，打动能力更强。几乎在所有场景中，"利益"都是用户购买或使用产品的根本原因，这也被称为用户的自利性，即用户总是追求总效用的最大化。

如何找到合适的用户利益点呢？我们可以从以下 3 个层次着手，分别是实用利益、心理利益和个人价值利益。[②]

- **实用利益**指的是产品在解决用户的实际问题层次带来的好处。可重点挖掘的实用利益有功能有用性、使用易用性、设计实用性等。例如，某笔记本电脑的特性是"轻薄"，转换为用户的实用利益，可以将"轻薄"表述为"在出差的时候携带非常方便"，这体现了设计实用性，通过这种表述将产品特性与用户的具体使用场景关联起来，更容易激发用户需求。又如，某内裤的特性是"一次性使用，即穿即扔"，对经常出差的人群比较有吸引力。不过，只说"一次性使用，即穿即扔"是产品视角，如果转换为用户视角，那么可以说"出差 10 天带 10 条，不用洗，每天换"，这样就转换成了用户可感知的利益描述。再如，一个会计师给人做账，如果说"专业会计，规范做账"，就是产品视角，转换为用户实用利益描述，可以说"花 5000 元请会计师，帮你每月省 1 万元的税"。用户追求实用利益，其内心独白是"我要用着好"。

[①] "开黑"是游戏用语，指的是玩游戏时，玩家在条件允许的情况下组成一队打游戏的行为。
[②] 源于"手段-目的链"理论，该理论认为用户通常将产品或服务的属性视为手段，通过属性产生的利益来达到其消费的最终目的（可能是某种结果或价值）。

- **心理利益**指的是产品在用户的心理层次带来的好处。可重点挖掘的心理利益有获得满足感或安全感、增加快乐或减少痛苦、获得独特体验、彰显个人地位或形象、建立美好情感,以及价格优惠、福利赠送等。例如,一枚钻戒的特性是"4C 品质高"(4C 指 Color、Clarity、Cut、Carat,即钻石的颜色、净度、切工、克拉),转换为用户的心理利益,可以将"4C 品质高"解读为"钻石恒久远,一颗永流传"。又如,某啤酒的特性是"可个性化定制瓶贴",这是产品视角的特性描述,如果转换为用户视角的心理利益描述,那么可以说"聚会时喝的啤酒上印着朋友们的头像,这绝对会让他们印象深刻"。用户追求心理利益,其内心独白是"我要感觉好"。

- **个人价值利益**指的是产品在用户的个人价值层次带来的好处。可重点挖掘的个人价值利益有彰显价值观、维护自我形象、获得成就感或认同感、自我实现、自我超越等。例如,一辆越野车的特性是"卓越的越野性能",转换为用户的个人价值利益,可以将"实现多年来驾车探险的夙愿"作为这辆车的卖点。又如,某葡萄酒的特性是"经典",如果说"声名显赫,不凡品质,傲立世界",就是产品视角,如果说"对我而言,过去平淡无奇;而未来,却是绚烂缤纷",瞄准的就是个人价值利益。用户追求个人价值利益,其内心独白是"我要变更好"。需要区分的是,心理利益强调的是自我感受,个人价值利益强调的是自我尊重,追求的是生命的价值和对社会的贡献,是一种崇高的人生境界。

上述 3 个层次的利益如同一个"阶梯",用户的利益诉求不是单一层次的,有可能是多个层次的,或者暗含更高层次的利益诉求。例如,用户之所以购买笔记本电脑,主要是为了满足"在出差时处理文件更方便"的诉求,也可能暗含"更好的生产力工具意味着更高效的产出,从而获得尊重和认可"的心理利益诉求。在用户需求最强烈或最容易被打动的利益层次上与用户沟通,可以起到更好的打动效果。

案例

将产品特性转化为用户利益

苹果公司的 iPod 是一款革命性产品,改变了人们聆听音乐的方式。如果选择在实用利益的层次上与用户沟通,那么可以说"把 1000 首歌装进口袋"或"充电 5 分钟,畅听 2 小时"。此外,精致小巧、携带方便、操作简捷也是典型的实用利益。乔布斯介绍 iPod 实用利益的方式如图 3-26 所示。

如果选择在心理利益的层次上与用户沟通,那么可以说"苹果出品,必属精品",强调品牌的安全保障能力,或者说"订单已经排到了 9 个月以后",强调其市场表现,或者说"用户好评率为 99.9%",强调用户的满意程度。总之,我们要满足用户的心理利益诉求,给目标用户吃下一颗"定心丸"。

如果选择在个人价值利益的层次上与用户沟通,那么可以说"想听就听,不受束缚",目标用户可能是追求个性、热爱自由的年轻人,或者说"随时随地,用音乐激活灵感",目标用户可能是艺术创作者,对于他们来说,使用 iPod 有更深层的动机,与他们的人生价值、自我实现结合在一起,不仅仅是普通的娱乐和消遣。

某零食广告如图 3-27 所示。

图 3-26　乔布斯介绍 iPod 实用利益的方式　　　　图 3-27　某零食广告

最初，该零食广告的文案并不是这样的，而是"怎么精致都不过分"，这是典型的产品视角，立足于产品特性，即精挑细选、包装精美、品相精致。不过，即使产品特性十分突出，"怎么精致都不过分"这句话本身也简短传神，在打动用户的能力方面，它仍然不如"吃点好的很有必要"。后者站在用户的立场，拉近了产品与用户之间的距离，在产品与用户之间形成关联，而且语言简洁、直白、真诚，更能触动用户。

"怎么精致都不过分"是自说自话，用户可能会想：产品精致或不精致和我有什么关系呢？零食只要干净、安全、好吃就行了，又不是买来送礼、给谁看，或者当作纪念品、装饰品，那么精致有什么用？总之，"精致"很难与"吃"建立关联。"吃点好的很有必要"就不一样了，第一个字就是"吃"，指明该零食就是为了让用户吃的，不是为了送礼，消除了用户的疑惑，定位精准；同时，"吃点好的"把好零食"干净、安全、好吃"的要素都包括了；"很有必要"是一种鼓舞、号召，促使用户做出决定，而且对绝大多数用户都很适用，如果说"吃点贵的很有必要"，就不一定成立，"吃点酸的很有必要"也不一定成立，只有"吃点好的很有必要"几乎对任何人都成立。

另外，从语境和感情色彩的角度来看，我们想象一下"怎么精致都不过分"这句话的语境，好像是一位打扮精致的主人，站在装潢精致的客厅里，睥睨着一屋子的客人，骄傲自得地用诗朗诵般有磁性的声音说："看我这里，怎么精致都不过分！"客人们感受到的不是热情，而是浓浓的疏离感。反观"吃点好的很有必要"这句话的语境，好像妈妈一边端上香喷喷的饭菜，一边微笑着对你说："开饭啦，今天我做了你爱吃的菜，吃点好的很有必要！"充满烟火气，让人感受到生活的美好。

回过头来，我们就更容易理解产品价值了。站在用户的视角，产品价值可以帮助用户达到自己的目的（具体地说是通过产品的功能价值和体验价值来达到的）。产品、产品价值、用户利益的关系如图 3-28 所示。

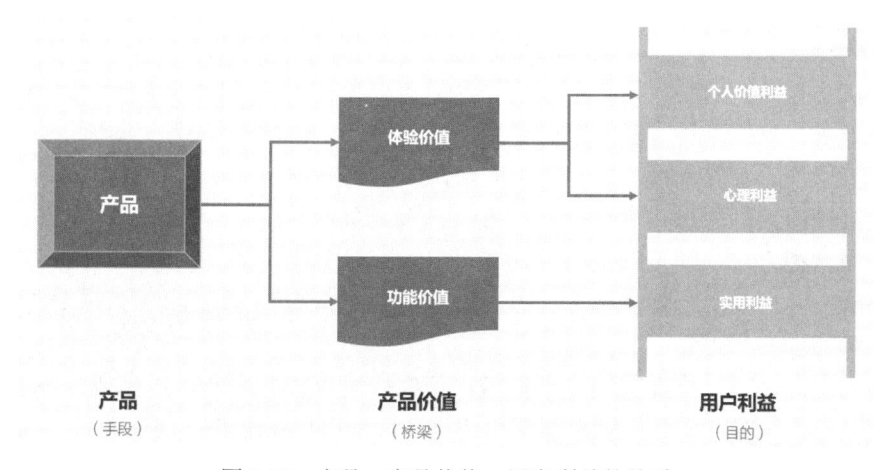

图 3-28　产品、产品价值、用户利益的关系

体验指的是用户亲身参与的经历和在整个过程中获得的全部感受，这个概念的关键词是"亲身参与""经历""感受"，下面将简单列举一些体验产品或品牌的场景。

- **接触**，如在电视上经常看到耐克的"JUST DO IT"主题广告片，从而对品牌价值产生了某种共鸣。
- **使用**，如使用了新买的笔记本电脑，感觉很好。
- **经历**，如聆听了一场音乐会，或者带孩子完成了一次草莓采摘。
- **初见**，如收到了心仪已久的手机，迫不及待地打开包装，终于见到了手机的"庐山真面目"。
- **分享**，如读了某品牌创始人的奋斗故事，深受感动，忍不住转发到朋友圈。
- **彰显**，如开着豪车出席了某个活动，吸引了很多人的目光。
- **观摩**，如观摩了某牛轧糖的制作过程，才知道原来需要这么多道工序。
- **互动**，如参与了品牌方对产品功能升级的讨论或投票。
- **回忆**，如闻到烤串的香味后，想起了上次在××吃的烤串很不错，还想再去吃一次。
- **忠诚**，如只买××品牌的运动鞋，也就是重复体验。

上述经历本身，以及在过程中和过程后获得的全部感受，都构成了体验。再次经历后，这些体验会被刷新。良好的功能和体验可以满足相应的用户利益诉求，从而激励用户做出行动，如使用、购买、复购、推荐产品等，这就是产品的功能价值和体验价值。

4）善用试用

用户体验分为直接体验（一手体验）和间接体验（二手体验）。直接体验对用户建立认知起着决定性作用，试用是直接体验的重要方式，它可以充分刺激用户的五感，让用户体验产品核心价值。此外，对于一些单价较高或迁移起来比较困难的产品，用户在做出决策时往往是很审慎的，通常需要在试用后才能进一步激发其购买需求。

试用指的是为目标用户提供无须支付任何费用就可以使用产品的活动，包括试吃、试穿、试听、试喝、试用等。在线下场景中，让用户试用产品并不难；在线上场景中，让用户试用在线形态的产品也不难，这是产品推广的主流做法；不过，对于在线销售的实体产品，在试用时存在一定的难度，下面重点为最后一种情况提供几种方法。

（1）低价出售试用装，常见于名贵香水、化妆品的推广。

（2）随单赠送试用装，常见于推出新品的情形。

（3）随单附加试用装，如茶、白酒等产品，受原材料、工艺、制作时的天气等因素的影响，即使品类相同，每一个厂家的产品口味也可能不相同。鉴于此，一些商家在正式出售的产品之外提供小量的试用装。用户在收到产品后可以先试用一下试用装，如果不满意，那么可以退货或换货。采用这种方法，既能让用户试用产品，感受产品核心价值，进而提高成交率，又能降低用户的心理负担，提升触点体验，一举两得。

（4）通过试用招募的形式进行推广。市面上有大量的试用平台，一些电商平台也具有这种功能。采用这种方法，既可以提高成交率，又可以收集用户的使用感受、对产品的建议和店铺搜索流量，一举多得。某试用平台的活动页面如图3-29所示。

5）善用证明

利用他人之证对产品特性或用户利益做出证明，可以强化用户对产品或品牌的价值感知和体验，这是一种非常重要的价值呈现手段。例如，当用户在电商平台中搜索"抗菌袜"时，通常倾向于点开评价数量多、好评率高、带有"品质认证"标签或权威检测机构名称、类目销量第一和名人代言的商品的详情页。这样的证明有助于产生从众效应，增加用户的信赖感，对激发兴趣和促成行动非常有帮助，具体可以采用以下方法。

图 3-29　某试用平台的活动页面

- **权威背书**，包括权威专家领衔或参与、权威奖项、权威认证、权威典籍、权威合作单位、权威用户、明星用户、权威代言人、权威媒体的报道等。
- **事实证明**，包括对产品的测试、测评，数据对比，具有公信力的检测报告，产品的销量、销售榜单、用户评价量、用户好评率，新媒体平台的阅读量、关注量，用户的开箱图片、视频和体验等。
- **实力证明**，展现企业实力（如企业的悠久历史、行业地位，气派的办公大楼或厂房厂区，实体店铺的数量、繁华的地段位置或大商场专柜），具有高势能的销售渠道或供应链（如入驻天猫、京东、国美、沃尔玛、机场、王府井百货），投放在权威媒体上的广告，组织或赞助的大型活动，员工人数，专利或发明，研发团队的实力，销售业绩，增长速度等。
- **用户口碑**。用户在做出购买决策时通常会进行多角度的信息搜索，其中包括网络搜索，维护产品或品牌在全网的网络口碑，让用户感受到产品或品牌的正面形象，有助于促成转化。

事实上，除了以产品核心价值为主的兴趣激发策略，还有基于触发物本身的兴趣激发策略，如广告的精彩叙事或拍摄手法、公关软文讲述的精彩故事、充满悬念和期待的文字描述、抓人眼球的图片或视频内容、有意思的事情等。这些触发物可以与产品无关，只要运用得当，就不失为激发用户的兴趣、保持用户注意力的好策略。

3.3.4 欲望

1. 欲望的原理

1）需要和欲望

需要指的是人们的某种不足或短缺的感觉。

只要是人，就有各种各样的需要，需要是人类共有的。人类为了生存和繁衍，需要满足很多条件，这些条件就是需要，如空气、食物、水、性、睡眠、安全感等。人饿了需要吃食物，渴了需要喝水，这些需要不是由企业的营销活动创造出来的，而是客观存在于人类的自然属性之中，是内在的。著名的"马斯洛需要层次理论"将人类的需要分为多个层次。

欲望指的是建立在不同的社会经济、文化和个性等基础之上的需要。

对人类整体而言，需要具有普遍性，如饿了需要吃食物、渴了需要喝水、冷了需要暖和、热了需要凉快等。在不同的社会经济、文化和个人身上有不同的欲望表现：首先，欲望受社会经济的约束，如你不可能产生想吃一碗"火星打卤面"或"木星大龙虾"的欲望，因为你所生活的社会无法提供；其次，欲望受不同文化的影响，如中国人过年想贴春联、窗花，西方人就没有这种欲望；最后，欲望受个体的影响，如刘邦在见到秦始皇车驾出巡的壮观场面后感叹"大丈夫就应当像这个样子"，萌生了想成为秦始皇这样的人的欲望，而当时和刘邦一起观看的其他人并没有萌生这种欲望。

人的欲望有两种状态：一种是沉睡的欲望，另一种是苏醒的欲望。当欲望沉睡时，我们可能无法察觉。例如，我在购买净水器之前并没有萌生这种欲望，直到有一天，我去朋友家做客，看到朋友家安装了净水器，听他介绍，水被净化后几乎没有水垢，水里的细菌也几乎都被消灭了，我才萌生了购买净水器的欲望。可见，刺激是欲望苏醒的原点，所以也被称为诱因。如果没有刺激，欲望就会被掩藏。具体地说，欲望苏醒的过程是人在受到某种刺激后的一系列心理反应，这就是"刺激-反应原理"。[①]刺激信号来自两个层面：一是外部刺激，如广告、内容，看到他人在吃喝或穿着漂亮的衣服、闻到不知从哪里飘过来的酒香、读到励志的故事等，主要是五感的刺激；二是内部刺激，如饿了、渴了、肌肉疼痛等，主要是身体内部的器官和肌肉运动变化的刺激。

美国心理学家史蒂文·赖斯将人类的基本欲望归纳为 16 种[②]，如表 3-9 所示。

表 3-9 人类的基本欲望

基 本 欲 望	与之相关的感受	行 为 表 现
权力	能力、影响力、权威感	成为领导者、获得成就或掌控力
地位	身份感、优越感、被尊重	上进、炫耀、攀比、购买名牌
独立	自由、自主、与众不同	自力更生、追求个性和自由
荣誉	荣誉感、道德感	忠于他人、捍卫名誉、遵守承诺
理想主义	同情心、正义感	帮助他人、热心公益、促进公平公正
被接纳	自信感	自尊、自信、自恋

[①] "刺激-反应原理"也被称为"行为学习理论"，是行为心理学的开创者约翰·沃森在俄罗斯科学家伊万·彼德罗维奇·巴甫洛夫的条件反射实验的基础上提出来的。该理论指出人类的复杂行为可以被分解为两部分，分别是刺激和反应，人的行为是受到刺激而做出的反应。转化系统的底层原理就是"刺激-反应原理"，触发（刺激）是转化系统的起点。

[②] 史蒂文·赖斯提出的 16 种基本欲望被誉为继"马斯洛需要层次理论"后最重要的动机研究成果。

续表

基本欲望	与之相关的感受	行为表现
社交	归属感、幸福感	亲近他人、建立友谊、参加社交活动
家庭	爱、家庭责任感	成家、关爱家人、保护家人
浪漫	性欲、美感、爱美	性、生育、审美
好奇	好奇心、新鲜感	求知、探究、解决问题、喜新厌旧
反击	愤怒、憎恨、厌恶、报复心	反击他人、报复他人、争斗、竞争
生存	饥饿、口渴、冷暖	吃、喝、穿
运动	生命力、活力、精力	体育运动、健身
收集	拥有感、获得感	囤积食物或物品
有序	稳定感、掌控感	整洁、完美主义、遵循规则
安宁	安全感、平和感、避免恐惧或焦虑	保持健康、躲避危险、防卫、解压、度假

当上述 16 种基本欲望与满足相关欲望的具体事物或活动关联时，该事物或活动也被称为欲望。例如，想安装带远程监控功能的防盗门（源于安宁的欲望），想去度假（也源于安宁的欲望），这些同样属于欲望。

我们无法为用户创造新的欲望，只能唤起原本就存在于用户心中的欲望。

2）行动和动机

行动指的是为了特定目的而做某件事情。

欲望一旦苏醒，人往往就会有所行动，行动很可能是由一系列行为或操作构成的。例如，当我有了想安装净水器的欲望后，可能会在百度中搜索净水器的价值大不大、家用净水器有多少种、适合婴儿的净水器品牌有哪些、购买净水器的"避坑"指南等。经过搜索，我决定在 3 个品牌中选择。于是，我打开京东，搜索这 3 个品牌的净水器，对它们的价格、安装服务、维修保养服务等进行进一步了解，最终下单。

在为了满足欲望而采取的一系列行动步骤中，每一个行动步骤背后都是有原因的，也就是动机。

动机指的是推动人做某件事情的内部动力。

在上文的例子中，"安装净水器"是欲望，"购买净水器"是行动，这一行动的动机是"让家里的水质更干净、更卫生"。之所以在百度中搜索，是因为净水器价格不菲，既然要购买，就要进行更全面的了解；之所以在京东下单，是因为喜欢京东自营的物流速度；之所以选择某品牌，是因为其性价比较高，而且包安装、赠送两年滤芯。这一系列行动的最大动机是"让家里的水质更干净、更卫生"，每一个具体的行动或操作都有各自的动机，所有小动机共同为最大的动机服务。

动机是行动的直接原因，动机对行动的控制作用体现在两个方面：一是激发行动；二是为行动指明具体的方向，确保行动向最正确的方向发展。

3）需求

需求指的是获取能力可以满足的欲望。

人在有了欲望后，可以通过多种行为来满足自己的欲望。例如，我在有了"安装净水器"的欲望后面临以下几种选择：一是普通家用型净水器，价格一般在 3000 元以内；二是直饮型多功能净水器，价格一般在 10 000 元以上；三是我在国外的网站上见过的一款净水器，价格只要 500 美元（折合人民币约 3500 元），性价比很高。对于当时的我来说，只能考虑第一种产品。第二种产品价格太昂贵，第三种产品不向中国地区销售，它们超出了我的获取能力可以满足的范围，无法满足我的需求。很多人想坐奔驰、开宝马、住别墅，这是欲望；只有少数人买得起它们，因而只有少数人有需求。需求是由人的能力决定的，无法被获取能力满足的欲望不是需求，而是奢求，需求是现实，奢求是梦想。当然，现实与梦想之间的界限是运动变化的，今天无能为力，未来某一天可能就会梦想成真。例如，几年后我的收入提高了，或者第三种产品进入中国市场了，如果那时我还有"安装净水器"的欲望，后两种产品就可能成为我的需求对象。

4）欲望、需求、动机、行为、产品的关系

它们的关系如图3-30所示。

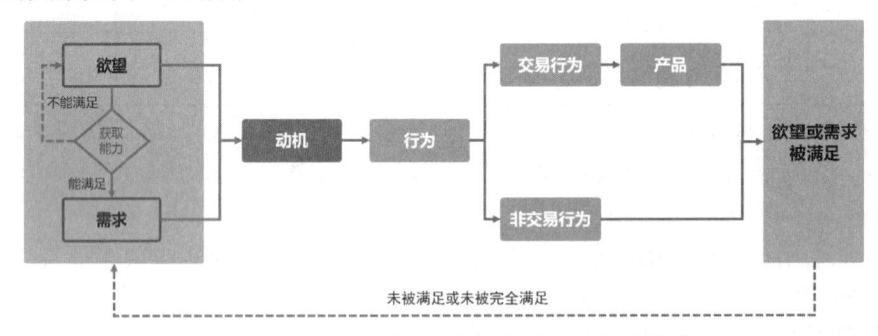

图3-30　欲望、需求、动机、行为、产品的关系

- 欲望和需求都是一种匮乏状态，需求是欲望的子集。只有可以被获取能力满足的欲望才能叫作需求，无法被获取能力满足的欲望仍然是欲望。
- 当欲望（或需求）被激发时，人会自发地产生一种与生俱来的"内驱力"[①]，进一步产生动机，并驱动人的行为来满足欲望（或需求）。只有在欲望（或需求）被满足时（生理上或心理上），人内心的紧张感才会减少或消除。在一组动机性行为中，既有关键性的行为，也有支持性的行为。例如，在上文的例子中，关键性行为是"购买净水器"，在百度中搜索、在京东中搜索和比较品牌、咨询客服人员等属于支持性行为。无论是什么性质的行为，每一种行为都是由一个或多个动机驱动的，如"购买净水器"的动机除了有"让家里的水质更干净、更卫生"，可能还有"获得成就感"或"炫耀"（如果近期要举办家庭聚会，那么我可以趁机在朋友面前炫耀一下）。
- 满足欲望（或需求）的行为主要有两类：一是交易行为，即用自己的东西（金钱、个人信息、时间等）和他人交换，比较典型的交易行为是购买产品；二是非交易行为，如饿了自己做饭，困了在家睡觉，这些行为都是非交易性的，同时，这些欲望（或需求）也可以通过交易行为来满足，如饿了叫外卖，困了去酒店开房休息。当用户通过交易行为来满足欲望（或需求）时，就会将欲望（或需求）指向具体的产品。因此，**产品可以被定义为"任何一种能够被提供，以满足市场欲望（或需求）的事物，包括有形的物品和无形的服务、体验、事件、地点、财产、组织、信息、想法等"**。[②]
- 如果一组行为未能满足或未能完全满足欲望（或需求），那么将循环上述过程。
- 欲望既不一定产生动机（欲望只有在达到一定的强度时才能产生动机），也不一定导致行为，因为欲望在强度不足时不会激发行为，并且有时候可以通过幻想或观看他人的

[①] 关于人类的内驱力及其在"刺激-反应原理"中的作用，读者可阅读著名心理学家荣格、勒温的相关理论著作。

[②] "产品"的定义引自《营销管理》（第十五版），作者为菲利普·科特勒。

行为来获得欲望的满足（人脑中的镜像神经元活动）。另外，同一种动机可以引起不同的行为，同一种行为可能出自不同的动机。

在上述几个概念及其关系中，欲望是原点。人类的欲望有很多，各种欲望层出不穷。从某种意义上讲，正是人的欲望不断推动着人类社会的发展。欲望本身是无罪的，只是由于不同的人会产生不同的动机，做出不同的行为，导致不同的结果，才有了世间万象、善恶美丑。

5）欲望和兴趣的关系

在 AIDA 模型中，兴趣和欲望是两个不同的环节，二者在本质上是不同的。

兴趣反映的是"我喜欢"，欲望反映的是"我想要"。例如，有些人对读书很有兴趣，而考大学或成名、成家是欲望；我在朋友家做客时，认真听朋友介绍净水器有什么用处和优点，这是兴趣，等朋友介绍完，我也想在家里安装一台净水器，这是欲望。

有兴趣不一定会产生欲望。例如，我听朋友介绍了净水器有什么用处和优点，听的时候很有兴趣，但等朋友介绍完了，我觉得这种东西安装和使用起来这么麻烦（3 个滤芯分别需要在安装后 6 个月、12 个月和 18 个月时更换），而且还很费电，就没有想在家里安装一台净水器的欲望了。反过来，如果产生了欲望，那么通常会伴随着兴趣的产生。

2．唤起欲望的策略

要想唤起用户的欲望，关键在于激发用户的动机。

在图 3-30 的基础上，我们单独分析欲望和动机的关系，如图 3-31 所示。

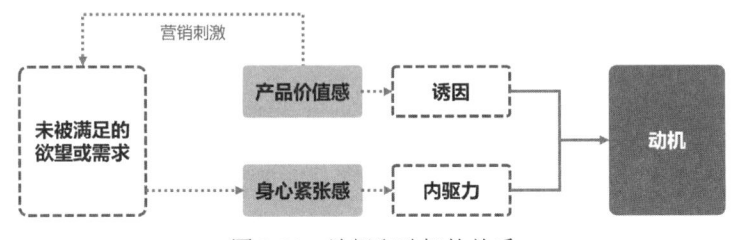

图 3-31　欲望和动机的关系

从图 3-31 中可以看出，动机是由诱因和内驱力共同激发的。诱因主要由外部的刺激和奖赏构成，在营销场景中，主要是与产品推广有关的事物；内驱力主要是欲望未被满足时的身心紧张感，如痛苦、亢奋等（紧张感的反面是平和感）。当欲望被满足后，身心紧张感会减少或消除，并重新归于平和。因此，要想唤起用户的欲望，我们可以从图 3-31 中的"产品价值感"和"身心紧张感"着手。

一是展现产品核心价值。产品对用户的价值越大，越能激发用户的欲望，进而产生动机。

二是从用户情绪入手，制造紧张感。人的每一种情绪都有与其性质相反的情绪，这就是情绪的两极性规律，如愉快与痛苦、好感与反感、爱与恨等。每一种欲望都可以被至少一组两极对立的情绪激发（如食欲未被满足时的痛苦与被满足后的愉悦等），这样可以激发内驱力，从而产生动机。总之，我们要让用户的情绪偏离中间状态的平和感，趋于情绪的正负两极，正向的情绪是用户喜爱的，负向的情绪是用户厌恶的。人的本能是追求喜爱的情绪，摆脱厌恶的情绪。

回顾 3.3.3 节的内容，我们明白了激发兴趣的关键策略是展现产品核心价值。现在我们更加明白，在展现产品核心价值的同时包含着唤起用户欲望的使命。接下来，我将重点介绍如何利用用户情绪，制造紧张感。

我们主要利用两种机制来激发用户情绪，分别是强化和惩罚。[1]

- **与强化有关的两种机制**：当某种行为之后出现令人喜爱的刺激时，这种行为被称为**正强化**，如当一个人讲笑话会引发愉快的笑声时，这个人以后很可能还会讲笑话。当某种行为之后解除令人厌恶的刺激时，这种行为被称为**负强化**，如当你乘车未系安全带时，安全带蜂鸣器会响个不停，你会赶紧系上安全带，以免再听到那令人厌恶的噪声。
- **与惩罚有关的两种机制**：当某种行为之后消除令人喜爱的刺激时，这种行为被称为**阴性惩罚**，如当哥哥打了弟弟后，父母不再给哥哥零花钱，哥哥便知道不能打弟弟。当某种行为之后出现令人厌恶的刺激时，这种行为被称为**阳性惩罚**，如触摸热炉子会产生疼痛的感觉，疼痛是对触摸行为的惩罚，这样我们下次就不会触摸热炉子了。

基于上述原理，我们可以利用强化机制或惩罚机制来激发用户的情绪，使之两极化（正向的喜爱或负向的厌恶），进而激发用户的行为动机。总的来看，4种可以利用的用户心理如图3-32所示。[2]

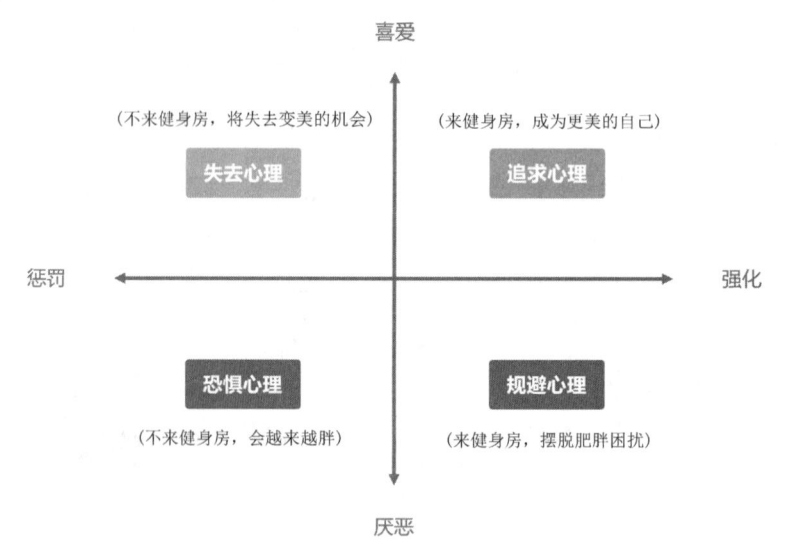

图 3-32　4 种可以利用的用户心理

1）利用追求心理

利用追求心理，即让用户觉得如果使用你的产品，就能产生喜爱的情绪（或者能够获得想要的东西，从而产生喜爱的情绪）。如果你开了一家健身房，那么文案可以是"来××健身房，成为更美的自己"，"成为更美的自己"可以激发用户喜爱的情绪。如果你销售净水器，那么文案可以是"安装××净水器，让全家喝到的每一滴水都新鲜干净"，也可以激发用户喜爱的情绪。

当然，你还可以进一步强化情绪。情绪除了有两极性的特征，还有强度的特征，如喜爱包括喜爱、很喜爱、非常喜爱，厌恶包括厌恶、很厌恶、非常厌恶，情绪强度越高（越紧张），动机就越强。加上强度特征后，健身房的文案可以变为"来××健身房，国家一级美体顾问一对一服务，2个月后看起来就像年轻了10岁一样"。这句文案的表现手法更具有画面感，可以让用户更加亢奋或渴望，即喜爱的强度提高了。激发情绪是需要达成的结果，如何激发情

---

[1] 引自《心理学与生活》（第十九版），作者为理查德·格里格和菲利普·津巴多。
[2] 此图引自李叫兽的文章《改变消费者的说服文案，有且只有以下4种》。

绪是达成结果的手段,关于如何运用这些手段,读者可以参考 3.3.3 节 "激发兴趣的策略",这些手段具有共通性。加上强度特征后,净水器的文案可以变为 "安装××净水器,3.6 秒快速出水,像瓶装纯净水一样直接喝,从此全家人可以天天喝新鲜干净的纯净水了"。

2) 利用规避心理

利用规避心理,即让用户觉得如果使用你的产品,就能摆脱厌恶的情绪。例如,健身房的文案可以是 "来××健身房,摆脱肥胖困扰",或者 "来××健身房,国家一级美体顾问一对一服务,科学瘦身,2 个月后减重 15 斤";净水器的文案可以是 "安装××净水器,从此和水里的有害物质说拜拜",或者 "安装××净水器,像瓶装纯净水一样直接喝,全家人的健康从告别水里的有害物质开始"。上述文案中的 "肥胖" 和 "水里的有害物质" 会引起用户的厌恶情绪。

3) 利用失去心理

利用失去心理,即让用户觉得如果不使用你的产品,就会产生失去所爱的情绪。例如,健身房的文案可以是 "不来××健身房,将失去变美的机会",或者 "不来××健身房,国家一级美体顾问一对一服务的宝贵名额只能让给其他人了,更严重的是,2 个月后看起来就像年轻了 10 岁一样的机会,你是不可能得到的了";净水器的文案可以是 "如果错过××净水器,全家人就错过了天天喝新鲜干净的纯净水的机会了",或者 "如果错过××净水器的活动,就只能等明年了,全家人没法天天喝新鲜干净的纯净水,早一刻安装××净水器,就能早一刻享受,毕竟全家人的健康是一刻也不能等待的"。

4) 利用恐惧心理

利用恐惧心理,即让用户觉得如果不使用你的产品,就会产生恐惧的情绪。例如,健身房的文案可以是 "不来××健身房,会越来越胖",或者 "不健身会越来越胖,最好看的衣服、最美的气质只能属于其他人,或许你曾经拥有过,但都成了遥远的回忆,来××健身房吧,别让肥胖把你的美好全毁了";净水器的文案可以是 "自来水含有很多杂质甚至有害物质,××净水器给你新鲜干净的纯净水",或者 "自来水含有很多杂质甚至有害物质,长期饮用对健康不利,甚至可能患上结石,全家人的健康是天大的事,不能毁在我们每天都要喝的水上,××净水器采用四重过滤技术,从此和水里的有害物质说拜拜"。

需要强调的是,唤起用户欲望的方法有很多种,最基本的方法是从展现产品核心价值和激发用户情绪这两个方面入手。如果将前者看作行动的 "拉力",后者就是行动的 "推力"。

3.3.5 行动

1. 行动的原理

3.3.4 节介绍了 "行动" 的定义,在用户增长领域,更常用的替代词是 "转化",最重要的转化是购买。

当用户的兴趣和欲望被成功激发后,理论上,用户就该行动了。用户在行动时可能面临 4 种阻碍,分别是使用受挫、交易受挫、心理障碍、拖延现象。

从转化因素的角度来看,激发兴趣、唤起欲望解决的是 "利益" 问题,促成行动重点解决 "阻碍" 问题,也就是消除上述 4 种阻碍。

2. 促成行动的策略

上述 4 种阻碍对应 4 种策略,分别是说明使用、轻松支付、打消疑虑、营造稀缺感。

1）说明使用

对于某些产品，用户可能担心自己不会操作或使用起来比较麻烦。对此，我们可以在介绍产品时说明使用方法，突出其易用性。如图 3-33 所示，（a）是某露营帐篷，（b）是某家用破壁机，（c）是某家用洗碗机，它们都需要用户操作。说明产品使用或安装过程中的信息，可以消除用户对这方面的顾虑。当然，如果是在线下，这个问题就比较好解决了，直接让用户试用即可。

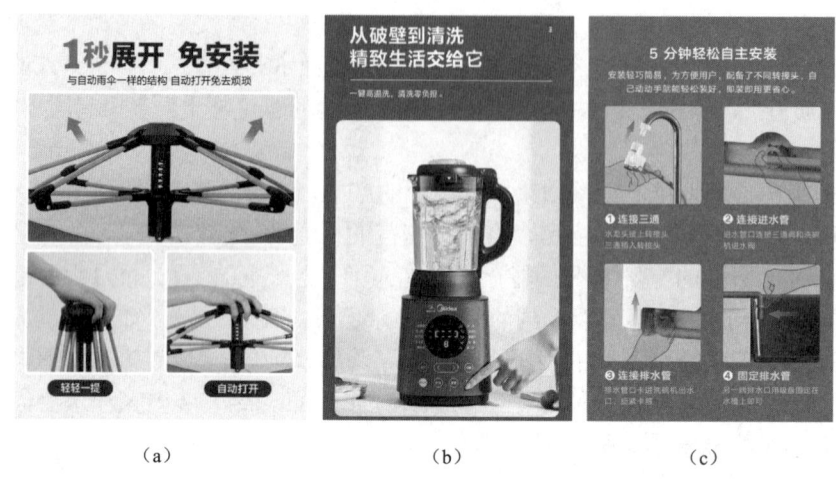

图 3-33　在介绍产品时说明使用方法，突出其易用性

2）轻松支付

用户在支付方面的阻碍主要体现在预算不够、觉得贵、担忧交易安全上，具体策略如下。

- **分期付款机制**：对于金额比较大的产品，我们可以设置分期付款机制，减轻用户一次性付一大笔钱的压力。
- **借贷机制**：与分期付款机制类似，帮助用户缓解当前的支付压力。
- **货到付款模式**：如果平台与用户之间的信任关系尚未完全建立，那么可以采用货到付款模式，避免用户担心财货两空。
- **改换心理账户**：用户之所以觉得贵或便宜，是因为进行了比较，当产品被归入不同的心理账户时，会影响用户对其价格的判断。例如，某深海鱼油产品如果在用户的心理账户中被归入食品，那么用户可能愿意花 10 元购买；如果被归入保健品，那么用户可能愿意花 100 元购买；如果被归入礼品，那么用户可能愿意花 500 元购买；如果被归入奢侈品，那么用户可能愿意花 1000 元购买。主动改变产品的心理账户属性，可以让用户不再觉得产品太贵，如第五章中的鼻炎喷雾案例"在外面吃一顿饭的钱，就能让你远离鼻炎困扰。和曾经花的冤枉钱比起来，这个价格可以说是良心价了。朋友们真的没必要为了省几块钱而购买含有激素或无效的产品，健康才是最贵的"。
- **价格锚定机制**：锚定效应指的是当人们需要对某个事件进行定量估测时，会将某些特定数值作为起始值，起始值像"锚"一样制约着估测值。例如，麻省理工学院心理学教授丹·艾瑞里在看到《经济学人》杂志的订阅优惠信息后，让 100 名学生对此做出选择。杂志订阅方案有 3 种：方案 A，电子版，59 美元；方案 B，印刷版，125 美元；方案 C，电子版+印刷版，125 美元。测试的结果是单订电子版的有 16 人，单订印刷版的有 0 人，订"电子版+印刷版"的有 84 人，占绝对多数，这是锚定效应的典型例子。

方案 B（125 美元）为"诱饵"价格，方案 C（125 美元）为目标价格。设置 3 种方案的目的是让更多的人选择方案 C，人们将方案 C 与方案 B 进行对比后，会觉得方案 C 很值。又如，某面包机的定价是 279 美元，销量不佳。过了一段时间后，品牌方在该面包机的旁边放了另一台号称质量更好的面包机，定价是 429 美元。结果，429 美元的面包机没有卖出去多少，279 美元的面包机销量翻了一番。[①] 我们可以在主推产品旁边放一个价格更高的产品，从而让用户锚定主推产品。在电商平台中，我们经常见到较高的原价被划掉，旁边显示当前的优惠价格，这种做法也利用了这一心理学效应。

3）打消疑虑

- **善用证明**，如权威背书、事实证明、实力证明、用户口碑等，详细说明见 3.3.3 节。
- **展现细节**，如展现产品原料、成分、制造过程、独特工艺、外观包装设计、使用效果、精心制作的官网细节等。
- **明确承诺**，如给出免费退换货、7 天甚至 14 天无理由退货、假 1 赔 10 等承诺。此外，用户普遍比较顾虑哪些方面，就给出哪些方面的明确承诺，这样会更有针对性。
- **善用试用**。
- **及时沟通**。当用户发起咨询时，如果发现用户有疑虑，那么应该有针对性地消除用户的疑虑。

4）营造稀缺感

治疗用户"购买拖延症"的"良药"是营造稀缺感，也就是利用用户的恐惧心理。心理学上有一种现象叫作"错失恐惧症"，也被称为"局外人困境"，指的是人们往往会担心自己错过了什么，而且人们在面对损失时产生的痛苦感会大大超过面对收益时产生的快乐感，即"损失厌恶"。为了避免这种情绪，用户很愿意付诸行动、规避损失。营造稀缺感的具体策略如下。

- **产品紧缺**，即营造产品产量少、库存少、抢购速度快、销售速度快等感觉，增强用户的紧迫感，如动态显示数量不断减少的库存"仅剩××件""全球限量发售 1999 辆""存货还有 200 个，但是我们已经通知了 5000 个用户""本羊肚菌在深山密林的纯天然环境中采摘，今年久旱，产量骤减，仅能提供 16 公斤，先到先得""××牛排，一头牛仅供 6 人购买"等。
- **时间紧缺**，即限时优惠，指定优惠价格限时有效，或者直接显示倒计时，如"最后 2 小时，手慢无""不要让今天的全款，变成明天的首付"（某房地产文案）等。
- **机会紧缺**，如"现价 288 元，今天是 10 周年店庆的最后一天，今夜 12 点即将恢复原价 598 元""错过今天，再等一年""你太幸运了，每 15 430 人中只有 1 人能中大奖！机会不容错过"等。
- **产品难得**。人对于想要的东西，越求之不得，越渴望得到，在可以轻易得到时反而没有那么积极。当某个产品需要抢购、预订、预约、先付全款、加价、邀请好友助力、转发朋友圈才能买到或得到的时候，可能会激起用户更大的欲望，这就是饥饿营销。

上文完整介绍了 AIDA 模型的基本原理和增长运营策略，下面我用一张表格归纳 AIDA 模型的特点，如表 3-10 所示。

---

① 引自《解码新消费者心智》，作者为吉特·亚罗。

表 3-10 AIDA 模型的特点

环节	目标	基本原理	增长运营策略
注意	让用户看见	①有意注意、无意注意。 ②五感刺激	①突显性。 ②反差性。 ③新异性。 ④诱惑性。 ⑤相关性
兴趣	让用户喜欢	①兴趣的激发和保持。 ②利益刺激	①善用文案。 ②善用画面。 ③善用利益。 ④善用试用。 ⑤善用证明
欲望	让用户想要	①欲望（或需求）的满足过程。 ②行动和动机的逻辑。 ③利益刺激+情绪刺激	①展现产品核心价值。 ②激发用户情绪（利用 4 种用户心理）
行动	让用户下单	消除阻碍	①说明使用。 ②轻松支付。 ③打消疑虑。 ④营造稀缺感

3.3.6 AIDA 模型与触点的分析、优化

1. AIDA 模型与两类触点

在推广转化的过程中，一方面，同一个触点很可能同时承担着 AIDA 模型中的多项使命，如在 SEM、SEO 推广场景中，推广创意触点同时承担着吸引注意、激发兴趣这两项任务；另一方面，同一项任务也可能由多个触点共同承担，如在 SEM、SEO 推广场景中，不只是推广创意触点承担着激发兴趣的任务（吸引用户点击），用户点击后进入的着陆页也承担着激发兴趣的任务（保持用户参与的兴趣）。

表 3-11 所示为 AIDA 模型与触点的关系。

表 3-11 AIDA 模型与触点的关系

推广转化场景	触点			
	注意	兴趣	欲望	行动
SEM、SEO	搜索推广创意	①搜索创意。 ②着陆页	着陆页	①着陆页。 ②其他页面
信息流广告	信息流推广创意	①广告创意。 ②智能着陆页	智能着陆页	智能着陆页
应用商店推广	App 推广创意	App 详情页	App 详情页	App 详情页
软文推广、EDM、站内信	文案推广创意（标题是核心）	正文	正文	正文
官方推送	推送创意	①推送创意。 ②着陆页	①着陆页。 ②任务页面	任务页面
电商平台	商品推广创意	①商品展现创意。 ②商品详情页	商品详情页	商品详情页

续表

推广转化场景	触点			
	注意	兴趣	欲望	行动
实体店	①门头和门口招揽。②店内陈设	①门头和门口招揽。②店内陈设和客服	①门头和门口招揽。②店内陈设和客服	店内产品或服务
报纸杂志	同版广告	①同版广告。②客服	①同版广告。②客服	客服

就线上推广转化的特点而言，总体上可以按照两类触点进行归类运营、分析、优化，分别是点击前触点和点击后触点。前者的代表是推广创意，重点任务是吸引注意和激发兴趣；后者的代表是转化页面（通常是着陆页），重点任务是激发兴趣、唤起欲望和促成行动。

2．点击前触点的分析和优化

1）衡量推广创意的指标

线下触点衡量注意和兴趣的指标主要是进店率；线上触点衡量推广创意的指标主要是点击率，如表 3-12 所示。需要说明的是，点击率指标适用于效果类推广或品效合一类推广，单纯的品牌类推广应当采用购买意愿、品牌回忆等指标。

表 3-12　线上触点衡量推广创意的指标

指　　标	含　　义	计　　量
点击率	推广创意的点击量和展现量的比率	点击率=点击量/展现量×100%

在分析点击率时，需要获取的主要是推广触发物（广告或内容）的展现量、点击量等数据。

2）优化点击率的常用策略

- **创意飘红**（吸引注意：反差性）。
- **搜索排名靠前**（吸引注意：突显性）。
- **关键词匹配模式优化**（吸引注意：相关性）。
- **人群定向优化**（吸引注意：相关性）。
- **图片创意优化**（吸引注意、激发兴趣：反差性、新异性、诱惑性等）。
- **标题优化**（吸引注意、激发兴趣：点睛一句、制造关联、全新观点等）。
- **描述优化**（激发兴趣：善用文案、善用画面、善用证明等）。

3）触点分析和优化案例

下面我们来看两个触点分析和优化的案例。

案例

案例一　两个搜索类推广的点击率分析

在百度搜索引擎中搜索"会计师事务所"，排在搜索结果页面第一位和第二位的广告如图 3-34 所示，哪一个广告的点击率更高呢？

基于 AIDA 模型的基本原理和增长运营策略，我认为第二个广告的点击率更高（虽然它的排名不如第一个广告），原因如下：

图 3-34　排在搜索结果页面第一位和第二位的广告

　　首先，从推广创意的标题来看，第一个广告的标题是"审计、尽职调查、您贴心的财税顾问"，这个位置应当体现产品核心价值，而第一个广告的产品核心价值"泯然众人"，没有什么独特性，几乎所有的会计师事务所都会提供这些服务，这是搜索"会计师事务所"的用户已经知道的事实；第二个广告的标题是"专业高效、收费透明"，体现了独特的产品核心价值，尤其是"收费透明"涉及用户普遍比较关心的利益问题。

　　其次，从推广创意的正文来看，第一个广告的文案、图片说明的是会计师事务所的正常业务范围，没有太大的吸引力；第二个广告的"15 年资历""全国百强""服务用户 10 万+人""金牌口碑"等都是非常重要的转化因素，起到了强化利益和消除阻碍的作用。

　　总的来看，第二个广告充分运用了利益策略、证明策略，体现了该会计师事务所的独特优势，更容易打动用户。

　　在京东中搜索"花生油"，3 个花生油产品的比较如图 3-35 所示。在同一搜索结果页面中，第一个位置和第三个位置的两个产品都是"压榨一级花生油""京东自营"，并且拥有相同的容量、价格和 100 万+条评价，哪一个产品的点击率更高呢？

图 3-35　3 个花生油产品的比较

　　我认为第一个产品的点击率更高，因为该产品运用了证明策略（如"中粮出品"起到了央企背书的作用）和利益策略（如"放心购""券 3-2"等）。

　　需要提醒的是，上述案例假设用户对福临门、金龙鱼两个品牌没有偏好。如果用户有品牌偏好，那么一般会直接搜索品牌名。

案例二　某电商产品的车图点击率优化过程

案例背景：某电商平台中有一款古风连衣裙，其车图点击率远低于行业平均水平，商家希望优化该产品的车图点击率。

一、机会

这是一个典型的 A 类任务，即需要解决增长问题。查询相关行业数据，"古风连衣裙"品类在移动端的平均点击率为 5.6%，该产品的点击率仅为 2.22%，远低于行业平均水平。

该产品最初的车图如图 3-36 所示。商家对最初的车图点击率较低的原因进行分析，具体采用头脑风暴法。经过分析，商家认为真因是车图的创意设计不佳，具体表现在以下几个方面。

（1）图片的背景有问题。模特服装的颜色与背景色的反差太小，降低了辨识度，不太容易吸引用户的注意。

（2）图片上没有突出产品核心价值。这是一个不知名的新品牌，如果车图上缺少产品独特卖点的关键信息，就难以激发用户的兴趣。

图 3-36　该产品最初的车图

（3）图片上没有体现利益点，吸引力不足。

二、策略

基于对真因的假设，商家制定了以下策略。

（1）更换图片背景，与模特形成视觉反差，提高辨识度，从而吸引更多用户的注意力。

（2）在图片上突出产品核心价值。提炼产品核心价值主要从两个角度入手：一是分析该产品在面料、设计、使用等方面的特性；二是分析该电商平台中的同类产品，对于卖得比较好的产品，注意差异化，对于评价比较差的产品，分析用户的评论意见，洞察用户在购买古风连衣裙时的痛点，从而为提炼产品核心价值带来灵感。经过上述分析后，商家提炼出的产品核心价值是"雪纺面料，柔软亲肤，透气不缩水"，它们可以较好地关联用户的实用利益。不过，只有实用利益还不够，有必要进一步突出心理利益。于是，商家提炼了另一句创意文案"保持优雅，时刻绽放美丽"。

（3）进一步体现优惠价格、"送同款帽子"等利益点。连衣裙的穿着季节主要是夏季，紫外线强烈，因此女生经常戴帽子，如果佩戴的帽子风格不统一，就会影响整体美观度。在这种情况下，"送同款帽子"可以进一步打动用户。

重新设计的车图如图 3-37 所示。

图 3-37　重新设计的车图

三、验证

重新设计的车图的点击率从原来的 2.22%提高到 8.17%。如图 3-38 所示。

花费 ⑦	点击量 ⑦	展现量 ⑦	点击率 ⑦
86.88	51	2,294	2.22%
花费 ⑦	点击量 ⑦	展现量 ⑦	点击率 ⑦
68.59	85	1,040	8.17%

图 3-38 重新设计的车图的投放数据

从图 3-38 中可以看出，车图的点击率提高了 4 倍左右，花费也降低了，权重逐渐上升，平均每个点击的花费为 0.8 元左右。经过验证，真因定位准确，优化策略有效。

四、发展

商家加大了投放力度，并在此基础上进一步测试和改善车图，取得了良好的推广效果。

4）优化点击率的注意事项

点击率越高越好吗？答案并非如此。

如果是免费推广，那么在不影响用户后续体验的前提下，点击率越高越好。这代表推广内容在激发兴趣方面表现优秀，增长运营走在正确的道路上。

如果是付费推广，情况就比较复杂了。首先，点击率可能会受到某些非道德行为的干扰，如流量舞弊牟利、竞争对手恶意竞争，甚至企业内部人员因某种缘由而虚假拉高数据等。其次，当点击率提高时，转化率有同步提高吗？如果答案是否定的，就要小心了，因为在展现量一定的情况下，点击率提高意味着点击量增加，也就是说推广费用会增加，如果转化率没有同步提高，那么 ROI 必然会下降。最后，在某些推广场景中的某些阶段，我们不能一味追求点击率，如在投放信息流广告时，前期不宜为了过度追求提高点击率而将受众圈定在过小的范围内，这样会限制机器学习的效果。

可见，我们不能盲目优化点击率，设计广告创意需要注意这一点，不能一味追求博眼球、吸引点击。一般情况下，我们可以在推广渠道中获取同品类或同行业的平均点击率数据，将其作为优化点击率的参照。

3. 点击后触点的分析和优化

用户在点击推广创意后会到达着陆页。着陆页也被称为落地页，指的是用户点击网页链接跳转至目标网站后的首个页面。最早的着陆页是基于 Web 网站的，现在已经广泛延伸到移动端 WAP 网站和 App 中。

着陆页一般由广告主搭建，某些广告（如信息流广告）需要由渠道方搭建着陆页，这类着陆页也被称为智能着陆页。着陆页的主要形式如下：网站的着陆页，包括 PC 端、移动端；电商店铺的商品详情页；应用商店的 App 详情页；移动端的 H5 页面；等等。

着陆页承担着激发兴趣、唤起欲望和促成行动的工作，任务比较艰巨，我们需要经常分析、不断优化。

1）衡量用户转化的指标

衡量用户转化主要使用点击后阶段的相关指标，如表 3-13 所示。

表 3-13　衡量用户转化使用的点击后阶段的相关指标

维　　度	指标名称	指标含义	计　　量
触点体验	平均页面停留时间	用户每一次浏览的平均时间	平均页面停留时间=某页面上的用户总停留时间/（总页面浏览量–页面退出数）
	平均会话长度	每个会话的平均交互时间	平均会话长度=会话长度/所有会话
	滚动深度	滚动深度用于测量用户向下滚动网站页面或手机屏幕的程度，指的是滚动距离与页面长度的比率	根据规则直接计量
	用户参与度	对用户平均参与分数的度量，可以自定义指标模型来计算	用户参与度=总用户参与分数/会话
	转化率	衡量用户转化水平的指标，转化率较高，表明用户体验较好	转化率=转化数/基数×100%
	跳出率	分析跳出率应注意场景，如在单页推广（网站只有一个页面）中，着陆页的跳出率一定是 100%，衡量跳出率没有意义	跳出率=流量中对网站无意义的会话/流量总的会话×100%
	热图指标	重要的具体衡量指标如下。 ①点击热度，通常以鼠标在页面中的点击数量（或手指在屏幕上的触摸数量）和颜色冷热来表示。 ②平均滚动深度，通常以鼠标向下滚动到某个位置的人数的百分比或颜色冷热来表示。 ③驻留时间，通常以百分比表示用户在不同页面或同一页面不同位置的停留时间。 ④移动路径，通常以颜色表示光标移动的路径	根据规则直接计量
转化效率	转化率	转化指的是实现设定目标的用户行为，范围非常广泛，如注册账号、添加购物车、下单、支付、填写表单等；转化率是转化数和基数的比率，基数既可以是上一步的转化数，也可以是用户旅程中某个更早的环节的数值	转化率=转化数/基数×100%
	App 下载量	App 被成功下载的数量	根据规则直接计量
	App 激活量	App 被安装并成功打开的数量，新设备首次被安装并成功打开通常也被称为设备激活	根据规则直接计量
	订单数	业务产生的订单数量	根据规则直接计量
	账号注册数	业务产生的账号注册数量	根据规则直接计量
	线索数	业务产生的线索数量	根据规则直接计量

续表

维度	指标名称	指标含义	计量
投资回报	每用户平均收入	利润意义上的用户平均收入	每用户平均收入=收入-成本。 收入范围：用户直接付费收入、用户点击广告形成的收入、自定义价值等。 成本范围：推广费用、PC成本（进货成本或生产成本）、直接人工费用、其他相关费用等
	每付费用户平均收入	利润意义上的付费用户平均收入	与每用户平均收入相同，只是用户的范围为付费用户
	用户生命周期价值	在用户与企业的整个关系期间内归属于用户的未来现金流量的现值，具体包括非预测、简单预测、高级预测3种计算模式	用户生命周期价值=LT×ARPU。 LT=1/用户平均流失率
	获客成本	获得用户的人均成本	获客成本=总成本/总用户。 总成本范围：推广费用、直接人工费用、其他相关费用等
	投资回报率	投资回报和投资成本的比率	投资回报率=投资回报/投资成本×100%
	广告支出回报率	推广带来的销售收入与推广费用的比率	广告支出回报率=推广带来销售收入/推广费用×100%
	商品交易总额	一段时间内的交易总金额	根据规则直接计量
	销售毛利	商品的不含税收入剔除不含税成本的差额	销售毛利=销售收入-销售成本
	毛利率	毛利与销售收入或销售成本的比率	收入毛利率=（销售收入-销售成本）/销售收入×100%。 成本毛利率=（销售收入-销售成本）/销售成本×100%

点击后阶段的转化分析应获取的数据种类涉及用户触点数据、财务数据，数据范围涉及着陆页、App、渠道端、第三方广告监测机构（如果有相关机构参与）等。

2）优化用户转化的常用策略

- **图片和文案优化**（唤起欲望、促成行动：展现产品核心价值、激发用户情绪、消除转化阻碍等）。
- **客户服务沟通优化**（唤起欲望、促成行动：展现产品核心价值、激发用户情绪、消除转化阻碍等）。
- **问题诊断优化**：分析用户未转化的原因，基于策略环进行针对性优化。
- **触点体验优化**：触点体验是转化的重要因素（利益、阻碍、触发），换句话说，如果用户对着陆页根本没有兴趣，那么着陆页如何能唤起用户的欲望、促成用户行动呢？正如一位文案专家所说的那样："写文案的目的是让读者阅读我的标题，在阅读完标题之后，让读者阅读第一句话、第二句话、第三句话，直到阅读完最后一句话。"着陆页体验的作用正是如此。触点体验优化的主要策略如下。**（1）保证内容的相关性**，即着陆页上的内容要与用户意图相关。例如，用户在搜索引擎中搜索某类产品的价格，在用户到达着陆页后，着陆页必须回答用户关心的价格问题；用户搜索某个产品的具体型号，在用户到达着陆页后，着陆页必须呈现该型号的信息；用户搜索"北京两日游最佳路线"，在用户到达着陆页后，行程和景点必须是按照两天来设计的，用户搜索"北京三日游最佳路线"，在用户到达着陆页后，必须看到三天的行程和景点设计。我们应对关键词和推广创意进行分组,为不同主题类别的推广创意设计与之相关的着陆页。(**2**)**保证体验的一致性**。对于推广时展示的产品核心价值、用户利益、服务承诺、风格调性、实质内容等,用户已经在心里产生了预期,用户到达着陆页后的实际感受应不低于已经产生的预期,"挂羊头,卖狗肉"的做法是不可取的。从这一意义上讲,好的推广创意应该是既能吸引用户的注意,又能吸引用户点击,并且与着陆页体验一致的创意。(**3**)**保证响应的及时性**。着陆页的打开速度要快,杜绝链接错误、技术故障、加载缓慢等问题;唤起客服人员要及时,当用户咨询时,客服人员应及时回答,或者设置智能客服机器人,并编制实用的问答内容,以满足用户需求。(**4**)**保证结构的清晰性**。着陆页应有清晰的页面结构、导航、内容安排,符合用户的阅读习惯,确保用户能够轻松便捷地浏览页面内容,找到所需信息,最好将用户最感兴趣的内容放在显要位置,尽力创造原创性内容,页面风格设计应符合大多数用户的审美,在视觉上不应让用户感到杂乱,在理解上不应让用户感到迷茫。(**5**)**保证交互的友好性**。例如,用户注册账号、填写表单、提交表单的操作应简捷、便利,交互按钮应清晰、方便操作,对用户的操作错误应及时提醒,对用户可能疑惑的地方应做好解释说明,确保用户能够快速搜索到满意的内容,减少弹窗等对用户的过度干扰。

3)触点分析和优化案例

下面我们来看一个触点分析和优化的案例。

案例

如何将卡车司机网站的转化率提高 79.3%[①]

案例背景:美国有一个由专业卡车司机组成的社区性网站,由卡车运输行业论坛建立。该网站可供卡车司机共享信息,并为彼此的职业生涯提供帮助,该网站平均每月的访问者约为 100 万人,浏览量约为 500 万次。

该网站提供的服务之一是帮助卡车司机找到更好的工作机会:首先,卡车司机需要填写一份一次性的在线简历,然后在经过预先筛选的卡车运输公司提供的招聘职位中进行选择。该网站的原始登录页面如图 3-39 所示。

司机用户在原始登录页面填写完相关信息,接下来是一个包括 4 个步骤的在线简历创建过程。原始登录页面的转化率为 12.1%,该网站希望优化该页面的转化率,让更多的用户进入后续的在线简历创建过程。该页面相当于转化漏斗的顶部位置,从目前的数据来看,该页面的漏失率过高。

很明显,这是一项典型的 B 类任务,其目标不是排除故障,而是提升增长水平。

一、机会、策略

以佩普·拉贾为首的增长团队进行了以下两个层面的分析。

(1)使用 GA 分析原始登录页面,设置鼠标跟踪数据收集(包括点击数据、移动热图、滚动热图),并通过 SessionCam 产品记录用户会话视频,以分析用户在该页面上的浏览和点击行为、兴趣、关注区域。

[①] 案例贡献者为 CXL 创始人佩普·拉贾。

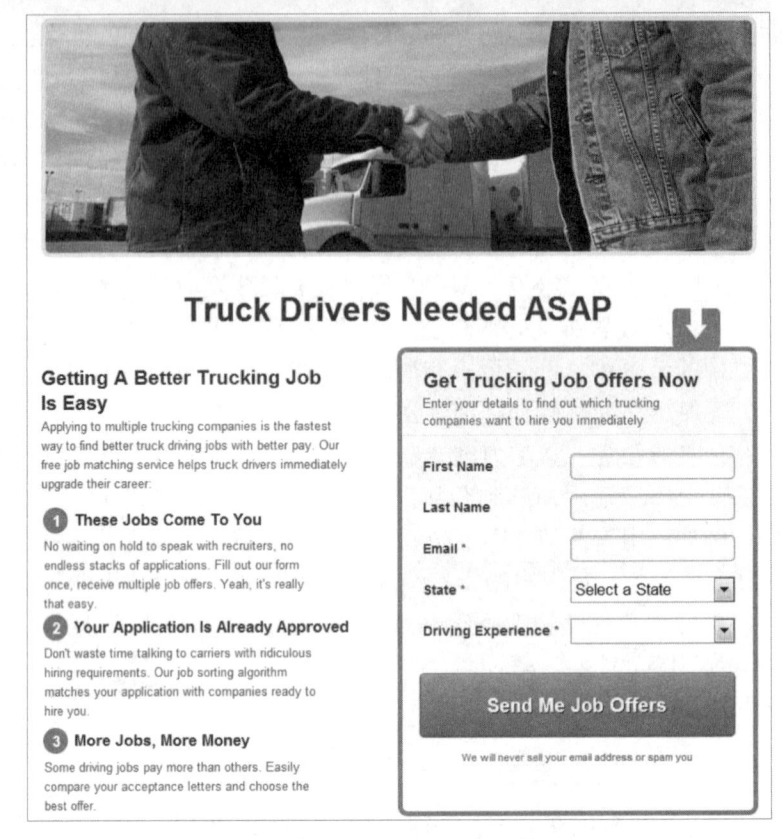

图 3-39　该网站的原始登录页面

（2）用户调研，使用谷歌表单开展一项针对卡车司机的在线调查，以了解他们为什么要找新工作，对卡车驾驶工作最看重的是什么，在考虑新工作机会时主要的动机、疑虑和问题是什么，等等。

结合上述两个层面的分析，增长团队识别出影响转化率的下列关键因素和策略。

- **响应式设计**：数据显示，移动端访问（智能手机+平板电脑）约占总流量的 50%，这表明卡车司机经常在移动端登录该网站。原始登录页面不是响应式的，因而会影响移动端的用户体验。策略是将原始登录页面改为响应式设计。
- **弱标题，并且没有体现用户利益**：当前标题的效果较弱，冲击力不够。策略是设计一个更好的标题，其中应包含鲜明的用户利益，解决主要的用户痛点，满足用户需求。
- **俗气的图库照片**：MDG Advertising 的研究数据显示，67% 的在线用户认为高质量的图片对他们的购买决定"非常重要"，这一比例比"产品特定信息""详细描述"等略高。原始登录页面使用的是一张现成的图库照片，主题和图片比较俗气，难以吸引用户的注意力，更难以让用户产生情感共鸣。策略是设计一张更好、更真实的照片。
- **设计效果不佳**：简单而无聊的设计看起来太过基础和业余。策略是优化设计效果，给用户留下更好的第一印象。
- **缺乏社会证明和可信度**：策略是增加社会证明，消除阻碍。
- **不能更好地满足用户需求**：经过用户调研，该网站得知卡车司机们的主要需求是更高的薪水、更好的福利和更多的在家时间。当然，其他方面的利益（如更合理的工作时间、良好的设备和雇主的尊重等）也有被提及。许多人对空洞的承诺感到厌烦，甚至对招聘人员产生了负面情绪。策略是重新设计文案,以满足用户的利益诉求。

基于以上关键因素和策略,该网站对原始登录页面进行了改版,改版后的多端响应式设计页面如图 3-40 所示。

图 3-40　改版后的多端响应式设计页面

在新版的设计中,团队没有对页面布局进行大改,因为热图分析和用户会话重播分析表明,原始登录页面的布局在可用性方面表现良好。关于新版的设计,需要重点说明的地方如下。

- 突出了标题,在视觉层次结构中,标题的权重排名第一。
- 在标题正下方增加了解释性文字,用于解释页面内容。
- 大背景照片往往能更好地吸引用户的注意力。
- 照片上热情、微笑的人注视着用户的眼睛,也有助于吸引用户的注意力。
- 因为屏幕左侧区域的内容更受关注,所以保留了左侧的解释性内容。
- 根据"古腾堡原则"[1],页面右下角是终端视觉区,所以将表单和号召性用语放置在页面右下角。

以上的思考大多基于经典理论,如古腾堡原则、行业最佳实践等。

二、验证

在设计出新版本后,团队需要进一步改进细节,以找到转化率最高的版本。为此,针对全局设计和几处细节,团队一共开展了 6 项 A/B 测试。

一)全局版本测试

假设:如果重新设计一个新版本,那么新版本的转化率比原始版本更高,因为基于行业最佳实践,原始版本有多处需要改进的地方。

A/B 测试的结果:在 99.7% 的统计显著性下,实验组(新版本)的转化率比对照组(原始版本)高 21.7%,最终转化率(完整创建并提交简历)高 24%,表明改版非常成功。

---

[1] 人们在浏览页面的时候,视线通常是从左上角移动到右下角的。基于此规律,古腾堡将画面呈现的内容分成 4 个象限,分别是第一视觉区、强休息区、弱休息区和终端视觉区,并指出应当在不同的区域放置恰当的内容。

二）字段测试

假设：如果减少表单字段，那么转化率更高，因为这意味着更少的摩擦，用户填写表单更容易。

基于这个假设，团队设计了更精简的表单字段，取消了姓名、州、驾驶经验等选填字段，只保留了电子邮件这一个必填字段，其他内容不变。表单字段的对比如图 3-41 所示。

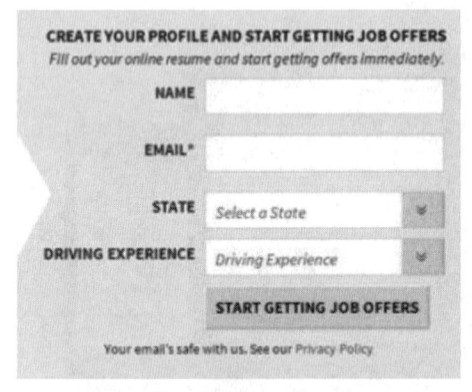

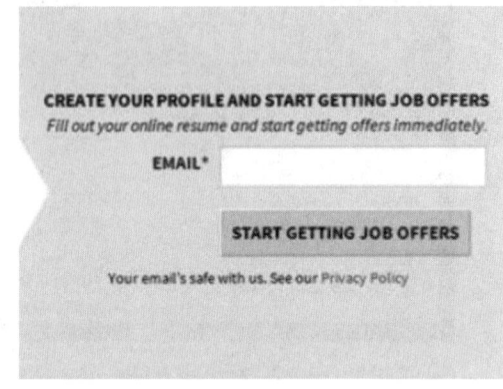

对照组　　　　　　　　　　　　　　　　　实验组

图 3-41　表单字段的对比

A/B 测试的结果：对照组的转化率比实验组高 13.56%。对此，团队认为，虽然根据行业最佳实践，短格式通常优于长格式，但是此处不适用于这一规律，至于为什么，需要通过更多的测试或访谈来探查原因。团队的猜想是，保留其他字段可以表现出更高的可信度或增加相关性，如果只保留电子邮件字段，那么看起来可能是想通过"套邮箱"来发送垃圾邮件。

（可见，行业最佳实践未必完全靠得住，一方面，它可以为增长运营人员提供便捷的思考路径或现成的选择；另一方面，相关策略在具体场景中到底管不管用还需要进行测试，用事实说话。）

三）利益点测试

假设：如果在页面中体现更多的用户利益点，那么转化率更高，因为利益点越多越吸引人，而且这些利益点来源于对卡车司机进行在线调查的结果，反映了他们的心声。

基于这个假设，团队设计了一个新的标题，将原标题"得到一份薪水更高的卡车司机工作"改为"获得更高的薪酬、更好的福利和充足的家庭时光"。经过修改，"工作"没有直接体现在主标题中，而是体现在了副标题中（"更好的卡车司机工作已经给你准备好了"），并且增加了包含利益点的文案，如"没有过多的谎言、过长的工作时间和向领导点头哈腰，我们的免费工作匹配服务将帮助您找到有更高的工资和更好的福利的卡车司机工作：获得更丰厚的报酬、更多的里程数和家庭时光；与尊重司机的厚道人一起工作；使用保养良好的可靠设备"。利益点的对比如图 3-42 所示。

A/B 测试的结果：在转化漏斗的顶部，两个版本的转化率没有显著差异；不过，团队在观察转化漏斗的底部时发现，实验组的转化率反而比对照组低 21.7%，也就是说，被大量利益承诺吸引的用户在进入简历创建过程后，积极性锐减，很多用户没有完成完整的简历创建过程就流失了。对此，团队经过分析认为，在呈现利益点时，只要使用简短、直截了当的语言就可以奏效，堆砌太多的利益点看起来反而像炒作，或者错误诱导非目标用户。

对照组　　　　　　　　　　　　　　　　　　实验组

图 3-42　利益点的对比

（这体现了上文提到的"把多变少"的技巧，有时候，"多"并不代表"好"。同时，我们应尽力避免单纯的吸睛式操作，否则在最终转化环节会被"打回原形"。还要注意的一点是，不要孤立地关注某一个环节的转化率，我们要看在当前环节实施策略会不会对后续环节产生负面影响。例如，某贷款 App 的资料初审部门精简了用户需要提交的信息，大大提高了该环节的转化率。然而，信息不完整给风控部门带来了麻烦，而且复审时的通过比例大幅降低，既给业务造成了负面影响，又导致用户体验变差。）

四）头部文案测试

头部指的是深色底标题的区域，类似于报纸的头版头条，其作用非常重要。

假设：如果使用直接、简明的文案，那么转化率更高，因为卡车司机群体的文化水平普遍不高，从事的工作比较繁重，简单、直接的头部文案更能吸引和打动他们。

基于这个假设，团队设计了多个版本的头部文案。

原始版本（对照组）的标题是"得到一份薪水更高的卡车司机工作"，辅助文案是"我们的免费工作匹配服务将帮助您快速找到更好、薪酬更高的卡车司机工作。现在您可以同时申请多家货运公司，节省时间"。

经过与多个版本进行 A/B 测试，结果是原始版本胜出。其中，转化率排名第二的文案突出了"自由选择"——"你可以得到一份薪酬更高的卡车司机工作。当然，你可以自由选择"。与第二名相比，原始版本的转化率高 16.2%。

团队经过分析认为，简单、直接的头部文案更适合这类用户，所以关于"发展策略"的思考是"我们如何利用该洞察，使页面变得更直接、简明"。

（可见，利益点测试和头部文案测试都表明，对于"卡车司机"这一特定人群来说，直接、简明的风格调性更能激起他们的注意和欲望，转化率也更高。这是非常有价值的洞察，如果能复用到该网站的所有页面中，就会放大价值，获得更好的增长效果。）

五）更简明的页面测试

假设：如果设计更简明的页面，那么转化率更高，因为在之前的多次测试中，团队明确得出了这个洞察。

基于这个假设，团队重新设计了更简明的页面，包括更简约的页面布局和更精简的文案。页面设计风格的对比如图 3-43 所示。

对照组　　　　　　　　　　　　　　　　　实验组

图 3-43　页面设计风格的对比

A/B 测试的结果：实验组（新版本）比对照组的转化率高 21.5%（统计显著性为 99.6%）。测试结果表明，在之前的测试中积累的经验是正确的，更简约的布局和更精简的文案会带来更多的选择。

（可见，这体现了"发展策略"环节的巨大价值，即通过不断实验获得的优秀洞察可以让增长变成良性循环，不断放大增长效果，从而形成"策略环效应"。）

六）更进一步的简明页面测试

假设：如果进一步设计更简明的页面，那么转化率更高，因为在之前的多次测试中，团队明确得出了这个洞察。

基于这个假设，团队重新设计了多个更简明的页面，具体方案如下。

- 从一开始就重新构建新设计，以形成更紧凑的布局。
- 删除电子邮件字段（唯一的必填字段）以外的所有字段。
- 删除姓名字段，使电子邮件字段成为最后一个保留字段。这个方案的原理是，人们从简单的字段（如"州"下拉列表）开始填写往往更容易上手，即使填写到比较麻烦的字段时（如电子邮件）也不会轻易放弃，而是认为"我已经开始了，不能让之前的工夫白费了"，这种心理学现象被称为"承诺和一致性"。

页面效果的对比如图 3-44 所示。

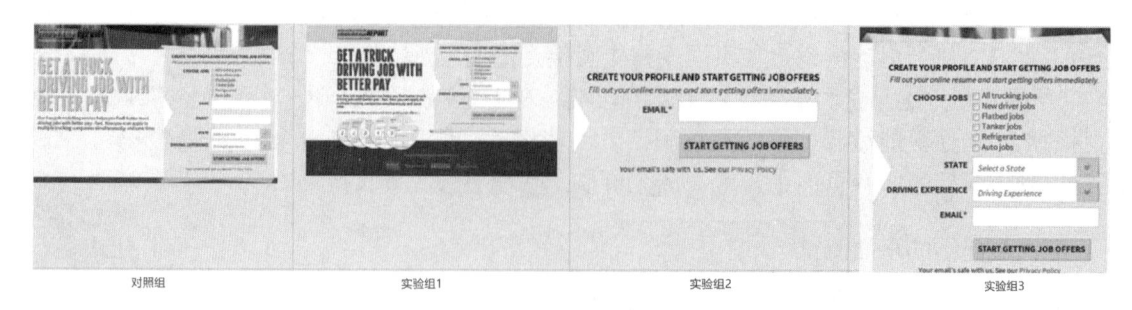

对照组　　　　实验组1　　　　实验组2　　　　实验组3

图 3-44　页面效果的对比

A/B 测试的结果：第三个方案的页面效果最佳，转化率提高了 44.7%（统计显著性为 99.9%）。3 个方案的测试结果对比如图 3-45 所示。

版本	访客	转化数	转化率	变化幅度	领先原始版本的机会
版本 3 电子邮件字段后置	2,960	641	21.7% (±1.48%)	+44.7%	100.0%
版本 2 仅保留电子邮件字段	1,686	278	16.5% (±1.77%)	+10.2%	88.6%
原始版本	1,624	243	15.0% (±1.74%)	---	---
版本 1 新设计	2,895	407	14.1% (±1.27%)	-6.0%	20.5%

版本 3 电子邮件字段后置版的转化率比原始版本提升44.7%。

图 3-45　3 个方案的测试结果对比

三、发展

详见上文。

四、优化总结

经过一系列的优化迭代，登录页面最终达到了 21.7%的转化率，比原始版本提高了约 79.3%。

（可见，优化用户转化是一项只有起点没有终点的工作，我们需要坚持不懈，不断改进和迭代，持续进行精细化运营。本案例综合运用了对比分析、转化因素分析、行为事件分析、热图分析、用户调查、A/B 测试等多种分析方法。）

3.3.7　推广转化的问题诊断

推广转化过程中的常见问题包括点击转化率低（特指广告点击转化率，即以点击数为分母计算的转化率）、ROI 不理想、到达流量少。如图 3-46 所示，我采用"决策树"的方式，对常见问题及其原因进行了整理和归纳，供读者参考。在理解图 3-46 的时候，读者应将本书所讲的知识点联系起来（如吸引注意、激发兴趣、唤起欲望、促成行动的策略），在知识点之间建立联系，从而打通从诊断问题到分析问题、形成策略、验证策略的体系化能力。

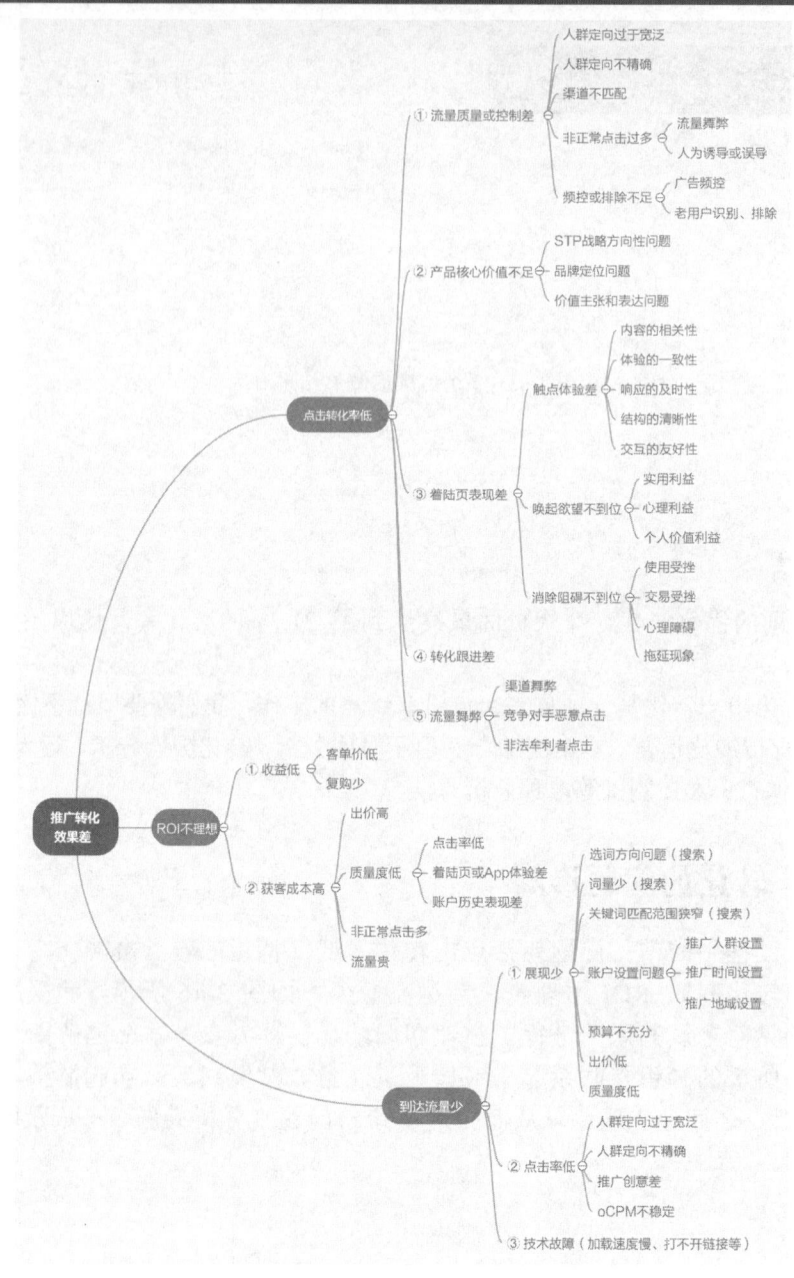

图 3-46 推广转化过程中的常见问题及其原因

3.4 用户裂变

3.4.1 用户裂变的基础知识

1. 用户裂变的定义

用户裂变指的是通过用户传播或推荐,从而获得新用户或新交易的过程。有计划的裂变活动通常是基于社交关系链急速完成的,因而也被称为"病毒性"增长或裂变增长。

用户裂变主要有以下两类场景。
- **用户自发推荐**，即用户由于某种原因自发产生推荐某个产品或品牌的欲望，其动机来源于用户内心（通常是用户感受到了产品的"啊哈时刻"，或者被激起了某种特别的情绪），与官方没有事前的利益约定。
- **官方裂变活动**，即官方策划发起的裂变活动，用户推荐的动机主要来源于强利益刺激。官方裂变活动往往具有很强的"病毒性"，如用户的参与层级多、推荐范围广、裂变过程高效等，通过裂变的方式来获得新用户是一种非常有效的持续性获客方法。根据尼尔森的研究，开展推荐活动的品牌通常可以增加10%~30%的用户获取量，在朋友推荐某个产品的情况下，用户购买产品的可能性是非推荐情况的4倍。沃顿商学院和歌德大学的研究人员称，推荐用户往往更加忠诚，他们的全生命周期价值提高了16%。[①]

用户自发推荐通常与用户体验有关，属于用户深耕的范畴，将在第四章介绍，本节重点介绍官方裂变活动。

2. 官方裂变活动的形式

官方策划发起的裂变活动形式丰富多样，下面是一些常见的形式。

1）邀请裂变

如图3-47所示，邀请裂变是基于熟人关系的裂变形式，邀请者和被邀请者通常可以同时获得利益。"老带新"是邀请裂变的本质，要想引导老用户拉新，见效比较快的方法是既给予老用户拉新奖励，又给予新用户奖励。

2）拼团裂变

如图3-48所示，拼团裂变指的是用户利用自己的社交网络互相邀请，共同参与团购，从而获得团购优惠，官方发起拼团裂变往往是为了增加销量或新用户。

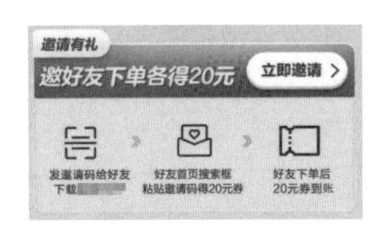

图 3-47　邀请裂变　　　　　　　　图 3-48　拼团裂变

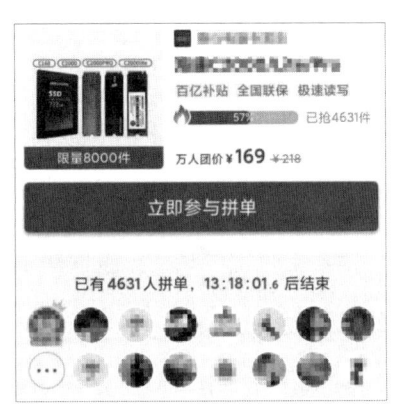

3）分销裂变

如图3-49所示，分销裂变指的是发展下线赚取佣金，用户只要推荐好友或好友的好友购买产品，就能获得一定比例的佣金收益。这种裂变形式在社交电商平台中比较普遍，淘宝客、京粉等就属于分销裂变。需要注意的是，设计二级以上的分销层级可能涉嫌传销，在采用这种裂变形式时一定要将其与传销区别开来。

---

① 引自《福布斯》杂志官方网站。

4) 众筹裂变

如图 3-50 所示，众筹裂变指的是用户邀请好友帮助自己，从而获得利益。众筹裂变是近年来比较流行的裂变形式，主要利用好友之间的认同和福利的外在形式，福利主要是优惠、产品或赠品等，拼多多中的"砍价 0 元拿"就属于众筹裂变。

图 3-49　分销裂变

图 3-50　众筹裂变

3．用户参与裂变活动的动机和阻碍

1）动机

用户的行动往往是有动机的，用户参与裂变活动的主要动机如下。

- **有利可图**：用户受到了实用利益、心理利益、个人价值利益等利益的激励，如用户可以获得优惠、现金奖励、实物奖励、特权奖励、积分奖励、认同感、成就感等，表达某种想法或立场，进行自我形象塑造，等等。例如，对于一个宝宝评选大赛的投票活动，用户传播的动力可能不仅是可以高调"晒娃"，还可能是获得某个奖品，即用户既可能受到实用利益的激励，也可能受到心理利益的激励。成功的裂变活动通常可以较好地平衡邀请者、被邀请者、企业三方的利益，让每一方都能获得好处。如果任何一方的利益不足以支撑其分享，裂变的链路就会断裂，裂变活动也就无法继续了。从某种意义上说，参与者利益设计是裂变活动成功与否的关键。

- **为情所动**：产品、品牌或其他事物获得了用户的高度好感，引发了用户的共鸣，促使用户自发进行分享；激起了用户某种强烈的情绪，如惊讶、惊喜、感动等；激起了用户想帮助他人的情感。例如，网易新闻的"我的新年 FLAG"活动激起用户想被关注的情绪，支付宝"晒"年度账单的活动激起用户想炫耀的情绪，《人民日报》客户端推出的将个人照片合成历史上不同时期"军装照"的活动满足的是人们渴望成为英雄的愿望，等等。

- **受压而为**：用户由于从众心理或令其难以拒绝的人际关系而分享，如亲戚、老师、同学等请求分享。

在设计裂变活动时，企业应充分利用甚至制造各种动机，以便达到更好的裂变效果。

2）阻碍

用户在参与裂变活动时可能遇到的阻碍因素有以下 4 种。

- **使用受挫**，如转发的操作过程比较烦琐、操作失败等。
- **交易受挫**，如官方设定的奖励兑换条件比较苛刻、预测成功率比较低，官方对利益的承诺含糊其词，用户需要付出比较高的交易成本等。我们可能看到过这样的裂变活动：官方承诺在某 App 中可以 0 元吃水果、0 元领毛巾、0 元领图书等，用户点击链接后才发现，免费领取奖品的前提是把链接发到很多群中，还要把截图发到官方微信群里接受验证，即使验证成功，也要付快递费才能领取。官方为裂变活动设置了太多的交易步骤和条件，效果自然不好。当然，并不是交易步骤和条件不能多一些，不过前提是要让用户感觉到值，利益必须足够多。
- **心理障碍**，用户担心推荐的产品会损害自己的声誉（如用户觉得某个产品很不错，如果分享后朋友觉得一般，那么会不会显得自己的品位比较低，如果用户过于卖力推荐，那么会不会被朋友认为自己和官方之间有利益关系），用户不认可产品核心价值，对品牌有负面认知，涉及个人隐私（如有些用户不愿意让朋友知道自己在使用贷款App），价值观抵触（如用户认为推荐某些产品可能会被朋友认为自己是一个贪便宜的人），等等。
- **拖延现象**，如犹豫、迟疑等。

3.4.2 基于企业微信的用户裂变

在国内，比较常用的用户裂变渠道是微信。微信是腾讯于2011年推出的为智能终端提供即时通信服务的应用程序。后来，腾讯又推出了区别于个人微信的企业微信，它是为企业打造的专业办公管理工具。

1. 企业微信的优势

前些年，以拼多多为代表的一批企业和众多微商从业者，通过微信获得了用户裂变的迅猛增长，享受了微信流量的红利。近年来，微信官方对个人微信上用户裂变活动的管控日益严格，一不小心就会面临被禁用甚至被封号的风险，基于个人微信进行用户裂变得日益艰难，当前，一些企业已经将用户裂变的重心转移到企业微信上，预计在未来几年，企业微信将取代个人微信，成为用户裂变的最佳阵地。企业微信能够与上亿个个人微信用户连接，并与微信消息、小程序、微信支付等互通，这是它最有价值的地方。此外，当前的企业微信就像发展初期的个人微信一样，企业可以享受企业微信的流量红利和增长机会。

与个人微信相比，企业微信在私域用户沉淀、用户裂变等方面具有哪些优势呢？个人微信与企业微信的对比如表3-14所示。

表3-14 个人微信与企业微信的对比

对比项目	个 人 微 信	企 业 微 信
认证和身份展示形式	无法进行企业或品牌认证；身份展示形式是微信号和签名	可以进行企业或品牌认证，在与陌生好友互动时更具确定性、信任感；身份展示形式是企业官网、获客内容、名片等自定义内容，更有利于品牌营销
添加好友上限	上限是5000人，每天可被动添加150人左右，可主动添加30人左右	上限是2万人，每天可被动添加500~5000人（视企业微信号的权重而定），可主动添加60~300人；朋友圈不限流
朋友圈覆盖性	当好友数超过3000人时，朋友圈限流严重；当好友数超过5000人时，新加的好友相互之间无法查看朋友圈	全覆盖（企业微信号无法看到个人微信号好友的朋友圈）
群发助手	每一次群发只能选200个好友，并且需要一一手工操作，只能群发9个群，群发1000个好友会受限；群发容易被封号	自带群发功能，并且群数无限制，一次可群发全部用户，无须分批群发（1个用户1周内只能接收1次群发消息）；群发不会被封号（违法和不良信息除外）

续表

对比项目	个人微信	企业微信
活码功能	在引流时需要一个二维码中间跳转页才能添加个人微信号，相当于用户需要扫两次码	自带个人活码和群活码，用户只需要扫描活码，就可以直接添加企业微信号，系统会随机分配客服人员的二维码，用户只需要扫一次码；企业微信群活码的有效期是永久的，1个群活码可以关联5个群（每个群最多200人）。如果1个群活码下的群不足5个，那么当群成员满员后，系统会自动创建新群，直到建满5个群，在后台用新群替换旧群，相当于一个群活码下的容量超过1000人
自动化运营	无自动化运营功能，使用第三方插件容易被封号	有自动化运营功能，如入群欢迎语、关键词回复、关键词监控、快捷回复、群成员去重、防广告、自动踢人等，可进行高效的企业微信社群管理和运营
数据分析	无数据分析功能	有实用的数据分析功能，如分析用户数据、群聊数据等
用户资产沉淀	用户资产容易被员工带走	在员工离职后，用户资产可以被继承

2. 基于企业微信的用户裂变流程和方式

基于企业微信的用户裂变流程如图3-51所示。

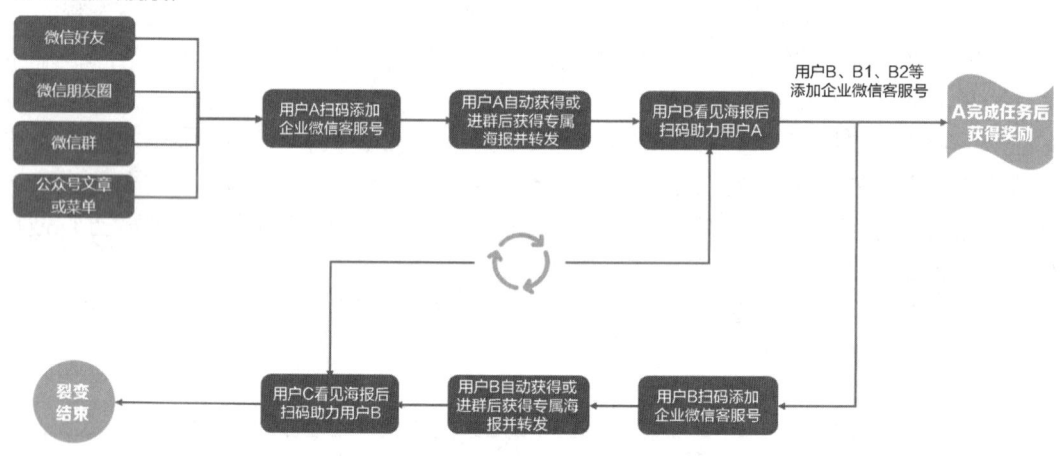

图3-51 基于企业微信的用户裂变流程

在进行用户裂变时，使用一些第三方工具可以提升获客和运营管理的效果。国内支持企业微信的第三方工具有很多种，"小裂变"是其中一种。下面我将结合"小裂变"的实际操作过程，介绍几种常见的用户裂变方式。

1）任务裂变

如图3-52（a）所示，在官方的活动海报上有企业微信号的二维码。用户用个人微信或企业微信扫描该二维码后，企业微信号会自动通过好友申请，并向用户发送如图3-52（b）所示的裂变活动规则文案和活动链接。用户点击活动链接后，可以获得如图3-52（c）所示的带有其头像的专属海报。如图3-52（d）所示，用户将该海报分享到朋友圈、好友微信号或微信群中，完成规定邀请任务，即可领取如图3-52（e）所示的活动奖励。

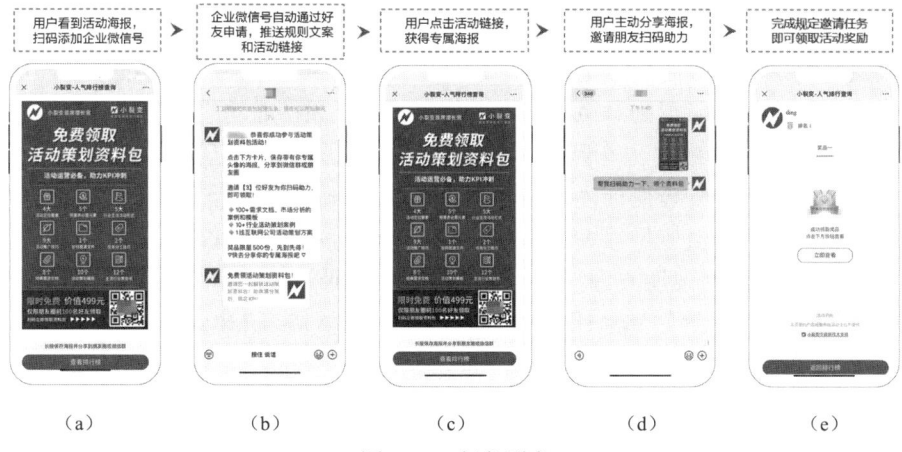

图 3-52　任务裂变

基于个人微信的任务裂变一般是通过公众号进行的，用户需要先关注企业公众号，然后获得专属海报。基于企业微信的用户裂变不需要用户关注企业公众号（当然，也可以先引导用户关注企业公众号，再获得专属海报），一般直接引导用户添加企业微信号（具体员工）。对于企业来说，用户沉淀为企业微信好友更有深度价值，也能更高效地触达和运营，而不只是停留在"企业公众号的粉丝"这一层关系上。

2）好友裂变

好友裂变的方式与任务裂变基本相同，唯一不同的是，用户在添加企业微信号后，不是先获得任务链接，再点击任务链接才能获得专属海报，而是直接获得专属海报。

3）社群裂变

社群裂变的方式也与任务裂变基本相同，唯一不同的是，用户只有在加入某个企业微信社群后才可以获得专属海报。社群裂变的关键是创建社群，目的是后续将社群作为单元来运营。

其他的用户裂变方式还有拼团裂变、红包裂变、抽奖裂变、游戏裂变等。总之，用户裂变的方式是非常灵活的。

3.4.3　用户裂变活动成功的关键因素

用户裂变活动在本质上是一种特殊形式的推广转化（基于社交关系链），与上文所讲的推广转化在逻辑上是完全相同的。

在设计用户裂变活动时，值得我们重点关注的问题如下。

1. 奖品的选择

活动奖品（也被称为"营销诱饵"）是用户转发、分享的主要利益刺激，关乎用户裂变活动的效果、投入产出、用户质量等，企业可以重点参考以下策略。

- **奖品应是目标用户需要或喜欢的**。道理很简单，只有目标用户需要或喜欢，奖品才能更好地打动目标用户，让目标用户参与裂变活动。如果目标用户是宝妈，那么对于畅销绘本、益智玩具、故事机、玩偶、纸尿裤、婴儿护肤品、画笔等奖品，大部分宝妈会比较需要；如果目标用户是职场女白领，那么面膜、口红、护肤品、化妆包、洗面奶、护手霜等奖品可以"投其所好"。当然，并不是完全不能选择本业务领域外的奖品，而是本业务领域内的奖品可以最大限度地筛选目标用户，获得的用户更精准。此外，在本业务领域内选择奖品还可以起到一定的防"羊毛党"的作用，如果奖品是纸尿裤，那么不是宝妈的人一般不会为了得到对他们来说没什么用的纸尿裤而动用自己的社交关系。

- **奖品价值应与用户的付出相匹配**。除了奖品的范围，我们还应让奖品的价值配得上用户的付出。用户参与裂变活动，在时间、精力、操作、动用社交关系等方面需要有所投入，因此奖品的价值应足够大，让用户感觉到值。关于奖品价值，最大的变量是获得奖品的条件，"要求转发朋友圈"和"要求在朋友圈曝光 2 小时"是不同的条件，"让 3 位朋友添加企业微信号"和"让 8 位朋友添加企业微信号"也是不同的条件。不同的条件意味着用户的付出不一样，奖品的价值也应该不一样。比较合理的策略是设置阶梯条件，如让 3 位朋友添加企业微信号可以获得一种奖品，让 8 位朋友添加企业微信号可以获得价值更高的奖品，或者按照排行榜给予奖励。这种策略的好处是既不会把裂变活动的门槛设置得太高，减弱用户的参与意愿、限制参与范围，又考虑了有意愿、有能力深度参与的用户。需要注意的一点是，海报上应标明奖品的市场价值。
- **企业应做好奖品的成本把控**。裂变活动是有成本的，成本把控是一件非常重要的事情，应使 ROI 高于 1，具体可以根据后续需要推广的产品、正常情况下的转化率、客单价等来综合考虑。企业可以采用的策略包括实物奖品和虚拟奖品相结合（虚拟奖品的边际成本比较低），从而降低整体成本，或者通过资源互换、赞助等方式筹集一些奖品。如果企业的产品价格较高，不适合做奖品，那么可以选购其他奖品。

2. 裂变规则的设计

裂变规则的设计主要涉及以下 3 个方面。

- **用户参与流程和路径设计**。企业应根据不同的裂变方式设计用户参与流程，如任务裂变方式的常规流程是"用户看到活动海报，扫码添加企业微信号"—"企业微信号自动通过好友申请，推送规则文案和活动链接"—"用户点击活动链接，获得专属海报"—"用户主动分享海报，邀请朋友扫码助力"—"用户完成规定邀请任务后，在企业微信号聊天对话框中收到任务成功的消息和领奖链接"—"用户打开领奖链接，填写相关信息，领取奖品"—"用户收到奖品"。这个流程既涉及步骤（操作的顺序关系），也涉及路径（操作的跳转关系）。需要特别注意的是，企业不可将流程设计得过于复杂。从海报触发目标用户开始到裂变结束，就像一个转化漏斗一样，每多一个环节，就会产生更多的用户流失。例如，某些企业将裂变目标设计得过于复杂，要求目标用户添加企业微信好友、加入某个社群、关注公众号，甚至登录小程序才能获得裂变海报。事实上，这是完全没有必要的。用户裂变的关键是让用户成为企业微信好友，只要用户成为企业微信好友，企业就可以随时触达用户。在后续的运营中，如果同一条消息在公众号、企业微信号、短信、App 站内信、微信群等渠道中反复触达用户，那么效果反而不好，容易造成对用户的过度打扰。
- **触点体验设计**。裂变过程涉及众多的触点，这些触点可能分布在微信、电子邮箱、H5 页面、短信、小程序中。企业应为用户提供清晰、流畅、友好的触点体验，具体包括规则的明确、流程的明示、话术的设计、及时的提醒、快速的响应等，总之要消除理解、操作、交易上的各种阻碍，顺利推进裂变进程。其中，群内话术主要包含入群话术、审核话术、提醒话术、踢人话术等，一般分为 2~3 段。例如，当用户进群时，客服机器人会在@用户的同时发送入群话术，第一段可以对用户表示欢迎，介绍裂变规则和流程（这是必不可少的）；第二段是需要用户转发的文案，之所以将其单独放在一段，是为了方便用户复制粘贴、简化操作；第三段是一张图文海报（这也是必不可少的）。

- **奖品条件设置**参考上文。

3. 裂变海报的设计

海报是用户裂变过程中非常重要的触发物（严格来说，通常是由一张图文海报和一段文案构成的），一般位于与目标用户最初接触的环节。海报内容在很大程度上决定了用户会不会参与裂变活动，一张小小的海报（通常是手机版）承担着非常艰巨的任务。对照上文的 AIDA 模型，海报设计既要吸引用户的注意，又要激发用户的兴趣，还要唤起用户的欲望，确实是一项比较大的挑战。

裂变海报的 6 要素分别是主标题、副标题、卖点、背书、CTA、活码。

裂变海报的设计策略重点如下。

- **突出利益**，通过图文等方式描述奖品和奖品的价值，具体策略请读者参考 3.3 节的内容。尤其值得一提的是，描述利益点的文字要突出，最好让用户不用点开海报、不用点进朋友圈就能看到利益点的标题或关键词。
- **减少阻碍**。如果是著名机构，那么海报上可以体现机构名称和标志，以增加用户的信任感。文案中应明确参与流程和规则，清晰地引导用户操作，突出流程和规则的简单性，如"邀请 3 位好友即可获得充电宝 1 个"，用户通常不喜欢长篇大论的规则，我们一定要通过几个简单步骤把规则说清楚，让用户一眼就能看明白，而不是花费精力来思考、琢磨。奖品规则的设计应遵循"既利己（邀请者），又利他（被邀请者）"的原则，避免邀请者产生心理障碍（如担心被朋友认为自己贪便宜）。总之，海报应字体清晰、内容清爽、一目了然、重点突出。
- **强调稀缺和紧迫**。为了敦促用户快速行动，我们可以强调奖品稀缺、时间紧迫、机会不容错过，如"奖品仅限 99 份，当前剩余 51 份，预计 1 分钟内被抢光"等。
- **叫出用户昵称**。在向用户下发的文案中，我们可以叫出用户昵称，体现亲切感和友好态度，如"××你好，恭喜你成功参与抢书活动……"（需要第三方工具支持）。
- **增强海报专属性**。向用户下发的海报可以自动展现邀请者的头像，体现海报专属性，这样有利于增加用户的信任感（需要第三方工具支持）。

4. 启动用户的选择

启动用户指的是位于首个裂变层级的用户。在企业微信的用户裂变场景中，启动用户的范围如下。

- **企业员工**。企业员工应尽量全部参与活动，通过自己的社交关系链，将裂变活动传变出去。
- **现有用户**，如 App 中的用户，CRM 或 SCRM（Social Customer Relationship Management，社会化客户关系管理）系统中的用户等。
- **粉丝**。企业可以在公众号菜单栏或文章中展示裂变活动，让公众号粉丝或微博、自媒体等其他平台的粉丝参与活动。
- **KOL**（Key Opinion Leader，关键意见领袖）。企业可以与 KOL 合作进行裂变推广。

- **其他**，如在实体店中张贴海报，让员工在线下添加微信好友等。

5. 裂变活动的管控

裂变活动应做好过程管控和风险管控，具体包括以下策略。

- **过程管控**：(1) 有事先充分测试、演练过的完整的活动策划方案和脚本；(2) 在活动进行的过程中根据情况适时做出优化调整；(3) 及时响应用户提出的疑问、咨询；(4) 做好活动复盘和经验总结，并形成可在后续活动中复用的成果。
- **风险管控**。在用户裂变方面，企业微信虽然不像个人微信管理得那么严格，但是相关政策在不断调整，存在一定的不确定性和风险。企业应做好风险的预防和控制，活动要真实且合法合规，及时回复用户的消息、回应用户的关切、化解用户的不满，最大限度地避免被用户投诉，如在活动中设置虚拟投诉按钮，方便增长运营人员及时调控活动，有针对性地解决用户的问题；保持企业微信号的日常活跃度；控制单日添加好友的数量；加强员工培训，提前演练，预想可能出现的各种问题，并准备应对方案、应急处置预案和话术；在活动后及时发放奖品；等等。

3.4.4 用户裂变效果的分析和测试优化

1. 用户裂变效果分析

1) 分析指标

衡量用户裂变效果的常用分析指标如表 3-15 所示。

表 3-15 衡量用户裂变效果的常用分析指标

指标名称	指标含义	计量
获得用户数	通过裂变获得的新增用户或新入群用户	直接计量
转化率	衡量转化水平	转化率=转化数/基数×100%
k 因子	k 因子也被称为"病毒系数"，用于衡量产品或活动的裂变增长能力	k 因子=（第 n 个周期的用户自然增长数）/（第 $n-1$ 个周期的活跃用户数）； k 因子=裂变用户数/启动用户数
获客成本	获得用户的人均成本	获客成本=总成本/总用户
留存率	获得用户后 N 日的留存情况	留存率=N 日留存用户数/获得用户数×100%

2) 分析数据的获取

在基于企业微信的用户裂变场景中，企业微信后台能够提供一部分数据，如添加用户数、聊天数、流失数、创建群聊数、群成员数、群消息数等；借助一些第三方工具，企业还可以获取更加详细的用户运营数据，如销售额、订单数、k 因子等。

3) k 因子的含义和计算

k 因子用于衡量产品或活动的裂变增长能力。这一术语来源于传染病学，它量化了感染的概率，即在一个已经感染了病毒的宿主所能接触到的所有宿主中，会有多少宿主被其传染上病毒。

业界有多种计算 k 因子的方法，比较常见的是公式 $k = ic$。其中，"i"是每一个用户发出的邀请数（一般取平均值），"c"是每一次邀请的转化率。该公式在理论上没问题，然而在实践中应该如何计算"i"？在具有多个转化层级的网络中，"i"应该算到哪一个层级也不太明确。"c"是基于"i"进行计算的，由于"i"不太明确，因此"c"也不太清晰，在多层级网络中计算起来会比较复杂。

鉴于此，企业可以按照 SMEI 在《UGBOK®》中提供的两种更加简便的方法来计算。

第一种计算方法的公式如下。

k 因子=（第 n 个周期的用户自然增长数）/（第 n-1 个周期的活跃用户数）

上式中的"n"可以取周、月，一般情况下取月。例如，分子是 7 月的用户自然增长数，分母就是 6 月的活跃用户数。这种计算方法不需要追踪单个用户的发送数量、转化比率、裂变方式等。

上文介绍过，用户裂变主要有两类场景：一是用户自发推荐，二是官方裂变活动。上式可以综合衡量产品的整体用户裂变能力，即包含用户自发推荐和官方裂变活动的整体效果。如果在统计周期中官方未组织过裂变活动，那么上式衡量的是用户自发推荐的效果；如果在统计周期中官方组织过裂变活动，那么用上式中的数据减去官方裂变活动的数据，就是用户自发推荐的效果。可见，该公式相当灵活，计算起来也比较简单。

第二种计算方法的公式如下。

k 因子=裂变用户数/启动用户数

这种计算方法可以衡量单次裂变活动（官方裂变活动）的裂变效果。什么叫作"启动用户""裂变用户"呢？我们来看一张某官方裂变活动的逻辑图，如图 3-53 所示。

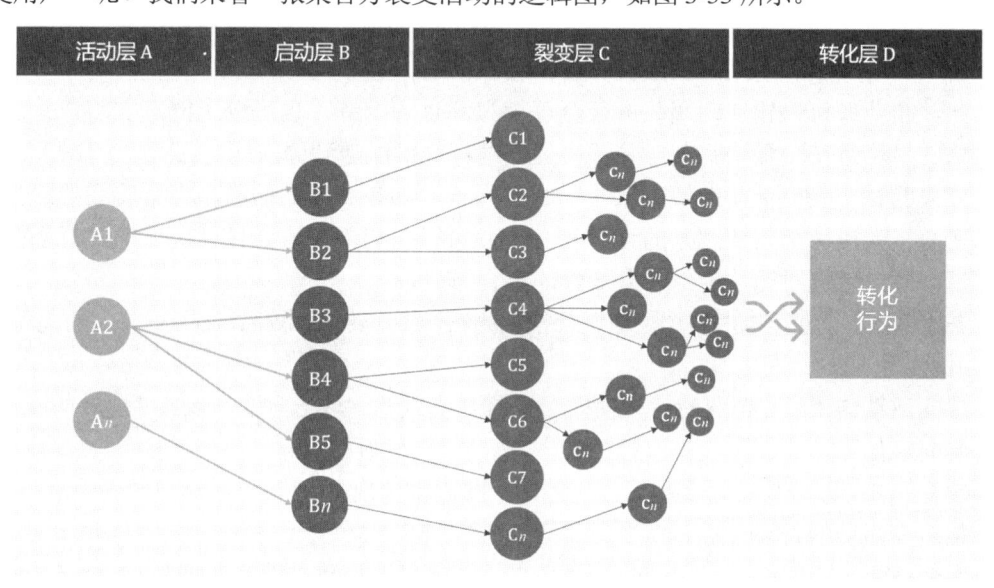

图 3-53 某官方裂变活动的逻辑图

在图 3-53 中，"活动层"指的是具体的裂变活动，用 A 来表示；"启动层"指的是首批分享的用户或账号，用 B 来表示；"裂变层"指的是直至裂变活动结束的若干个裂变层级，用 C 来表示；"转化层"指的是在裂变过程中或裂变活动结束后一段时间内的转化行为，用 D 来表示。

例如，某企业组织了一次赠书的裂变活动。该企业选择的第一种裂变渠道是企业员工的社交圈，第二种裂变渠道是某 KOL 的社交圈。企业员工共 227 人，分享裂变海报的员工有 225 人；在该 KOL 的社交圈中，有 1566 人分享了裂变海报。裂变活动正式启动，经过 7 天的时间，净增企业微信好友 5219 人，k 因子的计算公式如下。

$$k 因子 = 裂变用户数 / 启动用户数$$

$$= 5219 人 / （225 人 + 1566 人）$$

$$\approx 2.9$$

由上式可知，每 1 个启动用户大约可以带来 2.9 个裂变用户。该企业还可以分别计算员工社交圈的 k 因子和该 KOL 社交圈的 k 因子，从而评价该 KOL 社交圈的裂变效果和投入产出。

在一般情况下，当 k 因子＞1 时，用户数量会像滚雪球一样增加；如果 k 因子＜1，那么用户数量在达到一定规模时会停止增加。通过"病毒营销"、自我复制等实现爆发式增长的产品，其 k 因子基本上远大于 1。

当然，产品的 k 因子不是一成不变的，真实的情况是在产品发展后期，由于用户周围往往遍布其他老用户，传播能力大大下降，因此 k 因子会逐渐降低到比较低的水平。k 因子的初始值越大，越有利于用户增长。

2．用户裂变效果的测试和优化

1）测试

在正式启动裂变活动之前，企业可以视情况对相关事项进行测试和优化，需要重点考虑的事项如下。

- **裂变流程和路径测试**，包括流程能否打通、逻辑是否合理、用户操作是否流畅，用户会不会对文案和规则产生歧义、会不会按照官方预设的路径参与裂变活动，等等。对此，企业既可以让活动团队进行全真模拟和过程演练，也可以邀请真实用户来测试，总之，尽量在一开始就发现并解决裂变过程中可能遇到的问题。
- **效果测试**。裂变活动的效果取决于综合因素，如裂变产品的产品力、奖品的选择、裂变海报的设计、裂变规则的设计等。企业可以在相关渠道或目标群体中进行小范围测试，通过数据对比，选出效果最好的组合方式。
- **渠道测试**。企业可以对多个渠道进行投放测试，选择转化率较高、k 因子较大的优秀渠道。

2）优化

在裂变活动结束后，企业应对裂变效果进行认真复盘，总结问题，形成可发展的成果。复盘的主要内容如下。

- **裂变用户**，即分析是否实现了获客目标。在通常情况下，"获得足够多的新增有效用户"是裂变活动的首要目标。
- **裂变效果**，即评估裂变活动的综合效果，如参与用户数、任务完成率、k 因子、转化情况、投入产出情况、品牌传播情况等。
- **分析原因**，即对出现的问题进行归因，如流程是否顺畅、活动执行是否存在问题、规则有没有漏洞、推广是否到位、用户留存是否符合预期等。
- **总结经验**，即总结裂变活动做得好的地方和不好的地方、哪些地方可以进一步优化，形成知识库、优化 SOP（Standard Operating Procedure，标准作业程序）等。

3）分析方法

在用户裂变场景中，可以使用的分析方法主要有转化漏斗分析、转化因素分析、用户路径分析、用户调查、A/B 测试等。

案例　创维的裂变活动净增近 4 万个企业微信好友[①]

案例背景：创维是世界十大彩电品牌和中国三大彩电龙头企业之一。从 2020 年起，创维开始全面开展线上的私域获客、运营转化和增长活动，取得了非常不错的效果，本案例中的裂变活动便是其中之一。

一、机会、策略

由于创维已经开始基于企业微信进行用户裂变，并且取得了不错的效果，加之当前处于企业微信的红利期，因此继续通过这种方式来获客可以取得良好的效果，因为机会往往基于本企业的成功做法。

根据对机会的分析，创维裂变活动的主要策略如下。

一）奖品的选择

团队基于创维的用户画像和业务范围梳理了奖品的范围，在活动初期，团队重点考虑以下 3 类奖品。

（1）创维产品优惠券。
（2）创维电视大奖。
（3）视频平台的会员卡。

经过分析权衡，团队最终选择了第三种奖品，即视频平台的会员卡，具体原因如下：创维产品的价格普遍比较高，对于一台 5000 元的电视，一方面，赠送几十元的优惠券对于真正想买电视的用户来说吸引力不够，另一方面，对于暂时没有购买电视的想法的用户来说也没什么用，存在用户参与度不足的风险；至于创维电视大奖，成本过高，不是最佳选择。相比之下，视频平台的会员卡具有"4 端通用"（电视、计算机、iPad、手机）的优点，对大多数用户来说实用性更强，即使是不常看电视的用户，也可以在计算机或手机上使用，比较有吸引力。另外，视频平台的会员卡还与创维的业务强相关，因而是比较理想的选择。

二）裂变规则的设计

大量实践表明，与单一的一级裂变活动相比，有二级裂变机制的活动的增长效果平均高 15%～25%。所以，本次活动的裂变规则采用二级阶梯的设计。

一级阶梯：成功邀请 5 人助力，获得视频会员 VIP 周卡。
二级阶梯：成功邀请 12 人助力，获得视频会员 VIP 月卡。

这样设计的目的是兼顾不同用户的裂变意愿和能力，让用户有选择、有对比。对于裂变意愿和能力较强的用户，用 VIP 月卡的利益吸引他们，促使这些用户多转发、分享。

三）裂变文案和海报的设计

裂变文案如图 3-54 所示。

[①] 案例贡献者为丁迎。

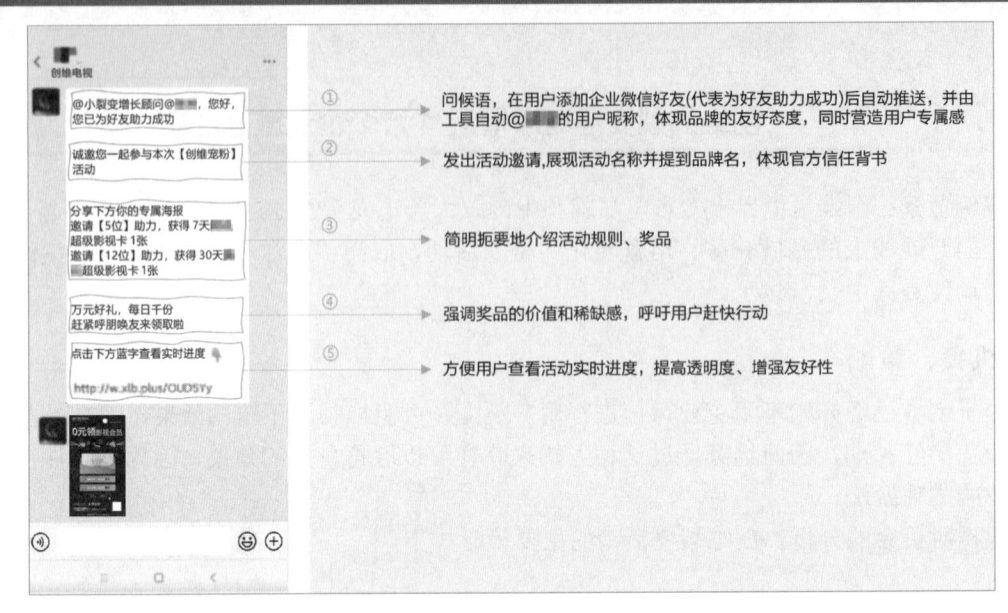

图 3-54 裂变文案

裂变海报如图 3-55 所示。

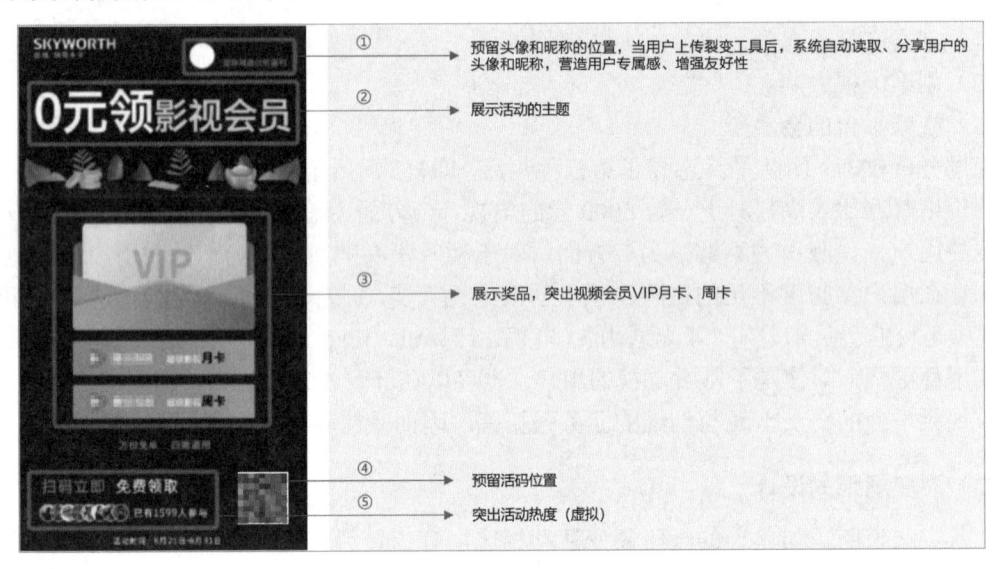

图 3-55 裂变海报

二、验证

裂变活动主要在创维员工的朋友圈渠道进行，共有 500 余位员工参与。

在开始的当天，活动非常火爆，团队设定的活动奖品为 1000 份，当天视频会员 VIP 月卡就被领取了超过一半。截至活动第三天，创维的企业微信好友增长量已经达到 3 万个。团队最初设定的活动周期是 10 天，鉴于这种情况，团队在后几天优化了活动节奏，每天限定领取 VIP 月卡和周卡的数量，让每天的企业微信好友增长量保持在比较稳定的水平。

最终，整个裂变活动净增近 4 万个企业微信好友，并且好友留存率高达 84.83%，效果非常好。

三、发展

在活动结束后，团队进行了复盘，并形成了以下新知识，这些新知识可以在后续的裂变活动中继续发展。

- 活动奖品可以不局限于自有产品，结合目标用户的喜好或实际需求，将奖品的范围设定在与自身业务强相关的领域，吸引的用户更精准，留存率也更高。
- 充分利用企业员工的社交圈可以取得比较好的裂变效果。
- 设定多级阶梯裂变规则有利于提升裂变效果。
- 在裂变活动的过程中一定要实时监控活动进展，及时调整优化。例如，在本案例中，关于领取奖品的节奏出现了团队事前没有想到的状况，需要及时做出调整。

3.5 反无效流量和流量欺诈

3.5.1 无效流量和流量欺诈

1. 什么是无效流量和流量欺诈

无效流量也被称为异常流量，指的是在数字广告活动中产生的，对广告主没有价值或违反商业约定的流量。

流量欺诈指的是在商业中蓄意制造或使用无效流量进行获利的行为。

无效流量的关键特征是"对广告主没有价值"，而获取无效流量往往需要付出成本。因此，广告主必然要严厉打击无效流量，不希望为无效流量买单。从这一意义上讲，"羊毛党"也属于无效流量。对于流量是否无效，广告主和渠道（如媒体机构）的看法往往不是完全一致的，有时候甚至争议相当大。在这种情况下，需要由比较客观的第三方充当裁判，带动大家共同商议一些规则，认定哪些流量是公认的无效流量，对这样的流量进行过滤，这对规范、促进行业的发展是有好处的。

产生无效流量的机制十分复杂，有些无效流量是十分隐蔽的，彻底过滤排除无效流量是一件非常困难的事情。为了兼顾公平和效率，行业内一般会"区别对待"，列出两份清单。可以通过常规过滤方法识别出来的无效流量（基于识别列表）被称为一般无效流量，无法直接通过监测字段识别，需要多维度的高级分析才能识别出来的无效流量被称为复杂无效流量。

在国内，《互动广告 第 2 部分：投放验证要求》（GB/T 34090.2—2017）列出的一般无效流量的种类如下：

- 机器人和爬虫或其他伪装成合法用户的流量数据以及非浏览器用户代理头或其他形式的未知浏览器带来的流量（爬虫又名"网络蜘蛛"，是通过网页的链接地址来寻找网页，从网站某一个页面开始，读取网页的内容，找到在网页中的其他链接地址，然后通过这些链接地址寻找下一个网页，这样一直循环下去，直到按照某种策略把互联网上所有的网页都抓取完为止的技术）；
- 超出频次、时间间隔等目标设定的流量数据；
- 通过隐藏/堆叠/覆盖或其他方式导致用户无机会看到正常广告内容的流量；
- 已知的来自数据中心的流量（指明显具有非人类访问广告所在的特定网络 IP 或 IP 段

所产生的流量来源）；
- 预获取或浏览器预览的广告流量；
- 已知的来自高危或者作弊来源的流量；
- 基本信息缺失或不一致的流量（基本信息至少应包含事件类型、广告系列 ID、时间戳、IP、请求方式、用户代理字段）。

该国标列出的复杂无效流量的检测点如下。
- 劫持设备以及设备中的会话；
- 非法劫持广告创意和操纵流量；
- 内容盗用、伪造、虚假展示；
- 恶意修改、插入或删除 Cookie 内容以改变用户访问记录；
- 操纵或伪造位置数据以及相关属性；
- 无效代理流量（即来自中间代理设备的无效流量，包括通过代理设备操纵流量计数、创建/传输非人类流量或无法通过协议验证的流量）。

根据该国标，已被定义为无效流量的广告展现（曝光）不能计入可见展现，这为广告的投放和结算做出了权威的指引。在实践中，广告监测机构应识别无效流量，并在报告中单独体现这部分流量。

为了便于操作，行业内提供了黑白名单，涉及庞大的数据量，定期进行更新，使用这样的名单往往需要付费。在美国，比较著名的名单是 IAB（Interactive Advertising Bureau，美国互动广告局）的 *IAB/ABC International Spiders and Bots List*（《IAB/ABC 国际爬虫和机器人列表》）。IAB 爬虫和机器人可帮助企业识别自动化流量，如搜索引擎爬虫程序、监视工具和其他非人类流量。在中国，由中国广告协会（CHINA ADVERTISING ASSOCIATION，以下简称"中广协"）等组织基于《互动广告 第 2 部分：投放验证要求》认证和发布的《一般无效流量数据》是中国唯一的行业级一般无效流量黑白名单，其内容包括 IP 地址黑名单、IP 地址白名单、设备 ID 黑名单、设备 ID 白名单等，每月更新一次，下载地址为互联网广告数据服务平台官方网站。

2. 流量欺诈的动机

据 Statista 统计和预测，在 2018—2023 年间，全球与数字广告欺诈相关的成本将呈指数级增长，从 350 亿美元提高到 1000 亿美元。[①] 秒针系统在《2021 中国异常流量报告》中指出，2021 年中国品牌广告市场因异常流量造成的损失约为 326 亿元人民币。

流量欺诈的动机不是单一的，总的来看，至少包括以下动机。
- 推广渠道制造或使用无效流量获利。
- 广告代理商制造或使用无效流量获利。
- 网络服务商制造或使用无效流量获利。
- 企业内部为了完成 KPI 而虚构业绩。

3.5.2 反无效流量和流量欺诈的策略

反无效流量和流量欺诈的策略如下。

---

① 引自 Statista 官方网站。

1. 基于名单过滤排除

这种策略指的是基于黑白名单对无效流量进行过滤排除（通常针对一般无效流量），使用这种策略的主要场景如下。

- **投放或活动前**：在广告投放或营销活动前，基于无效流量黑白名单和其他数据，对无效流量进行预判或对流量进行筛选，优先选择高质量的流量渠道。
- **投放或活动中**：在广告投放或营销活动中，基于无效流量黑白名单和其他数据，对无效流量进行阻挡。例如，对无效流量不展现广告、搜索结果，在相关页面使用验证码，不允许某些特定账号参与裂变活动，若认定流量为无效流量的概率较大或明确认定为无效流量，则按照约定对相关渠道进行流量退还、结算排除等。

在名单层面，企业既可以依托行业内的权威名单，也可以自己创建和积累黑白名单，二者应结合起来。例如，对于竞争对手的恶意点击，企业可以通过自己掌握的数据进行定向排除。

2. 加强用户行为分析

对于更加复杂的无效流量，只通过名单过滤是不够的，需要基于更加复杂的分析来辨识，分析的关键对象是用户行为。

无效流量的用户行为与正常用户行为通常是有差别的，当然，通过一些手段可以模仿正常用户行为，让它们看起来很"真"。不过，由于模仿用户行为需要付出成本，模仿得越真，付出的成本就越高，甚至可能超过流量舞弊获得的收益，因此流量舞弊者不可能完全模拟真实的用户行为，而简单的模仿、单调的舞弊手法、有规律的作假操作是有机会被识破的。

上文谈到，不同用户行为层次的指标的评价效力是不同的，因为指标背后的用户行为的难易程度是不同的。这一逻辑在此处同样适用，即层次越靠上的用户行为越难被模仿，其是有效流量的概率越大；层次越靠下的用户行为越容易被模仿，其是无效流量的概率越大。因而，初始交互层次是流量舞弊重灾区，如图 3-56 所示。

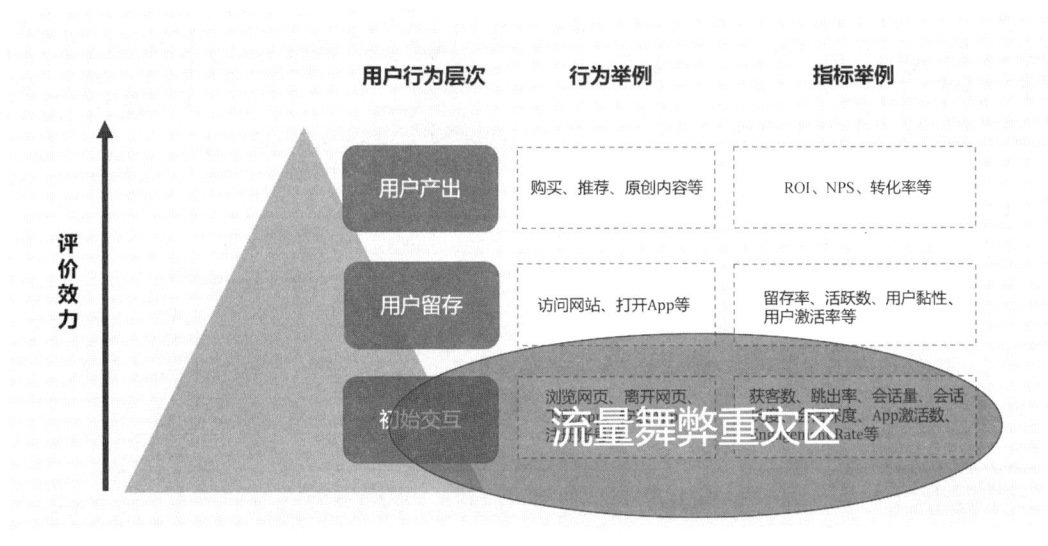

图 3-56 初始交互层次是流量舞弊重灾区

基于上述逻辑，在实践中，企业可以通过两种方法识别无效流量：一是人工识别，二是机器学习识别。

1）人工识别

人工识别指的是通过数据监测和分析发现流量异常，并基于经验判断识别、排除无效流量的方法。在通常情况下，有较大概率被认定为无效流量或值得深入分析的异常流量行为如下。

- 行为逻辑有重大差异。例如，跳出率特别高，大量流量在非正常时间访问，同一用户短时间内在相距遥远的不同地域访问，流量到达数特别多但用户参与度低，或者用户参与度特别高但无转化。
- 行为高度雷同。例如，流量到达时间特别集中，大部分流量集中在点击页面上的同一个位置（该位置一般没有太大的点击价值），流量在页面上的浏览路径高度一致等。在这些方面，热图分析方法和工具是非常有效的手段。
- 行为特别有规律。例如，回访间隔时间严重趋同、滚屏间隔时间严重趋同等。
- 行为明显异常。例如，流量来源设备都是某种浏览器、某个不知名品牌的手机，或者来自某些不太可能的国家、地区等。

案例：某 App 推广的无效流量分析识别

在某 App 的一次渠道推广活动中，增长运营团队抽取了各渠道新增用户的机型分布数据，经过分析发现，其中几个渠道的机型分布比较异常。

理论上，不同渠道覆盖不同的用户群，用户的机型分布应该有一定的区别，如华为应用商店渠道中绝大多数用户的机型应该是华为手机。排除手机厂商自带的应用商店，在正常情况下，Android 新增用户的机型分布应该呈现多元化趋势，并且华为、小米、OPPO、vivo 四大手机品牌应该占据较大的比重。

然而，团队从抽取的数据中发现，在其中几个渠道新增用户的机型分布中，高居榜首的并不是上述四大手机品牌，而是一两个很少见的手机品牌的低端机型，并且占比高达 10%～20%，这显然是不正常的。

团队进一步抽取了各渠道的用户行为数据，如表 3-16 所示。

表 3-16 各渠道的用户行为数据

渠　　道	访问/人次	新访问/人次	注册转化率/%	购买转化率/%
渠道 A	7798	1154	0.329	0.040
渠道 B	5897	1232	0.300	0.044
渠道 C	5510	2344	0.289	0.042
渠道 D	4765	177	0.380	0.036
渠道 E	4100	2230	0.485	0.027
渠道 F	3120	173	0.311	0.045

从表 3-16 中可以发现，渠道 E 存在比较大的问题，该渠道的注册转化率很高，但是购买转化率很低，可以初步判断存在舞弊行为。

对渠道 E 的用户行为数据进行细查，团队发现，该渠道新增用户的启动次数基本上为 1 次，使用时长不足 10 秒，7 天后的留存率为 0%、付费率为 0%，并且用户路径高度一致，即完全以注册为目标。渠道 E 的用户留存情况如图 3-57 所示。

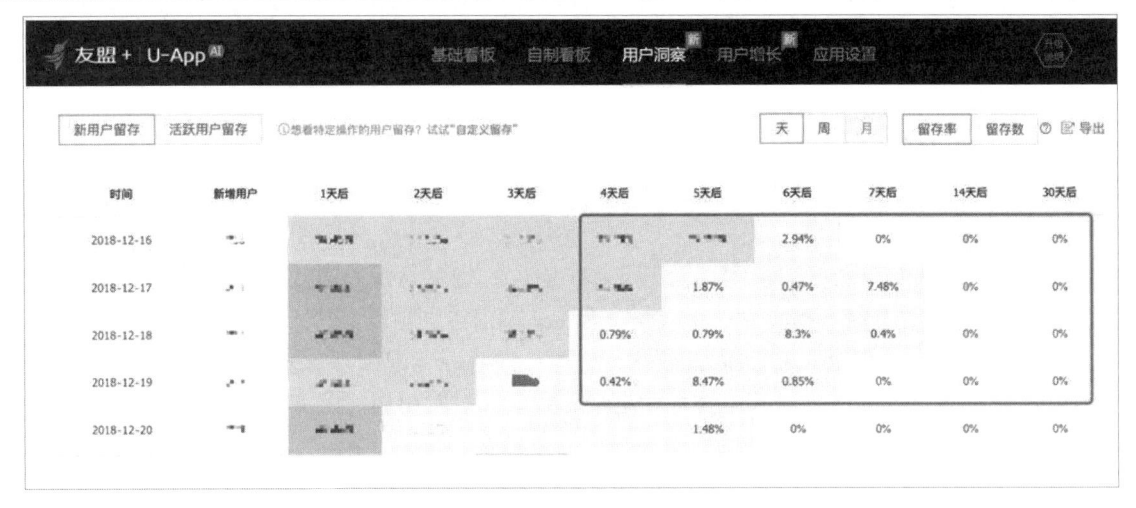

图 3-57　渠道 E 的用户留存情况

综上所述，团队基本上可以确定渠道 E 存在利用机器刷注册量的舞弊行为。

2）机器学习识别

机器学习指的是通过一些训练数据集合训练出某个模型，对该模型与实际监测数据进行比对，识别无效流量，并反复进行这个过程，提高模型精度，或者对模型进行更多类别的细分。在必要的时候，机器学习识别需要适度的人工参与，如对流量进行标记、对识别结果进行纠偏等。

基于机器学习识别无效流量需要借助相关工具，市场中有专门的工具，第三方广告监测平台一般也会提供相关功能，这里不再赘述。

3．其他策略

企业还可以采取其他策略识别无效流量，以降低无效流量对企业造成的损失，具体策略如下。

- 引入程序化直接购买（Programmatic Direct Buy，PDB），直接锁定媒体位置、广告价格，消除在某些渠道进行流量舞弊的可能性。
- 审慎选择合作渠道，首选大平台、著名品牌进行合作，这样的渠道作假的可能性不太大。
- 在必要时引入专业的第三方监测机构（如广告监测机构），既可以对无效流量进行更全面的辨识，也可以对广告的有效性进行监测（如监测广告展现时长、展现面积），还可以对垃圾流量进行监测（如监测广告展现环境、广告与目标受众的属性契合度）。
- 加强渠道管理，将无效流量提交给渠道进行申诉、结算交涉，以减少企业的损失，或者与渠道约定相关结算规则，对于某些在行为上有较大舞弊嫌疑的流量（如频繁点击，在着陆页上的行为不符合正常逻辑等），先过滤，再结算，必要时企业可与渠道终止合作。
- 将无效流量（如某些已知的 IP 地址段、异常 IP、网络漫游器等）纳入黑名单，并不断完善名库，减少后续推广中的无效流量。有条件的企业可以与其他机构或企业共享黑名单，联合打击流量舞弊行为。

3.6 触点或渠道归因

3.6.1 触点的基础知识

1. 什么是触点

在上文中，我们已经多次谈到"触点"这个概念，如麦肯锡的消费者决策过程模型、转化系统、推广转化的 AIDA 模型、用户裂变等。那么，如何给"触点"下一个比较精确的定义呢？**触点指的是用户与企业的产品或服务、品牌、内容或信息发生接触的位置。**

用户触点的范围广泛、形式多样，如电话、会面、搜索引擎、官方网站、官方推送、官方邮件、企业 App、短信、站内信、网站海报、企业户外广告、实体产品、实体门店等。

用户与企业在触点上的接触方式主要有交互、看见、听见和想起：交互，如用户与企业在 App 或邮件中进行交互；看见，如用户在媒体、户外广告牌中看见企业的广告；听见，如用户在广播、音频节目中听见关于企业的内容；想起，如用户在脑海中回忆起企业的品牌、形象等。

我们可以从不同的角度对触点进行分类，如分为私域触点、半私域触点、公域触点，分为线上触点、线下触点，分为直接触点、间接触点，分为自有触点、付费触点、有机触点，分为购前触点、购中触点、购后触点，分为产品内触点、产品外触点等。

2. 触点与渠道的关系

企业是通过触点或渠道与用户进行接触、互动的。一些人不清楚二者的关系，认为二者是同一种事物。其实并非如此，二者虽然有交叉，但是概念是不同的。总的来看，触点的范围更大，有些触点是渠道，有些触点不是渠道，如实体产品、包装、客服中心等是触点，但它们不是渠道，触点只有在作为用户获取的来源时才是渠道。

触点与渠道的关系如图 3-58 所示。

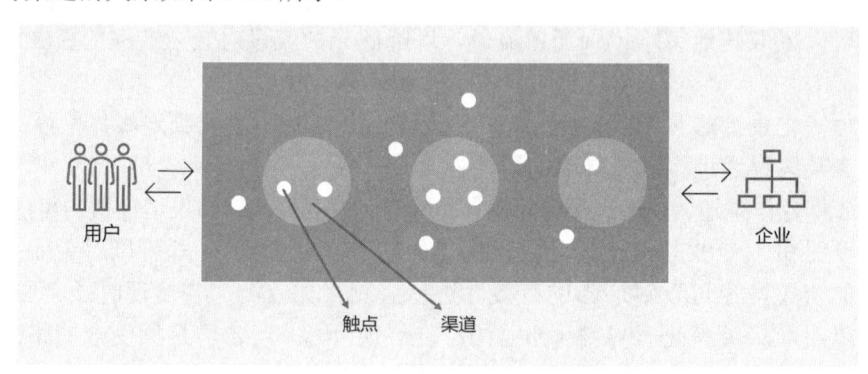

图 3-58 触点与渠道的关系

3.6.2 触点归因原因和归因模型

1. 触点归因原因

商业世界是很复杂的，用户的决策也是很复杂的。这意味着用户与产品的"配对"不是一件一蹴而就的事情，而是往往需要经历复杂的过程。

我们先来看一个例子。假设我想买一点防疫用品，于是在百度中搜索。在搜索的过程中，百度向我展示了某款口罩。我点开品牌方的官网详情看了一下，觉得这款口罩很好，但是价格较高，所以没有购买。在"6·18"的时候，我突然想起这款口罩，不知道它在京东"6·18"期间会不会便宜一些。于是，我打开京东搜索这款口罩，的确便宜了一些，不过还是比较贵，我便把它加入了购物车。当天下午，在我浏览今日头条的时候，今日头条向我推送了这款口罩，价格比京东更便宜，我终于购买了几个口罩。

在上述例子中，我经历了 3 个渠道，分别是百度、京东、今日头条，虽然我最终是在今日头条下单的，但是这仅仅是今日头条的功劳吗？显然不是，3 个渠道都发挥了作用。如果不是在百度中看到了品牌方的广告，我就不会知道有这款口罩，也就不会去京东搜索。京东和今日头条有合作，我在京东搜索这款口罩，很可能是京东通知今日头条的，最终我在今日头条上下了单。虽然今日头条功不可没，但是不能忽略前两个渠道的价值。

广告界有一句著名的话："我知道我的广告费浪费了一半，但是不知道浪费的是哪一半。"事实上，另一半广告费很可能并没有浪费，只是它们无法与最终的转化关联起来。如果可以关联起来，我们就可以分析每一次推广、每一个渠道在最终转化的链路上充当了什么角色、有没有用、是否关键等。**归因本质上就是研究将转化贡献在触点或渠道间进行分配的过程。**

具体来说，归因的作用至少包括以下几点。

- 客观评价触点或渠道的价值和贡献，尤其是发现被埋没的真相。
- 洞察转化规律和用户行为路径，从而更好地搭建渠道矩阵、优化触点体验。
- 发现更多的转化贡献源头，拓展获客渠道。
- 基于对触点或渠道的洞察合理分配推广预算，使 ROI 更理想。

2．归因模型

从触点的角度来看，归因模型可以分为两类，分别是单触点归因和多触点归因。

1）单触点归因

单触点归因指的是将最终转化贡献归属于某一个触点。由于单触点的监测、辨识、计算比较简单，因此该模型应用得最广泛，末次点击归因就属于典型的单触点归因。市面上几乎所有的归因分析工具都提供单触点归因的功能。

最终转化贡献到底应该归属于哪一个触点（渠道）呢？这需要根据具体的业务场景，由广告主自行确定或设定。

常用的单触点归因模型如下。

（1）首次互动模型。

首次互动模型指的是将 100%的转化贡献归属于产生第一次互动（点击）的触点，其背后的逻辑是"如果用户没来看房，就不会知道或购买这套房子"。

该模型比较适用于购买决策周期较短的产品或新产品。因为决策周期较短，用户可能一看见产品就会购买，所以不需要反复通过其他触点来影响用户。如果决策周期较长，用户需要对各个触点进行反复了解和触达，将转化贡献归属于第一个触点就不太科学了。时间一长，Cookie 的变化和保存周期等因素容易造成归因不准确。对于新产品，第一个触点也很重要，这类似于"带用户看房"的过程，如果没有第一个触点，用户就不知道这里有套房子。

（2）最终互动模型。

最终互动模型指的是将 100%的转化贡献归属于产生最后一次互动的触点，其背后的逻辑是"如果没有走入婚姻的殿堂，之前的恋爱过程就是浪费时间"。

该模型比较适用于转化时间间隔和转化路径比较短的获客场景，如以用户直接购买产品为目的的获客场景。该模型的优点是操作简单、逻辑清晰、不容易出错，同时排除了追踪用户身份的 Cookie 的保存周期较短等因素的影响（如果只考虑最后一次互动，数据追踪周期就不那么重要了）；缺点是忽略了其他触点的贡献，而且互联网广告巨头往往会自觉或不自觉地将转化贡献归属于自己的平台。例如，张三先在谷歌搜索某产品的广告，通过广告链接进入产品官网，没有购买，然后在推特看见了同样的产品广告，通过广告链接进入产品官网，购买了产品。在这种情况下，推特和谷歌可能都会将转化贡献归属于自己。

（3）最终非直接互动模型。

最终非直接互动模型指的是将 100%的转化贡献归属于产生最后一次非直接互动的触点。

举个例子，张三先在今日头条上看见了某产品的广告，没有购买，然后他在百度中搜索，通过 PPC 广告链接进入产品官网，浏览一番后还是没有购买。过了两天，张三通过网址或浏览器书签直接进入产品官网，在咨询客服人员后购买了产品。如果采用最终互动模型，那么转化贡献应该归属于产品官网；如果采用最终非直接互动模型，那么转化贡献应该归属于百度 PPC 广告。

这种模型是对最终互动模型的优化，忽略所有的直接流量，只关注最终转化之前的推广活动，有一定的合理性，不过优化作用有限，仍然存在单触点归因的共性弊端。

2）多触点归因

因为单触点归因有其弊端，所以存在多触点归因的需求。多触点归因指的是将最终转化贡献在多个触点之间进行合理归属和分配。

常用的多触点归因模型如下。

（1）线性均衡模型。

线性均衡模型指的是均衡对待用户转化路径上的所有触点，并分配相等的权重。例如，有 5 个触点参与了用户转化路径，各个触点的转化贡献都是 20%。

该模型的弊端是存在典型的"吃大锅饭"思想，一些触点的转化贡献会被夸大，另一些触点的转化贡献会被低估。

（2）时间衰减模型。

时间衰减模型指的是越靠近最终转化事件的触点，功劳越大；越远离最终转化事件的触点，功劳越小。例如，有 5 个触点参与了用户转化路径，按照时间顺序，各个触点的转化贡献分别是 10%、15%、20%、25%、30%。

该模型在强调最后一个触点的重要性的同时，没有忽略之前的触点的转化贡献，符合在推广的过程中用户会接触多个触点的实际情况，因而更容易被广告主和市场人员接受。

（3）U 形模型。

U 形模型指的是初始触点和最终触点的转化贡献大，过程性触点的转化贡献小。例如，有 5 个触点参与了用户转化路径，各个触点的转化贡献分别是 40%、7%、6%、7%、40%。

（4）算法模型。

算法模型指的是通过某种机器学习算法，基于所有可用、可监测的用户路径数据（包括触点、渠道、推广活动、时间顺序、用户行为等），评估各个触点对转化的影响程度，借助数据驱动，由计算程序完成归因的模型，它不同于上述人为设定的模型。

该模型的优点是更加理性，缺点是实施起来难度较高，并且需要有一定的数据作为支撑。

具体算法包括马尔可夫链、沙普利值、生存分析等。

3．归因的实现和挑战

1）归因的实现

对触点的归因通常需要使用专门的工具，国外支持触点归因的工具主要有 AppsFlyer、Adjust、Branch、GA 等，国内支持触点归因的工具主要有神策分析、热云数据、Ad Tracking、Openinstall 等。

有些工具只支持站外归因，有些工具既支持站外归因，又支持站内归因。站外归因指的是追踪流量来自哪个或哪些触点，基于上述各种归因模型，将转化贡献归属为其中一个或多个触点。如图 3-59 所示，在 GA 的归因分析页面中，我们只要单击"辅助互动分析"按钮，就可以查看不同的触点（如今日头条、直接访问、百度、一点资讯等）对最终点击或直接转化的辅助转化次数和占比。

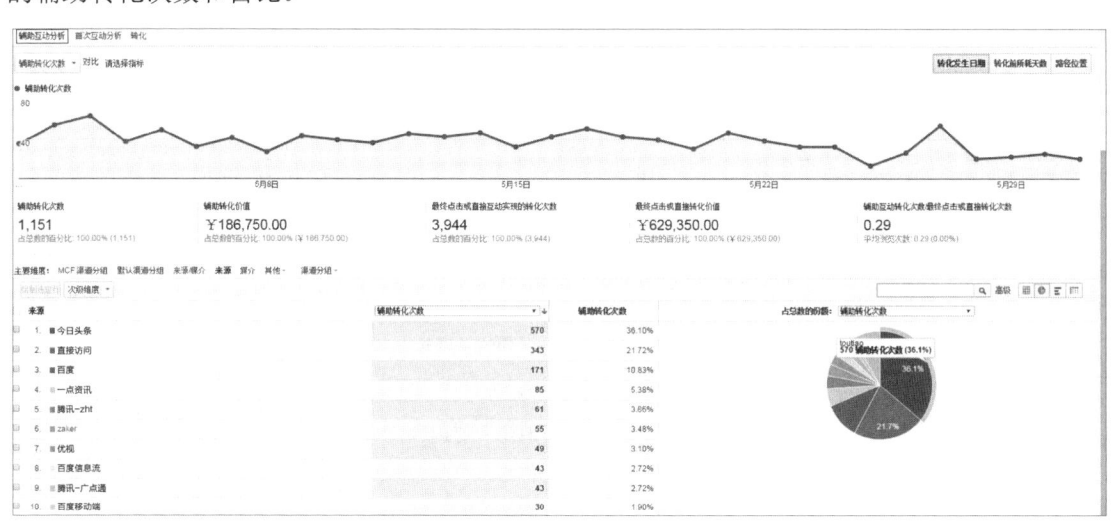

图 3-59　GA 的归因分析页面

站内归因指的是通过追踪微转化与宏转化之间的链路关系，发现站内不同触点对最终转化的价值和贡献，为优化用户触点、用户路径等提供决策支持。例如，用户点击网站或 App 中不同的横幅广告带来的下单量分别是多少。用户下单前会在站内做出一系列行为，如点击横幅广告、站内搜索、点击站内商品目录、查看站内推荐等，如何得知这些微转化与宏转化"下单"之间的链路关系？为了明确这种关系，我们看一看如图 3-60 所示的国内某分析工具的归因分析页面。

在图 3-60 的页面中，我们可以选择"目标转化事件"（如"订购成功"，也就是宏转化）、设置"待归因事件"（如将在各个触点上"点击推荐位"作为待归因事件，也就是微转化）、选择"末次触点归因"的"分析模型"，设置"归因窗口期"，这样就可以生成归因报告，查看用户在"订购成功"这一宏转化事件之前的最后一个微转化页面有哪些，以及这些页面的点击数、点击率、贡献度等数据，从而明确不同页面的价值和贡献。在图 3-60 中，电影频道的"第二屏第二排位置 1"是贡献度最高的推荐位，该推荐位共被点击 378 次，其中 66 次的用户在点击后试看并完成了订购，因此该推荐位的转化率约为 17.5%。当我们知道了微转化的价值和贡献，就可以形成进一步优化的策略，如将效果更好的推荐位放到更显眼的位置，吸引更多的用户点击，或者将流量大、微转化次数少的推荐内容调整到专题推荐位，以提高推荐的精准度等。

图 3-60　国内某分析工具的归因分析页面

2）归因的挑战

归因面临的挑战主要有以下几点。

- 归因的准确性不理想，这个问题的原因是多方面的，如线下的流量不太容易追踪，甚至根本无法追踪；用户的点击行为比较容易追踪，非点击行为（如浏览广告但未点击）则难以追踪；在跨主域、跨设备、跨浏览器、跨平台等场景中，受到技术或法律法规的限制，用户行为比较难追踪；等等。
- 用户身份识别面临困境。归因的前提是识别用户身份，然而，无论是在 Web 端还是在移动设备端，用户身份识别都非常困难，加之用户的个人隐私保护意识越来越强，以及越来越完善的法律法规，令用户身份识别面临巨大挑战。
- 流量舞弊现象日益严重，这也令归因的效果受到了影响。常见的流量舞弊方式有点击欺诈、点击劫持、安装劫持等，如通过触点 A 下载、安装、激活的 App，却被莫名其妙地归属于触点 B。

✪ 本章知识点思维导图

第三章知识点思维导图如图 3-61 所示。

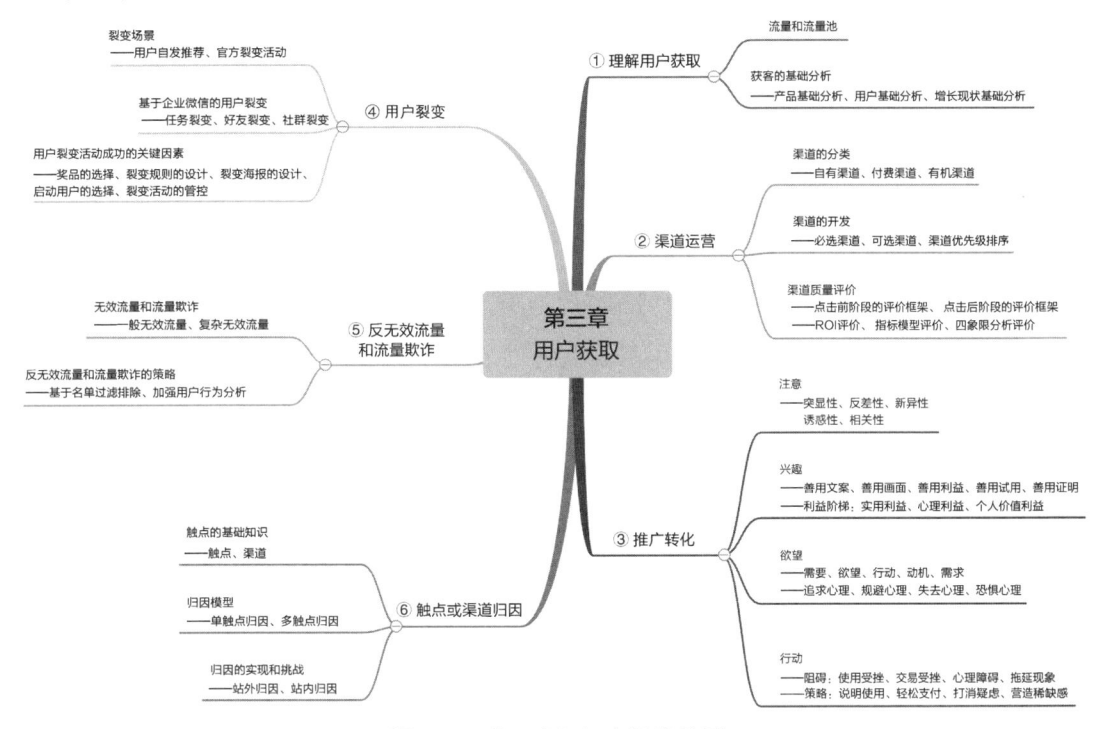

图 3-61 第三章知识点思维导图

第四章

用户深耕

✪ 本章导读

用户深耕是用户增长的第二个关键过程，指的是提升用户的商业贡献和生命周期价值的过程。简单地说，用户深耕包括 3 件事，分别是留存、活跃和转化。新用户和老用户的留存策略有何不同？如何促进用户活跃？如何持续促进用户转化？本章将回答上述问题。

✪ 学习目标

通过对本章的学习，读者可以了解以下内容：新用户流失的原因和对应的留存策略，用户激活，以及入门引导；老用户流失的原因和对应的留存策略，包括增加留存动力、增加流失阻力两个层面，以及优化用户体验、搭建用户激励体系、促进用户活跃、培养用户习惯、提高迁移成本等具体方法；如何划分休眠期和流失期，如何唤醒休眠用户，如何召回流失用户，如何预测和预防预流失用户；持续深耕 LTV，包括增加用户复购、用户推荐；等等。

4.1 理解用户深耕

1. 用户深耕模型

用户深耕指的是通过精细化运营来提升用户生命周期价值的业务过程。

用户生命周期价值取决于用户生命周期时长和用户价值，上文用了一个公式来表达它们之间的关系，即 LTV=LT×ARPU。

用户生命周期时长由用户留存和用户活跃决定，用户价值由用户转化率决定。用户留存与用户活跃之间是互相增强的关系，用户活跃是用户留存的高级形态，用户留存是用户活跃的基础。反过来，用户活跃也会增强用户留存，从而构成一条互相正增强的"增强回路"。例如，在某商家那里办会员卡的用户越多，用户消费的频率往往越高，因此办会员卡相当于"用户留存"，消费频率较高相当于"用户活跃"。反过来，用户越愿意在某商家那里消费，往往越愿意办该商家的会员卡。

用户深耕的核心是做好用户的留存、活跃和转化，这个过程可以用用户深耕模型来表示，如图4-1所示。

2. 留存用户和活跃用户

1）定义

留存用户和活跃用户指的是在观察周期内有参与行为的用户。

对于"参与行为"的认定，有一些产品采用宽口径，如将打开、返回产品视为参与行为。另一些产品采用标准口径，参与行为必须是更有价值的关键行为，如对于资讯App，用户不仅要打开，还要阅读、转发等；对于电商App，用户不仅要打开，还要交易或观看直播；对于直播App，用户不仅要打开，还要使用直播功能等。此外，一些产品中可能还会设置强度指标，如阅读5分钟以上，使用直播功能10分钟以上等。

用户深耕模型

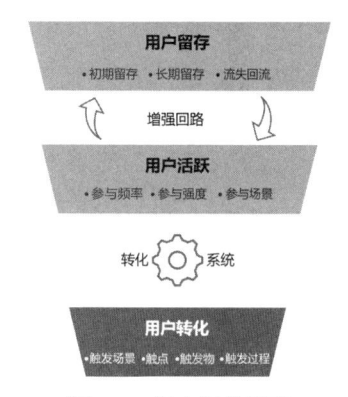

用户留存
·初期留存 ·长期留存 ·流失回流

增强回路

用户活跃
·参与频率 ·参与强度 ·参与场景

转化系统

用户转化
·触发场景 ·触点 ·触发物 ·触发过程

图4-1 用户深耕模型

"观察周期"通常是每日、每周、每月等，如果以一日为观察周期，那么观察到的活跃用户被称为日活跃用户（简称"日活"），照此类推，还有周活跃用户（简称"周活"，Weekly Active Users，WAU）和月活跃用户（简称"月活"）等。以月活为例，某用户在1个月内无论"活跃"了1次还是10次，都算作1个月活。需要注意的是，月活的计算周期通常是30天。不过，某些产品具有明显的按照周来使用的周期性规律，它们的月活计算周期可以是28天，以便更好地顺应用户的使用周期。在本书中，若没有特别标注，则月活的计算周期是30天。

计算日活跃用户数的常用公式如下。

日活跃用户数=当日新增用户数+除新增用户外的当日活跃用户数

为什么这样计算呢？道理其实很简单，"新增用户"一般是按照安装激活来计算的，而"活跃用户"是按照参与行为来计算的，这两个概念不在一个维度上，因而采用分别计算求和的方法比较科学。对于新增用户，其当日的活跃率和留存率都视为100%。

💡小贴士　　著名企业对"活跃用户"的界定[①]

- **Meta**。

Meta在其IPO（Initial Public Offering，首次公开发行）文件中对"活跃用户"的定义是"从网页或移动设备登录、浏览Meta的注册用户，以及在整合了Meta的第三方网站分享内容的用户"。用户即使没有登录Meta，如果在添加了Meta内容的第三方网站中对Meta的内容进行了喜欢、分享、评论、发送消息等操作，也算作活跃用户。

- **推特**。

推特的定义是"如果某个用户关注了至少30个账号，并且其中至少有1/3的账号关注了该用户，该用户就是活跃用户"。

- **GA**。

GA是世界上首屈一指的网站分析工具，在标准的活跃用户报告中，GA默认"活跃用户"

---
① 引自Investopedia官方网站。

是"访问网站的用户"。

2）留存用户和活跃用户的区别

从上文中可以看出，留存用户和活跃用户的定义基本相同。不过，在实际使用这两个概念时，我们需要注意以下几个方面的差别。

- **观察角度上的差别**。对于留存用户，我们通常观察在某个事件后的用户留存情况，如某个新增用户队列，使用了某个功能的用户群体，参加了某个营销活动的用户群体等，即先有事件发生，再观察事件发生后的用户留存情况。对于活跃用户，我们通常观察在某个事件后或某个周期内的用户活跃情况，未必有事件发生。
- **状态程度上的差别**。留存是一种状态，对于某个用户，只有留存、流失两种状态。活跃既可以是状态，又可以是程度，对于某个活跃用户，我们还可以进一步评估其活跃程度，如高度活跃、中度活跃、一般活跃。当观察某个用户是否留存时，只有是、否两种状态。当观察某个用户是否活跃时，除了是、否，还有程度上的不同，有些用户高度活跃，有些用户中度活跃，有些用户低度活跃，只要达到最低标准即可认定为"活跃用户"。我们可以说某个用户高度活跃、中度活跃，但不能说该用户高度留存、中度留存。举一个生活中的例子，我们说某个人"尚在人世"，说的就是"留存"，得出这个判断是基于这个人还"活着"，"活着"说的就是"活跃"。怎么得出这个人还"活着"的结论呢？因为这个人有关键行为，他隔几天就在微信里和我互动或打电话。此外，我还可以进一步通过这个人的行为来判断他"活着"的状态，他经常给我发在世界各地旅行的照片，因此我判断他不仅活着，还活得非常好。
- **时效上的差别**。用户活跃度是即时性指标，如在某个推广活动过后，推广效果可以从用户活跃度指标中立即获得反馈。用户留存率是延时性指标，其观察、评估的是在某个事件后一段时间内的用户留存情况，往往是以日为单位来观察的。虽然这两个概念都含有时间要素，但是二者表达的含义是不一样的，如 7 日留存、30 日留存指的分别是活动后 7 日、30 日的留存用户数；周活、月活指的分别是自然周、自然月或统计日期前溯 7 日、30 日的活跃用户数，前者的时间是向后数，后者的时间是向前数。
- **语境不同**。活跃与不活跃相对，留存与流失相对。

3）用户活跃程度

DAU、WAU、MAU 指标只能反映活跃用户的绝对数量，无法反映用户的活跃程度，因而在实践中产生了另一个指标，即用户黏性。用户黏性也被称为用户黏度，指的是用户对产品的忠诚、信任与良性体验等结合起来形成的依赖程度和对再消费的期望程度。行业内通常采用 Meta 提出的计算方法来计算用户黏性，其公式如下。

$$用户黏性=DAU/MAU×100\%$$

用户黏性用来衡量产品的用户活跃程度，当然越高越好。当用户黏性为 3.33%时，代表用户只使用过 1 次产品，流失的概率很大。产品的用户黏性一般为 10%～20%，超过 20%代表中等活跃水平，超过 50%代表非常高的活跃水平（意味着在 30 日内，用户有 15 日处于活跃状态）。

3. 留存率和留存率曲线

留存率的通用计算公式如下。

留存率=期末用户数/期初用户数×100%

需要注意的是,留存率有两种计算口径:一是 N 日内留存率,二是 N 日留存率(第 N 日的当日留存率)。二者有什么区别呢?我们来举例说明,假设某渠道 7 日内的留存用户数如表 4-1 所示。

表 4-1 某渠道 7 日内的留存用户数   单位:人次

时间	第 0 日	第 1 日	第 2 日	第 3 日	第 4 日	第 5 日	第 6 日	第 7 日
留存用户数	100	40	30	20	16	15	14	12

该渠道用户的 5 日内留存率是多少呢?N 日内的留存用户数意味着所有在 N 日内曾经活跃过的用户数(同一个用户活跃多次按照 1 个活跃用户数计算)。在表 4-1 中,5 日内的留存用户数=(40+30+20+16+15)人次=121 人次,减去重复的活跃用户数(假定为 33 人次),则真正的留存用户数为 88 人次,留存率为 88%。如果计算该渠道用户的 5 日留存率,留存用户数的含义就不同了,它指的是在第 5 日后仍然活跃的用户数,即 15 人次,留存率为 15%。

显然,这两种计算口径是完全不相同的,在业务实践中,使用 N 日留存率口径的场景更普遍。例如,张三在第 1 日的时候活跃过,但从第 2 日起就流失了,如果在计算 5 日留存率的时候仍然把张三计算进去,那么显然是不科学的。

N 日内留存率口径有一些特定的使用场景。例如,某产品是周末健身课,大部分用户的使用时间是周末,工作日很少使用,如果计算任何一个工作日的新增用户留存率,那么该数据会显著低于周末数据。在这种情况下,用 7 日内留存率来衡量该产品的用户活跃度更加合理,只要在 7 日内使用过一次该产品,就算作留存用户和活跃用户,这样比较符合实际情况。

我们可以将 3 个渠道的 7 日留存率制作成折线图,如图 4-2 所示。

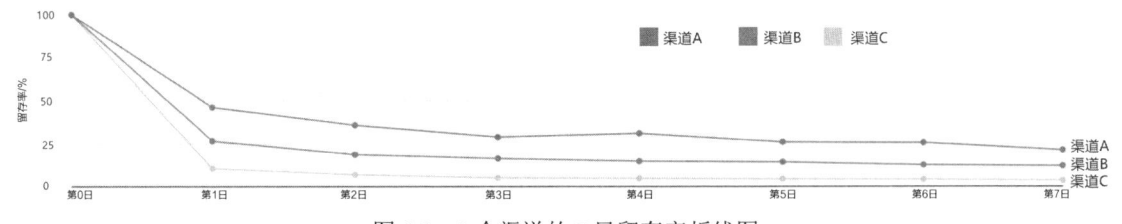

图 4-2 3 个渠道的 7 日留存率折线图

从图 4-2 中我们可以发现,3 个渠道的留存率是有区别的,这可以帮助我们做出渠道决策。

需要说明的是,在某些产品中,除了使用用户留存率,还会使用收入留存率衡量用户留存,即从收入的角度衡量用户价值的留存情况。假设某产品中有用户 A 和用户 B,用户 A 上个月贡献的收入是 1000 元,用户 B 上个月贡献的收入是 2000 元。如果这个月用户 A 流失,用户 B 留存且贡献的收入增加到 5000 元,那么用户留存率=期末用户数/期初用户数×100%=1 个/2 个×100%=50%,收入留存率=期末用户收入/期初用户收入×100%=5000 元/(1000+2000)元×100%≈167%。从这个例子中我们可以看出,用户留存率低于 100%,而收入留存率可能高于 100%。

> 💡 小贴士
>
> ### 全球主要行业 App 的留存率

图 4-3 所示为 Statista 统计的全球主要行业 App 的次日、7 日、30 日留存率(截至 2020 年 8 月),读者可以参考。

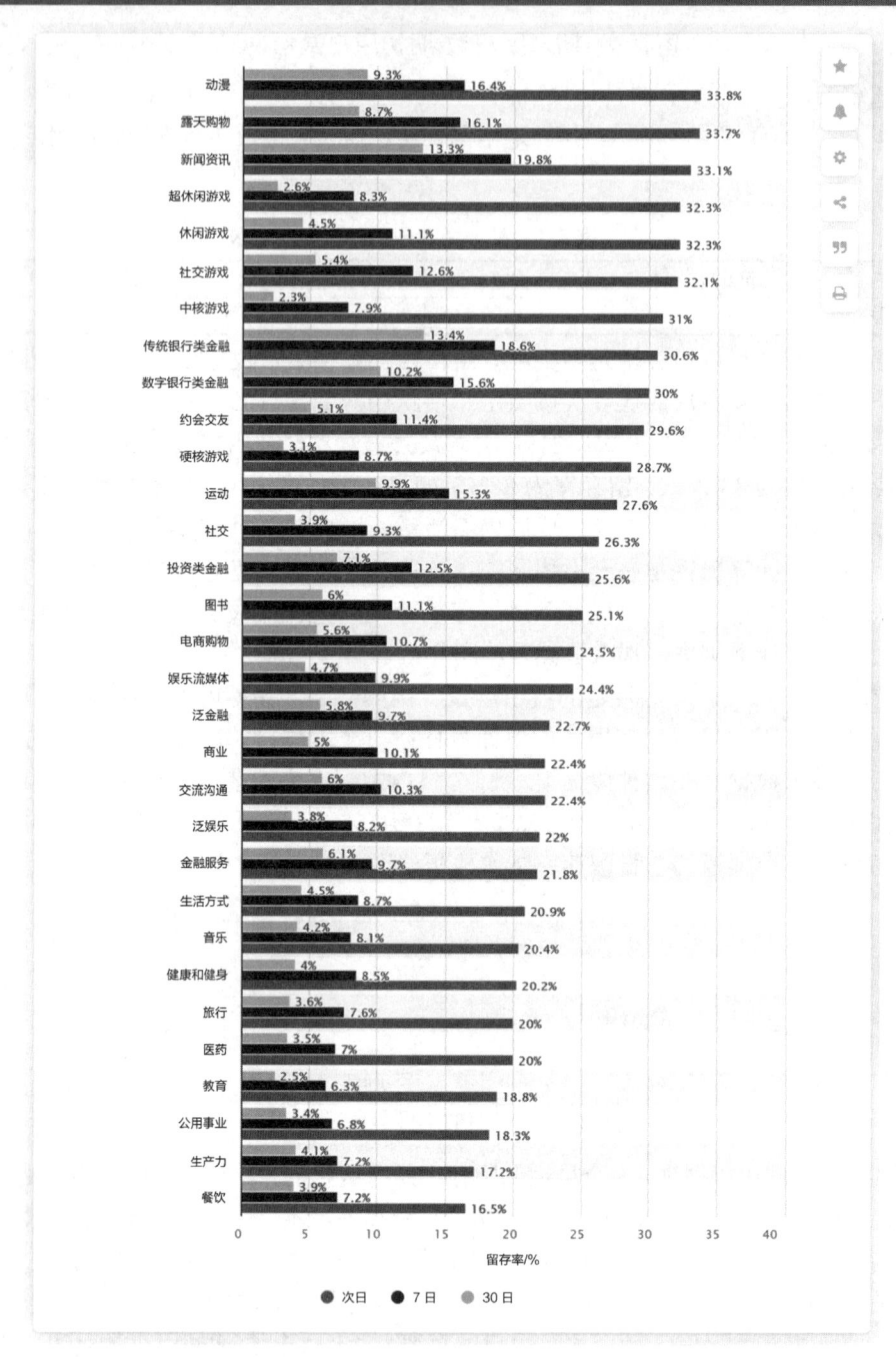

图 4-3 Statista 统计的全球主要行业 App 的次日、7 日、30 日留存率

4. 用户深耕需要改变两条曲线

从数学的角度来看，用户深耕需要改变两条曲线，分别是留存率曲线和用户生命周期价值曲线。

1）改变留存率曲线

如图 4-4 所示，留存率曲线有 3 种形态。[1]

---

[1] 3 种留存率曲线形态引自红杉资本官方网站。

在图 4-4 中，3 种留存率曲线形态分别是下降型、平坦型、微笑型。下降型曲线最差，它表明用户缺乏与产品长期互动的兴趣，正在持续流失，企业付出的成本基本上付之东流了；平坦型曲线的特征是在某个时刻，用户留存会进入稳定状态，虽然也有一部分用户流失了，但是毕竟有一部分用户长期留存了下来；最好的是微笑型曲线，它表明企业不但留住了一部分用户，而且之前流失的一部分用户也回来了（重新活跃），这是产品力和运营能力都特别优秀的表现。

图 4-5 所示为某笔记产品的留存率曲线，该曲线在用户注册后 2～3 年内明显回升，表明曾经流失的一部分用户被成功召回，产品方的运营水平比较高，这极大地提升了该产品的用户生命周期价值。

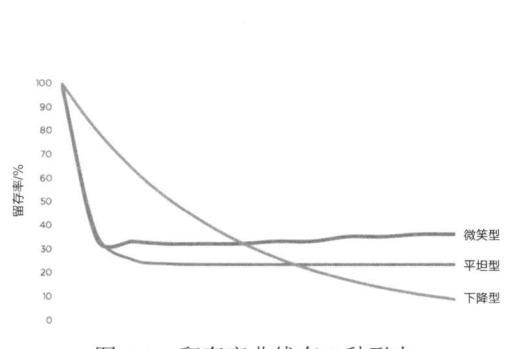

图 4-4　留存率曲线有 3 种形态 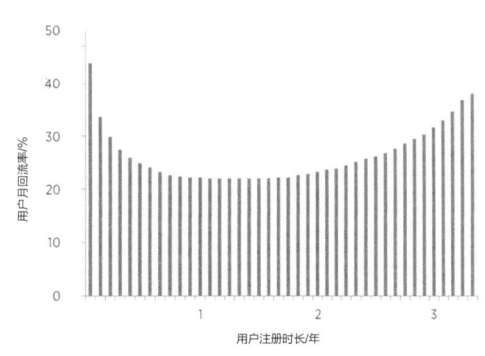　　　　图 4-5　某笔记产品的留存率曲线

《哈佛商业评论》研究指出，获得新用户的成本是留存现有用户成本的 5～25 倍，用户留存率提高 5%意味着利润将增加 25%～95%。[①] 用户深耕需要改变的第一条曲线是留存率曲线，我们要让曲线的位置更靠上（留存比例更大）、形状更平坦（流失比例更小），如图 4-6 所示。

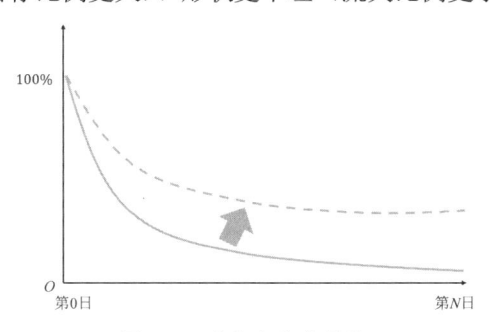

图 4-6　改变留存率曲线

2）改变用户生命周期价值曲线

用户深耕需要改变的第二条曲线是用户生命周期价值曲线。

如图 4-7 所示，用户生命周期分为导入期、成长期、成熟期、休眠期、流失期 5 个阶段。在不同的阶段，用户创造的价值是不一样的，创造价值的关键阶段是成长期和成熟期。

用户生命周期价值取决于用户生命周期时长和用户价值，前者代表用户生命的"长度"，后者代表用户生命的"高度"。

改变用户生命周期价值曲线，意味着我们要让曲线（具体地说是成长期和成熟期阶段的曲线）变得更长、更高，如图 4-8 所示。

---

① 引自 hbr 官方网站。

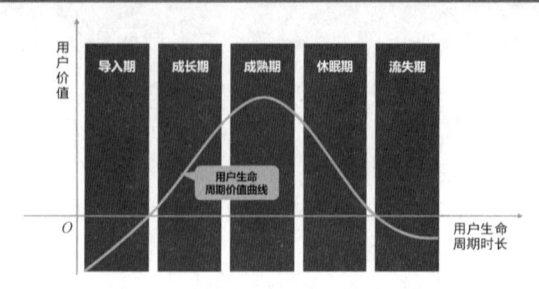

图 4-7 用户生命周期价值曲线

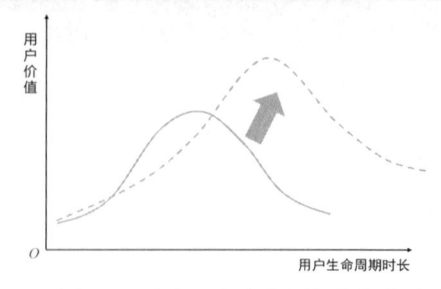

图 4-8 改变用户生命周期价值曲线

5. 哪些产品不需要关注留存率

留存率如此重要，是不是所有的产品都必须关注留存率呢？

事实并非如此，一些低频产品、一次性产品、"用完即离开型"的产品不需要太关注留存率。例如，相亲类、月子中心类、考研类、驾考类、购车类、购房类等产品在用户有需求的短期时间内有一定的留存价值，用户一旦完成任务，基本上不会再次回访它们，因此这些产品不用太关注用户留存，应该关注转化。

不过，上述产品毕竟是少量的互联网产品，对于大多数产品，用户留存仍然是至关重要的。关于用户增长的大多数"精彩画面"，其"底色"往往是用户留存。

4.2 新用户留存

由于新用户和老用户在留存动机、流失原因、应对策略上有较大的不同，因此下面将分别对新用户留存和老用户留存进行介绍，本节先介绍新用户留存。

4.2.1 新用户留存的总体策略

1. 新用户留存的意义和挑战

一方面，新用户时期（导入期）的用户留存影响巨大。如图 4-9（a）所示，HubSpot 产品和分析主管丹·沃尔乔诺克的研究表明，如果将第一周的留存率提高 15%（从 60% 提高到 75%），那么在第十周时，留存率会 15% 提高到 25%。如图 4-9（b）所示的另一项研究表明，如果将第一周的留存率提高 15%（从 30% 提高到 45%），并且在此期间不做任何改变，那么第十周的留存率将从 7% 提高到 10.5%。[1]

可见，新用户留存率对长期留存率影响显著，第一周留存运营的改善效果会贯穿整条留存率曲线。因此，提升初期的留存率对用户增长非常有价值。就像人和人之间的交往一样，"第一印象"很重要。用户在接触产品的初期容易形成某种固化的印象，这种印象会长期影响用户的判断，并且不易被改变。如果让用户在初期留存下来，实现长期留存目标就会事半功倍。

---

[1] 引自 Appcues 官方网站。

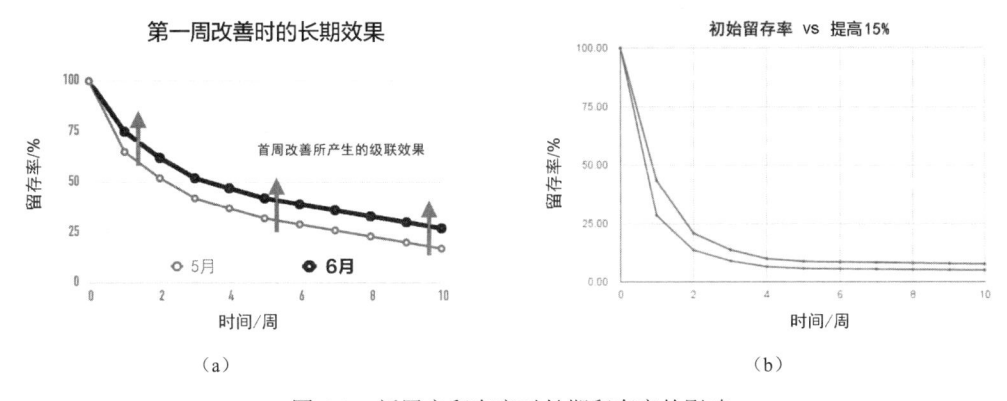

图 4-9 新用户留存率对长期留存率的影响

另一方面，用户在接触产品首周内的流失速度是最快的，流失率也是最高的。从几乎所有产品的留存率曲线中我们都可以看到，在最初的几天，新用户的留存率会大幅降低。优步前首席增长官安德鲁·陈曾经统计过，大多数 App 会在 3 天内失去 80% 的用户，在 30 天内平均失去 90% 的用户。在上文 Statista 统计的 30 余种行业 App 中，最高的次日留存率是 33.8%，最低的只有 16.5%；最高的 7 日留存率不到 20%，最低的只有 6.3%。可见，新用户流失给留存运营带来了巨大的挑战。

2．新用户流失的原因

新用户往往有一些共性，如对产品充满好奇，通常乐于进行探索和体验，行为比较密集，路径多样而杂乱；他们对产品几乎没有忠诚度，容忍度低，如果产品没有足够吸引他们的地方或体验不佳，那么他们很可能离开产品；他们对产品的信任度较低（除非是非常著名的大品牌），对接收到的信息充满警觉，担心踏入"陷阱"；他们对产品比较陌生，讨厌繁复的设计，喜欢简单、直接；等等。

新用户在接触产品的初期流失，通常有哪些原因呢？如图 4-10 所示，主要有 4 个原因，分别是无效流量、不需要、不认可价值、体验差，就像流量池有 4 个出水口一样，流进流量池的水，有一大部分是从这 4 个出水口流出去的。

1）无效流量

上文已经介绍了无效流量的概念，这类流量不但对企业没有任何价值，反而往往给企业的利益造成损失。无效流量通常会迅速流失，主要有以下情形。

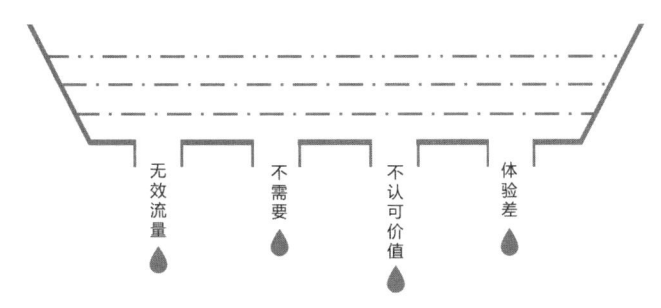

图 4-10 新用户流失的原因

- "羊毛党"："薅完羊毛"就撤，他们的流失是必然的。
- 被误导：用户被触发物误导，如文案中不清晰、容易引起歧义的介绍，或者不适宜的图片、视频素材，让用户产生了误解，误打误撞使用产品，使用之后发现产品并非自己理解的那样，立即离开。
- 被诱导：这种情形与误导用户的情形类似，不过属于主观的诱导，也就是诱导用户点击，如使用夸大的利益承诺、心照不宣的暗示等进行诱导。
- 流量欺诈：舞弊、欺诈性流量，甚至可能不是真人流量。

2）不需要

这类流量虽然是有效的真人流量，但是他们在探索后发现产品不是自己需要的，因而不会产生后续的参与行为。

3）不认可价值

用户虽然有需要，但是在探索后并未被产品价值打动，也容易造成流失，具体包括以下情形。
- 未发现产品核心价值，即用户没有体验到产品核心价值。
- 竞争力不够，即产品和竞品相比存在某些不足，用户转而使用竞品。
- 使用动力不足，即用户虽然使用了产品，但是感觉产品比较鸡肋，于是不再使用产品。

4）体验差

用户虽然有需要或认可产品价值，但是在使用或交易的过程中产生了不愉快的体验，尤其在使用产品初期，用户对产品的容忍度比较低，稍有不满就容易流失，具体包括以下情形。
- 用户很难上手或不会用产品。
- 产品或服务糟糕，如用户在收到产品实物后发现质量太差，或者长时间联系客服人员得不到回复等。
- 产品太占手机内存。手机内存非常宝贵，如果产品太占内存，那么用户很可能比较抵触。
- 官方过度打扰，如官方广告、推送过于频繁，对用户造成了打扰。
- 产品出现故障，如闪退、加载速度慢等。
- 用户对安全的担忧，如在用户刚开始使用产品时要求用户给予过多的权限，用户看到关于产品的负面信息或感觉隐私被窃取、数据被非法读取等。

上述 4 个流失原因有清晰的逻辑层次，即"曾到达（但是属于无效流量）"—"有需要（但是得不到满足）"—"能满足（但是吸引力不足）"—"能吸引（但是体验不好）"。最高层次的满足是用户体验的满足，如果在最高层次的满足之前的基础性满足不够，那么同样会造成新用户流失。

3．新用户的留存策略

针对新用户流失的 4 个原因，常用的新用户留存策略如表 4-2 所示。

表 4-2 常用的新用户留存策略

流失原因	具体情形	留存策略
无效流量	①"羊毛党"。 ②被误导。 ③被诱导。 ④流量欺诈	①与留存策略无关。 ②对于这类流量，更有效的策略是通过屏蔽、限制、拉黑等方式进行排除
不需要	用户不需要产品	如果有机会和用户沟通，那么在确认用户对产品没有需求时，可以将用户引导到有需求的其他产品中

续表

流失原因	具体情形	留存策略
不认可价值	①未发现产品核心价值。 ②竞争力不够。 ③使用动力不足。	①激活、引导用户，让用户体验到产品核心价值。 ②如果有机会和用户沟通，那么应该详细介绍产品价值。 ③如果有较多用户使用竞品，那么应该反思产品核心价值、差异化竞争能力等因素，并调整相关竞争策略。 ④在必要时赠予相关权益（如优惠券、满减等），增加用户的动力
体验差	①用户很难上手或不会用产品。 ②产品或服务糟糕。 ③产品太占手机内存。 ④官方过度打扰。 ⑤产品出现故障。 ⑥用户对安全的担忧	①加强用户引导，准备充分的问答内容或说明文档。 ②提高产品质量，改善服务体验。 ③有针对性地推送必要的或用户感兴趣的信息，避免过度打扰用户。 ④减少产品占用的内存、故障问题等。 ⑤在和用户建立起充分的信任前，不急于获得过多权限，在需要获取用户隐私或数据时解释清楚，并得到用户的知情同意，充分尊重、体谅用户

4．分析指标

分析新用户留存和流失的常用指标如表 4-3 所示。

表 4-3　分析新用户留存和流失的常用指标

指标名称	指标含义	计量
留存率	衡量用户在一段时间内的留存水平（留存率的反面是流失率，即流失率=1-留存率）	留存率=期末用户数/期初用户数×100%
用户满意度	衡量用户对产品的满意程度	用户满意度=（非常满意的用户数+满意的用户数）/受访人数×100%； 用户满意度=所有用户的打分总和/（受访人数×打分上限）×100%
用户费力度	衡量用户使用产品或相关功能解决问题的难易程度	用户费力度=所有用户的打分总和/受访人数
用户参与度	衡量用户的参与水平	既可以用访问或会话数、PV、平均会话长度、平均会话深度、App 打开数等计量，也可以自定义计量
用户激活率	衡量用户激活的比率	用户激活率=激活用户数/新增用户数×100%

5．分析方法

在新用户留存场景中，可以使用的分析方法主要有根本原因分析、用户调查、用户测试、热图分析、用户路径分析、A/B 测试、竞品分析（竞品的团队有没有在同期做过运营动作）、客服分析（分析客服人员和用户的沟通记录或让客服团队进行总结）等。

具体的方法已经在上文中介绍过，这里只对用户调查进行引申。在对新用户留存和流失的原因进行调查时，我们应重点询问以下 3 类人。

- "爱你的人"，也就是产品的重度用户、忠诚用户，如活跃度高、购买金额大、使用或购买产品频率高的用户等。这类用户群体之所以有高产出行为，是因为你的产品、服务或品牌有让他们觉得值的地方，他们看重的地方未必是你认为的那样，应重点询问他们为什么一直使用或购买产品，产品最有吸引力的是哪些地方，是否愿意向朋友推荐产品，如何推荐产品，在推荐的时候是怎么介绍产品的，在谈及产品的时候最爱使用哪些关键词，等等。只有询问"爱你的人"，才能洞察产品核心价值到底是什么，从而放大你的"美"，强化产品的定位，引导其他用户体验产品的"啊哈时刻"。

- **"曾经爱你的人"**，也就是曾经使用过产品，现在已经不使用，甚至只使用过一次产品就不再使用的用户（新用户流失）。询问这类用户群体可以洞察他们离你而去的原因，应重点询问他们当初使用产品时到底出了什么问题，曾经历过什么不好的体验，对产品有什么印象，为什么只使用过一次产品就不再使用，现在正在使用什么替代品，替代品吸引他们的是什么，替代品的体验如何，在什么情况下（如利益、激励或改变）愿意重新使用产品，等等。只有询问"曾经爱你的人"，才能洞察产品的问题到底出在哪里，这些问题有没有共性，从而找到优化产品的机会，甚至更有效率地召回流失用户。
- **"不爱你的人"**，也就是竞品的重度用户，主要包括两种典型情况：一种情况是用户不知道你的产品，即产品的信息不曾触达他们；另一种情况是用户知道你的产品，但选择了竞品。第一种情况是传播出了问题，即 AIDA 模型中的第一个环节（吸引注意）有待加强。在信息高度透明的时代，如果目标用户根本没有听说、搜索过你，那么你应当检视一下品牌的传播策略。此外，需要多加了解的是，用户不知道你的产品，是从哪里知道竞品，以及如何开始使用竞品的呢？通过这些问题的答案，你可以洞察竞品的获客渠道，从而优化自己的获客渠道。对于第二种情况，用户虽然知道你的产品，但是使用了竞品，显然是转化出了问题，你应当检视竞品的竞争优势和策略。对于"不爱你的人"，应重点询问竞品最吸引他们的地方有哪些，是在哪里接触到竞品信息的，竞品是如何打动他们的，竞品的使用体验怎么样，为什么一直使用竞品而不试一试其他产品，感觉你的产品怎么样，认为你的产品和竞品相比如何，等等。

用户调查的方式多种多样，如问卷调查、一对一访谈、观察（观察竞品的用户评论、竞用户群中的聊天）等。

当然，在进行用户调查时，用户未必会响应你的调查或对你说实话。这时候，你可以采取一些办法，规避上述困境，以便取得比较好的调查效果。鉴于篇幅，此处不再详细展开。

总之，在进行用户调查时，我们需要注意以下几个关键问题。

- 为什么要调查？
- 向谁进行调查？如何选取可靠的样本？
- 使用什么方式调查？
- 在什么时机或场景进行调查？
- 如何获取可靠的调查数据？

需要提醒的是，分析新用户留存和优化业务场景同样应当坚持策略环的核心思想，即机会、策略、验证、发展的精益循环。

4.2.2 用户激活

1. 理解激活

用户激活是改善新用户留存情况的重要策略之一。到底什么是用户激活呢？要想理解这个概念，我们首先要理解另外一个概念，即激活操作。

激活操作指的是一个或一组特定操作，新用户可以通过这类操作体验产品核心价值，它会对用户留存产生显著影响。

理解了激活操作，用户激活就好理解了。

用户激活指的是让新用户完成激活操作的运营过程。

用户激活是指用户发生了特定的行为或操作，在该操作点上，用户体验到了产品核心价值，并且只要发生了这样的行为，用户就有更大的概率留存下来。激活不是普通的行为，而是特定的关键行为。据统计，新生儿如果能在出生之初学会自主呼吸、吮吸、吞咽等行为，那么将有很大的概率长期存活下来，反之则比较危险，必须采取医疗措施才能提高存活率。因此，对于新生儿来说，呼吸、吮吸、吞咽等行为可以被称为"激活"。

激活操作真的存在吗？统计学证明，在产品中往往存在某种用户行为，用户在发生该行为后的留存概率比发生其他行为后的留存概率更高。对于没有发生该行为的用户，如果能让他们发生该行为，留存的概率就会增加，这就是逻辑学中的归纳推理和演绎推理。产品中一定存在激活操作，并且让用户发生激活操作一定有效。用户之所以留存，是因为认可产品核心价值，而激活操作往往是与产品核心价值紧密关联的操作。用户在发现并体验到独特的产品核心价值后，经常出现的反应是"啊哈，简直太棒了"，因此，我们将用户在使用产品的过程中出现激动、兴奋、极大满足等反应的高光时刻称为"啊哈时刻"。

在传统的营销中，人们基于经验总结了许多"激活操作"，如试穿、试吃、试用等。以在商场里卖衣服为例，大多数商家会配备试衣间和镜子，让用户先试穿，满意后再购买。这样做的效果很明显，大量研究表明，试穿用户的购买概率远大于只是看一看的用户。为什么试穿与购买有很强的相关性呢？因为用户只有试穿才能更好地发现和体验产品核心价值，并且试穿的一整套流程一般需要花 15 分钟甚至 30 分钟以上，这么长的"留存期"会增加很多转化机会，如导购人员通过观察和适时互动来巧妙地引导用户，用户反复进行比较等。

第二章介绍了增长领域内比较著名的 AARRR 模型。在 Appcues 开发的"海盗指标"模拟计算器中输入相关的模拟数据，我们可以发现，如果"用户获取"增长了 25%，那么 12 个月后的 MRR（Monthly Recurring Revenue，每月经常性收入）将增加 25%，如图 4-11 所示；如果"用户激活"增长了 25%，那么 12 个月后的 MRR 将增加 34.3%，如图 4-12 所示。

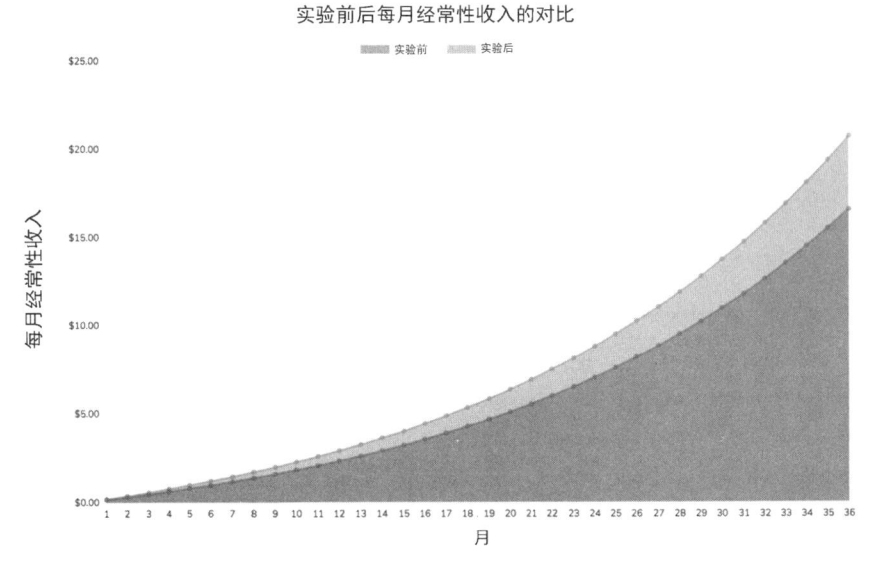

图 4-11 "用户获取"对 MRR 的影响

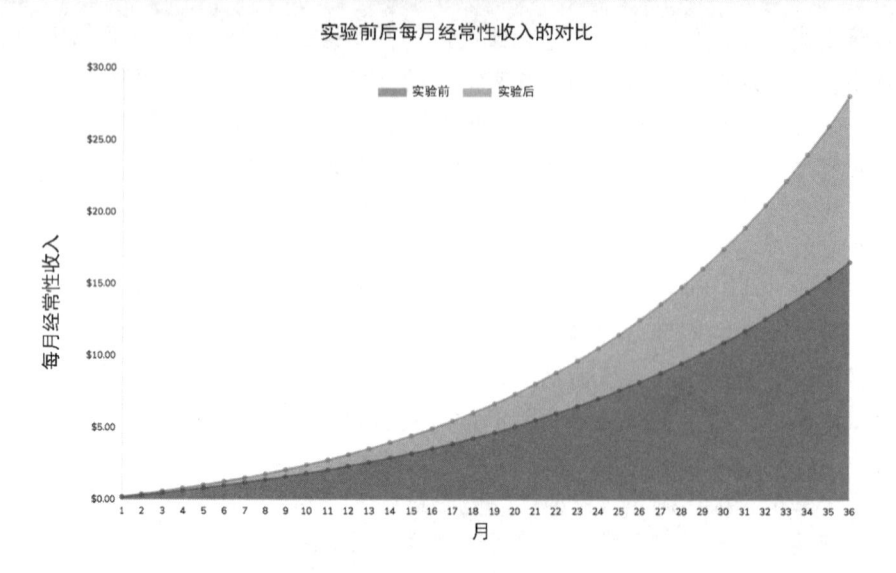

实验前后每月经常性收入的对比

相关数据	实验前	实验后	变动值	变动百分比
每月经常性收入	$2,342,943	$3,146,526	+$803,583	+34.30%

图 4-12 "用户激活"对 MRR 的影响

有人将新用户从接触产品到被激活的这一段用户旅程比喻为"第一英里"。"增长黑客"概念的提出者肖恩·埃利斯曾经说过,他的团队会把 50% 的精力放在产品开发上,把另外 50% 的精力放在新用户激活上。

总之,用户激活的问题非常值得我们认真研究和实践。在新用户留存领域,我们应当积极引导用户发生激活行为。

2. 如何描述激活操作

《硅谷增长黑客实战笔记》一书中用如图 4-13 所示的方式描述激活操作。

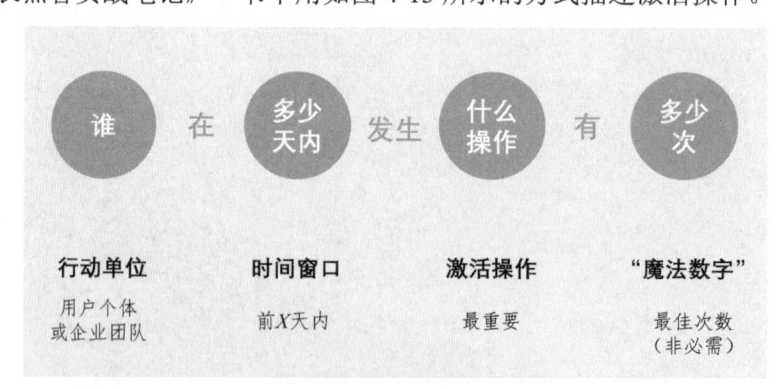

谁　在　多少天内　发生　什么操作　有　多少次

行动单位　时间窗口　激活操作　"魔法数字"
用户个体　前X天内　最重要　最佳次数
或企业团队　　　　　　　　　（非必需）

图 4-13 《硅谷增长黑客实战笔记》对激活操作的描述

图 4-13 中相关描述的具体解释如下。

- "谁",也就是用户是谁,在通常情况下是用户个体,有一些产品主营 B2B 业务(如团队协作类产品),其用户也可以是企业团队。例如,Slack 是国外非常流行的团队协作工具,由于其产品核心价值是提高团队协作的效率,因此其激活操作是"团队内部发送 2000 条信息"。

- "在多少天内",也就是新用户的最佳激活窗口期,时间窗口通常等同于产品天然使用周期。不过,即使产品的天然使用周期比较长,用户激活产品的时间也不应超过 7 天,时间窗口通常是前 3 天内。
- "发生什么操作",也就是具体行为,我们需要通过一定的方法进行分析和识别。
- "有多少次"也被称为"魔法数字",指希望用户发生激活操作的最佳次数,有些产品可能是一次,有些产品可能是很多次。最佳次数不是必需的,不过,如果产品中存在最佳的操作次数,那么我们最好找到它。

小贴士

一些著名产品的激活操作[1]

一些著名产品的激活操作如图 4-14 所示。

Slack · 团队内部发送2000条信息

Dropbox · 一台设备安装了一个Dropbox且其中至少有一个文件

Zynga · 用户在注册第二天返回产品

推特 · 用户关注30个用户且获得关注

Facebook · 用户在7天内添加10个好友

领英 · 用户在一周内添加4位联系人

图 4-14 一些著名产品的激活操作

激活操作 vs "啊哈时刻"

"啊哈时刻"指的是人们感受到惊喜的那一刻,此时,人们往往会情不自禁地欢呼"啊哈"(类似于网络流行语"爽点"),这种情绪反应也被称为"尤里卡效应",来源于阿基米德发现浮力定律的故事。国王命令阿基米德鉴定皇冠的真伪,正当阿基米德苦思多日无解之时,在一次洗澡的时候,他灵光一闪,突然意识到浮力和物体排出的水的重量有关,这个原理可以用来鉴定皇冠是不是纯金的。他在浴缸中惊喜地跳起来高呼"Eureka"(尤里卡),大意是"我找到了"。

从受到营销刺激开始,用户在使用产品的过程中会产生很多个"啊哈时刻"。这些时刻很重要,它们是鲜活的体验情绪,"啊哈时刻"越多,越能激励用户做出使用行为。"啊哈时刻"的形式是多种多样的,如互动、使用产品、观看产品的介绍视频等。

激活操作是用户在使用产品的早期阶段发生的与用户留存最相关的特定行为,"啊哈时刻"既可能会伴随着激活操作同时发生,也可能不会,二者没有必然联系。激活操作是导向用户留存的业务指标,"啊哈时刻"是用户情绪体验。

琳西·邓肯用如图 4-15 所示的一张图来表示激活操作与"啊哈时刻"的关系。[2]

---

[1] 引自 Apptimize 官方网站。
[2] 引自 Intercom 官方网站。

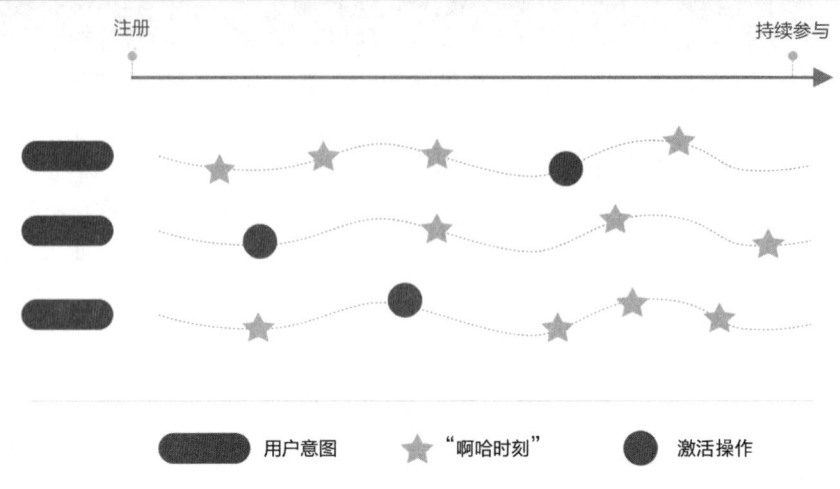

图 4-15 激活操作与"啊哈时刻"的关系

3. 激活操作的识别和验证

如何确定激活操作呢？我们可以参考如图 4-16 所示的流程。

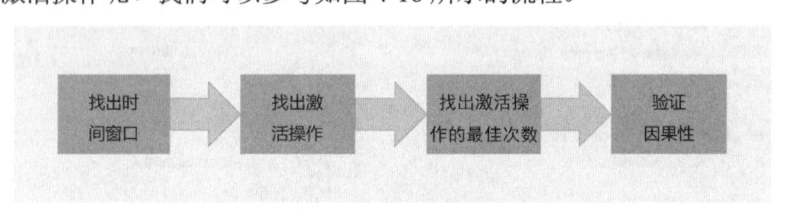

图 4-16 确定激活操作的流程

上文介绍了激活操作的概念和原理，下面我将结合一个案例来进一步介绍如何识别和验证产品的激活操作。

案例　某听歌 App 激活操作的识别和验证

案例背景：某听歌 App 上线运行了一段时间，公司要求各个业务团队充分开动脑筋，发现机会、提升增长绩效，重点改善用户留存、充值付费等效果。（这是一个典型的 B 类任务，没有明确的增长目标，基本思路是先分析几个关键领域，做出假设并验证，然后在最有前途的点上发力。）

该 App 的用户深耕团队学习了关于用户激活的知识，认为通过激活操作来引导新用户激活该 App 是非常值得一试的策略。

一、机会

一）找出激活操作的时间窗口

越是高频使用的产品，激活窗口期越短，如电商平台、今日头条、微信读书等资讯阅读类产品的使用频率较高，一般建议让新用户在 1~3 天内激活；打车、租车、健身、酒店预订、机票预订等产品的使用频率相对低一些，一般建议让新用户在 7 天内激活。

由于该听歌 App 是一款使用频率较高的产品，因此最好让新用户在 3 天内激活，团队决定将"前 2 天"作为时间窗口。

二）找出具体的激活操作

找出激活操作，就是找出发生该行为的用户与未发生该行为的用户在用户留存方面的表现存在显著差异的行为。我们通常只要找到一个这样的行为就行了，可以分为两个步骤：第一步是初步筛选比较有可能的行为，缩小分析范围；第二步是对比分析，选择最合适的行为。

第一步，初步筛选，缩小范围。

虽然用户在产品中的操作行为通常比较多，也比较杂乱，但是，如果产品具有鲜明的核心价值，那么团队还是可以凭借经验选出几个有可能的激活操作的。例如，某美颜相机 App 的激活操作很可能是拍照、美颜、分享等行为，某读书 App 的激活操作很可能是阅读、做笔记、分享等行为。如果感觉没把握或不想完全凭借经验，那么团队可以采用下面的方法进行筛选。

- 与领导、增长负责人或产品、运营、营销的同事一起讨论。
- 对用户进行调研，尤其是留存用户。
- 通过"功能-留存"数据分析，选出功能留存率较高的操作行为（可以与下文的"第二步"合并进行）。

该听歌 App 的团队通过上述方法初步筛选出两个候选行为，分别是收藏歌曲、点击喜欢歌曲。

第二步，对比分析，选择行为。

在这个步骤中，团队需要根据留存数据进行对比分析，可以通过工具抽取候选行为的初期留存率数据。如何确定初期留存时间呢？团队可以根据产品的天然使用周期来确定，视情况选择 30 天、60 天、90 天即可，不用太精确。

对于该听歌 App，团队将"前 2 天"作为时间窗口，将 30 天确定为留存时间，抽取了相关的留存数据，如表 4-4 所示。

表 4-4　该听歌 App 30 天的留存数据

行为-留存组合	第1天	第2天	第3天	第4天	第5天	第6天	第7天	第8天	第9天	第10天	第11天	第12天	第13天	第14天	第15天
前2天收藏歌曲（以630个用户为基础）	100%	51%	34%	31.90%	20.70%	20.50%	17%	16.00%	14.80%	14.50%	14%	13.10%	12.80%	12.80%	12.50%
前2天未收藏歌曲（以3259个用户为基础）	100%	26.60%	20%	15%	11.10%	11.10%	9.90%	9.50%	7.80%	8.90%	9%	8.40%	8.10%	8.10%	8.20%
前2天点击喜欢歌曲（以1320个用户为基础）	100%	51.20%	34.6%	32.60%	26.40%	25%	23.80%	22.60%	21.40%	21.20%	20.60%	20.70%	19.40%	19.20%	19%
前2天未点击喜欢歌曲（以2569个用户为基础）	100%	26%	21%	15.60%	10.30%	10.30%	9%	8.50%	7.80%	7.70%	7.50%	6.90%	6.70%	6.70%	6.60%

行为-留存组合	第16天	第17天	第18天	第19天	第20天	第21天	第22天	第23天	第24天	第25天	第26天	第27天	第28天	第29天	第30天
前2天收藏歌曲（以630个用户为基础）	12.10%	11.80%	10.60%	10.50%	10%	9.80%	9.70%	9.35%	9.20%	9.20%	9.20%	9.00%	8.70%	8.70%	8.60%
前2天未收藏歌曲（以3259个用户为基础）	8.20%	7.70%	7.30%	7.20%	7.10%	6.80%	6.80%	6.50%	6.50%	6.20%	6.20%	6%	5.80%	5.80%	5.70%
前2天点击喜欢歌曲（以1320个用户为基础）	17.60%	17.30%	16%	16%	15.50%	15.30%	15.20%	14.80%	14.70%	14.50%	14.50%	14.30%	14.10%	13%	13%
前2天未点击喜欢歌曲（以2569个用户为基础）	6.40%	6.20%	5.60%	5%	5.50%	5.20%	5.20%	4.90%	4.90%	4.60%	4.60%	4.30%	4.10%	4.00%	3.90%

接下来，团队画出了如图 4-17 所示的留存率曲线图。

团队从图 4-17 中发现，"前 2 天点击喜欢歌曲"和"前 2 天未点击喜欢歌曲"这组行为的留存率差异，明显大于"前 2 天收藏歌曲"和"前 2 天未收藏歌曲"这组行为的留存率差异，这说明"点击喜欢歌曲"与留存率的相关性比"收藏歌曲"与留存率的相关性更强，影响更显著。于是，团队将"点击喜欢歌曲"作为激活操作。

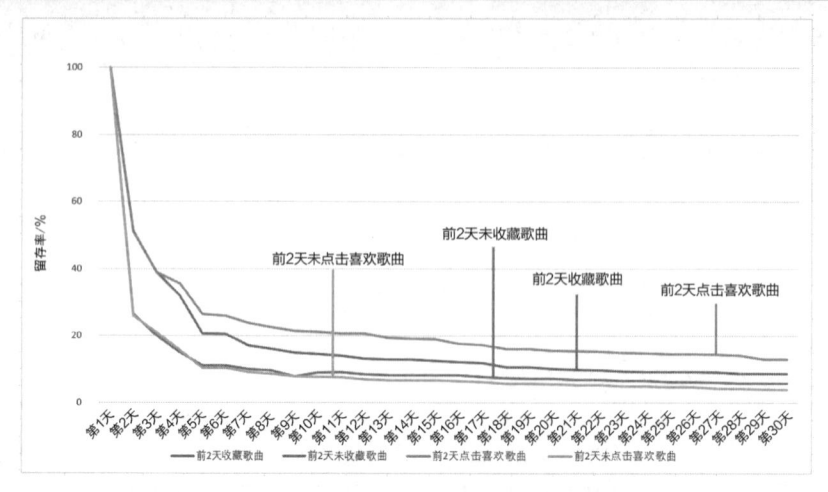

图 4-17 该听歌 App 30 天的留存率曲线图

三）找出激活操作的最佳次数

团队找到了时间窗口（"前 2 天"）和激活操作（"点击喜欢歌曲"），还剩下最后一个问题。在前 2 天内，用户点击喜欢歌曲的操作次数是不一样的，既可能是 1 次，也可能是 2 次、3 次、4 次、5 次，甚至更多次（经统计分析发现，最多的操作次数是 10 次），团队应当选择哪一个数字作为激活操作的标准呢？理论上，这个数字越大越好。不过在现实中，不建议将"10 次"作为激活操作的标准，让所有用户都做出 10 次该行为并不是最优决策，随着用户做出同一行为的次数逐渐增加，其边际留存率是递减的。

这是什么意思呢？例如，当某用户点击 1 次喜欢歌曲时，其次日留存的可能性是 60%；点击 2 次时，其次日留存的可能性会增加 30%；点击 3 次时，其次日留存的可能性会增加 5%；点击 4 次时，其次日留存的可能性会增加 2%……在这个过程中，随着点击次数逐渐增多，用户留存可能性的增加幅度是递减的。换句话说，前 2 次点击已经可以达到 90%的留存率，3~10 次点击的影响其实并不大，关键是让用户点击 2 次喜欢歌曲，这是最经济的处理方式，也是激活操作的最佳次数，因而在业界被称为"魔法数字"。

读者可能会问："魔法数字"一定存在吗？从经济学的意义上说，它是一定存在的。对于新用户群体的留存率曲线，使用统计学的分析方法，我们一定可以找到一个临界点，这个临界点前后的留存率有比较明显的差异，也就是拐点。事实上，如果可以画出留存率曲线，那么即使我们不使用统计学方法，仅凭肉眼观察，通常也能发现这样的拐点。

在本案例中，团队使用了两种方法来找出"魔法数字"，分别是边际效用最大法和韦恩图法。

方法一：边际效用最大法。

首先，团队统计出用户在前 2 天点击喜欢歌曲的次数，并根据次数进行用户分群，计算出不同用户群体在发生该行为后的次日留存率数据，如表 4-5 所示。

表 4-5 不同用户群体在发生该行为后的次日留存率数据

点击喜欢歌曲的次数/次	用户数/个	次日留存率/%
0	2569	21.00
1	1320	34.62
2	670	44.93
3	460	64.78

续表

点击喜欢歌曲的次数/次	用户数/个	次日留存率/%
4	345	74.49
5	235	75.74
6	164	77.44
7	151	85.43
8	95	91.58
9	60	91.67
10	54	92.59

在表 4-5 中，为什么要统计点击 0 次时的次日留存率数据呢？因为团队一方面要对比未发生过激活操作与发生过 1 次激活操作在次日留存率方面的差异程度；另一方面，如果没有点击 0 次时的数据，就无法得知点击 1 次时的边际效用。

然后，团队画出了点击喜欢歌曲的次数与次日留存率的折线图，如图 4-18 所示。

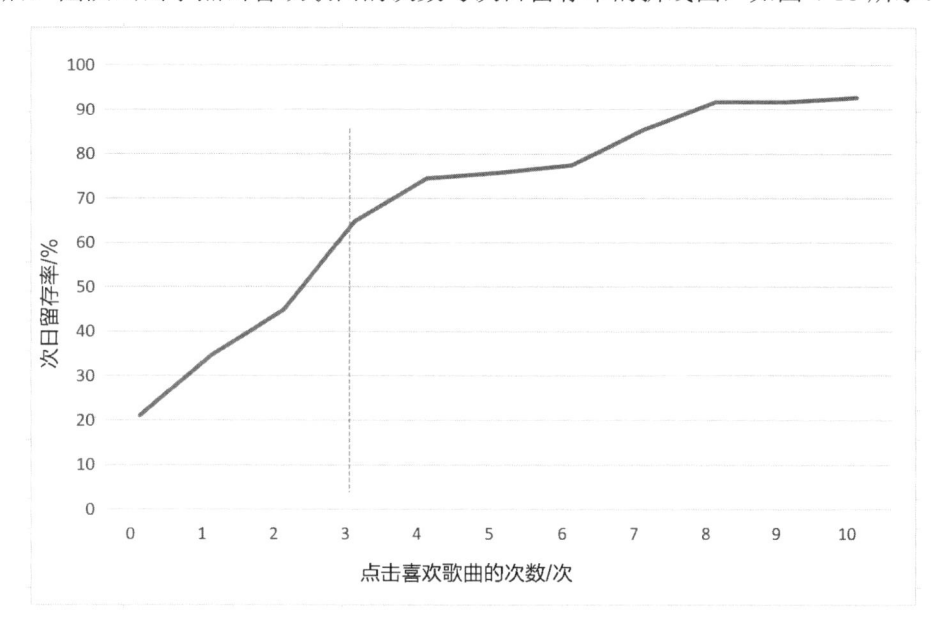

图 4-18　点击喜欢歌曲的次数与次日留存率的折线图

从图 4-18 中可以看出，点击 3 次喜欢歌曲对应的次日留存率是一个比较明显的拐点。点击 2 次到点击 3 次之间的线段，其倾斜角度在所有线段中是最大的，之后的次日留存率虽然仍保持上升趋势，但是曲线逐渐趋于平缓，表明边际效用开始递减。因此，团队选择将"3 次"作为激活操作的最佳次数。

如果难以基于图 4-18 做出判断，那么我们可以制作一张激活操作效用表（将次日留存率视为总效用），如表 4-6 所示。

表 4-6　激活操作效用表

点击喜欢歌曲的次数/次	总效用/%	边际效用/%
0	21.00	—
1	34.62	13.62
2	44.93	10.31
3	64.78	19.85

续表

点击喜欢歌曲的次数/次	总效用/%	边际效用/%
4	74.49	9.71
5	75.74	1.25
6	77.44	1.70
7	85.43	7.99
8	91.58	6.15
9	91.67	0.09
10	92.59	0.92

从表 4-6 中可知，边际效用最大的点击次数是 3 次。

方法二：韦恩图法。

团队决定借助 Apptimize 工具进行韦恩图法[①]分析，找出"魔法数字"。

初步观察点击喜欢歌曲的次数与留存数据的关系，团队发现了这样的特点：在点击喜欢歌曲的次数较少的用户中（如 1 次），很多用户没有留存下来，如果把"1 次"作为激活操作的最佳次数，那么对应的激活效果是非常值得怀疑的；发生过较多次该行为的用户（如 8 次）的留存率较高，不过对应的用户数量太少，经济性比较差。也就是说，如图 4-19 所示的两种情形都不理想，都不是团队想要的。

团队希望在某种情形下，"点击喜欢歌曲至少 x 次的留存用户数"与"点击喜欢歌曲至少 x 次的用户数+留存但并未点击喜欢歌曲至少 x 次的用户数"的比值最大，其中的"x"就是团队希望找到的"魔法数字"。

听起来比较绕，这到底是什么意思呢？我们通过一个例子来理解一下，假设团队已经知道 $x=4$，"点击喜欢歌曲至少 4 次的留存用户数"指的是点击喜欢歌曲 4 次、5 次、6 次……10 次的用户数总和，经统计是 257 人；"点击喜欢歌曲至少 4 次的用户数"经统计是 345 人，也就是说，在点击喜欢歌曲至少 4 次的 345 个用户中，有 257 个用户留存下来了；"留存但并未点击喜欢歌曲至少 4 次的用户数"指的是点击喜欢歌曲 0 次、1 次、2 次、3 次而留存下来的用户数总和，经统计是 603 人。

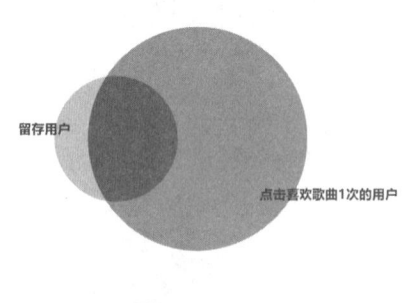

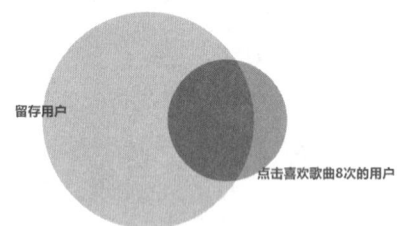

图 4-19 两种不理想的情形

假定在 $x=1$、$x=2$、$x=3$…$x=10$ 这 10 种情形中，当 $x=4$ 时，257 人/（345+603）人的比值是最大的。这意味着当 $x=4$ 时，留存效果最好，如图 4-20 所示。

在图 4-20 中，留存用户数包括两个部分：一部分是 B（至少点击 4 次的留存用户数），另一部分是 A（点击次数在 4 次以下的留存用户数），A 和 B 加起来就是总的留存用户数。至少点击 4 次的用户数也包括两个部分：一部分是 B（至少点击 4 次的留存用户数），另一部分是 C（至少点击 4 次的未留存用户数），B 和 C 加起来就是总的至少点击 4 次的用户数。$B/(A+B+C)$ 的比值越大，说明留存效果越好。

[①] 韦恩图法的发明人是英国哲学家、数学家约翰·韦恩，其作用是展示不同的事物群组（集合）之间的数学或逻辑联系。

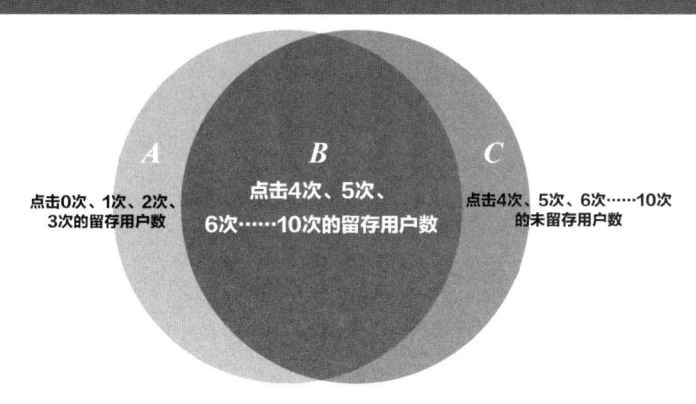

图 4-20　当 $x=4$ 时，留存效果最好

上文解释清楚了韦恩图的原理，接下来，团队可以用真实的数据计算一下，看一看结果如何。

首先，团队要统计所有需要用到的数据。

其次，团队要计算 $B/(A+B+C)$ 的比值。

最后，如表 4-7 所示，团队根据最大比值"0.31"对应的点击次数是"3"次，确定"魔法数字"为 3 次。

表 4-7　确定"魔法数字"的统计分析

x/次	A/个	B/个	$B+C$/个	$A+B+C$/个	$B/(A+B+C)$
1	183	457	1320	1503	0.30
2	340	301	670	1010	0.30
3	498	298	460	958	0.31
4	603	257	345	948	0.27
5	653	178	235	888	0.20
6	676	127	164	840	0.15
7	698	129	151	849	0.15
8	704	87	95	799	0.11
9	710	55	60	770	0.07
10	715	50	54	769	0.07

注："x"代表点击喜欢歌曲的次数，"A"代表留存但并未点击喜欢歌曲至少 x 次的用户数，"B"代表点击喜欢歌曲至少 x 次的留存用户数，"$B+C$"代表点击喜欢歌曲至少 x 次的用户数。

这种计算方法相对复杂一些，其结果与第一种方法相同，读者可以根据自己的喜好来选择。

二、策略

找到了激活操作，接下来，团队可以引导未发生过该行为的新用户发生该行为。具体的增长策略是页面引导，如果能够通过页面引导，让新用户在前 2 天内发生 3 次"点击喜欢歌曲"的行为，那么新用户的留存率将显著提高，因为这清晰地关联了新用户体验产品核心价值的关键时刻。

当然，上述增长策略只是一种假设，该策略在该 App 中有没有效，团队只有经过验证才能下结论。

三、验证

团队设计了引导页面，明确了引导流程，对上述假设进行验证，确认激活操作与用户留

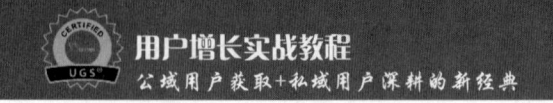

存之间有没有因果关系。

首先，团队设计了一组 A/B 测试，对实验组和对照组进行对比分析，确认二者具有因果关系；然后，团队画出了实验组和对照组的留存率曲线，如图 4-21 所示，实验组的留存率水平高于对照组。

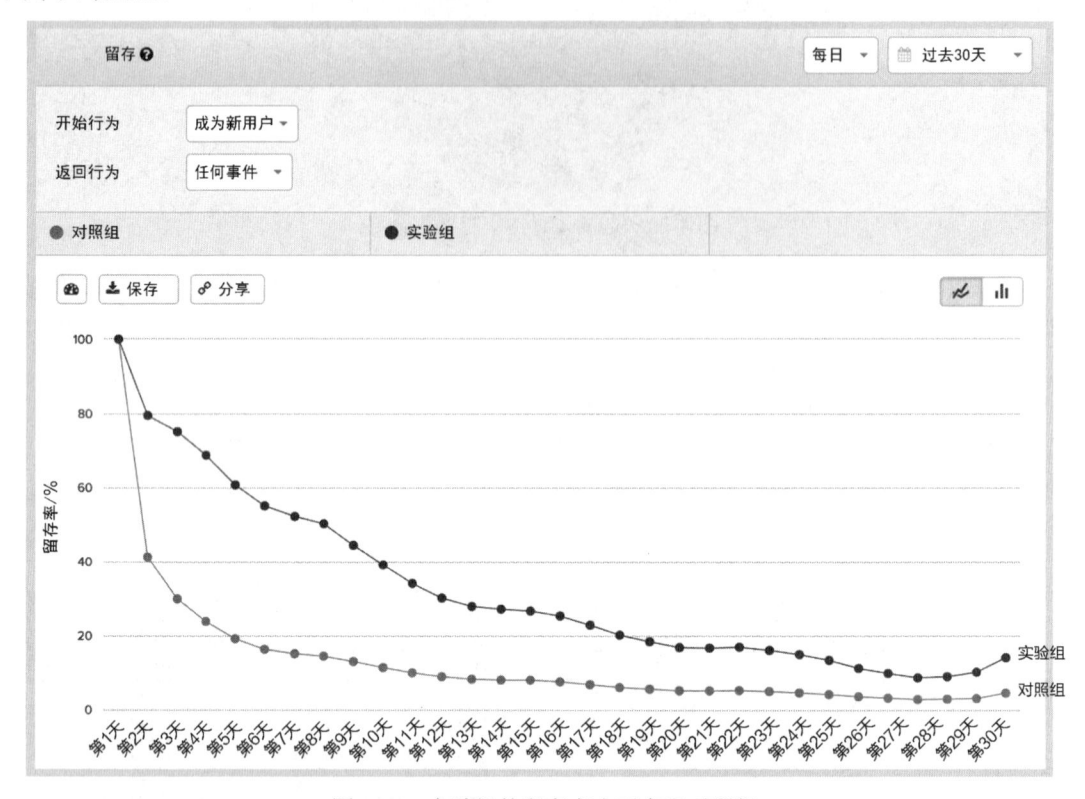

图 4-21　实验组的留存率水平高于对照组

最终，团队确定了该 App 的激活操作，即用户**在前 2 天内发生 3 次"点击喜欢歌曲"**的行为。

四、发展

团队进一步优化了引导流程和策略，扩大了引导新用户的范围，提高了新用户的整体留存水平。

4．在选择激活操作时应注意的问题

综上所述，我们分析了如何找出激活操作对应的关键行为，在通常情况下，我们应该找出相关性最强的行为。不过，有一个问题需要注意，与用户留存强相关的行为很可能不止一个，如关键行为 A 的 30 日留存率为 35%，行为 B、行为 C 的 30 日留存率分别为 32%、31%，在这种情况下，我们应该确定几个激活操作呢？正确做法是分析行为 B、行为 C 与行为 A 的关系，如果它们都与行为 A 强相关，那么从中选出留存率最高的行为即可；如果它们与行为 A 非强相关，那么我们可以选择多个行为进行持续引导。在判断二者之间的相关性为强相关时，一般要求相关系数大于 0.8。例如，在用户阅读一篇文章时，"转发"和"收藏"这两个行为之间可能存在强相关性。

另外，我们还要注意一个问题，如果产品的用户存在明显不同的需求，那么我们应针对不同的用户群体，分别找出满足其需求的激活操作，并分别进行引导。例如，在电商平台中，买家和卖家是截然不同的用户群体，对于买家来说，"买到喜欢的商品"可能是激活操作，对于卖家来说，"卖出商品"可能是激活操作。

4.2.3 入门引导

除了用户激活，另一种比较重要的留存策略是用户引导。对于新用户，用户引导主要是入门引导。

入门引导指的是主动引导新用户熟悉产品的功能或操作，从而让新用户尽快发现产品核心价值的过程。

引导的本质是触发，在特定的场景中，通过特定的触发物来触达用户，并让用户按照预设的链路进行浏览或互动。我们已经知道触发要素包括触发场景、触点、触发物、触发过程，下面我们来看一看引导过程中的触发要素。

1. 触发场景

大触发场景是用户引导，引导其熟悉产品的功能或操作，从而体验产品核心价值。因此，这种场景中的目标用户是很明确的，即新用户。

引导新用户的大场景主要包括下面几种小触发场景。

- **用户首次使用产品**。例如，用户在安装 App 后首次打开，首次使用 SaaS 产品，首次添加企业微信好友或进入企业微信社群等。
- **在用户的任务进程中**。当用户在完成某些任务的进程中时，我们可以进行触发引导。例如，在微信中长按"按住 说话"按钮，微信会提示"上滑取消或转文字"；在淘宝 App 中截屏时，淘宝会自动弹出分享引导页，并提示"截图成功，试试复制链接，好友可直接在微信中打开"，通过一组动画引导用户完成分享操作。谷歌地图在 2015 年推出了一个新功能，用户可以在沿途添加停靠点。在第一版中，触发场景是在用户启动地图的时候介绍该功能。效果不太好。第二版改为在用户输入目的地的时候弹出该功能的介绍和引导，这就是与场景更匹配的触发，因而更受用户欢迎。
- **用户遇到问题**。用户在使用产品的过程中遇到问题，单击"帮助"按钮，或者用户在与客服人员的对话框中输入相关问题，希望获得指引。
- **希望用户发生某些行为**。这是出现次数非常多的场景，用户激活是其中一种典型场景，其他场景还有用户任务中断引导。用户在使用或探索产品时，可能会被某些外在因素打断，如果经过一段时间，用户仍未返回产品，那么我们可以设计一组触发引导，提示用户返回产品并继续中断的流程。例如，在新房东用户中断添加房源的过程并离开后，爱彼迎会在一段时间后发送电子邮件，提示用户未完成任务，并通过电子邮件中的链接直接引导用户回到产品中的操作页面，从而让用户继续完成相关操作。此外，还有一些场景，如引导用户使用优惠券，在用户完成新手任务后发放奖励等。

2. 触点

引导新用户的触点主要有以下几个。

- 网站或 App 中的相关页面，如开屏页面、SaaS 软件中的引导页面等。
- 站内弹窗。
- 站内信。
- 推送消息。
- 站外触点，如电子邮件、短信、微信、企业微信等。

3．触发物

引导新用户的触发物形式多样，常见的主要有以下几种。

- **引导页**。引导页一般由 3~5 个页面组成，它可以对产品核心价值、重要特性、重要功能、亮点等进行介绍和宣传。在设计引导页时，我们应以传递实际价值为依归，创造良好的感知体验，让用户快速了解产品特点，并对产品产生好感。
- **蒙层引导**。当用户处于某项任务中时，我们可以对首次进入相关页面的用户进行蒙层引导，如图 4-22 所示。具体做法是用黑色、半透明的蒙层遮盖整个页面，在蒙层上方对相关功能或内容进行圈注，并在旁边配上手势、文案、符号等。蒙层引导遮盖了不相关的内容，可以让用户对需要了解的重点内容高度聚焦，减少干扰，缩短用户探索产品的时间。

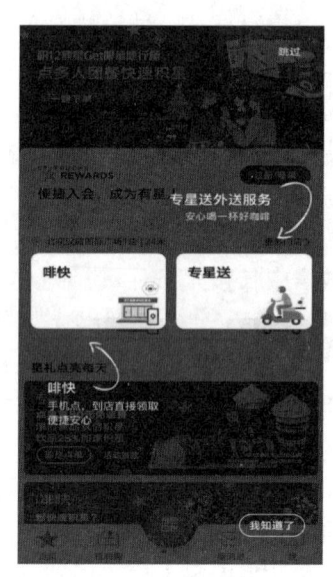

图 4-22　蒙层引导

- **气泡提示**。气泡提示指的是在操作按钮旁边弹出一个小气泡提示框，一般会在几秒后自动消失，既是很好的提示，对用户的干扰也很小，是一种比较"轻"的引导形式。
- **弹窗**。气泡提示属于比较"轻"的引导形式，不会中断用户的操作。弹窗则是比较"重"的引导形式，会阻断用户正在进行的操作，从而起到强提醒的作用。
- **步骤式引导**。这种引导形式是引导用户一步一步地操作，用户只要按照引导页面中的步骤，就能完成相关操作，它常与蒙层引导结合运用。此外，还有"面包屑式"引导（如用户注册流程），即告知用户当前的操作位置和下一步需要完成的操作，对用户操作的打扰较少，也较为清晰。步骤式引导一般不可跳过，用户只有完成相关操作才能开启其他任务。

- **教学式引导**。教学式引导的特征是边教边学，让用户沉浸其中、快速学习，因为操作反馈及时，所以用户很容易获得强烈的成就感。教学式引导是所有引导形式中复杂程度最高、感知体验最强的，适用于大型工具类产品或大型游戏，如游戏《英雄联盟》中的新手练习有各种标记和任务引导，在用户完成每一个步骤时，都会及时给予用户一定的鼓励。
- **视频动画引导**。如果产品涉及许多使用场景，并且操作流程比较长，那么视频动画引导是一个很好的选择，如百度商桥根据不同的用户角色分别制作了不同的引导性视频，帮助新用户尽快了解产品核心价值，快速上手。
- **预加载任务**。这种引导形式是在用户进入产品后，自动为用户创建一些和产品核心价值有关的待办任务、示例、清单等，引导用户上手。
- **文章或方案**。这种引导形式是向用户推送有价值、感兴趣的文章或方案，吸引用户的注意，完成用户引导。

4．触发过程

触发过程包括确定触发时机、选择触发受众、设计触发规则、设计触发频率、收集触点数据、评估和优化触点效果等，相关内容已经在上文中详细介绍过了，这里只强调以下几点比较重要的内容。

1）基于用户画像制定触发策略

在产品中，用户行为往往是有限且有规律可循的。例如，根据不同的流量渠道来源、不同的付费入口，用户在产品中的不同操作路径、使用产品的不同深度、绑定信息的不同详细程度等，我们可以给用户打上各种标签，从而构建不同的用户画像；基于不同的用户画像，我们还可以进一步对用户进行分群，从而更好地区别不同特征的用户的不同状态、需求，用户分群是制定触发策略的第一步。

不同新用户的目标和状态不尽相同，有的新用户在安装 App 后没有使用，有的新用户虽使用过 App 但没有完成关键行为（如注册），有的新用户没有完成转化，还有的新用户没有完成激活操作，引导触发新用户必须针对不同的用户群体制定不同的触发策略。

2）触达优先级和路径设计

在很多时候，触发新用户不是一次性完成的，需要进行多次触达，这涉及触达优先级和路径设计问题，我们来看一个案例。

案例

某母婴 App 的引导规则设计

某母婴 App 引导用户完成首单的触达策略设计如图 4-23 所示。

从图 4-23 中可以看出，该 App 通过 4 个阶段触达用户完成首单：第一阶段，在该 App 的引导页中，用户只注册了账号，并未下单；第二阶段，若用户 3 天后未下单，则通过站内信和站内软文同时触达用户，它们是比较柔和的触达方式，提醒的强度比较低，用户未必能注意到；第三阶段，若用户 5 天后仍未下单，则通过站内弹窗进行触达，同时增加抵扣券的金额；第四阶段，若用户 10 天后仍未下单或 7 天未打开过该 App（意味着用户很可能有流失倾向），则通过注册手机号向用户发送手机短信（在用户长时间不打开 App 的情况下，站内的触达手段基本上已经无效了），同时进一步加大优惠力度，用户除了获得 70 元抵扣券，还可以获得故事机。

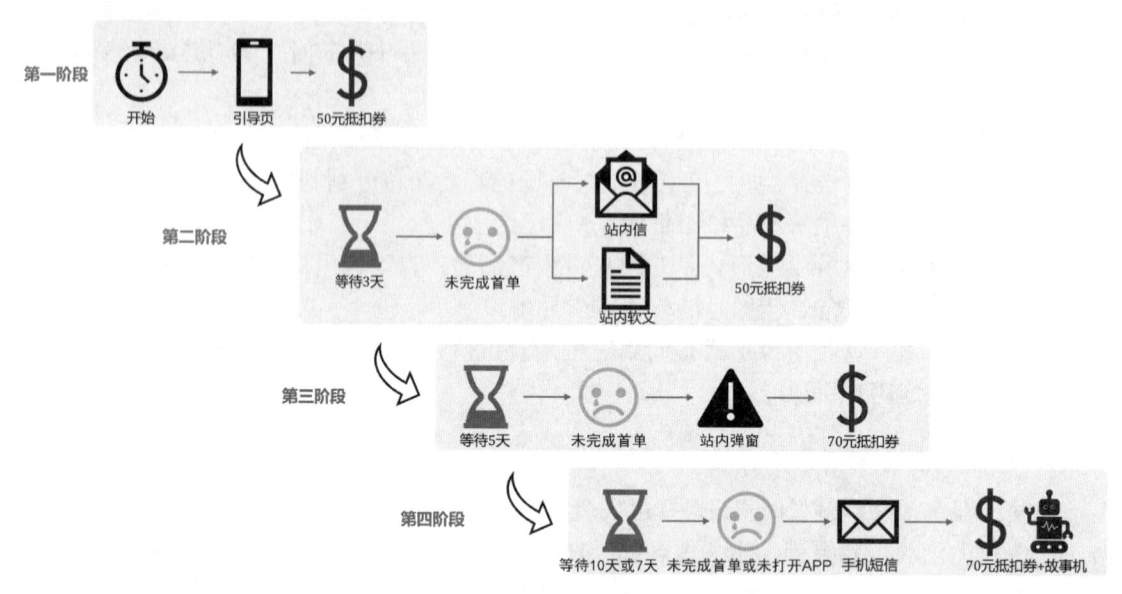

图 4-23　某母婴 App 引导用户完成首单的触达策略设计

通过本案例可知，触达用户的规则和路径设计需要讲策略，我们必须要有一套清晰、严密的系统化触达方案。最忌讳的是铺天盖地地全方位"轰炸"用户，这种体验非常糟糕，容易引起用户的反感。当然，不同产品的触达方案很可能不同，图 4-23 中的逻辑仅供读者参考。

3）增加用户动力

上文已经介绍过，动力=利益-阻碍，因此，增加用户动力可以从强化利益和减少阻碍这两个方面入手。触发、利益、阻碍共同构成了转化系统，可见用户引导的过程同样离不开转化思维。

- **强化利益的策略**：在引导新用户时，强化利益的常用策略如下。**金钱刺激**，如拼多多的新用户限时大礼包 1 元抢购。**赠送权益**，如微信读书赠送新用户一张 20 天的无限阅读卡。**功能吸引**，如著名的企业沟通协作软件 Slack 在新用户首次启动时，用"三屏信息"说明"如何利用 Slack 改善团队沟通协作"这一产品核心价值，告知新用户该产品支持"团队交流，随时可搜""根据项目、部门或共同的兴趣与同事交谈"。**诉诸情感或价值观**，如掌通家园是为幼儿、家长、园长、幼师和第三方幼教机构等搭建的幼儿共育平台，在该平台中，当家长或幼师更新幼儿的视频、照片动态后，其他成员会被提醒查看，既可以进行点赞、分享、评论等操作，也可以获得积分，孩子的成长值会定期进行排名。这类产品抓住了家长十分关心孩子的心理，基于情感联系建立了非常紧密的社交关系，很容易激活和留存用户。谷歌 Hangouts 设计了一个"空状态"页面，上面生动地展示了一个孤独的泪人的画面，表明没有邀请是一件让人悲伤的事情，这显然和用户的价值观是相抵触的，是用户不愿意见到的，因而可以促使用户做出改变。
- **减少阻碍的策略**：在引导新用户时，减少阻碍的常用策略如下。**将非必要动作后置**，如用户可以先体验产品，再注册账号。在爱彼迎之前的设计中，用户只有在注册账号后才能查看房屋信息列表。后来，团队意识到该设计可能会带来不必要的麻烦，于是进行了优化。现在，用户可以在输入任何详细信息之前查看所有房屋信息列表。微信读书可以通过微信号直接登录，非常方便，同时支持直接打开，用户可以先使用或体验，再注册或登录。**降低使用门槛**，如人人贷的"新手专享计划"会赠送新用户投资金，新用户可直接用该笔资金投资，降低了投资门槛，新用户可以尽快获得理财收益。**简化任务**，把比较大的任务拆分成更容易上手的小任务，从而减轻用户体验产品核心价值的心理负担，如著名的云存储工具 Dropbox 在进行入门引导时，只提示新用户上传单个文件，而不是上传所有文件；其他场景同理，如不告诉用户可以共享文件，而是给新用户分配一个很小的任务，即共享一个文件。**减少用户焦虑**，新用户在操作的过程中容易焦虑，合理的上下文提示、进度条提示，让用户在一开始就知道需要操作多少个步骤（建立明确预期），增加"显示密码"功能（手机键盘较小，用户容易误操作，如果可以显示密码，用户就能避免很多误操作），以及增强趣味性等，都可以有效减少用户焦虑，提高操作的流畅度。**建立信任**，这一点非常重要。**游戏化引导**，如苹果音乐在新用户选择标签的过程中采用了一种趣味性的方式，让操作过程不再单调乏味，如果用户喜欢某一首歌曲，那么可以点击一次；如果热爱，那么可以点击两次；如果不喜欢，那么可以长按。某些应用在引导新用户完成首单时会设计抽奖游戏，通常比直接赠送优惠券的效果更好，用户抽中奖品后，可能会在心理上和没抽中奖品进行对比，从而产生一种"赚到了"的感觉，更能产生消费冲动。

4.3 老用户留存

4.3.1 老用户留存的总体策略

1. 老用户流失的原因

新用户在顺利度过导入期后，通常会比较长久地留存下来，成为老用户。只要产品能够持续为用户提供核心价值，用户留存的时间就会更久。

老用户流失的主要原因如下。

- **需求消失**。例如，婚恋平台对于已经找到人生伴侣的用户来说，或者考研网站对于已经考上研究生的用户来说，由于用户的需求已经不复存在，因此流失是必然的。需求消失还包括一种特殊的情形，那就是使用条件发生变化，如用户原来在欧洲工作、生活时可以使用 Meta 或谷歌，到中国工作后，基本上就不会使用这些产品了。
- **兴趣降低甚至消失**。用户与产品之间缺乏互动或互动的触点太少，用户的热情逐渐消退，最终远离产品或将产品遗忘。
- **被动流失**。例如，信用卡用户期满后未能成功续约。
- **体验差**。例如，新版本出现了较大的程序漏洞，用户在与客服人员沟通时发生了不愉快的事情，产品内容伤害了用户的感情等。
- **被竞品吸引**。这种情况经常发生在竞品大幅度降价、推出重大更新、加大营销攻势、增加利益诱惑时。

- **资源消耗**。例如，产品占用过多的存储空间，耗电问题严重等。
- **成本高昂**。产品令用户在金钱、时间、精力等方面付出了高昂的成本。
- **权益被侵犯**。例如，用户的个人信息或数据被泄露，用户频繁受到官方电话或广告的打扰等。

2. 老用户的留存策略

老用户的留存策略如图 4-24 所示。

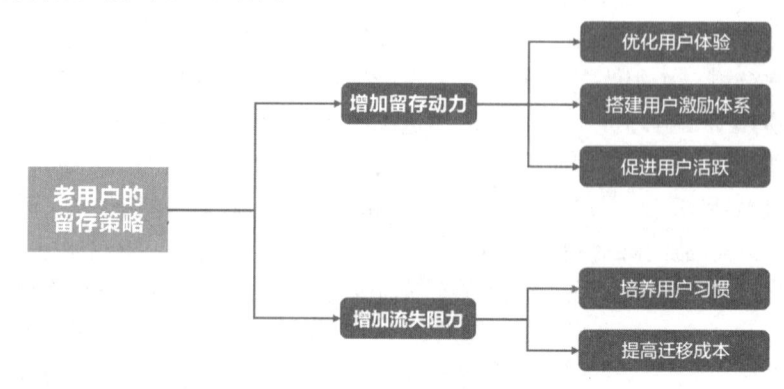

图 4-24　老用户的留存策略

4.3.2 优化用户体验

1. 什么是用户体验

用户体验指的是用户亲身参与的经历和在整个过程中获得的全部感受。

事实上，在所有的增长策略中，用户体验是最重要的基石。无论是用户留存，还是用户的价值产出，都植根于良好的用户体验。围绕用户增长的其他策略（如搭建用户激励体系、促进用户活跃、培养用户习惯等），虽然方式有所不同，但是本质上都是为了优化用户体验。用户体验是用户增长的核心主题。

普华永道曾对 1.5 万个用户开展调查，发现 1/3 的用户只要有一次不良体验，就会放弃他们喜爱的品牌，用户体验的重要性不言而喻。接下来，我们重点讨论以下 3 个问题。

1）用户体验是怎么产生的

用户体验是在用户使用产品后产生的吗？

如果你的答案是"是"，那么很遗憾，你答错了。这是很多人的误解，事实上，用户体验通常在用户使用产品之前就萌芽了。例如，你经常乘坐飞机旅行，曾在很多机场看到过某品牌的服装店，店面装潢考究，衣服价格昂贵，虽然你从未听说和注意过该品牌，也从未穿过该品牌的衣服，但是你很可能会产生"这是一个高档品牌"的感觉。又如，你想买一辆汽车，在搜索和了解的过程中，你发现目标选项中的某个品牌爆出了大量的负面新闻（如系统失灵、漏机油现象比较严重等），官方对此百般抵赖，很多网友群起而攻之，这时，你很可能对购买该品牌的汽车持慎之又慎的态度。

在上述两个例子中，你没有使用产品，只是接触了关于产品或品牌的信息，便对产品或品牌形成了某种印象。**准确地说，用户体验是从用户接触产品时就开始产生并不断累积的。用户体验的起点不是使用产品，而是接触产品。**正因如此，营销传播才有了价值，即在目标

用户的心智中植入某种印象或体验，从而影响其消费决策。

既然是接触，那么用户体验显然来自各种触点。用户在触点上接触到产品信息后，会自然而然地产生某种感受，这就是"刺激-反应原理"。可以说，没有接触就没有体验，没有触点就没有接触，触点的重要性可见一斑。

用户在触点上到底是如何与产品接触的呢？其实就是用户看到了什么、听到了什么、闻到了什么、尝到了什么、摸到了什么，也就是视觉、听觉、嗅觉、味觉、触觉。完整的感官综合体验可以产生多米诺骨牌效应，如果触动某一种感官，就会触动存储在脑海中的其他印象，所有记忆和情感都会突如其来地展开。例如，当你走在路边时，突然闻到了一股烤羊肉串的香味，你的嗅觉被触动了，其他的感官随即被连锁触动，你既可能会联想到一排羊肉串在鲜红的炭火上被炙烤出"吱吱"声的诱人画面（调动早已存储在脑海中的视觉和听觉），也可能会联想到羊肉串鲜美的味道和外焦里嫩的口感（调动早已存储在脑海中的味觉和触觉）。在通常情况下，触动的感官越多，越容易激发用户的消费需求。增长运营人员在做转化的时候应当思考一个问题，即能否触发用户两种以上的感官体验。

通过五感，用户把与产品的接触（刺激）存入大脑，大脑形成某种看法或感受，进一步存储为记忆或做出相应的行动（反应）。这些留存下来的记忆或固定下来的偏好会在某个时刻发挥作用，如在做出消费决策（购买决策、复购决策、推荐决策等）的时候影响用户的判断，这就是用户体验的底层逻辑。基于五感形成的记忆是用户的强记忆，最容易被用户存入大脑，在用户和朋友分享的时候，也最容易被提取出来。例如，你买了一个手提包，摸起来质感很舒服，闻起来有一股淡淡的复古香味，外观设计很亮眼，看起来很有档次，这些都是基于五感存入你心智中的看法或感受，你在向朋友推荐的时候也会这样说。基于五感存入大脑的信息通过五感被调取出来，既是最自然、最便利的，也是对方最容易体会和理解的，因为对方也是具有鲜活五感的人。

2）用户体验的3个阶段

有了上文的铺垫，我们可以进一步分析出用户体验产生于3个阶段，分别是使用产品前、使用产品中、使用产品后。在这3个阶段，用户会与产品发生接触，只要发生接触，用户就会产生看法或感受。

这些看法或感受来自众多的触点，如产品或品牌的广告、推广内容、朋友的推荐、网络口碑、电商店铺的图片和文案、实体店铺的位置和装潢设计、实体产品、产品开箱展示、使用产品或服务的过程、用户与客服人员的交流沟通、售后服务过程、产品与竞品的对比、公共关系等。

3）直接体验和间接体验

根据体验产品核心价值的方式，我们可以将用户体验分为直接体验和间接体验。

直接体验指的是直接体验到产品核心价值，间接体验指的是虽然没有直接体验到产品核心价值，但是可以联想。例如，当你感到困倦的时候，喝了一罐东鹏特饮，顿时神清气爽，这是对产品核心价值的直接体验；当你在电梯内看到东鹏特饮的广告语"累了困了，喝东鹏特饮"时，既可能想起某一次喝东鹏特饮的感受，也可能打算买几瓶东鹏特饮放在车上，累了困了来一罐，这是对产品核心价值的间接体验。直接体验的方式主要是与产品发生直接接触；间接体验的方式主要是传播，包括观看官方的广告或推广内容、观看其他用户使用产品的过程、浏览其他用户的评论等。世界著名广告公司BBDO环球网络曾指出："广告对观众来说属于一种替代型体验或间接体验。"

直接体验和间接体验的刺激共同组成了用户对产品的整体感受，二者不可或缺、互相影响。如果东鹏特饮尚未提出"累了困了，喝东鹏特饮"的广告语，那么即使让不同的用户都喝东鹏特饮，不同的用户可能也会产生不同的感受，有些用户可能觉得它是一种不太甜的饮料，有些用户可能觉得它的味道比较特别，如提神醒脑、喝了发苦等。当有了传播后，用户的直接感受会与"累了困了，喝东鹏特饮"的广告语强势关联起来，并建立鲜明的认知。反过来，虽然广告经常说"累了困了，喝东鹏特饮"，但是，如果用户喝东鹏特饮的明显感受是喝了更容易犯困（与传播对立），或者喝了后感觉记忆力大幅提升（与传播不一致），那么同样会破坏用户对产品的整体感受，产生混乱的认知和用户体验。这两种刺激产生的用户行为是明显不同的，如一项对分享行为的研究表明，直接体验主要引发用户的过程模拟，间接体验主要引发用户的结果模拟；直接体验的用户更愿意分享操作方式，间接体验的用户更愿意分享获得的价值。[①]

直接体验是对用户的直接刺激，对用户建立认知具有决定性的作用，"百闻不如一见"说的就是这个道理。因此，我们应当重点优化用户的直接体验，最佳途径是打造良好的五感体验。

2. 衡量用户体验

1）衡量模型和指标

用户体验的衡量方法或模型有很多种，下面重点介绍比较实用的"5度模型"。在介绍该模型之前，有必要提及另外一套体系，它是由谷歌提出的评估用户体验的"HEART 模型"，即 Happiness（愉悦度）、Engagement（参与度）、Adoption（接受度）、Retention（留存率）、Task Success（任务完成度）。阿里巴巴以谷歌提出的"HEART 模型"为基础，结合国内互联网的特点，提出了"5度模型"，如图 4-25 所示。

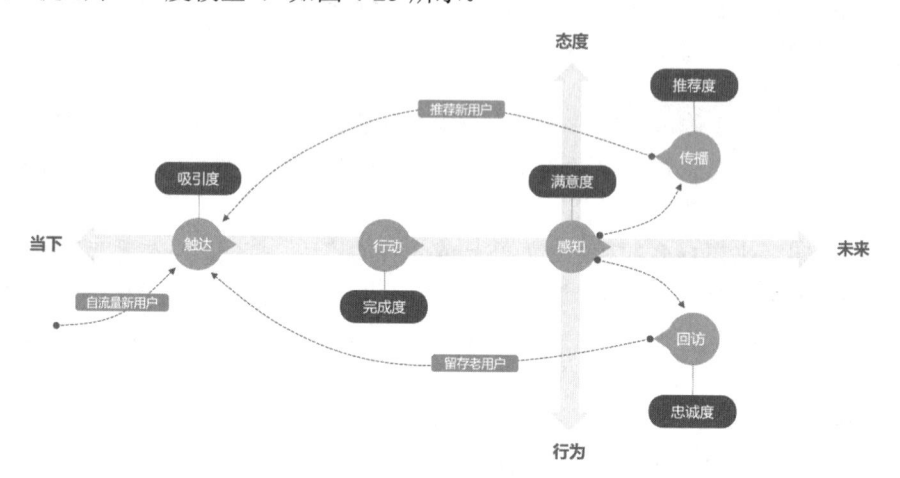

图 4-25　"5度模型"

"5度模型"的含义如表 4-8 所示。

表 4-8　"5度模型"的含义

名　称	含　义
吸引度	吸引目标用户的注意力，激发其兴趣，唤起其欲望，促成其行动，包含 AIDA 模型中的 4 个环节

[①] 引自《分享所获，还是分享操作？直接体验和间接体验对分享内容的影响与作用机制研究》，作者为吴继飞、于洪彦、杨炳成。

续表

名称	含义
完成度	用户通过产品解决问题的实际效率、成功率、完成率等
满意度	用户在实际体验产品后的看法或感觉,包括用户是否满意、愉悦、惊喜等
忠诚度	用户在首次体验产品后会不会回访,如再次回到产品中、复购、增强用户黏性等
推荐度	用户是否愿意自发向朋友推荐、传播良好的口碑等

根据 GSM 模型,即 Goal(目标)、Signal(信号)、Metric(指标),如果"5度"代表 5 个目标,那么我们可以对每一个目标进行推导,即在实现、未实现目标时,用户分别会有哪些相应的行为表现,通过相关的指标来衡量相应的行为表现,可以生成衡量用户体验的指标体系。

下面,我将结合一个案例来说明如何基于"5 度模型"搭建衡量用户体验的指标体系。

案例：某问卷调查小程序的用户体验指标设计

案例背景：某问卷调查小程序的产品特色是页面美观、数据收集和分析功能非常智能,并且可以在微信生态内转发,以收集问卷调查数据。

产品方主要向企业的问卷调查人员群体推广(朋友圈广告),吸引他们使用该产品。如何衡量该产品的用户体验呢？

基于"**5 度模型**"和 **GSM** 模型的指标设计如表 4-9 所示。

表 4-9 基于"5 度模型"和 GSM 模型的指标设计

目标	信号	指标
吸引度	注意	该场景可以不考虑	—
	兴趣	小程序文字链接或卡片被点击	点击率
	欲望	①浏览小程序。②向客服人员发起咨询	①参与度。②咨询量
	行动	①开通试用。②充值会员	①开通转化率。②充值会员数
完成度	使用成功率	成功创建一份问卷(成功创建并分发问卷)	创建完成率
	费力度	问卷的创建、分发、过程监控、分析等是否费力	用户费力度
满意度	满意度	总体感受(高效率、便捷性、美观度、趣味性、统计分析智能化程度和丰富性等)	用户满意度
忠诚度	留存和活跃	①用户留存。②用户活跃(持续使用问卷功能)	①N 日留存率。②活跃率、单个用户 N 日参与次数、用户累计 N 日参与次数
	持续转化	会员续费	续费率
推荐度	传播和推荐	用户分享小程序卡片	净推荐值、分享率
	新用户获取	用户通过分享链接进入小程序	新用户数、k 因子

2)几个重点指标的计算说明

表 4-9 中几个重点指标的计算说明如下。

- **用户费力度**。

用户费力度可以衡量用户使用产品或相关功能解决问题的难易程度,其计算公式如下。

CES=所有用户的打分总和/受访人数

该指标通常划分 3 个、5 个、7 个等级进行评分，评分越高，说明产品越能降低用户解决问题的难度，满足用户的需求。例如，以 7 个等级为例，"该产品让我处理问题的过程变得简单"的指标如下。

A. 完全不同意（1 分）。
B. 不同意（2 分）。
C. 有点不同意（3 分）。
D. 一般（4 分）。
E. 有点同意（5 分）。
F. 同意（6 分）。
G. 完全同意（7 分）。

- **用户满意度。**

用户满意度是衡量用户对产品或服务的满意程度的指标，用户通常需要回答一些问题或完成一份详细的问卷，用户的"满意"和"不满意"一般分为 3 个、5 个等级，或者用不同的星级来体现不同的等级，如"您如何评价对服务的总体满意度"。

A. 非常满意（5 分）。
B. 满意（4 分）。
C. 一般（3 分）。
D. 不满意（2 分）。
E. 非常不满意（1 分）。

用户满意度的计算方法主要有以下两种。

百分比法：

用户满意度=（非常满意的用户数+满意的用户数）/受访人数×100%

平均分法：

用户满意度=所有用户的打分总和/（受访人数×打分上限）×100%

在平均分法的计算公式中，"打分上限"指的是最高分，如果"非常满意"是 5 分，5 分就是打分上限。

3）分析方法

在衡量用户体验的场景中，可以使用的分析方法主要有用户体验地图分析、转化因素分析、转化漏斗分析、热图分析、用户路径分析、用户调查、A/B 测试等。

3. 如何优化用户体验

1）深化产品核心价值

独特的产品核心价值是用户留存的重要动力，持续提供产品核心价值的主要形式是产品迭代和升级，这是一个非常大的命题，鉴于本书的定位和篇幅，在此不过多展开，只简单谈一谈以下思路。

- **植根于用户需求，创造产品价值（找到你的"美"）。** 我们应深入研究用户，以同理心来思考，洞察用户需求。在一般情况下，产品迭代和升级可以按照 3 个阶段来推进：第一阶段应突出产品性能（如实用性、独特性、"小而美"等），从某一个市场缝隙精准切入，一旦产品的精准性获得市场验证，就集中精力，专注而迅速地将其做到极致、做出口碑，这叫作"一根针，捅破天"；在第二阶段，随着更多用户的流入，用户的需求开始变多、变复杂，并且逐步分化，在这个阶段，我们应当横向拓展，基于第一阶段已经验证成功的运营模式和迭代经验，满足多样化的用户需求，并在品牌定位上发力，从设计感、文化感、调性、情感等角度强化定位；在第三阶段，产品进入成熟期，用户规模比较大，我们应适时对产品或市场进行调整，如挖掘产品的新用途或推出新产品等。

- **突出差异化的产品核心价值（放大你的"美"）**。产品的差异化特性往往是产品"最美的地方"，即使只找到了一处这样的"美"，产品也可以脱颖而出，不需要处处闪光。一味追求处处闪光，反而很可能堕入平庸。决定产品能否从众多竞品中胜出的是产品的差异化特性，因此，我们应该把这样的"美"放大到极致，让它们格外璀璨，与众不同。这些与众不同的"美"最容易让用户获得独特的体验，这种体验最容易进入并占据用户的心智，这叫作"一招鲜，吃遍天"。要想知道是否找到了这样的"美"，我们可以思考一个简单的问题："如果把这一处美变得更美，用户愿意支付更高的费用吗？"如果答案是肯定的，那么我们很可能找到了这样的"美"，当然，这需要通过数据来验证。
- **坚持精益增长思想，不断完善价值（丰富你的"美"）**。用户体验是可以被量化的，我们应坚持精益增长思想，扎扎实实地优化用户体验。
- **加强品牌建设，更好地凝聚价值（塑造你的"美"）**。产品是有生命周期的，不可能永世长存，大多数产品存在一个从繁荣到衰亡的过程。不过，品牌不一样，品牌如果被建立起来，并在用户的心智中代表某种价值认知或独特体验，那么，只要我们善于对品牌进行持续的定位强化、维护和升级，品牌就能具有顽强的生命力，不受产品生命周期的限制，从而实现基业长青、长盛不衰。因此，我们要大力加强品牌建设，并将用户对产品的体验逐步迁移到对品牌的锚定上，在加强品牌建设，以及与用户互动的同时，让用户获得比单一产品更多的心理、情感甚至个人价值的体验。

2）坚持 UCD 理念

把好的用户体验落地源于优秀的设计，这需要我们坚持 UCD（User Centered Design，以用户为中心的设计）理念。

UCD 理念指向迭代设计过程，设计团队在设计过程中的每一个阶段都应关注用户及其需求。基于该理念，设计团队基于各种研究和设计技术，让用户参与整个设计过程，为其创造高可用性和体验良好的产品。在通常情况下，每一次迭代都涉及 4 个不同的阶段：首先，理解用户使用背景；其次，识别用户需求；然后，正式设计解决方案；最后，评估用户需求满足程度。之后，设计团队可根据需要进一步迭代，直到用户满意为止。[①] UCD 迭代过程如图 4-26 所示。

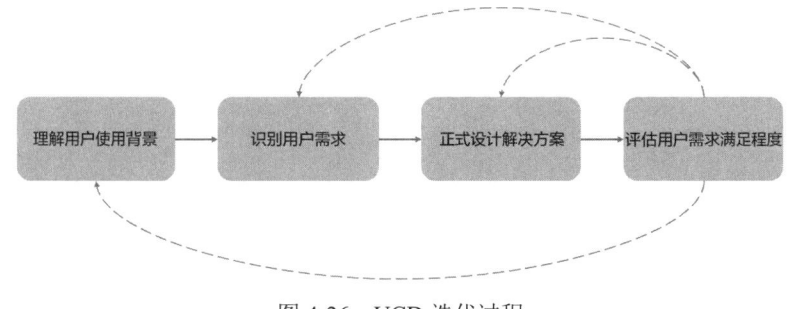

图 4-26 UCD 迭代过程

---

① 引自 Interaction Design 官方网站。

正如乔布斯所说的那样："你必须先从用户的体验入手，再寻找技术做开发，绝对不能本末倒置。"的确，在"体验为王"的最终用户时代，UCD 理念应当被确立为企业的核心设计理念。

ISO 对 UCD 理念的表述如下。[①]

- 基于对用户、任务和环境明确理解的设计。
- 用户参与设计和开发。
- 通过以用户为中心的评估来驱动和改进设计。
- 迭代设计方案。
- 设计解决全部的用户体验。
- 设计团队包括多学科技术和观点。

3）优化触点体验

这里介绍一种常用的工具，即用户体验地图。在介绍用户体验地图之前，需要介绍用户旅程地图，它指的是将用户决策过程中各个阶段的实际触点按照时间关系绘制成的可视化图表。在用户旅程地图的基础上增加用户的情绪、感受、体验等要素，我们可以得到用户体验地图，它的价值主要是让团队从用户的视角看待产品的用户体验，切实分析和解决问题，通过地图共创，促使不同的团队成员达成共识，梳理触点，并通过洞察用户痛点来找到改善的机会点，我们通常在新产品设计和产品优化中使用用户体验地图。

接下来，我们来看一个案例。

案例

京东某定向投放工具的用户体验地图绘制过程

案例背景：京东数坊是京东 DMP（Data Management Platform，数据管理平台）中的一款人群定向投放工具，可以为商家用户提供丰富的人群画像分析，圈选目标人群，生成定向投放人群包，投放广告，对产品进行推广引流和品牌曝光等，其主要功能包括人群管理、京选人群、自建人群、标签管理等。团队希望基于对用户体验地图的分析和挖掘，识别改善用户体验和产品增长的机会。

经过用户访谈，团队明确了业务场景，掌握了目标用户的关键路径，判断出哪些维度能够影响业务指标和用户关键路径上的指标，将这些指标作为核心维度，绘制用户体验地图，从而识别相关的机会点。

京东数坊的用户体验地图如图 4-27 所示。

下面，我将结合上述案例，说明基于用户体验地图分析、优化用户体验的过程。

第一步，明确用户目标。

在绘制用户体验地图时，团队首先要清楚绘制它的原因和目的，包括任务场景、研究对象（目标用户）、需要解决的问题、用户的任务目标等，对它们有一个清晰的认知。

在本案例中，任务场景是该工具的使用过程，研究对象是使用该工具的商家用户，需要解决的问题是识别优化用户体验的机会（最终产出成果是机会点），用户的任务目标是通过该工具生成人群包，进行广告投放。

[①] 引自《人-系统交互工效学-第 210 部分：以人为中心的交互系统设计》。

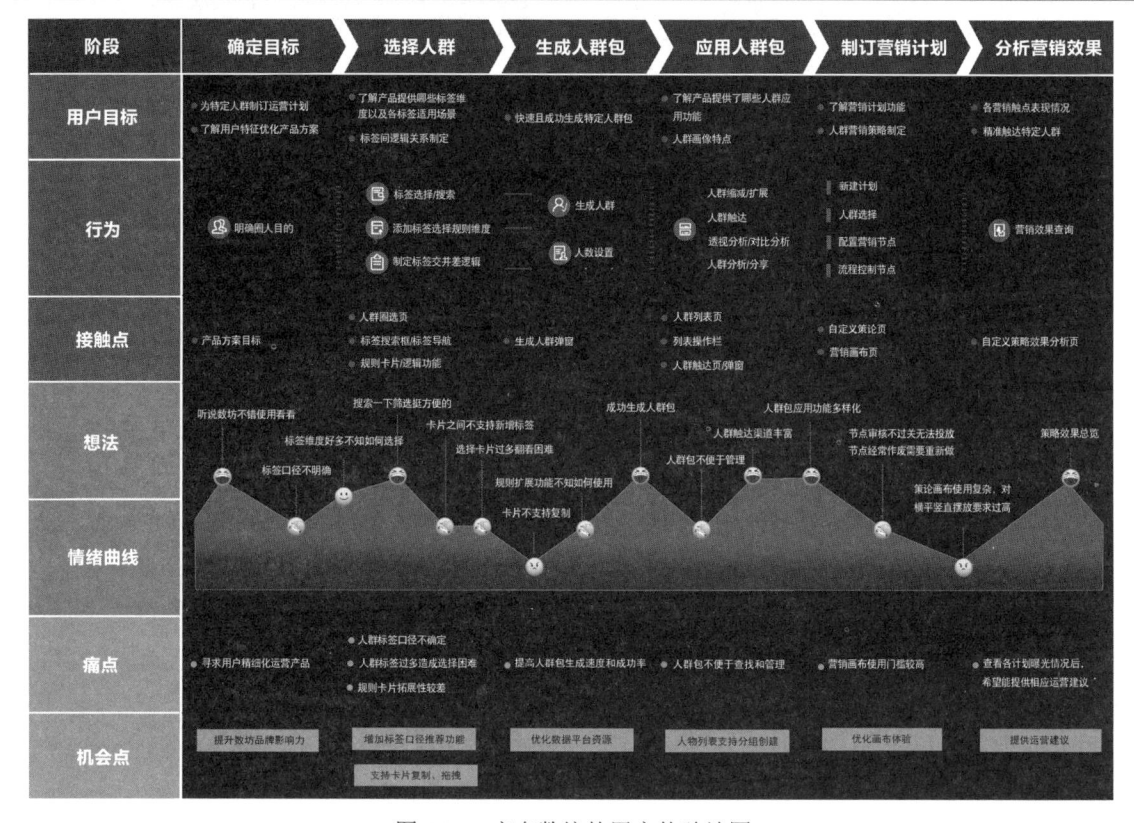

图 4-27　京东数坊的用户体验地图

（图片贡献者：京东技术与数据用户体验设计中心关晓青）

第二步，梳理用户旅程。

在这一步，团队应定义用户旅程的起点和终点，并将用户旅程拆分为几个较大的阶段性步骤（也可以称为过程里程碑）。至于拆分为几个阶段比较合适，团队需要具体情况具体分析，不必过于纠结，只要符合以下两点即可：首先，不同的阶段是连续的（从起点到终点实现全覆盖）、有顺序的（不能颠倒）；其次，每一个阶段都应有一个核心的用户目标，通常以该目标命名相应的阶段，这样更易于理解。

在本案例中，用户旅程被拆分为 6 个阶段，即"确定目标"—"选择人群"—"生成人群包"—"应用人群包"—"制订营销计划"—"分析营销效果"。

第三步，拆分用户任务，进行触点映射。

在这一步，团队应将各个阶段的用户目标、用户任务拆分至具体操作行为，并将相关操作行为映射到具体的触点位置上。在这个过程中，团队应当拆分得细致一些，只要是用户与产品有接触的触点，团队就应当找出来。

团队需要拆分出每一个阶段具体的用户目标、操作行为、触点位置，明确用户想法（用户是怎么想的或有什么疑问）、用户感受或情绪等。

为了获取上述数据，团队可以采用以下方法。

- 观察用户操作。
- 用户测试，如用户会话重播等。
- 用户调查，如访谈、问卷调查、焦点小组等。
- 热图分析。

- **征求用户反馈意见**，即通过客服信箱、帮助中心、意见箱等收集关于用户使用产品的问题。
- **使用工单**，即让用户通过工单等正式渠道提出问题或意见。

上述数据应当来自用户，而不是团队内部的讨论。团队成员只需要客观描述事实，既不要自说自话或将自己的情绪代入其中，也不要急于猜想和分析。团队应重点通过以下问题收集数据。

- 用户是如何操作的？
- 用户操作的效率如何？
- 用户操作的反复性如何？
- 用户的操作过程是否清晰？
- 用户是否顺利完成了任务？
- 用户有哪些疑问？
- 用户有哪些不满？
- 用户的情绪如何？

以第三阶段"生成人群包"为例，这个阶段的用户目标是快速、成功生成特定人群包，操作行为是生成人群包、设置人数等，触点位置是生成人群包的页面和弹窗，用户想法和对应的情绪包括选择卡片过多，翻看比较困难（尴尬），不知道规则扩展功能怎么使用（尴尬），卡片不支持复制（难过），在成功生成人群包时感觉不错（愉悦）。在图4-27中，用户的情绪（波峰、波谷）被绘制成一条曲线，生动地呈现了用户情绪的变化，同时使用不同的表情图标，显得更加直观，也更容易唤起团队成员的同理心。

第四步，分析用户痛点，识别机会点。

在这一步，团队应对用户痛点进行梳理和分析，并对用户痛点分级，洞察用户痛点背后的真实诉求，识别改进、优化的机会点。在这个过程中，团队可以使用的分析方法主要有以下几种。

- **策略可选集**，即行业最佳实践和团队对类似项目的成功经验等，它们既是可选项，也可以启发团队成员思考。
- **专业或经验判断**。
- **头脑风暴法**。
- **列举法**。
- **强制联想法**，如思考"用户有没有其他选择""怎么做能让用户更满意"等问题。

仍以第三阶段"生成人群包"为例，团队分析出的用户痛点是人群包生成速度和成功率不理想，机会点是优化数据平台资源。

接下来，团队应按照策略环方法，制定策略并进行优先级排序，对策略进行验证，结合验证情况对策略进行发展等，此处不再赘述。

综上所述，用户体验地图的绘制过程，本质上是对用户任务进行细分，从中识别增长机会的过程。其特点是引入了用户的想法、情绪曲线、痛点等因素，有利于增强团队成员的代入感，刺激团队成员输出想法和深入洞察用户体验。

将上述过程绘制成一张图，我们可以得到用户体验地图。需要记住的是，我们的目的不是绘制一张漂亮的图片，而是通过这种结构化的方法尽快找到在触点上优化用户体验的方向。

之所以要绘制一张图，是为了方便信息的整理和可视化，提供一个整体的视角，便于团队成员洞察产品的亮点和缺陷。

4）优化峰终体验

诺贝尔经济学奖得主、心理学家丹尼尔·卡内曼经过深入研究，发现人们对体验的留存和记忆通常由两个因素决定，即高峰（无论是正向的巅峰还是负向的低谷）时和结束时的感觉。也就是说，人们在体验某种事物之后，能够记住的通常只有峰、终时刻，其他时刻几乎对记忆没有影响，这就是峰终定律。

峰终定律给增长运营的启示是产品方或品牌方应当尽力优化峰终体验，着力打造用户的波峰体验，并将其做到极致，这样可以事半功倍地提高整体的用户体验度。如果没有明显的波峰体验，产品方或品牌方就要想方设法创造出来。产品或品牌可以给用户带来平淡的体验，但应极力避免波谷体验。

虽然很多用户非常喜欢宜家，但是宜家也有一些用户体验不好的地方，如即使用户只买一件家具，也需要按照路线图走完整个商场，而且宜家的店员很少，用户需要自己在货架上寻找商品并搬下来。不过，宜家对用户体验峰终值的设置非常合理，因而整体的用户体验度是非常高的。峰值指的是用户可以尽情试用产品，在购物乏累后可以享受美食等时刻，终值指的是用户在结账的时候可以享受物美价廉的零食等（如 1 元的冰激凌）。在迪士尼乐园内游玩，峰值指的是体验某个刺激游戏的时刻，终值指的是人们游玩了一天，在离开前欣赏花车游行和园区上空的烟火秀，一边休息，一边仰着头说"好美啊"的时刻。体验的过程往往会有各种小遗憾，只要峰值和终值的体验是好的，用户对体验的留存和记忆就是好的。

通过用户体验地图工具，我们可以找到并管理用户体验的峰值。通过策略环精益方法，我们可以不断将峰值体验推向更高的波峰。

5）实现个性化运营

个性化运营的本质是更精细地满足用户的个性化需求，对于用户来说，就是更懂用户，更少打扰用户，更恰当地满足用户，让用户感觉更贴心，等等。个性化运营可以明显改善用户体验。

实现个性化运营需要满足以下基本条件：**数据**，个性化运营是由数据驱动的，如果没有用户数据，"个性化运营"就是一句空话。对用户的认知，本质上是对用户产生的行为数据进行分析和挖掘，通过这些数据，我们既可以刻画用户，推测用户的喜好、需求、状态、价值、决策阶段，从而构建清晰的用户画像，也可以实现用户分层、分群运营（用户分层、分群运营是个性化运营的普遍形式，其中 RFM 用户分层的应用尤其广泛）。**标签**，具体地说是标签的生成和应用能力。用户标签是基于用户数据进行提取或计算而产生的，用一组标签来描述用户就是用户画像。在个性化运营中，我们经常需要将用户数据转换为更容易理解、使用的标签。**技术**，打通私域运营、会员体系、前端业务层面的数据，识别用户身份，生成用户标签的算法和模型，推荐引擎算法等都需要相应的技术支撑，市面上有很多种工具供增长运营人员选择。**工具**，包括用户数据管理、标签管理、营销自动化、用户触达等工具。

通过个性化运营优化用户体验常用于以下场景。

- "千人千面广告"。用户在信息流中见到的广告几乎都是个性化的，因为广告主在投放时会根据人群标签的组合进行定向投放，所以用户见到的广告一般与自己的兴趣、偏好有关。从形态上来看，这类广告夹杂在信息流内容中，显得很自然、不突兀。对于不喜欢的广告类型，用户可以要求推荐引擎减少推荐或不推荐，从而拥有选择的自由。

基于这些因素，用户对这类广告的好感度整体上比传统的横幅类广告更高。
- **个性化推荐**。与"千人千面广告"类似，个性化推荐也是由推荐引擎来推荐的，只不过推荐的不是广告，而是内容或商品。基于算法，推荐引擎将用户感兴趣的内容或商品推荐给他们，用户体验往往更好。在网易云音乐刚出现时，业界普遍认为在线音乐已经是一个红海市场，音乐播放器的竞争格局已经尘埃落定，网易云音乐在这个时候进入市场，很难获得机会。然而，短短几年后，网易云音乐借助独特的竞争策略，在在线音乐市场中"杀"出了一片天地，这在很大程度上得益于其精准的个性化推荐系统。基于上亿个用户的行为（如浏览、搜索、听歌、评论、创建歌单、收藏、社交等），该系统每天可以收集上千亿条用户行为数据，以此为基础进行精准的个性化推荐，大大提升了用户体验，增强了用户黏性。在商品推荐方面，亚马逊是第一批真正将个性化推荐付诸实践的大型电子商务零售商之一，其从很早的时候就开始在多种场景中进行个性化推荐，如基于用户的购买历史或浏览行为进行个性化推荐，在添加购物车页面推荐其他可以加购的商品，在订单尾部出现更多的推荐并建议用户之后购买等，亚马逊约30%的页面浏览来自推荐系统。网飞的首席产品官声称，网飞有80%以上的电影观看来自推荐系统。
- **个性化搜索**也被称为个人化搜索，本质是一种搜索结果的排名策略，由谷歌最早进行尝试，现在已经在各大搜索引擎、电商平台中广泛应用。通俗地说，不同的用户在搜索同一个关键词时，搜索到的结果（如内容、商品等）是不完全相同的。向某一个用户优先展现哪些内容的依据是该用户的数据，如该用户在各个网站中的搜索历史和点击情况、浏览情况、互动情况、交易行为、喜欢的风格、购买能力、品类偏好、搜索时所在的位置、性别、年龄，以及该用户自行设置的搜索条件（价格区间、距离位置、内容发布时间等），从而让用户获得高度个性化的结果。
- **个性化触达**。个性化触达可以让用户获得良好的体验，它包括触达时机、触达形式、触点或渠道。例如，当某用户的地理位置靠近沃尔玛商场时，该用户收到某购物App的推送消息"您常买的商品降价啦！您常买的'优选智利进口车厘子500g'今天只需要53.5元，沃尔玛××店还有一张40元优惠券，速抢"，这就是一条时机比较恰当的个性化推送消息。车厘子是该用户经常购买的商品，购物App掌握了这一信息。沃尔玛商场的车厘子今天搞活动降价，该用户又正好在商城附近，在这个时候触达用户并推送一张优惠券，用户一般不会反感，反而会非常惊喜。又如，一名即将乘坐飞机出差的乘客收到航空公司的推送消息"您3小时后即将前往的××市在未来3天内有雷阵雨，在此提醒您记得带上雨具，避免耽误您的行程"，这种触达体验也是比较好的。一个反面的例子是，在大多数情况下，用户一般是先购买数码相机，再购买储存卡，而不是反过来，如果向已经购买储存卡的用户推荐数码相机，触达时机设计得就不合理，用户体验会受到影响。个性化触达可以通过策略假设、验证的逻辑来获得可行解甚至最优解，即对具有某种标签特征的用户进行触达时机、形式、内容、触点的组合测试，找出效果最好的那一组。
- **个性化定制**。个性化定制产品与众不同，用户往往更心仪它们，体验也更好。耐克曾在官网中推出了个性化定制产品模式，对于一双运动鞋，用户可以从12个维度（鞋面、鞋带、内衬、外底等）定制自己喜欢的材质、设计风格、颜色、花纹，交互式3D模型可以实时展现定制效果，让用户身临其境，如图4-28所示。得益于数据和技术的发展，一些生产厂商的生产能力更加"柔性",可以对很多产品进行大规模个性化定制。例如,红领集团在大数据的基础上打造了人机结合的定制生产流水线,用以实现在计算机辅助下个性化定制服装的高效生产。红领集团成功研发了一套通过信息技术将工业生产和定制相结合的大规模定制服装生产系统,实现全程由数据驱动,自动排单、裁剪、计算并整合版型等,不仅解放了人工,还将交货周期、专用设备产能、线号、线色、个性化工艺等与编程相结合,以流水线生产模式制造个性化产品,从接单到出货一般只需要 7 个工作日,就能将产品送到全球用户的手中,而传统手工定制西服的交期一般是 3~6 个月。

图 4-28 耐克的个性化定制产品模式

- **个性化服务**。与个性化定制类似,数据和技术的推动使个性化服务日新月异。例如,某私人银行推出了"个性化银行"服务。出国的用户在国外想用信用卡提现的时候,可能会无法提现,原因是该服务需要用户单独授权并开通,用户一开始往往想不到这一点。为了解决这个问题,当该银行得知用户用信用卡在海外刷卡消费后,工作人员会进行查证,核实用户是否开通了该服务。如果用户未开通,那么工作人员会主动提醒用户是否需要远程开通。在远程开通 1 天后,系统会自动推送消息,询问用户是否还有其他需求,并温馨提示用户在海外消费时使用该银行的信用卡可享受多重优惠。过了几天,当用户在国内用信用卡刷卡消费时,该银行便知道用户已回国,在欢迎用户的同时介绍某款特别划算的海外旅行保险(系统知道用户经常出国且未通过该信用卡购买过该保险)。两个月后,当用户再次出国时,系统会主动帮用户开通海外提现服务,并以短信通知用户,顺便提醒用户两个月前购买的旅行保险的服务电话。类似的个性化服务在酒店、旅游、餐饮等行业中的应用已经越来越深入和广泛。

案例 某母婴店 RFM 用户分层的操作过程

一、RFM 的概念

RFM 用户分层也被称为 RFM 用户分群,是一种衡量用户价值的模型。R、F、M 分别代表 Recency(最近一次消费时间)、Frequency(消费频率)、Monetary Value(消费金额),从 3 个维度将用户分为 8 个类别,有助于我们采取针对性的运营策略。

RFM 模型、8 个用户类别分别如图 4-29 和表 4-10 所示。

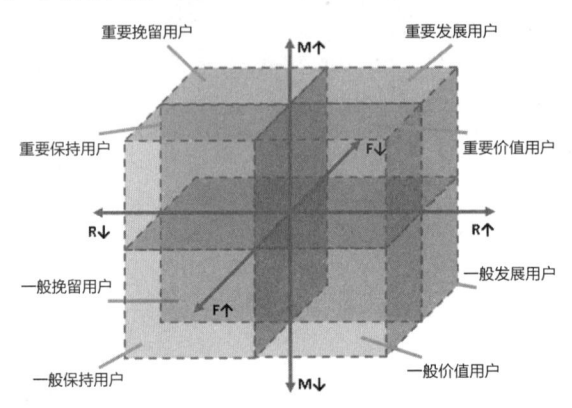

图 4-29 RFM 模型

表 4-10 8 个用户类别

用 户 类 别	R	F	M
重要价值用户	高	高	高
重要发展用户	高	低	高
重要保持用户	低	高	高
重要挽留用户	低	低	高
一般价值用户	高	高	低
一般发展用户	高	低	低
一般保持用户	低	高	低
一般挽留用户	低	低	低

二、RFM 的计算

下面，我将通过某母婴店的案例，介绍计算 RFM 的具体步骤。

步骤一，采集 R、F、M 数据。

在采集 R、F、M 数据的时候，我们要明确两点：一是时间区间，二是用户对象。时间区间指的是采集距离当前多长时间的数据。用户对象指的是分析哪些用户，是一部分用户还是全体用户，我们应根据实际需要来确定。

本案例采集的是近 12 个月内的全部用户数据，这些数据中包含 3 个字段，分别是用户 ID（用来区分用户个体）、消费时间（产生订单的具体日期）、消费金额（单次消费金额），原始数据样本如表 4-11 所示。

表 4-11 原始数据样本

用 户 ID	消费时间	消费金额/元
B4559	2020-03-12	368.00
B100974	2020-05-05	392.50
B209946	2020-07-11	358.70
B209451	2020-12-19	340.40
B45667	2020-07-07	378.00
B3305987	2020-06-21	391.30
……	……	……

步骤二，确定 R、F、M 的评分模型。

在采集完基础数据后，我们就可以衡量单个用户在某一个维度上的数据表现了。表 4-11 中的"340.40 元"属于什么水平？如果没有参照值，我们就无法得出结论。

如何衡量单个用户在某一个维度上的数据表现呢？答案是将其与样本内部的数据进行对比，如果样本内部"消费金额"的中心水平是 300 元，340.40 元就属于高水平。

"中心水平"要怎么计算呢？比较常用的方法是等频切分和等宽切分，如计算消费金额的平均值。不过，平均值只适用于均类数据（如某个班级中男生的身高数据，其离散程度不太高），对于不规则数据，平均值的代表性比较差。例如，该母婴店有 4 个用户，他们的消费金额分别为 3000 元、700 元、600 元、20 元，从直觉上我们就能知道，前 3 个用户是重要用户。如果按照平均值（1080 元）来评判，那么只有第一个用户的消费金额高于平均水平，属于重要用户，这显然是不合理的。

在这种情况下，我们可以使用中位数，它比平均值更合理一点。上述 4 个用户的消费金额中位数是 650 元，如果将这个值作为参照值，那么前两个用户是重要用户。这个结果比使用平均值合理一点，不过仍然不太理想。比较好的方法是通过聚类算法分别找到 R、F、M 数据的中心点，或者使用简化的建模方法。

下面，我将重点介绍简化的建模方法，我们只要使用 Excel 就能完成操作。

具体怎么做呢？我们需要结合实际业务场景和数据，分别对 R、F、M 进行定性评分（1～5 分）。

- 对于 **R**，我们通过分析用户的消费数据发现，用户一般在注册后 20 天内下单，也就是说"20 天"是一个比较重要的周期；此外，大部分用户在 50 天内完成第二次消费，在 80 天内完成第三次消费，在 150 天内完成第四次消费。因此，我们可以对距离当前 0～20 天内消费的用户评 5 分（距离当前越近，得分越高），对距离当前 20～50 天内消费的用户评 4 分，对距离当前 50～80 天内消费的用户评 3 分，对距离当前 80～150 天内消费的用户评 2 分，对距离当前 150 天以上消费的用户评 1 分。
- 对于 **F**，我们可以对近 12 个月内消费 5 次（含）以上的用户评 5 分，对消费 4 次的用户评 4 分……对消费 1 次的用户评 1 分。
- 对于 **M**，我们分析了用户近 12 个月内的消费数据，计算出平均每次消费金额为 367 元。和 F 相对应，我们也可以按照 5 个区间来评分，即 367 元（含）以内评 1 分，367～734 元（含）评 2 分，734～1101 元（含）评 3 分，1101～1468 元（含）评 4 分，1468 元以上评 5 分。

通过上述定性和定量相结合的方法，我们可以建立一个简单的 RFM 评分模型。

步骤三，计算 R、F、M 的实际得分。

按照上述评分模型，我们可以用 Excel 计算出每一个用户的 R、F、M 得分，如图 4-30 所示。

在图 4-30 中，每一行代表每一个用户的消费数据："R 值"表示最近一次消费时间距离当前的天数，如果用户在近 12 个月内有多次消费记录，那么取距离当前最近的消费时间，R 值为该消费时间与当前时间的差值，用"天"来表示；"F 值"表示用户在近 12 个月内共有多少次消费；"M 值"表示用户在近 12 个月内的消费总金额，注意是"总金额"，而不是单次消费金额。

E2 =IF(B2<=20,5,IF(B2<=50,4,IF(B2<=80,3,IF(B2<=150,2,1))))

	A	B	C	D	E	F	G	H
1	用户ID	R值(天)	F值(次)	M值(元)	R值得分	F值得分	M值得分	
2	B4559	175	2	755.5	1	2	3	
3	B100974	211	2	740	1	2	3	
4	B209946	115	1	354	2	1	1	
5	B209451	70	1	360	3	1	1	
6	B45667	6	1	402	5	1	2	
7	B3305987	12	2	900	5	2	3	
8	B4348	234	1	367	1	1	1	
9	B4857	13	6	2120	5	5	5	
10	B4847	7	9	3299.5	5	5	5	
11	B2290	5	12	4030	5	5	5	
12	B22099	18	6	2005	5	5	5	
13	B645	33	4	1320	4	4	4	
14	B12234	66	4	1080	3	4	3	
15	B213	109	5	1700	2	5	5	
16	B045	4	13	4890	5	5	5	
17	B077	78	3	1008	3	3	3	
18	B10998	158	2	798.5	1	2	3	
19	B2134	365	1	366	1	1	1	
20	B22987	90	3	1090	2	3	3	
21	B330498	55	5	140	3	5	1	
22	B29887	135	2	730	2	2	2	
23	B12298	16	7	2500	5	5	5	
24	B93	33	8	2960	4	5	5	
25	B09965	45	5	1650	4	5	5	

图 4-30　每一个用户的 R、F、M 得分（截取）

步骤四，对 R、F、M 得分进行比较。

接下来，我们分别对每一个用户的 R、F、M 得分与平均值进行比较。例如，先对所有用户的 R 值求和，再除以用户总数，得到的平均值是 2.3 天，低于该平均值的得分属于低水平，高于该平均值的得分属于高水平。

由于我们把得分按照业务实际情况分成了 5 个区间，因此取平均值或中值都是合适的。

最终，我们得到了如图 4-31 所示的 R、F、M 得分与平均值的比较结果。

=IF(K4>K2,"高","低")

J	K	L	M	N	O	P
平均值	R	F	M			
	2.3	2.6	1.9			
用户ID	R值得分	F值得分	M值得分	R比较结果	F比较结果	M比较结果
B4559	1	2	3	低	低	高
B100974	1	2	3	低	低	高
B209946	2	1	1	低	低	低
B209451	3	1	1	高	低	低
B45667	5	1	2	高	低	高
B3305987	5	2	3	高	低	高
B4348	1	1	1	低	低	低
B4857	5	5	5	高	高	高
B4847	5	5	5	高	高	高
B2290	5	5	5	高	高	高
B22099	5	5	5	高	高	高
B645	4	4	4	高	高	高
B12234	3	4	3	高	高	高
B213	2	5	5	低	高	高
B045	5	5	5	高	高	高
B077	3	3	3	高	高	高
B10998	1	2	3	低	低	高
B2134	1	1	1	低	低	低
B22987	2	3	3	低	高	高
B330498	3	5	1	高	高	低
B29887	2	2	2	低	低	高
B12298	5	5	5	高	高	高
B93	4	5	5	高	高	高
B09965	4	5	5	高	高	高

图 4-31　R、F、M 得分与平均值的比较结果（截取）

三、分层运营策略

按照表 4-10 的分类规则，我们可以把该母婴店的用户分成 8 类。在分类的过程中，我们仍然可以通过 Excel 中的 IF 函数进行快速操作，具体细节不再赘述。

换个角度，我们也可以对 R、F、M 求和或加权求和，算出总分，从单一的维度对用户价值进行评估。

在基于 RFM 模型对用户进行分群后，我们可以制定如表 4-12 所示的分层运营策略。

表 4-12　基于 RFM 模型的分层运营策略

用 户 类 别	R	F	M	分层运营策略
重要价值用户	高	高	高	保持现状
重要发展用户	高	低	高	刺激用户的消费频率
重要保持用户	低	高	高	想办法留住用户
重要挽留用户	低	低	高	想办法留住用户，并且刺激用户的消费频率
一般价值用户	高	高	低	刺激用户的消费力度
一般发展用户	高	低	低	刺激用户的消费频率和消费力度
一般保持用户	低	高	低	想办法留住用户，并且刺激用户的消费力度
一般挽留用户	低	低	低	从各方面刺激用户

四、RFM 模型在非付费业务场景中的扩展应用

RFM 模型广泛应用于付费业务场景中的用户价值分析和分群，在非付费业务场景中，我们可以使用该模型的变体，根据产品和相应的关键行为做出一些调整即可。

RFM 模型在非付费业务场景中的扩展应用如表 4-13 所示。

表 4-13　RFM 模型在非付费业务场景中的扩展应用

产品和相应的关键行为	R	F	M
资讯产品：阅读	最近一次阅读的时间	6 个月内的阅读次数	6 个月内的阅读总篇数
音乐产品：听音乐	最近一次听音乐的时间	6 个月内听音乐的次数	6 个月内听音乐的总时长
网站：登录	最近一次登录的时间	6 个月内的登录次数	6 个月内的总在线时长
视频产品：观看视频	最近一次观看视频的时间	6 个月内观看视频的次数	6 个月内观看视频的总时长

4.3.3　搭建用户激励体系

1．用户激励体系的概念

用户激励体系指的是以等级、积分、会员、成就等形式量化用户的关键行为，让用户得到激励，从而产生更多的关键行为。

1）用户激励体系的作用

用户激励体系的核心作用如下。

- **留存**：让用户获得权益，并且权益只在相关产品生态内有效，通俗地说就是进行利益"绑定"，用户离开产品意味着丧失权益，这样可以提高其离开产品的心理成本。同时，这利用了"损失厌恶"心理，即人在面临损失时会更加敏感，在心理上提高损失程度，因而本能地逃避损失。
- **活跃**：从增长运营的角度来看，只让用户留存下来是远远不够的，还要让用户活跃，从一般活跃发展为中度活跃，从中度活跃发展为高度活跃。大多数用户激励体系的共同特点是将更大的权益与更多的关键行为挂钩，从而提高用户的活跃程度。
- **交易**：我们之所以让用户留存下来，让用户更活跃，通常是希望将用户引向交易（如

购买、充值等）。虽然不是所有产品的逻辑都是如此，但是绝大部分产品是这样的。某些用户激励体系本身就是为交易而设计的，如亚马逊 Prime 会员、京东 PLUS 会员等。

2）激励用户的方式

用户是如何被激励的呢？主要有以下 3 种方式。

- **权益激励**。权益激励由产品方或品牌方提供，形式丰富多样，如赠送实物商品、特殊折扣、积分兑换实物商品或虚拟物品、抵扣、特权（极速退款、专属客服人员、生日特权等）、减免、装饰、福利券、下载机会、内容等。这是用户激励体系中权重最高的部分，在设计用户激励体系时，我们需要精心考虑激励方式、成本投入等方面。
- **自我激励**。某些权益关联着用户的成长进步，如内容产出数量增加，获得点赞、转发的数量增加，专业地位提升，级别提高，战斗力增强等，用户会通过这些成长进一步强化自我认同，从而产生满足感和成就感。
- **社交激励**。某些权益在社交中具有彰显地位的作用，如头像、装扮、个人主页、等级标识、勋章、头衔、排名等，用户可以凭借它们在社交中被其他人"刮目相看"，从而激发更大的产出动力。

3）用户激励体系的基本形态

用户激励体系的形态多种多样，归纳起来，主要有以下 4 种基本形态。

- **等级体系**：用户在完成特定的关键行为后获得成长值，随着成长值的增加，达到更高的等级，如爱奇艺会员等级体系分为 7 个等级，互联网、零售、航空、酒店、通信行业等往往有自己的等级体系。
- **积分体系**：用户在完成特定的关键行为后获得积分，如航空公司的里程积分、电信的话费充值积分等。在某些产品中，积分与等级之间存在交叉，即等级由积分决定。积分与等级有一些不同的地方，积分具有可消耗性，一般可用于消费抵现、兑换、抽奖和互动等，使用后积分将被扣减，而等级一般不可直接兑换权益；积分通常具有阶段性属性，过期后会失效或清零，而等级一般没有阶段性属性。
- **会员体系**：会员体系与等级体系、积分体系不同，用户只要付费就可以享受相关权益，如亚马逊 Prime 会员、京东 PLUS 会员、淘宝 88VIP 会员、Costco 会员等。要想成为会员，只需要付费，一般不存在其他门槛（在少数情况下有一定的门槛，如淘宝 88VIP 会员要求淘气值达到一定标准）。会员一般有一定的有效期，按年度、季度或月度付费，付费即享有相关权益，未付费即终止享有相关权益。亚马逊是年度会员模式的先行者，其取得了极大的成功，用户只要交纳一定的会员费，就能成为 Prime 会员，享受亚马逊的超值服务。Prime 会员率先在美国推出，在美国，每 10 个人中就有 1 个 Prime 会员，并且这个比例在不断提高。Prime 会员的留存率特别高，订阅第一年后的留存率达到 93%，两年后提高到 98%。只要中国用户每一次在亚马逊海外购购买 Prime 商品单笔订单超过 200 元人民币（不含进口税费），商品就能从美国和英国直发中国，并且用户可享受免费配送的贴心服务，全年不限次数。用户每一次下单，亚马逊都会给用户发邮件，告诉用户当期运费已节省多少元，上期运费总共节省多少元，与成本（会员费）形成强烈对比，激励用户复购会员，形成了很强的用户黏性，让用户更加频繁地在亚马逊中下单。
- **成就体系**：成就体系也被称为荣誉体系，与一般的任务经验值或成长值奖励不同，它通常在用户完成某种特定任务后给予特殊奖励，其表现形式有勋章、纪念卡、称号、排名等。成就体系在游戏类产品中最为常见，如游戏《英雄联盟》中的荣誉级别、奖杯、旗帜，微信运动的每日步数统计，支付宝的"蚂蚁森林"项目等。

4）不建议搭建用户激励体系的情形

用户激励体系的搭建和运营是需要大量投入的，在搭建之前，我们应认真考虑产品是否适合搭建用户激励体系。对于下列情况，我不建议搭建用户激励体系。

- **产品未达到 PMF 状态**。产品还处于不断完善和探索的阶段，功能还不稳定，用户体量也不是很大，没有必要搭建用户激励体系。
- **产品功能比较单一或品类标准化程度较高**。用户激励体系主要围绕对用户关键行为的激励来展开，如果产品功能比较单一（如记事本、快递查询等），用户参与的场景比较少，用户激励体系的价值就不太大。品类标准化程度较高的产品（如 PDF 转换工具、解压缩工具等）彼此之间的差别较小，用户在选择产品的时候很可能是随机的，切换产品的门槛较低，用户激励体系的意义也不大。
- **不需要关注用户留存和用户活跃的产品**。一些即时交易产品、低频产品、"用完即离型"的产品（如婚介、买房、买车、考研等产品）不用太关注用户留存和用户活跃，可以不搭建用户激励体系。

2. 如何设计用户等级体系

等级体系、积分体系、会员体系、成就体系的底层逻辑大致相同，受限于篇幅，此处不再一一详细介绍，只介绍比较具有代表性的用户等级体系。

在设计用户等级体系时，我们应重点考虑以下 4 个问题。

1）确定等级数和升降机制

用户等级体系设计多少级没有一定之规，通常与用户平均生命周期时长相匹配。例如，某产品的用户平均生命周期时长是 10 年，如果很多用户至少需要 20 年才能达到最高等级，或者只用 5 年就能达到最高等级，那么这两种设计都是不合理的。

以下是一些常见平台的等级数，供读者参考：《王者荣耀》游戏账号的最高等级是 30 级，爱奇艺会员的最高等级是 7 级，星巴克会员的最高等级是 3 级（从低到高分别为银星级、玉星级、金星级），淘宝会员的最高等级是 3 级（从低到高分别为普通会员、超级会员、APASS 会员），QQ 超级会员的最高等级是 SVIP10 三星级，网易云音乐账号的最高等级是 10 级，美团会员的最高等级是 6 级，苏宁易购会员的最高等级是 4 级，国美电器会员的最高等级是 5 级，蘑菇街会员的最高等级是 5 级，美丽说会员的最高等级是 3 级（从低到高分别为普通卡、银卡、金卡），网易严选会员的最高等级是 6 级，当当网会员的最高等级是 4 级（从低到高分别为普通会员、银卡会员、金卡会员、钻石卡会员），唯品会会员的最高等级是 6 级（从低到高分别为铁牌、铜牌、银牌、金牌、钻石、皇冠），聚美优品会员的最高等级是 4 级（从低到高分别为普通会员、黄金会员、白金会员、钻石会员），小红书会员的最高等级是 10 级（从低到高分别为尿布薯、奶瓶薯、困困薯、泡泡薯、甜筒薯、小马薯、文化薯、铜冠薯、银冠薯、金冠薯），多点会员的最高等级是 4 级（从低到高分别为普通、银卡、金卡、铂金卡）。从上述平台的等级数来看，绝大部分平台的等级数在 10 级以内，主流设计是 6 级以内。

用户等级的升降机制主要有两种：一种是只升不降型，这是主流机制；另一种是可升可降型。例如，爱奇艺会员的等级成长值，如果处于非会员期，那么成长值每天下降 6 个点，当成长值下降到低于等级区间下限时，等级将自动降低一级，直到降为 1 级会员且成长值为 0。QQ 超级会员的成长值也是如此，如果用户未充值，即处于非会员期，那么成长值每天下降5个点，成长值下降到一定程度后降级。

2）确定用户关键行为并赋值

在确定了等级数和升降机制后，我们要明确用户发生某些行为可以获得多少成长值，也就是确定用户关键行为并赋值。

用户行为的范围主要由设计等级体系的目标来决定。如果设计等级体系主要是为了促进用户活跃，那么应选择用户活跃方向上的关键行为；如果是为了促成交易，那么应选择促成交易方向上的关键行为。

淘宝会员的等级成长值，由购物分、奖励分、基础分组成，对应的用户行为和数值有购物金额、购物次数、购物频率、评价、晒图、追评、分享、"问大家"、连续购买月数、基础信誉等，显然，获得淘宝会员成长值的用户关键行为是围绕"促成交易"来选择的。小红书会员的等级成长值，由发布笔记、发布视频、参加主题活动、获得点赞、获得收藏、获得评论等组成，显然，获得小红书会员成长值的用户关键行为是围绕"促进用户活跃"来选择的。

在确定了用户关键行为后，我们按照它们各自的价值（或与运营目标的相关度）分别赋值即可。

3）明确升级规则

在确定了用户等级后，我们应确定各个等级所需的成长值。在通常情况下，各个等级的成长值并不是线性分布或均匀分布的，常见的升级规则是先易后难、先快后慢，前期获得成长值应相对容易，成长速度较快，后期获得成长值应相对较难，成长速度较慢。这样设计升级规则的原因是，如果一开始太难升级，大部分用户的忠诚度没有多高，在这种情况下，有些用户可能会直接放弃；反之，如果后期升级太简单，有些优质的活跃用户很快就能到达顶点，没有了动力，也就没有了进一步升级的积极性。因此，我们可以在高等级阶段提高升级难度，处于这些阶段的用户已经有了一定的忠诚度，加上沉没成本，用户一般不会因为升级难度大而轻易放弃既得利益，很可能会继续挑战。

通过指数函数、幂函数或斐波那契函数来建模是一种比较好的策略，这个过程的具体操作步骤如下。

第一步，确定用户每天获得成长值的平均值或上限值。

为了体现成长值的稀缺性和价值，同时为了规避流量舞弊，平台一般会设定用户每天获得成长值的上限值。上限值既可以通过计算历史用户每天获得成长值的平均值来确定，也可以基于用户按照规则每天能获得成长值的上限值来确定。例如，支付宝用户每天最多能获得1000成长值。

第二步，确定升级所需天数。

我们先来看一看指数函数的建模方法，比较经典的是斐波那契数列（也被称为斐波那契函数、黄金分割数列），它是一个呈指数趋势上升的数列，即0, 1, 1, 2, 3, 5, 8, 13, …, n。从第三个数字开始，每一个数字都等于前两个数字之和，用前一个数字除以后一个数字，其比值逐渐向0.618收敛，该比值就是"黄金分割"。

如果产品A的用户每天获得成长值的上限值是100，一共有8个等级，那么根据斐波那契数列，每一次升级所需的天数如表4-14所示。

表4-14 每一次升级所需的天数   单位：天

等　　级	1	2	3	4	5	6	7	8
升级所需天数	0	1	2	3	5	8	13	21

将上述趋势呈现为斐波那契数列曲线,如图4-32所示。

斐波那契数列适用于等级比较少的产品,如果产品的等级比较多,那么可以使用幂函数。某旅行App会员等级的幂函数曲线如图4-33所示。

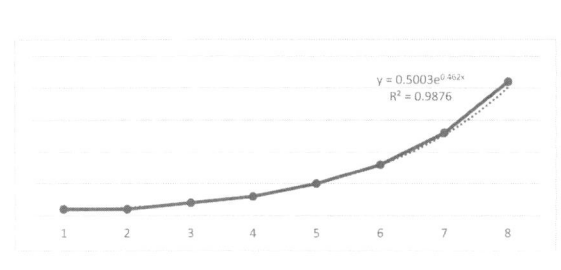

图4-32 斐波那契数列曲线

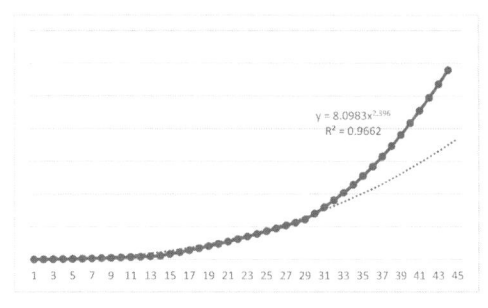

图4-33 某旅行App会员等级的幂函数曲线

第三步,确定升级所需成长值。

升级所需成长值可按照下面的公式来计算。

升级所需成长值=用户每天获得成长值的平均值或上限值×升级所需天数

仍以上文的产品A为例,如果用户每天获得成长值的上限值是100,一共有8个等级,那么根据斐波那契数列,每一次升级所需的天数和成长值如表4-15所示。

表4-15 每一次升级所需的天数和成长值

等级	1	2	3	4	5	6	7	8
升级所需天数/天	0	1	2	3	5	8	13	21
升级所需成长值	0	100	200	300	500	800	1300	2100

4)明确等级权益和兑付方式

明确等级权益和兑付方式是非常重要的一环,这样可以让用户受到激励,引导用户产出更大的价值。

例如,淘宝会员中的普通会员可获得购物奖励、生日特权、换肤、极速退款(0~5000元)等权益,超级会员可获得购物奖励、生日特权、换肤、极速退款(1000~5000元)、超级客服、退货保障卡(每周一张)等权益,APASS会员可获得购物奖励、生日特权、换肤、极速退款(授信10 000元)、退货保障卡(每日一张)、一键召唤客服等权益。QQ超级会员的等级权益如图4-34所示。

特权与功能	非会员	SVIP1	SVIP2	SVIP3	SVIP4	SVIP5	SVIP6	SVIP7	SVIP8	SVIP9	SVIP10	SVIP10一星	SVIP10二星	SVIP10三星
好友上限	3000	3500	3500	3500	3500	3500	3500	3800	4000	4500	5000	5000	5000	5000
QQ等级加速	不加倍	1.4倍	1.6倍	1.7倍	1.8倍	1.8倍	1.9倍	2.1倍	2.2倍	2.5倍	3.5倍	3.7倍	4.0倍	4.5倍
2000人群	无	无	无	无	无	无	无	1	3	6	9	9	9	9
1000人群	无	无	无	无	无	无	无	3	3	3	4	4	4	4
表情漫游	无	100个	200个	400个	600个	800个	1000个	1200个	1400个	1400个	1400个	1400个	1400个	1400个
云消息服务	无	所有好友	所有好友	所有好友	所有好友	所有好友	所有好友	所有好友	所有好友	所有好友	所有好友	所有好友	所有好友	所有好友
离线传文件	2GB	2TB	2TB	2TB	2TB	2TB	2.5TB	4TB	4TB	4TB	4TB	4TB	4TB	4TB

图4-34 QQ超级会员的等级权益

241

4.3.4 促进用户活跃

上文已经介绍过"留存"与"活跃"的概念、区别，通俗地说，留存就是活跃，活跃就是留存。不过，更严谨的说法应该是留存等于最低水平的活跃，留存未必代表活跃，但活跃一定代表留存。

用户留存与用户活跃之间是互相增强的关系，用户活跃是用户留存的高级形态，用户留存是用户活跃的基础。反过来，用户活跃也会增强用户留存，从而构成一条互相正增强的"增强回路"。

为什么这样说呢？

用户活跃代表人气高，人气高可以吸引更多的用户。假如你想去餐馆吃饭，一家餐馆高朋满座、门庭若市，另一家餐馆冷冷清清、门可罗雀，你更愿意去哪一家餐馆呢？这就是某咖啡品牌在店铺内设立"气氛组"这一神秘组织的原因，我们可以借助心理学中的"从众效应"原理来理解，让一部分用户更活跃，可以起到良好的示范和带动作用。

用户保持活跃，表明产品或运营正在发挥作用，无论是产品或品牌本身的价值，还是增长运营活动的刺激，总之能够吸引用户。既然产品或运营能够吸引用户，那么自然可以留存用户。

保持活跃可以促使用户养成行为习惯，产出更多有价值的内容，获得更多的权益，不仅用户更容易留存下来，这些有价值的内容也可以促使其他用户留存下来，我们可以借助心理学中的"路径依赖""心理成本""损失厌恶"等原理来理解。

总之，提高用户活跃度可以促进用户留存，这一点无可非议。如何提高用户活跃度呢？我们可以从两个角度入手：一是促活路径，即提高参与频率、提高参与强度、拓宽参与场景；二是对应的促活策略。

1. 提高参与频率的策略

下面是一些提高参与频率的常用策略。

- **培养用户的使用习惯**：让用户经常使用产品，最好能够形成条件反射，如一想到消遣，用户就能想到××产品；一想到拍照，用户就能想到××产品；一想到减肥饮料，用户就能想到××产品；等等。在实践中，我们可以通过"上瘾模型"来培养用户使用产品的习惯。

- **搭建用户激励体系**：通过用户激励体系"绑定"用户，激励用户产生更多的行为，因为更多的行为等于更大的激励。

- **以高频带动低频**：对于一些比较低频的产品，我们可以适当扩充高频功能，或者策划一些高频活动。例如，某预约挂号产品属于低频产品，为了促进用户活跃，产品方可以开发发布医疗内容功能、话题功能，定期发布一些预防疾病、养生、康复、医疗资讯方面的内容，吸引用户使用该产品，或者组织治疗和康复交流、专题讲座等活动，这些功能或活动比较高频，可以实现以高频带动低频。

- **改变付费策略**：在某些场景中，改变付费策略可以提高用户的参与频率。例如，某健身中心实行会员制，会员年费为2400元，付费模式分为一次性付2400元和每月付200元。用户A选前者，用户B选后者。这两种付费模式对用户坚持健身有影响吗？用户A和用户B中的谁更有可能长期坚持下来并在第二年续费呢？事实上是有影响的，用户 B 更容易长期坚持下来并在第二年续费。哈佛大学约翰·古维尔教授的研究表明，在刚开始的时候，用户 A 会心气很高，下决心长期坚持，毕竟一次性付了一大笔钱，坚持不下来太亏了。不过，随着时间的流逝，用户 A 的痛苦程度会逐渐降低，健身的驱动力也会逐步减弱；用户 B 每个月都要续费，持续接受疼痛感的刺激，因而会提醒自己坚持健身，否则就亏了，而且坚持健身带来的身材、体质、健康、精神状态等方面的改善会形成内驱力，激励用户 B 续费并长期坚持健身。

- **利益刺激**：利益刺激可以激发用户的兴趣，唤起用户的参与欲望。
- **让用户攀比**：某些产品中设计了荣誉榜、排行榜、挑战榜等，利用的就是让用户攀比的心理，从而刺激用户提高使用产品的频率。
- **优化用户体验**：优化用户的参与体验（如个性化运营，增强触发活动的创新性和趣味性等），让用户有更强的参与积极性和意愿。例如，优剪以互联网思维做美发，致力于优化用户体验，用户一律通过微信 H5 应用来预约发型师，门店不接单，避免用户到店后等待时间过长的不佳体验；用户在下单时可根据发型师的资料、擅长发型、评价、评分、排除情况等进行评估和选择，找到心仪的发型师；在做完发型后，发型师可将用户满意的发型记录在档，下次做发型时可直接参考；发型师的工作就是美发，不会和用户套近乎或向用户推销，打扰用户。优剪从多个方面优化用户体验，尤其是将用户的发型设计、护理偏好、发型师偏好等消费数据沉淀在产品中，让产品更"懂"用户，为用户提供更贴心的服务，让用户更喜欢光顾优剪。

案例 "蚂蚁森林"项目有效提高用户使用频率

支付宝为了提高用户使用频率而策划的"蚂蚁森林"项目，堪称提高参与频率策略的典范。据统计，自 2017 年第一季度"蚂蚁森林"项目上线后，支付宝的活跃用户数净增长 40%，同比提高 100%。

用户可以在多个支付场景中使用支付宝，如骑共享单车、购买火车票、ETC 缴费、生活缴费等。通过搭建游戏板块和规则，"蚂蚁森林"基本上将"阿里系"的所有产品都串联了起来。在"蚂蚁森林"中，用户可以在完成"绿色能量行动"的 24 小时后获取能量，能量可用于给好友浇水、赠送给好友或种树。在小树苗长大后，用户可以种下一棵真树，在这个过程中看着自己的小树苗逐渐成长，持续获得成就感和满足感。支付宝将支付和公益事业紧密结合起来，用户使用支付宝的行为得到了精神上的升华。

在通过一段时间的积累换取了一颗真树之后，用户通常不会止步于此，而是继续积攒能量，获得更高级的其他树种。为了获得更多的树种，用户会持续使用"蚂蚁森林"，不断重复"支付"—"收取能量"—"种树"的过程。

蚂蚁金服和中国绿化基金会、阿拉善 SEE 基金会、亿利公益基金会、阿拉善生态基金会等合作"蚂蚁森林"项目，在内蒙古阿拉善、鄂尔多斯等地种下了众多梭梭树、沙柳、樟子松、花棒、胡杨。截至 2019 年 4 月，"蚂蚁森林"项目的用户数达 5 亿人，在我国荒漠化地区种下了 1 亿棵树，种植总面积近 140 万亩（1 亩≈666.67 平方米），预计控沙面积超过百万亩，如图 4-35 所示。用户亲身参与这项公益事业，获得自豪感和荣耀感，这种精神激励是一种更高级的激励，可以产生比物质激励更持久的动力。此外，用户可以通过卫星"云看树"，看一看自己种的树在哪里。蚂蚁金服还经常组织用户代表实地看树，进一步强化这种行为的现实感和激励性。

图 4-35 "蚂蚁森林"项目

2. 提高参与强度的策略

参与强度指的是用户在单次参与中的参与程度，如单次使用产品的时长、单次浏览页面的数量、单次消费的金额等，提高参与强度可以增加用户每一次使用产品时体验到的价值，增强用户对产品的依赖感，从而促进用户活跃。

下面是一些提高参与强度的常用策略。

- **生成优质内容**：独特而优质的内容是绝大多数用户最需要的，包括文字、图片、视频、音频等，它们可以充分刺激用户的五感，让用户流连忘返。
- **关联商品推荐**：如在添加购物车页面推荐其他可以加购的商品，在订单尾部出现更多推荐购买的商品，向用户推荐"购买此商品的用户还购买了××商品"，向订购机票的用户推荐景点和酒店等。
- **推荐个性化内容**：向用户推荐其更感兴趣的内容，如资讯、图片、音乐、视频、话题等。
- **优化用户体验**：优化用户体验是一个"终极武器"，不仅可以提高用户的参与频率，还可以提高其参与强度。例如，有一款叫作"记账城市"的记账 App，其产品核心价值是智能记账。和一般的记账 App 不同的是它独特的创意，在用户记账的过程中，该 App 会搭建一座属于用户的"城市"。如果用户买肯德基花了 45 元，系统就会在用户的"城市"中搭建一个小型摊位；如果用户买车票花了 100 元，系统就会在用户的"城市"中搭建一个小型车站。用户可以像装修自己的家一样建设自己的"城市"，如调整"城市"的功能规划和布局，移动其中的设施等。随着记账数据越来越多，越来越丰富，带有用户个人印记、标签的"城市"呼之欲出，越来越生动鲜活。该 App 通过这种方式激励用户尽可能多地将各种开销记在产品中，用户甚至可能因为"城市"的某个角落缺少某种设施而增加原本不需要的开销，用户对该 App 的参与强度显然高于一般的记账 App。又如，记步工具 Walkup 也是如此。现在手机中的记步工具非常多（如微信，各大手机厂商自带的健康类应用中也有类似的功能），不过一般只有记录步数、分享记录、步数排名等同质化功能，用户界面也千篇一律。Walkup 不一样，它不但颜值很高，在"颜值即正义"的年轻人群中非常受欢迎，而且有独具特色的"环游世界"功能，以记录步数为基础，融入虚拟的"环游世界"互动游戏，让用户用步数丈量世界。在步数累积到一定程度后，用户可以解锁一座新城市，通过步数"造访"世界各地的城市，体验各个城市的风土人情和各种"脑洞"大开的奇闻趣事、趣味商店，体验运动带来的非凡乐趣。

3. 拓宽参与场景的策略

下面是一些拓展参与场景的常用策略。

- **产品支持多设备终端**：不同的用户会使用不同系统的设备终端，同一个用户在不同的环境中可能会使用不同的设备终端，产品被开发到一定程度后，应当覆盖主流的设备终端。
- **产品功能拓展**：整合机票、酒店、景点门票、短程交通、保险的查询和购买功能等。例如，滴滴出行于 2012 年 9 月上线，经历了多次重大更新，产品功能从最初比较单一的打车扩展到整个商务用车、个人出行、货运生态。又如，神州专车也是一款出行工具，主打定位是"安全"。有一次，神州专车的增长运营团队在进行数据分析时发现了一个现象，很多用户的目的地是妇产医院，数据表明很多孕妈在使用该产品。为什么呢？团队认为是产品的独特定位发挥了作用。用户已经形成了一种认知，即"神州专车"等于"安全"。孕妈是特殊人群，怀着宝宝，对安全方面尤其重视，这就是她们使用神州专车的原因。团队受到了启发，他们提出了一种假设，既然这么多孕妈使用神州专车，那么，如果进一步优化孕妈的服务体验，就能带来一定的增长。于是，团队在 App 的首页增加了一个"孕妈专车"的叫车入口。不仅如此，团队还为孕妈增加了独特的服务，如果是孕妈叫的车，那么她们在上车以后可以得到司机更好的照料（如控制车速，让车行驶得更慢、更平稳），车上还提供专用的胎教音乐和腰枕，让孕妈感觉非常贴心、周到、安全。这些举动的回报是巨大的，这个新的消费场景很快实现了日均 5000 单以上的增长。
- **产品适用于多个场景**：如一款原本只能听书的产品在发展到一定程度后，可以细分多个场景（如上班途中、入睡前、运动时等），拓宽用户的参与场景，用户黏性也会增强。

4.3.5　培养用户习惯

一位研究者曾做过这样一个实验：实验人员先将 5 只猴子放在笼子里，并在笼子中间吊上一串香蕉，只要有猴子拿香蕉，实验人员就会用高压水枪教训所有的猴子，直到没有任何一只猴子敢拿香蕉。然后，实验人员用一只新猴子替换笼子里的一只老猴子，新来的猴子不知道这里的"规矩"，想拿香蕉，结果触怒了原来的 4 只老猴子，它们主动代替实验人员执行惩罚任务，把新来的猴子暴打一顿，直到它服从这里的"规矩"为止。实验人员不断地将经历过高压水枪惩戒的老猴子替换出来，最后，笼子里的猴子都是新的，却没有一只猴子敢碰香蕉。

这个现象叫作"路径依赖"：一开始，实验人员通过人为的引导告诉猴子不可以碰香蕉，碰香蕉会受到惩罚；后来，新猴子被替换进来，老猴子怕受到"牵连"，不允许新猴子碰香蕉，慢慢地，新猴子也知道了不能碰香蕉；最后，当实验人员和高压水枪都不再介入时，老猴子仍然固守着"不许碰香蕉"的原则，并不断将其传递给新猴子，于是所有的猴子都不敢碰香蕉了。

第一次让"路径依赖"理论声名远播的是道格拉斯·诺斯的《经济史中的结构与变迁》一文，由于用"路径依赖"理论成功阐释了经济制度的演进，加之其他贡献，诺思于1993年获得诺贝尔经济学奖。诺思认为"路径依赖"类似于物理学中的惯性，人们一旦走上某一条路径，就可能对这条路径产生依赖，因为经济生活与物理世界一样，存在报酬递增和自我强化的机制，这种机制让人们一旦选择走上某一条路径，就会在后续发展中不断进行自我强化。例如，在打车软件刚出现的时候，商家将高额补贴发给用户和司机，大家便知道了可以使用这种软件打车，久而久之，就形成了"路径依赖"。后来，大家习惯了这种出行方式，即使取消补贴，甚至在高峰时加价，大家也会继续使用该打车软件。

在行业实践中，"上瘾模型"可以很好地培养用户使用产品的习惯，让用户形成"路径依赖"。该模型由尼尔·埃亚尔和瑞安·胡佛在《上瘾》一书中提出，包括触发、行动、奖励、投入4个环节，如图4-36所示。

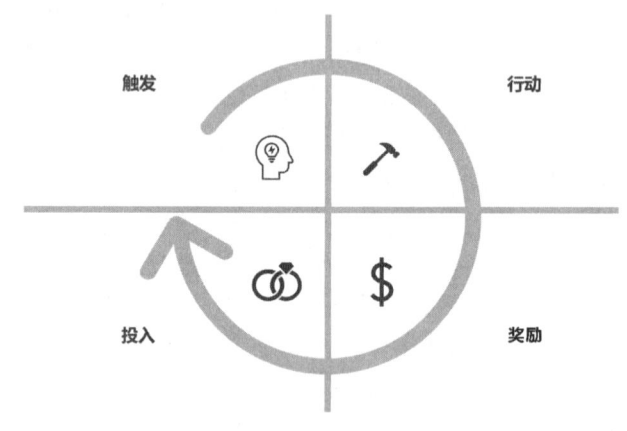

图4-36 "上瘾模型"

下面，我将结合一款游戏来拆解该模型的4个环节，看一看它们是怎么运作的。

- **触发**：如果用户想在等人、候车、课间、旅途中、睡前、上洗手间的时候消遣一下，可能就会想起该游戏，这些属于内部触发；用户看到朋友在朋友圈中晒出游戏成绩或短信推送的"战报"，以及身边的人正在玩该游戏等属于外部触发。
- **行动**：在触发的刺激下，用户会采取行动，如打开App或小程序玩该游戏。
- **奖励**：在用户行动后，通过奖励来激励用户的行动，让用户的行动得到积极、正向的反馈。奖励主要有3类，分别是社交奖励、猎物奖励、自我奖励，分别对应用户激励体系中的社交激励、权益激励、自我激励。需要注意的是，奖励不能是一成不变的，多变的奖励可以更好地避免审美疲劳，引起用户的期待，保持用户的兴趣。著名的心理学实验"斯金纳箱"表明，随机奖励比固定奖励更容易刺激小白鼠行动。在该游戏的奖励机制中，组队比赛获胜、带领新人、发弹幕表达情绪、被夸赞，以及和同龄人交流更多的话题等属于社交奖励，赢得金钱、皮肤、礼包、活动免费门票等属于猎物奖励，升级、获胜等属于自我奖励。
- **投入**：在行动得到正向激励后，用户可能会上瘾，从而投入更多的时间、金钱或精力。

在该游戏中，段位不断提高，获得令人羡慕的装备，得到其他玩家的崇拜等都可以刺激用户加大投入。

本质上，这是一套循环激励的体系，是用户激励体系的一种具体应用模式，不仅可以应用于游戏，也可以应用于其他的产品，让用户行为形成闭环，并让用户形成更强的依赖感。

例如，对于一款产品，我们可以分析长期留存的用户，看一看他们在产品中有哪些相同的行为，以及这些行为的次数和规律。

在如图 4-37 所示的产品功能留存矩阵中，横轴代表功能留存率，纵轴代表留存标准差，圆形的大小代表用户规模。从图 4-37 中可以看出，"功能 7"的功能留存率较高，留存标准差较低（表明用户留存的表现较稳定），用户群体相对较大（圆形的面积较大）。

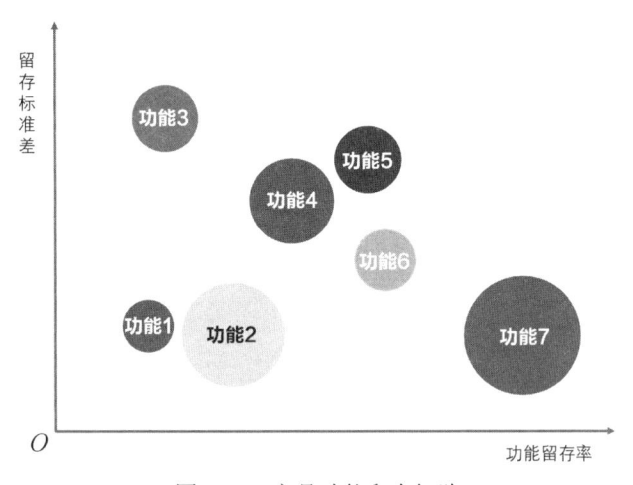

图 4-37　产品功能留存矩阵

通过对上述 3 个维度的数据进行综合筛查，我们知道了"功能 7"是较为理想的"高黏度功能"。我们可以先假设用户正是因为经常使用"高黏度功能"才会长期留存的，然后通过测试来验证假设是否成立。如果二者的确存在因果关系或强相关关系，我们就可以基于"上瘾模型"的原理，引导没有使用"高黏度功能"的用户使用它们，并养成习惯，从而提升这部分用户的留存效果。

4.3.6　提高迁移成本

迁移成本指的是用户从一个产品迁入另一个产品时必须付出的代价，具体包括风险成本（用户担心因决策失误而蒙受损失）、学习成本（用户从旧产品迁移至新产品中的时间成本、精力成本等）、舍弃成本（用户在旧产品中积累的难以迁移的资产或利益，如积分、荣誉、熟悉感、认同感、归属感、原创内容、社交关系、会员等级、身份象征、个性化体验等）。

提高用户的迁移成本可以起到较好的挽留效果，下面是一些提高迁移成本的常用策略。

- **实行预付费制**：这是一种很常用的策略，让用户预付费，从而将用户的资金沉淀在平台中或商家手里。当然，为了吸引用户预付费，平台或商家应当基于付费金额或时长提供不同的优惠，让用户觉得值。例如，印象笔记在"11·11"期间的"10 年会员"大促销活动只用 3 折左右的价格，就吸引了一部分用户一次性充值 10 年的会员，从而与该产品长期绑定。当用户想放弃该产品时，由于预付费的因素，用户往往想等使用完会员再放弃，虽然钱可能不是太多，但是由于"损失厌恶"心理的作用，用户通常更趋向于等一等，而且为了不太多的钱，很多用户不愿意走退款流程。等到用完会员的时候，用户可能就不想放弃了（在此期间，如果平台或商家能够预测用户可能弃用产品的行为，并采取一些有针对性的留存措施，那么效果会更好）。总之，预付费制可以增大"摩擦力"，提高用户的迁移成本。

- **适时赠送权益**：在恰当的时机向用户赠送相关权益，这涉及赠送权益的时机问题，我建议在用户下单后立即赠送新的优惠券。为什么呢？因为这样可以给用户一种暗示，即新的优惠券不是白给的，而是用户通过消费得到的（是互惠性质，而不是白送），用户会产生一种"赚到了"的感觉。如果随便把一沓优惠券塞进用户的账户，用户恐怕就没有那么珍惜了。让用户在恰当的时机获得相关权益，对用户留存是很有帮助的。
- **用户生成内容**：在产品中引导用户生成原创内容是留存用户的好办法，在生成内容的过程中，用户需要投入很多的时间和精力（包括撰写、修改、排版、配图、发布等），将内容迁移到新平台中的难度比较高，甚至无法迁移，"摩擦力"足够大，用户往往难以断然割舍。
- **社区和"社交化"**：增加"社交化"内容的原理与让用户生成内容的原理类似，只不过"社交化"可以沉淀用户的社交关系（如粉丝、圈子、形象、认同感、归属感、影响力等），离开产品意味着社交关系归零，而它们往往是用户（特别是优质用户）难以割舍的个人资产。
- **搭建用户激励体系**：让用户难以割舍已经获得的和可能获得的激励。
- **增强个性化体验**：用户通常不会轻易离开个性化体验做得好的产品，如果改用其他产品，要想获得同样好的体验，往往需要一个长期的过程，如必须基于相当长时间的历史数据才能进行精准化推荐。例如，在 QQ 音乐中，用户可以自建歌单，如果改用其他产品，那么对于用户来说，无法将花费好几年时间精心创建的歌单导出或复制到其他产品中，无疑是一种巨大的损失。
- **打造强势生态**：这是一种非常高级的用户留存策略，实施起来的难度较高，一般只有"头部玩家"才能实施，如苹果、谷歌、阿里巴巴、小米等。例如，用户一般不会轻易切换电脑或手机的操作系统，因为用户对原来的生态已经非常熟悉，一旦切换，不仅学习成本较高，用户还要担心新的操作系统是否支持之前使用的软件或 App，总之，用户的顾虑会比较多。

小贴士

UGC、PGC、OGC

UGC（User Generated Content，用户生成内容）也被称为用户原创内容，指的是由普通用户生成的内容，包括文章、视频、音频、图片、评论、弹幕、问答等。

PGC（Professionally Generated Content，专业生成内容）的作者不是普通用户，而是专业人士或专业机构。

OGC（Occupationally Generated Content，职业生成内容）指的是由有一定知识和专业背景的职业人士生成的内容，他们生成内容的目的是获得经济报酬。

三者的对比如表 4-16 所示。

表 4-16　UGC、PGC、OGC 的对比

对 比 项 目	UGC	PGC	OGC
目的	兴趣	兴趣	获得经济报酬
数量	多	少	少
质量	良莠不齐	高	高

4.4　应对用户流失的技巧

用户流失是用户留存的反面，换句话说，用户如果没有留存，就是流失了。

用户生命周期包括 5 个阶段，分别是导入期、成长期、成熟期、休眠期、流失期。处于前 4 个阶段的用户被称为留存用户，只有处于流失期的用户被称为流失用户。大多数用户会在产品中经历上述 5 个阶段，不过，也有一部分用户不会经历整个用户生命周期，可能在前 4 个阶段中的任何一个阶段成为流失用户。

从更严谨的角度来理解，"流失"其实是主观认定的，并非客观事实，理论上，只要产品和用户都未消亡，那么，用户即使很久没有使用过产品，也有可能在任何时间再次返回产品。例如，我们偶尔会发现，在几年前流失的用户重新安装了 App，或者已经好几年没有购买企业产品的用户又开始购买企业的产品了。

同理，休眠期也是主观认定的。在用户增长实践中，我们之所以定义并人为划分休眠期和流失期，是因为相对于"自然流失"的用户，这部分用户的流失不是突发事件，而是按照规律、循序渐进的过程，如从高度活跃到中度活跃，再到很少活跃（休眠），最后几乎不再活跃（流失）。处于不同阶段的用户往往具有某些明确的特征，如果能够识别出用户处于哪一个阶段，并采取相应的运营措施，我们就有机会改变用户的状态。

当休眠用户被唤醒或流失用户被召回时，我们称这样的用户为重活用户或回流用户。

留存用户、休眠用户、流失用户等用户状态处于不断的变迁和运动之中，如图 4-38 所示。

对于休眠用户，我们要及时唤醒，对于流失用户，我们要尽力召回。更重要的是，在用户处于预流失状态时，我们要尽早干预，防止用户休眠或流失。预防用户流失的成本远低于召回用户的成本，而且前者更有效率。

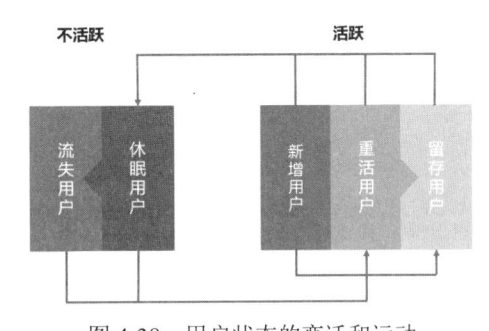

图 4-38　用户状态的变迁和运动

4.4.1　流失用户的召回

1. 如何定义休眠用户和流失用户

休眠用户和流失用户指的是在特定周期内无参与行为的用户。

从上述定义来看，判断休眠用户和流失用户的依据非常明确，即用户行为。不过，由于对"特定周期"和"参与行为"的理解不同，因此在不同的组织或产品中形成了大相径庭的含义。

清晰、准确地定义休眠用户和流失用户是很重要的，甚至从某种意义上说，这直接影响

到唤醒和召回用户的效果。如果界定口径过于保守，那么可能在用户已经流失很长时间后，官方才会启动响应机制，给召回用户带来了困难，一般情况下，在用户刚刚流失的阶段召回用户的难度远低于召回已经流失很长时间的用户。如果界定口径过于激进，在用户尚未休眠或流失的时候急于做出唤醒或召回的触发操作，那么可能会造成两个后果。一是用户感到莫名其妙，甚至严重影响用户体验，"误伤"正常用户，造成真正的流失。唤醒或召回用户带有明显的定性倾向，往往需要使用特定的文案，试想一下，本来没打算离开产品的用户突然收到一条"相见时难别亦难，您已经离开我们××天了，我们都盼着您回来，给您准备了一个大礼包……"的消息，心情应该不会太好。二是提高官方的运营成本，唤醒或召回用户通常需要通过高价值的权益来激励用户。

综上所述，我们有必要对定义休眠用户和流失用户的问题进行进一步探讨。

1）如何选择参与行为

留存用户和活跃用户的定义是"在观察周期内有参与行为的用户"，休眠用户和流失用户的定义是"在特定周期内无参与行为的用户"。我们可以看出，这两组定义有一定的关联，并且都指向"参与行为"。在第一章中，我们知道了"参与行为"的定义，即"正向、积极、有价值的用户行为"。在实际操作中，有些产品对参与行为采用的是宽口径（如打开、登录产品等），有些产品采用的是标准口径，即特指更有价值的关键行为。

到底应当如何选择参与行为呢？目前没有统一的标准，宽口径和标准口径没有对错之分，我们只要根据产品的实际情况选择合适的口径就行，通常应具备以下两个特点。

- **直观性**，即明确指向用户的具体行为，并且大家不会对该行为产生歧义。举一个反例来说明，一些产品中用是否"返回产品"来界定用户是否流失，"返回"这个概念容易产生歧义，打开 App、登录网站、登录账号和在社交媒体中回复官方等行为都可以被视为"返回"，到底指的是哪一个行为呢？
- **灵敏性**，即用户的行为能够被直接探知，同时，我们应尽量选择具有先导性，而不是滞后性的行为。还是举一个反例来说明，一些产品选择了"续费"这个行为，这就不够灵敏，续费往往是有一定周期的（如每个月），有时候，用户在下一个续费周期到来前已经流失了。又如，某电商 App 将"打开 App"作为观察用户是否流失的参与行为，同样缺乏灵敏性，选择"下单"可能会更好。事实上，老用户的下单次数减少甚至不再下单，意味着用户很可能流失了，虽然用户偶尔也会打开 App，但是可能只是对某个内容栏目或主播感兴趣，甚至可能是为了清理账户遗留资产（如解绑手机号）。因此，官方有必要将监测重点放在用户的购物行为上，以便在用户可能流失时采取挽回措施。

2）确定产品的天然使用周期

上述定义中的"特定周期"应当与产品的天然使用周期保持一致，在介绍如何确定特定周期前，我们应该了解天然使用周期的概念。

天然使用周期指的是用户正常使用产品的平均时间间隔。无论是高频产品还是低频产品，无论是男性用户在使用还是女性用户在使用，从总体的角度来观察，我们往往能找到大多数用户正常使用产品的平均时间周期，这个具有规律性的平均时间周期就是产品的天然使用周期。例如，某洗衣液电商店铺的增长运营人员基于一年的统计数据发现，80%的用户每两次购买该洗衣液的平均时间间隔是 43 天，因而认为该产品的天然使用周期是 43 天；某课外兴趣班 App 的增长运营人员基于一段时间的统计数据发现，80%的用户每两次使用该 App 的平均时间间隔是 7 天，因而认为该产品的天然使用周期是 7 天。从用户的角度来看，产品的天然使用周期基本上与消费频率相对应。需要注意的是，产品的天然使用周期不是一成不变的，处于成长期的产品，其天然使用周期往往较短，处于衰退期的产品，其天然使用周期往往较长。

如何计算产品的天然使用周期呢？下面将介绍两种常用的方法，分别是**平均间隔法和二八法则**。

接下来，我将结合两个具体的案例来说明如何使用这两种方法。

案例 两个计算产品天然使用周期的案例

一、平均间隔法

这种方法需要统计用户若干次使用产品的时间间隔，并进行算术平均计算，其特点是对一段时间内的所有用户进行统计。例如，某电商 App 两年以来的用户使用时间间隔如表 4-17 所示。

表 4-17 某电商 App 两年以来的用户使用时间间隔

购 买 次 数	用户数/个	用户使用时间间隔/天
从第一次购买到第二次购买	359 874	31.4
从第二次购买到第三次购买	214 877	34.8
从第三次购买到第四次购买	60 882	35.7
从第四次购买到第五次购买	24 881	37.0
从第五次购买到第六次购买	10 993	38.2
从第六次购买到第七次购买	4206	39.6
平均值	112 619	36.1

基于表 4-17，我们可以将"36 天"确定为该 App 的天然使用周期。

二、二八法则

这种方法需要获取 80%的用户的习惯使用行为，来作为产品的天然使用周期。例如，某冥想 App 的增长运营人员希望计算出大多数用户两次使用该 App 的时间间隔，用户的参与行为是冥想。

第一步，筛选出在一段时间内冥想过两次以上的用户，由于大多数用户在一个月内至少会使用一次该 App，因此"一段时间内"可以取 60 天，当然，取 90 天、100 天等也没有问题。

第二步，统计出这部分用户第一次冥想和第二次冥想的时间间隔（以"天"为单位）。

第三步，使用 Excel 绘制出用户冥想的累积分布函数，即在不同时间间隔后发生第二次冥想行为的用户百分比，如图 4-39 所示。

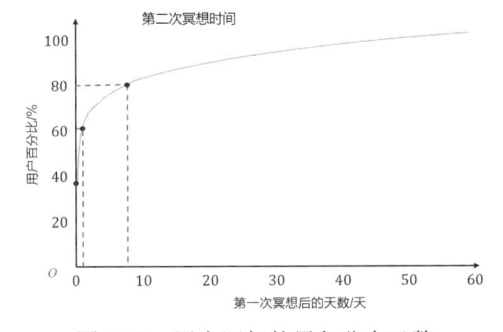

图 4-39 用户冥想的累积分布函数

第四步，从图 4-39 中可以看出，在 60 天内冥想过两次以上的用户中，约 38%的用户在当天进行了第二次冥想，60%的用户在 3 天内进行了第二次冥想，80%的用户在 7 天内进行了第二次冥想。因此，选择"7 天"作为该 App 的天然使用周期比较合适。

3) 确定特定周期

有了产品的天然使用周期，我们就可以确定休眠用户和流失用户的特定周期了。特定周期与天然使用周期的关系可以表示为以下公式。

$$特定周期=天然使用周期×n$$

具体来看，特定周期可以通过以下两种方法来确定。

（1）人为判定。

假设某产品的天然使用周期为 7 天。

- **休眠期**，取天然使用周期的 2 倍值，即 14 天，如果用户连续 14 天不活跃，就可以被视为休眠用户。
- **流失期**，取天然使用周期的 3 倍值，即 21 天，如果用户连续 21 天不活跃，就可以被视为流失用户。

为什么分别按照 2 倍值和 3 倍值来取值呢？因为这是行业内的通行做法。

（2）概率判定。

上文提到了重活用户，它指的是在休眠期或流失期重新在产品中活跃起来的用户。用户重活率的计算公式如下。

$$用户重活率=重活用户数/天然使用周期内的非活跃用户数×100\%$$

用户重活率与用户不活跃的时间成反比，其反映了随着周期数的增加，用户重新活跃的概率逐渐减小，当达到某一个拐点时，用户重活率曲线将趋于平稳。也就是说，随着用户不活跃的时间逐渐增加，用户重新活跃的概率不会大幅下降，而是维持在一个稳定的较低水平（通常为 5%～10%），表明进入该时段的非活跃用户重新活跃的概率很小，可视为真正流失。

休眠期和流失期如图 4-40 所示，以图 4-40 中的拐点为界，左边的周期为休眠期，右边的周期为流失期。

例如，某课外兴趣学习 App 的天然使用周期是 7 天，如果某用户连续 7 天未打开该 App，增长运营人员就需要关注了。

数据显示，在所有流失用户中，以 7 天为时间间隔，流失用户返回该 App 的比例曲线如图 4-41 所示。

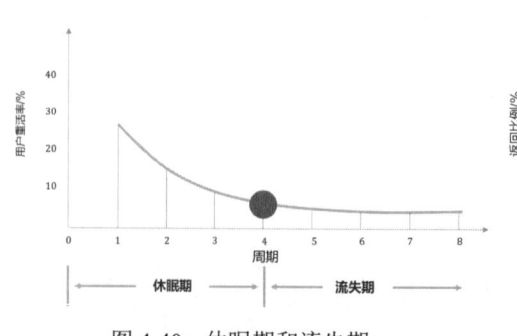

图 4-40　休眠期和流失期

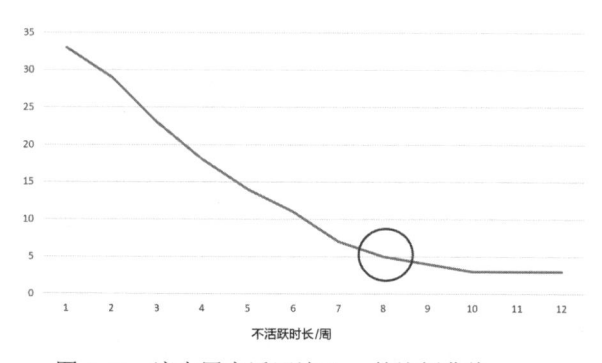

图 4-41　流失用户返回该 App 的比例曲线

从图 4-41 中我们可以看出，在第七周的时候，流失用户返回该 App 的比例不到 10%。那么，我们可以将第八周或第十周作为区隔点。第八周既是一个返回比例低于 10% 的时间点，又是一个比较明显的拐点，该拐点后面的曲线相对平稳；第十周也具有这两个特点，而且第十周后面的曲线更平稳。因此，在图 4-41 中，区隔点左侧的用户可以被界定为休眠用户，区隔点右侧的用户可以被界定为流失用户。

如果没有明显的拐点该怎么办？在这种情况下，我们可以根据经验、模型预测结果或实地观察来判断，一般在 5%～10% 的回访率区间内找一个特定时间点即可。

4）精细化区分

如果有必要，那么我们可以精细化区分休眠用户和流失用户，如基于用户分群分别确定特定周期。

例如，某产品的天然使用周期是 7 天，某些用户群体使用该产品的平均时间间隔是 20 天，虽然远远大于 7 天，但是这些群体每一次使用该产品的时间比较长或消费金额比较大，我们应该"区别对待"，将"20 天"作为这些群体的特定周期。

2. 流失原因分析

关于新用户流失和老用户流失的常见原因，以及如何弄清楚具体的原因，上文已经介绍过了，读者还可以参考第五章中关于用户洞察的内容，以及一个对某游戏的用户流失原因进行调查的案例。

3. 休眠唤醒和流失召回的策略

休眠唤醒和流失召回的策略基本一致，这里只介绍流失召回的策略，读者可以在此基础上举一反三，得出休眠唤醒的策略。

流失召回的本质是转化，参照转化系统，其主要涉及目标受众细分、触达渠道选择、触点体验设计、触发物设计等策略。

1）目标受众细分

流失召回业务场景中的目标受众显然是流失用户。不过，即使都是流失用户，具体情况也不相同，为了取得更好的召回效果，我们有必要对其进行细分，在细分时应考虑的主要因素如下。

- **流失原因**：用户流失原因不同，决定了召回策略不同。
- **历史价值**：我们需要分析累计消费金额、同类用户的 LTV 等可以刻画用户历史价值的信息，召回用户是需要成本的，对于历史价值不同的用户群体，召回时的投入是不同的。
- **召回概率** 由用户流失时长、已召回次数，以及是否卸载客户端、能否触达等因素决定，用于衡量召回用户的难度。
- **用户画像** 包括用户类型、使用产品总时长、使用频率、品类偏好、价格敏感度、性别、年龄等因素。

我们对用户了解得越详细，就越容易说服和打动用户返回产品。由于用户量往往比较大，我们无法针对每一个用户制定召回策略，因此，最经济的办法是对用户分群，针对有限数量的用户群体分别制定召回策略。实际上，这是在效果与效率之间寻找平衡。

2）触达渠道选择

可供选择的触达渠道主要有以下几个。

- 推送消息：这是非常好的唤醒或召回用户的触达渠道。不过，如果用户已经关闭了 App 的推送功能甚至卸载了 App，就收不到推送消息。要想知道用户是否卸载了 App，某些终端设备可以直接获得相关信息，如预装了 HMS Core（华为移动核心服务）的华为终端设备，另外一些终端设备（如 iOS 终端设备）需要使用第三方工具或某种特别的技术。
- App 角标：App 图标右上角的红点或数字，在用户卸载 App 后无效。
- 站内消息：如淘宝客服消息。
- 短信：只支持"文案+链接"形式，形式比较单一。
- 电话：成本比较高。
- 电子邮件：国内电子邮件的点击率水平低于欧美国家。
- 其他官方渠道：如微信公众号、企业微信好友、微信群等，以及官方的其他产品（通常需要打通账号）。
- 第三方渠道：在公域通过广告投放等方式召回用户，或者通过其他公司的 App 召回用户（某些公司之间会开展互相唤醒用户的"保活"合作，以提高推送消息的触达效率）。

3）触点体验设计

触点体验直接影响召回用户的成功率，官方应该设计清晰、流畅的触点。

召回的起点就是在选择好的渠道中触达用户的触点。以推送消息为例，其通常是一条 3 行的图文消息（在很多手机中，手指从屏幕顶部下划时可完全展现 3 行的图文消息），这就是召回的起点。当用户点击某条 App 推送消息后，会直接进入该 App 的着陆页。在很多情况下，用户到达着陆页后并不会止步于此，着陆页是一个中转触点，可以引导用户到达其他位置。因此，触点体验设计是对从起点到终点的整个过程中的触点、链接、引导话术、具体操作等的系统设计。

关于触点体验设计，我们需要特别注意以下几点。

- **短信 URL 链接体验**：通过短信召回用户的场景非常多，在用短信召回用户时，我们应当在文案中嵌入 URL 链接，用户点击 URL 链接可直接唤起 App，还应当加入判断用户是否已经卸载 App 的链接，如果用户已经卸载 App，就可以直接唤起浏览器下载、安装 App。总之，这个过程要一气呵成、无缝衔接。
- **Deep Link（深度链接）技术**：这是一种将访问请求直接链接到 App 中某个特定页面（如产品详情页面、营销活动页面等）的技术，用户不需要到达 App 的着陆页。如果用户的设备未安装目标 App，那么通常先直接跳转到应用商店中该 App 的下载页面，在用户下载、安装该 App 后，再自动跳转到特定页面，这种技术能够极大地优化用户体验。
- **专门的着陆页**：与推广转化一样，官方应当基于不同的策略（为某个特定流失人群制定的召回策略）设计专门的着陆页。如果在召回时承诺用户回到 App 后可以领取大礼包，那么最好可以在着陆页直接领取；如果承诺用户某商品半价，那么最好可以在着陆页直接下单；如果是新闻资讯类产品，那么最好让用户在着陆页看到感兴趣的内容，而不是在混杂着众多信息的页面找半天，甚至根本找不到感兴趣的内容。总之，着陆页的作用是针对某个特定流失人群，说他们爱听的话（如一段温馨的欢迎语），做他们感兴趣的事，用良好的体验为他们的回归"护航"。这和投放 SEM 广告时针对某一类关键词设计专门的着陆页是一个道理，这类关键词背后代表的是某一类特定的需求，通过专门的着陆页来满足这些需求，转化效果会更好。

- **业务承接**：对于不同的重活用户，我们要在业务层面做好承接工作，如搭建完善的用户激励体系和等级追赶机制，确保重活用户可以跟上其他用户的进度；让用户在回归后可以一键通知所有好友，尽快找回原来的社交关系；对于操作比较生疏的用户，规划好第一周的"护航活动"，在必要时进行引导或人工辅助，让用户尽快熟悉和上手，感觉到被关怀；等等。
- **个性化触达**：通过人群包进行触达属于批量化运营，虽然考虑了同一类用户的画像和需求，但是毕竟不是完全个性化的。如果有条件，那么我们可以将个性化触达作为辅助手段，尤其是历史价值特别高或购买速度特别快的用户，我们可以针对他们制定一对一的召回策略，让他们感受到独特甚至惊喜的体验，如独特的利益设计，在某个特殊的时间点触达他们（生日或与产品相识×周年）等，让他们产生强烈的情感。总之，这部分用户值得我们付出最大的努力来召回。

4）触发物设计

触发物设计的重点包括两个层面：一是触发物的载体形式，二是触发物承载的内容。

触发物的载体形式比较简单，如短信是"文案+链接"，推送消息是一条 3 行的图文消息（以文字为主），电子邮件是标题和正文（"图文+链接"）等。

比较重要的是触发物承载的内容，它关系到能否说服和打动流失用户返回产品。上文已经反复强调，增加用户动力主要涉及两个因素，分别是增强利益和减少阻碍。在召回流失用户的场景中，由于流失用户对产品或品牌比较熟悉，阻碍因素的影响有限，因此重点是用利益因素说服他们，给他们返回产品的理由，让他们感受到返回产品的好处。

这就是先对流失用户进行细分的原因，不同的用户画像对应的用户，他们的兴趣点和对利益的感知、偏好是不同的。进行了精准的流失用户细分，设计触发物承载的内容就是一件比较简单的事情了，此处不再赘述，读者可以参考 3.3 节的相关内容。

5）召回策略测试

经过上述分析，我们可以列出如表 4-18 所示的召回策略表。

表 4-18 召回策略表

休眠用户/流失用户细分	用户类别	用户画像	平均历史价值/元	流失原因	触达渠道	利益设计	触达文案
人群包 1（筛选规则为……）	休眠用户	平均LT为3.2个月，对价格比较敏感，喜欢较大力度的折扣，历史客单价≤180元	609	被竞品吸引，近期优惠活动减少	推送消息	较大力度的优惠券	偷偷告诉你，你喜欢的××最近上新啦！5周年特惠活动，前 100 名打 4.5 折，赶紧来看一看吧
人群包 2							
人群包 3							
人群包 4							
人群包 5							

在召回用户时，触达时间、触达频率、触发物（包括利益设计、触达文案）、触点路径等变量都可能影响召回用户的效果，我们有必要不断进行测试和优化，并总结经验教训，形成可复用的成果，尤其当某个人群包的用户量比较大时，应先对触达时间、触达渠道、利益设

计、触达文案等变量分别进行 A/B 测试，筛选出理想的策略，再进行大规模召回。

4．唤醒或召回效果分析

1）分析指标

分析唤醒或召回效果的常用指标如表 4-19 所示。

表4-19　分析唤醒或召回效果的常用指标

指标名称	指标含义	计量
用户重活率	在休眠期或流失重新在产品中活跃起来的用户比率	用户重活率=重活用户数/天然使用周期内的非活跃用户数×100%
送达率	邮件或消息的送达成功数占发送总数的百分比，常用于 EDM 召回场景	送达率=（发送总数-发送失败数-退信数-进入垃圾箱数）/发送总数×100%
打开率	邮件或消息的打开阅读数占送达成功数的百分比，常用于 EDM 召回场景	打开率=打开阅读数/送达成功数×100%
点击率	召回触发物的点击量与展现量的比率	点击率=点击量/展现量×100%
转化率	衡量转化水平的比率，当转化率较高时，表明用户体验较好	转化率=转化数/基数×100%
获客成本	召回用户的人均成本	获客成本=总成本/总用户。总成本范围：推广费用、直接人工费用、其他相关费用

需要注意的是，产品中的一些流失用户会时不时发生自然回流，我们应该把这部分用户识别、统计出来，既不要错误地归功于召回效果，也不要漏算他们。例如，在通过短信召回用户时，一部分用户的习惯是关闭短信后手动打开 App，而不是直接点击短信中的链接（可能担心有病毒）。此外，我们还要关注负向指标。用户对推送消息的次数往往有一个心理阈值，如果推送消息过多，可能就会引起用户的反感。因此，我们需要监测相关的负向指标，如关闭推送功能的用户数变化、卸载 App 的用户数变化等，并在必要时做出优化调整。

2）分析方法

在分析唤醒或召回效果的场景中，可以使用的分析方法主要有行为事件分析、对比分析、转化漏斗分析、A/B 测试等。

5．召回后的维护

用户在被成功召回后重新成为活跃用户，这当然可喜可贺，但这不是终点，而是新的运营起点。增长运营人员要想办法让这部分用户长期留存下来，并不断实现高价值行为（High Value Action，HVA）的跃迁。

一个很重要的着力点是根据这部分用户流失的原因，采取相应的策略，对症下药。例如，对于因产品功能或操作的负面体验而流失的用户，我们应该引导他们重新体验相关的功能或操作，对于被竞品吸引而流失的用户，我们应该提供足以吸引他们留下来的权益。另一个着力点是，不要让重新回归的用户蒙受损失，我们可以利用上文提到的用户激励体系、等级追赶机制和一键通知所有社交好友等手段。总之，用户刚回归的第一周是用户需要得到特殊关注和对待的"护航期"。

在重新回归的用户稳定下来后，官方就可以继续按照用户长期留存的策略来进行增长运营了。

4.4.2 用户流失的预测和预防

休眠用户的唤醒和流失用户的召回非常重要，主要面临两个挑战：首先，它们属于补救性措施，很多用户不是突然流失的，而是经过一段相当长的时间才流失的，如对产品或品牌的负面体验不断累积，在到达临界点后流失，或者对产品的兴趣渐渐减小，在到达临界点后或因为偶然的刺激因素而离开产品，在这时候补救，让已经"死心"的用户回心转意是比较困难的；其次，即使补救成功，往往也需要付出比较高昂的代价。

最好的办法不是治疗，而是预防，在用户刚出现流失倾向的时候及时挽回。不过，这同样面临一个比较大的挑战，那就是如何得知哪些用户出现了流失倾向。因此，有效预防的关键是精准预测。

1. 预测流失

对用户流失进行预测的逻辑是用户行为之间的关联性，什么是"用户行为之间的关联性"呢？例如，用户要下单，在下单之前，用户可能会发生的行为包括反复浏览商品详情页，向客服人员咨询最近有没有优惠活动或商品是否支持免息分期付款等。这样的行为是一种征兆，预示着用户离下单不远了。同理，如果用户要流失，那么也可能会出现一些征兆性的行为。

可见，用户行为数据是预测流失的前提条件，如果无法获得用户行为数据，预测流失就成了"无源之水"。

总的来看，预测流失可以从以下3个层次入手。

1）基于重大负向行为的预测

重大负向行为是指一旦发生，用户就有较大概率会流失的行为。重大负向行为具有突发性、标志性和明显的倾向性，比较容易被捕捉，因为它们往往是用户打算离开产品时主动做出的一些行为，是刻意而为的。

重大负向行为在不同产品中的表现是不同的。例如，在App的账号设置页面，用户突然解绑了手机号，并且没有绑定新的手机号；在笔记产品中，用户开始批量导出笔记；在存储产品中，用户开始清空存储文件；在金融理财产品中，用户提前赎回理财产品或将余额全额提现；在视频产品中，用户在预付费会员到期后未续费，甚至在官方推送了较大力度的优惠券后仍未续费；在电话充值卡产品中，用户余额为零、欠费或经催促提醒仍不充值缴费；在产品评价列表中，用户突然给了非常差的评价；等等。

2）基于关键行为阈值的预测

在大多数情况下，老用户的流失是一个循序渐进的过程，而不是突发之举，尤其是自然流失用户，他们通常因为需求或兴趣逐渐减小甚至消失，所以离开产品。在流失前的一段时间，用户的行为开始表现出一些异常，如访问频率降低，在线时长缩短，过一段时间后，访问频率更低，在线时长更短，直至离开产品。就像一些朋友之间的关系一样，刚认识时打得火热，在新鲜劲过去后交流逐渐变少，从一天发几十条微信到一周几条，互动越来越少，过一段时间后，只在过年过节时发一些问候和祝福，后来便不再发任何消息了，彻底"相忘于江湖"。

鉴于上述情形，官方可以重点监测用户的一组关键行为，即与产品核心价值相关性最强的行为。从逻辑上来看，用户对产品的兴趣减小，往往会在体验产品核心价值的关键行为上有所反映，在购物产品中，用户购物的次数可能会减少；在听音乐的产品中，用户听音乐的次数可能会减少；在笔记产品中，用户记笔记的次数可能会减少。例如，某购物产品的天然使用周期为 36 天，平均每个周期内用户的消费金额为 450 元。经过分析，团队设定预警规则为"当某个周期内用户的消费金额减少 30%（也就是减少到 315 元以下）时，启动预防流失响应机制"。

建立预警机制的难点在于确定一个科学的阈值，阈值设得过高，灵敏性会减弱；阈值设得过低，过于灵敏，反而有可能损害用户体验。此外，对于不同的用户群体来说，阈值是不同的。例如，在某卡牌游戏中，大 R 用户（每月投入 1 万元以上）和小 R 用户（每月投入百元左右，仅享受月卡福利）的流失阈值有较大的不同，如果大 R 用户 3 天未进入直播间，就意味着流失，而小 R 用户可能 10 天以上未进入直播间才意味着流失。在实际操作中，我们不仅要不断进行观察和分析，优化、调整阈值，为了避免误判用户的意图，我们还可以进一步分析用户的其他行为，看一看关键行为的减少是单次性的孤立事件，还是具有征兆性的连续事件。

3）基于海量行为数据的建模预测

这种方法的基本原理是在定义清楚"流失"的概念后，将用户流失与否作为因变量，将众多用户行为或特征作为假设的自变量，建立数学模型，计算出各种用户行为或特征的相关系数，从而建立预测模型。这种方法采用的用户行为或特征的数量往往在 10 个以上，甚至多达几十个，与前两种方法相比，的确可以称为"海量"。

可以预测用户流失的分类算法模型有逻辑回归、支持向量机、决策树、随机森林、神经网络等，通过机器学习不断提高模型的精度，可以达到更好的预测效果。

基于预测模型，我们可以计算某个时段内用户流失的概率，输出流失用户评分和名单，并基于预防流失的相关策略，对预流失用户进行有效干预。

2. 预防流失的策略

预防流失的策略与提高用户活跃度的策略很相似，事实上，一种策略很可能兼具促活和预防流失的双重功效。不过，从运用逻辑的角度来看，二者还是有差异的，用户促活策略针对的是不太活跃的用户（长期低度活跃用户），目标是提高他们的活跃度，为了实现这个目标，我们给用户打的是"营养液"或"兴奋剂"；预防流失策略针对的是本来很活跃，后来变得不太活跃的用户，目标是防止他们的活跃度持续下降甚至流失，为了实现这个目标，我们给用户打的是"预防针"或"强心针"。

预防流失的具体策略与召回用户的具体策略是一样的，即了解用户出现重大负向行为、关键行为减少和预测模型异常等的原因，在此基础上制定有针对性的策略，从而激励或挽回用户。

4.5 持续深耕 LTV

用户深耕的最终目的是实现 LTV 的最大化，我们需要持续深耕 LTV，让用户实现持续的价值产出。

要想提升 LTV，主要抓手是增加用户复购，增加用户推荐，促进用户高价值行为的跃迁，以及开辟第二增长曲线。

本质上，提升 LTV 是用户留存运营的延伸和发展。同一种运营策略往往既有留存效果，也有提升用户价值的效果。例如，优化用户体验既是用户留存的基石，也是用户价值变现的基石，包括下单、复购、推荐、转化；搭建用户激励体系既可以促进用户留存、活跃，也可以增加用户复购、推荐、转化。

因此，要想深耕 LTV，实现用户价值的持续产出，我们应该从两个层面入手，即"内强体验，外强引导"（这里的"引导"指的是触达、刺激并提供行为指引）。

4.5.1 增加用户复购

1. 用户复购的诊断分析

1）分析指标

分析用户复购的常用指标如表 4-20 所示。

表 4-20　分析用户复购的常用指标

指 标 名 称	指 标 含 义	计　　量
复购率	在一段时间内购买 2 次以上的用户占比，既可以按照复购的用户数来计算，也可以按照用户购买行为次数（订单数）来计算，通常采用前者（在统计期内，同一个用户无论购买 2 次还是 3 次，都被统计为 1 个用户）	复购率=复购的用户数/有购买行为的用户总数×100%； 复购率=用户购买行为次数/有购买行为的用户总数×100%

2）分析方法

对于用户是否复购的原因，常用的分析方法如下。

- **用户调查**：要想了解用户为什么重复购买产品，或者为什么曾经购买过产品，现在却不再购买了，最有效的办法当然是直接询问用户，你应当重点询问两类用户。一类是"爱你的人"，也就是产品的重度用户、忠诚用户，这类用户之所以经常重复购买，是因为你的产品、服务或品牌有让他们觉得值的地方，也就是"美"的地方，你要把这些"美"的地方挖掘出来，放大这些"美"。另一类是"曾经爱你的人"，也就是曾经购买过产品，现在不再购买的用户，对于这类用户，你可以重点询问他们不再购买产品的原因是什么，高频使用场景有哪些，在使用产品的过程中遇到了什么问题，经历过什么不好的体验，对产品有什么建设性意见，朋友们有没有使用过产品，感受如何，他们现在正在使用什么替代品，使用替代品的体验如何，以及在什么情况下愿意返回产品等问题。
- **网络口碑分析**：重点分析商品的评论区，看一看用户发表了哪些评论，追评的意见是什么；专门社区（如豆瓣小组）中和客服人员反馈的问题；投诉渠道中收集的问题；用户比较集中的社交平台（如微博、社群）中的用户口碑。
- **行为事件分析**：对重度用户和不再复购的用户进行行为事件分析，看一看他们分别有哪些共同的行为特征、在购买产品后有过哪些操作、参与过哪些互动、有什么异常行为等，从用户的行为中获得洞察，发现问题。

在经过分析后，我们应遵循策略环的核心思想，快速迭代和优化。

有时候，当我们分析出用户未复购的真正原因时，这些原因可能会很出人意料，如下面这个案例。

案例 美国交响乐团如何找到影响用户复购的原因[①]

一、案例背景

一些交响乐团的营销人员坚信，说服潜在的新用户尝试一下交响乐是打开用户增长局面的关键，"让人们走进门来"是他们的名言。他们假设，一旦人们抱着尝试的心态走进交响音乐厅，真正欣赏一次音乐会，音乐本身的美感就会把他们再次吸引过来。

然而事实是，虽然每年有成千上万个欣赏古典音乐的新手被劝说着走进古典音乐会的大门，音乐厅美轮美奂，演奏技艺精湛，音乐令人陶醉，但是他们很少会再来。如果劝说他们再次欣赏古典音乐，那么他们往往会用漠然甚至不友好的态度来回应。

2007年，美国的9家交响乐团联合聘请了一个研究团队，希望他们对交响乐团运营中存在的挑战进行分析，这项研究项目被称为"观众发展行动"。该研究项目表明，用户流失是这9家交响乐团面临的主要问题。在交响乐的用户群体中，每年会有55%的用户发生变化，在第一次听音乐会的新用户群体中，用户流失现象更为严重，流失率高达91%。研究团队的任务是找到影响用户复购的原因，并制定应对策略。

二、原因分析

首先，研究团队对听众进行了细分，发现交响乐的听众分为以下几个差异十分明显的群体。

- 核心听众：音乐厅的注册会员，每年都听很多场音乐会。
- 尝试听众：第一次来音乐厅的人，只出席过一次音乐会。
- 不表态听众：某一年来过音乐厅两三次的人。
- 特殊场合出席者：每年只来音乐厅一两次的人，不过每年都来。
- 茶点式听众：多年来坚持购买小型音乐会注册会员的人。
- 高潜质听众：出席过很多音乐会，不过尚未注册会员的人。

以上6个不同类型的听众对门票的贡献有着鲜明的差距，如在波士顿，核心听众只占用户总数的26%，却购买了56%的门票，尝试听众占全体用户的37%，却仅仅购买了11%的门票。9家交响乐团的统计数据显示出惊人的相似性。

在第二阶段，研究团队对不同的听众群体分别进行了针对性研究。以尝试听众为例，研究团队进行了因素分析，在交响乐团营销人员的帮助下，运用头脑风暴法初步列出了古典音乐体验中的78个因素，囊括了从音乐厅的建筑风格、酒吧的服务，到音乐会的特邀指挥家、互联网购票的方便程度等因素，这些因素是他们所能想到的可能会对尝试听众产生影响的因素。

之后，利用在线调查和考察用户行为的其他测试方法，研究团队将78个因素压缩为16个因素，这16个因素能够对听众子群体（特别是尝试听众）的"麻烦地图"产生较大的影响。

结果表明，在影响尝试听众复购的多个因素中，排名第一的因素竟然是停车位。过去，很少有交响乐团会关注到停车位的问题，一位交响乐团的管理人员说："注册会员从未有过关于停车位的抱怨。"注册会员的沉默往往具有迷惑性，核心听众中的长期注册会员大多已经找到

[①] 引自《需求：缔造伟大商业传奇的根本力量》，作者为亚德里安·斯莱沃斯基和卡尔·韦伯。

了解决停车位问题的办法，把停车问题从他们的"麻烦地图"中除掉了。对于尝试听众来说，停车却是一个巨大的麻烦，大到足以让他们拒绝成为交响乐团的注册会员。

三、应对策略

找到了关键因素，制定应对策略就比较简单了。对于很多交响乐团来说，解决上述麻烦十分简单，只要先和附近的停车场商量一个优惠价，再在邮寄门票上标明具体的开车路线即可。

除了停车位因素，研究团队还对次关键因素进行了识别，并制定了应对策略，例如，指挥家花费几分钟的时间对音乐做出一些个性化的评论（如乐曲的历史、作曲家的生平等），可以提高尝试听众的投入程度，加深他们对音乐的理解。道理是显而易见的，大多数美国人对古典音乐并不熟悉，需要有人为他们欣赏的音乐赋予意义，加深他们对音乐的理解。又如，能够轻松、快速地更换门票也可以大大提高尝试听众的满意度，对于这类听众来说，传统的"不退款、不换票"原则是一个大麻烦，容易令他们产生放弃的想法。

（本案例的成功之处在于：首先，研究团队对用户进行了细分，不同用户的需求不太一样，复购的动机也不尽相同，采取有针对性的应对策略更能优化他们的体验，从而增加用户复购、留存；其次，研究团队采用了 B 类任务的因素拆解方法，逐步提取关键因素，以此为切入点优化业务，最终取得了显著效果。）

2．增加用户复购的策略

上文提到过，实现用户价值持续产出的策略是"内强体验，外强引导"，增加用户复购的策略也是如此。

关于如何优化用户体验的内容详见上文，不再赘述，此处只介绍增加用户复购的常用策略。

- **开展促销活动**：开展专题活动、大促活动、团购活动、秒杀活动、阶梯式优惠等促销活动，让用户觉得划算，增加用户复购。
- **发放优惠券**：如果是针对复购的优惠刺激，那么最好体现出老用户专享、老用户特惠、二次购买专送等信息，让老用户产生心理优越感，在其心智中不断对复购行为进行正向强化。例如，亚马逊 Prime 会员和京东 PLUS 会员都能得到这种性质的优惠券，这样既可以促进用户留存，也可以增加用户复购。亚马逊 Prime 会员在每一次下单后都会收到官方邮件，得知由于会员身份能少花多少钱，一年总共少花了多少钱，从而在心智中不断对会员身份进行正向强化。
- **复购激励**：用户在复购后可以获得积分、优惠券或提高会员等级等。
- **价值预留**：为用户复购预留"钩子"，如一些茶室会为用户提供存茶的服务，一些酒店会提供存酒的服务，这些都是促使用户复购的好方法。
- **让复购更容易**：一是让支付变得更容易，在推广转化部分已经详细介绍过，具体方法包括分期付款机制、借贷机制、货到付款模式、改换心理账户等；二是让购买变得更容易，如近年来众多企业加入了"智能音箱大战"，本质上是为了占领消费入口。例如，亚马逊推出人工智能音箱 Echo，用户不必打开计算机或手机，只要对它说"帮我买一盒剃须刀片"，它就会回答"还是上次的品牌吗"，用户回答"是的"，购买行为就完成了。亚马逊为用户预设了智能化的极简下单程序，让复购变得更加轻松、快捷。
- **消除心理障碍**：有时候，用户虽然很想购买某个产品，但是迟迟不下单，既不是买不起，也不是对品牌不信任，而是觉得奢侈浪费。例如，上次买的手机用了不到一年，新款上市了，换不换？用户很纠结，虽然很想换新手机，但是旧手机没什么问题。在这种情况下，我们可以通过以旧换新、公益捐赠、话术引导（如"商务达人应该拥有两部手机"）等方式来说服用户，减少用户的负罪感，给用户一个合理的消费理由。
- **品类渗透交叉**：如果平台内有多个品类，那么我们可以分析用户对哪些品类的复购率更高，把其他用户也导向这些品类，在提高品类渗透率的同时，提高总体的复购率。例如，在某购物平台中，数码类产品的复购率最高，团队经过分析后发现，该平台中的一些用户从来没有购买过数码类产品，可以通过发放优惠券、满减等手段刺激和引导这部分用户购买数码类产品。这部分用户之所以从来没有在该平台中购买过数码类产品，要么是不知道该平台中有数码类产品（概率较小），要么是没有在该平台中购买数码类产品的习惯（概率较大），无论是哪一种情况，团队助推用户完成首单的力度都要足够大。品类渗透策略是把用户导向复购率最高的品类，品类交叉策略是把用户导向喜欢的品类。例如，经过对用户的分析，团队发现在购买数码类产品的用户中，不少用户还购买了饮料酒水类产品，可以把数码类产品的重度用户中不购买或很少购买饮料酒水品类的一部分用户导向饮料酒水品类。

4.5.2 增加用户推荐

这里的"推荐"不是 3.4 节中的转发分享，而是特指用户在没有官方引导或激励的情况下，自发地将产品或内容推荐给其他人。

1．用户推荐的动机

这种行为与权益、利益等无关，其常见动机如下。
- **帮助朋友**：如朋友要求向其推荐某种产品。
- **觉得很值**：用户购买了某个产品，在使用的过程中觉得该产品很值，从而对产品或品牌产生好感，自发地进行推荐。
- **"啊哈时刻"**：用户在与产品接触的过程中感受到了某种意外的惊喜、新奇体验、与众不同的地方或对既有经验的冲突或颠覆，获得了特殊的情感体验，并且想分享这种体验。
- **情绪感染**：产品、品牌或有关它们的信息和内容激发了用户某种强烈的积极情绪（如感动、快乐、幸福、共鸣），从而让用户想推荐它们。举一个具体的例子，新买的热水器出现了质量问题，商家马上安排维修人员上门，迅速解决了问题，并且在整个过程中非常周到、耐心、细致，服务堪称完美，让用户原本处于低谷的情绪发生了逆转，被商家的态度感动，从而变成了产品或品牌的推荐者。
- **品牌忠诚**：用户对某个品牌怀有异常热烈而忠诚的情感，非常认同该品牌的价值理念、调性、文化或象征的某种精神，自发成为该品牌的"免费代言人"，用推荐来表达对该品牌的支持，以及对该品牌代表的价值理念等的认同。从某种意义上说，用户推荐品牌也是为了表达自我，通过该品牌让其他人知道"我是谁"。

2．用户推荐的诊断分析

1）分析指标

分析用户推荐的常用指标如表 4-21 所示。

表 4-21 分析用户推荐的常用指标

指标名称	指标含义	计量
分享率	用户自发分享产品或品牌内容的比率	分享率=分享数/基数×100%
k 因子	衡量产品或品牌受到推荐的能力	k 因子=（第 n 个周期的用户自然增长数）/（第 $n-1$ 个周期的活跃用户数）; k 因子=裂变用户数/启动用户数
NPS	衡量用户推荐产品或品牌的意愿	NPS=（推荐者数/受访人数-贬损者数/受访人数）×100%

2）分析方法

在用户推荐场景中，可以使用的分析方法主要有根本原因分析、用户调查、网络口碑分析、行为事件分析、对比分析等。

值得一提的是，在该业务场景中进行用户调查，对象应当是"爱你的人"，即自发推荐产品或品牌的用户，主要包括两类用户：一类是经常推荐的用户；另一类是虽然推荐次数不多，但是影响力比较大的用户，通常是 KOC（Key Opinion Consumer，关键意见消费者）。我们应重点调查、挖掘这两类用户推荐的原因，从而洞察增长机会，可以询问他们以下问题，如他们是在什么时刻推荐的，当时是因为什么而向朋友推荐的，在推荐的时候是怎么说的，有没有发图片或视频（如果有，那么具体是什么样的），推荐后朋友的感受是什么，朋友对产品或品牌有什么看法，他们会不会继续向朋友推荐，他们觉得产品或品牌在哪些方面进行改善后推荐者会更多，等等。

3. 增加用户推荐的策略

要想增加用户推荐，策略仍然是"内强体验，外强引导"。

用户自发推荐的动机基本上是由产品或品牌自身的魅力引发的，打造极致的产品或品牌体验显得尤为关键，即让产品或品牌值得被推荐。具体做法是优化用户体验，让用户觉得很值，感受到惊喜、新奇体验或与众不同的地方，让用户感动、高度认同。

增加用户推荐的常用策略如下。

- **识别用户推荐的关键时刻并重点引导**：通过行为事件分析、用户调查等分析方法，识别用户最爱在哪些关键时刻推荐，并引导其他用户体验这些关键时刻，从而增加用户推荐的概率。
- **维护和 KOC 的关系**：经常推荐或影响力比较大的用户值得高度重视，官方应维护和他们的关系，进一步优化他们的体验，从而达到更好的推荐效果。
- **设计易于推荐的素材**："巧妇难为无米之炊"，有时候，不是用户不愿意推荐，而是官方没有提供合适的素材。用户往往是比较"懒"的，通常不会费尽心思地进行推荐。只有官方事先为用户提供易于推荐的素材，他们才有可能推荐。在设计和制作素材时，遵循 AIDA 模型的推广转化原理可以获得事半功倍的效果，即吸引用户的注意，激发用户推荐的兴趣，唤起用户推荐的欲望，促成用户推荐的行动。例如，不同人群的分享动机不同，相应的素材也要有所区别，向家人、好友等强社交关系的熟人推荐，用户可以直截了当地进入正题，不妨将产品或品牌信息设计得更加娱乐化，向微信朋友圈、抖音、微博或其他自媒体社交平台中弱社交关系的好友推荐，用户往往更加注重个人形象的塑造，素材可以有趣，但不能低俗，可以是漫画图文、有质感的宣传片、精美的海报、有趣的视频等。

> **案例**
>
> # 百年老字号"老庙黄金"的用户体验设计

案例背景：这是汪志谦教授在得到 App 中分享的一个案例。

沪上品牌"老庙黄金"是一家百年老字号，创始于 1906 年，隶属上海豫园珠宝时尚集团，经过一个多世纪的发展，如今已成为全国名列前茅的黄金珠宝零售企业之一。

老庙黄金的总店在上海市黄浦区城隍庙内，2010 年，老庙黄金面临的主要问题是，虽然城隍庙的游客人流量很大，但是进店的人并不多。老庙黄金的总店是一栋 3 层楼的建筑，游客即使进店，多半也只是在 1 楼转一转就走了，上楼的人不多。项目组的目标是提高进店率、转化率和分享率。

一、提高进店率

提高进店率，即让更多的人进店，而且不只是在 1 楼活动，还要将他们引上 2 楼、3 楼浏览参观。

老庙黄金的总店与周围的建筑很相似，难以引人注目。项目组首先对这方面进行调整优化，在新方案中，项目组充分利用黄金元素，对大楼外表装潢和楼前地面装饰进行改造，设计了"黄金楼"和"金砖阵"，改造后的建筑装饰典雅、贵气考究，最重要的是，老庙黄金在周围的环境中脱颖而出，吸引了很多人的注意力。

虽然吸引了人们的注意力，但是怎么解决让他们上楼的问题呢？项目组注意到，虽然老庙黄金的口号"老庙黄金给您带来好运气"已经使用多年，但是消费者的认知不太深刻，于是项目组决定对口号进行深入挖掘。在我国消费者的心智中，与"好运"相关的元素有哪些呢？典型的元素有福、禄、寿、喜、财。项目组将这 5 个元素打造成"五运"概念，设计了 5 道"好运门"，分别布置在不同的楼层，目的是让消费者在进楼以后完整地把 5 道"好运门"走一遍，给自己带来好运，从而巧妙地让消费者按照预设的路线前行。

同时，为了让消费者一眼就能明白 3 层楼都属于老庙黄金，而且都是消费区域，可以随便逛，项目组别出心裁地把 3 层楼的中间挖空，打通了楼层，放进去一棵精心设计的"黄金发财树"。这棵树从 1 楼一直"生长"到 3 楼，消费者通过这棵树，以及从 2 楼、3 楼往下看和拍照的人群，一下子就能明白可以上楼，而且上面更值得一逛。这个设计的巧妙之处在于通过视觉效果给予消费者明确指示，而不是在 1 楼张贴告示，告知消费者"1 楼逛完请继续逛 2 楼、3 楼"，或者由导购人员口头提醒。

通过上述策略，项目组成功实现了吸引更多的消费者进店和上楼的目标。改造后的老庙黄金总店外观，以及"好运门"和"黄金发财树"分别如图 4-42、图 4-43 所示。

图 4-42　改造后的老庙黄金总店外观

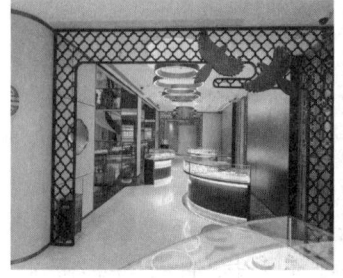

图 4-43　"好运门"和"黄金发财树"

二、提高转化率

项目组利用"五运"概念,重新设计了一系列与"好运"有关的黄金饰品,如吊坠、手链、装饰品等,不但好看,而且都是和"五运"有关的样式,消费者能够自然而然地产生联想。独特的选材、上档次的设计、美好的寓意大大刺激了消费者的购买欲望,希望能把好运带回家。

此外,消费者走完 5 道"好运门"门后可以马上收获一次"好运气"——抽奖。游戏化的设计增强了消费者的期待感,也助推了转化率的提高。

一部分与好运有关的黄金饰品如图 4-44 所示。

福　　　　禄　　　　寿　　　　喜　　　　财

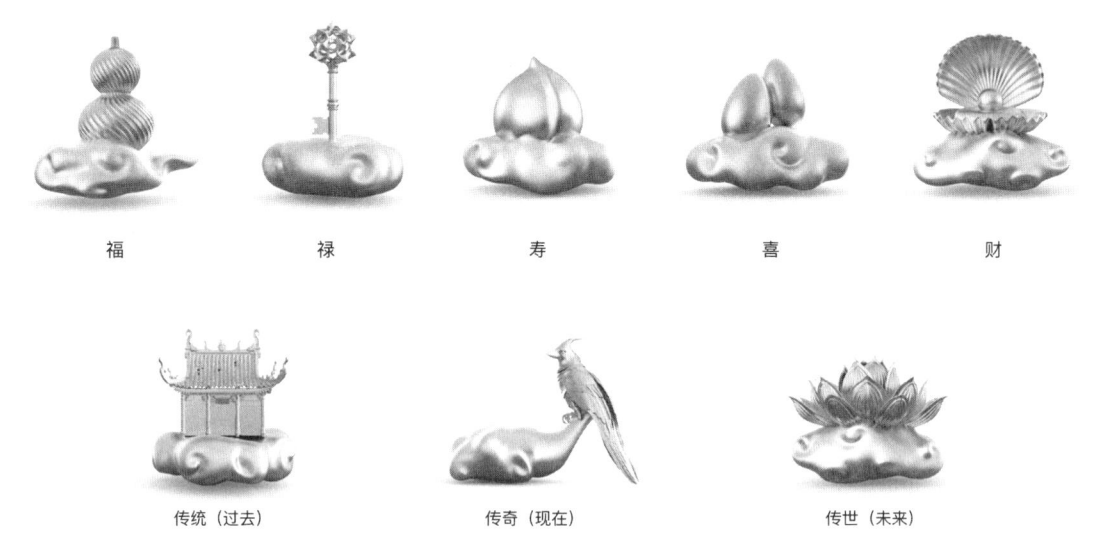

传统(过去)　　　传奇(现在)　　　传世(未来)

图 4-44　一部分与好运有关的黄金饰品

三、提高分享率

上述设计和优化给消费者带来了独特的体验,大大优化了消费者进店和转化的效果,同时增加了消费者"打卡"和分享的动力。

特别值得一提的是"黄金发财树"的设计,它造型奇特、别具一格。在"黄金发财树"下有两只大象,为什么有大象呢?因为在豫园的"豫"字里有"象"。当消费者站在不同的楼层看"黄金发财树"时,感受是不同的,消费者从 1 楼大门走进来看到这棵树,往往想走上 3 楼,从最高处向下看一看它完整的样子,或者拍下来分享到朋友圈中。

有了这些独特的体验,消费者会很有分享的欲望,如"看到我这条手链了吗?这是在老庙黄金的总店买的,那里和原来不一样了!楼前的广场很特别,有金砖!楼里有一棵特别好看的'黄金发财树',还有 5 道'好运门'。你们看,这些是我拍的照片,是不是很好看"。

此外,老庙黄金还和很多网红跨界合作,他们会来老庙黄金拍照、拍视频、直播,并且上传到抖音、小红书等平台中,吸引更多人来这里感受和"打卡"。

(上述案例充分运用了 AIDA 模型的推广转化原理:"黄金楼"和"金砖阵"的设计让老庙黄金的总店与周围的环境形成了强烈反差,有助于刺激消费者的感官,吸引消费者的注意力;5 道"好运门"和"黄金发财树"的设计激发了消费者探索各个楼层的兴趣;"五运"系列黄金饰品的设计进一步唤起了消费者的欲望;抽奖环节的设计促成了消费者的转化。)

4.5.3 促进用户高价值行为的跃迁

高价值行为指的是价值较高的用户参与行为。例如,在社交产品中,注册账号比下载、安装 App 更有价值,创造优质的 UGC 比注册账号更有价值;在购物平台中,购买商品比注册账号更有价值,购买 3C 数码商品比购买袜子、毛巾更有价值。

这一点比较容易理解,除此之外,我们还应理解以下两点:首先,随着用户行为价值的提高,用户付出的成本或承担的风险(风险本身也是一种心理成本)往往会相应提高,行为的阻力会更大;其次,随着用户行为价值的提高,用户价值贡献曲线会发生跃迁,如图 4-45 所示,从曲线 a 跃迁到曲线 b,进而跃迁到曲线 c,也就是跃迁到用户价值贡献更大的轨迹上,这样一来,用户价值贡献曲线下面的面积会更大,即 LTV 随着用户价值贡献曲线的跃迁而提高。[①]

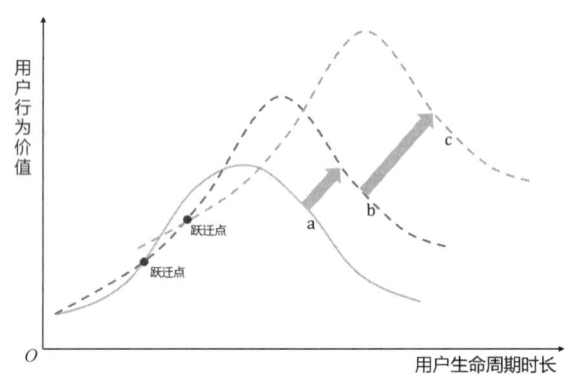

图 4-45 用户价值贡献曲线发生跃迁

促进用户高价值行为的跃迁可以提高 LTV。例如,某社交平台推出了"小店业务",用户可以在该平台中购物。最初,用户张三尝试了一些低成本、低风险的购物(如购买袜子、毛巾等商品),此时,他的 LTV 对应的是图 4-45 中的曲线 a。随着对该平台信任度的提高,他尝试购买价格更高的商品,购物体验非常不错,于是增加了购买这类商品的次数,这个时候,他的 LTV 发生了跃迁,从原来的曲线 a 跃迁到曲线 b。随着购物频率的提高和购物金额的增加,他的 LTV 会进一步跃迁到曲线 c。高价值行为的跃迁既有可能是张三自发完成的,也有可能是官方引导的(如发现他经常购买小件商品,尚未购买过 3C 数码商品,便主动向他推送了一张跨品类首单特惠券)。

促进用户高价值行为的跃迁,本质上是持续转化,可以使用转化的"万能公式",即从触发、利益、阻碍这 3 个因素的角度来实现。

4.5.4 开辟第二增长曲线

产品或产业往往有生命周期,在一般情况下,经历高速发展后,由于市场形势的发展变化、技术突变、产品老化、竞争者涌入、用户审美疲劳和用户原有需求消失等因素,增长曲线会在到达顶点后下滑,从成熟期进入衰退期,老用户开始加速流失。因此,增长曲线往往是一条 S 形的曲线。

鉴于上述增长的基本规律,一种非常重要的策略是在第一增长曲线尚未到达顶点时,开

---

① 引自《我在一线做用户增长》,作者为杨瀚清。

辟第二增长曲线，在新的领域满足用户需求，提高 LTV。新领域的成功开拓不但可以让企业保持长期增长的局面，而且是承接老用户的重要途径，可以让原来的老用户变成新领域的新用户，从而在总体上留存用户。

俗话说"未雨绸缪"，开辟第二增长曲线（见图 4-46）的最佳时间应当在 B 点与 C 点之间。

之所以在 B 点与 C 点之间开辟第二增长曲线，而不是过了 C 点，主要是因为此时的企业往往士气正旺、创新劲头正足、人才济济，并且在第一增长曲线上处于获利最丰厚的时期，从企业的人力、物力、财力和领导者的心态等方面来看，是开辟第二增长曲线的有利时机，比较容易从原来的胜利走向新胜利。一旦过了 C 点，企业很可能开始走下坡路，颓势尽显、人才流失，领导者的心态也更加谨小慎微、瞻前顾后，很难重振雄风。

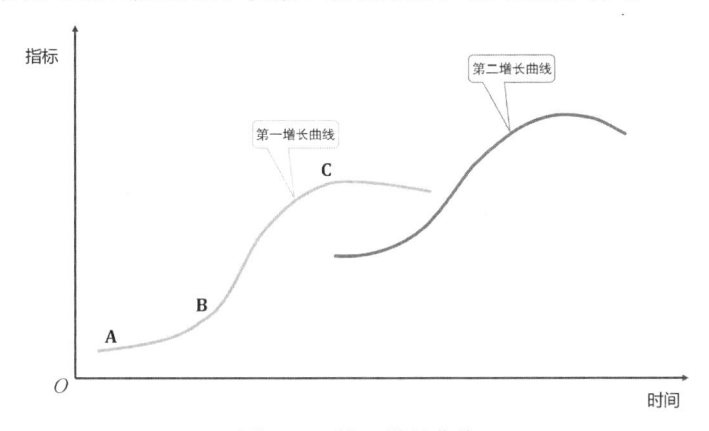

图 4-46　第二增长曲线

数字时代的来临给传统的胶片产业造成了致命打击，2012 年 1 月 19 日，世界品牌 500 强、美国最具代表性的公司之一柯达公司在纽约提交了破产保护申请，令人唏嘘。事实上，正是柯达公司于 1975 年发明了第一台数码相机。由于转型太慢、布局太晚，柯达公司错过了开辟第二增长曲线的最佳时机，以至于落到这步田地。另一家胶片巨头却命运迥异，这就是日本的富士集团。富士集团将其在胶片领域积累的化学元素和原子级粒子专业技术用于开发薄膜，广泛应用在液晶显示屏面板上，利用在生产胶卷的过程中沉淀下来的胶原蛋白技术，开发了 ASTALIFT 系列化妆品，还大力进军医疗健康领域。富士集团在这些新领域取得了很大的成功，避免了像柯达公司那样的命运，其成功开辟第二增长曲线的"奇迹"已入选哈佛大学的教学案例。

很多成功的企业在这方面做得非常出色，如字节跳动在今日头条大获成功的上升期，创新性地打造了抖音这么优秀的产品。由于这方面不是本书探讨的重点，因此这里不再过多展开，感兴趣的读者可以深入探索，我推荐两部不错的著作：一部是管理学大师查尔斯·汉迪的《第二曲线：跨越"S 型曲线"的二次增长》，另一部是混沌大学创办人李善友的《第二曲线创新》。

第二增长曲线甚至第三增长曲线的开辟，意味着企业已经进入多元化发展的阶段，很多企业悲壮地倒在了这个阶段。可见，多元化发展是一把双刃剑，成则蒸蒸日上，败则元气大伤，甚至就此没落。成功和失败的例子不胜枚举，总的来看，失败的例子更多。我们一定要谨慎，还要讲究策略，这里重点强调以下 3 个方面的策略。

- **未雨绸缪**：我们应在第一增长曲线的上升期开辟第二增长曲线，当然，并不是在其他时间开辟一定不会成功，而是成功率相对较低。

- **选对方向**：我们可以探索的方向如下。**首先，沿着同一个用户群体，进行关联品类的延伸**。在第一增长曲线的成功背后，必然积淀了比较忠诚且具有一定规模的用户群体，企业可以基于存量用户资源进行关联品类的延伸，比较平稳地把用户对企业的好感和信任转移到新的关联领域。例如，中国平安的第一增长曲线是金融领域，之所以新开辟的健康领域也大获成功，是因为其充分激活了上亿个老用户，尤其是数千万个与新领域的关联度非常高的健康险用户。**其次，沿着同一种业务能力，进行用户群体的扩展**。例如，新东方是靠出国英语培训起家的，在英语培训领域积累了大量的师资力量和过硬的运营能力，后来将用户群体从原来的出国留学群体扩展到四六级考试、K12群体等。又如，链家在第一增长曲线之外启动了创新性的贝壳找房项目（核心是平台化扩张），将原来的运营能力复制到新项目中，成功开辟了第二增长曲线。**最后，用核心技术赋能全新领域**。与前两者相比，这种创新是颠覆式的，因而风险较高，其前提是企业的技术具有绝对性优势，而且与目标领域形成高度的同频共振。例如，上文介绍的富士集团将核心技术应用于美容领域；华为的5G技术和鸿蒙系统性能强大，在个人消费领域之外，还将业务能力延伸到2B领域，如煤矿、智慧公路、港口、海关、智能光伏和数据中心能源等。

- **精益模式**：这是为开辟第二增长曲线上的一份最大的"安全险"，即采用精益化的创业模式，先在几个可行的领域内进行验证，探索出成功率较高的机会，使最小可行性产品达到PMF状态，再集中资源发力，快速推动增长，并通过策略环方法形成良性循环。

✪ 本章知识点思维导图

第四章知识点思维导图如图4-47所示。

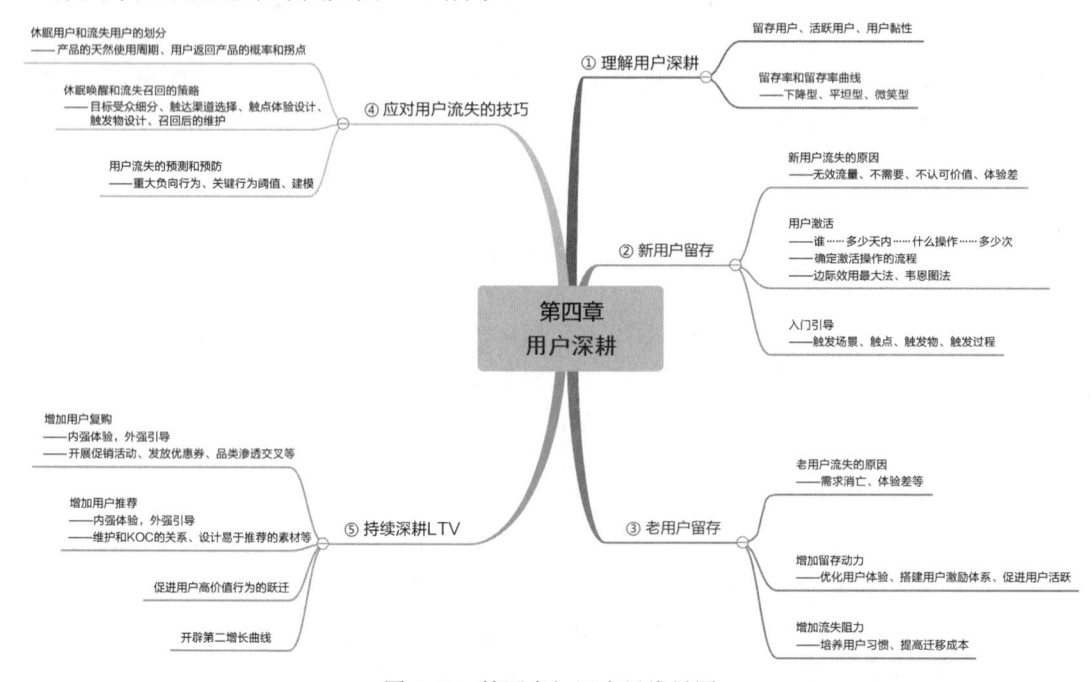

图4-47 第四章知识点思维导图

第五章

用户洞察和用户画像

✪ 本章导读

用户洞察是对用户的深刻思考和理解，它既是好策略的基础，也是好创意的源泉。到底应该如何进行用户洞察？用户洞察需要使用哪些有价值的方法和技术？如何理解用户洞察与用户画像的关系？如何进行用户画像？两种不同的用户画像分别是什么？二者的关系如何？二者的应用场景各自有哪些？本章将回答上述问题。

✪ 学习目标

通过对本章的学习，读者可以了解以下内容：用户洞察的概念，用户洞察的两个关键产出结果，用户洞察与用户画像的关系；用户洞察的方法和技术，如何基于用户洞察挖掘用户需求、产品核心价值，进而形成创意；两种不同的用户画像，用户标签技术，用户画像的具体应用；等等。

5.1 理解用户洞察和用户画像

1. 用户洞察的概念

用户洞察指的是研究用户的行为或态度，并发现真相或提出深刻见解的过程。

用户洞察与消费者洞察、客户洞察指的是同一个意思，只是在特定场景中对用户、消费者、客户的称谓不同，本书中一律使用"用户洞察"。用户洞察与用户研究基本上也是一个意思，有时二者合称"用户研究和洞察"，不过我认为用"洞察"更能体现其特性。

有这样一个关于福尔摩斯的故事。有一天，福尔摩斯的助手华生问福尔摩斯："你为什么能在其他人看不清状况的时候找到事情的真相？"福尔摩斯说："因为我观察。"华生疑惑地说："我也观察啊，为什么我就不能呢？"福尔摩斯微微一笑，摇了摇头，说："你并不是在观察。如果我问你我们家进门的楼梯有多少级台阶，我敢说你一定答不上来。"华生想了想，苦笑道："你还真把我问住了。"福尔摩斯笑道："我告诉你吧，一共有 17 级台阶。你只是'看见'，而我在'观察'。"

这个故事充分说明了"看见"与"观察"的区别，而"洞察"的层次比"观察"更高，即不仅知道楼梯有17级台阶，还知道为什么设计17级台阶，而不是16级或18级台阶。"看见""观察""洞察"道明了人认知事物的3个层次。"看见"是无意识注意；"观察"是有意识注意，高了一个层次，获得的信息更有价值；"洞察"不只是注意，更究其本质，《现代汉语词典》的解释是"很清楚地观察"，获得的信息价值自然更高。

中文语境中的"察"分为3个层次，有3个成语大抵上可以代表这3个层次。第一个成语是"明察秋毫"，语出《孟子·梁惠王上》："明足以察秋毫之末，而不见舆薪，则王许之乎？"本义是形容人目光敏锐，对细如秋毫的地方也能看得很清楚，也就是视力很好，这个成语说的是"看见"。第二个成语是"察言观色"，语出《论语·颜渊》："夫达也者，质直而好义，察言而观色，虑以下人。"意思是认真观察他人的言语或脸色，揣摩其意，从而做到为人更加通达，这个成语说的是"观察"。第三个成语是"聆音察理"，语出《西游记》："我老孙，颇有降龙伏虎的手段，翻江搅海的神通；鉴貌辨色，聆音察理。"它形容听到声音就能明察事理、本质，这个成语说的是"洞察"。

在英文语境中，"Insight"指的同样不是普通的研究或观察，如《牛津词典》的解释是"看清和理解人或状况的真相的能力"，强调的是看清真相；《韦氏词典》的解释是"看透状况的能力或行为"。

总之，无论是在中文语境还是在英文语境中，人们对"洞察"的理解都具有高度的一致性。不过，请注意，上文只是对"洞察"这个词的分析，并未完整探讨用户洞察的定义。如果对用户洞察的定义进行进一步拆解，那么主要包括4个关键词，分别是研究用户的行为或态度、发现真相、提出深刻见解、过程，下面我们分别来看一看。

1）研究用户的行为或态度

这个关键词指的是不能弄错研究方向，关于用户的洞察，最直接的研究对象无疑是用户。心学大师王阳明对朱熹"格物致知而通圣贤"的理论深信不疑，意思是推究事物的原理法则而总结为理性知识，总结的理性知识越多，离圣人的境界就越近。某一天，王阳明来到后院的竹林，突然想到既然万事万物都有"理"，那么竹子自然也有，当然也可以把理"格"出来。于是他席地而坐，死死盯住一根竹子"格"起来。谁知，他连"格"了七天七夜，即使头晕目眩、口吐鲜血也没"格"出"理"来，最后晕倒在竹林，这就是"阳明格竹"的故事。当然，这只是一个令人莞尔一笑的故事，我想通过它来强调，我们在进行用户洞察时不能弄错研究对象，尤其是在用户增长领域，针对不同的业务场景，需要精心划定研究的用户范围，否则可能对业务造成巨大伤害。

2）发现真相

真相是用户洞察的第一个关键产出结果。

真相既有可能是未被发现的，也有可能是已经被遗忘而又被重新发现的。

举一个例子，我的一个朋友从事社区零售工作，精于用户洞察。她开的店不太大，只比普通的零售店稍微大一些。按照她的说法，店里的商品如何摆放是很有讲究的，怎么摆放才能卖得多、卖得好呢？她决定研究一下，具体方法是到和她的店规模相似的各种零售店观察，先站在门口，看顾客是怎么进店的，在进店前有什么前期行为，如顾客在带着小孩的时候会不会更容易进店，是一个人的时候更容易进店还是多人同行时更容易进店，顾客在进门的时候是先迈左脚还是右脚，等等。当顾客进店后，她再从店里边观察他们的行为，如顾客习惯向哪个方向看、向哪个方向走、行走的速度等。

经过一段时间的观察研究后,她发现大部分顾客在进店的时候先迈左脚,同时向右看。于是她提出一个假设:零售店的入口应当设置在左边(符合顾客的视觉习惯,让顾客一进门就能看见右边众多的商品,第一时间唤起顾客的消费欲望,而不是让顾客第一眼看见墙壁);同时,把一些顾客只有看见了才会购买的商品和主推的商品摆在进门的右边,让顾客一进门就能受到感官刺激,引起他们的注意,这样才有机会进一步激发他们的消费欲望,进门的左边则可以摆放一些必需品,因为想购买必需品的顾客即使没有在最近的地方看见它们,也会主动寻找,这样的布局可以增加总的购买数量和金额。对于她来说,这些都是未被发现的真相,她通过洞察发现了这些真相,并且产生了积极的效果。

再举一个例子,某广告统计,人的一生大约会遇见 8 万人,既包括亲人、朋友、前任、同学、同事、客户等,也包括只有一面之缘的人。有一天,男主人公将他们请到了一个巨大的场馆。当男主人公推开门进来的时候,所有人都站起来迎接他。男主人公的目光巡视了一圈,说出了第一句话:"如果你不记得我的名字,那么请坐下。"至少有一半的人坐了下去。他微笑着说出了第二句话:"如果你不知道我在学校的绰号是'公主',那么也请坐下。"许多人坐了下去。他继续说:"如果你不知道我毕生最爱的人是谁,那么请坐下。"又有不少人坐了下去。他接着说:"如果你没见过我哭,那么请坐下。"又有一些人坐下,站着的人已经屈指可数。他说出了最后一句话:"如果我们已经失去了联系,那么请坐下吧。"这个时候已经没有站着的人了,全场异常安静,男主人公孤零零地站立在聚光灯下,虽然高朋满座,但是他是如此的孤独而忧伤。沉吟片刻,他轻声问:"你们现在有空吗?"慢慢地,有几个人站了起来,微笑着向他走来,他高兴地为这几个人端上了香浓的咖啡,他们聚在一起,开始细细品尝。此时,画外音响起:"在我们遇见的所有人之中,只有少数人对我们来说是特别的,保持联系,雀巢咖啡,为重要时刻而存在。"

这个广告之所以一下子戳中了很多人的内心,是因为它基于一个被我们忽视已久甚至已经遗忘的真相:你这一辈子认识的人可能很多,但他们都在如潮的人群中渐渐远去,生命中真正特别的人,那些既了解你又保持联系的人能有几个呢?雀巢咖啡在这个真相的基础上巧妙地阐释了产品核心价值,即"和你遇见的少数特别的人,来雀巢咖啡喝一杯咖啡,保持联系"。

从上述两个例子中我们不难看出,洞察其实就是一些客观事实,只不过它们不那么容易被直接感知,需要使用一定的方法和技术才能感知它们。洞察是对事实的发现或重新发现,而不是新的发明。基于深刻洞察创作出来的广告创意或内容,之所以能够达到特别的打动效果,是因为受众对这些客观事实本来就深信不疑,当广告创意或内容突然把它们揭示出来时,一下子就能击中受众的内心,让他们忍不住高呼"就是这样的",从而产生强烈的情感共鸣。

增长运营人员如果可以洞察用户行为背后的真相,就能更好地影响、打动他们。

3)提出深刻见解

深刻见解是用户洞察的第二个关键产出结果。

真相是客观事实,而见解是观点,我们可以在发现真相后提出深刻见解。不过,并不是提出所有深刻见解都必须经过发现真相的步骤。需要注意的是,这里的"见解"一直带着定语"深刻",换句话说,它指的是新颖、独特、令人信服的看法,而不是人云亦云的陈词滥调,或者故作高深甚至标新立异的说辞。深刻的见解不需要华丽的辞藻,甚至可能是一句大白话,却铿锵有力、直指人心。基于这样的见解创作出来的广告创意、广告文案、公关内容,往往能让受众大呼"走心"甚至"扎心"。

在第三章中,我列举了山叶钢琴的广告语"学钢琴的孩子不会变坏",以及某二锅头酒的系列广告文案（如"用子弹放倒敌人，用二锅头放倒兄弟""现实不可怕，接受现实才可怕"等）。这里再举几个例子，如某洗发水的广告"洗了一辈子头发，你洗过头皮吗"，某理财产品的广告"每一个认真生活的人，都值得被认真对待"。令我印象最深刻的是广告大师威廉·伯恩巴克的甲壳虫汽车系列广告，在人们普遍喜欢大汽车的时代，威廉·伯恩巴克独辟蹊径，提出了一个深刻的见解，即"想想小的好处"，令一款滞销的德国小型车登上美国进口汽车销量冠军的宝座。这就是洞察的力量，正如威廉·伯恩巴克所说的那样："创作者如果能洞察人类的本性，以艺术的手法打动人，他就能成功。如果没有这些，那么他一定会失败。"

从上述例子中我们可以看出，提出深刻见解与是否发现真相没有必然联系。例如，"学钢琴的孩子不会变坏"是真相吗？大家在洗头的时候"只是洗头发而没有洗头皮"是真相吗？显然不是。在这类场景中，洞察是不是真相并不重要，关键是洞察是否符合受众的认知。如果提出的见解独到、令人信服，并且可以拨动用户的"情感之弦"，那么毫无疑问是优秀的洞察。增长运营人员应当有一个元认知（关于认知的认知）："认知大于事实，心理扭曲现实。"用户洞察的核心目的是通过"创建认知或影响认知"，让用户像研究者期望的那样行动。

综上所述，无论是发现真相还是提出深刻见解，都是洞察。提出深刻见解类似于"发明"，它和"发现"有本质的不同。"发现"是找到新事物或揭示新规律，"发明"是创造新事物或提出新方法，发现和发明是人类认知、探索世界的根本途径。

4）过程

不是所有的洞察产出都要按部就班地完成一个过程，不过，一个科学的过程能够确保职业化产出洞察结果，增加产出优秀洞察的概率。有时候，发现真相或提出见解似乎是心灵顿悟、灵光一闪，属于可遇而不可求的少数情况，并且质变很可能是基于长年累月的量变积累的突变结果。因此，职业的增长运营人员应当有一套科学的过程化方法。

2. 用户洞察与用户画像的关系

用户画像指的是对用户进行刻画式描述的方法和技术。

事实上，有很多种描述用户的方法和技术，用户画像只是其中一种。用户的本质是人，描述人的方法有哪些呢？主要有以下几种。

- **想象**，如现代作家在描述古代人时通常需要想象。
- **口述**，如张三向李四描述自己的好朋友王五。
- **画像**，即照着人或人像刻画。
- **照相**，即获得静态的图像。
- **录像**，即获得动态的图像。

我们可以非常清楚地"对号入座"，用户画像属于第三种描述方法。这种描述方法有什么特点呢？首先，它是刻画，重在抽取用户身上的主要特征，不需要面面俱到；其次，它是一个过程，不是一下子就能完成的，通过不断的刻画，图像会由简陋变为丰满；最后，它可以涂改，便于我们对图像进行动态的维护和更新。

以上3个特点基本上涵盖了用户增长领域的用户画像最为显著的特点，如基于用户特征标签（刻画）、随着数据的积累而逐渐丰富（过程）、基于数据和算法动态更新（可涂改）等。

此外，在用户增长领域内还存在其他的描述方法，如照相式（对用户原始数据的快照）、录像式（用户会话重播）等。由于它们的用途远不如刻画式的用户画像广泛，因此不在本书的讨论之列。

用户洞察与用户画像是什么关系呢？严格地说，二者既是不同的，又可以相互助力。用户洞察可以提高用户画像的逼真度，反过来，用户画像也可以为用户洞察的用户分类、原因探究等提供依据。通过下文的内容，我相信读者对此会有更深刻的理解。

5.2 用户洞察

5.2.1 用户洞察的方法和技术

基于用户洞察的定义，我们不难发现它的运行逻辑是这样的：首先，研究者基于某个业务问题发起洞察活动；然后，通过对用户行为或态度的研究产出洞察（真相或深刻见解）；最后，将洞察应用到业务中（创意制作、文案撰写、内容制作、活动策划等）。用户洞察的运行逻辑如图 5-1 所示。

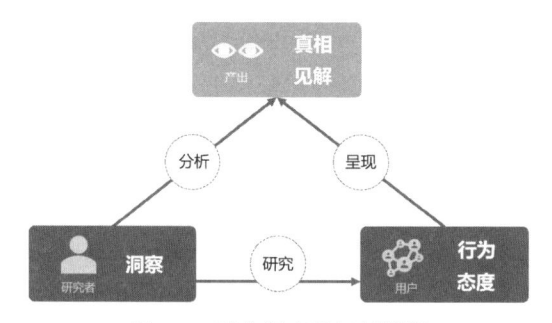

图 5-1　用户洞察的运行逻辑

值得注意的是，发现真相或提出深刻见解不是那么容易的事情。在少数情况下，用户的行为或态度能够直接"呈现"真相，如上文中"大多数顾客在进店时先迈左脚，并且眼睛向右看"这个真相，就是通过实地观察，由用户直接给出的。不过，在多数情况下，研究者需要基于用户的行为或态度数据，并综合运用相关的理论（如心理学理论、消费者行为理论）、方法（如根本原因分析法），以及研究者个人的智慧来"分析"出真相或深刻见解，经过分析而产出的洞察本质上只是假设，研究者应在必要的时候进行验证。关于验证，请读者参考第二章中"定位真因"的有关内容，此处不再重点讨论。

用户洞察的对象当然是用户，具体是指用户的行为或态度。**用户行为**指的是用户对所处情境做出的反应，包括行为和行为方式。**用户态度**指的是用户的心理倾向，具体包括认知、情感和行为意向 3 个因素，认知指的是个人对有关事物的信念，情感指的是与信念有联系的情感体验，行为意向指的是行为反应的准备状态（通常无法直接观察，只能基于用户的言行来推断）。用户行为和用户态度的关系是用户行为可以反映用户态度，用户态度可以影响甚至决定用户行为；通过用户的行为可以推测其态度，通过用户的态度可以预测其行为。

在第二章中，我们讨论过验证的 3 种基本方法，分别是观察法、调查法和实验法，它们也是我们认识世界和事物的 3 种普遍性方法，同样适用于用户洞察。

1. 观察法

观察法指的是通过人的感官或科学仪器，有计划地对事物或现象进行察看，从而认知事物或现象的过程，通俗地说就是"看一看"，用户观察通常用于评估用户的行为。观察法可分为自然观察法和实验观察法：自然观察法的特点是对观察对象不做任何改变，或者在其不知情的情况下进行，在自然发生的条件下考察观察对象；实验观察法是指利用专门仪器对观察对象进行积极的干预，人为地变革和控制观察对象，以便在最有利的条件下对其进行观察。此处所讲的"观察法"主要是指自然观察法。

1）观察的形式

常用的观察形式主要有以下几种。

- **现场观察**，即观察者现场近距离观察用户的行为，观察到的往往是现象甚至表象，为了走进用户真实的心理世界，一个重要的技巧是培养同理心。例如，在一家医院的病房里，观察者观察到一位老人抱怨病房太吵了，病房里住了 6 个病人，前来探望的家属太多，吵得他没有办法好好休息。乍一听，观察者觉得这位老人渴望安静。不过，如果从老人的角度来考虑，那么抱怨可能是表面的，这位老人真实的想法是觉得自己太孤独了，他也渴望被人探望。有了这样的猜测后，观察者可以通过观察来印证，如观察有人来探望这位老人时，他有没有不耐烦之感，或者在被人探望后，这位老人会不会继续抱怨病房太吵的问题，等等。在培养起同理心后，观察者的观察力也会增强，从而为理解用户的真实想法提供更多的视角和可能。

- **网络行为事件分析**，即观察用户在互联网触点上的行为或事件，既包括企业内部触点，也包括社交媒体、论坛、电商平台、搜索引擎平台等外部触点。用户在互联网上的行为沉淀了许多宝贵的数据，通过观察和分析这些数据，观察者可以产出关于用户消费习惯、趋势、偏好、态度、热度、痛点等洞察。例如，观察用户在电商平台中的搜索关键词、订单量、评价等，在搜索引擎平台中的搜索习惯等，在 App 中是如何操作的、重点使用哪些功能、是否遇到挫折等。

- **热图分析**，即观察用户在网站或 App 中的注视、鼠标移动、鼠标点击、滚动屏幕等行为，详见第二章。

- **用户路径分析**，即观察用户在触点上的行进和流转过程，详见第二章。

- **用户测试**，即招募用户现场进行某个特定项目的测试，或者远程录下并观察用户使用产品的真实过程，详见第二章。

- **亲身体验**，即观察者将自己变成用户，亲身体验产品。有人曾说："你要知道梨子的滋味，你就得变革梨子，亲口吃一吃。"亲身体验所获得的一手信息是弥足珍贵的，在体验的过程中更容易迸发洞察的火花。例如，贝索斯为了打造 Kindle 电子书阅读器，订购了 30 台索尼的竞品——Librie 电子书阅读器，供自己和研发人员反复拆解、研究；在开发游戏《征途》之前，该游戏的创始人已经成为资深游戏爱好者，他每天花在网游上的时间超过 10 小时。通过亲身的观察和体验，他们对产品和用户有了非常深刻的洞察，因而打造了现象级的爆款产品。当然，观察者并非一定要亲身体验，发动周围的亲朋好友也是一个不错的选择。例如，我曾为几款美妆产品成功策划一系列营销活动，在设计活动方案前，我会亲身体验一下，要么让厂家寄来产品，要么假装用户下单、咨询客服人员，并在收到货后认真检查包装、开箱、与客服人员沟通，在这个过程中，往往可以发现一些值得改进的地方。不过，我毕竟是一名男士，在对美妆产品的体验和感受方面不如女士细腻、精致。于是，除了亲身体验，我还会让家人、女同事们试用，并对她们进行调查，丰富我的观感，并与其他信息互相印证，从而确保洞察的有效性。

- **仪器观察**，即使用仪器观察用户的反应，如使用眼动仪、脑电仪等观察用户对广告的情绪反应和关注重点。

本质上，热图分析、用户路径分析、用户测试、用户会话重播等都属于网络行为事件分析，由于它们的特色比较突出，因此单列出来。

2）使用观察法应注意的问题

在使用观察法的时候，我们应注意以下问题。

首先，我们观察到的往往是现象，而非原因，不能直接揭示事物的本质，难以分辨是偶然的事实还是有规律性的事实。

其次，观察是通过人的感官进行的，会受到观察者个体的影响。人的感官是有一定阈值的，一旦超过一定的阈值，人就听不到、看不到、感觉不到了。此外，人的感官在观察时的精度是有限的，通常只能凭借感官做出大概的估计，观察结果也比较容易受到观察者的意识、判断、记忆、描述等因素的影响，带有主观色彩。

再次，对于比较私密的用户行为，或者时间跨度较长、不断运动变化的事物，观察效果会打折扣。

最后，网络上的用户行为或事件信息呈现出碎片化的特点，如何高效、准确地收集和整理这些数据是相当有挑战性的。

当然，观察法的优点也很突出，最突出的一点就是直观，所见即所得，能够最大限度地实现"眼见为实"。此外，它还可以帮助研究人员发现用户不愿意讨论的敏感信息，将用户行为置于研究人员可观察的视界内，帮助研究人员理解用户行为的前因后果和场景。帕科·昂德希尔在《顾客为什么购买》一书中详细介绍了顾客在超市里购物的情形，顾客经常会受到周围环境的影响而改变购物行为，如因为被他人推搡而放弃购物，因为某品牌的商品被放得太高而选择其他品牌的商品，因为被周围的商品吸引而忘记原来想购买的商品等，这些细节难以通过调查法等方法来洞察，可能连顾客都意识不到，通过观察法却可以捕捉到它们。总之，在使用观察法的时候，我们要扬长避短、取长补短。

2．调查法

调查法指的是通过一系列问题从调查对象中收集信息的过程，通俗地说就是"问一问"。用户调查可以通过电话、邮件、网络、现场等方式进行，通常用于评估用户的态度（如意见、想法、感受等）。

1）调查的形式

常用的调查形式主要有以下两种。

- **问卷调查**，即向调查对象分发问卷来收集信息，问卷的载体可以是纸质或电子的。根据调查主题，问卷调查可以分为满意度调查、费力度调查、NPS调查、网络口碑调查、问卷综合调查等。
- **访谈**，即通过与受访者进行交谈来收集信息，可以通过语音通话、视频会话、面对面等方式进行。根据一次性面对的受访者人数的多少，访谈可以分为焦点小组访谈（同时访谈多位受访者，一般以10人以内为宜）和一对一访谈。

在使用调查法的时候，我们需要注意样本选择问题。如果样本选择不当，那么很可能会严重影响调查结果，如上文《文学文摘》杂志在预测美国总统大选结果时样本选择不当，导致结果严重失真，甚至因此倒闭的深刻教训。在制定样本选择策略时，我们需要关注以下3个问题：一是样本数量要有保证；二是样本要有代表性，能够很好地代表全体用户的特性；三是样本要有相关性，与需要解决的问题相关，否则可能会被干扰或误导。在选择样本的时候，研究人员可以使用科学的抽样方法，如概率抽样（简单随机抽样、系统抽样、分层抽样、整群抽样、多段抽样）或非概率抽样（偶遇抽样、判断抽样、定额抽样、滚雪球抽样），感兴趣的读者可以深入学习。

研究人员在选择样本时还需要注意一种情形，那就是提防"职业受访者"，尤其是在公开招募受访者的时候，他们为了奖品或酬金而来，很可能并不是产品的目标用户，却伪装成目标用户，他们与产品没有关系，他们的答案在很大程度上是一种"噪声"，可能会对调查结果造成误导，甚至导致洞察失败。

2）如何让调查对象说真话

在进行用户调查时，有时会出现结果偏差。除了样本选择失误的原因，还有一个原因是调查对象没有说真话。当调查对象处于某些特定的环境中，或者被问到某些特定问题时，可能会有意识或无意识地不说真话，从而扭曲调查结果。下面，我们来探讨一些常见的情形。

（1）用户只是被迫给出了答案。

一方面，研究人员在提问时的刻意引导容易让用户被迫给出答案。在用户调查中，我们有时也会犯同样的错误，如询问用户"很多人觉得××功能不好，你觉得呢"，这种问法很难让用户说出内心的真实想法，更好的问法是"如果采用10分制，那么你对××功能打多少分呢"，先让用户打分评估，再进一步追问原因，或者直接让用户操作。在用户回答或操作的时候，研究人员应仔细观察用户的行为、情绪、表情、时长等细节，以此评判或印证用户对相关功能的态度。这种情形的应对策略是主动去除或转移引导性信息，如与"你听说过大家都在讨论的××手机吗"相比，好一些的问题是"你听说过××手机吗"，更好的问题是"请你列举记忆中的手机品牌"。

另一方面，群体压力也容易让用户给出言不由衷的答案（常见于焦点小组访谈）。美国心理学家所罗门·阿希曾经做过一个实验，他召集了一批大学生（调查对象），将他们分成若干组，每组7个人，其中6个人是"托儿"，剩下的1个人不知情。他给了调查对象两张纸，一张纸上画了一条线段X，另一张纸上画了3条线段A、B、C。他让调查对象判断线段A、B、C中哪一条线段与线段X等长。其实答案一眼就能看出来，然而实验结果是当同组中的"托儿"故意一起说错时，真正的调查对象跟着说假话的概率是35%。这个实验表明个人的心智会受到群体的影响，甚至丧失独立判断。在这一方面，索尼也有过很大的教训。索尼曾对准备推出的新品Boomboxes音箱进行调查，询问调查对象是黑色的好看还是黄色的好看。经过热烈讨论，几乎90%的调查对象认为黄色的好看。在讨论结束后，索尼的工作人员感谢了调查对象，并让他们免费带走一个Boomboxes音箱，结果几乎每个人拿走的都是黑色的。在这类场景中，由于从众心理，人们普遍比较容易随大溜或跟从权威者。正如大卫·奥格威指出的那样："消费者并不会把他们所想的说出来，也不会按照他们所说的那样去做。"这种情形的应对策略是单独询问某些特定问题，不在同一个焦点小组中同时询问多人，进行盲测，或者观察用户的真实行为。例如，研究人员对男士衬衣的颜色进行调查，如果询问用户"你会对粉色的衬衣感兴趣吗"，就比较类似于刻意引导，得到的答案很可能是肯定的；如果换一种问法，询问用户"你买过粉色的衬衣吗"，那么大多数用户可能会回答"暂时没有"（这样问相当于行为印证），在后续的问题设计中可以重点围绕"为什么没买过粉色衬衣"来询问用户，从而判断用户是否买过太多其他颜色的衬衣，想换一换风格，还是根本没有这方面的需求，只是礼貌性地回答研究人员的问题。

（2）用户只是给出了标准答案。

在涉及某些敏感话题时，用户往往不愿意表露心迹，而是按照社会期望给出标准答案。例如，询问用户"如果在××资讯 App 中增加一些明星八卦类的内容，那么你会更愿意使用该 App 吗"，可能会有相当多的用户回答"不会，我不关心这类内容"。如果真的增加了这类内容，用户却可能更愿意使用该 App，这就是典型的口是心非。当人们的回答关乎自己的隐私、形象时，通常会掩藏内心，给出符合社会期望的标准答案。人们往往很难在其他人面前承认自己失败、贪财、爱玩、好色、懒惰、嫉妒、不敬业、喜欢八卦、没有担当、没有孝心等，年轻女性偏爱低热量食品，可能会说它们颜值高、更时尚，而不会说是为了减肥（内心独白是"我不胖"），家庭主妇购买电饭煲，可能会说电饭煲做饭更有营养，而不会说是为了做饭更省事（内心独白是"我不是为了偷懒"）。

这种情形的应对策略如下。

首先，将当面调查改为匿名调查，如通过邮件、在线问卷等方式进行调查，避免当面（尤其是在大庭广众之中）调查。

其次，转换人称，即询问调查对象以外的人，将调查对象变成中立的旁观者，要点是将"你对此怎么看"转换成"你觉得其他人对此怎么看"。例如，将上文的问题换成"如果在××资讯 App 中增加一些明星八卦类的内容，那么你觉得年轻用户会更愿意使用该 App 吗"。

再次，去除或转移敏感信息。例如，如果询问家长"你的小孩有盗窃行为吗"，那么即使自己的小孩真的有这种行为，家长也不会愿意承认，可以将问题改为"有人认为小孩拿其他人的东西是不良行为，也有人认为这是好奇心强烈的表现，请问你的小孩在一个月内有拿过其他人的东西吗"，通过转移敏感话题，赋予盗窃行为"合理的解释"，从而消除家长的抗拒心理。

最后，使用投射技术，也就是为调查对象提供一些非结构化、非确定性的信息，让他们反馈信息，此时他们往往会不自觉地将真实想法投射到反馈中，如行为、语言、表情等，具体包括联想法、图片响应法、卡通测试、卡通泡泡测试、句子完成法、故事法等。例如，询问用户"一提起资讯 App，你会立马想到哪些"，用户开始在脑海中搜索资讯 App，并按顺序说出来，如"今日头条、网易新闻、凤凰网、趣头条等"，这些不假思索、脱口而出的内容往往最能反映用户的真实态度，根据用户说出来的 App 名称和顺序，大概就能知道自己的产品在用户心目中的排序，或者发现一些新的竞争对手，这就是自由联想法。

再举一个经典案例。雀巢咖啡在刚推出速溶咖啡时，市场销售情况远没有预期的那么好。为了找到原因，公司请来了心理学专家进行研究，研究人员做了两个实验。一个是盲测实验，表明雀巢咖啡的口味比当时的市场领导品牌麦氏咖啡更好，因而销售情况不佳的原因显然不在于产品本身。之后，研究人员做了第二个实验，他们打印了两张超市的购物清单，两张清单上的商品几乎完全相同，唯一的差别是一张清单上是传统麦氏咖啡，另一张清单上是雀巢速溶咖啡。研究人员把两张清单发给调查对象，请他们想象这是两位家庭主妇购物时的消费单据，让他们描述一下这两位家庭主妇的形象。结果，大部分调查对象把购买传统麦氏咖啡的家庭主妇描绘成了勤快贤惠的样子，把购买雀巢速溶咖啡的家庭主妇描绘成了爱偷懒、不顾家的样子。这下子所有人恍然大悟，原来，家庭主妇之所以不购买速溶咖啡，并不是因为口味不好，而是因为这关乎自己的形象。问题的答案在人们的潜意识里，通过投射技术，研究人员得出了洞察结果。之后，雀巢咖啡采用了更有说服力的广告策略，向人们传递速溶咖啡可以给忙碌的上班族、匆匆出门的丈夫和太太带来优质的生活，逐步改变了人们原来的印象，从而让自己的产品在市场中大卖。

(3) 用户只是给出了简易或草率答案。

这种情形主要分为两种情况。一种情况是用户说不出原因或不想说出真实的原因，故而选择一个简单的答案，以便从被询问的压力中解脱出来。例如，当询问用户为什么更爱穿耐克的 T 恤，而不是其他品牌的 T 恤时，用户可能会回答"耐克的用料更好"，其实真正的原因可能是用户喜欢耐克"JUST DO IT"的品牌精神和文化，但品牌精神和文化难以言说，尤其是在众目睽睽之下，因而用户选择了一个更简易的答案。另一种情况是问卷设计了太长的题目或过多的题目，用户容易丧失耐心，清一色地选择某个答案或随机乱选一通了事。这种情形的应对策略是注重问卷设计的科学性，在感觉用户给出了简易或草率答案时进一步追问，如"你觉得耐克的用料好在什么地方？你能举几个例子吗"，借机印证自己的判断。

(4) 用户只是给出了理想自我答案。

理想自我指的是人希望自己是一个什么样的人，或者让其他人感觉自己是一个什么样的人。这种情形主要分为两种情况。一种情况是刻意让自己的形象更加光辉。例如，在进行价格调查时，询问用户"对于这种房型和配置的单人间，你觉得多少钱一晚比较合适"，为了显示自己有消费能力，用户可能回答"我觉得不超过 1000 元就行"，其实用户可能觉得 600 元就很贵了。又如，询问用户"如果在未来 3 个月内购买一款手机，那么你愿意购买哪个牌子的手机"，用户可能回答"苹果手机"，最终购买的却是小米手机。这种情况的应对策略是使用匿名调查、投射技术、转换人称等方法。

另一种情况是陷入理想角色。例如，询问用户"关于品牌升级，你觉得我们接下来应该怎么做"，研究人员的本意是听取用户的建设性意见，可有些用户在听到这个问题后很容易陷入两个极端：一是提不出什么有效意见，收效甚微；二是立马转换角色（尤其是有表演型人格的用户），从用户角色转换为品牌总监或 CEO 的角色，开始高谈阔论，指点品牌或企业的发展战略，表现得像一个领导者，真正具有建设性的意见并不多。这种情况的应对策略是避免询问此类问题，毕竟用户调查的目的是让用户提出问题、给出原因，而不是给品牌或企业做规划。

(5) 用户难以给出预测性答案。

研究人员最好不要问未来型问题，因为用户往往无法预测未来的行为（包括消费需求）。例如，在 2007 年苹果手机上市后，Universal McCann 公司曾进行了一次大规模的用户调查。调查结果表明，该手机难以成功，其中一个问题是"你是否愿意用一台整合的便携性设备来同时满足打电话、上网、打游戏的需求"，表示愿意的只有三成调查对象。彭博社也进行了类似的用户调查，推断苹果手机的影响力将微乎其微，只会对一小部分用户具有吸引力，诺基亚和摩托罗拉完全不用担心。后来的结果如何，大家心知肚明。百度在开发搜索引擎时曾做过一个用户调查，询问用户"你希望百度搜索结果页每页显示多少个搜索结果"，超过 90%的用户选择了每页显示 20 个或更多搜索结果。当百度真的按照用户的意见设计出搜索结果页后，却引来了一片抱怨之声，这种"言不由衷"充分说明了人们的意识会假装对自己未来的行为有清晰的认知（如未来一定会喜欢每页有 20 个以上的搜索结果），其实这只是一种无端的猜测。人的动机是很复杂的，甚至有时候不同的动机是相互矛盾的，并且容易发生变化，如果凭空询问用户，那么用户"拍脑袋"的可能性是很大的。这种情形的应对策略是尽量基于过去的用户行为或态度进行提问（如用户痛点、体验峰值、感受、产品和竞品的对比等），研究人员通过观察、分析、思考、联想，间接洞察用户未来的行为意向，或者换一种洞察方法，即下文要介绍的实验法。

调查法最大的优势是可以洞察用户的行为原因或动机，不过可能会出现偏差，应与其他的方法（如观察法、实验法）结合使用、互相印证。在这一点上，先贤已经留下了智慧的启迪。子曰："视其所以，观其所由，察其所安。人焉廋哉？"意思是如果想透彻地了解一个人，那么不仅要听他怎么说（言语），还要看他怎么做（行为）、体悟他怎么想（态度），做到了这些，他就没有什么能隐藏和掩饰的了，也就可以给他下一个比较客观的评判了。

3. 实验法

实验法指的是为了检验某种假设而进行观察研究活动，通俗地说就是"测一测"。从广义的角度来看，实验法也属于观察法的一种（属于实验观察法的范畴）。

实验法的基本流程是"定义问题"—"提出假设"—"设计实验方法"—"实验"—"对假设做出检验"—"解释数据分析的结果"。实验法的组织形式一般分为 3 种：第一种是单组形式，即观察施加某个实验因子与不施加该实验因子或在不同时期施加另一个实验因子，在效果上有何不同；第二种是等组形式，即选择两个各方面条件相似的组作为实验对象，分别是实验组和对照组，对实验组施加实验因子，对对照组不施加实验因子，观察实验因子对实验组产生的影响，这也被称为对照实验；第三种是轮组形式，即把几个不同的实验因子按照预定的排列顺序分别施加在几个不同的组中，对实验因子对各组产生的影响进行比较。实验法的统计学原理主要是假设检验，感兴趣的读者可以深入学习。

在用户增长领域，常用的实验法有 A/B 测试、多变量测试等，在第二章中已经详细介绍过，此处不再赘述。

哥伦比亚商学院教授伯德·施密特提出过一个观点，即"竞争对手虽然可以仿制你的产品，但是没有办法仿制你对客户的理解"，这个观点是对"用户洞察的价值"的生动注脚。关于用户洞察，研究人员还可以了解一些知识，如如何做好观察记录、如何设计调查问卷、如何撰写访谈提纲等，这些内容非常具体、常规，网上有很多现成资料，读者可自行学习。

下面，我将通过一个案例向读者展示一次用户调查的过程（电话访谈+焦点小组访谈）和剖析，希望能为读者提供一些有益的借鉴。

案例 对某游戏的用户流失原因进行调查[①]

一、案例背景

这是一款强社交型的团战求生沙盒手游，在游戏上线 3 个月后，团队准备对流失用户进行一次当面访谈，了解他们流失的真实原因。

团队为什么选择当面访谈，而不是问卷调查呢？因为问卷调查只能在问卷中设置"为什么会放弃这款游戏"的问题，并且给出 A、B、C、D 4 个选项，如玩法、画风不够好，有漏洞，功能不齐全等，获取的答案只是表象，无法得知本源。而当面访谈的优势是团队可以有充分的时间和用户讨论交流，直至发现关键问题。

---

① 本案例辑录自《绝招：十年游戏营销人讲述压箱底的手艺》，作者为黄非晗，本书作者做了一些取舍和编辑。

为什么不选择电话访谈呢？团队基于过去的经验认为，在移动互联网时代，年轻人和陌生人聊 5~10 分钟，并且能聊到点上的情况真的不多。此外，接通电话的可能并不是用户本人，而是用户的父母或爷爷奶奶，访谈人员还没自我介绍完，对方一听是游戏公司的人，可能马上就把电话挂断了。所以，团队只将电话访谈作为辅助工具。

二、样本筛选

为了让访谈的目标性更强，团队在面谈之前进行了一次电话访谈，从游戏的所有流失用户中寻找不同等级、不同状态的用户，分别进行沟通。（这样做是为了筛选出具有代表性的访谈样本，在第二章中，我们曾学习过著名杂志《文学文摘》预测美国总统大选结果失败的案例，其失败的主要原因之一正是样本选择失误，虽然样本数量多达 240 万个，但是样本缺乏代表性，仍然得出了错误的预测结果。）

直接给用户打电话，请他们来公司聊吗？并不是这样的，在本案例中，通过电话访谈对样本进行筛选的具体步骤如下。

第一步，明确电话访谈的目的。

目的是更好地为用户提供服务，通过对用户的调查，为后期改进游戏提供参考。

第二步，编制访谈脚本。

访谈问题如下。

a. 您是否还记得在这款游戏里的等级？
b. 为什么您现在不再继续玩这款游戏了呢？
c. 如果我们举办了一个小型的用户交流活动，那么是否可以邀请您参加？
d. 如果您愿意接受邀请，那么能否告知一下您所在的城市？

访谈规则如下。

- 在电话接通后，第一时间说明自己的身份和访谈原因。
- 在提问语言上，不要有对问题答案的任何主观引导，如"您是不是觉得时间不够""是不是觉得不好玩了"等。
- 如实记录受访用户的第一答案，区别记录受访用户的补充答案。
- 在受访用户回答现在为什么不玩这款游戏后，可继续追问"还有其他要补充的吗"。

在进行电话访谈时，访谈人员应记录用户回答每一个问题的具体答案，供团队进一步研判和筛选。电话访谈记录表如表 5-1 所示。

表 5-1 电话访谈记录表

电 话	性 别	问题 a	问题 b	问题 b 补充回答	问题 c	问题 d
139××××××××	女	不记得	感觉不好玩	没有补充	否	—
138××××××××	男	30 级	有漏洞	"家园"不够好	是	北京市

第三步，筛选焦点小组访谈对象。

团队既不能解决所有用户的问题，也不需要解决所有用户的问题，如果用户回答"我不喜欢这款游戏的画风"或"我不喜欢沙盒玩法"，那么团队只能将这些用户初步判定为非目标用户。

除此之外，受访用户属性的多样性也是团队需要掌握的。不同属性的用户看待事物的角度不同，看到的结果也不同，团队需要多方位、多角度地分析用户的属性。

在这次访谈中，团队先按照等级进行区分，选择了 10 级、20 级、30 级、40 级等不同等级的流失用户，再按照不同等级，选择了和平服和混战服两个不同服务器的流失用户，并且抽选了部分女性流失用户，总之，力求选择具有较强代表性的不同用户类型，以确保访谈结果的准确性。

筛选的方式既可以是问卷调查筛选、电话访谈筛选，也可以是游戏内数据筛选，可根据不同的情况进行调整，团队选用的是游戏内数据筛选与电话访谈筛选相结合的方式。

经过上述过程，团队确定了面对面深度访谈的用户名单。

三、焦点小组访谈

第一步，安排访谈人员。

确定了焦点小组深度访谈的主题，筛选了受访用户，下面就可以根据实际规模安排访谈人员了。当然，对于某些流程不必太在意细节，也可以先安排访谈人员，再筛选受访用户。团队的主要任务是根据已知信息，制订完整的访谈计划，方便后期汇报工作、申请预算、安排人手等。

整个访谈小组的人员需要进行角色分工，重点包括访问者、接待员、记录员。

需要注意的是，在有条件的情况下，访问者尽量不要选择女性。这并不是性别歧视，而是女性真的不太适合这项工作，而且颜值越高的女性访问者越不容易听到受访用户的真话。如果有一个"女神级"的女性问我周末在家一般干什么，那么我肯定说游泳健身、喝咖啡看书、登山滑雪等，绝对不会说看电影、打游戏、睡觉，这就是人性。

第二步，编辑访谈大纲。

访谈大纲的要点如下。

- **访谈背景**：通过第一次电话访谈，团队已经初步了解了用户流失的主要原因，包括"没时间""感官体验不好""对游戏的某些功能不满意""游戏有漏洞""受到朋友流失的影响""在不知不觉中流失，对游戏没有深刻印象"等。
- **访谈目的**：本次焦点小组深度访谈主要针对觉得这款游戏"感官体验不好"和"对游戏的某些功能不满意"的用户，深入了解他们流失的原因，发现他们更深层次的需求和期望。
- **访谈时间**：××××年××月××日 14—16 点。
- **环节 1（破冰）**：开场介绍（这个环节很重要，如果前期气氛尴尬，后期的访谈就会非常不顺利）。
- **环节 2（了解流失原因）**：需要询问的典型问题包括"为什么会玩这款游戏""起初对这款游戏的期待是什么样的""这款游戏玩起来感觉如何""为什么不再玩这款游戏了"等。如果是用户感受方面的原因，那么应深入了解用户为何会产生这样的主观感受，重点关注用户是否觉得这款游戏无聊、玩起来累，以及用户对交互的期待。
- **环节 3（了解竞品）**：需要询问的典型问题包括"有没有玩过其他沙盒类游戏""其他沙盒类游戏有没有给你与这款游戏相同或相似的感觉""如果有，那么是哪些方面让你产生了这种感觉""如果没有，那么原因是什么""有没有玩过其他非沙盒类游戏""如果玩过且没有流失，那么原因是什么"等。
- **结束**：安排受访用户离场。

第三步，布置访谈环境。

访谈人员在布置访谈环境时不用太刻意，公司的会议室、洽谈室、会客室都可以，要点如下。

- **最好准备录音设备**：有时候，记录员来不及记录细节，如果有录音，就可以反复回放，确保记录的准确性。
- **访谈环境最好明亮整洁，让用户可以放松**：很多用户是第一次参与访谈活动，在进入陌生环境的时候往往会下意识保持警惕，无论是行动还是语言都会透露防御心理，换言之，他们会"撒谎"。所以，访谈人员要尽量在硬件上让用户感到放松。
- 访谈人员不需要像服务员那样毕恭毕敬，最好也能轻松一点。此外，在细节方面，参与访谈活动的人员要着装整齐，不要佩戴任何首饰、奢侈品，以免让用户觉得"游戏公司的人真有钱，赚的都是我们的钱"，以至于在无形之中站到访谈人员的对立面。访谈人员的着装只要整洁得体即可，这样更有助于展示访谈人员的专业性。
- 适当准备一些茶点、饮料，最好有甜食、鲜花，这些既是破冰和救场时非常好用的道具，也可以让用户感到心情愉悦、放松。

第四步，正式邀请访谈对象。

在通常情况下，访谈活动不需要安排太多人数和次数，每次安排10人左右，一共安排2~3次即可。需要注意的一点是，在邀请访谈对象时要留足余量，一般情况下，30%左右的用户不能如期到达访谈现场。

在访谈当天，访谈人员应提前确认受访用户的到达时间，并告知其具体地址。在接待时，接待员不能懒惰、贪图省事，如果用户是坐公交车或地铁到达的，那么最好安排人员领一下路，这样既可以避免用户在走错路时产生焦躁和沮丧的情绪，也可以借机和用户闲聊几句，介绍一下公司，放松用户的心情，以便让用户在访谈时的状态更加轻松随意，畅所欲言。

第五步，进行焦点小组访谈。

访谈应按照访谈大纲中的环节来进行，具体细节不再赘述，只强调以下几个需要注意的要点。

- **破冰**：破冰的作用是让双方快速熟悉起来，让气氛更加轻松，让受访用户不要有压力，这一点很重要，直接关系到双方能不能聊下去。在针对这款游戏展开访谈时，访谈人员应告诉受访用户，开发团队很困扰，不知道用户为什么会流失，所以需要和他们谈谈心，希望他们能够给出一些中肯的建议。在接下来的环节中，用户就会很好地参与关于这款游戏的话题。这种交流可以让用户觉得自己是真的在帮助团队解决问题，而不是团队在探知自己的秘密。
- **递进式提问**：可以询问用户"你觉得××游戏怎么样"，如果用户感觉很好，那么可以追问"具体感觉哪里很好？能不能举例"，如果用户回答"可以抓宠物，我觉得这一点很好"，那么可以继续追问"为什么感觉抓宠物这一点很好""抓什么宠物比较好""如果不能抓宠物，游戏就不好了吗"等，总之，不要让访谈停留在表面，应该向下深挖，要有打破砂锅问到底的精神。
- **掌握主动权**：访问者不能被用户带跑题，有些用户很能聊，一旦打开话匣子就收不住了。此时，访问者应当及时将访谈带回主题，不要忘记，访谈主题的重点是了解用户流失的原因和深层次需求。
- **不争论**：访问者既不要和用户争论，也不要进行辩驳和解释，只需要如实记录用户的观点。例如，用户在访谈中提出游戏在玩法上有不合理的设计，不明白为什么不能将房子建在水中。这时，访问者应该询问用户"为什么你觉得要将房子建在水中"，而不是一本正经地解释开发团队的想法、构思、逻辑，告诉用户不可以将房子建在水中，只要尽量弄清楚用户流失的深层理由并记录下来就可以了。在访谈中，访问者与用户争论、辩驳是非常错误的做法，这样做通常只有两个结果。一个是用户接受访问者的解释，消除误会，关于"游戏玩法设计不合理"的问题会被用户隐藏起来，访问者很难继续进行深层挖掘，其他用户是否也有类似的想法？为什么会有这样的想法？访问者将难以得知。另一个是用户不接受访问者的解释，双方开始辩论，用户对访问者建立起心理防御壁垒，这是很不利的，这样一来，破冰时和用户建立的信任感就会消失殆尽。

- **投射技术**：设计一些开放性的问题，让用户来回答、选择或联想，从而洞察用户真实的想法。例如，询问用户"一提起射击类游戏，你会想到哪些"，用户会马上开始搜索印象中射击类游戏的名称，并且按照顺序说出来，根据用户说出来的游戏名称和顺序，团队大概就能知道自己的游戏在用户心目中的排序，或者发现一些新的竞争对手。

第六步，访谈结束。

在访谈结束后，访谈人员应向用户支付酬金或赠送礼品，向他们表示真诚的感谢。如果受访用户年龄较小或是女性，那么一定要关注用户回家的安全问题，并做出必要的安排，在用户回到家后，应与用户确认，避免发生安全事故。

第七步，形成分析报告。

在访谈结束后，访谈人员应尽快对访谈记录进行整理、讨论，并形成分析报告。

至此，一次完整的"电话访谈+焦点小组访谈"的过程就全部结束了。

5.2.2 需求洞察

1. 3CS 需求洞察模型

要想实现增长，增长运营人员必须学会刺激用户，要么是开门见山地刺激（如广告），要么是不动声色地刺激（如"种草"），更重要的是洞察用户的需求，并据此提供有竞争力的产品。如果"刺激"是用户将欲望"变现"的必经过程，"需求洞察"就是对用户的欲望与产品进行连接。

需求洞察的典型场景有新产品开发、用户画像、用户体验优化、用户转化优化、开辟第二增长曲线等。

"需求"不是海滩上的贝壳，只要觉得漂亮就能捡起来据为己有。它被埋藏在"沙滩"之下，只有不断挖掘才能发现。用户需求的"沙滩"那么大，去哪里挖掘呢？SMEI 提出了 3CS 需求洞察模型（见图 5-2），具体含义如下。

- **面向用户**：痛苦之地、冲突之地、阶梯之地。
- **面向产品**：特性之地、竞争之地。
- **面向科技**：科技之地。

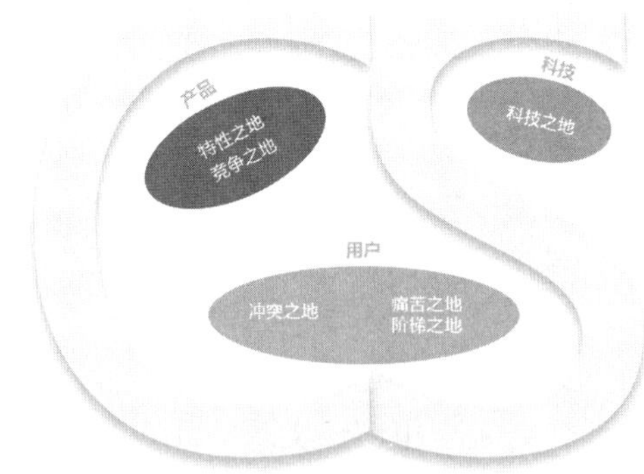

图 5-2 3CS 需求洞察模型

2. 挖掘需求的 6 个地方

1）痛苦之地

摆脱痛苦是人类的天性，人类想摆脱痛苦的欲望制造了源源不断的需求。通俗地说，痛

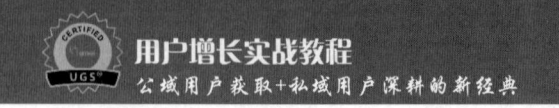

点就是用户的欲望未被满足或体验未达到预期，我们可以分别称之为Ⅰ型痛点和Ⅱ型痛点，公式如下。

$$Ⅰ型痛点=欲望-已满足程度$$
$$Ⅱ型痛点=预期体验-已有体验$$

在上述两个公式中，公式右边的差值越大，用户的痛苦程度越高，需求越强烈。如果能找到用户痛苦的地方，我们就可以洞察用户的需求，这样的地方有很多。

- 差评：常见于商品评论区、满意度调查、用户社群、百度贴吧、豆瓣小组、问答平台、社交媒体、专业论坛等，自己的产品和竞品的差评都可能出现在这些地方。在社区或论坛中，我们可以重点关注精华帖、KOL发帖、求助帖、互动帖等。
- 投诉：常见于官方客服系统、第三方投诉平台等。
- 搜索内容：通过用户搜索的内容（如百度指数、微博指数，以及在电商平台中搜索的关键词等），我们可以洞察用户的相关痛点。下面，我们来看一个案例。

案例

如何利用搜索洞察用户痛点

一、案例背景

我国放开了生育政策，预计未来若干年新生婴儿的数量将会增加。假设你想在母婴行业创业，并且想切入婴幼儿奶粉市场。以你对婴幼儿奶粉市场的初步了解，除了母乳喂养，该市场总体上是牛奶粉的天下，切入牛奶粉品类创业应该很难。你想切入一个非牛奶粉的细分品类，不过还没有具体目标。在这个时候，你很可能会关心"该市场中的牛奶粉已经高度普及，其他奶粉品类还有机会吗""购买牛奶粉的用户有没有什么痛点"等问题，如果用户有痛点，那么其他奶粉品类应该还有机会。

你想研究一下这些问题，你的计划是先在网上搜索相关资料，然后视情况进行针对性访谈。

二、研究过程

最佳的搜索渠道当然是搜索引擎，或者像知乎这样的专业性问答平台。由于你的意图是了解牛奶粉存在的问题，因此你应当搜索以下问题：如何挑选婴幼儿奶粉？挑选婴幼儿奶粉需要注意哪些问题？牛奶粉怎么选？牛奶粉的优劣势是什么？什么样的婴幼儿不适合牛奶粉？婴幼儿喝牛奶粉后有哪些不良反应？

很快，你发现了一些讨论，知乎上的一篇高赞文章如图5-3所示。

该文章指出，婴幼儿的肠胃比较弱，并且有一部分婴幼儿属于过敏体质，奶成分中的$αs1$-酪蛋白是最主要的过敏原，其在牛乳中含量最高。显然，牛奶粉品类存在一个比较大的问题。

你会完全相信该文章的观点吗？你可能会打一个问号。虽然该文章有理有据，但是你知道其中不乏"种草"的套路。为了进一步了解真相，你换了一个搜索渠道，打开百度搜索，输入"婴儿喝牛奶粉"，出现了相关下拉词，如图5-4所示。

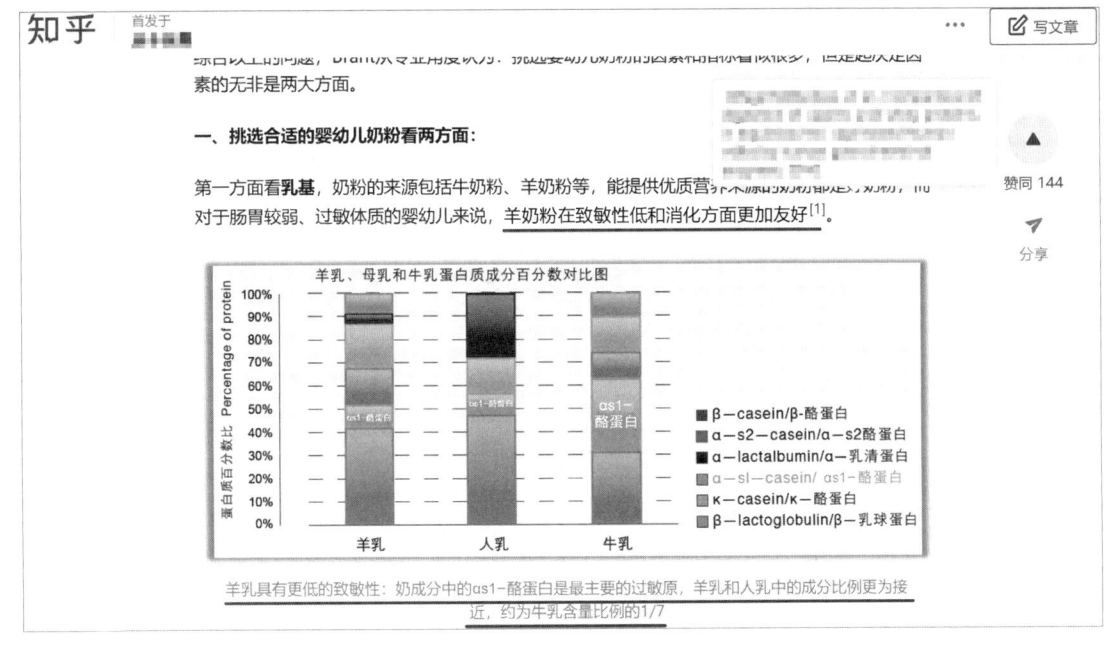

图 5-3　知乎上的一篇高赞文章

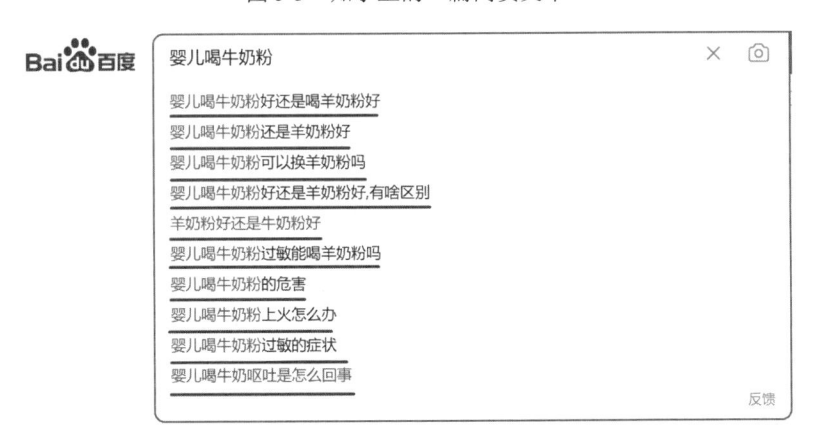

图 5-4　相关下拉词

搜索下拉词是基于搜索中心词的热门搜索"长尾词"。从图 5-4 中的相关下拉词来看，在 10 条内容中，5 条内容对牛奶粉与羊奶粉进行比较，说明用户对羊奶粉的关注度比较高；另外 5 条内容指向婴幼儿喝牛奶粉可能会出现的问题（如上火、过敏、呕吐），表明一部分婴幼儿群体的确不宜喝牛奶粉。

接下来，你打开了百度指数，输入"奶粉过敏"，得到了如图 5-5 所示的需求图谱。从图 5-5 中可以看出，在与"奶粉过敏"相关的搜索词中，"牛奶过敏"和"蛋白质过敏"排在靠前的位置。

基于多个搜索渠道的数据印证，你得出了一个结论，即牛奶粉品类的确存在比较大的问题，它不适合过敏体质的宝宝。在所有中国宝宝中，过敏体质的宝宝占几成呢？换句话说，这个细分市场有多大呢？从图 5-4 中的相关下拉词来看，你感觉这个比例应该不低，于是想进一步了解一下。

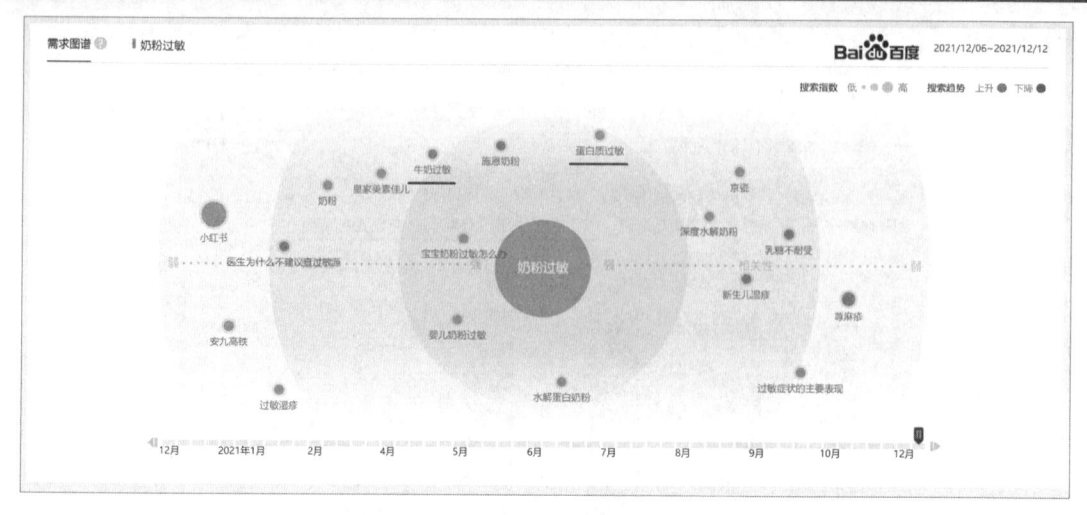

图 5-5 "奶粉过敏"的需求图谱

你再次打开百度搜索,输入"中国宝宝过敏体质",一篇文章指出:"中国疾病预防控制中心妇幼保健中心 2016 年在全国 33 个城市开展的现况调查显示,中国 0~2 岁宝宝的家长报告宝宝曾发生或正在发生过敏性疾病的比例高达 40.9%,医生确诊的发病率为 19.8%,特应性皮炎发病率为 18.5%。过去 10 年,我国城市儿童哮喘发病率提高 52.8%,湿疹、腹泻、便秘、便血、吐奶和哭闹等宝宝的多种日常问题均可能与过敏有关。近年来,过敏已经成为宝宝最大的健康隐忧之一。"看起来,这个细分市场是巨大的,你觉得非牛奶品类蕴藏着巨大的商机。于是,你继续深入调研,分析应该从哪一个细分品类切入(未必是羊奶粉,这需要基于更多的调查研究来做出决策)。

(以上案例是为了说明如何利用搜索洞察用户痛点,不构成任何投资建议。)

- **观察使用行为**:通过近距离观察用户使用线上或线下产品的过程来发现痛点。例如,店员看到顾客喝了一口咖啡后皱了一下眉头,于是前去搭讪,询问顾客是太烫了还是太苦了,并将这些反馈及时记录下来。
- **直接询问用户**:让用户说出他们在消费的过程中遇到的麻烦和困扰,即直接让用户说出痛点的细节。需要注意的一点是,这样询问出来的痛点可能会比较多、比较散,我们应当进行归纳整理,最好先转换为需求性的描述,再通过问卷等方式让用户排序,如将用户意见"这款奶粉的包装太大了,外出的时候拿着不方便"转换为"希望有适合外出的便携性包装",让用户对需求性描述打分,进一步明确需求的优先级。

2)冲突之地

冲突指的是对立、矛盾的状态,可以从冲突中挖掘需求的主要场景如下。
- **用户的矛盾心理(动机冲突)**:著名心理学家库尔特·勒温将其分为 3 种基本类型:一是"双趋冲突",即两种事物都想要,但只能要一样;二是"双避冲突",即两件事情都不想做,但必须做一件;三是"趋避冲突",即对同一种事物既想要又不想要。例如,在某段时期内,各大男装品牌纷纷定位于专业细分市场,九牧王定位于西裤专家,劲霸男装定位于夹克专家,报喜鸟定位于西服专家,利郎定位于商务休闲专家等。某文案创作者注意到一个现象,即同样是在购物中心买一条裤子,女人愿意花 3 小时,男人只愿意花 10 分钟。由此,他洞察了一种冲突,那就是男人虽然不喜欢逛街,但是需要有足够的日常着装。换句话说，怎样才能既不用逛街，又能拥有足够的衣服呢？解决方案是一次性买齐。于是，他创作了"一年逛两次海澜之家"的广告语。在其他男装品牌拼定位、拼细分、拼专业的时候，海澜之家走了一条完全不同的道路，提出了"男人的衣柜"这一口号，真正成为一站式男性服装购物终端。解决了这种冲突后，海澜之家在 2017 年实现营业收入 182 亿元，成为中国服装业内非常赚钱的一家企业。根据 2021 年财报数据，海澜之家当年实现营业收入 201.88 亿元（同比增长 12.41%）、归母净利润 24.91 亿元（同比增长 39.60%），保持着良好的增长势头。又如，一些年轻人一边"畏糖如虎"，一边嗜甜如命，这就是一种巨大的冲突。能不能制造出一种既甜又少糖的饮料呢？元气森林做到了，于是其产品大卖，甚至一度超越了可口可乐在中国的销量。这就是巨大冲突激发的巨大需求，如果能够洞察这些巨大冲突，我们就可能发现机会。

- **用户的非正常行为**：如果观察到用户的非正常行为，并且深挖行为背后的原因，就有机会洞察需求。例如，某洗碗机厂家为了进行产品创新洞察，在用户的洗碗机和餐桌上安装了摄像头（在用户知情同意的前提下）。通过视频，厂家观察到很多南方家庭的用户习惯在洗碗机的门上别一个东西，留一条缝。在发现了这个现象后，厂家进行了针对性访谈，知道了这些用户习惯把洗碗机当成碗柜来用，碗筷放在里边，烘干效果不佳，有返潮气味，因此用户会在门的位置留一条缝。于是，厂家洞察了一个新的需求，即用户需要一款烘干效果更好或工作结束后自动打开门的洗碗机。又如，麦当劳曾经推出了一款奶昔产品，虽然在产品上下了很大的功夫，但是卖得并不好。团队找不到原因，便请来了哈佛商学院的克莱顿·克里斯坦森教授，让他帮忙分析。克里斯坦森花了 18 小时，在店里静静观察用户的消费行为，如他们会购买什么样的奶昔，是一个人购买还是带着同伴购买，除了购买奶昔，他们通常还会购买什么东西，是堂食还是带走，等等。他在观察后发现，几乎一半的奶昔是在上午 9 点前卖出去的，购买奶昔的通常是一个人，他们只购买奶昔，并且几乎所有用户都是打包后开车带走的。在观察到这些反常行为后，克里斯坦森和用户聊天，进一步弄清楚了行为背后的原因。原来，他们在上班时需要开车经过一段路程，购买奶昔主要是为了在路上提神，打发无聊的时间，用细细的吸管吸比较稠的奶昔需要花很久的时间，这样会产生一种持续的愉悦感。此外，虽然他们在购买奶昔的时候并不饿，但是过一阵就会饿了，购买奶昔也有垫一垫肚子的作用。克里斯坦森还从聊天中得知，有些用户原来选择在路上吃香蕉，但消化得太快；有些用户原来选择甜甜圈，但太容易掉渣，容易把车和衣服弄脏；还有些用户原来选择巧克力，但不太健康。奶昔和它们比起来无疑是完美的，在聊天时，有的用户脱口而出"这款奶昔真稠，我要花 20 分钟才能把奶昔吸干净，整个上午都饱了"或"这个奶昔杯和我车里的茶杯座挺配套的"。基于这些观察，克里斯坦森提出了应对策略，首先，店员可以把奶昔调得更稠一点，让它有流食的感觉，同时把吸管弄得更细一点，这样能让用户喝得更久；其次，在奶昔里加入果粒，让每一口奶昔都有惊喜，滋味更好，这样会让用户更高兴；最后，把奶昔柜台移到专门的地方，推出专属的早餐、奶昔、充值卡，这样可以让上班族快速刷卡购买奶昔，不需要排队点餐。在实施上述策略后，奶昔的销量大幅度增加。

- **反常或不能理解的现象**：深挖反常的业务现象可以洞察需求。2012 年，杜国楹在网上看到《中国 7 万家茶企抵不上一个立顿》一文，觉得很反常，中国茶的产量是全球第一,消费市场也是全球第一,没有理由做不出像立顿这样的品牌,一定是哪里出了问题。于是,他萌生了做茶的念头。立顿成功的一个重要原因是让喝茶变得简单,反观中国,虽然已经有上千年的喝茶历史,但是传统的喝茶方法非常复杂、麻烦,这极大地限制了茶业的发展。要想解决这种冲突,就必须将喝茶这件事变得简单。经过几年的努力,"小罐茶"横空出世,刮起了一股旋风,激发了用户的消费需求。除了深挖反常的业务现象,增长运营人员还要认真留意不能理解的现象,因为它们对用户来说往往是有逻辑的,用户有自己的解释。那些不能理解的现象能够让增长运营人员更深刻地理解用户的思维习惯,仔细探究下去,可能就会有新的发现,也许是新的细分市场,也许是一直被忽略的潜在需求。网飞早年靠网络租赁 DVD 业务起家,在 2001 年时拥有了 50 万个用户。这时,网飞注意到了一个反常的现象,即在全美范围内,网飞在旧金山湾区的渗透率(2.6%)是最高的。为什么这里的渗透率这么高呢?对此,管理层里有人认为,公司总部位于湾区,员工经常向其他人介绍网飞;也有人认为,湾区聚集了大批科技人才,他们更乐意选择网络租赁服务;还有人认为,湾区比较富裕,对娱乐活动的消费意愿更强。然而,稍加分析便知,这些似乎都不是事实,首先,湾区总部的员工人数并不多,不可能因为员工经常介绍便让渗透率遥遥领先;其次,美国也有其他科技人才比较聚集的地方,但这个现象并未在那些地方复现;最后,纽约、波士顿也有很多富人,为什么湾区的渗透率独占鳌头呢?为了解开这个谜团,网飞的 CEO 决定对用户开展调查。团队在调查后发现,与其他地区相比,湾区唯一的不同是用户收到 DVD 的速度很快,因为邮寄 DVD 的配送中心就在湾区,这里的用户从退还上一部 DVD 到收到下一部 DVD 的时间不超过 48 小时,而其他地区需要四五天以上,在收到 DVD 的时候,用户的兴致早就没了,这减少了用户继续租赁 DVD 的兴趣。基于这个洞察,网飞开始在全国范围内筹建配送中心。经过统计,当每一个新的配送中心建好后,当地的注册用户会立刻翻番。截至 2010 年,网飞已经建成了 56 个配送中心,用户规模增加到了 2000 万个。

3)阶梯之地

同样的表层需求,并不意味着深层次的需求也是一样的。例如,同样是看电影,有人为了打发时间,有人为了约会,有人仅仅是因为逛街逛累了,想在电影院歇一会。增长运营人员需要思考产品满足了用户利益阶梯中哪一个阶梯的利益,在其他阶梯上还有没有机会等,这不仅适用于分析自己的产品,也适用于分析竞品,从而与竞品错位竞争,塑造产品特性和竞争优势。

例如,有一个很火的坚果品牌叫作"每日坚果"。在一般情况下,用户买坚果是一个品种一个品种买的,商家也是一个品种一个品种卖的,这已经是习以为常的事情了。然而,每日坚果的团队没有止步于常规,而是思索坚果是否仅能满足口腹之欲,还有没有其他的利益点。经过分析,团队认为是有的,那就是"健康",并且在用户心智中,对此是有一定认知的,大多数用户知道坚果营养价值高、能量丰富、补脑等。于是,团队决定在"健康"这个利益层次上继续深挖。经过研究,团队发现坚果蕴藏着巨大的健康利益点:一是润肠通便,坚果含有丰富的油脂,可以通过润滑肠道促进排便;二是富含脂肪,1 克脂肪能够产生 9000 卡路里的热量,可以很好地补充机体能量;三是富含铁、锌、硒等微量元素。总之,坚果对生长发育、增强体质、预防疾病有非常好的功效。据此可以产出什么样的洞察呢?团队认为,既然坚果有益健康,那么不妨让它更健康,从原来一个品种一个品种地卖,改为按照健康要求组合搭配，让坚果从闲时才吃的休闲食品变成每天都应当吃的健康食品。一袋内是搭配好的各种坚果，每次吃一袋刚刚好，口味更丰富，吃得更健康。团队基于这个洞察进行了产品创新，激发了新的需求，从而取得了更大的成功。

又如，喜欢玩玩具是孩子的天性，不少儿童专家表示，孩子玩玩具的过程也是学习的好时机，因为玩玩具可以激发孩子的探索行为。南孚电池曾针对孩子玩玩具的场景做过一个与众不同的广告，南孚电池宣传其特性是"经久耐用"，带来的利益自然应该是"让孩子玩得持久、畅快"，这属于典型的实用利益。不过，在该广告中，南孚电池没有止步于此。该广告首先呈现一家人其乐融融的场景，孩子在开心地玩着各种心爱的玩具。不一会，玩具纷纷没电了，孩子脸上充满失落的表情，不安地左顾右盼。此时，广告中出现了文案"电池不耐用，玩玩具经常被打断，孩子容易分心，影响其专注力"。与"玩得持久、畅快"相比，"影响孩子的专注力"显然处于利益阶梯中的不同层次，后者更容易触动家长的规避心理和恐惧心理，从而有效刺激用户需求。

再如，在互联网时代刚刚开启的时候，国外的一家公司设计了一个类似于"花瓣网"的图片社交网站，其产品核心价值是用户可以在线存储和分享图片，官网中的介绍文案是"在线存储你的照片"。团队本以为该网站会大受欢迎，没想到用户反应冷淡。于是，团队进一步对产品核心价值进行挖掘，经过洞察，把介绍文案里的"存储"改为"分享"，变成"在线分享你的照片"，效果出人意料，在6个月内增加了5300万个用户。这是为什么呢？因为"存储"代表一种实用利益，对于用户来说，本地存储和在线存储似乎并没有太大的不同，反而会由于上传图片需要花费流量、占用时间较长而动力不足。把"存储"改为"分享"，激发了用户的社交需求，因为用户普遍有向好朋友分享的心理利益需求，所以该网站变得更有吸引力了。

增长运营人员在利益阶梯中挖掘需求，常常需要询问以下问题：产品满足了用户哪些层次的利益？和用户的认知一致吗？用户选择产品更深层次的动机是什么？用户对此有认知吗？产品可以满足用户更深层次的利益吗？如何满足？竞品满足了用户哪些层次的利益？用户对我们的产品和竞品在利益满足方面有什么认知？这些问题应该问谁呢？一是产品的用户；二是竞品的用户；三是增长运营人员自己，增长运营人员应"强迫"自己养成阶梯式思考的习惯，"机遇属于有准备的人"，洞察也是。

当然，一些深层次的动机不太容易问出来，用户在遇到这类问题时容易给出简易或草率答案，甚至用户也未必清楚自己的深层次动机，或者能够精准地描述出来。因此，洞察用户深层次的动机和需求，经常需要增长运营人员基于同理心、经验、认知等，对用户以往的经历、感受进行抽象。

4）特性之地

产品特性之所以值得深挖，是因为它是激发需求的巨大宝藏。其最有价值的地方在于"特"，它是产品最为独特的价值，如果能够挖掘成功，那么甚至可以激发一个品类的需求。

在云南白药推出云南白药牙膏之前，牙膏市场已经是一片红海，"防蛀牙"牙膏有高露洁和佳洁士，"口气清新和亮白"牙膏有黑人，"抗过敏"牙膏有冷酸灵，牙膏的特性似乎已经被挖掘完毕，云南白药还有机会吗？对此，很多人认为这种市场格局对从未涉猎牙膏市场的云南白药来说难于登天。云南白药的团队在洞察时敏锐地发现，传统牙膏解决的大多是牙齿本身的问题（如蛀牙、牙垢、黄牙、过敏等），很少关注口腔健康问题。我国有九成以上的成年人或多或少存在口腔健康问题，这对于云南白药来说，无疑是一个巨大的机会，并且用户已经对云南白药建立了较强的特性认知，如由名贵药材制成，可以止血、消炎、解毒等，这些都是大家耳熟能详的。如果云南白药推出的牙膏可以解决牙龈出血、牙龈肿痛、口腔溃疡等口腔健康问题，就会与用户的认知非常契合。就这样，云南白药摒弃传统的"牙齿"利益，换成了全新的"口腔"利益，利用云南白药的特性推出了高端牙膏产品（价格比一般牙膏高 3 倍左右），结果大获成功，成为用户解决口腔健康问题的首选产品和功能性牙膏的不二之选，这就是特性的威力。

对特性的挖掘非常重要，它与产品核心价值紧密关联，接下来还会进行专题探讨，此处不再过多展开。

5）竞争之地

基于竞品分析挖掘需求主要从以下 3 个角度入手：洞察竞品已经较好满足的需求，以便在制定竞争策略时进行规避或参考；洞察竞品还未满足或还未较好满足的需求，以便判断机会；在综合分析竞品和自己的产品后，锁定自己的产品需要重点满足的需求。

6）科技之地

科学技术不仅是第一生产力，也是激发人类需求的关键力量。科技的发展不断催生了满足人类欲望的方案，使人类欲望的"火焰"永不熄灭。从骑马到想坐马车，从坐马车到想坐汽车，从坐汽车到想坐飞机，从坐飞机到想坐火箭，人类的欲望在科技的发展中不断升级。今天，人类的欲望远比 100 年前人类的欲望多，与 1000 年前相比，更是多得无法形容。在人类欲望升级的过程中，激发了大量的新需求。

从科技中挖掘需求，最关键的地方是将科技与产品、需求进行"碰撞"，主要有以下 3 种情形。

- **将新科技与旧产品进行碰撞**。例如，数码产品的升级换代是不断将最新科技与产品进行碰撞的结果，这样的碰撞会激发一部分用户升级换代的需求。又如，李宁品牌曾经面临经营低谷，在最困难时净利润下滑 84.9%。2014 年，李宁品牌进行了一系列调整，包括品牌定位、设计、推广等，其中很重要的一点是将新科技与旧产品进行碰撞，针对运动装备的轻薄、吸汗等功能性要求，注重对特定场景中产品功能性的研发，推出了一部分旗舰款跑鞋和智能跑鞋，实现了产品升级，显著优化了用户体验。最终，通过多套"组合拳"，李宁品牌"起死回生"，在 2019 年实现经营利润 5.09 亿元。

- **将新科技与旧需求进行碰撞**。例如，在中国，至少在明清时期就流行过年时由长辈给晚辈发压岁钱（最初用红绳串或系起来，后来演变为用红纸包裹，俗称"红包"），这种习俗已经延续了数百年。今天，人们可以用数字化手段来发红包，这就是新科技与旧需求的碰撞，在"发红包"这种需求没有改变的情况下，新增了满足需求的方案。又如，亚马逊洞察到电子墨水技术可以与传统的阅读需求碰撞，于是，畅销全球的 Kindle 诞生了。

- **将独门科技进行跨界碰撞**。例如，随着数码相机的普及，传统的胶卷产业受到了巨大的冲击，柯达公司因此破产。日本富士集团却利用科技满足了新的需求，获得了新生。富士集团将胶片的核心技术应用到新的业务场景中，使其成为电视、计算机、智能手机液晶显示屏面板的高性能胶片，一度占有 70% 的偏光胶片市场，并且将胶片开发过程中积累的有关胶原蛋白和开发纳米产品的独门技术应用于抗衰老的美容产品，推出了大获成功的 ASTALIFT 系列化妆品。

上述例子表明，我们应当随时关注行业内外的科技成果，及时进行碰撞，擦出新需求的"火花"。从某种意义上说，用户增长的一切运营工作都是围绕"用户需求"这个原点展开的，只有洞察需求，才能提供满足需求且具有核心价值的产品。

5.2.3 产品核心价值洞察

1. 产品核心价值洞察的本质

第一章中介绍了产品核心价值的定义,它指的是一组能打动目标消费者的产品特性。

什么时候需要进行产品核心价值洞察呢?主要是以下两个时刻。

有产品前:这个阶段的价值洞察任务是为产品开发提供指引。如果没有价值洞察,价值创造就无从说起,价值创造是将价值洞察转换为产品或服务的过程。

有产品后:这个阶段的价值洞察任务是对产品价值进行深度挖掘和再发现。有些价值是企业之前没有认识到的,在用户使用产品的过程中,它们有机会被企业重新洞察。当前的市场竞争高度激烈,产品价值需要随着市场、竞品、科技的发展变化而不断深化和优化,以保持竞争优势。因此,价值洞察是一项只有起点没有终点的任务。

需要提醒的是,无论是哪一个阶段的价值洞察,本质上都是假设,需要进行验证。

价值洞察的要点有 3 个,分别是需求洞察、特性挖掘、竞品分析。价值洞察的本质是找到用户需求、产品特性、竞品不足的交集,如图 5-6 所示。

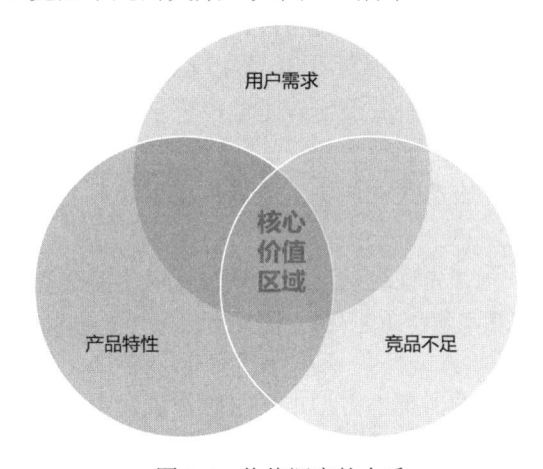

图 5-6 价值洞察的本质

三者之间有顺序要求吗?严格地说并没有,如在新产品开发前,既可能先洞察用户需求,再选择合适的产品来满足用户需求,也就是需求洞察在先、特性挖掘在后,也可能先分析产品特性(如因为获得了一项科技发明而创业),再找到合适的目标市场。总之,殊途同归,顺序并不重要,重要的是增长运营人员需要频繁地交叉分析三者,如不分析竞品,就无法正确挖掘产品特性。

需求洞察已经在 5.2.2 节中介绍过了,本节重点探讨特性挖掘和竞品分析。

2. 特性挖掘

产品特性指的是产品可区分的特征,既可以是产品固有的,也可以是被赋予的,既可以是定量的,也可以是定性的。

需要重点提示的是,"特性"并不等同于事物的"属性"。属性是事物本身固有的性质、特点,不存在被赋予的情形,它是特性的来源之一,如水的形态、沸点、冰点、构成、化学式等,讨论属性是为了更好地认知事物的性质;用户增长领域所讲的特性是从产品或品牌中抽取出来或完全被人为赋予的某种"独特性",讨论产品或品牌的特性是为了更好地在用户心智中创建某些认知，本质上不是为了认知事物的性质，而是为了更好地竞争。

要想挖掘产品特性，我们可以重点从以下 3 个方面入手。

1）产品固有

- **属性**，即从产品的物理性质、成分、功效等方面进行特性挖掘。每一个品类都有自己的物理属性，这是产品最丰富的特性来源。例如，洗发水的去头皮屑、柔顺、生发、防脱发、控油、清洁头皮等特性，牙膏的美白、防蛀牙、防冷、防酸、清除牙菌斑等特性，微软的 Windows 操作系统和 Office 产品为办公提供了强大的支持，GA 强大的网站监测分析功能等。
- **制造**，即从产品的制作工艺、工序、原料、原产地等方面进行特性挖掘。例如，正宗酱香型白酒"端午制曲，重阳下沙，一二九八七"的独特工艺是其区别于其他品类的突出特性，厨邦酱油的"晒足 180 天"，乐百氏纯净水的"27 层净化"等。
- **设计**，即独特的设计理念、文化、风格等，如宜家的家具、苹果系列产品、古驰腕表、戴森吹风机等。
- **开创**，品牌是某种产品特性、功能、技术或某个品类的发明者、首创者。用户通常认为开创者代表原创、正宗，产品的品质更好，对开创者有一种天生的信任感和尊重。例如，可口可乐是可乐品类的开创者，其价值主张是"正宗的可乐"，在可乐这个品类中，其地位难以被其他产品撼动；分众传媒是电梯广告品类的开创者；苹果是智能手机的开创者；等等。
- **经典**，即产品或品牌拥有悠久的历史，或者形成了经典的口味、风格等，各种中华老字号就是经典的代表。
- **领先**，即产品具有技术领先性或是市场份额第一名。具有技术领先性的产品包括大疆无人机、华为 5G 标准、北斗卫星等；市场份额第一名有很多，每个品类都有。

2）市场表现

- **领导者**，即产品在所在的品类中占据市场主导地位，用户普遍认为市场领导者更有实力、品质更有保障、更有安全感，如谷歌搜索引擎、3M 即时贴、邦迪创可贴等。
- **专家形象**，即专注于某个特定领域的产品或品牌，用户普遍认为这样的产品或品牌具有专业精神、专业能力、专业品质。例如，劲霸男装的"劲霸男装，专注夹克"，《辞海》的"对不对，查《辞海》"，格力专注于空调，九阳专注于豆浆机，吉利专注于剃须刀等。
- **热销**，即产品在市场中供不应求、销售火爆，如"全网销售第一""品类畅销榜第一""娱乐类 App 下载量第一名"等。
- **受青睐**，即产品被某个人群钟爱。例如，耐克是著名的运动鞋品牌，很多知名的运动员爱穿耐克的运动鞋；雷克萨斯是热销的豪华车，凭借的是市场调研机构 J.D.Power 的用户满意度调查对它的青睐。
- **口碑**，即产品的市场口碑突出，如海底捞的服务在餐饮业中独树一帜，赢得了良好的口碑，海尔的服务也有口皆碑。

3）用户体验

- **品牌精神、形象或调性**。例如，哈雷摩托是"梦想、反叛精神、竞争精神"的代表，拥有大量粉丝，其品牌历百年而不衰，福布斯拥有上百辆哈雷摩托，约旦前国王侯赛因、"猫王"埃尔维斯·普雷斯利、阿诺德·施瓦辛格和演员钟镇涛、叶童等都是哈雷摩托的忠实拥趸；耐克代表的"JUST DO IT"精神同样深受用户喜爱。
- 独特使用体验。例如，京东自营较快的配送速度是很多人选择它的原因；戴森吹风机采用无叶风扇设计，电动机藏于手柄底端，筒体变成中空的结构，使用者不用担心头发被风卷入吹风机，这种"空穴来风"的设计使整机净重只有 400 多克，使用起来特别轻盈，并且温度控制性能优良，可有效避免使用者被热风烫伤，使用体验很好。
- 独特社交或情感体验。例如，奢侈品的特点之一是可以让用户获得独特的社交体验；星巴克咖啡的核心价值并不在于原磨咖啡本身，而在于用户在咖啡馆社交或独处的情感体验。
- 极致性价比。例如，很多用户认为小米的产品具有较高的性价比。
- 特定人群专属。某些产品只提供给某个特定圈层的人群，从而突出该人群的形象或身份。例如，美国运通公司曾推出"百夫长"信用卡，卡片为黑色。在运通公司的官网中找不到"百夫长"卡的踪迹，运通公司既不对外宣传，也不接受申请，只在其白金卡用户中挑选 1%的用户作为特定的发卡对象。"百夫长"卡的持卡人通常是男性，著名企业的 CEO、总裁或董事长，年龄为 35~60 岁，年收入在 1000 万美元以上，拥有多辆轿车、多处豪宅，喜欢开私家游艇、飞机兜风。"百夫长"卡的持卡人每年的最低消费额为 25 万美元，运通公司会为他们提供尊贵而周到的服务，让他们获得与众不同的非凡体验。

以上是我归纳的 3 类共 16 种产品特性来源[1]，它们组成了挖掘产品特性的思考框架。从这些来源进行挖掘，往往可以挖掘出产品特性。

4）特性≠优点

特别强调一个观点，即产品特性不一定是产品的优点，有可能是产品的缺点。只要能打动用户，就可以成为产品核心价值。我们来看一看如图 5-7 所示的甲壳虫汽车广告。

在这张大幅广告的左上角是一辆小小的甲壳虫汽车，广告语是"Think Small"（想想小的好处），广告文案是"我们的小车不再是个新奇事物了。不会再有一大群人试图挤进里边。不会再有加油生问汽油往哪儿加。不会再有人感到其形状古怪了。事实上，很多驾驶我们的'廉价小汽车'的人已经认识到它的许多优点并非笑话，如 1 加仑汽油可跑 32 英里，可以节省一半汽油；用不着防冻装置；一副轮胎可跑 4 万英里。也许，一旦你习惯了甲壳虫的节省，就不再认为'小'是缺点了。尤其当你停车找不到大的停车位，为很多保险费、修理费或为换不到一辆称心的车而烦恼时，请你考虑一下小甲壳虫汽车吧"。

图 5-7　甲壳虫汽车广告

当时的美国人喜欢大马力的"肌肉车"，只有 24 匹马力的甲壳虫汽车在他们眼中就像一

---

[1] 这些产品特性来源部分参考了杰克·特劳特和史蒂夫·里夫金关于产品差异化的研究成果，他们提出的产品差异化概念包括"成为第一、拥有特性、领导地位、成为经典、市场专长、最受青睐、制造方法、更新一代、创造热销"等。

个怪胎。美国当时流行既大又长的流线型豪华轿车，汽车广告普遍以"大、满、多"为主流，惯用超现实主义手法，以夸张的比例、钻石般的闪耀等方式来展现车辆的豪华、珍贵。这种情况下，德国的甲壳虫汽车在进入美国市场的前两年遭遇了严重的"水土不服"，总销量不足1万辆。

该广告出现后，"Think Small"这句广告语形成了消费观念上的强烈冲突，令人耳目一新。甲壳虫汽车确实很小，这对某些群体而言，显然是它的先天缺点。但是，它瞄准的是美国刚刚崛起的中产阶级，他们虽然已经摆脱贫困，但是资金并不充裕，对他们而言，甲壳虫汽车有很高的性价比。这样大张旗鼓的宣传，逐渐使甲壳虫汽车赢得了用户的青睐。

最终，该广告成功帮助甲壳虫汽车打开美国市场，很快从滞销的状态中摆脱出来，登上了美国进口车销量冠军的宝座，截至1955年，甲壳虫的总产量达到100万辆。该广告成为世界上最经典的广告之一，在《广告时代》杂志评选的"美国世纪广告百强"中，甲壳虫汽车的"Think small"广告力压可口可乐、万宝路、耐克、麦当劳等经典广告，摘得桂冠。

与甲壳虫汽车广告类似的例子还有"安飞士只是租车界的第二名""青花郎，中国两大酱香白酒之一"等；哈雷摩托车体笨重、油耗大，开起来噪声也很大，这本来是其不足之处。该品牌却别出心裁，将这些特性塑造成"自由、狂野、放荡不羁"的品牌个性，并把它们和重金属文化结合在一起，获得了很多追求个性的用户的喜爱，尤其受到年轻人的追捧。

3. 竞品分析

1）谁是竞品

竞品指的是相互争夺用户某种欲望的产品或品牌。竞品的本质是争夺用户的欲望，我们不能完全从产品的角度来判断不同的产品是不是竞品。

例如，对于火锅底料，海底捞、呷哺呷哺、老干妈等同一个品类的不同品牌都是竞品，当用户在购物平台中搜索"火锅底料"时，它们都有可能出现在用户的面前，都有被用户选择的机会。

海底捞火锅店和呷哺呷哺火锅店之间是竞品关系吗？不一定，这要看两家店的地理位置，如果两家店离得不远，就是竞品关系；如果一家店在西城，另一家店在东城，就不是竞品关系，虽然它们属于同一个品类，但是几乎不会对用户的同一种欲望构成争夺关系。

海底捞火锅店和成都小吃店之间是竞品关系吗？也不一定，仍然要看两家店的具体位置，如果两家店离得近，就是竞品关系，尽管它们不属于同一个品类。当用户逛商场逛累了时，既可以走进海底捞火锅店，也可以走进成都小吃店。即使是完全不同的品类也可以构成竞争关系，如你想登泰山看日出，需要在山顶过夜，山顶是非常冷的。此时，山顶上所有能够保暖的产品都互为竞品，你既可以租棉大衣，也可以租保暖房，虽然服装、住宿原本属于完全不同的品类，但是在这种情况下，二者互为竞品。

可见，识别竞品的关键是分析用户欲望被满足的场景，并非完全基于相同或相近的产品、品类。

2）主竞品

主竞品指的是在特定场景中与自己的产品构成直接竞争关系的产品或品牌。这种竞争关系主要包括两种情况：一种是其他人和自己直接竞争，如在电商平台中，自己店铺的很多流量流向了另一家店铺，这就构成了直接竞争关系，在这种情况下，通常采取防御战略；另一种是自己想和其他人直接竞争，如在电商平台中，自己的商品日均500单，而竞品日均1000

单，自己想和竞品竞争用户，这也构成了直接竞争关系，在这种情况下，通常采取进攻战略。

只要从事商业活动，我们就会置身于特定的竞争格局之中，与谁竞争，既有被动面对，也有主动选择。因此，主竞品是动态变化的，在不同的时间、不同的场景，主竞品名单里的对象和对象的排名是不一样的。

在不同的竞争场景中，确定主竞品的方法不尽相同，不过基本原理是相通的。下面以电商平台为例来探讨，我们在筛选主竞品时可以重点考虑以下几个维度。

- **同品牌的其他商家**。例如，你销售的是格力空调，格力空调的其他代理商家或店铺就是你的直接竞争对手，尤其是销量相近和比你略多的商家或店铺。
- **同品类、不同品牌、风格接近的产品**。例如，你的产品是松糕鞋，它属于鞋这个大品类中的小品类。如果这个小品类处于发展初期，那么竞品很可能是其他品类的鞋，应当从它的上一级品类中筛选主竞品；如果这个小品类已经处于发展成熟期，那么必然有大量的同类产品，应当从这个小品类中筛选主竞品。我们在基于这个维度确定主竞品时需要注意，应该重点关注与自己的产品销量相近、客单价相近的产品。如果自己的产品日均 500 单，那么在日均 1000 单和日均 1 万单的两个产品中，应当选择前者作为主竞品，而不是只盯着销量更高的产品。
- **不同品类、需求相同或相近的产品**。例如，你研制了一种新的中药按摩仪，它能够解决脱发问题，而市面上已经有很多防脱发洗发水、育发剂、增发剂产品了，那么你可以将这些产品确定为主竞品。

如何在电商平台中找到主竞品呢？常用的方法有以下 3 种：在电商平台中搜索相关的关键词，从搜索结果页面中选择合适的主竞品；流量追踪，如果自己店铺的流量主要流向了 A 店铺和 B 店铺，那么可以将它们锁定为主竞品；利用第三方数据分析工具来查找主竞品。

3）主竞品分析

在进行主竞品分析时有两个重要条件，分别是特定的目的和特定的对象。如果这两个条件不明确，那么主竞品分析无疑是在浪费时间。

特定的对象就是上文探讨的主竞品，此处不再赘述。

在进行主竞品分析时，主要的目的有市场竞争分析、产品核心价值挖掘、产品设计和开发、用户获取、用户深耕等，基于不同的目的（场景），分析的侧重点和采取的方法是不尽相同的。例如，在用户获取场景中，主竞品分析侧重于竞品的推广渠道、推广方式、推广预算、推广文案、关键词、流量来源和结构、客单价、优惠活动、销量、成本和利润、客服话术等内容；在用户深耕场景中，主竞品分析侧重于竞品的用户留存率、用户活跃度、用户忠诚度、用户口碑、用户激励体系等内容。

由于本节重点探讨产品核心价值洞察，因此我们应当重点分析以下内容。

- **主竞品的特性**：与挖掘自己产品的特性一样，从 3 个来源着手，分别是产品固有特性、市场表现特性、用户体验特性。
- **主竞品的不足**：重点分析主竞品在满足需求、使用体验、用户关系方面的不足。

要想对主竞品的特性和不足进行充分分析，我们需要广泛收集资料，主要包括以下途径。

- **主竞品官方触点**。例如，主竞品的官方网站、App、电商平台主图和详情页、用户社群等会公开介绍和强调主竞品的卖点、特色、适用对象等信息，尤其是在用户评论、用户社群中，用户会反复提及主竞品的独特之处和有待改进之处。
- **主竞品广告触点**。例如，主竞品的广告或推广内容中会不遗余力地突出其核心价值。

在搜索类广告中，我们可以直接搜索并看到主竞品的信息，而在"千人千面"的信息流广告中不容易看到这些信息（即使是主竞品方也未必能看到）。要想看到主竞品的信息流广告，我们需要使用一些小技巧，如在电商平台中反复搜索相关品类的产品或直接搜索主竞品的品牌（在双方有战略合作时更有用），在信息流平台中有意点击与主竞品的目标人群相同的广告，让信息流平台知道你对这类广告感兴趣，从而对你定向推送。

- **主竞品搜索触点**：在搜索引擎中搜索主竞品的品牌词，重点关注搜索结果中的产品特性、不足和用户评论等信息。
- **主竞品网络口碑触点**：在社交类、内容类的主流媒体中进行扫描，如微博、豆瓣小组、知乎、小红书、36氪、虎嗅等。
- **主竞品用户调查**：积极对主竞品的用户（尤其是重度用户、流失用户）进行调查和了解。
- **亲身体验观察**：亲身体验主竞品的优缺点。

通过上述途径，我们可以收集关于主竞品特性和不足的大量信息，接下来，对这些信息进行加工、整理、归纳，即可产出更加清晰的洞察。

参照上述方法，完成需求洞察、特性挖掘、竞品分析，在三者的交集内选取合适的核心价值区域就行了。在本章的结尾有一个综合案例，读者可以通过该案例来进一步感受这个过程。

> **小贴士**
>
> **4种竞争战略**
>
> 艾·里斯和杰克·特劳特在经典著作《商战》一书中提出了4种竞争战略。
>
> - **防御战略。**
>
> 该战略一般由市场领导者采用。例如，厨邦酱油采用了"晒足180天"的定位策略，让用户认为只有厨邦酱油才是天然酿造的酱油，其他品牌的酱油都是添加酿造的酱油。当时的一些中小型酱油厂家生产的大多是添加酱油，这是一个用户痛点。厨邦酱油洞察到了这个用户痛点，并旗帜鲜明地塑造了"天然酱油"的概念，强调了其产品与添加酱油的区别，从而赢得了用户的青睐，这让市场领导者海天酱油感受到了威胁。海天酱油拥有规模很大的酱晒场，采用的也是天然酿造工艺，只不过用户不知道。于是，海天酱油先提出"好酱油不仅晒足180天"，对冲竞争对手的影响，再通过颜色区隔、选择更好的形象代言人、调整广告投放策略等手段，综合防御厨邦酱油的攻势。最佳的防御是有勇气攻击自己，迫使自己不断进行自我革命、自我超越，甚至在企业内部让"红军"和"蓝军"对决。著名营销专家杰伊·康拉德·莱文森告诉我们："你的对手扮演的角色就是迫使你变得更好。"在通过防御战略稳固地位后，我们可以将主竞品瞄准更高一级的品类。例如，羊奶粉的市场领导者在地位稳固后可以拓展品类，或者向更高一级的品类发起挑战（如更高一级品类下的牛奶粉、骆驼奶粉、豆奶粉）；麦当劳在地位稳固后也可以拓展品类，将目标用户拓展到经常在家里吃饭的人。
>
> - **进攻战略。**
>
> 该战略一般由市场中排名第二的品牌采用，侧重于找到市场领导者的弱点，准确出击，将自己塑造为市场领导者的对立面，优秀的进攻战略应聚焦于市场领导者的细分市场。例如，在妇炎洁上市之初，当时的市场领导者是洁尔阴，后者的产品诉求是"难言之隐，一洗了之"，在用户心智中是女性洗液领域的专业药用品牌，销售渠道主要是线下药店。妇炎洁紧紧抓住洁尔阴"药用"的固有弱点（俗话说"是药三分毒"），将自己塑造为"日常女性护理用品"，

其产品诉求是"植物本草，5秒清凉止痒"，从而在用户心智中与洁尔阴区别开来，让用户形成"私处用药选择洁尔阴，日常护理选择妇炎洁"的认知，加上"洗洗更健康"的广告语，妇炎洁成功崛起。

- 侧翼战略。

该战略适合规模小一些的企业，优秀的侧翼战略应该在"无争地带"实施，即锚定独一无二的产品特性。比较理想的格局是开创新品类，令竞争对手难以阻击。例如，在强者如林的智能手机市场，传音手机锚定了独一无二的产品特性——黑皮肤拍照美颜，从而在非洲市场一骑绝尘。

- 游击战略。

该战略适合本地企业或区域型企业，这些企业应该先找到一块守得住的小阵地存活下来，充分发挥本地化、身段灵活等优势，不断积累资源、能力和品牌知名度，再择机向更大的市场挺进。

品类、品类方格、品牌

- 品类。

品类指的是消费者购买决策中涉及的最后一级产品分类。随着人类社会的不断发展，为人类服务的品类也不断运动变化。品类也有生命周期，有诞生、进化、分化、衰亡的自然规律，如同生物界中的物种一样。

例如，在几十年前曾风靡世界的寻呼机已经彻底被手机替代，寻呼机这个品类已经消亡。在手机品类下主要有功能手机和智能手机两个品类，在智能手机品类下又分化出拍照手机、折叠手机、游戏手机、阅读手机等品类，手机的其他品类还在快速分化之中。

探讨品类有什么意义呢？意义重大。"归类"是人类自古以来认知世界的根本方法之一，是人类的"思考之源"和"思维之火"。从原始社会开始，人类就将事物归类为安全的、危险的、热的、冷的、吃的、喝的等，这种思维方式一直延续到今天，在人类的脑海中根深蒂固。现在，我们在消费的时候依然会下意识地对产品进行归类，我们应当顺应、利用这种思维方式。即使处于同一个商场中的封闭式场景，面对多个品类争夺同一种消费者欲望的情形，产品方或品牌方也应当先瞄准同品类或相近品类的竞争对手，确保自己拥有独一无二的特性，力争做到最好，再将目光拓展到其他品类。总之，产品或品牌只有进入能够满足消费者欲望、需求的类目，才更容易成为消费者的选择。这些类目就像一个个"方格"一样，存在于消费者的心智之中。

- 品类方格。

"品类方格"概念由 SMEI 提出，在消费者决策过程中，消费者往往会下意识地将需求或目标物与其心智中的品类方格建立关联，思考在相关品类下有没有产品、需求的强弱、有没有替代品类等。

例如，当消费者在逛商场时感到饿了，想吃东西（内部刺激），会下意识地思考吃什么，是西餐还是中餐。如果想吃西餐，他就会打量四周或四处寻找，看一看有什么西餐店，可能还会在几家西餐店中做出选择。换一个场景，消费者正在逛商场，突然看到了一家西餐店，意识到自己有点饿（外部刺激），产生了想吃东西的欲望。不过，他并不一定走进该西餐店，想到前两天刚吃过西餐，今天想换一换口味，感觉好久没吃拉面了，于是在商场中寻找拉面店，如果有两家拉面店，那么他会在进一步比较后做出选择。

从上述场景中可以看出，无论是受到内部刺激还是外部刺激，消费者往往都会下意识地进行归类化思考，即先在品类层面完成需求确认，再选定某一个产品或品牌，也就是"品类化思考，品牌化表达"。

当同一种产品处于不同的品类方格中时，往往会左右消费者的价值感知甚至价格判断。如果某深海鱼油产品在消费者心里的品类方格中被归类为食品，那么消费者可能愿意花 10 元购买；如果被归类为保健品，那么消费者可能愿意花 100 元购买；如果被归类为礼品，那么消费者可能愿意花 500 元购买；如果被归类为奢侈品，那么消费者可能愿意花 1000 元购买。

心理账户理论[1]指出，由于心理账户的存在，消费者在做决策时往往会违背一些简单的经济运算法则，从而做出非理性的消费行为。例如，你今天晚上打算听一场音乐会，票价是 200 元。在马上要出发的时候，你发现价值 200 元的电话卡丢了。在这种情况下，你是否还会听这场音乐会？实验表明，大部分人的回答是仍旧会听。如果情况变为你昨天花 200 元购买了一张今天晚上的音乐会门票，在马上要出发的时候，你突然发现门票丢了，如果你想听音乐会，就必须再花 200 元购买一张门票。在这种情况下，你是否还会听这场音乐会？结果显示，大部分人的回答是不去了。

仔细想一想，上述两个回答其实是自相矛盾的。无论丢的是电话卡还是音乐会门票，都是价值 200 元的东西，从损失的金钱来看并没有区别。之所以出现不同的回答，是因为大多数人有自己的心理账户，他们在脑海中把电话卡和音乐会门票归入了不同的心理账户，丢失了电话卡不会影响音乐会门票所在心理账户的预算和支出，所以大部分人仍旧选择听音乐会；但是，丢了的音乐会门票和需要再次购买的音乐会门票被归入了同一个心理账户，看上去好像需要花 400 元听一场音乐会，人们当然觉得这样不划算。事实上，建立心理账户的根基是品类方格，不同的品类方格对应不同的心理账户。

形成新产品或品牌认知的根本任务是将新产品或品牌植入消费者心智中的品类方格，如果在消费者心智中还没有对应的品类方格，就为其新建一个品类方格，即"品类开创"；同时，我们应努力将新产品或品牌置于品类方格中的核心位置，甚至成为该品类方格独一无二的代表。

将产品归入某个品类，应当成为一种主动性的竞争策略，也就是说，产品在哪一个品类中更有利于赢得竞争，就应该将产品归入哪一个品类，而非被动接受归类。例如，脑白金被团队主动归类为礼品，而非保健品，这是其大获成功的关键性策略之一；王老吉所属的品类从中药凉茶调整为功能性饮料，从而在市场中迎来了质的飞跃。

- 品牌。

在"品类"与"特性"之间形成直接关联就产生了"品牌"的概念，具体地说，品牌是品类及其特性的代表。

品牌源于产品，虽然产品可以没有品牌（如农贸市场中的蔬菜水果），但是品牌在竞争中的作用十分突出，从某种意义上说，产品竞争的高级形态就是品牌竞争。我们探讨过产品的两种价值，分别是功能价值和体验价值。其中，体验价值包括凝结在品牌中的形象、个性、信赖、情感、价值观、社交货币等内涵。每一个对品牌忠诚的用户都会从该品牌中获得独特的体验，这就是品牌的魅力。

品牌发展的最高境界是成为某一个品类的代表。例如，可口可乐品牌是可乐品类的代表；

---

[1] 心理账户理论是芝加哥大学行为科学教授理查德·塞勒提出的理论，他于 2017 年获得诺贝尔经济学奖。

在国外，谷歌是搜索引擎品类的代表，在国内，百度是搜索引擎品类的代表，当我们想搜索某些信息的时候会直接说"谷歌一下"或"百度一下"，可见其在用户心智中的地位和影响力。

5.2.4 创意洞察

1. 创意在哪里

为什么需要创意？哪里需要创意？

要想回答这些问题，我们需要回顾本章的主题——用户洞察。用户洞察的目的是什么？是更好地影响和打动用户，从而产生我们期望的用户行为。

怎样才能影响和打动用户呢？这个过程是通过触发物的触发来完成的。不过，在"洞察"和"触发物"之间还隔着一段距离。这就好比洞察是从洞中被挖掘出来的，由于洞比较深，洞察不能一下子跳到地面上来，还需要给它搭两级跳板，经过两次跳跃才能跳到地面上，并成为可看、可闻、可听、可触、可尝的生动鲜活的事物。我们可以将这个"洞"称为"脑洞"，将"两级跳板"分别称为"策略"和"创意"。从洞察到触发物的过程如图5-8所示。

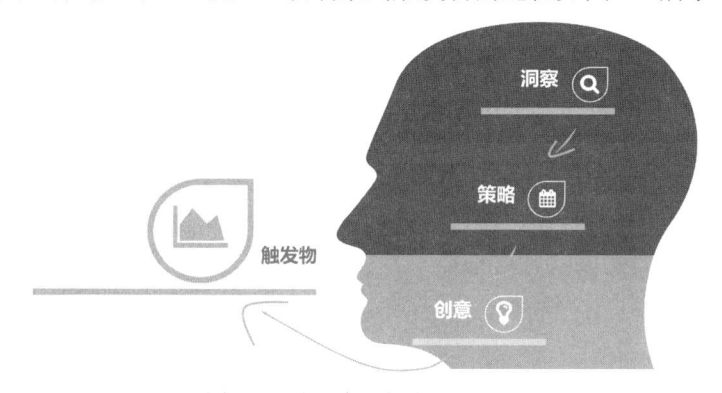

图5-8 从洞察到触发物的过程

创意的作用是接受策略输入，在生成创意后，我们可以将其输出到触发物中。创意大致等同于"点子"，它既服从策略，又力求把理性的策略变得更加感性、打动人心。下面，我们来看一个案例。

> 案例
>
> **如何实现从用户洞察到创意落地**

一、案例背景

假设在"世界无烟日"前夕，你接受了某公益组织的邀请，为该组织制作劝人戒烟的公益广告，并且在相关媒体上投放宣传。该组织希望在预算有限的前提下，通过广告宣传达到比较理想的劝诫效果。

二、用户洞察

学习过用户增长相关知识的你已经明白，好的广告基于好的洞察，于是你开始思考什么样的劝诫方式比较有效。起初，你想到了过去经常看见的一些方式，如在烟盒上标注"吸烟有害健康"的字样，或者标注一根香烟的焦油含量、尼古丁含量，或者向受众展示烟民因为吸烟而变黄的牙齿。不过，你感觉这些方式不会有太大的效果，因为它们已经是受众习以为常的陈词滥调，缺乏洞察力和新奇性，如果投放这样的广告，那么很可能会遭到受众的无视。

学习了策略环方法的你已经掌握了一套让事情产生效果的科学方法，你想到了一个特殊群体，即曾经烟瘾很大，最终彻底戒烟的人。他们是一些什么样的人？是什么原因让他们彻底戒烟？你认为如果能够挖掘出这个群体的戒烟原因，就可以形成新的劝诫策略，用这种策略劝诫烟民，效果一定与众不同。于是，你找到了一些彻底戒烟的人，对他们进行了比较广泛的调查。最终，你意外发现了一个真相：吸烟的人基本上是劝不住的，但几乎所有吸烟的人都会在一种情况下不再吸烟，那就是**确诊肺癌的时候！**

由此，你获得了一个崭新的洞察。接下来，你开始进行策略发想。

三、策略发想

该公益组织交给你的任务是完成广告投放，为此，你需要做哪些事呢？至少包括3件事：一是广告内容的策划，二是投放媒体的选择，三是基于选择的媒体进一步确定投放的广告样式。

上述3件事可以分别形成相关策略，首先，你需要形成广告内容策略。基于获得的洞察，你的广告内容策略是"如果指出烟民在得了肺癌后一定会戒烟，那么将产生比较理想的劝诫效果，因为这个真相足够现实，并且让人心生恐惧"。

其次，你需要形成投放媒体策略，也就是准备将广告投放到哪些媒体中。投放媒体的选择主要基于目标受众、预算等关键因素，对此，你的策略是"**本次重点将广告投放到A网站和B资讯App中**"。前者是一个蓝领求职网站，很多卡车司机、建筑工人、生产车间工人会在该网站中寻找工作机会，而这些群体恰恰是重度吸烟群体；后者的用户画像功能比较强大，支持精细化的人群定向投放，你可以对近期浏览或购买过香烟、吸烟器具的成年男性群体进行投放。

最后，你需要形成广告样式策略。在对A网站和B资讯App的媒体环境进行评估后，你决定采用图文式展示广告的广告样式。

有了广告内容策略、投放媒体策略、广告样式策略，接下来，你可以进行创意设计，也就是将广告内容策略落实到具体的广告样式上。这涉及用什么方式说、说什么话、最终展现效果是什么样的等问题，这些问题属于创意的范畴。

四、创意设计

你考虑了很多创意，其中一个创意是一个肺癌病人正在接受治疗，文案是这样的："据调查，每年有××人死于肺癌，其中有××人有吸烟史。难道你真的要像他们一样，在接到癌症确诊通知书的时候才戒烟吗？"

你觉得上述文案不够犀利，于是重新想出一个文案。场景不变，文案改为"××先生，吸烟26年，接下来将成功戒烟2个月，因为他的葬礼预计在2个月后举行"。你觉得这个文案是可行的，不过病人接受治疗的图片不够吸引人，可以换成肺部溃烂的特写。

总之，你想了很多创意。后来，你突然意识到它们有些舍本逐末，最好把真相直接告诉受众，如果有太多的图片，反而容易把受众的注意力焦点锁定在图片上，并且受众已经看见过很多类似的图片了，没有太强的新鲜感，索性只用简简单单的文字，不用任何图片，大面积留白，这样的设计在斑斓驳杂的媒体内容中形成的反差会更强烈，和之前的戒烟广告相比完全不同，样式更新颖，更不容易被干扰，可以直接传递你的洞察。这样一来，你必须好好打磨文案，不能太长，要足够尖锐、有力。你冥思苦想，终于想出了一个满意的文案："**癌症专治吸烟。（CANCER CURES SMOKING.）**"虽然只有6个字，但是足够尖锐、有力。

五、触发物设计

接下来，你将创意落实在触发物设计上，最终形成了如图5-9所示的戒烟广告。

图5-9 戒烟广告

声明一下，上述广告是印度癌症患者援助协会拍摄的公益广告，创作过程是我杜撰的，目的是说明从用户洞察到创意落地的操作路径。通过上述案例，读者应当可以明白创意到底是什么样的存在。基于同样的策略，落地的创意有无限的可能，创意是想象力的完美绽放。

在人的"脑洞"中运作的洞察、策略、创意，它们的特质是不一样的。如果分别用一个关键词来形容，那么洞察的关键词应当是"透彻"，策略的关键词应当是"正确"，创意的关键词应当是"生动"。

世界级广告大师、创意大师威廉·伯恩巴克曾经说过一番精彩的话：
大家相信的真相，才算真相；
可如果人们听不懂你在说什么，他们就不可能相信；
可如果他们根本就不听你说，他们也就不可能听懂；
如果你不够有趣，那他们就根本不听你说话；
而如果你不是用有想象力的、新鲜的、原创的方式来讲述，你就不可能有趣。
在威廉·伯恩巴克的眼中，创意应当充满想象力、新鲜、原创，用一个词来概括就是"生动"，只有生动，才能打动。

2. 什么样的创意是好创意

评判创意的优劣离不开具体的场景，用户增长领域的创意是为用户增长服务的，是要影响和打动用户的。如果一个创意在朋友圈被纷纷点赞、四处转发，那么它算好创意吗？当然算，但还不够好，更好的创意是让好友在朋友圈看到后纷纷询问在哪里可以买到其中的产品。

在用户增长领域，每一个场景中的创意都必须为场景的目标服务。例如，在线上获客场景中，在媒体上展现的创意必须能够吸引用户的注意、激发用户点击推广内容的兴趣，当用户到达着陆页后，着陆页创意必须能够唤起用户的欲望、促成用户行动，连起来就是第三章中介绍的AIDA模型。

综合用户增长领域的所有业务场景，我们可以从以下 4 个方面对创意的质量进行评判。

- **吸引力**，即吸引和集中用户的注意力的能力。如今，用户的注意力已经成为稀缺资源，在信息碎片化和广告满天飞的今天，用户已经很难保持专注。好创意的基本要求是能够把用户的目光吸引过来，并且让用户看完内容。
- **说服力**，即说服用户采取行动的能力。
- **冲击力**，即让用户形成记忆或改变某种旧观念、旧看法的能力，这需要通过冲击性很强的内容来实现。
- **传播力**，即让用户自发进行转发、分享的能力。

本质上，上述 4 个方面都是对"打动"能力的拆解，归根结底还是要打动用户，这里的"打动"就是产品核心价值定义中的"打动"。在具体场景中衡量创意的质量时，我们可以选择其中一个或多个方面。

3. 获得创意的方法

获得好创意不是一件容易的事情，往往需要创作者长期浸淫、修炼、体悟，有时甚至需要一点天赋和好运气，灵感的火花才能点亮"脑洞"。创意这么玄妙，难道我们就没有什么方法来主动生产创意吗？当然不是，还是有一些路径可循的。东东枪在得到 App 中分享了两条思考路径，读者可以参考一下。

1）路径一：以终为始

"以终为始"指的是从需要解决的问题开始，层层推演，一点一点地推导出解决问题的完整链条，从而形成解决方案。具体地说，思考过程应该靠一连串的问题串起来。是什么样的问题呢？应该是以"怎样才能"为开头的问题。在"怎样才能"后边的是什么呢？是需要解决的问题。我们可以用这些问题不断追问自己，努力产出更多的创意。

例如，你开了一家叫作"宇宙包子铺"的饭馆，决定主打肥胖人士市场，你的策略是"让肥胖人士忘掉减肥，吃更多包子"。

如何设计说服他们的创意呢？方法是不断追问以"怎样才能"为开头的问题，从终点的问题开始追问，即"怎样才能让肥胖人士忘掉减肥，吃更多包子"，告诉他们好吃的东西比健康更重要？好像说不通；告诉他们其实包子的热量并不高，尤其是"宇宙包子铺"的蔬菜包子，和其他包子不一样，是热量又低又好吃的减肥包子，吃"宇宙包子铺"的包子不用担心肥胖问题，这个创意怎么样？好像还不错。

那么，下一个问题就要以这个创意为终点。怎样才能让肥胖人士知道并相信"宇宙包子铺"的包子是低热量的减肥包子呢？你既可以给他们看权威的热量检验报告，也可以让他们信得过的名人来作证，还可以找一些肥胖人士来亲身体验，连吃一个月，做一次测试。

你选择给他们看权威的热量检验报告，那么接下来应该思考的问题是怎样才能让他们看到检验报告。把检验报告印成一个巨大的风筝放飞到天上？组织一次朗诵大赛，只有肥胖人士能参赛，谁朗诵得好就给谁 10 万元奖金，朗诵的材料就是检验报告？

通过一连串以"怎样才能"为开头的问题，你不断进行创意启发，这个过程很像第一章介绍过的根本原因分析中的五问法。五问法是层层追问"为什么"，目的是找到问题的真因；创意启发是层层追问"怎样才能"，目的是找到灵感。

2）路径二：浮想联翩

如果"以终为始"的路径是"层层推演"，那么在"浮想联翩"这条路径中，创意启发靠的就是"逐一穷举"。穷举的逻辑不是追问"怎样才能……"，而是追问"如果……会怎么样"。

仍以上文的"宇宙包子铺"为例，"宇宙包子铺"的策略是"让肥胖人士忘掉减肥，吃更多包子"。这一次，我们直接发散思维，设想各种"如果"：既然要和肥胖人士沟通，如果找一个特别开心的肥胖人士来代言会怎么样？如果这个代言人不但说出来包子有多好吃，而且唱出来，会怎么样？如果不是他一个人唱，而是他和他的很多朋友一起唱，会怎么样？如果不把他们一起唱歌录成一段视频，而是举办一场演出，让他们站在店铺门口唱，会怎么样？好像不够好看。如果有一辆高科技的花车，让他们站在花车上唱歌，会怎么样？如果领头的肥胖人士是一个名人会怎么样？

这一次的起点虽然和上一次一样，但是你改用一个个"如果……会怎么样"的问题来引导自己思考，每一个问题都是一次引申和发散。

东东枪强调，"浮想联翩"和"异想天开"是有区别的。区别在哪里？上文中的一个个"如果……会怎么样"是在凭空想象吗？不是的。"浮想联翩"的"联"字是有意义的，在需要高效产出创意或想法的时候，只靠想象是不行的，还要靠联想。为什么？不妨思考一个问题：你能随口说出50个圆形的东西吗？先别急着想，你可以设定一条线索。例如，你可以将早上起床的动作作为线索，早上醒来，一睁眼，眼球是圆的；起床后看一看旁边的闹钟，闹钟的表盘是圆的；打一个哈欠，打哈欠的嘴是圆的，嗓子眼也是圆的；坐起来后穿拖鞋，拖鞋上有印花，上面的波点是圆的；刷牙时，杯子口是圆的，牙刷毛的截面也是圆的；打开水龙头，水龙头的出水口也是圆的……上述过程就是把想象变成了联想。

5.3 用户画像

5.3.1 用户画像的种类

在用户增长领域有两种主流的用户画像技术，分别是用户角色画像和用户档案画像，它们之间既有区别又有联系。

1．用户档案画像

1）用户档案

用户档案画像，顾名思义，就是基于用户产生的实际信息来画像，既包括属性信息，也包括行为数据，如用户来自哪里、是男是女、年龄多大、喜欢做什么、有没有房、有没有车、有没有贷款，以及使用的是苹果手机还是华为手机等。

用户档案画像是什么样子的呢？其通常是如图5-10所示的样子。

2）用户标签

用户档案指的是对真实用户个体的描绘，是根据用户属性、用户行为等数据，提取、计算出的标签化用户特征集合，又被称为"打标签"。

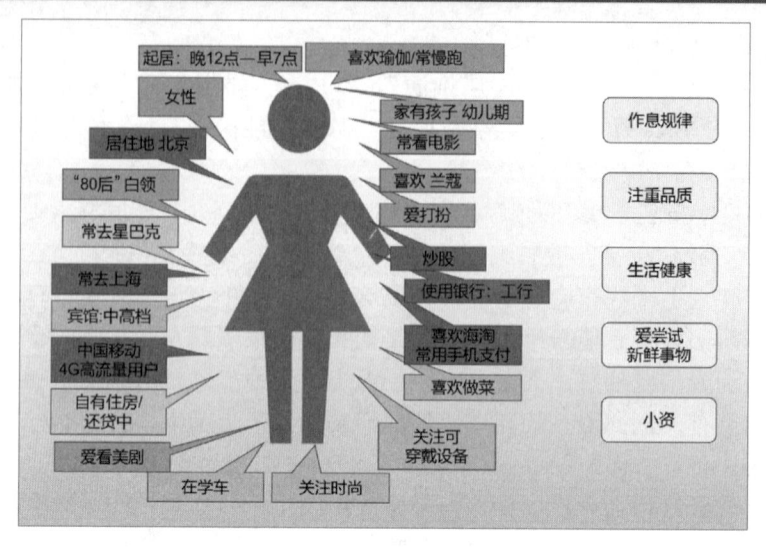

图 5-10 用户档案画像

用户标签指的是人工定义、高度精确的用户特征标识，它比具体的数据和信息更抽象、更具有概括性，也更容易理解和使用。例如，某产品有几位典型用户，他们使用产品的情形如下：第一位用户几乎每天都使用产品，每一次使用产品的时间为 1～3 小时；第二位用户平均两天使用一次产品，每一次的使用时间为 2～4 小时；第三位用户偶尔使用产品，基本没有规律。采用上面这种方式来描述当然没问题，这种方式具有清楚、丰富的优点。不过，其缺点也是比较明显的：一是不够简练，必须读完一大段文字才能清楚用户的特征，识记效率低；二是使用不便，难以快速对用户进行归类、分群、选取等操作。如果给上述 3 位用户贴上标签，如给第一位、第二位用户贴上"高活跃度用户"的标签，给第三位用户贴上"低活跃度用户"的标签，就更容易进行各种操作了。

标签数量越多，对用户的刻画就越精准。当标签数量增多后，我们可以对标签进行分类、分层，形成一个立体化的标签体系，基于标签体系的精细化运营是用户深耕的根本操作逻辑。

给事物打上标签是人类大脑的本能，本质上，这是对"分类"本能的延续。经过进化，大脑可以确认输入刺激的主要特征，如婴儿可以通过某些特征来识别父母，并且知道父母和其他人是不同的。通过分类，我们可以把复杂的信息总结成更普通的形式，并且适宜地给分类结果贴上标签，如"父亲""母亲""外婆"等。分类和贴标签不但可以帮助我们辨认客体或事物，而且可以帮助我们辨认倾向、情绪或行为，如愤怒、快乐、悲伤、攻击等。例如，当你在地铁里被人推搡了一下，如果你在看了对方一眼后给对方贴上"笨拙"的标签，那么你很可能会原谅对方；如果你给对方贴上"侵犯"的标签，那么你很可能会怒目以对。

需要说明一下，增长运营中用到的数据标签是非常广泛的，除了用户标签，还有商品标签、内容标签、硬件标签等，其构建逻辑与用户标签相同。

3）用户标签分类

当标签数量增多后，必然涉及分类，以便对标签进行理解、管理。标签的分类方法有很多种，下面重点介绍两种常用的分类方法。

（1）从业务角度分类，主要面向业务人员，业务人员可以直接使用这样的标签来进行业务运营。例如，推送策略是向具有高消费能力的宝妈推送一款进口美妆产品，业务人员直接在系统中选取"宝妈"和"高消费能力"两个标签，并向具有这两个标签的用户推送就行了。

304

这样的标签具有"所见即所得"的特点，通俗易懂，是适用于业务运营的通用语言。这种分类方法可以将用户特征分为 3 类，如图 5-11 所示。

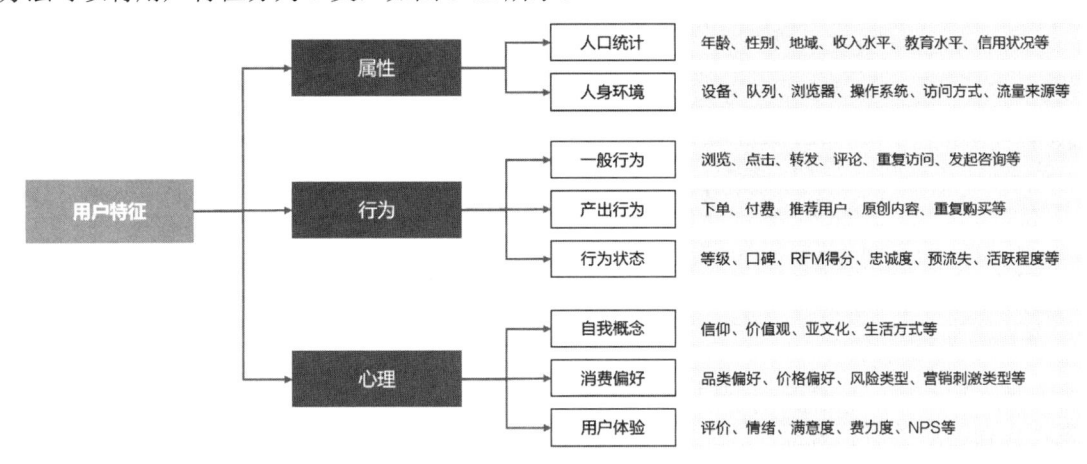

```
                    ┌─ 人口统计  年龄、性别、地域、收入水平、教育水平、信用状况等
              属性 ──┤
              │     └─ 人身环境  设备、队列、浏览器、操作系统、访问方式、流量来源等
              │
              │     ┌─ 一般行为  浏览、点击、转发、评论、重复访问、发起咨询等
用户特征 ─────┤ 行为 ├─ 产出行为  下单、付费、推荐用户、原创内容、重复购买等
              │     └─ 行为状态  等级、口碑、RFM得分、忠诚度、预流失、活跃程度等
              │
              │     ┌─ 自我概念  信仰、价值观、亚文化、生活方式等
              └ 心理 ├─ 消费偏好  品类偏好、价格偏好、风险类型、营销刺激类型等
                    └─ 用户体验  评价、情绪、满意度、费力度、NPS等
```

图 5-11　用户特征的分类

这种分类方法可以在一级分类下进行二级细分，如一级分类"属性"可分为"人口统计"和"人身环境"两个二级分类，"人口统计"又可分为"年龄""性别""地域"等三级分类。

标签的分类方法和在标签体系中设定多少层级并没有标准答案，只要便于理解、管理和使用就可以了。在一个纵向分类的底部对应着标签的值，如"性别"分类中对应的标签值通常为"男""女""未知"。在业务运营中，业务人员经常需要基于标签值来进行具体业务操作。

（2）从技术角度分类，主要面向技术人员，本质是按照标签值的产生方式来分类。这种分类方法明确了标签数据的性质和逻辑，便于技术人员对标签系统进行设计、开发和管理。对于业务人员来说，了解不同类别标签的性质和逻辑也是很有意义的，可以有效避免对标签的误用、误判。这种分类方法通常可以将标签分为以下 3 类。

- **事实标签**，即对客观事实的描述，基于原始数据直接提取或产生，如用户的性别、年龄、积分、首单时间等。
- **规则标签**，即满足一定规则的单个行为或多个行为的组合形成的标签，无法直接从原始数据中产生，需要定义规则，并基于相关规则计算得出，如 RFM、用户忠诚度等。
- **预测标签**，即基于事实标签、规则标签计算产生的用户未来行为和态度的标签，如基于用户流失预测模型，根据某用户的行为预测其是不是即将流失的用户。

表 5-2 所示为 3 类用户标签的例子。

表 5-2　3 类用户标签的例子

标 签 名 称	标 签 值	标签产生方式	标 签 类 别
性别	男	系统标注	事实标签
	女	系统标注	事实标签
	未知	系统标注	事实标签
操作系统	Android	系统标注	事实标签
	iOS	系统标注	事实标签
	鸿蒙	系统标注	事实标签
是否关注公众号	是	系统标注	事实标签
	否	系统标注	事实标签

续表

标签名称	标签值	标签产生方式	标签类别
RFM 得分	重要价值	根据 R、F、M 计算结果划分	规则标签
	重要保持	根据 R、F、M 计算结果划分	规则标签
	重要发展	根据 R、F、M 计算结果划分	规则标签
	重要挽留	根据 R、F、M 计算结果划分	规则标签
	一般价值	根据 R、F、M 计算结果划分	规则标签
	一般保持	根据 R、F、M 计算结果划分	规则标签
	一般发展	根据 R、F、M 计算结果划分	规则标签
	一般挽留	根据 R、F、M 计算结果划分	规则标签
流失预测	预流失	根据用户相关行为和流失预测模型计算产生	预测标签

4）用户标签系统

上文介绍了用户档案画像和用户标签的一些基本知识，至于用户标签体系的设计和技术开发，现在的业务信息系统（如 CRM、SCRM）和网站、App 分析工具等大多提供用户标签管理功能，市场上也有专门的第三方标签管理系统，选择十分丰富，增长运营人员不需要自己进行设计和技术开发。

下面以神策分析的用户标签管理系统为例，帮助读者形成感性的认知。

增长运营人员登录神策分析的用户标签管理系统后，可以在如图 5-12 所示的"用户标签管理"页面看见已有的标签体系。例如，在一级分类"消费类标签"的二级分类"最常消费品类"下有 6 个标签值，分别是"服饰""零食""母婴""数码""日货""其他"，以及各个标签值对应的用户数量；单击"标签历史详情"按钮，还可以看到每天的动态数据。

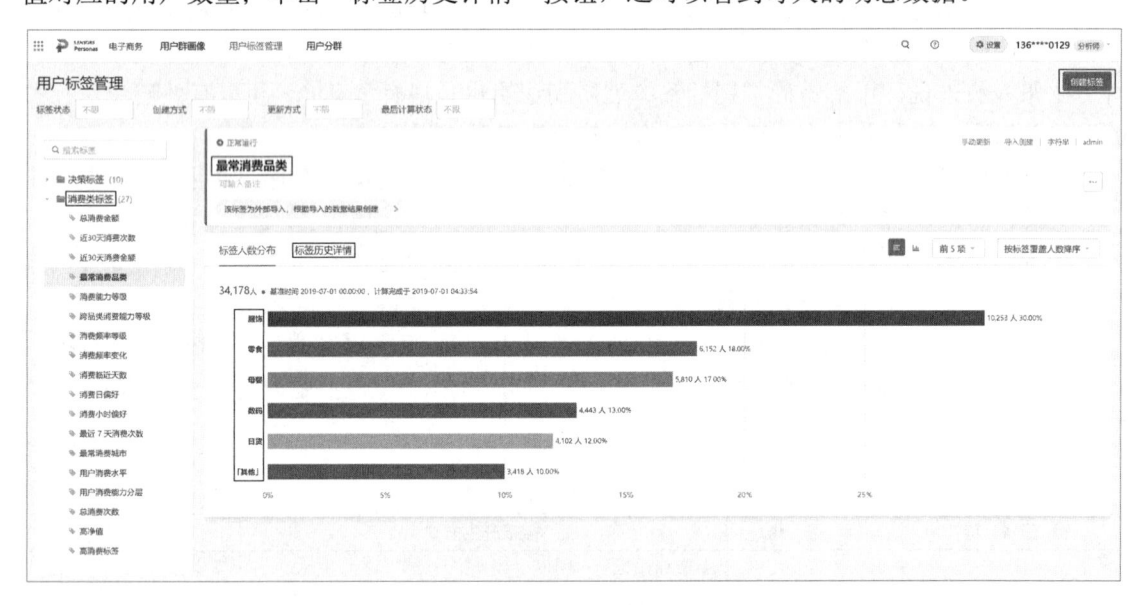

图 5-12 "用户标签管理"页面

增长运营人员单击图 5-12 中的"创建标签"按钮，可以看见系统具有如图 5-13 所示的标签创建功能。

例如，增长运营人员在创建"自定义标签值"时，可对如图 5-14 所示的"基础信息与标签规则"页面中的"用户属性""用户行为""行为序列"等规则进行设置。在保存相关规则后，系统启动标签创建工作，并为符合规则的用户打上相应的标签。

图 5-13　系统具有的标签创建功能

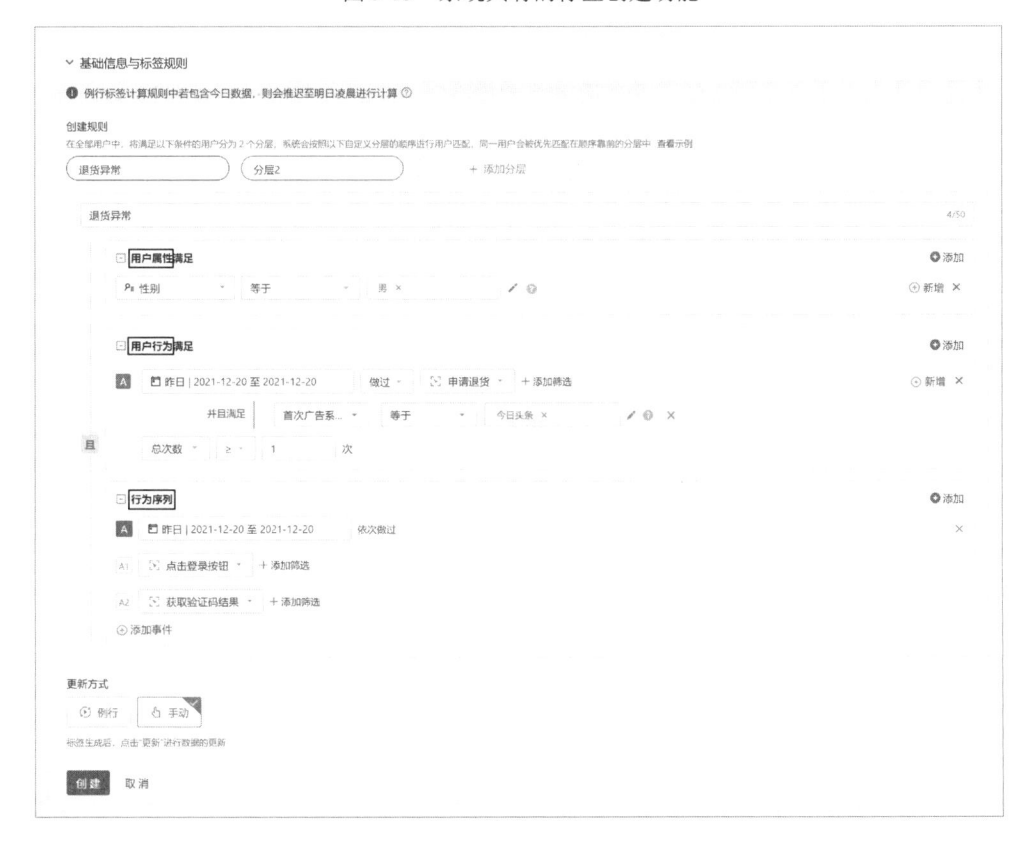

图 5-14　"基础信息与标签规则"页面

增长运营人员可以选择"领取过体验店优惠券"的用户,生成这部分用户的画像,如图 5-15 所示。

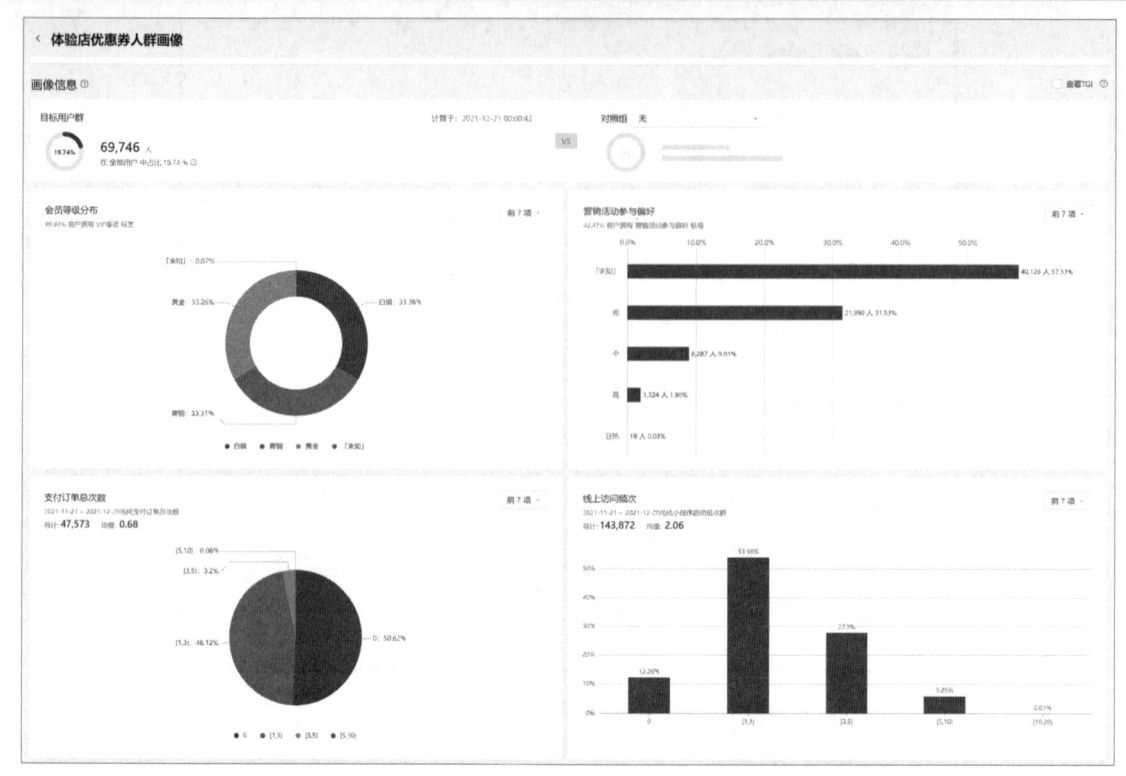

图 5-15　"领取过体验店优惠券"的用户的画像

增长运营人员还可以在系统中选择相关标签、行为，对用户进行分群，或者生成自动化的推送策略，执行自动营销任务。

2. 用户角色画像

1）用户角色

用户角色是虚构的人物角色，代表可能以类似方式使用产品的用户类型。用通俗的话来说，用户角色是虚拟化的典型用户代表。

例如，某公司想开发一款外语学习产品，主要功能是儿童和外教老师一对一学习英语。由于该产品还没有被开发出来，因此没有真实用户，应该如何规划该产品的功能呢？这需要分析谁会使用该产品。经过初步分析，该公司认为前期最主要的用户可能包括以下几类。

（1）儿童：需求是学习。

（2）外教老师：需要教学、批改作业。

（3）家长：需求是监督学习进程和效果，与教育机构或外教老师联系。

（4）班主任：需要安排、管理学习进程，把控学习质量，提升学习效果，解答家长的疑问。

每一类用户都在产品中代表了一类角色，在创建用户角色画像的时候，我们需要把用户的基本情况、使用场景、需求等描述清楚，以便指导产品开发。

以上是一个用户角色画像的典型应用场景。用户角色画像是什么样子的呢？某招聘产品的用户角色画像如图 5-16 所示。

图 5-16　某招聘产品的用户角色画像

2）用户角色画像的关键信息

在通常情况下，用户角色画像至少应包含以下 4 个维度的关键信息。

- **基本特征**，如姓名、年龄、性别、收入、教育程度、设备偏好、主人公照片等。由于用户角色是虚拟和抽象出来的，因此照片不是真实的，一张假想的主人公照片可以加深对用户角色的印象和感受，或者更好地产生角色代入感，与用户共情。

- **用户需求**：每一个用户角色画像都基于特定的目的，不同的目的指向不同的业务场景。例如，为了新产品开发和为了产品迭代而制作的用户角色画像，即使角色重合，也不应当雷同。不同场景中的用户拥有不同的需求，我们既不能一视同仁，也不能张冠李戴。为哪个业务场景创建用户角色画像，就应该描述哪个场景中的用户需求。只有准确进行需求洞察和描述，才能找到满足用户需求的有效方法，下文的用户行为、用户心象描述与此逻辑相同。在描述用户需求的时候，我们可以将其拆解成更具体的痛点、欲望、目标等要素，如图 5-16 中主人公 Dana 的"最高目标"是"随时随地能观看喜欢的电影，以及足够多的乐趣，而不是仅仅观看让人无聊的已付费内容"。

- **用户行为**，即用户流露出来的与需求有关的行为。通过这些行为，我们可以了解用户的需求指向、需求强度，用户对产品核心价值或功能的期望，用户如何使用产品核心功能等信息，而不是千篇一律的流水账。有些用户角色画像通过描述"用户的一天"来对用户行为进行故事化的描绘，如在图 5-16 中，"热衷于多屏观看""喜欢使用收藏夹""帮其他人制作独特的收藏夹或分享收藏夹"等行为描述都是有意义的，它们具有明确的功能指向性（即产品应当支持多屏终端、个性化收藏夹功能、收藏夹分享功能），并且都指向了 Dana 的需求（如随时随地看电影、看更多免费的电影等）。

- **用户心象**：心象即心理画像，指的是人群的心智共性，如认知、动机、情感、欲求、价值观等。描述心象有什么作用呢？主要是透视用户需求背后的深层次动机，深化我们对用户需求的理解和感受，从而优化用户体验，或者满足用户更高层次的利益（如心理利益、个人价值利益）。例如，"用户希望买到更黏稠的奶昔"，这是需求；"用户行色匆匆地拎着奶昔朝车的方向走去，一边走，一边看表"，这是行为；"用户是一群去30公里外上班的上班族，在近 1 小时的车程中，他们希望不那么无聊，喝点东西是一个不错的主意，喝的东西最好黏稠一点，以便一路喝到公司的停车场"，这是心象。需求、行为、心象"三位一体"的描述，可以让不同职能的团队准确感知用户真正需要的是什么，形成心领神会的默契，感同身受地洞察到如何优化用户体验。在图 5-16 中，"我能一遍又一遍地反复观看我喜爱的电影，有些电影我已经看了不下 100 遍"便属于对心象的描述。

3）如何创建用户角色画像

创建用户角色画像的过程包括"明确创建目的"—"选择目标用户群体"—"收集数据"—"创建画像"—"验证画像"这几个阶段，如果有多个典型用户群体，那么我们应为每一个用户群体单独创建用户角色画像。上述各个阶段的操作已经在上文中分别介绍过了，此处不再赘述。

需要注意的是，用户角色画像描述的是典型用户代表，既不是在生物学上真正存在的"人"，也不是所有用户的"平均值"，而是在真实用户数据的基础上补充一些细节后抽象出来的典型用户。创建用户角色画像的素材都是真实的，主要包括以下来源：如果是在产品初期（包括产品开发之前），既没有真正的用户，也没有产品内的用户数据，那么主要通过定性研究方法创建用户角色画像；如果产品已经正式运行，并积累了一定的用户数据，那么可以结合用户档案画像的定量数据，创建"定量+定性"的用户角色画像。

在业务运营中，用户档案画像和用户角色画像往往互为补充，二者应结合使用。它们的数据也可以相互支持，如用户角色画像中的用户心象数据可以为用户档案画像提供必要的补充，用户档案画像中的用户行为数据可以为用户角色画像提供真实的数据支撑。

5.3.2 用户画像的应用

1. 用户档案画像

用户档案画像的典型应用场景如下。

- **用户获取**：为产品内的优质用户画像，提取特征标签，通过标签进行相似人群扩展，从而更精准地获取更多新用户；在为优质用户画像后，通过画像进行优质渠道洞察，找到优质渠道源，从而获取更多的优质用户。
- **精细化运营**：通过标签将用户群体分割成更细的颗粒度，针对不同的用户群体制定更加精细化的运营策略，如用户关怀、用户激励、用户召回、产品推荐等，优化用户体验，提高转化效率。
- **搜索优化**：当用户搜索信息、商品时，基于用户画像预测用户的真实意图，更好地呈现相关内容，从而更好地满足用户的需求。
- **风险控制**：基于用户画像中的用户行为数据鉴别用户信用、控制交易风险；预防用户流失，合理干预，减少流失。
- **优化数据分析**：通过标签丰富数据分析的维度，实现更加灵活、快捷的分析和对比。

2. 用户角色画像

用户角色画像的典型应用场景如下。

- **产品开发或优化**：在产品开发之前没有真实的用户数据，用户角色画像可以有效指引产品开发。随着产品的运行，不断迭代和完善的用户角色画像有助于洞察用户的深层次需求，发现增长机会。
- **产品初期获客**：在产品初期，用户角色画像有助于指引用户获取的目标人群定位、渠道选择、种子用户获取等。
- **统一团队认知**：企业内通常有众多职能团队，包括产品、运营、设计、开发、市场等团队。在产品设计、开发和运营的过程中，经常产生各种各样的分歧。在这个时候，借助用户角色画像，能够更好地建立统一的认知，降低沟通成本。
- **支持其他任务**，如支持用户档案画像的创建、用户体验地图的创建等。

在上文中，我们已经学习了需求洞察、产品核心价值洞察、创意洞察和用户画像的有关内容。在本章的最后，我们来看一个综合性的用户洞察和应用案例，这是我朋友兔妈的真实案例，她是畅销书《爆款文案卖货指南》的作者。

案例

一款鼻炎喷雾的用户洞察和应用

一、案例背景

2018年9月，我因感冒诱发鼻炎，晚上鼻塞睡不着，白天头疼得没法写稿。当时，一位合作方的朋友给我带了两个鼻炎喷雾，说效果非常好，让我试一试。用了不到一周，我的鼻塞症状就缓解了。后来，我和他聊起这款产品，他很苦恼，说这款产品真的不错，复购率很高，但是首次购买数据没什么起色，仓库里还有1万个。于是，我让他发来之前的推广文案，发现优化空间很大，他便委托我优化推广文案。

在接受他的委托后，我立即进行用户洞察和优化，重新推出推广文案。结果，销售情况一改往日的惨淡景象，异常火爆，复推后第一天的销量就超过了原来一周的销量，滞销的1万个鼻炎喷雾不到一周就卖断货了，3个月后卖出10万个鼻炎喷雾！

二、用户洞察

一）目标用户分析

当时，市面上治疗鼻炎的产品非常多，至少有二三十种，竞争非常激烈。为什么我能做到3个月卖出10万个鼻炎喷雾、销售额达到1000多万元呢？最重要的一个原因是我把目标用户摸透了，我具体是怎么做的呢？

首先，我从分析产品入手，弄清楚产品功能，再"按图索骥"，找到目标用户并进行分析。鼻炎喷雾的核心功能是疏通鼻塞、缓解鼻炎，我们可以反向推导出哪些人是鼻塞、鼻炎症状的高发群体，以及他们有什么样的特征。也许你会问："我对这些群体不了解该怎么办？"答案是借助数据工具。

我们可以借助哪些数据工具呢？这些数据工具包括百度指数、微信指数、微博指数、淘宝生意参谋、互联网数据资讯中心等。以百度指数为例，输入"鼻炎""鼻塞"等关键词，我们可以查询搜索指数、需求图谱、人群属性等相关信息,"鼻炎"的搜索指数如图 5-17 所示。

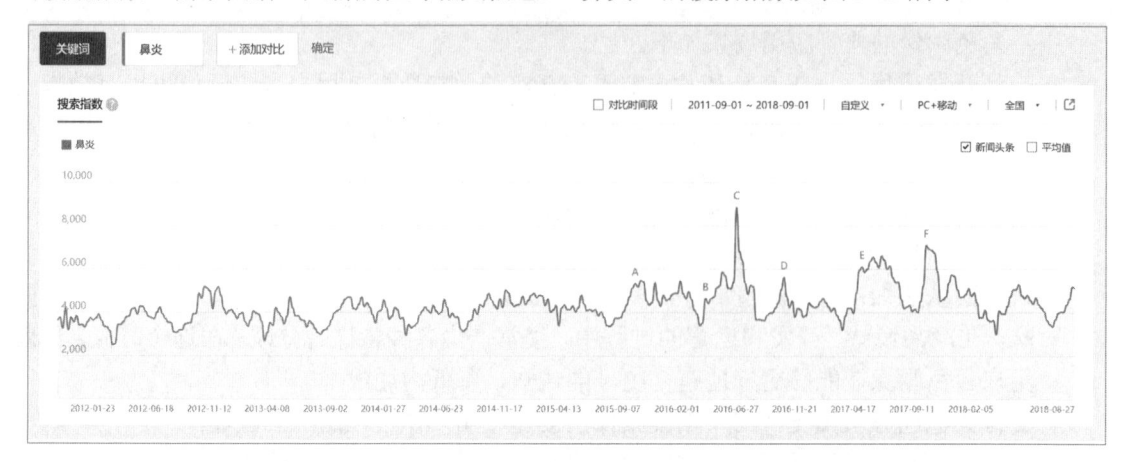

图 5-17　"鼻炎"的搜索指数

图 5-17 反映了"鼻炎"在一段时间内的搜索趋势。从近几年的搜索趋势来看,"鼻炎"的搜索量比较大,平均值接近 4000 次,这代表鼻炎患者不在少数。从搜索趋势的分布来看,搜索峰值主要集中在每年的 3—4 月、8—9 月、11—12 月这几个时段,根据常识,春、秋、冬 3 个季节是鼻炎的高发季节,这与搜索趋势的分布相吻合。根据数据和常识我们可以初步判断,购买治疗鼻炎的产品的需求也集中在这几个时段。

接下来,我们看一看需求图谱。对"鼻炎"的相关搜索话题进行分类,大致可以分为以下 4 类。

①鼻炎犯了怎么快速缓解(或急性鼻炎)。

②鼻炎怎么治能除根(或鼻炎怎么治疗可以除根、鼻炎能根治吗)。

③鼻炎用什么药效果最好(或鼻炎吃什么药、鼻炎药、鼻炎怎么治疗)。

④鼻子堵塞不通气怎么办。

我将上述 4 类搜索话题标注在了"鼻炎"的需求图谱中,如图 5-18 所示。

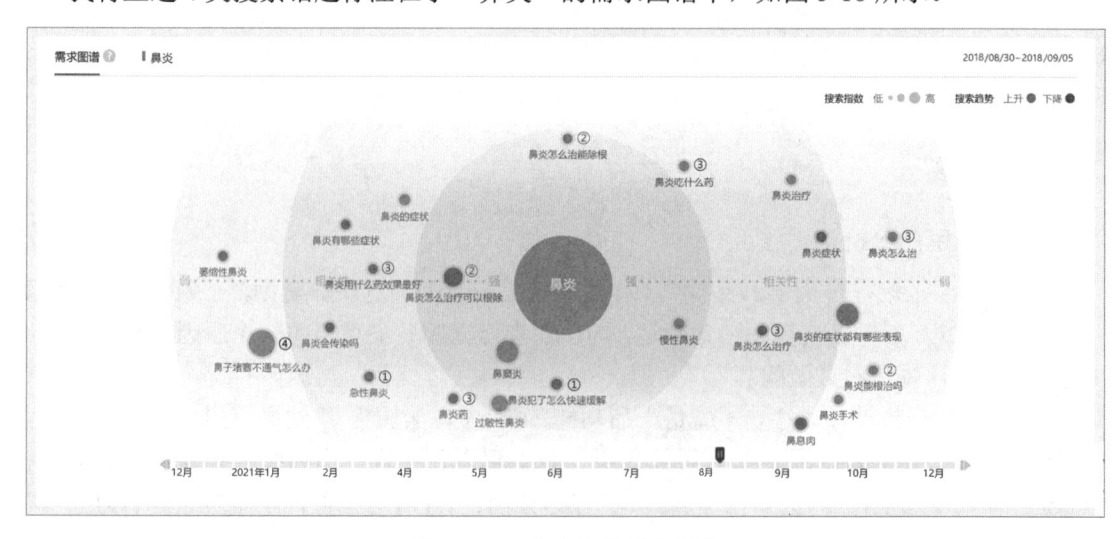

图 5-18　"鼻炎"的需求图谱

在①类搜索话题(鼻炎犯了怎么快速缓解)背后隐含的信息是鼻炎往往来得很急,患者希望找到迅速应对鼻炎的办法。

在②类搜索话题（鼻炎怎么治能除根）背后隐含的信息是鼻炎会反复，很难根除，这让患者很苦恼。

在③类搜索话题（鼻炎用什么药效果最好）背后隐含的信息是目标人群对应该用什么药没有清晰的认知，表明在鼻炎治疗领域没有强势品牌，这为后进品牌提供了入局施展的机会。治疗鼻炎的产品品牌不像"白天服白片，不瞌睡；晚上服黑片，睡得香"的白加黑品牌那样深入人心，白加黑品牌已经牢牢锁定大量的感冒患者，后进品牌的机会大幅减少。

④类搜索话题（鼻子堵塞不通气怎么办）虽然离关键词"鼻炎"较远（距离远近表明相关性的强弱），但是我们可以看出，它的搜索量很大，同样值得重视。在这背后隐含的信息是鼻子堵塞不通气很可能是鼻炎患者最典型的症状，也是后续进行场景化代入的痛点。

从需求图谱中我们可以分析出很多重要信息，这对用户洞察是非常有用的。

最后，我们看一看人群属性，如图 5-19 所示。

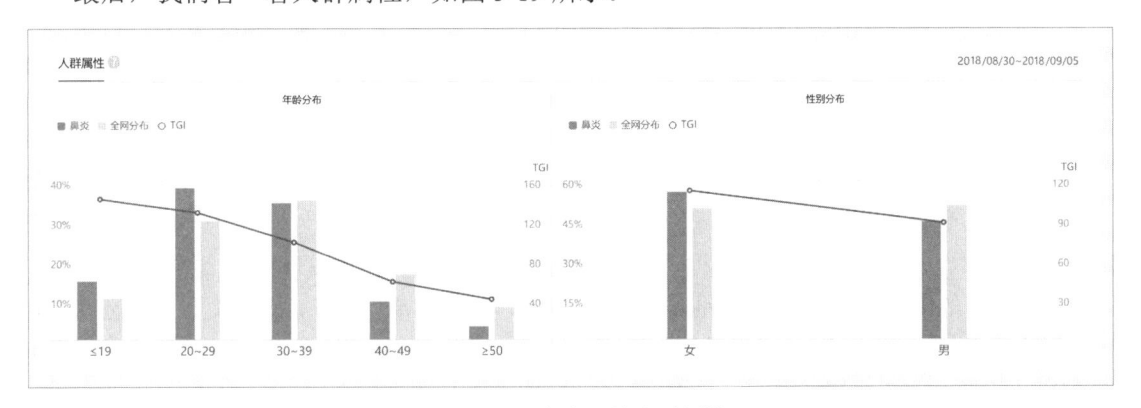

图 5-19 "鼻炎"的人群属性

从图 5-19 中可以看出，搜索人群的年龄分布集中在 20～39 岁，这背后的原因可能是多方面的。我们还可以进一步挖掘出更多信息，如在搜索人群中，上班族占较高的比例。基于这个信息，我们可以通过场景化描述来进一步刺激这部分人群的痛点，如"上下班的地铁很拥挤，鼻子又不通气，真的太难受了，辛辛苦苦化好的妆，擦鼻涕、眼泪全弄花了，怎么见同事和客户"。

虽然百度指数提供的人群属性比较单一，但是足以描绘特定人群的大致轮廓。接下来，你可以将数据最集中的人群和你身边的某一个鼻炎患者相对应（如家人、同事、朋友等），这样就能看到一个活生生的用户。当然，类似的分析方法也可以在其他平台中运用。

二）目标用户画像

通过多平台之间的媒体扫描和交叉验证，我们可以进一步提炼关键特征标签、描述用户角色。

需要强调的是，产品不同，关键特征标签也不同。例如，美容行业对用户的身高不敏感，理财行业对用户的身高、体质不敏感。我们在分析用户的过程中要把握好颗粒度，既不能太细，也不能太粗，应该具体问题具体分析，不需要面面俱到，只要提炼关键特征标签即可。

在本案例中，我提炼出来的关键特征标签如表 5-3 所示。

表 5-3 关键特征标签

分析维度	关键特征标签
用户角色	鼻炎患者
年龄	20~39 岁
性别	男：51%，女：49%
职业	较为广泛，主要是上班族和学生
生活状态	生活节奏快，工作忙碌，学业繁重
消费观念	收入中等或偏高，能不去医院就不去医院
兴趣爱好	兴趣广泛，比较务实，大多喜欢追剧
频繁出现的场合	现实场景：家、办公室、商务谈判地点、地铁；社交平台：微博、朋友圈、淘宝
购物时关注的问题	担心产品有激素，渴望找到安全的解决方案

你会发现，面对这些冷冰冰的数据标签，你是没有任何感觉的。怎么办呢？答案是进行更感性的用户角色描述。我的描述是这样的："××是一位 31 岁的白领，在一家互联网公司担任销售主管，月薪是 1.2 万元，居住在广州四环，每天坐地铁上下班。她正处于打拼事业的关键期，对身体的小状况抱着'能忍就忍'的心态。"基于这样的描述，我会更容易对目标用户产生同理心、代入感，从而更懂他们。

三）用户痛点挖掘

接下来，我进一步了解了有关鼻炎的知识，得知鼻炎引发的症状有 10 多种，包括鼻塞、鼻痒、流鼻涕、浑身乏力、嗅觉减退、记忆力减退、牙齿变形、脸部变形、遗传下一代等。

当时，很多治疗鼻炎的产品瞄准的用户痛点是"鼻炎会导致脸部、牙齿变形，嗅觉减退，甚至鼻咽癌"，但转化效果并不好，因为陷入了一些误区。在筛选用户痛点时，常见的误区有选择的用户痛点太多、用力过猛、不够紧迫、与目标用户无关等。

经过分析，我锁定了 4 个高频痛点，分别是鼻塞、鼻痒、打喷嚏、流鼻涕。不过，只戳痛点还不够，大多数用户意识不到表面问题引发的后果，也不清楚经常发生这些问题会对他们的生活造成什么样的影响。所以我指出，如果不解决鼻炎问题，就会影响工作和睡眠、恶化成鼻窦炎，甚至遗传给下一代。如果面向孩子，那么我们可以重点说明鼻炎会导致记忆力减退、影响学习成绩。经过测试，这 4 个痛点选择得很成功，内测转化率为 15.7%。

补充一点，如果产品是孩子专用的盐水喷雾，那么我们可以将"脸部变形"作为核心痛点，因为孩子的脸对家长来说是大事，家长不希望孩子出现形象缺陷或社交障碍。在这种情况下，"脸部变形"无疑是一个核心痛点。

四）产品核心价值洞察

经过多个维度的分析，我们可以产出产品核心价值洞察了。

产品核心价值应该从用户需求（或痛点）、产品特性、竞品不足的交集区域内选择，在本案例中，三者的关键信息如图 5-20 所示。

经过交叉分析，产品核心价值（也就是产品的"超级卖点"）是"起效快和安全的解决方案"，产品诉求和核心推广策略是"10 秒疏通鼻塞"。

五）推广策略分析

本案例的推广策略除了基于用户需求洞察提出的"超级卖点"和产品诉求，还有找准市场切入时机。

用户需求

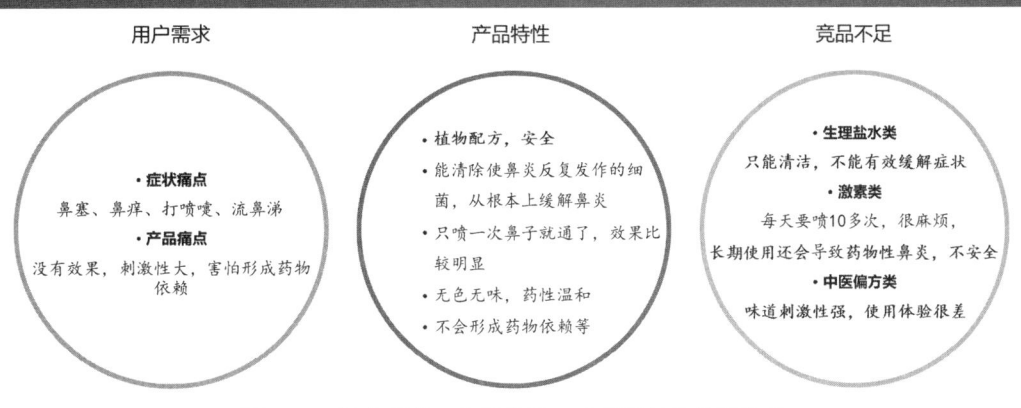

- **症状痛点**
鼻塞、鼻痒、打喷嚏、流鼻涕
- **产品痛点**
没有效果，刺激性大，害怕形成药物依赖

产品特性

- 植物配方，安全
- 能清除使鼻炎反复发作的细菌，从根本上缓解鼻炎
- 只喷一次鼻子就通了，效果比较明显
- 无色无味，药性温和
- 不会形成药物依赖等

竞品不足

- **生理盐水类**
只能清洁，不能有效缓解症状
- **激素类**
每天要喷10多次，很麻烦，长期使用还会导致药物性鼻炎，不安全
- **中医偏方类**
味道刺激性强，使用体验很差

图 5-20　用户需求、产品特性、竞品不足的关键信息

我将用户痛点挖掘过程中确定的高频痛点"鼻塞、鼻痒、打喷嚏、流鼻涕"和关键词"鼻炎"分别输入到百度指数中，观察它们的搜索趋势，如图 5-21 所示。

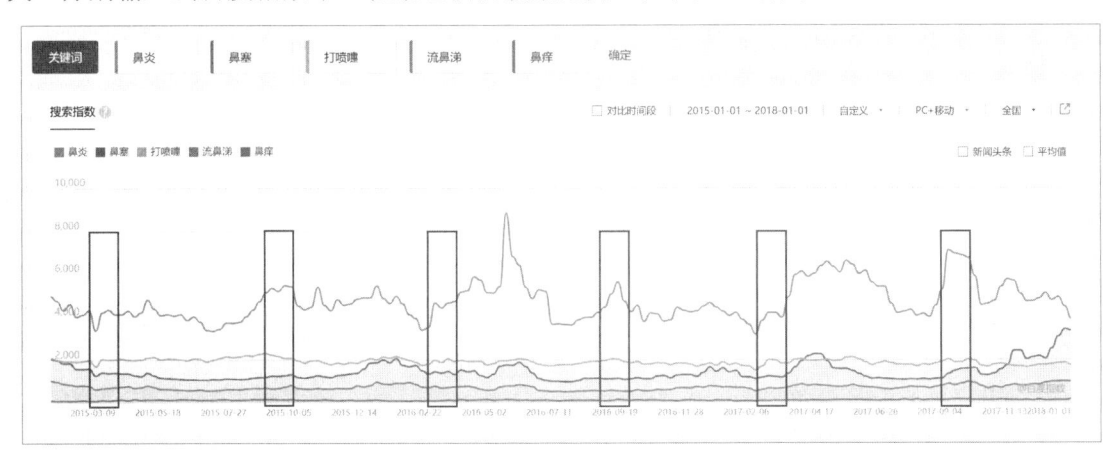

图 5-21　与"鼻炎"相关的搜索话题的搜索趋势

从图 5-21 中可以发现，在每年的 2、3 月和 9、10 月，与"鼻炎"相关的搜索话题有明显增长。为什么呢？原因很简单，前者是入春时节，柳絮、花粉满天飞，患者容易犯鼻炎；后者是入秋时节，频繁降温、降雨，也是鼻炎的高发季节。当时正好是入秋时节，因而切入时机就选在这个季节。

为什么切入时机的选择非常重要呢？因为我在用户洞察中注意到，目标人群普遍抱着"能忍就忍"的心态。怎样才能让他们更积极地采取行动呢？场景化是一个很好的切入点，即通过现实场景中的痛点来刺激他们的需求，否则，这种需求永远是"睡着的"潜在需求。应时、应景非常重要，它们能唤醒用户的认知，将不那么紧迫的需求变成必须马上满足的刚需。

六）创意洞察

经过用户需求洞察和推广策略分析，接下来进入创意洞察阶段。创意洞察指的是基于用户痛点和用户需求，说服和打动用户采取行动，并将用户需求与需要推广的产品关联起来。结合本案例，我重点介绍两种创意洞察方法的操作过程。

第一种：将产品卖点转换成用户利益。

一个残酷的真相是，你用 100% 的精力策划的产品卖点，只有 20% 的用户会看到，其余 80% 的用户只关注卖点与自己的利益关系。卖点只有关联用户的核心利益才能促使其下单，不从用户核心利益出发的卖点无法促成转化。

这款鼻炎喷雾之前的推广文案只罗列了预防鼻炎、清洁鼻腔、修复鼻黏膜、减少治疗副作用等功能，可这些功能和用户有什么关系呢？其他产品也有这样的功能，用户为什么要买这款产品呢？我们必须换一个角度，从用户的角度来考虑。例如，我们可以告知用户，在感冒鼻塞时，这款产品能帮他10秒疏通鼻塞；在晚上睡觉时，这款产品能让他不打喷嚏、不流鼻涕，让一家人都睡个好觉；在见客户时，这款产品能让他不用反复揉鼻子，不会被扣印象分。只有转换成用户利益的视角，我们才能进一步将产品与用户关联起来：首先，刺激和强化用户的疼痛感，激发其更为强烈的需求；其次，告知明确的利益，消除用户的焦虑和痛苦，让用户马上就想购买产品。

我的方法是通过产品特性、可以解决的问题、用户利益3个因素，将产品卖点与用户利益关联起来。例如，产品特性是"喷完鼻子立马通气"，可以解决的问题是"鼻子堵塞不通气"（从图5-18的需求图谱中可知，这很可能是鼻炎患者最典型的症状），用户利益是"呼吸立即通畅"。在具体的文案中，我们可以通过修辞、场景化联想、关联、具象化等方式来呈现上述3个因素。

第二种：对产品卖点进行排序。

说服的目的是让用户相信你，只购买你的产品。否则，虽然用户痛点被你刺激了，但是你的产品说服力不够大，用户转而购买其他产品，这是白白替他人教育市场，"为他人作嫁衣裳"。

说服策略有很多种，我的思路是先对产品卖点进行排序，然后逐一进行针对性说服，强化利益、消除阻碍，从而引导用户成交。

在本案例中，基于用户需求洞察，我了解到目标人群在购买产品时主要关注以下3类问题。

- 效果：担心产品没效果。
- 安全：担心产品有激素。
- 使用体验：担心产品用起来麻烦、痛苦。

接下来，我对产品卖点进行了排序，如表5-4所示。

表5-4 产品卖点排序

产品卖点	逻辑重要性	驱动购买重要性
功效佐证	高	★★★★★
权威背书	高	★★★☆☆
产品原料特性	中	★★★
用户案例	高	★★★★
气味体验	中	★★★☆
产品价格	中	★★

经过综合分析，最终的产品卖点排序确定为"功效佐证＞权威背书＞安全性＞使用体验（用户案例和气味体验）＞产品原料特性＞性价比（产品价格）"。

三、文案实例

基于一系列洞察和分析，我完成了推广文案的优化。受到篇幅的限制，下面只简要介绍几个重点。

一）标题

优化后的推广文案的标题是"鼻炎界的'印度药神'！传承 440 年的草本配方，10 秒疏通鼻塞，喷一喷舒服一整天！小孩也能用！"其中，"鼻炎界"突出了目标用户群体，"印度药神"借势热点（当时电影《我不是药神》正在热映），"10 秒疏通鼻塞"是产品诉求，"喷一喷舒服一整天"是用户利益，"小孩也能用"突出安全性（这一点使用了"关联法：媲美第一"的创意技巧，用户通常认为给儿童用的药品毒副作用更小、更安全，指出小孩也能用这款产品，用户会自然而然地产生"安全"的认知，这比直白地说"安全、无添加"这种陈词滥调更新颖、更巧妙，用户的感受也更加具象和直接。

二）开篇

"秋天来了，没有那么燥热了，但对于鼻炎患者来说，痛苦才刚刚开始……鼻子不通气，一会儿左鼻孔，一会儿右鼻孔，一会儿两个鼻孔都堵住了……同事是一个老鼻炎患者，每年 9 月前后，他的鼻炎都会加重，尤其是阴天下雨时，不仅打喷嚏、流鼻涕、鼻子不通气，说话也嘟嘟囔囔，就像感冒永远好不了一样，在部门开会时，他一直揉鼻子、擤鼻涕……"

在这个开篇中，"秋天来了"直接点出当下的季节，唤醒用户的感知；"同事是一个老鼻炎患者……"这段用户画像中描述的同事是杜撰的，不过这种故事化、场景化的描述具有很强的真实感，可以巧妙地让用户产生代入感，顺着文案的引导读下去，如果一上来就生硬地推销产品，那么用户很可能立即"用脚投票"，避之而不及。

接下来，文案进一步描述"一天一包纸巾都不够，鼻子擦得又红又疼""流鼻涕、打喷嚏，夜里一家人都没法好好睡""上班挤地铁忘带纸巾，一路憋下来差点缺氧""严重的时候，头上像戴了一个紧箍咒，脑袋简直要炸开"。这些描述基于真实的用户洞察，描述的情形是用户的高频痛点，用户读起来句句"扎心"，疼痛感立马被唤起。此外，我没有直接写出痛点，而是结合具体场景描述痛点，并且没有用"难受得不行"等主观描述，而是用具体动作和感受（如"揉鼻子、擤鼻涕""脑袋简直要炸开"等）来描述。这样描述，用户更容易产生代入感，引发共鸣。

三）引出产品，说服和打动用户

把用户痛点、竞品不足渲染得差不多以后，文案就要引出产品了："对比一下，缓解鼻炎的最佳产品是鼻炎喷雾，轻轻一喷，杀掉鼻腔细菌，鼻子立马通畅！又方便，又有效！"

注意，我没有直接说"最好的产品是××产品"，而是说"缓解鼻炎的最佳产品是鼻炎喷雾"，先指出鼻炎喷雾这个大品类；再过渡到推广产品"给你推荐一款好用又不贵的鼻炎喷雾"，让用户觉得我测评了很多款鼻炎喷雾，才选出了这一款；最后，展示推广产品的"超级卖点"和"信任状"，给用户足够多的购买理由，从而有效地进行说服和打动。在文案中，我通过世界卫生组织报告、北京耳鼻喉医院专家推荐，竞品的负面报道、推广产品与竞品的对比，购买过推广产品的用户反馈和体验，获得 ISO 和 GMP 认证等，来增加推广产品的说服力。

四）引导用户下单

引导用户下单的技巧包括代入负面场景、罗列正当消费理由、改换心理账户、买赠优惠刺激等，文案中的"在外面吃一顿饭的钱，就能让你远离鼻炎困扰。和曾经花的冤枉钱比起来，这个价格可以说是良心价了。朋友们真的没必要为了省几块钱而购买含有激素或无效的产品，健康才是最贵的"使用的就是改换心理账户的技巧，让用户从"在外面吃饭"的心理账户中取出 100 块钱用于治疗鼻炎。100 块钱对于"在外面吃饭"的心理账户来说不算太贵，更容易引导用户做出购买决策。

✪ 本章知识点思维导图

第五章知识点思维导图如图 5-22 所示。

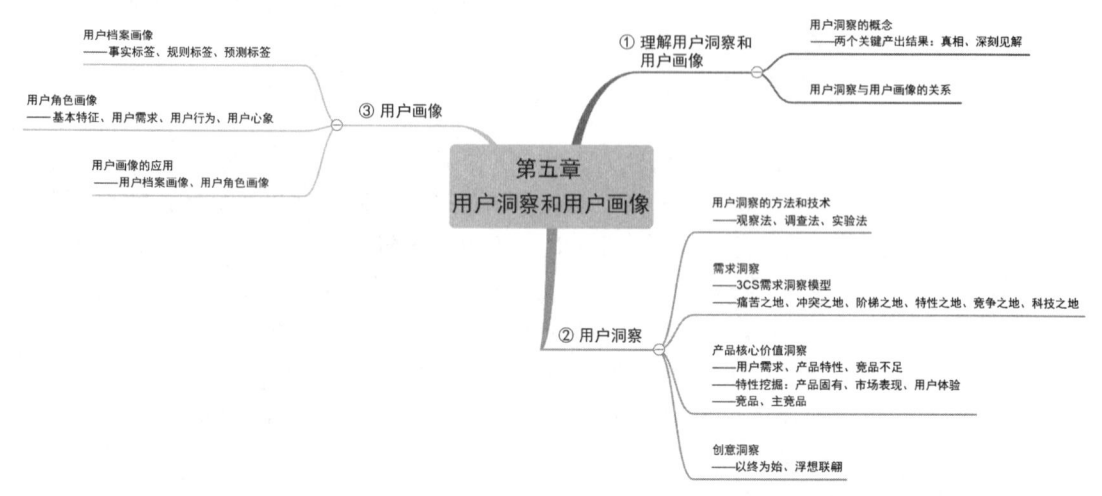

```
用户档案画像
  ——事实标签、规则标签、预测标签
用户角色画像                                    ① 理解用户洞察和      用户洞察的概念
  ——基本特征、用户需求、用户行为、用户心象         用户画像              ——两个关键产出结果：真相、深刻见解
                              ③ 用户画像                           用户洞察与用户画像的关系
用户画像的应用
  ——用户档案画像、用户角色画像         第五章
                                用户洞察和用户画像      用户洞察的方法和技术
                                                    ——观察法、调查法、实验法
                                                   需求洞察
                                                    ——3CS 需求洞察模型
                                                    ——痛苦之地、冲突之地、阶梯之地、特性之地、竞争之地、科技之地
                              ② 用户洞察            产品核心价值洞察
                                                    ——用户需求、产品特性、竞品不足
                                                    ——特性挖掘：产品固有、市场表现、用户体验
                                                    ——竞品、主竞品
                                                   创意洞察
                                                    ——以终为始、浮想联翩
```

图 5-22　第五章知识点思维导图

第六章

用户增长的数据分析与信息技术

✪ 本章导读

今天的用户增长是由数据分析与信息技术驱动的。它们在用户增长中扮演什么样的角色？它们是如何驱动用户增长的？我们需要重点掌握哪些有关数据分析与信息技术的知识呢？本章将回答上述问题。

✪ 学习目标

通过对本章的学习，读者可以了解以下内容：数据和 DIKW 信息层次模型的概念，数据的概念和分类，数据驱动增长的具体表现；数据分析过程，包括数据的收集、清洗、分析、洞察等；用户增长领域的重要数据系统；线上、线下的各种流量来源追踪技术，不同生态中的用户身份识别技术；搜索引擎推广的基础知识；程序化广告的基础知识；等等。

6.1 数据分析在用户增长中的应用

6.1.1 数据的概念和分类

1. 数据和 DIKW 信息层次模型

如图 6-1 所示，DIKW 信息层次模型[①]包括数据（Data）、信息（Information）、知识（Knowledge）、智慧（Wisdom）。

- **数据**。数据指的是未经组织、加工的原始资料，是可用于推理、讨论或计算的事实。如果不进一步处理和分析，数据就难以产生价值，也难以被理解和应用。

---

① DIKW 信息层次模型的原型最早可以追溯到英国诗人艾略特。20 世纪 30 年代，他在一首题为《岩石》的诗中发问："我们在知识中失去的智慧去了哪里？我们在信息中失去的知识去了哪里？" 20 世纪 80 年代，美籍华裔地理学家段义孚将"数据"加入这个思辨模型，形成了完整的 DIKW 信息层次模型。

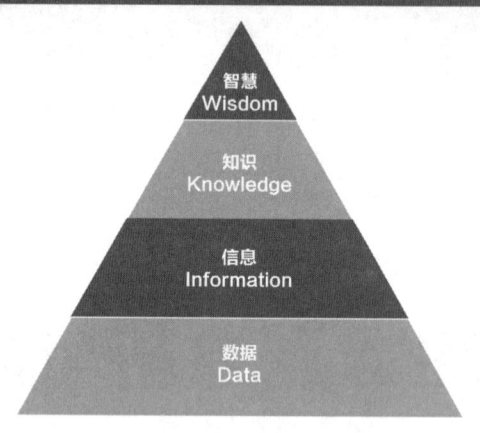

图 6-1 DIKW 信息层次模型

- **信息**。信息指的是经过处理、组织、结构化，或者因为显示在给定的上下文中而产生价值的数据。也就是说，如果对某个数据（或与其他数据联合起来）进行分析，并从中获取其含义、为其提供语境，就能形成信息。著名组织理论家罗素·艾可夫提出："数据是表达事物属性的符号，为增加有用性而被处理的数据组成信息。两者的区别不是结构性的，而是功能性的。"从这一意义上讲，信息（对人脑有意义的信息）来源于数据且高于数据，数据需要解释才能成为信息。
- **知识**。知识指的是通过学习、感知或发现，对某个人、地方、事件、想法、问题、做事的方法或其他任何事物的熟悉和认知，是通过对概念的理解、学习和对经验的认知而认识事物的状态。简单来讲，知识意味着对某个实体有自信的理论上或实践上的理解，以及用其达到特定目的的能力。信息、经验、直觉互相结合，形成知识，这些知识可能会根据人的经验得出推论、形成见解，可以帮助人们做出决定、采取行动。此外，知识可以被传授。
- **智慧**。智慧指的是运用经验和知识做出明智决定或正确判断的能力，是基于知识、经验、感知、记忆、联想、理解、情感、分析、归纳、演绎等形成的综合能力系统，表现为对事物的深刻认识和远见，体现为一种卓越的判断力。基于同样的数据、信息、知识，不同的人会形成不同的智慧。智慧是内生的，它可以被启迪，但难以被传授。

上述概念理解起来可能比较抽象，下面我们通过一个例子来进一步理解它们。

"HCG""16.8"是数据，它们被记录在一张表单中。如果只看这两个数据，那么我们很难明白它们是什么意思，因为缺乏有意义的信息。

"HCG=16.8IU/L"是信息，它被记录在一张由医院出具的血样检测清单上。与上述数据相比，"16.8"被标上了单位"IU/L"，而且与"HCG"建立了关系（等于），表示"某个叫作HCG的指标的数值是16.8IU/L"。

"我的妻子怀孕了"是知识。有了更多有意义的信息，数据就能被转换为知识。例如，我问了医生，医生说 HCG 是人绒毛膜促性腺激素指标，可用于测试女性是否怀孕，如果怀孕7～10 日，那么血样中的 HCG 数值将大于 5IU/L；如果怀孕 30 日，那么 HCG 数值将大于100IU/L；如果怀孕 8～10 周，那么 HCG 数值为 50 000～100 000IU/L。妻子的 HCG 数值为16.8IU/L，大于 5IU/L，可以断定她怀孕了，并且处于怀孕初期。这些信息和医生告诉我的信息结合在一起，成为我的知识的一部分，医生也将一部分知识传授给了我。通过这些知识，我明白了什么是 HCG 指标，以及该指标在孕期各个阶段的表征意义。

"我应当更加努力地赚钱"是智慧。我之所以会形成这种智慧，是因为认识到妻子怀孕后工作必然会受到影响，宝宝出生后会增加家庭开销，而我目前的收入还不太理想。基于这些知识，我决定加倍努力地工作，赚取更多的收入，为家庭做出更大的贡献，让我们的生活更加美好。这就是智慧，它源于知识、经验、情感、价值观、自我认知等复杂的因素。由于每个人对它们的体验和觉知是不一样的，因此形成的智慧呈现出巨大的差别。同样基于"妻子怀孕了"这个知识，在其他人的心智中可能会形成截然不同的智慧，如"妻子好不容易怀孕了，真是喜从天降，我决定辞去工作，形影不离地陪伴在妻子身边，安心守候着她和我们即将诞生的宝宝"。

总之，数据是最原始、最底层的事实记录。这些事实记录的价值不能根据其本身来判断，如果只有数据，就无法得到更高级的洞察，必须对数据加以处理，使其变成信息、知识、智慧，我们才可以不断地在更高的层次上认知事物，数据也才能产生价值。

2．数据驱动增长

数据驱动增长，顾名思义，就是增长被数据驱动，就像汽车被导航、发动机、方向盘共同驱动着行进一样，导航提供行进方向，发动机提供行进动力，方向盘提供行进纠偏功能。

具体地说，在用户增长业务中，数据驱动增长主要体现在以下4个方面。

- **决策**：基于对数据的分析，辅助做出增长决策。例如，企业应当进入哪个细分市场，如何确定产品核心价值，制定什么样的增长战略和策略，如何选择渠道，如何分配推广预算，如何实现国际化发展，等等。
- **执行**：将数据直接应用于执行策略。例如，将优质种子人群数据导入DMP进行相似性拓展，有针对性地推广获客；通过Epsilon递减策略"一边探索，一边利用"的机制，基于测试数据动态优化相关策略的效果；在oCPC（optimized Cost Per Click，优化的CPC）广告模式中，基于数据完成智能化出价和投放效果优化；基于用户数据进行自动化营销、个性化推荐；等等。
- **监控**：在执行策略的过程中发挥监控和预警作用。例如，在投放品牌广告的过程中进行品牌安全的动态识别和监控，对非正常流量进行辨识、监测和排除；在社交舆情数据中对品牌的负面信息进行监测和预警；对网站的异常流量进行监控和预警；对即将流失的用户进行预测和预警；等等。
- **优化**：基于执行策略后的数据，产出新的洞察，优化新的策略和执行过程，形成良性循环。例如，在广告推广后对不同的广告创意效果进行对比和检视，优化后续的广告设计和制作；对网站的异常流量数据进行复盘和分析，优化渠道；等等。

3．数据的分类

按照不同的角度，我们可以对数据进行不同的分类，下面介绍用户增长领域常见的几种分类。

1）按照数据量分类

- **大数据**又被称为巨量资料，指的是传统数据处理应用软件不足以处理的更大或更复杂的数据集，尤其是来自众多数据源的数据。这些数据集非常庞大，传统的数据处理应用软件无法处理它们，其中的海量数据可以帮助解决以前无法解决的业务问题。道格·莱尼指出大数据具有3个特点，分别是量（Volume，数据容量越来越大）、速

（Velocity，数据量增长速度和需要的处理、响应速度越来越快）、多变（Variety，数据类型和来源越来越多样化），合称"3V"。处理大数据需要特殊的技术，如大规模并行处理数据库、数据挖掘、分布式文件系统、分布式数据库、云计算平台、互联网和可扩展的存储系统等。
- **小数据**又被称为个体资料，指的是将人们与及时、有意义的见解联系起来，并经过组织和打包的数据（通常是可视化的），以便人们访问、理解和执行日常任务。

表 6-1 所示为大数据和小数据的主要区别。

表 6-1 大数据和小数据的主要区别[①]

大　数　据	小　数　据
重预测	重解释
重发现	重实证
重相关	重因果
重全体	重抽样
重感知	重精确

2）按照结构形态分类
- **结构化数据**指的是通常包含在行和列的数据库中，并且其元素可以映射到固定的预定义字段中，因而最易于搜索和组织的数据，如在 Excel 或关系数据库中存放的数据。在通常情况下，结构化数据是用结构化查询语言进行管理的。
- **非结构化数据**指的是不能包含在行和列的数据库中，并且没有与其相关联的数据模型的数据，如照片、视频、音频、卫星图像等。缺乏结构使非结构化数据难以被搜索、管理和分析。与结构化数据不同的是，非结构化数据通常存储在 NoSQL 数据库、数据湖、应用程序中。
- **半结构化数据**指的是结构化数据和非结构化数据的混合体，如网页、电子邮件、可扩展标记语言文档等。其数据类型虽然具有某些一致的特征，但是不符合关系数据库要求的严格结构。

3）按照数据来源分类
- **第一方数据**指的是企业自有的数据，即在商业过程中，企业直接从用户中收集的数据（如用户资料、销售数据、转化数据、广告点击数据、用户与企业的互动数据，以及其他的用户行为数据等）。在合法的情况下，第一方数据完全受企业自主支配。因为第一方数据的所有者往往在广告投放行为中担任"甲方"的角色，所以第一方数据也被称为甲方数据。
- **第二方数据**指的是企业与其他合作伙伴进行业务合作的过程中产生或使用的数据（这些数据对合作伙伴来说是第一方数据）。例如，广告主在某个媒体上投放广告的过程中，可能会使用该媒体 DMP 的数据，在投放广告的过程中新产生的广告展现、广告点击、受众属性等数据，对广告主来说是第二方数据。
- **第三方数据**指的是第一方数据、第二方数据以外的数据，即由与用户没有任何直接联系的实体收集的数据。例如，从数据交易市场中依法购买的数据通常属于第三方数据。

---

① 提出者为沈浩。

4）按照数据性质分类
- **定性数据**又被称为分类数据或分类变量，指的是虽然难以测量，但是可以主观观察的特征和描述，如气味、味道、质地、魅力、颜色、观点、态度、情感、需求、动机等。
- **定量数据**又被称为数值数据或数值变量，指的是可以客观测量的数字和事物，如高度、宽度、长度、温度、湿度、价格、面积、体积等。

5）按照用户特征分类
- **属性数据**指的是用户的人口统计特征、人身环境特征等数据，如年龄、性别、使用设备、浏览器环境等。
- **行为数据**指的是用户的行为产生的数据，如浏览、点击、下单、活跃程度等。
- **心理数据**指的是可以反映用户心理特征的数据，如品类偏好、风险类型、满意度评价等。

6）按照数据主体的描述尺度分类
- **个体数据**描述的对象是个体用户，如某个用户的数据。
- **群体数据**也被称为人群包数据，描述的对象是群体用户，如某个群体的数据。

6.1.2 数据分析过程

1. 流程

数据分析必须坚持"以终为始"的原则和明确的业务导向，它是解决业务问题的手段，而非目的。就像"顺着手指的方向，可以看见月亮"一样，"看见月亮"才是最终目的。

在用户增长领域，数据分析的常见业务场景有用户洞察、A 类增长任务、B 类增长任务等。用户增长数据分析的流程如图 6-2 所示。

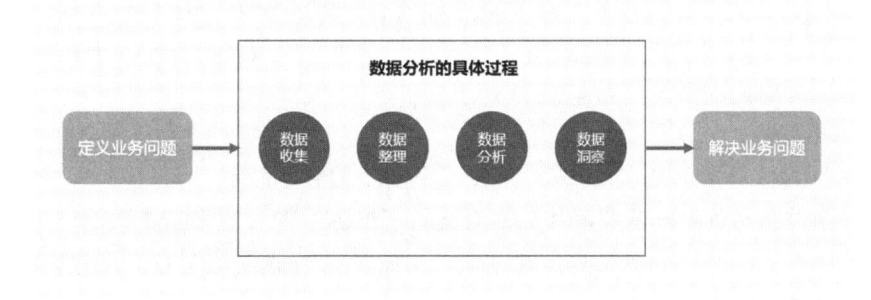

图 6-2 用户增长数据分析的流程

- **定义业务问题**指的是数据分析作为驱动增长的手段，必须基于特定的业务场景，我们在进行数据分析之前应当定义业务问题。定义了什么样的业务问题，决定了我们应该收集什么样的数据、如何对其进行分析、需要从中产出哪些业务洞察等。
- **数据分析的具体过程**指的是获取数据并对其进行处理和分析，从中产出业务洞察的过程，主要分为数据收集、数据整理、数据分析、数据洞察 4 个阶段。
- **解决业务问题**指的是基于数据分析形成解决业务问题的策略，并对策略进行验证，最终通过有效的策略解决相关业务问题，形成闭环。

关于定义业务问题、解决业务问题的内容，上文已经介绍得比较详细了，本章重点探讨与数据分析有关的内容，即图 6-2 中的方框部分。

2. 数据收集

在用户增长领域，常见的数据收集触点如下。

- 企业的客户关系管理系统，如 CRM 系统、SCRM 系统等。
- 企业的网站，如 Web 端网站、WAP 端网站、H5 页面等。
- 企业的 App。
- 企业的客服中心，如网站或 App 的客服系统、呼叫中心等。
- 官方社交账号，如微信订阅号、服务号，微博账号，领英账号，Meta 账号等。
- 官方业务平台，如企业微信、小程序、钉钉等。
- 官方自媒体账号，如今日头条、知乎、凤凰网、百家号、企鹅号等账号。
- 线上推广活动，如广告投放、裂变推广等。
- 可以与线上关联的线下推广活动，如线下会议、会展、用户调查等。
- 专业数据资源，如国家统计局、百度、易观、数据观、新榜、艾瑞网、知乎等。

下面重点介绍几种常用的数据收集方法。

1）企业的 CRM 系统

企业的 CRM 系统（包括 SCRM 系统）通常具有强大的数据管理功能。不过，CRM 系统中的数据只是某个业务侧面的数据，经常需要与其他数据进行整合分析，主要通过以下两种方式来实现。

（1）系统之间的集成（如服务器对服务器、软件开发工具包、应用程序接口等）：这种方式需要由技术人员操作。

（2）手工导出：增长运营人员先用 Excel 或 TXT 文件的形式导出 CRM 系统中的数据，再把数据导入目标平台进行整合（如导入 GA），实现与网站或 App 之间的数据集成打通，从而形成更有价值的洞察。有些目标平台对数据导入有一定的限制，以 GA 为例，每个媒体资源导入 GA 的数据集数量的上限是 50 个，每天导入次数的上限是 50 次，上传文件不能超过 1GB，不允许导入用户的个人身份信息。

2）企业的网站

企业的网站具体包括 Web 端网站、WAP 端网站、H5 页面等。

企业一般通过在网页中部署监测代码（Tracking Pixel）的方式来收集数据，之所以被称为"Pixel"（像素），是因为网站分析工具是通过一个 1 像素×1 像素的透明 GIF 图像来收集数据的。

部署监测代码的基本步骤如下。

第一步，选择网站分析工具，如 GA、百度统计等。

第二步，在网站分析工具中提交网站域名等基本信息，申请 JavaScript 监测代码。需要注意的是，使用哪一种工具来监测，就部署哪一种工具的监测代码，如使用 GA 就部署 GA 的监测代码。如果同时使用多种网站分析工具，就同时部署它们的代码。

第三步，将监测代码部署至网站的程序代码中。监测代码通常应部署在网站的所有页面上，否则对用户行为数据的监测是不完整的。例如，某网站中有 A、B 两个页面，如果只在 A 页面部署监测代码，在 B 页面没有部署，那么当用户从 A 页面跳转到 B 页面时，网站分析工具就无法得知用户访问了 B 页面。部署监测代码一般需要由技术人员来操作，不过，目前市面上第三方公司开发的网站后台基本上都支持部署监测代码的便捷功能。在如图 6-3 所示的某网站后台中，我们只要将分析工具生成的"电脑 PC 端"代码和"手机移动端"代码复制到输入框中，并单击"确认提交"按钮，就能将监测代码部署到该网站的所有页面上，非常方便。

图 6-3 某网站后台中的第三方代码部署页面

这种基础监测代码只能监测到页面级别的跳转事件（如点击上文 A 页面上的链接后跳转到 B 页面，即网站内链），对于页面内的交互和网站外链是无法监测的。页面内的交互通常有播放音频、视频、flash 和填写表单等，这些交互事件可以在所在页面上发生，不需要在新打开的页面上发生，它们对数据分析非常重要，因而也需要收集。

为了收集事件级别的数据，我们需要部署另一种监测代码，即事件监测代码。这种监测代码无法通过上文的方式来部署，因为监测对象是各式各样的事件，必须提前确定监测事件，才能将事件监测代码部署在对应的位置。例如，希望分析用户播放视频的行为，可以在播放视频的按钮上部署监测代码；希望分析用户添加购物车的行为，可以在添加购物车的按钮上部署监测代码。

在业界，部署监测代码的过程俗称"埋点"或"数据埋点"，具体包括以下 3 种埋点模式。

（1）**代码埋点模式**，即在事件监测位置部署监测代码。显然，这种埋点模式的任务量是十分庞大的，尤其是需要分析的数据比较多时，后期维护的工作量也比较大，如修改、删除代码等。代码埋点通常先由业务人员提出需求，再由技术人员实施，涉及多个部门，容易影响实施效率。如果使用的网站分析工具是 GA，那么可以使用谷歌的 GTM 工具，这是一种非常理想的埋点工具。

使用 GTM 工具，首先需要在网站或 App 中植入 GTM 代码（只需要植入一次），这样就可以设置和操作针对具体事件的监测了。例如，如果需要监测 SMEI 增长学人平台导航栏上的"学科众创"点击事件，那么我们可以在 GTM 工具中添加一个触发器，并设置触发条件，如果 Click Text（自动事件变量）等于"学科众创"，那么系统将记录该点击事件。GTM 工具中的事件监测触发器配置如图 6-4 所示。

然后，我们在 GTM 工具中新建一个跟踪代码，使用上述触发器并提交。这样，GA 就可以监测该点击事件的数据了。GTM 工具中的事件监测代码配置如图 6-5 所示。通过 GTM 工具来埋点，既不需要修改网站代码，也不需要技术人员协助，我们可以非常简便地收集事件跟踪数据。

图 6-4　GTM 工具中的事件监测触发器配置

（2）**可视化埋点模式**，即网站分析工具提供可视化页面的埋点功能。这种埋点模式不需要人为进行代码操作，只需要点选埋点对象。在如图 6-6 所示的可视化埋点页面上，工具自动解析可以埋点的位置，也就是白框标示的地方，业务人员只需要点选相应的事件位置、输入监测点的名称（最好是便于理解和管理的名称）、单击"保存"按钮，剩下的事情交给工具来完成。虽然业务人员还是要一个个点选，但是已经比部署监测代码简单多了，关键是不需要技术人员协助就能操作，减少了对其他部门的依赖，大大提高了效率。

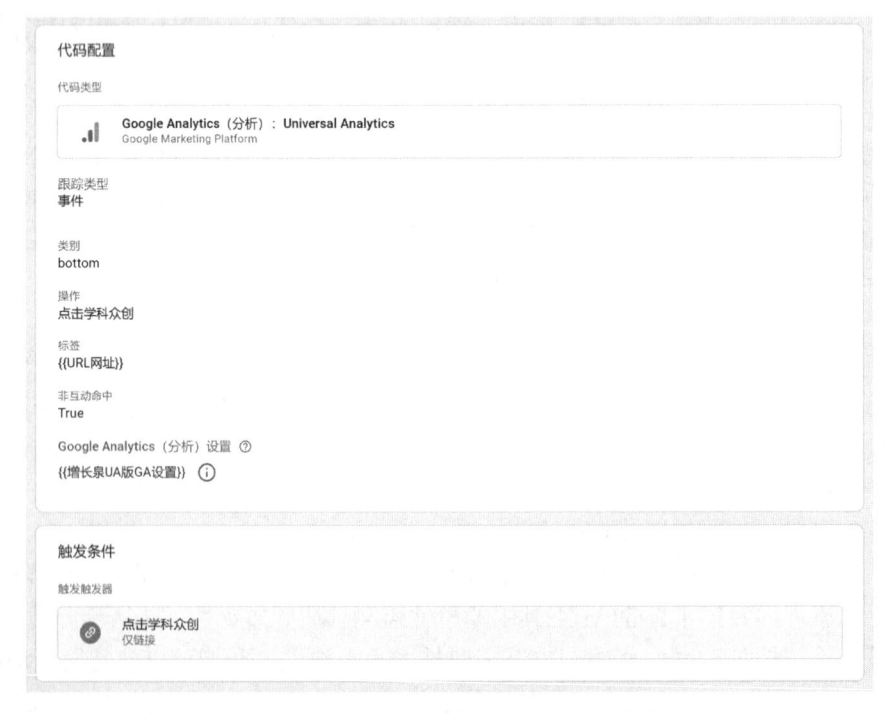

图 6-5　GTM 工具中的事件监测代码配置

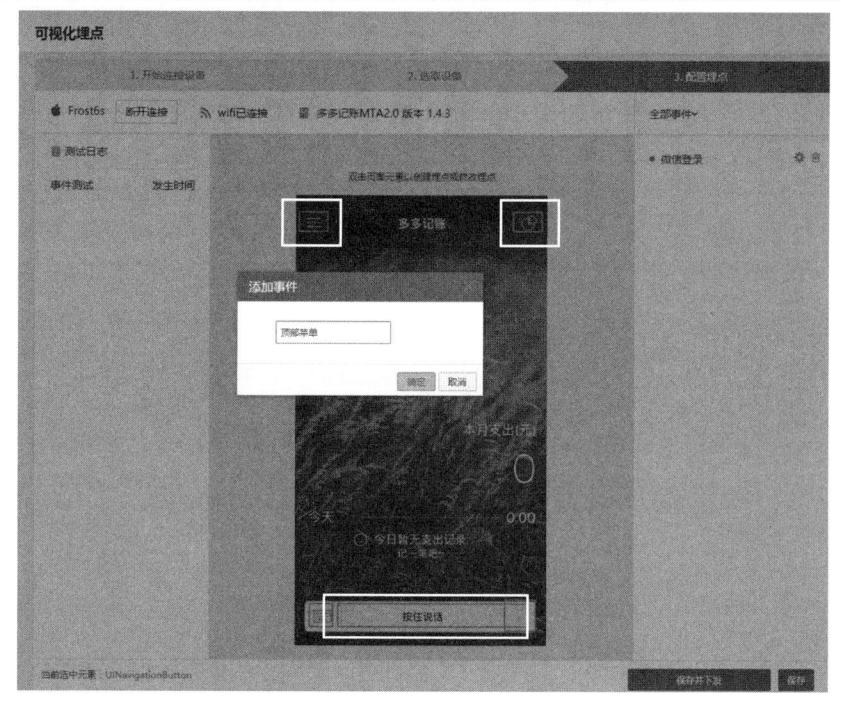

图 6-6　可视化埋点页面

（3）**无埋点模式**，顾名思义，就是不需要埋点即可收集事件数据。其原理是记录用户的所有事件，并保存到服务器中，在需要分析的时候，由分析工具计算出分析结果。分析工具既能生成一些常规的模板化数据报告，也支持用户自定义分析报告。这种埋点模式的优点是既不需要部署监测代码，也不需要点选事件位置，并且支持回溯（因为所有记录都被保存起来了）。不过，它的缺点也是比较明显的，由于保存了所有事件数据，因此非常消耗存储和带宽资源。"羊毛出在羊身上"，这些资源的成本最终要由用户承担，因而收费较高。

需要说明的一点是，上述 3 种埋点模式都需要先部署基础监测代码（包括无埋点模式），这是一个绕不过去的环节。

表 6-2 所示为 3 种埋点模式的对比。

表 6-2　3 种埋点模式的对比

埋点模式	埋点方式	技术原理	优势	劣势
代码埋点模式	手工部署基础监测代码和事件监测代码	在网站或 App 中部署分析工具的 JavaScript 代码或 SDK 代码，在用户访问时，代码被启动，并将流量、用户行为或环境信息传送至分析服务器	• 准确度高。 • 可自定义获取的数据。 • 事件属性丰富	• 技术门槛高（事件监测代码）。 • 工作量较大，容易出错
可视化埋点模式	手工部署基础监测代码，点选需要监测的交互内容	• 通过分析工具的插件实现可视化埋点。 • 基于分析工具的监测，在用户交互时向服务器报送数据	• 部署简单。 • 操作直观	• 有一定的工作量。 • 改版后必须重新定义事件。 • 不适用于监测不可见的交互内容
无埋点模式	手工部署基础监测代码，无须部署事件监测代码	• 监测全部交互事件并收集数据。 • 按需生成分析报告	• 部署简单。 • 可实现数据回溯	• 精确度较低。 • 工作量较大，服务器负担重

3）企业的 App
- **原生 App**。原生 App 中的数据收集方式与网站基本相同，也需要部署基础监测代码和事件监测代码，不过部署的基础监测代码不是 JavaScript 代码，而是 SDK。SDK 是一系列程序接口、文档、开发工具的集合，所以叫作"工具包"。与网站监测代码一样，SDK 也是由分析工具提供的，使用哪一种分析工具，就在 App 中嵌入哪一种分析工具的 SDK。
- **App 中的网页**。除了原生 App，还有网页 App 和在原生 App 中嵌入网页（H5 页面）的 App。和网站一样，App 中的网页也使用 JavaScript 代码来监测。不过，由于对 App 的监测是通过 SDK 完成的，因此仍然需要调用 SDK 接口来实现数据的传送。也就是说，SDK 相当于数据传送的"总管家"，不但负责 App 的数据传送，而且负责 App 中的网页数据传送。

和网站一样，基础监测代码只能采集 App 中一些粗颗粒度的数据，事件级别的数据采集同样需要埋点，埋点模式也是代码埋点模式、可视化埋点模式、无埋点模式 3 种。

> **小贴士　原生 App、网页 App、混合 App**
>
> - **原生 App**。
>
> 原生 App 指的是专门为移动设备开发的应用程序，通常利用操作系统平台（如 Android、iOS、鸿蒙）官方的开发语言、开发类库、开发工具、UI 框架等进行开发。用户通常在移动设备的应用商店中下载和安装原生 App，并通过移动设备主屏幕中的图标访问原生 App。原生 App 可以充分利用移动设备的资源，如 GPS（全球定位系统）、摄像头、指南针、联系人列表、消息通知系统等。
>
> - **网页 App**。
>
> 网页 App 指的是经过移动优化的网页，本质上并不是真正的应用程序，尽管二者看起来很像。网页 App 通过移动设备中的浏览器来运行，用户不需要下载和安装它们。网页 App 通常以 H5 页面的形式来编写，用户可以像访问任何网页一样访问它们。网页 App 可以利用移动设备的部分资源，如 GPS、摄像头等，不过不支持在后台运行的通知、复杂的手势等。
>
> - **混合 App**。
>
> 混合 App 指的是原生 App 和网页 App 混合的 App，用户需要下载和安装它们。
>
> 在混合 App 中，主体是原生的，之所以引入网页，是因为用网页承载某些需要经常更换的内容比较简单。当网页内容更新后，用户只要在移动端刷新即可，不需要更新 App，这样既不影响 App 的版本，也不需要在各大应用商店中重新上传 App。
>
> 网页 App 或 App 中的网页有一些弊端，主要是在用户打开的时候需要临时从网页服务器上下载和加载，刷新的速度通常比直接从本地（如手机）唤起网页慢。

4）企业投放的广告

广告媒体端的数据（如展现、点击等）主要是通过部署监测代码来采集的，对网站形态的媒体部署 JavaScript 代码，对 App 形态的媒体部署 SDK 代码。当然，媒体是否支持部署监测代码，取决于双方的具体合作情况。

有一种特殊情形是，如果触发物（如广告物料）是图片，我们就无法使用监测代码。为了解决这个问题，我们可以采用 URL 跳转的方式。其主要原理是在图片的 URL 尾部附加一段特殊的标识参数，当用户在终端上打开网页时，该触发物并不是从真实地址下载并加载于用户终端上的，而是先访问分析工具服务器，该触发物的相关信息随着 URL 附加的尾部参数一并传递至分析工具服务器，再从分析工具服务器跳转至真实的触发物地址，并进行下载和加载，最后在用户面前呈现该图片广告。这个过程非常快，用户基本上不会察觉。图片广告的跳转原理如图 6-7 所示。

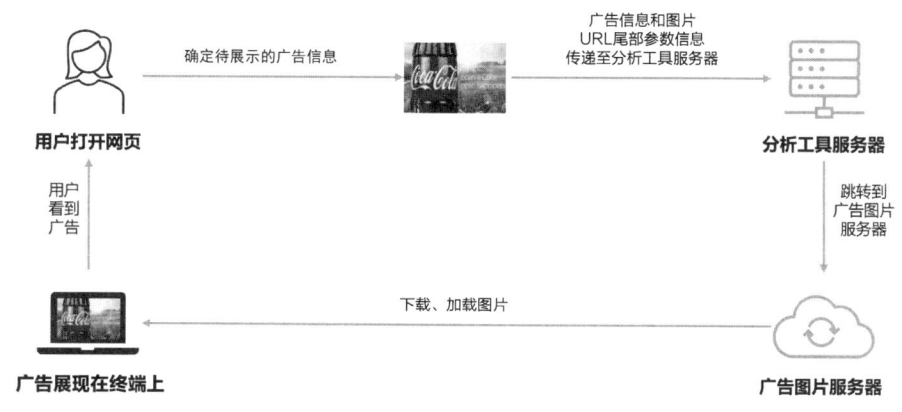

图 6-7　图片广告的跳转原理

5）第三方平台
- **微信公众号**相当于自带浏览器的网站，公众号中主要有两种网页：一种是微信官方提供的网页（上面一般有微信官方标识），这种网页直接在公众号后台来建立和管理；另一种是企业开发的 H5 网页。前者无法部署监测代码，只能使用微信官方提供的统计数据；后者可以通过部署监测代码的方式来收集数据。
- **微信小程序**可以被视为网站，也就是说可以通过网站方式来收集数据。
- **第三方平台用户触点**，如今日头条、百家号、企鹅号等资讯平台，淘宝、京东、拼多多等电商平台，抖音、微博等社交平台，企业微信、钉钉、腾讯会议等业务平台。企业在第三方平台中开设官方账号进行触点运营时，要想获得相关数据，通常只能使用官方提供的统计数据，无法在这些平台中埋点。
- **专业数据资源**，如国家统计局、谷歌指数、百度指数、易观、数据观、新榜、艾瑞网、知乎等，企业既可以直接收集数据，也可以通过商业合作定制相关数据服务。

3. 数据收集技术
- **埋点技术**，即上文介绍的通过埋点来收集用户行为数据。
- **网络爬虫**又被称为网页蜘蛛、网络机器人，是一种按照一定的规则自动抓取网页数据的程序，能够抓取的数据包括网页文本、图片、视频等，市面上有很多种网络爬虫工具。
- **观察和调查**，如自然观察、问卷调查、访谈等。
- **API**（Application Programming Interface，应用程序接口）指的是一些预先定义的函数，应用程序可以通过它们访问特定系统中的资源，实现信息系统之间的通信。同时，API 也是一种中间件，可以为不同平台提供数据共享功能，在 SDK 中通常包含 API。

329

- **其他技术**，如 Wi-Fi 探针技术可以在距离用户一定范围内探测其网络设备，并获取 MAC 地址数据；神经元传感技术，如眼动、脑电、皮电技术等。

前 3 种技术是增长运营人员经常使用的技术，应当重点掌握。

4．数据整理

数据整理也被称为数据预处理或数据准备，指的是将原始数据处理为更适合分析、更有价值、有格式的就绪数据的过程。

在数据收集的过程中，通常有 3 个因素会影响数据质量，分别是数据的准确性、完整性、一致性（其他影响因素还有数据的及时性、可信度、均匀性、可解释性等）。数据整理的任务是尽可能消除影响因素，将"脏数据"变为"干净数据"。数据整理的 4 项主要任务分别是数据清洗、数据集成、数据缩减、数据转换，如图 6-8 所示。

数据整理非常消耗时间，其工作量一般占整个数据分析过程的 50%～80%。

1）数据清洗

（1）保证数据的唯一性。

- **去重**，即去除重复的数据。

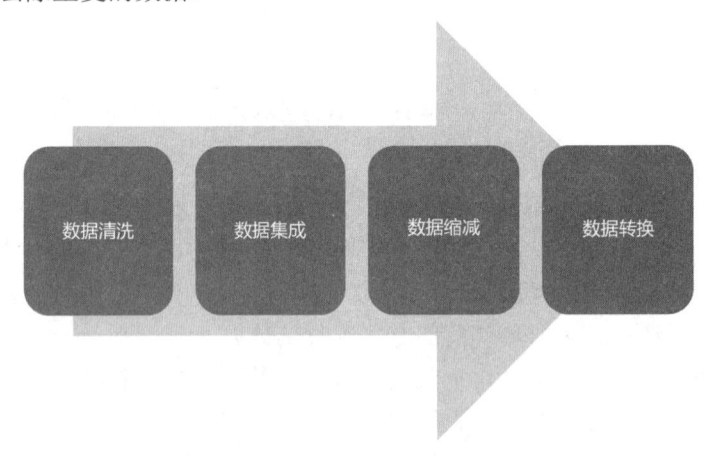

图 6-8　数据整理的 4 项主要任务

- **统一规格**，即统一数据统计的名称、规格、度量等，如折算后对不同的支付货币金额进行统一计算。
- **整合**，即对同一对象的不同称呼进行整合，如归并 SMEI 的数据与 Sales & Marketing Executives International 的数据。

（2）对缺失数据进行清洗。

- **填充**：既可以基于业务知识或经验推测进行填充，也可以根据数据的分布情况，采用均值、中位数、众数等进行填充。如果数据分布均匀，那么采用均值进行填充；如果数据分布倾斜，那么采用中位数进行填充，或者用模型计算代替缺失值，如回归法、极大似然估计法，或者采用插补法进行填充，如随机插补法（从总体中随机抽取几个样本代替缺失样本）、多重插补法等。
- **去除**：对于在数据集中仅占较小比例的缺失数据，或者某行数据中包含多个缺失值，或者不太重要而缺失率较高的数据，我们可以删除或忽略。

（3）对逻辑异常的数据进行清洗。

- **奇异值**，如出生日期字段错填成年龄，身份证号字段错填成手机号，出现年龄 200 岁、月收入 90 000 万元等奇异值。对于奇异值，我们应当进行校正或用合理值替代，如果不影响样本的最终统计分析，那么可以去除它们。
- **依赖冲突**，某些数据字段之间存在依赖关系。例如，城市与邮政编码之间应该存在对应关系；调查问卷中的第 5 个问题是"你是否会向家人、朋友推荐我们的产品"，如果用户回答"否"，却在回答另一个问题"你最多会向多少人推荐我们的产品"时选了"5～10 人"，就前后矛盾了。
- **数据矛盾**，如在不同的数据源中，对订单数量的统计不一致。
- **数据有效性**，如手机号位数不对、已停机或邮箱地址中无"@"符号等。我们应对一些关键信息进行有效性验证，如在获得了一批用户的手机号后，可以先用工具自动拨号呼叫这些手机号，在不打扰用户的情况下识别手机号的状态（包括是否为正常号码、是否为有效号码、是否关机、在不在服务区等），再进行人工呼叫。

（4）对格式异常的数据进行清洗。

- **格式不一致**，如时间、日期、性别、年龄、出生年月、计量单位、小数位数、计数方法、全半角符号等不一致，我们应该按照统一的格式进行规范性调整。
- **空格、换行问题**，下面介绍 Excel 中的几种实用工具：我们可以通过查找空格并替换的方式去除文本中的多余空格；使用 SUBSTITUTE 函数去除多余空格，函数=SUBSTITUTE(替换区域,被替换的旧内容,新内容,被替换的位置)；使用 TRIM 函数去除单元格内容前后的空格(不会去除字符之间的空格)，函数=TRIM(文本)；使用 LTRIM 函数批量去除单元格内容左边的空格，使用 RTRIM 函数批量去除单元格内容右边的空格。对于空行的问题，方法一是先筛选空白单元格，再选中空白单元格进行删除，最后点击筛选中的"全选"；方法二是定位删除，先选中区域，然后按住 Ctrl+G 组合键，定位"空值"，最后右击选择删除整行；方法三是使用 CLEAN 函数去除单元格中的换行格式，函数=CLEAN(文本)。

2）数据集成

数据集成指的是对多个来源的数据进行整合，将具有不同形式的数据放在一起，并解决数据中的冲突，具体方式包括并表、打通用户 ID、打通线上和线下数据、统一数据视图等。其中，打通用户 ID 主要包括以下两类场景。

一类场景是打通各业务系统（或活动）中相同的用户 ID，不同系统中的用户数据和业务数据可以并表处理。例如，通过多场景数据匹配方式，将网站、CRM 系统、线下活动中的信息形成表与表之间的关联，从而实现对用户的识别和对用户信息的整合。

另一类场景是打通各业务系统（或活动）中不同的用户 ID，对不同的用户 ID 进行映射或关联。例如，对 Cookie 与手机号、Cookie 与设备 ID 进行关联，对手机号与设备 ID 进行关联，对 MAC 地址与设备 ID 进行关联等。

图 6-9 所示为简化的数据集成示意。

3）数据缩减

数据缩减指的是在保持原始数据完整性的同时，对数据集进行精简化表示的过程。

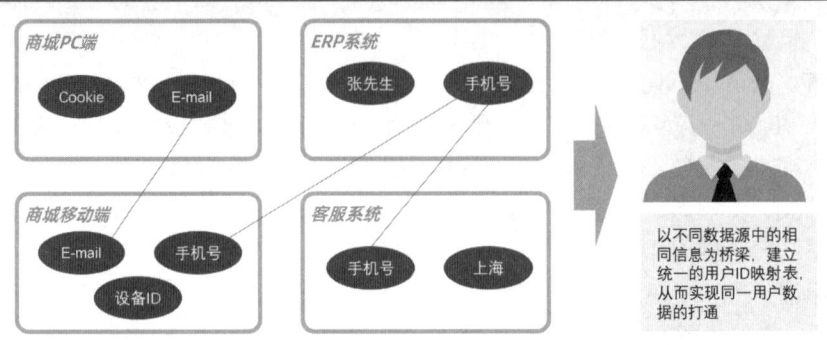

图 6-9 简化的数据集成示意

- 维度约简，即通过特征提取或特征选择的方法，减少原空间的维度，以便进行特征分析和存储，通常需要借助机器学习技术。
- 通过相关分析手动消除多余属性，减少参与计算的维度。
- 通过主成分分析、因子分析等进行维度聚合。
- 通过低方差过滤器、高相关性过滤器等进行过滤。

4）数据转换

数据转换指的是将数据转换为适合分析或建模的形式的过程。

- **变量类型转换**，如将分类变量"男性用户""女性用户"转换为数值变量1、2，将用户的社交言论分类变量"满意""不满意""中性"转换为数值变量1、2、3，将用户的年龄段分类变量"18岁以下""19～25岁""26～35岁""36～50岁""50岁以上"转换为数值变量1、2、3、4、5。
- **数据颗粒度转换**。业务系统存储的一般是明细数据，甚至是基于时间戳的数据，在必要时，我们可对细颗粒度的数据进行聚合。
- **数据泛化**，如使用概念分层，对用户按照年龄段划分为儿童用户、少年用户、青年用户、中年用户、老年用户。
- **脱敏转换**，先对用户的敏感信息进行删除、代替、标签化操作，或者采取加密的方法进行处理，再提供给相关分析机构或工具。
- **属性构造**，基于给定的属性构造新的属性，提高数据的准确率和对高维数据结构的理解程度，或者将多个单一字段提炼为新的复合字段。例如，对非正态分布数据取倒数，从而使转换后的数据更加服从正态分布；将方差数据转换为标准差数据；等等。

需要注意的是，数据清洗（尤其是删除）是不可逆的操作，我们应提前做好副本保存和版本控制等工作，以便在处理失误时恢复数据。

5．数据分析

数据分析的过程主要涉及以下两个层面。

（1）对数据本身特征的分析通常采用数理统计方法，常用的数理统计方法有概率统计和数据的集中趋势（平均数、众数、中位数、百分位数等）、离散趋势（极差、标准差、方差等）。增长运营人员可以利用一些强大的工具进行数据分析，如微软的 Excel、IBM 的 SPSS 等。

（2）对数据代表的业务的分析通常采用以用户为中心的分析方法。

通过上述两个层面的分析，增长运营人员可以获得数据洞察。

6. 数据洞察

数据洞察指的是基于数据分析发现真相或提出深刻见解的过程。用户增长领域的数据洞察主要是指用户洞察，即分析与用户有关的数据，从而获得洞察，第五章中已详细介绍，此处不再赘述。

7. 数据分析的可视化

在对数据进行处理的时候，还涉及数据分析的可视化，即用图表、图形、动图等可视化元素表示信息和数据，以提高识读和理解数据的效率的过程。用户增长领域常用的图表包括饼图、热图、散点图、柱形图、瀑布图、折线图、箱线图、气泡图、桑基图、漏斗图、词云图、雷达图、堆积面积图、交叉列联表、频数分布表、频率分布表等。

"一图胜千言"，对于数据分析的结果，增长运营人员要善于通过可视化的形式来呈现。需要注意的是，可视化并不意味着把图表弄得花里胡哨。图表是表现形式，形式必须服务于目的，即向受众（用户、领导、同事、投资机构等）清晰、生动、恰到好处地展示数据分析的结果，以实现解释说明、说服打动的核心目标。制作图表绝对不是为了炫技，增长运营人员必须先定位目标受众，再根据目标受众设计和制作相关图表。

6.1.3 用户增长领域的重要数据系统

1. 数据存储系统

在用户增长领域，主要有以下数据存储系统。

- **数据库**指的是多个数据集有组织的数据集合。这些数据集通常在计算机系统中以电子方式来存储和访问，从而使数据易于访问、操作和更新。
- **数据湖**指的是所有数据（包括结构化数据、半结构化数据和非结构化数据）的中央存储库。数据湖以非结构化的方式保存数据，各个数据块之间没有层次结构或组织。数据湖以最原始的方式保存数据，不对其进行处理或分析。
- **数据仓库**以有组织的方式存储数据，并以定义的方式对所有内容进行归档和排序，是专门为数据分析而设计的。

三者在应用中的关系如图 6-10 所示。

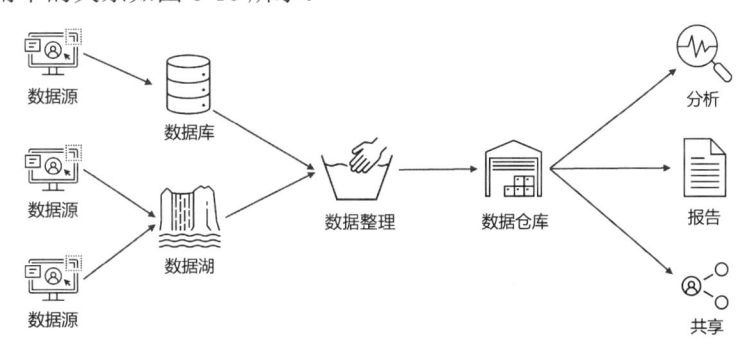

图 6-10 数据库、数据湖、数据仓库在应用中的关系

2. CRM

CRM 指的是客户关系管理，支持客户关系管理的系统被称为客户关系管理系统。

CRM 是美国高德纳咨询公司在 20 世纪 90 年代提出的概念，它与 ERP（Enterprise Resource Planning，企业资源计划）共同构成企业信息化的核心。CRM 系统的功能主要有营销过程中的客户关系管理、销售过程中的客户关系管理、客户服务过程中的客户关系管理。

传统 CRM 系统中的数据一般是离线、静态的数据，在 CRM 蓬勃发展的时代，用户互联网行为分析不像现在这样成熟，可收集的用户行为数据非常少，因而 CRM 系统中的数据主要通过手工方式录入、导入，以及有限的横向系统集成方式。此外，数据的属性也相当有限，一般只包括用户 ID、姓名、地址、联系电话、购买的商品、购买时间、购买金额、售后服务记录，以及对应的企业内部人员姓名等数据。进入传统 CRM 系统的数据主要是潜在用户的数据，一般在获得跟进线索后录入系统、分配跟进人员，而不是像现在这样，在与更广泛的目标受众进行互动的过程中，从各个渠道和触点收集数据，传统 CRM 系统中的很多数据比现在的 CRM 系统数据的营销阶段更加靠前。

传统的 CRM 系统一般以企业本地化部署为主，无法与其他企业的 CRM 系统数据打通、共享，容易形成"数据孤岛"。现在的 CRM 系统已经进化到 SaaS 模式，并且支持更多的客户管理功能。

3. DMP

随着数字化消费行为和 AdTech（Advertising Technology，广告技术）的发展，由数据驱动的广告成为现实，催生了 DMP 系统。

DMP 系统最突出的特点是收集了海量的用户行为数据，以第一方数据为主，也有一部分第二方数据甚至第三方数据，这些数据在驱动广告投放、用户洞察等业务场景中发挥了不可替代的作用。在投放程序化广告时，如果没有 DMP 系统的支持，就无法运转。总之，DMP 系统在用户增长领域有非常广泛的用途和巨大的潜力，下面列举几个常见的 DMP 系统应用场景。

1）老用户召回

例如，广告主拥有一批老用户（可能在其 CRM 系统里），但 CRM 系统无法进行广告投放和促销。在这种情况下，广告主可以筛选高价值的用户，把他们的 ID（如手机号）提交到广告媒体的 DMP 系统中，针对这群用户进行定向的广告投放。由于广告媒体的 DMP 系统中拥有海量的用户行为数据，因此互相匹配的概率比较大，推广的效果比较有保障。

2）Look Alike 获客

当产品中积累了一定的用户后，增长运营人员可以为优质用户画像，将其作为种子用户，拓展更多的用户。例如，我们有一批王老吉用户的资料，发现他们的共同特征是"容易上火"，我们可以通过该特征找到其他的关联性群体，如职场中压力比较大的人群、经常熬夜的球迷、爱吃火锅的人群等，向他们推销王老吉更容易成功。

Look Alike 获客的基本原理是先确定一批种子用户，然后通过一定的算法提炼种子用户的某些特征，基于这些特征在更大的范围内挖掘具有相似特征的用户，从而获得更多用户，如图 6-11 所示。

我们来看某豆浆机公司拓展投放的例子，具体操作过程如下。

第一步，选取种子用户（基于该豆浆机公司的用户数据）。

第二步，对用户数据进行匿名化处理，导入某广告代理商的 DMP 系统。

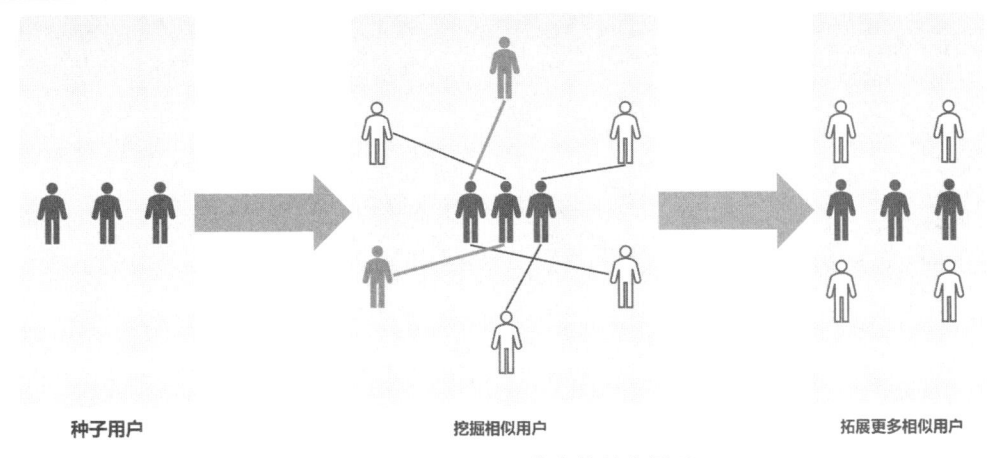

种子用户　　　　　　　挖掘相似用户　　　　　　　拓展更多相似用户

图 6-11　Look Alike 获客的基本原理

第三步，进行数据匹配。代理商的 DMP 系统中有海量的用户信息和用户行为数据，其中一部分用户的身份可能与该豆浆机公司导入的用户身份是重合的，也就是说是同一个用户。在这种情况下，该豆浆机公司的增长运营人员可以从 DMP 系统中补充更多的信息，如这部分用户最近使用了什么产品、在哪里消费过、访问过什么网站等，也就是让种子用户的信息更全面，这样更容易分析。

第四步，分析种子用户的特征，对经过整合和补充的、更全面的种子用户信息进行分析，发现在"健康、时尚、亲子、女性、中高收入、一线和二线城市、30~40 岁"等标签上高度重合。

第五步，拓展投放，基于特征标签在更大范围内的用户群体中投放，选取的投放标签为"上班族""30~40 岁""已婚""亲子""健康""女性"。

最终，该豆浆机公司顺利拓展了大量相似用户，取得了较好的投放效果。

3）再营销

再营销也被称为重定向，顾名思义，指的是对用户进行重新定向投放。重定向对象通常是之前和企业有过接触的用户群体，如虽然点击过广告或浏览过相关网站，但是没有实际转化或购买的用户。

例如，我们在某一次进行用户获取时获得了 5 万人的流量。在这 5 万人中，只有 500 人顺利转化，其他人没有转化。我们可以先将高价值的流量筛选出来（如在网站中停留 20 分钟以上、点击过商品详情页、与客服人员交流过、在 3 天内重复访问网站两次以上的流量，即所有对产品比较感兴趣的流量），假设共筛选出 1.3 万人，再将这 1.3 万人的信息提交到 DMP 系统中进行再营销，这样比泛泛地投放广告获得的收益更高。

4）精准圈选人群

成熟的 DMP 系统大多支持丰富的维度，以便进行投放人群的直接选取操作。在如图 6-12 所示的某 DMP 系统的人群选择页面中，我们可以按照用户的各种行为和行为之间的交、并、差运算关系确定目标人群。

此外，我们还可以通过 DMP 系统进行"反定向"，即排除特定人群（如已经转化过或转化率低的人群），将有限的广告经费用于更容易转化的人群，从而提高 ROAS。例如，某 App 广告主将已下载和注册该 App 的用户，以及在全网各广告投放平台中已经多次曝光过的用户定义为无效用户，在投放该 App 广告的过程中反定向这些人群，避免了无效消耗，降低了转化成本。

图 6-12 某 DMP 系统的人群选择页面

5）人群数据补充

由于 DMP 系统中有海量的用户行为数据，因此我们可以补充残缺不全的用户信息。例如，在 CRM 系统中有 3 个用户，分别是张三、李四、王五，CRM 系统中有他们的手机号，我们以手机号为识别 ID，在 DMP 系统中进行匹配，发现张三、王五可以匹配，于是对他们的信息进行补充，如他们最近浏览的网站、购买的商品、购买的金额等，这些数据是 CRM 系统中没有的。通过对用户行为数据的补充，我们可以对用户进行进一步的分析和洞察，从而制定相应的策略。当然，不是每一个 DMP 系统都提供个体用户颗粒度的数据匹配和补充服务，通常可以在人群包层面合作。

4．CDP

在互联网流量红利日益减少的背景下，用户深耕和私域流量运营逐渐成为企业的刚需。在这种情况下，CDP（Customer Data Platform，客户数据平台）系统应运而生。

根据 CDP 协会的定义，CDP 是一种软件，能创建可由其他系统访问的持久、统一的客户数据库。多源数据经过采集、清洗、整合，生成单一的用户画像，并且这些结构化数据可由其他系统访问。简单来讲，CDP 系统是用来管理用户数据的。CRM 系统、DMP 系统也和用户数据有关，CDP 系统与它们相比有何不同呢？

1）CDP 系统与 CRM 系统、DMP 系统的区别

- **CDP 系统与 CRM 系统**。传统的 CRM 系统一般只收集潜在用户或正式用户的数据，以离线、静态数据为主，主要用于跟单、销售、售后客服等领域；CDP 系统主要收集内外部触点上的用户行为数据，整合企业的线上、线下数据资源，并打通用户 ID，形成 360 度的用户数据视角，适用于整个用户生命周期，应用领域也更加广泛，如广告投放、再营销、官方推送、用户沟通等。因此，CRM 系统数据可以被视为 CDP 系统数据的重要来源，当然，这指的是传统的 CRM 系统。事实上，CRM 系统处于不断进化之中，其与 CDP 系统之间也存在部分功能的交集。
- **CDP 系统与 DMP 系统**。首先，二者的数据源不同，DMP 系统收集的是海量的用户行为数据，包括第一方数据、第二方数据甚至第三方数据，以公域的用户行为数据为主；CDP 系统收集的数据以第一方数据、私域的用户行为数据为主。其次，二者的用途不

同，DMP 系统主要用于获客（广告投放），CDP 系统主要用于用户深耕，是用户深耕的核心数据系统。我们可以通过 DMP 系统对 CDP 系统中的数据进行补充，形成更加丰富、准确的用户画像。

2）CDP 系统的用途
- **个性化运营**：丰富的用户画像和标签可以达到"千人千面"的个性化运营效果（如个性化广告投放、个性化内容推荐等），我们应大力优化用户体验，促进用户留存。
- **预测用户行为**：基于大量的用户行为数据可以建立预测模型，对用户行为进行预测，从而增强相关策略的有效性。
- **为营销自动化系统提供数据支持**：先通过 CDP 系统生成推送策略，再由营销自动化系统执行，在提高用户触发效率和实现智能化营销的同时，保证用户体验。
- **用户洞察**：为深刻的用户洞察提供数据支持。
- **效果归因**：基于 360 度的数据视角和转化链路进行更准确的运营效果归因分析。

6.2　信息技术在用户增长中的应用

6.2.1　流量追踪和用户身份识别

1. Link Tagging 流量来源追踪

1）Link Tagging 的含义

Link Tagging（链接标记）指的是当前文档和外部资源之间的链接，最常见的用途是链接样式表，如在链接网址上打上标记（不同的标记代表不同的含义），便于分析工具通过识读这些标记辨识流量来源。Link Tagging 广泛适用于网站、H5 页面、邮件、App、短信等渠道的流量来源追踪，可以精确到具体的广告、活动、推广内容，是一种非常重要且应用范围十分广泛的流量来源追踪方法。

Link Tagging 是由分析工具来识读的，不同的分析工具对参数的定义可能略有不同，不过背后的逻辑是相同的。其中，谷歌的 UTM（Urchin Tracking Module，追踪模块）是广为接受的行业标准。它由 Urchin 团队发明，后来被谷歌收购。UTM 主要包括如表 6-3 所示的 5 个参数。

表 6-3　UTM 的 5 个参数

参　　数	名　　称	描　　述	举　　例
utm_source	广告来源	标识推广来自哪一个渠道	utm_source=baidu
utm_medium	广告媒介	标识推广来自哪一种媒介，如 CPC 广告、图文、视频等	utm_medium=cpc
utm_term	广告关键字	标识推广使用的关键字，常用于搜索引擎付费推广	utm_term=datadriven
utm_campaign	广告名称	标识推广的主题，如"双11"大促	utm_campaign=doublescore

续表

参数	名称	描述	举例
utm_content	广告内容	标识同一推广主题下的不同版本或不同内容，如版本A、版本B	utm_content=a

如果某 URL 链接是"https://www.abc.com/?utm_source=zhihu&utm_medium=article&utm_campaign=product&utm_content=0811-tool&utm_term=tool"，那么该 URL 链接表示什么意思呢？

"https://www.abc.com/"是这条链接最终指向的地址，"https"是协议头，"abc.com"是域名。

"utm_source=zhihu"表示投放该链接的渠道是知乎。

"utm_medium=article"表示投放该链接的媒介是一篇文章。

"utm_campaign=product"表示这篇文章属于产品介绍系列。

"utm_content=0811-tool"表示这篇文章的内容是"8.11 编辑，介绍工具"。

"utm_term=tool"表示这篇文章的关键词是"tool"。

GA 分析工具在收到知乎发起的访问请求后可以解析出上述信息，从而将相关数据整合到分析报告中。

在 UTM 参数中，"="后面的名称只要可以确定、方便识读就行，最好用英文名称来标记。虽然用中文名称来标记也可以，但是分析工具在处理中文时需要转码，可能会对可靠性有一定的影响。

UTM 已经成为行业标准，很多分析工具直接采用或兼容 UTM，或者参照 UTM 制定了自己的参数规范。例如，在百度的 hm 标记参数中，"hmsr"是媒体平台参数，一般用于标识广告投放的广告主、网站等信息，是必填的；"hmpl"是计划名称参数，一般用于标识广告所属的推广计划信息，只有设置了推广计划信息，才可以设置推广单元信息；"hmcu"是单元名称参数，一般用于标识广告所属的推广单元信息，只有设置了推广单元信息，才可以设置关键词信息和创意信息；"hmkw"是关键词参数，一般用于标识触发广告的关键词信息；"hmci"是创意参数，一般用于标识广告的创意形式信息。

2）Link Tagging 的创建方法

创建 Link Tagging 有两种方法：一是按照上述参数规范手动创建，二是使用分析工具提供的网址构建器来创建。如图 6-13 所示，在谷歌的网址构建器中，只要我们在文本框中输入相关信息，就能生成准确的 URL 链接并直接使用。

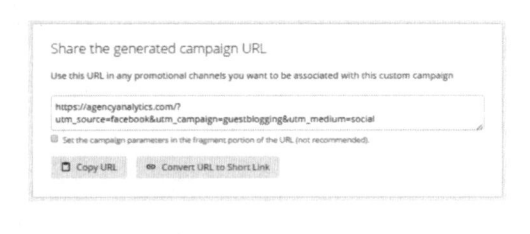

图 6-13 谷歌的网址构建器

在创建 UTM 的时候，如果 URL 链接中的 UTM 参数前面没有"?"，那么我们应先添加"?"，再添加 UTM 参数；如果 URL 链接前面有"?"，那么我们应先添加"#"，再添加 UTM 参数。"?"和"#"是 UTM 使用的标准字符，最好不要在 URL 链接里使用这两个字符，避免参数被截断。需要注意的是，UTM 参数是区分大小写的，如"SMEI"和"smei"会被区分为两个不同的流量来源。

3）Link Tagging 的不足

Link Tagging 虽然非常好用，但是它不是万能的，在使用的过程中会受到以下场景的限制。

（1）在媒体链出端，如果无条件或无能力对网址进行标记，就无法通过 Link Tagging 追踪流量来源。例如，某些媒体不允许修改其网址参数。

（2）在流量承接端，如果无条件或无能力部署分析工具的监测代码，那么同样无法使用 Link Tagging 这种方法。例如，电商平台中的着陆页、信息流媒体中的智能着陆页一般不允许部署第三方分析工具的监测代码。

2. App 推广来源追踪

App 推广来源的辨识和追踪十分复杂：首先，App 推广的流量来源非常多，如 PC 端网页、移动端网页、各种 App、线下推广等；其次，App 的生态十分复杂，至少有 iOS、Android、鸿蒙等生态，iOS 的生态比较封闭，Android 的生态则比较开放，因而出现了很多应用商店，不同生态中的追踪方法有所差异，不同下载渠道对追踪的支持度也不同，而且可能存在流量劫持等舞弊情形。这些因素给 App 推广来源追踪带来了技术和管理层面的双重困难。[1]

1）Android 生态

（1）Google Play 中的 App 推广来源追踪。

谷歌的官方应用市场是 Google Play，国外用户一般在 Google Play 中下载 App。Google Play 对 App 的追踪沿用了 Web 的逻辑（使用 Link Tagging），并且 Google Play 和 GA 都是谷歌生态的产品，能够实现无缝对接，追踪起来相对简单，也比较精准。

针对 App 推广来源追踪，GA 在 UTM 中增加了一个叫作"Referral"的参数。当用户点击带有 UTM 标记的链接后会跳转到 Google Play 下载 App，Google Play 会保存附带的参数。当用户下载、安装并打开 App 时，Google Play 会将参数广播给 App，从而确定安装该 App 的用户点击的是哪一个广告。Google Play 的 App 推广来源追踪原理如图 6-14 所示。

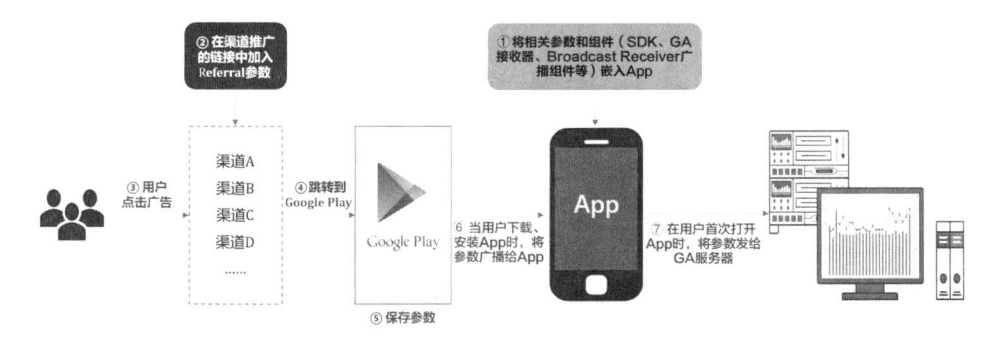

图 6-14　Google Play 的 App 推广来源追踪原理

---

[1] 引自"GA 小站：一个 Google Analytics 和 Adobe Analytics 经验分享平台"。

从 2020 年起，Google Play 可通过 Play Install Referrer API 开放给第三方，第三方可以通过该 API 检索用户的来源信息。

（2）渠道包追踪。

自从谷歌退出中国内地市场后，中国内地用户无法直接访问 Google Play。这催生了一大批国内的 Android 应用市场，主要分为 3 类：第一类是大型互联网公司运营的应用市场，如手机百度助手、酷市场、360 手机助手、腾讯应用宝等；第二类是电信运营商，如中国移动的 MM 应用市场、中国电信的天翼空间、中国联通的沃商店；第三类是移动终端厂商，如华为、小米、vivo 等厂商的应用市场。由于种类较多，因此对国内 Android App 的追踪比较复杂。

对此，一种可行的方法是通过渠道包来追踪，即为每一个渠道生成一个专门的渠道安装包。例如，在华为应用市场上架的安装包和在小米应用商店上架的安装包，二者的程序是一样的，不过渠道 ID 不一样，每一个渠道都拥有独立的渠道 ID。这样，当用户下载、安装 App 后，我们可以通过渠道 ID 追踪用户来自哪一个渠道。渠道包追踪原理如图 6-15 所示。

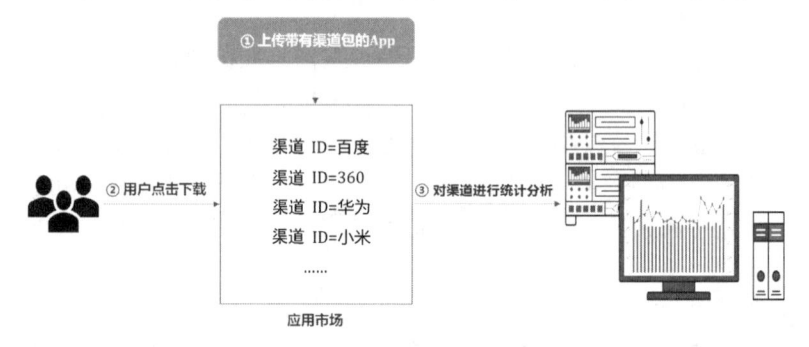

图 6-15　渠道包追踪原理

渠道包追踪方法的不足如下：当推广渠道比较多的时候，需要生成很多渠道包，工作量比较大；这种渠道追踪方法的颗粒度只能精确到应用市场级别，不能进行颗粒度更细的广告渠道划分；容易"串包"，如果将 A 渠道包投放到 B 渠道中，那么从 B 渠道下载 App 的用户会被当成 A 渠道的流量，"串包"的原因是多方面的，如应用市场之间的"抓包"、被人为上传、被误上传等。

有时，当用户想下载某 App 的时候，刚点击下载，手机上就会弹出提示，告知用户"下载来源可能存在风险、不安全，请从正规渠道下载"，并询问用户是否同意。如果用户同意，系统就会引导用户直接前往指定的应用市场（通常是系统自带的应用市场）下载 App，从而将其他应用市场的流量变成自己的流量，这就是安装劫持。

总之，渠道包追踪不太可靠，并且付出的人力成本比较高。不过，由于它在技术上要求不高，也不需要应用市场、媒体、第三方工具的配合，因此是应用范围比较广泛的追踪方法。

（3）精确匹配追踪。

当用户在媒体触点上点击广告链接时，广告网络可以将用户的设备 ID 发送至分析工具。当然，前提是广告网络同意这样做（如果投放的是付费广告，那么广告网络一般都会支持）。同时，在用户通过广告网络中的广告链接跳转到应用市场，下载、安装并打开 App 时，App 可以获取用户的设备 ID，并将其发送至分析工具。分析工具对收到的两个设备 ID 进行比对，如果比对成功，就可以确认安装来源。精确匹配追踪原理如图 6-16 所示。

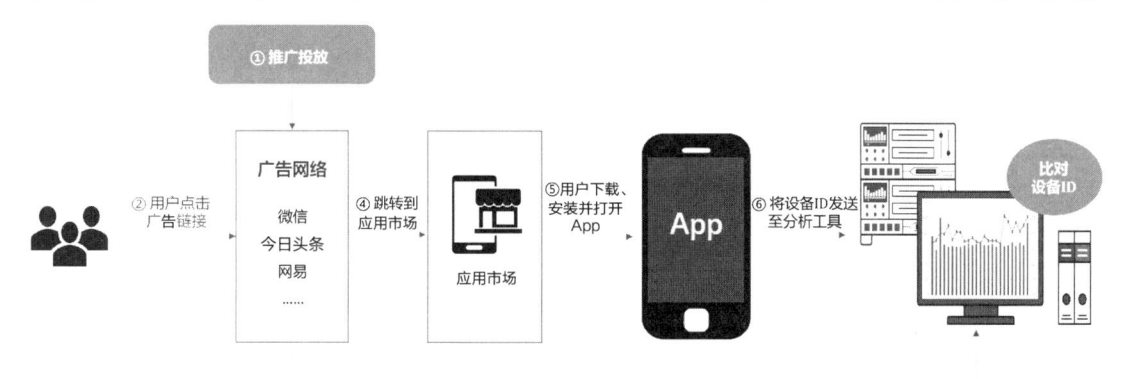

图 6-16 精确匹配追踪原理

由于一台设备的设备 ID 是固定的，设备与设备 ID 具有一一对应关系，因此这种方法被称为精确匹配追踪。

（4）模糊匹配追踪。

模糊匹配追踪原理与精确匹配追踪原理基本相同，不过它用来匹配、比对的字段不是设备 ID，而是其他字段，通常是 IP 地址或"IP 地址+用户代理"字段。

这种方法一般用于无法获取设备 ID 的场景。如果是"从 App 到 App"的情形（在原本的 App 内点击广告，跳转到应用市场下载、安装 App），那么可以用设备 ID 来匹配，因为无论是原本的 App 还是新安装的 App 都有设备 ID。如果媒体端是网页，由于网页是无法获取设备 ID 的，因此无法进行精确匹配。

网页虽然无法获取设备 ID，但是可以获取手机的 IP 地址。当用户点击广告后，不会直接跳转到应用市场，而是跳转到一个过渡性的空白页面（既可以是广告主自己的，也可以是分析工具的）。这个空白页面也是一个网页，上面有分析工具的监测代码，可以获取手机的 IP 地址。此时，用户通过空白页面跳转到应用市场。当用户下载、安装 App 后，App 内分析工具的 SDK 可以探测到 App 所在手机的 IP 地址，分析工具会对两个 IP 地址进行比对、匹配，从而追踪推广来源。

这种方法的准确性差一些。例如，用户在点击广告时用的是手机自带的移动 5G 网络，在安装 App 时用的是宽带网络，移动 5G 网络和宽带网络分别对应不同的 IP 地址，无法进行比对、匹配。又如，当多个用户使用同一个网络时，也无法进行比对、匹配。

2）iOS 生态

（1）精确匹配追踪。

iOS 生态的精确匹配追踪原理与 Android 生态的精确匹配追踪原理相同，只是 iOS 生态使用的设备 ID 一般是 IDFA（Identifier for Advertising，广告标识符）。

（2）模糊匹配追踪。

iOS 生态的模糊匹配追踪原理与 Android 生态的模糊匹配追踪原理相同。

（3）Cookie 追踪。

iOS 生态的 Cookie 追踪只支持在 Safari 手机浏览器中对用户点击广告的流量来源进行追踪，并且需要向用户申请追踪权限，在业务中用得不多。

3. 线下流量来源追踪

除了线上流量来源追踪，企业有时候还需要对线下流量进行追踪，重点场景如下。

1）电话追踪

电话追踪指的是追踪拨打官方咨询电话的用户来自哪一个渠道，或者看见的是哪一个广告，具体方法有以下几种。

- 在推广端关联，即为每一个广告或渠道分配不同的电话号码，基于电话号码与广告或渠道的关联进行追踪，类似于上文介绍的渠道包追踪。
- 在流量承接端关联，即通过在线表单的方式在企业网站或 App 中收集用户的电话号码，用户填写电话号码的过程会生成"事件"，通过分析工具，我们可以追踪用户来源。例如，当用户在 App 中点击"立即通话"（接通官方客服人员的咨询电话）后，分析工具可以追踪到该用户的拨打操作，从而得知某通话用户来自哪一个渠道或广告，这是在移动端进行电话追踪的方法。如果是在 PC 端，那么可以让用户在相关表单中填写电话号码，基于和移动端相同的原理，分析工具可以追踪到填写某一个电话号码的用户来自哪一个渠道或广告，如果该用户直接用该电话号码拨打，就能追踪到该用户的来源。不过，如果该用户用其他电话号码拨打，分析工具就未必能追踪到了。
- 直接询问，即询问拨打电话者的渠道来源或看到的是哪一个广告，这种方法需要用户配合。

2）二维码或优惠券追踪

为每一个推广渠道生成唯一的二维码、优惠码、优惠券等，当用户使用这些码或券时，分析工具可以追踪相关渠道。

3）用户调查追踪

直接询问用户，这种方法除了可以在电话咨询场景中使用，还可以在客服软件，以及其他与用户沟通的场景中使用。

4. 用户身份识别

流量追踪的目的是知道流量从哪里来，用户身份识别的目的是知道用户是谁，这是两件不同的事情。当然，在许多场景中，二者需要互相配合，如在归因时，既要追踪流量来源，也要进行用户身份识别，从而把众多流量来源关联在一起。

第一章提到，从精准性的角度来看，用户身份识别机制通常包括 3 个级别，分别是设备级别、用户账号级别、人的唯一性标识级别。这里简单介绍一下基于设备级别进行识别的 Cookie、移动设备 ID、通用 ID 的有关知识。

1）Cookie

Cookie 是一个很小的程序文件，由浏览器储存或缓存在用户的设备上（如 PC、平板电脑或手机），用来识别用户身份。本质上，Cookie 标识的是设备，而非真正的用户，不过在大多数情况下，一台设备通常是某一个用户专用的，因而设备大致可以代表用户。网站服务端通过客户端 Cookie 中的 ID 标识来识别用户身份。

一方面，Cookie 有很多优点，如易于使用、不占用服务器资源（储存在客户端）、相对持久（存活期一般为 3~6 个月）。当然，这些优点是站在官方的角度来看的。站在用户的角度，有些用户会觉得自己的隐私可能受到侵犯，其实，Cookie 原本是为了改善用户体验而生的，这充分说明了任何一项技术都有其双面性。由于 Cookie 优点众多，因此它是网页环境中的主流识别技术，具体包括 PC 端网站和移动端 WAP 网站、H5 页面、WebView 页面等环境。

另一方面，Cookie 也有缺点，如安全问题，Cookie 是以明文形式存储的，在某些情况下可以被他人篡改，存在安全隐患；Cookie 可以被用户手动删除；Cookie 由浏览器生成，用户在一台设备上可能会使用多个浏览器，不同的浏览器生成不同的 Cookie，这些 Cookie 之间互相"不认识"，给用户身份识别带来了麻烦；对于官方（如广告主）来说，最苦恼的是 Cookie 不能跨主域识别。什么是主域呢？主域是一级域名，如"abc.com"和"abc.net"是两个不同的主域，这两个主域下的网站生成的 Cookie 是不相同的。Cookie 相当于学生穿的校服，通过校服来识别学生身份存在以下问题：校服需要不断换洗（Cookie 有一定的有效期）；有时候，学生会故意不穿规定的校服（删除 Cookie）；在学校内上专业课、体育课、实验课，以及课外活动时穿的校服各不相同（不同的浏览器生成的 Cookie 不同）；由于学校规定出了校门不能穿本校校服，因此当某学生参加某公益活动时，活动主办方并不知道该学生来自某学校（Cookie 不支持跨主域识别），于是给该学生发了一件志愿者衣服，当该学生再次参加该公益活动时，因为穿着志愿者衣服，所以活动主办方知道该学生是曾经的志愿者；如果该学生忘了穿志愿者衣服（删除 Cookie），活动主办方又不认识该学生了，就会重新给该学生发一件新的志愿者衣服（生成新的 Cookie）。

有效期的问题容易解决，只要定期补种 Cookie 就行；用户手动删除 Cookie 和使用不同浏览器的问题不容易解决，不过发生概率比较小；而用户跨主域访问的问题，发生概率又大，频率又高，对流量追踪的影响最大。为此，人们发明了一种新的 Cookie，也就是第三方 Cookie（上文所说的 Cookie 被称为第一方 Cookie）。简单来讲，第三方 Cookie 指的是由第三方平台（通常是广告平台）生成的 Cookie，实际上是基于用户对第三方平台的关联访问，在 Cookie 中把用户的身份关联起来。这就好比某赞助商为上文中的学生提供了一件特制 T 恤，当该学生穿着特制 T 恤出现在学校和公益活动现场时，该赞助商都能看见，于是明白在公益活动现场出现的 5 号志愿者是某学校的 128 号学生。

第三方 Cookie 有效解决了跨主域识别的问题。但是，由于它太过方便，令用户的行踪暴露无遗，因此越来越多的用户抵制第三方 Cookie，越来越多的浏览器限制第三方 Cookie，很多国家也出台了严厉的法律。未来，第三方 Cookie 的生存空间会越来越小。

2）移动设备 ID

（1）iOS 设备。

iOS 设备常用的设备 ID 是 IDFA，它是一串 16 进制的 32 位字符串。IDFA 的缺点是当用户将设备恢复出厂设置时，原 IDFA 会失效，设备将生成一个全新的 IDFA，并且用户可以关闭该跟踪功能。

在 2020 年推出 iOS 14 版本后，苹果设备基本上已经无法获取 IDFA 了。

（2）Android 设备。

Android 设备常用的设备 ID 是 IMEI（International Mobile Equipment Identity，国际移动设备识别码），它是一串 15 位的字符串。IMEI 的缺点是在双卡双待手机中读取两次，可能会返回不一样的 ID 值；部分用户可以禁用 IMEI；在推出 Android 10.0 版本后，第三方 App 读取 IMEI 会受到限制。

Android 10.0 版本以后的设备基本上已经无法获取 IMEI 了。在国内，替代方案是 OAID（Open Anonymous Device Identifier，匿名设备标识符），它是由中国信息通信研究院号召、移动安全联盟联合终端厂商（手机厂家）推出的团体标准。

3）通用 ID

通用 ID 指的是区别于系统级设备 ID 的 ID 体系，基于设备的一组特征数据和某种算法而生成，只要这些数据和算法不变，无论用什么应用获取设备 ID，都会返回相同的 ID 值，因此被称为通用 ID。一台设备的通用 ID 具有全球唯一性，在 IDFA、IMEI 等移动设备 ID 日益受限的背景下，通用 ID 成为一种有效识别用户身份的替代选择。

通用 ID 不是一种固定的标准，很多机构推出了自己的通用 ID 体系，如中广协的 CAID（CAA Advertising ID，中国广告协会互联网广告标识）、热云数据的 CAID、腾讯灯塔的 QIMEI，阿里的巴巴 UTDID（User Track Device Identity，用户追踪设备标识符）等。

通用 ID 的基本原理如下：设备上 App 中的 SDK 将设备特征信息（如 CPU 的核心数、名称、主频、时区、系统更新时间、手机型号、总存储容量、系统版本、用户名等）采集、上传到服务端通用 ID 管理中心，基于一定的算法，由服务端生成通用 ID，并下发到设备上的 App 中。理论上，通用 ID 具有全球唯一性。由于设备特征信息一般是不变的，通用 ID 的算法也是固定的，因此无论哪一个 App 在服务端设备图谱中查询通用 ID，都可以获得相同的 ID。基于此，通用 ID 又被称为"设备指纹"。

图 6-17 所示为通用 ID 的基本原理。

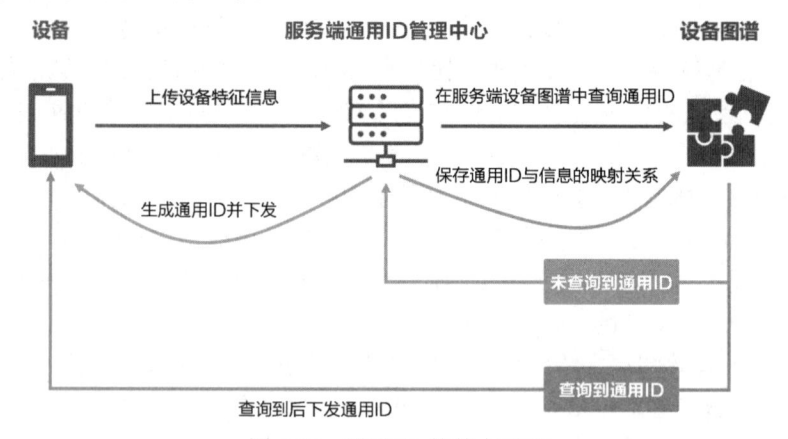

图 6-17 通用 ID 的基本原理

> **小贴士**
>
> **计算机网络的基础知识**

计算机网络。

计算机网络的分类维度有很多，按照覆盖范围可以分为以下 4 类：个域网，覆盖范围为 0~10 米；局域网，覆盖范围为 10 米~10 公里；城域网，覆盖范围为 10~100 公里；广域网，覆盖范围为 100~1000 公里。

计算机网络的组成包括服务器、客户端计算机、网络适配器、网络操作系统、协议、软件等。

会话。

会话指的是终端用户与交互系统进行通信的时间间隔，通常指终端用户从注册（进入系统）到注销（退出系统）所经过的时间。当用户在应用程序的网页之间跳转时，存储在会话对象中的变量不会丢失，而是在整个用户会话中一直存储下去。当用户请求来自应用程序的网页时，如果该用户还没有会话，那么服务器将自动创建一个会话对象。当会话过期或被用户放弃后，服务器将终止该会话。会话对象的常见用法是存储用户的首选项。例如，用户指明不喜欢查看图形，服务器可以将该信息存储在会话对象中。

Session 与 Cookie 的区别、联系。
- **区别**：在存储方面，Session 存储于服务器端，Cookie 存储于客户端；在安全性方面，其他人可以分析存储在本地的 Cookie 并进行 Cookie 欺骗，Session 存储于服务器端，不容易被篡改；在会话机制方面，Session 是一种基于服务器端的机制，它使用类似于哈希表的结构来保存信息，Cookie 是一种基于客户端的机制，它是服务器存储在本地计算机上的一小段文本信息，浏览器每一次向服务器发送超文本传输协议请求，都会自动附上这段信息；在生存周期方面，一旦关闭浏览器页面，Session 就消失了，Cookie 可以预先设置生存周期，甚至永久保存于本地计算机。
- **联系**：Cookie 和 Session 都是追踪浏览器用户身份的方法；Session 信息存放在服务器端，Session ID 存放在客户端的 Cookie 中。

网站统计分析的尺度。
- 用户：用户生命周期中所有会话和命中的集合。
- 会话：用户在一次会话中所有命中的集合。
- 命中：每一次用户行为的上报，页面浏览和点击等都属于命中。

用户、会话、命中的关系如图 6-18 所示。

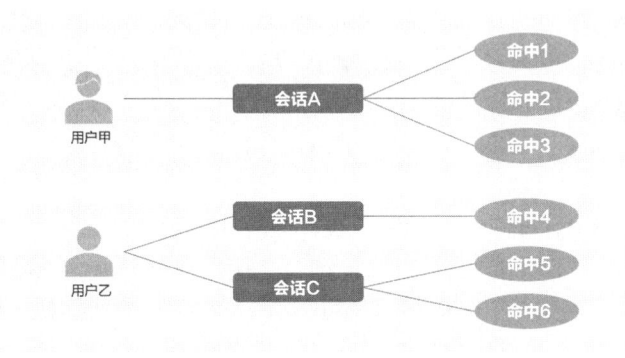

图 6-18　用户、会话、命中的关系

用户、会话、命中是 GA 中的名称。在 Adobe Analytics 中，网站统计分析的尺度也分为 3 个层级，分别是用户、访问、命中。

MAC 地址和 IP 地址。
MAC 地址也被称为局域网地址，用于确认网络设备的位置。MAC 地址的作用是在网络中唯一标示一个网卡，如果一台设备有多个网卡，那么每一个网卡都要有一个唯一的 MAC 地址。

IP 地址指的是互联网协议地址，是由 IP 协议提供的统一的地址格式。IP 地址的作用是为互联网中的每一个网络和每一台主机分配一个逻辑地址，以此辨别物理地址的差异。

域名系统。
域名系统（Domain Name System，DNS）指的是将域名和 IP 地址相互映射的分布式数据库。IP 地址是一长串数字，识记效率较低，使用起来非常不方便。为了解决这个问题，人们发明了域名系统，用直观、好记的字母或数字的组合映射 IP 地址。在实际运行时，由专用的服务器将域名转换为 IP 地址，从而完成域名和 IP 地址的映射。

TCP/IP 协议。

TCP/IP 协议（Transfer Control Protocol/Internet Protocol）指的是传输控制/网络互联协议，又被称为网络通信协议，是一组用于实现网络互联的通信协议，是互联网最基本的协议和国际互联网络的基础。

TCP/IP 协议数据的传输基于 TCP/IP 协议的 4 层结构，分别是应用层、传输层、网络层、网络接口层。在传输数据时，每通过一层，就要在数据上加一个包头，其中的数据供接收端同一层协议使用；在接收端，每通过一层，就要把用过的包头去掉，以此确保传输数据的格式完全一致。

万维网。

万维网（World Wide Web，WWW）是目前应用最广泛的互联网服务之一。万维网不是独立的物理网络，而是基于超文本的、方便用户在互联网中搜索和浏览信息的分布式超媒体信息服务。万维网有几个关键的组成部分，分别是 URL、超文本传输协议、超文本标记语言、浏览器、Cookie。

- **URL** 是互联网的万维网服务程序中指定资源位置的表示方法。这里的"资源"指的是万维网服务器中可以访问的任何对象，包括网页、文件、文档、图像、声音、视频等，如在"https://www.smei.net/Index/show/catid/14/id/108.html"中，"https"是协议头，"www.smei.net"是站点服务器，后面是路径和文件名。
- **超文本传输协议**（Hypertext Transfer Protocol，HTTP）。万维网服务器采用"客户-服务器"的工作模式，浏览器（客户端）与服务器之间的请求报文、响应报文必须采用规定的格式，并且遵循一定的规则，这些格式和规则就是超文本传输协议。超文本传输安全协议（Hypertext Transfer Protocol over Secure Socket Layer，HTTPS）指的是以安全为目标的 HTTP 通道，它在 HTTP 的基础上，通过加密传输和身份认证确保传输过程的安全性。
- **超文本标记语言**（Hyper Text Markup Language，HTML）是标准通用标记语言下的一个应用，也是一种规范和标准，它通过标记符号来标记网页中需要显示的各个部分。从 1993 年首次发布以来，HTML 已经经历了多个版本，当前最新的版本为 HTML 5。
- **浏览器**是用来检索、展示和传递互联网信息资源的应用程序。

机器学习。

机器学习是一门人工智能的科学，基于数据和以往的经验优化计算机程序或具体算法的性能。机器学习有很多种分类方法，如按照不同的学习方式可以分为监督学习、无监督学习和强化学习。监督学习（有导师学习），即输入数据中有导师信号，学习结果为函数；无监督学习（无导师学习），即输入数据中无导师信号，采用聚类的方法，学习结果为类别；强化学习也被称为增强学习，以环境反馈（奖惩信号）为输入，以统计和动态规划技术为指导。常见的机器学习算法有朴素贝叶斯算法、支持向量机算法、随机森林算法、人工神经网络算法、深度学习等。

AdTech 和 MarTech。

AdTech 指的是用于管理、投放、定向、评估数字广告的技术和方法。AdTech 发端于 20 世纪 90 年代，广告数字革命的先驱是 FocaLink Media Services 公司 1995 年发明的第一台广告服务器，其次是 DoubleClick 的成功，它是一个广告网络和广告服务器，后来被合并为谷歌广告管理系统。广告投放技术既意味着手动广告展示历史的终结，也意味着自动广告时代的开始。在2005年前后，Ad Exchange（AdX，广告交易平台）兴起，广告技术再次迈出革命性的一步。后来，随着RTB（Real Time Bidding，实时竞价）、DSP（Demand Side Platform，需求方平台）、DMP等的蓬勃发展，程序化广告生态已经十分繁荣，今天的AdTech基本上都是为程序化广告服务的。

MarTech（Marketing Technology，营销技术）指的是用于整个营销、运营的技术和方法。MarTech概念最早由斯科特·布林克尔于2008年提出，经过十几年的发展，当前美国的MarTech已相对成熟。与美国相比，中国的MarTech刚刚兴起，落地稍晚一些，通常认为2017年是中国MarTech的元年。

从二者的概念可以看出，MarTech包括AdTech，也可以说CRM、AdTech是MarTech的早期阶段。如今的MarTech除了包括CRM、AdTech，还包括更广泛的内容，如A/B测试、数据分析、CDP、营销自动化、社交舆情监测分析、社交化营销工具等。

6.2.2 搜索引擎推广的基础知识

1. 搜索引擎工作原理

搜索引擎是一个系统，它根据一定的策略，运用特定的计算机程序从互联网上搜集信息，并对信息进行组织和处理，当用户搜索相关信息的时候，按照一定的规则将搜索结果展现给用户，其工作原理如图6-19所示。

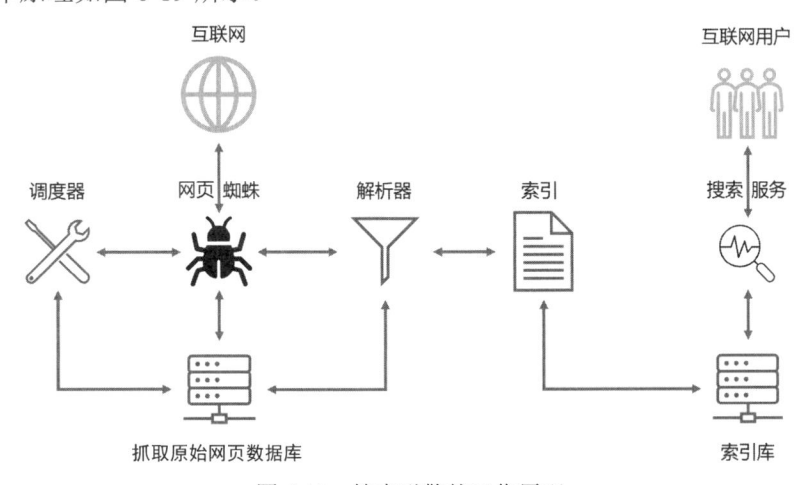

图6-19 搜索引擎的工作原理

搜索引擎的工作过程可以分为3个环节：首先，网页蜘蛛在互联网上爬行，抓取相关的网页信息，存入原始网页数据库；其次，网页蜘蛛对原始网页数据库中的信息进行提取和组织，建立索引库；最后，根据用户输入的搜索关键词，快速找到相关网页，对网页进行排序并展现给用户。

上文提到过，生存和繁衍是人类的本能。为了实现生存和繁衍，人类学会了在原始森林中搜寻野果、猎物的信息，这些信息既可以维持生命，也可以防范危险，可以使人类的生存机会最大化。因此，"搜寻信息"成为人类已经内化的、本能的欲望。在计算机科学诞生后，人类搜寻信息的效率得到了极大提高，搜索引擎成为人类搜寻信息的重要途径之一。

在这种背景下，搜索引擎推广的商业需求应运而生，其目的是当用户在搜索引擎中搜寻信息时，企业的产品或品牌能够优先触达用户，如位置更靠前、更容易被用户点击等。如何才能达到这样的目的呢？企业需要顺应用户的搜索习惯、满足用户的需求、领先竞争对手，不断地对推广内容进行优化。

在搜索引擎中推广产品或品牌的行为被称为 SEM，推广行为主要有两类：一类是花钱推广（付费搜索推广），另一类是不花钱推广（自然搜索推广）。付费搜索指的是搜索结果的排名受搜索词购买价格影响的搜索方式，自然搜索指的是搜索结果的排名不受付费广告影响的搜索方式，其结果根据与搜索词的相关性等因素进行排名。针对付费搜索，常见的推广方式是关键词竞价推广；针对自然搜索，常见的推广方式是 SEO 推广。

需要特别说明的是，在国外，SEM 通常包括 SEO，即自然搜索推广属于搜索引擎营销；在国内，SEM 通常专指关键词竞价推广。

除了关键词竞价推广、SEO 推广，基于搜索引擎的推广方式还包括精准广告、付费收录等。关键词竞价推广和 SEO 推广是搜索引擎推广的主流，这两种从搜索引擎领域发展起来的推广方式，逐渐应用于越来越多的推广场景，如电商平台中的商品推广、应用商店中的 App 推广、O2O（Online-to-offline，指将线下的商务机会与互联网结合，让互联网成为线下交易的平台）中的商品或服务推广等。万变不离其宗，掌握了关键词竞价推广和 SEO 推广的基本原理，我们在各种搜索推广的场景中都能游刃有余。

2. 关键词竞价推广

在学习关键词竞价推广的相关知识之前，我们需要区分一组概念，即搜索词和关键词。

搜索词指的是用户在搜索时输入的词，体现的是用户对信息的需求，用户输入搜索词的目的是获得对自己有用的搜索结果；关键词指的是搜索引擎推广者在关键词广告或 SEO 推广中设立的精确词条，推广者希望当用户搜索相关信息时，自己的广告或内容能够通过关键词与用户的搜索意图关联起来，从而在搜索结果中获得更好的展现和排名，呈现搜索结果的页面叫作搜索引擎结果页面。

关键词竞价推广的过程比较简单，只要注册推广账户，并在账户中存入一定的资金，就可以开始推广了。下面我将简单介绍几个重要的知识点。

1）账户结构

建立清晰、科学的账户结构非常重要，具体体现在以下几个方面。首先，由于相关性会直接影响用户体验，用户体验关系到质量度，质量度又会影响展现排名，因此相关性是关键词竞价推广中至关重要的底层原则。因为相关性是通过关键词、创意、推广单元、着陆页之间的一致性来体现的，所以推广单元的类别和划分非常重要。其次，相关性直接关系到用户转化，如果没有清晰的账户结构，着陆页的优化就没有明确的依据，推广效果必然大打折扣。最后，账户结构的重要性还体现在后期管理上，建立账户就像盖房子一样，如果前期没有做好打地基、划分户型、设计空间和基础设施等工作，后期的调整就会非常麻烦，并且会影响到账户的评价（账户表现），进而影响到质量度。

前期的账户结构规划和建立非常关键，我们应该从以下两个层面入手。一是清晰性，这个层面相对容易一些，只要结构层次清楚、单元划分清晰就可以了，关键在于推广单元，它是连接关键词、创意、着陆页的关键节点，我们必须合理规划推广单元。二是科学性，这个层面没有统一的标准，只要是适合自身业务的账户结构，就是科学的账户结构，如单一业务账户既可以在一个计划下管理，也可以根据关键词的类型制订多个不同的计划；普通多业务账户不但可以根据产品或服务、推广预算、推广地域等制订多个计划，而且可以针对促销、活动等特殊事件单独制订计划；大型多业务账户可以根据产品或服务、推广预算、推广地域、网络结构、转化目标等制订不同的计划。

总而言之，企业应当从推广目的出发，为达到不同的推广目的制订不同的推广计划，并将意义相近、结构相同的关键词划分到同一个推广单元中，这样有利于提出有针对性的创意，便于统计投放数据和优化。

图 6-20 所示为某英语培训推广账户结构。

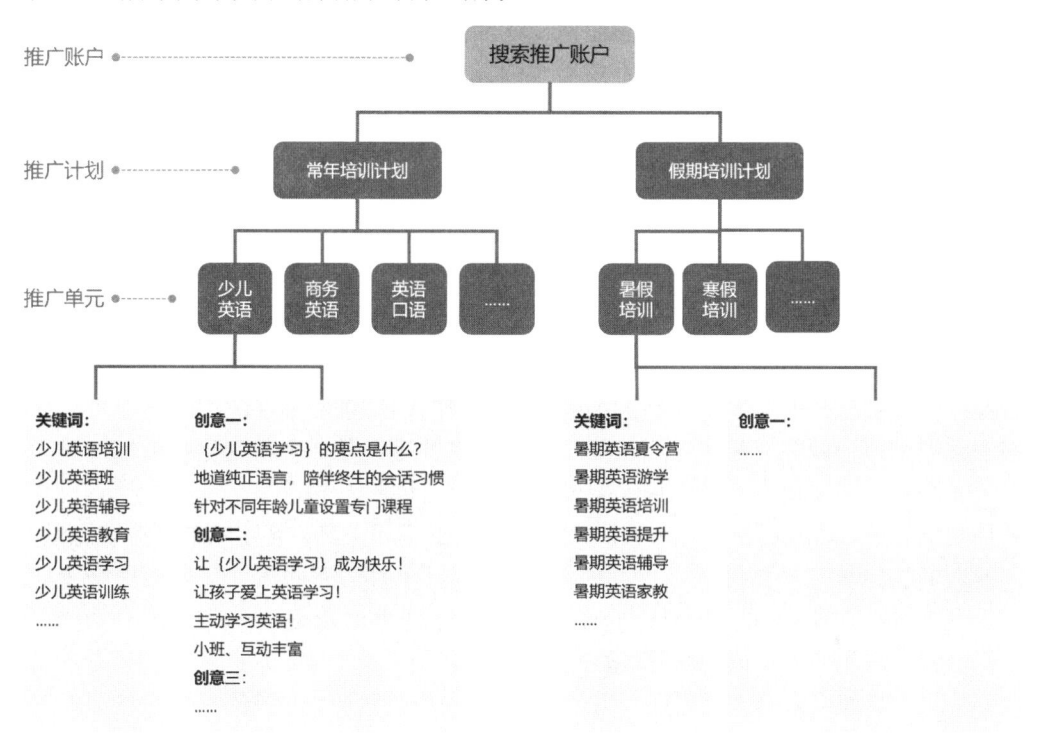

图 6-20　某英语培训推广账户结构

2）关键词

关键词可以分为以下 6 类。

- **品牌词**，即与品牌有关的词，包括品牌的名称、拼音、网站域名，以及包含这些信息的关键词。例如，对于华为手机，"华为""Huawei""华为官网"等属于品牌词，"华为手机折扣""在哪里买华为手机"等也属于品牌词。当某品牌的品牌词被搜索者搜索时，表明搜索者对该品牌有比较浓厚的兴趣，甚至已经处于购买决策的关键环节。
- **产品词**，即不包含品牌名、带修饰限定成分的与产品有关的词，如"配置良好的国产手机""性价比较高的 5G 手机""折叠手机""美颜手机""排名前三的 Android 手机"等。搜索产品词表明搜索者对某种具体的产品有比较浓厚的兴趣，并且往往体现了搜索者对该产品或品类的特性需求，上述例子中的"配置良好""性价比较高""美颜"等便代表了某些方面的特性。
- **通用词**，即既不包含品牌名，也不带修饰限定成分的与产品或品类有关的词，如"手机""Android 手机""5G 手机"等。搜索通用词表明搜索者对产品或品类的兴趣不太浓厚。

- **人群词**，即与推广业务的目标用户相同或相近的搜索者搜索的词。例如，当主推产品是美颜手机时，我们可以向搜索"朋友圈配图技巧""什么手机软件可以一键修图"这类内容的搜索者投放推广广告，虽然他们没有搜索"美颜手机"，但是他们的需求可能存在共通性，即希望拥有美照，为了满足这个需求，用美颜手机拍摄、用软件修图等都是可行的手段，因而存在引导成交的可能性。又如，卖钓竿的商家可以将搜索过"鱼饵"的人群纳入考虑范围，卖鼠标的商家可以将搜索过"鼠标垫"的人群纳入考虑范围，卖减肥产品的商家可以将搜索过"大码服装"的人群纳入考虑范围。
- **竞品词**，即与竞品有关的词，如在推广华为手机时，"小米""小米手机"等属于竞品词。
- **活动词**，即与特定营销活动有关的词，如华为手机官网推出的"手机大促""0元抢手机"等。

本质上，不同的关键词代表了搜索者不同的需求指向是宽泛的意图，还是具有明确指向性的意图，例如，当搜索者搜索带有某个修饰成分的产品词时，我们应当在创意和着陆页中重点突出产品在该特性上的优势，进一步激发、保持搜索者的兴趣，获得其青睐；当搜索者搜索竞品词时，我们可以有策略地展现自身产品与竞品相比的特性差异、优势，从而说服和打动搜索者。总之，我们要洞察其意图，满足其需求。

关键词应该顺应搜索习惯，最好的关键词在用户的脑海里，不在我们的脑海里。如果没有人搜索关键词，它就分文不值。如何找到有价值的关键词是一个精细化的过程，我们可以通过以下4个步骤来实现。

- **寻找核心词**。核心词指的是与推广产品或品牌密切相关，并且能够带来搜索流量的词。搜索词往往具有"长尾"的特点，当搜索者想了解美颜手机时，可能会围绕"美颜手机"进行各种搜索，如"有什么牌子的美颜手机""怎么选美颜手机""最好用的美颜手机是哪一款""哪一款美颜手机适合皮肤比较黄的人群"等。这些搜索词都是围绕"美颜手机"延伸出来的"长尾词"，我们应该找到这些核心词。从产品的角度来看，越是居于中心的词，越有可能代表一个品类，字数越少，搜索量越大，竞争就越激烈，这些词也被称为"行业大词"。关键词是否"核心"取决于推广方的实际情况，并非客观标准，而是主观选择。选择的基本标准是既要与推广产品或品牌密切相关（如果不相关，就无法实现转化并达到推广目的），又要带来搜索流量（虽然相关性很强，但是搜索者寥寥无几的词也不是核心词）。寻找核心词的常用方法有以下几种：分析产品，尤其是洞察产品核心价值，了解产品的品类、特性和竞品等情况；洞察用户，了解产品的目标用户群体及其搜索习惯；分析官方触点，如推广页面、网站、商品介绍页面等；利用搜索引擎工具，以百度为例，我们可以利用百度下拉词框、相关搜索、百度指数等。核心词不是静态的，我们需要不断地进行调整和优化。
- **拓展关键词**。在有了一些核心词后，我们可以对核心词进行"长尾化拓展"，尽可能多地覆盖搜索内容。对于同一个核心词，当搜索者较多时，具体的搜索内容千变万化，不过总有一些搜索内容是相同或相近的。例如，不同的搜索者在搜索"怎么选美颜手机"时，可能会搜索"美颜手机怎么选""怎么选美颜手机""美颜手机怎么选择""美颜手机如何选择""选美颜手机'避坑'指南""哪一款美颜手机值得买"等。拓展关键词需要我们把尽可能多的"长尾词"找出来，并且进行推广，从而增加展现推广内容的概率。在拓展关键词时，我们要以搜索量为首要原则，包括搜索数量、变化趋势等。拓展关键词的常用方法有以下几种：使用"关键词规划师"来拓词，将某个核心词输入"关键词规划师"的搜索框进行拓展，一次最多可以拓展 1000 个关键词；通过词组组合来拓词，我们可以运用"质量、特点、功能、产地+核心词"的词组来拓词（如"2021 年度美颜手机""1 亿像素美颜手机""一键美颜手机""AI 美颜手机""无刘海美颜手机"等），运用"领域+核心词"的词组来拓词（如"亚洲脸型美颜手机""证件照美颜手机"等），运用"核心词+品牌"的词组来拓词（如"美颜手机华为"等），运用"核心词+价格"的词组来拓词（如"美颜手机贵吗""美颜手机多少钱""美颜手机促销""美颜手机性价比"等），运用"核心词+口碑"的词组来拓词（如"美颜手机怎么样""哪一款美颜手机好""美颜手机怎么选"等），总之，以核心词为中心进行前后组合来拓词；通过搜索词报告来拓词，我们可以在搜索词报告中看到哪些搜索词触发了本品牌的关键词，其中哪些搜索词已添加为关键词，哪些搜索词还没有；使用市场中的专门工具来拓词，如站长之家、5118、爱站等，这类工具有很多种。

- **筛选关键词**。理论上，在穷尽所有搜索可能后，无论搜索者怎么搜索，都能搜索到本品牌的内容。然而在现实中，这显然是不可能做到的。关键词的推广效果会受到预算、人员精力等方面的制约，我们只能选择有限的关键词进行推广，因而需要筛选关键词。筛选关键词的常用方法有以下几种：按照关键词的类型来筛选，在 6 类关键词中，品牌词的转化效果通常是最好的，其后依次是产品词、通用词、人群词，如果推广目的是在固定成本的约束下达到一定的订单量，那么我们应重点选择品牌词和产品词，如果推广目的是获得更多的曝光，那么我们可以视情况增加通用词、人群词的投放量；按照关键词的效果来筛选，基于推广意图，在 ROI、CAC、CPC、展现量、点击量、点击率、转化率等指标中选择一个或多个指标，根据指标的分值筛选关键词。

- **关键词分组**。科学的关键词分组是建立账户结构的基础，它将影响账户表现和后期管理、优化的便捷程度。关键词分组的方法主要有按照需求层次分组、按照地域分组、按照语法结构分组等，比较常用的关键词分组方法是在每一类关键词的基础上，基于用户搜索习惯，与其他的常用搜索词（如主词、功能、官网、公司、价格、口碑、促销等）组合，如图 6-21 所示，以"美颜手机"为例，每一个组合都可以作为账户结构中的一个推广单元。

设置关键词的匹配模式可以灵活控制推广、触发，从而对流量、成本、推广效果等进行优化。不同的搜索引擎定义的匹配模式是不同的，如百度搜索的匹配模式有智能匹配、短语匹配、精确匹配；在谷歌广告中有 5 种匹配模式，分别是广泛匹配、修正的广泛匹配、短语匹配、精确匹配、否定匹配。下面以百度搜索为例进行详细介绍。

- **精确匹配**，即在关键词与用户的搜索词或搜索词的同义变体完全一致时触发展现。例如，关键词是"华为美颜手机"，在用户搜索"华为美颜手机""HUAWEI 美颜手机"时可展现，在用户搜索"美颜手机""华为美颜手机好不好"时不展现。

- **短语匹配**具体分为精确包含、同义包含、核心包含：精确包含指的是在用户的搜索词完全包含关键词时触发展现，如关键词是"华为美颜手机"，在用户搜索"有谁用过华为美颜手机""华为美颜手机好吗"时可展现，在用户搜索"华为最新美颜手机"时不展现；同义包含指的是在用户的搜索词和关键词意思相近、位置颠倒，以及在关键词中插入其他文字时触发展现，如关键词是"华为美颜手机"，在用户搜索"华为特效手机"（意思相近）、"美颜手机华为"（位置颠倒）、"华为最新款美颜手机"（在关键词中

351

插入其他文字）时可展现；核心包含指的是在用户的搜索词包含触发关键词的核心部分时触发展现，也被称为"去冗余包含"，如关键词是"华为美颜手机"，在用户搜索"最新款的华为美颜手机是什么型号""华为手机的美颜效果如何""华为手机有磨皮功能吗"时可展现。

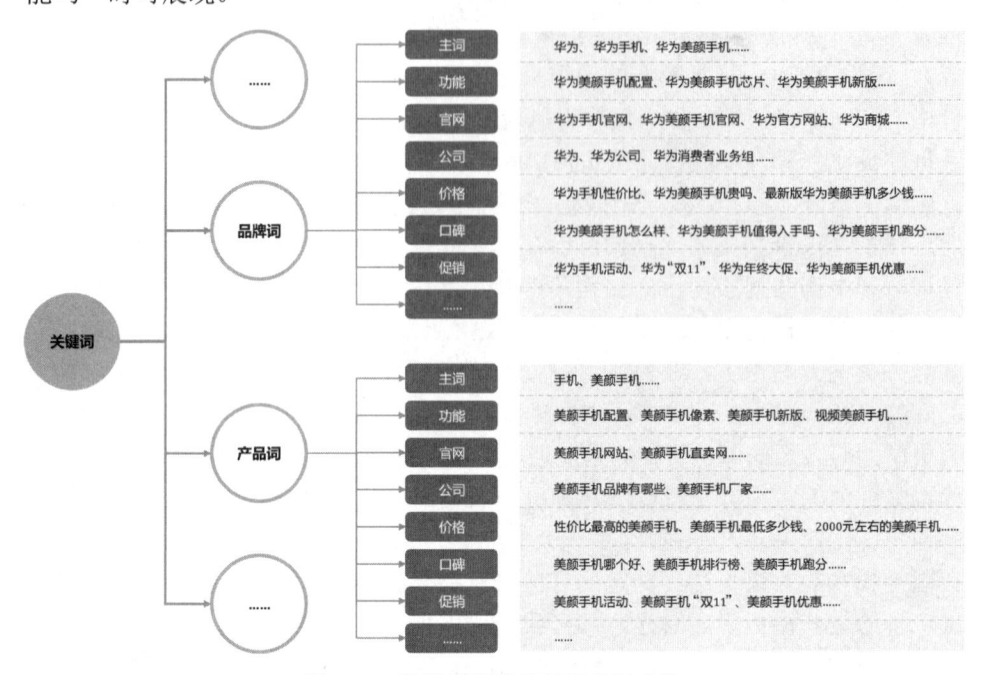

图 6-21 比较常用的关键词分组方法

- **智能匹配**，即由系统智能理解并匹配与搜索意图相关的用户搜索词，帮助广告主触达大量的潜在用户，本质上是系统对"搜索意图"的理解和判断，摆脱了"词"的束缚。例如，关键词是"华为美颜手机"，在用户搜索"拍照不上镜怎么办""什么手机软件可以一键美图"等时，可能会触发展现。

3）创意

当用户完成搜索后，可以在搜索结果页面上看到一条条推广内容，这些内容就是创意，也就是转化系统中的触发物。每一个搜索结果页面的容量有限，创意只能在非常狭小的推广位上展现。创意对触发用户点击起着决定性的作用（在不考虑关键词排名因素的前提下），如果用户不点击，广告主就浪费了来之不易的成交机会。

搜索引擎中的基本款创意一般由标题、描述、图片等元素组成。当用户分别在 PC 端和移动端搜索"美颜手机"时，出现了如图 6-22 所示的两个广告。搜索引擎提供了丰富多彩的高级样式，不过本质上是对基本元素的扩展。

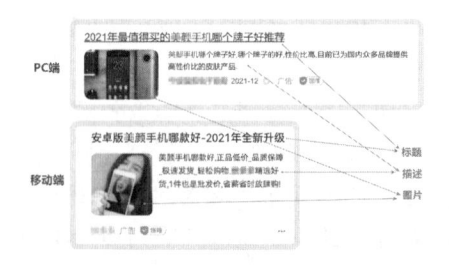

图 6-22 当用户分别在 PC 端和移动端搜索"美颜手机"时出现的两个广告

在一个推广单元内，通常建议创建两条或两条以上的创意，保证创意足够丰富，从而吸引更多的目标用户。也就是说，关键词和创意是"多对多"的关系。创意的展现方式通常有优选和轮替两种：优选指的是选择与搜索词、关键词相关性更强，以及表现更好、点击率更高的创意进行展现（由系统自动选择），轮替指的是关键词对应的推广单元内的多条创意轮流出现，每一条创意的展现概率相同。

如图 6-22 所示，标题和描述中的"美颜手机"是用红色文字显示的，在搜索引擎结果页面的蓝色、黑色字样和白色背景中，红色的内容特别突出，形成了视觉上的"冲突"，更容易吸引用户的注意力，也更容易让用户准确感知创意信息，从而判断该内容是否匹配自己的搜索意图。创意飘红有助于提高创意的点击率，优化整体推广效果。

怎么才能让创意飘红呢？比较常见的情形是，当内容与搜索词相同或相近时（也被称为命中），创意就会飘红。例如，当用户搜索"美颜手机哪个好"时，如果推广创意（标题和描述）中有"美颜""手机""哪个好"，推广创意就会飘红。在标题和描述中使用通配符可以增加创意飘红的概率，通配符的格式为"{默认关键词}"，其中的"默认关键词"可以被替换为任意一个推广单元内的已有关键词。例如，某推广单元内有两个关键词"美颜手机"和"拍照手机"，对应的创意为"华为最新款{拍照手机}，采用 AI 智能调校，拍出更加青春靓丽、自然天成的美"，当用户搜索"美颜手机"时，展现出来的创意内容会被替换成"华为最新款美颜手机，采用 AI 智能调校，拍出更加青春靓丽、自然天成的美"，并且被替换后的"美颜手机"有较大概率会飘红。由于使用通配符的内容会被替换，因此在撰写创意时，我们应将被替换的内容插入创意中，检查词句是否通顺、是否符合逻辑。

关于撰写创意的技巧，在第三章中学习推广转化的 AIDA 模型时进行过详细介绍，读者可参阅相关内容。

4）质量度

质量度也被称为质量得分，它是一个非常重要的概念，影响巨大。

以百度为例，质量度主要有以下影响。

- **点击价格**：质量度越高，广告主需要支付的单次点击价格就越低。
- **最低展现价格**：最低展现价格指的是广告主的推广创意展现在搜索结果页面中的最低出价，即"起价"，该价格由系统给出。质量度越高，最低展现价格就越低。
- **关键词排名**：质量度和最高出价共同决定了关键词在搜索结果页面中的排名，质量度和最高出价越高，排名越靠前。当质量度提高时，意味着广告主可以用更低的出价获得更好的排名。
- **创意位置**：质量度的星级将影响创意在搜索结果页面中的左右展现位置，一星的质量度无法置左或无法出现；二星的质量度可能置左，但不稳定；三星的质量度置左概率较大。根据"古腾堡原则"，页面中左边的位置总体上优于右边的位置（尤其是在 PC 端）。

以百度为例，质量度主要受以下因素的影响。

- **点击率**：点击率是影响质量度的关键因素，较高的点击率反映了潜在用户对推广结果比较关注和认可。点击率越高，质量度通常就越高。影响点击率的主要因素包括创意与搜索意图的相关性、创意激发用户兴趣的能力（需要说明的是，这里排除了位次、地域等因素对点击率的影响）。
- **相关性**：关键词与创意的相关性越强，意味着点击率越高；关键词与着陆页的相关性越强，意味着用户体验越好，表明用户的搜索产生了价值，这有助于增加用户对搜索引擎的认可。着陆页体验好的关键词，自然会得到搜索引擎的加持。
- **创意水平**：创意的目的在于匹配用户的搜索意图、激发用户的兴趣，这直接关系到点击率和用户体验，并间接关系到质量度。
- **账户综合表现**：从推广上线以来，账户内所有数据的表现，如账户是否违规、账户历史质量度、账户稳定性、账户余额等。
- **着陆页体验**：影响着陆页体验的主要因素包括跳出率的高低、用户参与时长、用户是否重新返回搜索引擎搜索相关内容等。需要说明的是，如果在应用商店中推广App，那么着陆页体验还包括用户在App中的体验，如留存率、活跃度等，这些指标也与在应用商店中推广App的质量度挂钩。

优化关键词的质量度是一个持续的过程，我们需要重点围绕上述因素进行优化，不断提高质量度。

5）着陆页

在搜索引擎推广中，着陆页是非常重要的内容，优化着陆页的目的是进一步激发用户的欲望、促成用户的行动。

3. SEO推广

1）SEO的价值

如今，用户在互联网上搜索信息的渠道更加多元化，如在电商平台中搜索商品，在O2O和其他互联网应用中搜索服务，在今日头条、微信、知乎、微博等平台中搜索信息。不过，专业的搜索引擎仍然是用户在互联网上获取信息的重要渠道。用户在搜索引擎中的搜索通常带有明确的意图甚至需求，搜索时刻常常充当购买决策中的关键时刻，是非常重要的用户触点。关键词竞价推广与SEO推广不是互相取代的关系，二者应该互为补充。

2）关键词竞价推广与SEO推广的区别
- **见效速度**：关键词竞价推广的见效速度较快，只要开始推广，就能带来流量，并且排在自然搜索推广的前面，只要质量度高、出价合理，就能获得较好的排名；SEO推广的见效时间通常为3~6个月，并且排名不确定。
- **推广成本**：关键词竞价推广的成本包括广告费和人工成本费用，大头是广告费，关键词竞价推广的特点是行业性竞争，如果某行业竞争激烈，在推广的过程中就需要付出高昂的广告成本；SEO推广不需要支付广告费，只需要投入优化的人工成本。
- **持久性**：在关键词竞价推广的过程中，如果停止推广，流量就会马上归零，因为无法继续获得展现机会；SEO推广的流量非常持久，即使停止优化，仍然会带来一定的流量。
- **稳定性**：在关键词竞价推广中，广告主与搜索引擎是合作关系，比较稳定，并且这种商业合作受相关法律保护；在SEO推广中，搜索引擎处于绝对主导地位，并且算法经常变化，一旦发生变化，就会造成SEO推广效果的波动，甚至产生重大影响。
- **用户信任度**：在关键词竞价推广的推广位上有"广告"标记，对于相关内容，用户会当成广告来看待，有一种不信任的心理；对于SEO推广的内容，用户通常认为自然排名靠前的内容更专业、更可信、更有实力。

3）SEO 推广应重点关注的数据
- **收录数据**：总收录数，即搜索引擎对某个网站的总收录页面数，该数据与网站总页面数的比值代表网站的收录比例；特征页面收录数，即具有典型特征的页面收录数；各分类收录数，即每一个分类页面的收录数，用于衡量各分类的优劣；有效收录数，收录数据高并不意味着流量大，我们可以收录在某段时间内（如 3 个月）至少带来过 1 个流量的页面数，该数据更能体现页面的价值。
- **排名监测**：应重点监测的关键词包括首页目标关键词、分类页面目标关键词、典型最终产品或文章页面关键词等。
- **外链数据**：主要包括首页总链接数、网站所有页面总链接数、链向网站的总域名数、特征页面链接数等。
- **流量数据**：网站的访问数、新增用户数、浏览量、跳出率、流量来源等。
- **转化数据**：用户实现转化目标的相关数据，应包含线上和线下的完整转化成果。

4）SEO 推广的常用策略
- **核心关键词优化**：先确定网站首页的核心关键词，再确定二级栏目、具体内容或产品页面的关键词；选择核心关键词应综合考虑与商业目标的相关性、搜索次数、竞争强度、优化难度等因素；网站首页核心关键词的数量一般是 3～5 个；核心关键词应与页面内容相关；我们可以采用查询搜索次数、搜索趋势，进行竞品分析，听取专业人士的建议等方法，为核心关键词的选择和布局提供支持。
- **关键词布局优化**：关键词拓展的常用方法或工具包括搜索引擎的关键词工具、关键词竞价投放后台、搜索下拉词框、相关搜索、专业 SEO 机构的相关工作；科学地在首页、分类栏目页、具体内容或产品页面由少至多地进行关键词布局；每个页面一般只安排 2～3 个关键词，合理安排页面中关键词的词频和密度；基于关键词布局筹划内容，体现关键词与内容的相关性；研究并使用"长尾"关键词。
- **网站页面优化**：网站页面是 SEO 推广的重要基础，不仅关系到搜索，还关系到用户体验和转化。网站页面优化主要包括网站页面内容应服从关键词布局，体现与关键词的相关性；网站页面内容应立足原创、富有价值、结构清晰、排版美观、易于阅读和理解、优化用户体验；科学撰写网站页面的标题、描述、关键词；合理安排页面中关键词的词频和密度；合理使用内链和锚文字，锚文字应包含关键词；及时更新相关内容。
- **内链优化**：保证内部链接 URL 逻辑结构清晰，并考虑用户体验；避免 URL 过长或参数过多；英文网站的关键词应出现在 URL 中；URL 的字母应全部小写；正确使用 301 重定向（也被称为永久重定向）、302 重定向（也被称为临时重定向）；合理设计 404 页面（URL 失效的原始页面），并考虑用户体验。
- **外链优化**：注重外链质量，外链的质量比数量更重要；在选择外链时，重点考虑其权重、流量、与本网站的相关性等因素；争取优先获得其他网站在正文位置的单向外链；重点考虑在外链的锚文字中体现目标关键词；充分考虑在网站的首页、内页中放置外链。
- **流量渠道优化**：在优化流量渠道时，通过微博、百科、问答、论坛、新媒体、社交媒体等互联网媒体渠道进行广泛引流，通过品牌词等媒介将流量引向自己的网站。

> **小贴士**
>
> **几种不同的网页链接**

超级链接。

超级链接简称超链接,指的是从网页指向目标的链接关系,"目标"既可能是网页,也可能是其他对象(如图片、视频等),用户在点击超级链接后会跳转到相应的目标位置。

内部链接。

内部链接常被称为站内链接,指的是在某一个域名网站内指向该域名网站下目标页面的链接。

外部链接。

外部链接与内部链接相对,指的是在某一个域名网站外的页面中指向该域名网站下目标页面的链接。

反向链接。

如果 A 页面中的某个链接指向 B 页面,那么该链接被称为 B 页面的反向链接。从这一意义上讲,反向链接既可能是外部链接,也可能是内部链接。

6.2.3 程序化广告的基础知识

程序化广告是在线广告发展新阶段的产物。在线广告始于 1994 年,由 Wired 网站(当时被称为 Hot Wired)发明,最初是以旗帜广告的形式出现的。大约有 10 多个赞助商为安插在整个网站中的旗帜广告交纳费用。随着互联网的快速发展,在线广告成为与广播广告、电视广告、印刷品广告、户外广告并列的广告大类。

我们可以从很多角度对在线广告进行分类,从人与信息的关系的角度来看,在线广告主要分为两类:一类是搜索类广告,即"人找信息";另一类是展示类广告,即"信息找人"。

搜索类广告:上文已经介绍过,其主流形态是关键词竞价广告。

展示类广告:形态丰富多样,包括文本链接广告、横幅广告、摩天楼广告、对联广告、弹出式广告、导航条广告、按钮广告、跨栏广告、"画中画"广告、通栏广告、插屏/全屏/开屏广告、视窗广告、流媒体广告、视频贴片广告、视频暂停广告、视频中半透明悬浮广告、角标广告、富媒体广告等。

得益于信息化技术的快速发展,很多在线广告支持程序化运作。从是否支持程序化运作的角度来看,在线广告可以分为程序化广告和非程序化广告。

1. 理解程序化广告

1)程序化广告的概念

程序化广告指的是利用计算机技术和数据驱动进行交易、运作、管理的广告。

与程序化广告相对的是非程序化广告。我们来看一个直观的例子,初步了解一下什么是程序化广告,什么是非程序化广告。

场景一:丈夫和妻子分别在客厅、卧室看电视,两人收看的都是某热播综艺节目。在节目正式开始之前出现了一组时长约 90 秒的广告,广告内容分别是某白酒、某洗涤用品、某健身器材、某楼盘、某学习机,丈夫和妻子按照一模一样的顺序观看这几个广告,这种广告就是非程序化广告。

场景二:丈夫和妻子分别在客厅、卧室看电视,两人收看的都是某热播综艺节目。在节目正式开始之前出现了一组时长约 90 秒的广告,这一次,他们都是在手机上看的,两人的手机上显示的广告完全不同,在丈夫的手机上显示的广告分别是某啤酒、某楼盘、某白酒、某男士西服、某健身器材,在妻子的手机上显示的广告分别是某洗涤用品、某卫生用品、某学习机、某女士长裙、某幼教产品,这种"千人千面"的广告就是程序化广告。

非程序化广告、程序化广告分别如图 6-23 和图 6-24 所示。

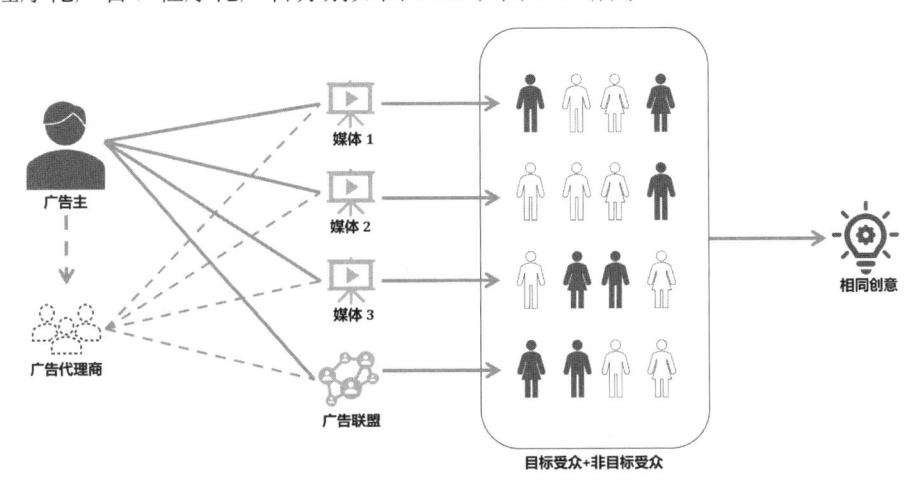

图 6-23 非程序化广告

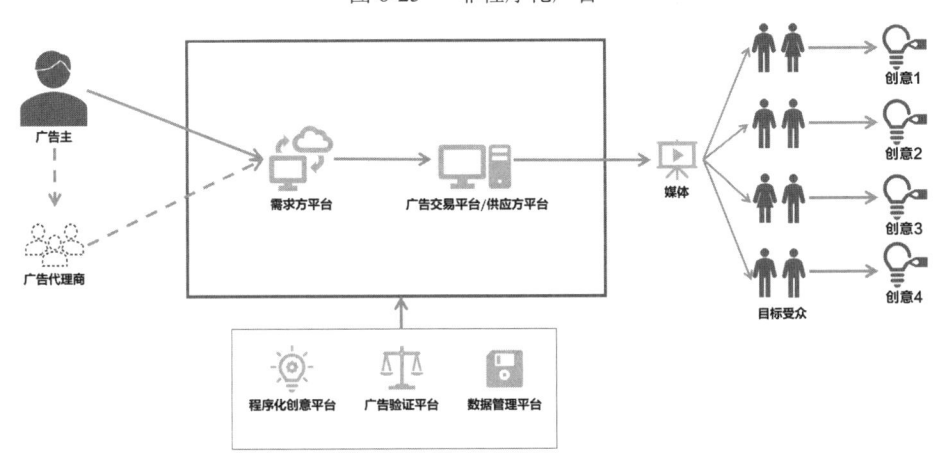

图 6-24 程序化广告

从图 6-23 和图 6-24 中我们大致可以看出,程序化广告和非程序化广告在以下几个方面存在显著差异。

- **目标受众**:非程序化广告可以选择媒体,无法选择受众,因而看到广告的受众既有目标受众,也有非目标受众;程序化广告可以选择受众,并且可以只投放给目标受众。
- **创意展现**:非程序化广告只能向受众展现相同的创意,程序化广告可以针对不同的目标受众展现不同的创意。
- **运作支持手段**:非程序化广告的投放相对单一,程序化广告的投放需要众多系统的参与，是由数据驱动的。

以上只是图 6-23 和图 6-24 中显示出来的差异。事实上，二者的差异远远不止这些，我们接着往下看。

2）在线广告的演变和程序化广告的兴起

在线广告大致经历了以下几个发展阶段，在这个过程中，程序化广告逐渐兴起。

第一阶段：传统的排期广告。

最早的在线广告和线下广告类似，主流形态是排期广告。排期广告指的是广告主与媒体约定在什么时间、媒体的什么位置展示广告。除此之外，双方约定的内容还有很多细节，如尺寸大小、展示时长、广告形式、轮播数、结算方式等。媒体通常会制作不同点位、不同时间段的报价表（一般被称为刊例表），广告主采买的排期表被称为 Spot Plan 排期表，排期广告的具体方式有持续式排期、起伏式排期、脉冲式排期、集中式排期等。

除了具体的空间概念，"位置"还有时间概念，如 CCTV-1 晚 7 点《新闻联播》播出前倒数第二个广告的位置。除非发生特殊情况，否则双方一旦约定就不能更改，并且中途不能停止，如果更改或停止，就会影响排期，造成违约。在结算方式上，排期广告一般采用 CPT（Cost Per Time，按时长付费）、CPD（Cost Per Day，按天付费）等方式进行结算。

随着互联网的高速发展，海量网站兴起。在很多网站中，少则几个广告位，多则成百上千个广告位，因而有了海量的广告库存（广告位）。一方面，广告主在进行广告投放时越来越麻烦，数量繁多的网站给广告位筛选、商务谈判、广告执行等方面带来巨大的负担；另一方面，一些中小型网站虽然有很多优质流量，但是被淹没在互联网的海洋中，广告位变现困难。为了解决双方的痛点，广告网络出现了。

第二阶段：广告网络。

广告网络指的是互联网媒体的自愿性联合体。该联合体充当中间人，将拥有互联网广告位的媒体联合起来，撮合媒体与广告主的交易，并获得一些佣金。这样，广告主就不用面对一个个媒体了，只需要面对广告网络。由于需求更加集中，因此媒体的广告位变现也容易多了，三方各得其所，皆大欢喜。

广告网络是数据驱动广告的萌芽，即基于用户画像进行针对性投放。如果某考研论坛的用户主要是青少年，广告网络就可以将该论坛重点推荐给招生机构；如果某网站是一个宝妈社区，广告网络就可以将该网站重点推荐给奶粉厂家。

广告网络也有一些弊端：定价模式缺乏灵活性，在广告网络中，价格是协商达成的，价格问题始终是媒体和广告主之间的焦点问题，"公说公有理，婆说婆有理"，广告网络居中协调，不过广告网络没有太大的话语权，协商起来比较困难，价格问题让三方都很头疼；广告网络逐渐增多，各种机构良莠不齐，行业开始变得混乱，广告主想获得优质广告位和优质媒体想将广告位卖个好价钱都变得越来越困难。

在这种背景下，一场势在必行的大变革悄然酝酿。终于，一件革命性的事情发生了，这就是广告交易平台的诞生。

第三阶段：广告交易平台。

之所以说广告交易平台的诞生是革命性的，主要是因为它具有以下显著特点。

竞价机制，这与广告网络完全不同，广告网络是协商价格，执行效率低、劳心费力，广告交易平台则实行公平的市场竞争，对于一个广告展现机会，广告主之间可以进行公平竞价，价高者得，这就是 RTB 机制；**精准投放**，即广告主可以选择受众进行广告投放，对于效果类广告，这样可以使用户体验得到明显优化；**程序化交易**，在用户到达广告位置后，媒体将信息告知广告交易平台，广告主决定是否竞价，在所有广告主完成竞价后向用户展现胜出的广告，在程序化技术的支持下，整个过程在 100 毫秒内完成（在正常情况下，人眨一次眼睛的时间是 200~400 毫秒），这在过去是不可想象的；**按需购买**，过去的广告投放带有"碰运气"的性质，程序化广告的竞价机制是按需购买，广告主看中了再买，买到手了再花钱，花冤枉钱的概率小了很多。

在这个阶段，程序化广告正式登场。

2. 程序化广告的相关方和相关平台

1）程序化广告的相关方
- **供应方**，即广告位提供者（通常统称为媒体），也包括媒体的联合性组织，如广告网络。
- **需求方**，即广告主，是广告位的最终买家。
- **服务方**，即买卖双方之外的其他参与者，要么为供应方服务，要么为需求方服务，服务内容包括流量代采、广告代销、数据服务、广告制作服务、广告监测服务、广告验证服务等，4A 广告代理公司是典型的服务方。

> **小贴士**
>
> ## 4A 广告代理公司
>
> "4A"一词源于美国，它是 The American Association of Advertising Agencies（美国广告代理协会）的缩写，因为该协会的名称里有 4 个单词是以字母 A 开头的，所以简称 4A。该协会为成员公司制定了非常严格的标准，比较著名的协议是关于收取客户媒体费用的约定（17.65%），以避免同行之间的恶意竞争。在明确了收费标准后，各广告公司便将精力集中在非凡的创意和优质的客户服务上，创造了一个又一个美妙的广告创意。因此，4A 成为众多广告公司希望加入的组织，其成员包括奥美、智威汤逊、麦肯、李奥贝纳、天联等著名的国际性广告公司。事实上，"4A"已经成为国际品牌广告代理公司的代名词。因此，我们说的"4A"不一定专指 4A 协会的成员，而是泛指有国际影响力的广告代理公司。后来，世界各地以美国 4A 协会为标准，把称谓改为各自国家或地区的称谓，形成了众多地区性的 4A 广告代理公司。
>
> 中国 4A 于 2005 年 12 月正式成立，全称是"中国商务广告协会综合代理专业委员会"，主管部委是中华人民共和国商务部。中国 4A 是中国广告代理商的高端组合，在成立初期有 28 家会员单位，目前已有上百家会员单位。

2）程序化广告的相关平台
程序化广告的运作需要大量信息技术平台、数据平台的支持，相关平台如图 6-25 所示。
- **广告交易平台**：主要作用是为买卖双方提供广告交易服务，具体包括交易报文传递、实时竞价、交易结算、广告库存和广告需求的匹配等。成功的广告交易平台需要以大量媒体流量为基础，其运营商多为互联网巨头。
- **数据管理平台**：基于海量的用户数据支持程序化广告的运作。
- **需求方平台**：帮助广告主进行广告投放，同时与多个广告交易平台对接（广告主可以通过 DSP 来管理多个广告交易平台账号）。如果广告交易平台是"股票交易市场"，DSP 就是"炒股软件"。

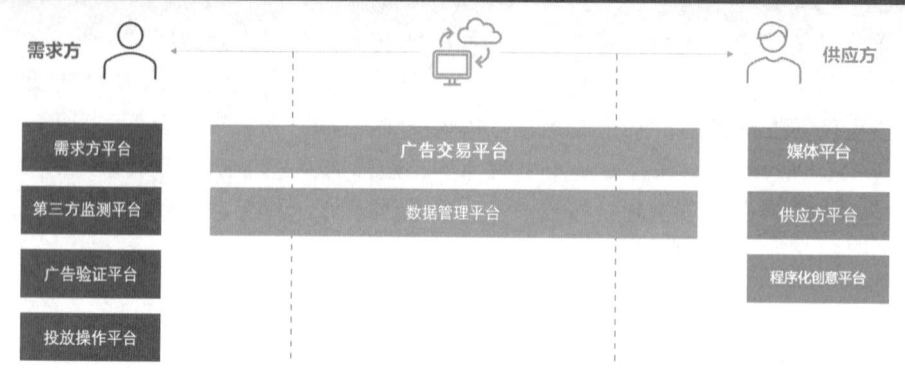

图 6-25　程序化广告的相关平台

- **媒体平台**，如媒体机构的网站、App 等。
- **供应方平台（Supply Side Platform，SSP）**：同时与多个广告交易平台对接，并帮助媒体管理广告交易平台中的若干广告位资源（包括各个广告位的规格尺寸、素材形式、底价）、审核广告创意等。
- **第三方监测平台**：从第三方的角度监测广告运作，包括监测流量、无效流量、广告有效性、广告环境等。
- **广告验证平台**：为广告主提供广告投放过程中的广告验证服务，主要包括反舞弊、品牌安全、广告可见度测量等。
- **程序化创意平台**：为广告投放提供自动化的创意优化服务，可以自动生成海量创意。天猫、京东等电商平台会大量利用程序化创意技术生成海报，尤其是在"双 11""6·18"等大型活动期间，上亿张海报或横幅广告就是利用这种技术生成的。
- **投放操作平台（Trading Desk，TD）**：当买方接入的 AdX、DSP、DMP 等平台越来越多后，在多个平台中操作会非常麻烦，TD 就是为了解决这个问题而诞生的，它相当于一个"总管家"，买方只需要在 TD 中操作，通过它来实现对其他平台的管理。

上述平台处于不断的演变之中，相互之间也有交叉，如媒体方的 AdX 一般也包含 SSP 的功能，单一的 SSP 已经很少见了。中国程序化广告的技术生态如图 6-26 所示。

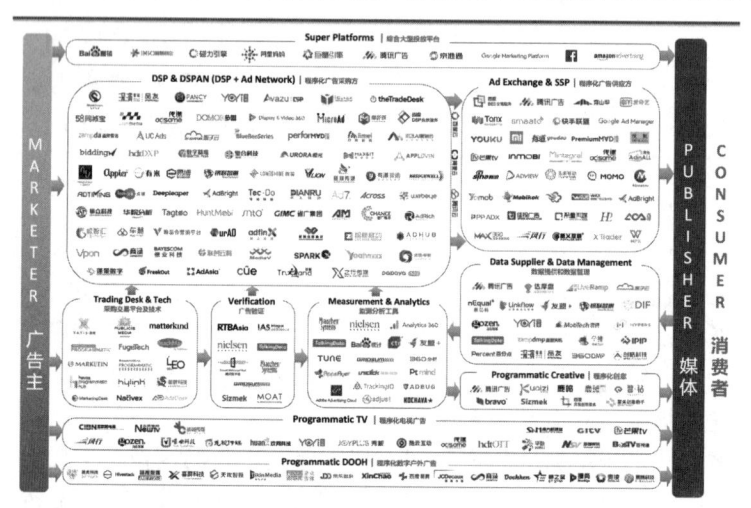

图 6-26　中国程序化广告的技术生态

（资料来源：RTBChina 官方网站）

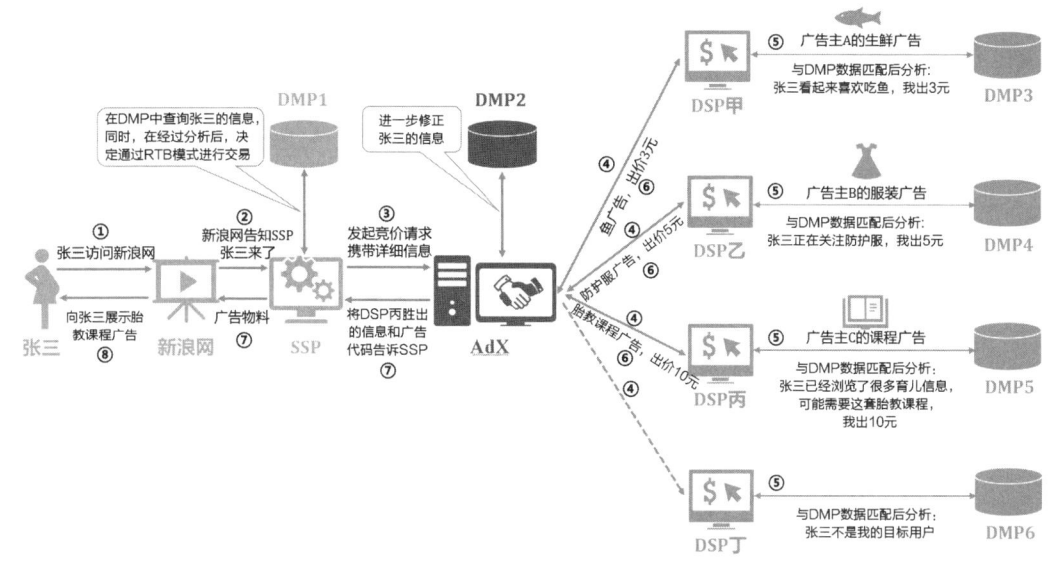

3. 程序化广告的运作过程

程序化广告的运作过程如图 6-27 所示，下面我将重现该运作过程，让读者对此有更深刻的感受。

图 6-27　程序化广告的运作过程

（1）某一天晚饭后，张三习惯性地打开新浪网，准备看一看新闻，放松一下。在新闻页面的右上角有一个横幅式广告位，获得了一次向张三展示广告的机会（假设该广告位已经加入了 RTB 交易市场）。

（2）新浪网将该信息告知了 SSP，SSP 经过一系列的动作后（包括查看该广告位是否已经通过程序化直接购买、优先交易或其他形式交易出去），决定通过 RTB 模式进行交易。

（3）SSP 向 AdX 发起竞价请求，竞价请求中携带很多用户行为数据，如广告位的基本信息（网站、频道、尺寸和位置、页面 URL）、用户 ID、用户浏览器等。

（4）AdX 在得到相关信息后立即组织一次竞价（向各个 DSP 发起竞价请求），同时将媒体提供的数据一并提交给各个 DSP。

（5）各个 DSP 在接到竞价请求后快速行动起来：首先，各个 DSP 根据张三的用户 ID，在自己 DMP 中进行数据分析、比对，如进一步了解张三的属性信息、用户行为等，然后决定是否参与竞价，以及如果参与竞价，那么出价多少等。

（6）如果 DSP 参与竞价，就要向 AdX 发送出价信息和广告代码；如果 DSP 不参与竞价，就不用发送。

（7）AdX 对各个 DSP 的出价进行比较，发现 DSP 丙出价最高，于是判定 DSP 丙向张三投放广告。AdX 需要通知两次：一是向 DSP 丙反馈竞价成功的信息；二是向新浪网反馈竞价结果，包括 DSP 丙的出价、广告物料等。

（8）新浪网在收到需要展示的广告物料后，将该广告物料在该广告位进行展示。此时，在张三刚刚打开的新浪网新闻页面右上角的广告位便出现了一个胎教课程广告。

（9）新浪网在广告展示结束后，根据广告物料中的监测代码，向各方发送监测数据（包括 AdX、DSP、第三方监测平台等）。

4. 程序化广告的交易模式

1）4 种典型的交易模式

虽然 RTB 是在线广告史上的巨大飞跃，但是它也有一些不足，主要包括：流量质量良莠不齐，优质的广告位不愁卖不出去，媒体往往会以签订合约的方式提前卖给相关广告主，因而 RTB 市场中的流量往往是不太好卖的、其他广告主挑剩下的"长尾流量"；无法预知能否竞得展现机会，在 RTB 市场中，对于一个广告位，每个广告主只有一次竞价机会，无法预知最终花落谁家，有点"撞大运"的性质；无法预知花多少钱能竞价成功，竞价成功往往是相当偶然的；无法准确得知广告展现在哪里，甚至有没有展现，排期广告的媒体和广告位是固定的，广告主可以随时查验，RTB 市场没有固定的投放媒体和广告位，只有随机出现的受众。

在 RTB 模式的基础上，一些结合了程序化优势的改良版交易模式相继出现。到目前为止，加上 RTB 模式，一共形成了 4 种典型的程序化广告交易模式，如表 6-4 所示。[①]

表 6-4 4 种典型的程序化广告交易模式

模　　式	是否保证广告库存	价　格　机　制	资源拥有者
程序化直接购买	是	固定价	广告主私有
优先交易	否	固定价	广告主私有
私有竞价	否	竞价	少量广告主
公开竞价	否	竞价	所有广告主

需要说明的是，从严格意义上讲，表 6-4 中的"公开竞价"（RTB）应当叫作"Open RTB"，RTB 有公开竞价和私有竞价（Private Auction，PA）之分，业内所说的 RTB 通常专指公开竞价，下文中提到的所有 RTB 均指公开竞价。

2）程序化直接购买

程序化直接购买指的是在指定媒体的指定时间或指定位置，按照程序化方式投放广告的模式。读者可能会疑惑，它和传统的排期广告、合约广告有什么区别呢？如何体现"程序化"呢？最根本的区别在于，虽然投放广告的时间或位置不变，但是广告主可以基于程序化选择目标受众。

例如，广告主 A 与某资讯门户网站媒体合作，约定在该网站首页的某个优质广告位投放广告，广告主 A 每天购买 50 万次展现，即支付 500 次 CPM（Cost Per Mille，每千次展现费用）。已知该网站首页每天的访问人数为 200 万人左右，广告主 A 仅消化该广告位 1/4 的展现量，还剩 3/4 的展现量。

广告主 A 和该网站商量："既然该广告位有 200 万个流量，那么我能不能从中选出 50 万个我想要的流量？"该网站认为这样对自己不公平，只能给广告主 A 60 万个流量，广告主 A 必须从 60 万个流量中选出想要的 50 万个流量。于是，该网站每天给广告主 A 分配 60 万个流量，广告主 A 从中选出 50 万个流量。怎么选呢？基于程序化来选。广告主 A 不仅可以选，还可以结合 DMP 等平台对 50 万个受众进行细分，通过程序化创意技术，让不同的细分群体看到不一样的广告，从而更加有效地推广。广告主 A 不但可以细分创意，而且可以进行频控，也就是控制同一受众观看同一广告的频率。如果广告主 A 在选择受众时发现，某受众已经于昨天在另外一个媒体上观看过两次相同的广告，那么当该受众今天来到该网站时，广告主 A 可以不让该受众看见同一广告。

---

① 引自 IAB 的指导性文件。

在广告主 A 挑选完毕后，剩余的 10 万个流量怎么办呢？答案是退还给该网站，这被称为"退量"。例如，该网站给广告主 A 推送了一个流量，问广告主 A 要不要，广告主 A 有权不要，这个流量会被退还给该网站，该网站可以将其安排给其他的广告位。这个确认过程必须在非常短的时间内完成（一般是几十毫秒），这只有基于程序化才能实现。广告主退回的流量与接受流量的比率被称为退量比，在这个例子中，退量比=10 万流量/60 万流量×100%≈16.7%。

程序化直接购买的过程如图 6-28 所示。

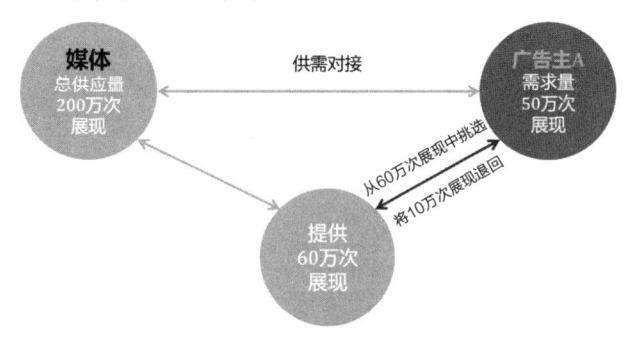

图 6-28　程序化直接购买的过程

这种交易模式就是程序化直接购买，除了通过程序化合约卖给广告主 A 的 50 万个流量，其余的 150 万个流量由该网站通过其他途径消化。这种交易模式又被称为程序化保量，一种是按照双方约定的流量 100%进行采购，另一种是按照双方约定的退量比进行采购。程序化直接购买一般按照 CPM、CPC、CPD、CPT 等方式结算。

3）优先交易

在上文的例子中，该网站的该广告位共有 200 万个流量，其中的 50 万个流量被广告主 A 通过 PDB 交易模式买走后，还有 150 个余量。如果还有其他 PDB 买家，那么该网站可以继续通过 PDB 交易模式售卖余量，如果广告主 B 通过 PDB 交易模式买走了 120 万个流量，余量就只有 30 万个了。

在这个时候，广告主 C 来了，他每天的需求量是 40 万个流量左右。本来，广告主 C 也想通过 PDB 交易模式购买流量，但该网站的流量只有 30 万个了。该广告位很优质，广告主 C 不愿就此放弃，于是和该网站商量，在满足广告主 A 和广告主 B 的需求后，剩下的 30 万个流量由广告主 C 优先挑选，双方按照合理的价格确定结算费用，这就是优先交易（Preferred Deal，PD）模式。当然，广告主 C 也可以不把 30 万个流量全买走，这个挑选的过程也是通过程序化方式执行的。

优先交易的过程如图 6-29 所示。

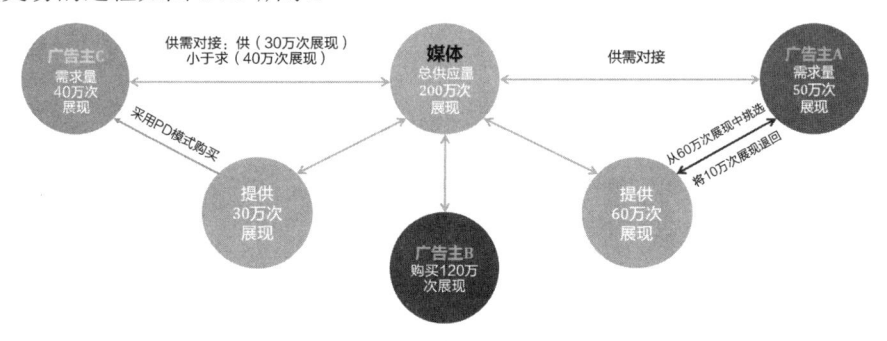

图 6-29　优先交易的过程

PD模式有两个特点：无法保证广告资源，虽然价格可以固定（按照CPM的方式结算），但是不能保证流量，这个"不能保证"是对双方而言的，网站不能保证足量满足广告主的需求，广告主也不能保证采买量；与PDB模式一样，PD模式采用的也是非竞价的合约模式，因此PD模式也被称为"保价不保量"模式。

4）私有竞价

私有竞价，顾名思义，就是不公开竞价，不过也不是完全保密。既然是竞价，就意味着有多人参与，我们可以将其理解为"小范围竞价"。

私有竞价基本上是以媒体为出发点的，它们主要有以下两个方面的考虑。

（1）希望机会成本最小。这是什么意思呢？某媒体有几个优质广告位，虽然可以采用传统的合约广告、PDB广告等模式来交易（毕竟是保量的），但是它们也有不足，采用这些模式来交易不一定能使流量的市场价值最大化。例如，广告主A从该网站买走了50万个流量，按照CPM方式结算，该网站可以得到10万元；如果采用私有竞价模式，那么该网站得到的有很大概率会远远超过10万元，因为优质的广告位不愁卖不出去。

（2）爱惜羽毛。大型媒体比较注重自身形象，如果完全放开竞争，价高者得，那么广告的展现容易不受媒体控制，可能会得不偿失。所以媒体不仅想让价高者得，还要考虑广告主的口碑、形象、价值观等。

总之，上述两个方面媒体都要考虑，于是出现了PA模式。PA模式有两个核心点：一是竞价，价高者得；二是对参与竞价的广告主进行筛选，只有被纳入白名单的广告主才有资格参与竞价。

采用PA模式的往往是大型媒体，因为它们拥有非常优质的广告位，处于卖方市场地位。不过，这毕竟不是主流。

在采用PDB、PD、PA模式进行交易后，如果媒体还有剩余流量该怎么办呢？这就需要进行公开竞价了。之所以说RTB市场中有很多"长尾流量"，就是这个原因。如果RTB仍不成功呢？在广告位上什么都不显示吗？并不是这样的，在广告位上一定会显示广告，绝对不能让广告位"开天窗"，因而要有一个默认广告，也被称为**打底广告**。既然是打底广告，就不会设定太高的要求，通常价格非常便宜，基本上不会落空，有一些媒体会选择广告网络中的广告作为打底广告。

与打底广告类似，有一些媒体为RTB也设定了一个小小的价格门槛。也就是说，虽然是开放式的实时竞价，但是会设定**保底价格**，如果广告主的出价低于保底价格，就没有资格参与竞价。

5）4种交易模式的对比

表6-5所示为4种交易模式的对比，从媒体售卖广告位的角度来看，4种交易模式的优先级是PDB＞PA＞PD＞RTB；从广告主获取流量的交易成本优势的角度来看，4种交易模式的优先级是RTB＞PD＞PA＞PDB。

表6-5　4种交易模式的对比

交易模式	是否保证广告库存	资源拥有者	工作机制	价格机制	是否为订单交易	主要结算方式
PDB	是	广告主私有	半自动	固定价	是	CPM、CPC、CPT
PD	否	广告主私有	半自动	固定价	是	CPM、CPC
PA	否	少量广告主	自动	竞价	是	CPM
RTB	否	所有广告主	自动	竞价	是	CPM

5. 程序化优化：oCPM 和 oCPC

我们已经知道 CPM 和 CPC 是互联网广告结算方式，在它们前面加一个"o"是什么意思呢？这个"o"指的是"optimized"（优化），即优化的 CPM 和优化的 CPC。

oCPC 源于 oCPM，而 oCPM 起源于 Meta。2012 年，Meta 在其广告系统中引入了"目标"的概念。与传统的广告相比，这种广告是由机器智能优化出价的广告。

传统的 CPM 广告、CPC 广告是由人工出价的，在运作的过程中通过观察来人工调整出价，从而实现不断优化。这种模式有一些弊端：比较主观，主要依靠猜测、经验和感觉；比较机械，什么时候调整、怎么调整等需要依靠人来确定，并且无论目标受众的意愿是否强烈，出价都是一样的，对于转化概率较小的受众，相当于多花冤枉钱。

oCPM 和 oCPC 是通过计算机程序来进行优化的，其投放广告的过程主要分为以下两个阶段。

在第一阶段，人工选取目标受众、出价，经过一段时间的广告投放，积累了一定的广告数据，如转化数据、目标受众画像等，在这个过程中，计算机程序不断学习（监督学习），从刚开始的混沌状态，逐渐变得"思路清晰"。在这个阶段，最好不要频繁地人工干预、优化（如调整目标受众、推广标签、出价等），否则容易扰乱计算机程序的学习。1974 年的图灵奖得主高德纳说过："过早优化是一切罪恶的根源。"这句话可以用来警醒想在这个阶段盲目优化的人。

到了第二阶段，无须人工出价，出价的工作由程序接管，而且比人做得更好，主要体现在以下两个方面：首先，**程序实行"一人一策"出价，而不是统一出价**，如先替广告主甲出了一个价格，实现了广告展现，再替广告主乙出了一个更低的价格，也实现了广告展现。当然，人工调价也可以获得类似的结果，如先在搜索推广中设置某关键词的 CPC 出价为 50 元，发现广告排到了搜索结果页面中的第二页，于是加 10 元，使其排到首页下方区域，再加一点钱，还可以把位置继续向上提一提。程序出价与人工调价有本质上的区别，它不是靠感觉，而是靠计算。得益于通过学习掌握的"本领"，程序不但可以找到目标受众，而且可以预测目标受众的转化概率，如果预测的转化概率较大，那么可以适当提高出价，如果预测的转化概率较小，那么可以降低出价（甚至在搜索结果页面中不向该受众展示广告）。只要低于广告主设定的转化目标受众的价格阈值（一般是每行动费用），程序就可以灵活出价，以达到最理想的 ROI。如果程序的出价高于广告主设定的价格阈值，那么一些媒体会对广告主进行赔付。

其次，程序可以实现更高效的流量拓展。 程序可以减少花冤枉钱的概率，这相当于广告主的"后盾"，广告主可以没有顾虑地进行大范围流量拓展。例如，某些搜索引擎可以自动扩展关键词的匹配模式，帮助广告主探索更多转化概率较大的潜在用户，提高转化率。例如，广告主购买了"北京演出"这个关键词，在优化阶段，程序会自动将关键词匹配模式扩展为"智能匹配"模式（不再使用人工设定的关键词匹配模式），以发现更多的潜在线索，同时基于对目标受众转化概率的预估智能出价，提高总的转化率和 ROI。

oCPM 和 oCPC 在各种信息流平台中的应用非常广泛，如今日头条在 2018 年推出了 oCPC，官方的解释是"让广告主更科学地、有目标地投放广告，帮助广告主获取更多优质的流量，从而提高转化"。在传统的搜索引擎关键词竞价广告中，oCPM 和 oCPC 同样大有可为。

✪ 本章知识点思维导图

第六章知识点思维导图如图 6-30 所示。

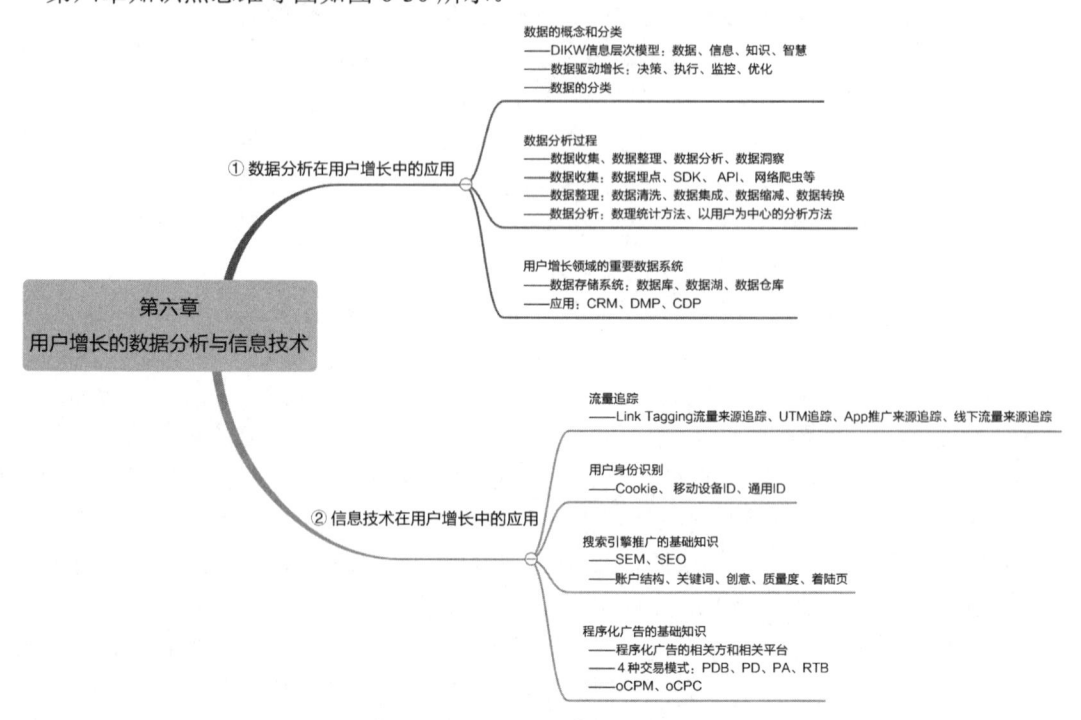

```
第六章                ① 数据分析在用户增长中的应用
用户增长的数据                  数据的概念和分类
分析与信息技术                      ——DIKW信息层次模型：数据、信息、知识、智慧
                                ——数据驱动增长：决策、执行、监控、优化
                                ——数据的分类
                              数据分析过程
                                ——数据收集、数据整理、数据分析、数据洞察
                                ——数据收集：数据埋点、SDK、API、网络爬虫等
                                ——数据整理：数据清洗、数据集成、数据缩减、数据转换
                                ——数据分析：数理统计方法、以用户为中心的分析方法
                              用户增长领域的重要数据系统
                                ——数据存储系统：数据库、数据湖、数据仓库
                                ——应用：CRM、DMP、CDP

                   ② 信息技术在用户增长中的应用
                              流量追踪
                                ——Link Tagging流量来源追踪、UTM追踪、App推广来源追踪、线下流量来源追踪
                              用户身份识别
                                ——Cookie、移动设备ID、通用ID
                              搜索引擎推广的基础知识
                                ——SEM、SEO
                                ——账户结构、关键词、创意、质量度、着陆页
                              程序化广告的基础知识
                                ——程序化广告的相关方和相关平台
                                ——4种交易模式：PDB、PD、PA、RTB
                                ——oCPM、oCPC
```

图 6-30 第六章知识点思维导图

参考文献

[1] 宋星. 数据赋能：数字化营销与运营新实战[M]. 北京：电子工业出版社，2021.
[2] 曲卉. 硅谷增长黑客实战笔记[M]. 北京：机械工业出版社，2018.